T0267003

CORRIENTES ALTERNAS

ANTOLOGÍA DE VERSO Y PROSA

OCTAVIO PAZ

CORRIENTES ALTERNAS
ANTOLOGÍA DE VERSO Y PROSA

EDICIÓN CONMEMORATIVA

REAL ACADEMIA ESPAÑOLA

ASOCIACIÓN DE ACADEMIAS
DE LA LENGUA ESPAÑOLA

En el último Congreso de la Asociación de Academias de la Lengua Española (ASALE), celebrado en Sevilla (España) en 2019, se aprobó la publicación de esta antología dedicada a Octavio Paz, que, bajo la coordinación general de la Presidencia de la ASALE y con la colaboración de la Academia Mexicana de la Lengua, lleva a cabo un recorrido integral por su obra, y cuya selección incluye todas las líneas de la producción del autor. Se rinde con ella el homenaje a uno de los más emblemáticos representantes de la literatura mexicana y universal.

Este nuevo título se une a los ya publicados en la colección académica de ediciones conmemorativas de la Real Academia Española y la Asociación de Academias de la Lengua Española inaugurada en 2004 con la del *Quijote* del IV Centenario —reeditada en 2015— y continuada con *Cien años de soledad* (2007), *La región más transparente* (2008), *Pablo Neruda. Antología general* (2010), *Gabriela Mistral en verso y prosa* (2010), *La ciudad y los perros* (2012), *Rubén Darío. Del símbolo a la realidad* (2016), *La colmena* (2016), *Borges esencial* (2017), *Yo el Supremo* (2017), *Rayuela* (2019), *El Señor Presidente* (2020), *Martí en su universo. Una antología* (2021) y *Los ríos profundos* (2023). Cabe destacar que, con la publicación de Octavio Paz, la colección recoge ya siete de los diez Premios Nobel de Literatura concedidos a las letras escritas en español.

La obra de Paz, caracterizada por una profunda reflexión, la riqueza lírica y la exploración de temas universales, ha sido considerada como una de las más influyentes de la lengua española del siglo xx. Abarca una amplia gama de temas, desde la poesía y la literatura hasta la política y la filosofía.

Paz fue un intelectual comprometido con el análisis crítico de la sociedad y la cultura, involucrado, además, en la política y la diplomacia. Fue embajador de México en India y en otros países, y su compromiso con la justicia social y la libertad se refleja en gran parte de su obra. Asimismo, jugó un papel fundamental en la promoción del diálogo entre diferentes culturas y corrientes literarias. Su obra muestra una sensibilidad hacia la diversidad cultural y la importancia de la comunicación entre diferentes tradiciones.

En 1990 la Academia Sueca le otorgó a Paz, «un escritor en español con una amplia perspectiva internacional», el Premio Nobel de Literatura por «su escritura apasionada y de amplios horizontes, caracterizada por la inteligencia sensorial y la integridad humanística». Además del máximo galardón a las letras a nivel mundial, ya había obtenido el reconocimiento mayor a las letras hispanoamericanas con el Premio Cervantes en 1981. En 1993 la revista *Vuelta*, fundada y dirigida por Octavio Paz, recibió el Premio Príncipe de Asturias de Comunicación y Humanidades.

El presente volumen, *Corrientes alternas. Antología de verso y prosa*, supone un dilatado recorrido por la obra de Octavio Paz que muestra una amplia visión de su creación y su pensamiento y puede convertirse en la primera aproximación a uno de los máximos representantes de las letras en español.

La antología, coordinada por Adolfo Castañón, secretario de la Academia Mexicana de la Lengua, como el resto de los títulos de la colección, se acompaña de una serie de estudios monográficos y breves ensayos. En esta ocasión, la edición se abre con un trabajo de Rodrigo Martínez Baracs —hijo del gran editor del Fondo de Cultura Económica José Luis Martínez, que fue también director de la Academia Mexicana de la Lengua— en el que se hace una profunda semblanza del autor y su obra a través de la gran amistad que unió a los dos intelectuales, al que continúa un completo y exhaustivo trabajo de mano de Adolfo Castañón sobre las ediciones de Octavio Paz que justifica, además, la selección y procedencia de los textos que integran esta antología.

Al final del volumen, y bajo el título «Horizontes de Octavio Paz», se recogen las colaboraciones de Luce López-Baralt, de la Academia Puertorriqueña de la Lengua Española; Roger Bartra, de la Academia Mexicana de la Lengua; la escritora y ensayista mexicana Malva Flores; y la escritora y ensayista francesa radicada en México Fabienne Bradu. Completan la edición una bibliografía, un glosario de voces utilizadas por el autor en las obras que componen esta antología y un índice onomástico.

A todos los autores de estos trabajos manifiestan su gratitud la Real Academia Española y la Asociación de Academias de la Lengua Española. Agradecimiento especial merecen la Academia Mexicana de la Lengua, en particular la labor de su director, don Gonzalo Celorio, y su secretario, don Adolfo Castañón, junto a su equipo de colaboradores del Gabinete Editorial de la Academia Mexicana, la Comisión Interacadémica de Publicaciones de la ASALE, así como don Carlos Domínguez, responsable de Publicaciones de la Real Academia Española.

Octavio Paz

RODRIGO MARTÍNEZ BARACS

OCTAVIO PAZ Y JOSÉ LUIS MARTÍNEZ: LOS INICIOS DE UNA AMISTAD[*]

La amistad de Octavio Paz (1914-1998) y José Luis Martínez (1918-2007), que comenzó en 1939 y acabó en 1998, cuando falleció Paz, duró casi sesenta años. Su correspondencia epistolar conocida va de 1950 a 1990, cuarenta años, la que más tiempo duró de las correspondencias de Paz [Paz-Martínez, 2014]. Su relación estaba basada en el deslumbramiento de Martínez al conocer al joven poeta, al presenciar el desarrollo de sus facultades poéticas y su despliegue como ensayista, que depuró aún más su poesía. Adolfo Castañón escribió que Paz y Martínez «fueron amigos y tuvieron amigos, paisajes y afinidades en común: buscaron comprehenderse a lo largo del tiempo, compartían una curiosidad pluriversal, cada uno a su manera era versátil y estaba marcado por una voraz vocación artística y filosófica» [Castañón, 2014, 2021]. Difícil dar breve cuenta de una amistad larga y rica. Comenzaré por el inicio.

---

[*] Este trabajo debe mucho a varios amigos conocedores de la obra de Octavio Paz y de José Luis Martínez: Ángel Gilberto Adame, Adolfo Castañón, Javier Garciadiego, Christopher Domínguez Michael, Malva Flores, Enrique Krauze, Guillermo Sheridan, Rafael Vargas y Gabriel Zaid.

Probablemente los presentó la fotógrafa Lola Álvarez Bravo (1907-1993), que se encargó de civilizar y erotizar al joven José Luis, aspirante a escritor llegado en 1937 a la ciudad de México después de estudiar en Zapotlán y en Guadalajara, Jalisco. Por influencia de su padre, el doctor Juan Martínez Reynaga (1888-1962), inició estudios de medicina, pero se dedicó también, con sus amigos Alí Chumacero (1918-2010) y Jorge González Durán (1918-1986), a leer de manera sistemática lo más y mejor que pudieron de literatura mexicana y europea; asistieron a la Facultad de Filosofía y Letras de la Universidad Nacional Autónoma de México y comenzaron a escribir poesía y ensayo. José Luis, Alí y Jorge se integraron a las tertulias del café París, en la calle de 5 de Mayo, y se veían frecuentemente con Paz, quien recordaría: «los veía a menudo, casi todos los días» [Paz, 1988: 17-20; Castañón, 2016: 452].

Veinte años más tarde, en 1959, en una conferencia dictada en la Sala Ponce del Palacio de Bellas Artes, Martínez dio una «imagen primera del poeta» que conoció en 1939:

Aquel Octavio Paz de veinticinco años, ya autor de *Luna silvestre* [1933], *Raíz del hombre* [1937] y *Bajo tu clara sombra* [1937], que conocí hace veinte años en el vestíbulo del Palacio de Bellas Artes, era el mismo que el amigo que despedimos hace poco, en viaje diplomático a París. El mismo apasionado, distraído, discutidor, curioso lector, un poco perdido y confundido en este mundo en que siempre parece un recién llegado. Ni sus venturas y desventuras ni sus viajes a todos los extremos del mundo ni su prestigio, nada ha hecho mudar su rostro algo infantil, su ánimo para buscar la sorpresa, su incapacidad para protegerse, su facilidad para los entusiasmos o las condenaciones repentinas. Acaso por todo esto, porque para él siempre han sido verdad total aquellos versos de Quevedo que puso como epígrafe de uno de sus libros: «Nada me desengaña, el mundo me ha hechizado», por todo esto es Octavio un poeta en el sentido estricto y cabal de la palabra, un poeta, solo un poeta. En aquellos años frecuenté mucho a Octavio en su casa, en el café y en reuniones de amigos, y nunca llegué a saber cuándo escribía. Excepto las horas en que debía ganarse la vida contando billetes de banco viejos [1938-1942], parecía tener siempre tiempo libre para conversar. En la época del Café París, a menudo salíamos de allí juntos para caminar por el costado de la Alameda en el crepúsculo del Valle, y de pronto, por virtud de algún estímulo secreto, la conversación se convertía en monólogo de Octavio, distraído e iluminado, que hablaba de los viejos muros de la ciudad, de las nubes, de la luz del atardecer, de las altas frondas, y era ya solo el gran lírico que trasmutaba en poesía cuanto tocaba. Durante el tiempo en que teóricamente estuvimos en guerra con las potencias del Eje [1942-1945], se decidió militarizar a los empleados públicos, y por ello debíamos ir a hacer prácticas al bosque de Chapultepec por las mañanas. Solía marchar al lado de Octavio, para aliviar de alguna manera los rigores de la desmañanada y la severidad marcial, y a Octavio volvían a transfigurarlo las bellezas del bosque matinal y se olvidaba de seguir la fila. Un grito destemplado del sargento lo derrumbaba y humillaba, hasta que optó por desertar, así lo fusilaran o perdiésemos la guerra [Martínez, 1959, 1980; Santí, 2009: 27-30].

LOS PRIMEROS RECONOCIMIENTOS DEL POETA

Durante sus primeros años como escritor, Martínez probó su camino en la poesía [Martínez, 2008]. Bajo el embrujo de Lola Álvarez Bravo, escribió poemas de amor intenso y alucinado. Pero, según explicó después, deslumbrado por Paz, en 1941 decidió abandonar la poesía y dedicarse a la crítica y a la historia literarias, que trató con el mismo rigor con que se trata la poesía, como lo observó Enrique Krauze [2007]. No sé en qué medida Lola haya influido en su decisión, pero al fotografiar a Martínez lo mostró en su esencia: sentado vestido de traje, con su pipa, revisando una tesis de El Colegio de México, leyéndola pausadamente, con elegancia, gusto y sentido crítico. Por este campo y camino, desarrolló un fino oído e instinto literarios que le permitieron ser uno de los primeros en advertir la calidad excepcional de la poesía de Paz.

El primero en reconocer a Paz, de diecisiete años, en 1931, fue el poeta Bernardo Ortiz de Montellano (1899-1949), en el último número de la revista *Contemporáneos* (1928-1931), quien supo distinguir la inspiración poética de la generación de Paz y de la revista *Barandal* (1931-1932). Y en febrero de 1937 Jorge Cuesta (1903-1942) hizo una reseña —«notable por su clarividencia», escribiría Martínez [Martínez-Domínguez, 1995: 71]— de *Raíz del hombre* [Cuesta, 1937]. Dice Cuesta que poco antes había conocido al entonces joven de veinte años en el que «tuve que advertir la sinceridad apasionada con que sentía inquietudes intelectuales»; y después de la lectura de *Raíz del hombre*, su primer libro formal, sentencia: «Ahora estoy seguro de que Octavio Paz tiene porvenir». A partir de entonces Paz mantuvo una relación cercana con los poetas del grupo Contemporáneos, pese a que el 27 de abril de 1937 se expresó en términos duros sobre estos en sus cartas a su futura esposa Elena Garro (1916-1998) escritas en Mérida, en plena fase de fe comunista [Paz, 2021: 332].

Después de la apreciación de Cuesta de 1937, me parece que el siguiente reconocimiento de la importancia de Paz como poeta es el de Martínez, de mayo de 1941, en la revista *Letras de México* que dirigía Octavio G. Barreda (1897-1964), en una reseña del recién aparecido poema *Entre la piedra y la flor* [Paz, 1941]. Poco después, el escritor yucateco Ermilo Abreu Gómez (1894-1971) publicó una reseña de ese poema, que vio nacer durante la estancia de Paz en Yucatán de marzo a mayo de 1937, en la revista *Tierra Nueva* (1940-1942), que dirigía Martínez con sus amigos Chumacero, González Durán y el filósofo Leopoldo Zea (1912-2004) [Abreu, 1941]. En su reseña, Martínez mostró la temprana y ya deslumbrante evolución de la poesía de Paz:

Octavio Paz, ya lo sabemos, es el primer poeta y la más cierta
realidad de nuestra juventud. Su camino poético, a partir de «Raíz
del hombre» (1937), no ha tenido un solo momento de desmayo.
Nada en él ha sido tan palpable como su voluntad de realizar una
poesía, desde su puro y estricto mundo, con sus recursos y sus
formas originarias, fuera de toda facilidad y moda ajenas a su per-
sonal maduración.

Preocupado por el destino y la condición de la poesía mexicana,
abandonada secularmente al curso de una corriente que siempre le
fue extraña; con la firme vocación a la poesía entrañable, cuya voz
no podían expresar cabalmente sino los poetas de su misma sangre
y de su misma tierra que solo se ocupaban de armar una poesía
«cosmopolita»; dueño de una altura espiritual arisca y orgullosa,
que le permitía quedarse solo para gritar desde su soledad su opaco
pero verdadero grito, Octavio Paz ha podido ser para nosotros la voz
de la poesía viva y la esperanza de una voz universal de lo mexicano.

«Raíz del hombre» descubre para la sensibilidad mexicana
el mundo del amor. Un amor ciego y oscuro, arrebatado y animal,
que sentimos desde entonces reptando entre nuestra sangre, animán-
dola y enfureciéndola. La poesía que Octavio Paz publica poste-
riormente continúa y matiza esta dirección (*Taller*, IV y X) [Paz,
1939a; 1939b], o bien se aventura por otros espacios. Algunos
poemas de los que publica durante su estancia en España y los
recientemente recogidos en *Sur*, número 74 [Paz, 1940a: 36-42],
tienen un aliento hacia la naturaleza, un primero y suave afán
amoroso. Los poetas del romanticismo inglés y alemán se transpa-
rentan en esta segunda manera, así como el gran inspirador de la
primera era el novelista Lawrence. El mejor camino para la expre-
sión del sueño y de la lumbre interiores es la naturaleza. Su pasión,
quieta y concentrada, trasluce y simboliza la propia.

Pero, si en esta etapa poética, la naturaleza era aún apenas un
blando espejo que traducía en cifras vegetales la pasión del poeta,
en su último poema publicado («Entre la piedra y la flor»), Octa-
vio Paz se echa de lleno a la aventura de penetrar y revelar, con
plena categoría poética, una realidad mexicana. Ha escrito un poe-

ma sobre el henequén yucateco y ha hablado en poesía desde dentro de la planta para expresar su crecimiento arduo y seco, su pasión *de ceniza y piedra viva*, tal el crecimiento sordo y rencoroso de México y lo mexicano. La naturaleza ha dejado de ser escenario, para ser enardecido actor de nuestro destino. Por ello «Entre la piedra y la flor» da un cierto paso, ya seguro, hacia una poesía mexicana auténtica y no nacional ni cosmopolita, porque se profiere desde México y en México, y México no es en ella el tópico pintoresco ni revolucionario sino la eternidad y la aspereza de un destino [Martínez, 1941b].

Martínez, por lo demás, no se presenta como descubridor del genio de Paz, pues inicia su nota diciendo que es algo que ya muchos comparten: «ya lo sabemos». El propio Paz, al presentar un currículum para obtener la beca Guggenheim el 19 de enero de 1943, citó a los varios autores que para entonces habían escrito sobre su obra poética: Rafael Heliodoro Valle, en 1933; Efraín Huerta, en 1936; Bernardo Ortiz de Montellano, Jorge Cuesta, Rafael Heliodoro Valle, Pedro Gringoire, Elías Nandino, Rubén Salazar Mallén, Antonio Acevedo Escobedo, Enrique Ramírez y Ramírez, Efraín Huerta, Rafael Alberti, Juan Gil-Albert, en 1937; Rafael Solana, en 1938; Manuel Maples Arce, en 1940; José Luis Martínez, Ermilo Abreu Gómez, Rafael del Río en 1941; Rafael del Río, Alí Chumacero, en 1942; Juan Gil-Albert, en 1943 [Sheridan, 2020].

Pero en su reseña Martínez describe con una precisión antes no lograda lo específico y novedoso de sus primeras estaciones poéticas. Poco después, en enero de 1942, en un «Esquema de un año de literatura mexicana», señaló:

El henequén del pueblo maya, la tierra, el cielo y el hombre que lo laboran, dieron motivo a Octavio Paz, para su hermoso poema *Entre la piedra y la flor*. El cálido sentimiento de la naturaleza y esa noble y generosa consistencia humana que caracterizan su poesía, convergen también, en este poema, unidos a otra meditación original: el hombre [Martínez, 1942a].

Cuando Paz cumplió setenta años, el 30 de marzo de 1984, Martínez le escribió una carta congratulatoria en la que rememoró:

He recordado obsesivamente una noche allá por los primeros cuarentas, en casa de Paco [Peláez, el escritor Francisco Tario (1911-1977)] y Carmen Peláez, calle de Etla, en la que, ya muy tarde, grabamos un disco —en aquel raro aparato que tenía Paco para grabar con una aguja que iba sacando una espiral negra del disco. Tú debes haber dicho un poema y, antes o en seguida, como presentación dije que serías nuestro mayor poeta, por razones que no recuerdo. ¡Ay, desde aquella noche han pasado ya sobre nosotros más de cuarenta años! [Paz-Martínez, 2014: 131].

Entre 1940 y 1942, Martínez dirigió, junto con Chumacero, González Durán y Zea, como vimos, *Tierra Nueva. Revista de Letras Universitarias*, que Christopher Domínguez considera la «hermana menor de *Taller*» de Paz (y Alberto Quintero Álvarez, Rafael Solana y Efraín Huerta) [Domínguez, 2014: 893; Sheridan, 2019: 291-292; la mayor parte de las revistas mencionadas pueden consultarse en Martínez, 1977-1982]. Paz publicó tres veces en *Tierra Nueva*, particularmente en mayo-agosto de 1941, una reedición en *plaquette* de *Bajo tu clara sombra, 1935-1938*, con viñetas de Julio Prieto (1912-1977). Y Martínez fue el primero en incluir a Paz en una antología poética, en 1942, un pequeño florilegio titulado *Narciso. Poéticas mexicanas modernas*, también en *Tierra Nueva* [Paz, 1942b].

Martínez escogió en *Narciso* un poema de cada uno de los antologados, en el que expone su poética personal: Manuel Gutiérrez Nájera (1859-1895), Manuel José Othón (1858-1906), Ramón López Velarde (1888-1921) (unos bien esco-

gidos «Fragmentos»), Salvador Díaz Mirón (1853-1928),
Enrique González Martínez (1871-1952), Carlos Pellicer
(1897-1977), José Gorostiza (1901-1973), Jaime Torres Bodet
(1902-1974), Xavier Villaurrutia, Salvador Novo (1904-
1974) y finalmente el joven Paz, con el poema titulado «La
poesía», escrito en «Abril 14 y 15 de 1941». En la nota in-
troductoria, Martínez se refiere a «esa encarnación total y esa
lucha ansiosa y amorosa que revela Octavio Paz». Menciono
que, sorpresivamente, el florilegio *Narciso* no incluye a Al-
fonso Reyes (1889-1959), el gran maestro de Martínez.

Uno de los poemas de Paz que a Martínez más le gustaba
era «Delicia», escrito el 12 y el 13 de diciembre de 1941
cuando el poeta sufría el árido y mal pagado trabajo en la
Comisión Nacional Bancaria (de 1938 a 1942). Se publicó en
Letras de México el 15 de enero de 1942 y después en *A la orilla
del mundo*, México, ARS, 1942. Paz modificó «Delicia» en la
edición de *Libertad bajo palabra* del Fondo de Cultura Econó-
mica, de 1960 y 1968, y nuevamente lo modificó y lo dedicó
«A José Luis Martínez» en la edición de sus *Poemas (1935-
1975)*, publicado en 1979 por Seix Barral en Barcelona. Paz le
mandó a Martínez el manuscrito de esta última versión en una
carta del 26 de junio de 1979, a la que contestó Martínez el 16
de julio con una carta en la que analizó las tres versiones del poema
«Delicia» y confesó su preferencia por la primera [Paz-Martínez,
2014: 115-118, 197 y 135-140; Castañón, 2014: 278-303].

En octubre de ese mismo año de 1942, Martínez publicó
en el periódico *Excélsior* una aguda apreciación de la genera-
ción de la revista *Taller* (1938-1941) y particularmente de la
poesía de Paz, que ese mismo año publicó el nuevo libro *A la
orilla del mundo* [Paz, 1942b]:

Octavio Paz fue reconocido desde el principio y por sus mismos
compañeros, como el más poeta de su grupo. Cada uno de sus poe-
mas se encargó luego de confirmar tal primacía que decidió se le
confiriera la dirección de su revista. A una cultura de curiosidades

más universales y violentas que la de sus compañeros, a una voca-
ción total y absorbente por la poesía, sumaba Octavio Paz una
admirable fuerza lírica. Su primer libro (el que él ha aceptado to-
mar por tal) *Raíz del hombre* (1937) fue una clara revelación cuya
importancia aceptaron aun los nada efusivos poetas que lo prece-
dían. El erotismo como fuerza poética, que había sido notoriamen-
te relegado por los poetas del grupo inmediato anterior, volvía en
el libro de Paz inflamado con un impetuoso ardor juvenil expresa-
do en un lenguaje poético que podía afirmar, al lado de los impres-
cindibles ecos de otras poéticas, un tono original y acusadamente
personal. La pasión presidía la expresión poética de Octavio Paz,
indudablemente, pero al mismo tiempo, la riqueza de sus recursos
líricos y su conciencia literaria la reducían a formas vigilantes.

Después de *Raíz del hombre* el joven poeta continuó ofreciendo
a los lectores de poesía algunos pequeños cuadernos, así como
anticipos aparecidos en revistas literarias mexicanas y sudameri-
canas. Pero solo la recopilación reciente puede mostrarnos con
mayor precisión el paisaje de su poesía. La lectura de *A la orilla del
mundo*, a quien conociera solamente el primer libro del poeta, le
daría el goce de la comunión con una lírica que, sin ninguna des-
viación ni caída, ha ido puliendo paso a paso sus propias virtudes.
El ámbito de la intimidad del poeta, que es la habitual circuns-
cripción de nuestra lírica, se vierte en Octavio Paz hacia el mundo
para pedirle el sentido de su existencia. Así enciende, al tocarlas
con su lenguaje, una a una las criaturas de la tierra perseguidas
amorosamente. La sensualidad es la sustancia de este amor que,
luego de anegarse en el misterio de la carne, se desploma al mun-
do todo. El amor en la frontera de la muerte; el amor como una
apasionada pregunta al destino, preside su poesía. La autenticidad
de su lirismo le ha impedido felizmente realizar esas pequeñas
academias sobre motivos más literarios y retóricos que poéticos,
que son el tema de buena parte de nuestra poesía actual. Y así los
temas que su poesía toca han vivido profundamente de su concien-
cia o se han hincado en su sensibilidad, antes de fijarlos en vasos
poéticos. Ante esta fuerza lírica, ante esta riqueza de sus posibili-

dades, ante la vigilante conciencia con que se realizan los poemas de Octavio Paz, un libro como el que recientemente ha publicado fija ya la aparición de un poeta mexicano. Los titubeos, las resonancias ajenas, han quedado oscurecidas ante la propia vena lírica del poeta que ya es el creador de un tono y un lenguaje cuya altura lo iguala con nuestros mejores poetas mexicanos. Sin duda, no es este aún el libro definitivo de Octavio Paz, pero sí es ya el anuncio de un inminente gran poeta.

En enero del año siguiente de 1943, en un panorama sobre «La literatura mexicana en 1942», al referirse a la poesía, después de mencionar *Bajo el signo mortal*, de Enrique González Martínez, José Luis Martínez se refiere a Paz:

Un acento personalísimo e intenso, una riqueza poética inusitada y una plenitud lírica solo equiparable a la de algunos grandes nombres de la poesía mexicana, patentiza Octavio Paz en su reciente obra con la que da un firme paso en una carrera poética que llegará sin duda muy lejos [Martínez, 1943b: 9-10].

En 1943, comenzó a aparecer la revista *El Hijo Pródigo*, dirigida por Barreda, en la que, recuerda Paz, «nos reunimos escritores de dos generaciones y tres revistas: *Contemporáneos*, *Taller* y *Tierra Nueva*. Fue una tentativa más rigurosa [que la de *Letras de México*] para preservar la independencia de la literatura» [Domínguez, 2014: 176-177]. Y Christopher Domínguez cita a Sheridan, según el cual las reseñas a cargo de Paz, Martínez, Chumacero y César Moro «tienen un nivel de rigor, justicia y energía que sería difícil volver a encontrar en otras revistas anteriores o posteriores» [Sheridan, 2004: 419]. Sin embargo, debido al trabajo de Martínez como secretario particular de Jaime Torres Bodet, secretario de Educación Pública, de fines de 1943 hasta 1946, su participación en *El Hijo Pródigo* no fue tan abundante como la que había tenido en *Letras de México* y *Tierra Nueva*.

LA TRIFULCA DE PAZ Y NERUDA

En estos años se produjo el conflicto entre Paz y el poeta chileno Pablo Neruda (1904-1973). Al llegar a México en 1940, Neruda alteró la vida del mundo intelectual mexicano, marcado por la presencia de los transterrados españoles. Entró en conflicto con el influyente escritor madrileño José Bergamín (1895-1983) y pidió no ser incluido en la gran antología de poesía hispanoamericana *Laurel*, publicada por la editorial Séneca, de Bergamín, y atacó a los editores y poetas participantes, incluyendo a Paz, a quien reclamó por publicar a Bergamín en las revistas *Taller* [Bergamín, 1939a, 1939b, 1940] y *El Hijo Pródigo*.

Martínez trató de reconciliarlos y animó a Paz a acudir el 27 de septiembre de 1941 al homenaje que se le rendía a Neruda en el Club Asturiano. Tras la cena y los discursos, Paz se formó para felicitar a Neruda, quien había bebido y le dijo que tenía la camisa más blanca que su consciencia, por su amistad con Bergamín, la antología *Laurel* y otras cosas. Las cosas se calentaron y llegaron a los jaloneos y golpes. Carlos Pellicer repetía: «Pero Pablo, pero Pablo». Dos españoles agredieron a Paz pero lo defendió José Iturriaga (1914-2011), bueno para los cates. El poeta González Martínez se lo llevó a una *boîte* de moda a tomarse unas medias de seda, junto con Martínez y Chumacero, donde se quedaron hasta el amanecer [Domínguez, 2014: 172-173; Adame, 2020: 74-79].

Las cosas se calmaron por un tiempo, pero Neruda se fue de México en 1943 y antes de hacerlo se refirió a la falta de «moral civil» de los poetas mexicanos. Contestaron el propio Paz («Respuesta a un cónsul»), así como Martínez («Despedida»), ambos en la revista *Letras de México*, el 15 de agosto de 1943. Martínez —que firma su nota J. L. M., como representando a la redacción de la revista que dirigía Barreda— resumió el agravio:

Pablo Neruda, en vísperas de abandonar nuestro país, nos depara una cariñosa despedida: cree que los «agrónomos y los pintores son lo mejor de México actual» y considera «que en poesía hay una absoluta desorientación y una falta de moral civil que realmente impresiona».

Tanto Paz como Martínez defendieron la literatura mexicana que el poeta chileno despreciaba e ignoraba y criticaron la politización de la poesía de Neruda, que lo llevaba a «rugientes denuestos» y a la «repetición de los lugares comunes de su propia poesía», que «desnaturalizaban la poesía», como escribió Martínez. Y Paz escribió que «muchas veces no se sabe si habla el funcionario o el poeta, el amigo o el político. Acaso él tampoco lo sepa con claridad». Cuestionó: «El político Neruda encuentra que la obra de los agrónomos mexicanos es grandiosa. No todos los campesinos piensan lo mismo. Tampoco lo piensan esos escritores que admira. *El luto humano*, la novela de José Revueltas, es una crítica despiadada a las torpezas y equivocaciones de la política agraria mexicana». Y remató: «Neruda no representa a la Revolución de Octubre; lo que nos separa de su persona no son las convicciones políticas, sino, simplemente, la vanidad… y el sueldo».

Con el paso de los años, Paz y Neruda se reconciliaron en el festival de poesía de Londres de 1967 [Domínguez, 2014: 906], pero Martínez nunca logró volver a acercarse al poeta chileno.

MENTIRA Y VERDAD DE MÉXICO

Ese mismo mes de agosto de 1943, Paz obtuvo la beca Guggenheim y a fin de año viajó a San Francisco, California, donde permanecerá, allí y en la vecina ciudad de Berkeley, hasta fines de 1945, cuando ingresó al Servicio Exterior Mexicano y se embarcó rumbo a París [Domínguez, 2014:

893-895]. Durante su estancia en San Francisco y Berkeley escribió varias cartas a su amigo Octavio G. Barreda, el poeta, crítico y editor de las revistas *Letras de México* (1937-1947) y *El Hijo Pródigo* (1943-1946), en las que participaban Paz y Martínez y escritores de una confluencia de generaciones. Guillermo Sheridan dio a conocer y comentó estas cartas en el segundo tomo de sus *Ensayos sobre la vida de Octavio Paz* [Sheridan, 2015: 77-120]. En una de ellas, la del 8 de febrero de 1944, Paz le mandó a Barreda un texto de cuatro páginas mecanoescritas a renglón seguido en las que asentó un «sueño», un estrambótico mural carnavalesco sobre la vida política y cultural mexicana, para que se lo leyera a los amigos de *El Hijo Pródigo*. Este sueño, comenta Sheridan, «deberá figurar algún día en un volumen de escritos no coleccionados» de Paz.

Martínez aparece en el «sueño» como gran maestro de ceremonias, que enciende su pipa con unos poemas de Alí Chumacero y de Gilberto Owen (1904-1952) y pide serenidad a la concurrencia para conducirla al Zócalo, donde se oficiaría la ceremonia. Entre los regalos raros que le fueron entregados a Jaime Torres Bodet, nuevo ministro de Educación Pública (1943-1946), a quien Paz no quería [Sheridan, 2015: 94], las «alegres comadres del café París» le entregaron un espejito mágico como el de la madrastra de Blanca Nieves, «con la particularidad de que cada vez que Jaime se ve en el espejo y le pregunta: ¿Quién soy yo?, aparece en el cristal el gemelo y juvenil rostro de José Luis Martínez».

Martínez, como vimos, había ingresado a trabajar como secretario particular de Torres Bodet, secretario de Educación Pública, lo cual desaprobó Paz, quien consideraba que al hacerlo se había integrado a «la mentira de México» [Sheridan, 2015: 113]. Un mes después de enviado su «sueño» a Barreda, Paz se arrepintió en una carta del 12 de marzo de 1944, sobre todo por remordimiento por las menciones a su amigo José Luis, «a quien estimo y quiero». Todo no era

más que una broma, con algunas caricaturas merecidas, como
la de Diego Rivera, «¿Pero por qué molestar, con injusticia
y mala fe, a José Luis?»

Paz contestó su propia pregunta diciendo que tal vez era
una «manía» suya, o que José Luis «atrae —San Sebastián
de la literatura— todas las flechas». Explicó:

Es que en José Luis hay dos personas: el amigo cordial, el escritor
inteligente, la persona generosa que yo estimo y quiero; y el joven
que hace carrera, que va detrás «de la diosa perra del éxito», como
dice Lawrence. Sus éxitos me exasperan, no sé si por envidia o
mezquindad de alma, o porque semejantes triunfos comprometen
la otra imagen, más íntima y real, más querida, que todos tenemos
de su persona. En fin, quisiera saber si conoce la carta y si me
guarda rencor, porque me duele haber sido injusto e intolerante y
sentiría mucho perder su estimación... [Sheridan, 2015: 114-115].

Martínez bien pudo conocer el «sueño» de Paz, tal vez se
lo leyó entre risas Barreda, y no creo que se lo haya tomado
a mal a su amigo. Sheridan comenta que Paz fue injusto con
Martínez, pues este lo defendió en su trifulca con Neruda y
porque el propio Paz ingresaría poco después, en 1945, al
Servicio Exterior Mexicano. Pero ni Paz ni Sheridan enten-
dieron el significado para Martínez de entrar a trabajar en la
SEP con Torres Bodet, muy lejos de la supuesta «mentira de
México».

Años después, en la citada conferencia de 1959 sobre su
«trato con escritores», Martínez recordaría que los años de
trabajo con Torres Bodet «fueron para mí un aprendizaje
fundamental. Trabajar al lado de una mente tan disciplinada,
de pensamiento tan lúcido y de tan ejercitado rigor en la
organización de su vida fue, en efecto, un privilegio». Torres
Bodet «era y es la máquina humana más precisa y de mayor
potencia para el trabajo intelectual que hasta entonces hu-
biera conocido».

Cuando Torres Bodet fue designado secretario de Educación se habían dado a conocer estadísticas que mostraban que la mitad de la población mexicana no sabía leer ni escribir, en su mayor parte en las zonas marginales e indígenas. El 21 de agosto de 1944, el presidente Manuel Ávila Camacho (1897-1955) promulgó la Ley de Emergencia por medio de la cual se estableció la Campaña Nacional contra el Analfabetismo. Al enfrentar este reto educativo, Torres Bodet mostró su capacidad ejecutiva al servicio de una «visión social del servicio público», que aprendió en sus años de trabajo con José Vasconcelos (1882-1959) en la UNAM y en la SEP (1921-1924) [Loyo, 2011; Rangel, 2011].

Martínez heredó de Torres Bodet, y también de Agustín Yáñez, la conciencia, de raigambre decimonónica, de que en un país como México no basta con ser escritor, que todo hombre culto tiene la obligación moral de dar todo lo que pueda a la sociedad como servidor público [Martínez Baracs, 2018: 5]. Cabe agregar que, por intermediación de Martínez, Paz recibía de la SEP desde 1943 un sueldo mensual de 96 pesos por una plaza de seis horas/semana, comisionado por la SEP en los Estados Unidos, más una ayuda de 250 dólares a su esposa Elena Garro, que permaneció en la ciudad de México con su familia [Paz, 2021: 363].

A fines de 1944, sin embargo, Elena le pidió a Octavio que no le escribiese a Martínez. El 27 de noviembre Octavio le contestó: «En tus cartas no me hablas para nada de [Rafael] López [Malo.] ¿Qué dice? En cuanto a José Luis y demás no tengas cuidado: ni les he pedido nada personal, ni les he escrito, ni les escribiré». Y el 2 de diciembre le escribió: «solo te diré que no le he escrito nunca a Martínez, de modo que no entiendo tu frase: "no le vuelvas a escribir a J. L. M."» [Paz, 2021: 384, 388 y 393]. Tal vez a Elena le disgustaba que Martínez se hubiese casado hacía poco, el 26 de septiembre, con su prima Amalia Hernández Navarro (1917-2000), la bailarina y coreógrafa, que había estado casada con Rafael

López Malo, compañero de Paz desde la Escuela Nacional Preparatoria y en las revistas *Barandal* (1931-1932) y *Cuadernos del Valle de México* (1933-1934), e hijo del escritor Rafael López (1873-1943), director del Archivo General de la Nación cuando Paz trabajó allí en 1935 [Paz, 2021: 50, 67, 71, 79].

Elena Garro Navarro y Amalia Hernández Navarro estaban emparentadas por sus madres, que eran hermanas, Esperanza y Amalia Navarro. La socarrona invitación a la boda de José Luis y Amalia que redactó e imprimió Octavio G. Barreda el 26 de septiembre de 1944, a nombre de sus revistas *Letras de México* y *El Hijo Pródigo*, tiene cierta afinidad de tono con el estrambótico sueño que le mandó Paz sobre el mundo literario mexicano el 8 de febrero de 1944, que a su vez algo tiene de la pesadilla que fue para Paz el banquete de 1941 para Neruda.

PAZ EN LA HISTORIA DE LA LITERATURA MEXICANA

Ya no solo como crítico, sino como historiador de la literatura, Martínez siguió enalteciendo la poesía de Paz. La declaración más contundente de su reconocimiento como nuestro gran poeta del presente y del futuro la publicó en 1946 en su estudio sobre «Las letras patrias (De la época de Independencia a nuestros días)»:

Entre los poetas cuya obra es ya digna de consideración, Octavio Paz no solo es el primero de ellos, sino que aún anuncia un poeta llamado a alcanzar una significación eminente. Enriqueciendo los superiores dones líricos que en él concurren, su fluido aliento, su riqueza imaginativa, añade Octavio Paz la virtud de trasmutar sus experiencias poéticas individuales en una experiencia total del mundo, reintegrando de esta manera la lírica a su esencial destino. El más constante desenlace de sus mejores poemas —reunidos en *A la orilla del mundo* (1942)— es un enfrentamiento del amor, de la soledad, de la delicia o de la muerte, con el mundo y su oscuro peso y su ciega fatalidad; es un estremecedor reconocimiento del aliento desamparado y del constante perecer del hombre. Y por esta cualidad —que antes hizo la nobleza de los grandes poetas románticos—, por este sentirse criatura solitaria entre los mundos y por las cálidas y mágicas palabras con que revela su experiencia, la poesía de Octavio Paz es una de las más valiosas de la lírica mexicana contemporánea [Martínez, 1946a: 464; 1946b: 63-78].

Martínez retomó esta apreciación en el «Panorama de la literatura contemporánea» que puso al frente de su libro *Literatura mexicana, siglo XX*, publicado en 1949, y precisó en qué la generación de *Taller*, a la que perteneció Paz, se distinguió de la generación de *Contemporáneos*:

Una generación literaria que había comenzado a darse a conocer, aún con inseguridad en las revistas *Barandal* (1931-1932), *Cuadernos del Valle de México* (1933-1934) y *Taller Poético* (1936-1938), se concretó en torno a la revista *Taller* (1938-1941) y en su preferencia por la poesía. En sus principios, el grupo adoptó una actitud contraria al esteticismo que los «contemporáneos» habían impuesto como tono de la vida literaria, actitud que, por otra parte, se relacionaba con las tendencias sociales en boga por aquellos años. Su acento característico puede pues encontrarse en esta postura que los llevó, al mismo tiempo, a ganar en espontaneidad y en calor humano lo que perdían —solo algunos de ellos— en cultura [Martínez, 1949: 76-79 y 95; 1950: 93-94].

Martínez le envió un ejemplar del primer tomo de su libro *Literatura mexicana, siglo XX* a Paz, diplomático en París, quien lo comentó en carta con Alfonso Reyes el 14 de octubre de 1949: «Hace días recibí el libro de José Luis Martínez. Apenas lo termine, le escribiré» [Reyes-Paz, 1998]. Paz se

tardó en leerlo, pues le escribió a Martínez más de un año
después, el 16 de noviembre de 1950, pidiéndole disculpas
por su «largo silencio», y se refirió en términos cálidos sobre
el libro y aventuró una amistosa crítica y recomendación:

Lo leí —releí, mejor dicho— con cuidado y gusto. No necesito
decirte que me parece muy completo y con juicios sensibles e in-
teligentes. En este sentido tu obra es indispensable para todo el
que quiera hablar de literatura mexicana. Y toda crítica debe par-
tir del reconocimiento de estas virtudes. Si algo me atrevo a repro-
charte, es que no la completes con algunos estudios aislados, sobre
personalidades o tendencias —que podrían substituir algunas
notas acaso demasiado determinadas por las fechas o las necesida-
des del momento— así como algún estudio de carácter general
sobre el «carácter» (si lo tiene) de nuestra literatura [Paz-Martí-
nez, 2014: 17-18 y 53-54].

Martínez siguió al pie de la letra la recomendación de Paz,
pues diez años después, en 1960, dedicó su discurso de in-
greso a la Academia Mexicana de la Lengua a la consideración
De la naturaleza y carácter de la literatura mexicana [Martínez,
1960].

En la carta, Paz le agradeció a Martínez los textos que
había publicado en «defensa de mis cosas», como vimos,
desde 1941. Paz no menciona dos notas de Martínez recién
publicadas en su columna «La vida literaria» de la revista
Voz, el 27 de julio y el 19 de octubre de 1950, la primera
sobre el recientemente aparecido *El laberinto de la soledad*, no
muy entusiasta, y la segunda defendiendo a Paz como el
«mejor poeta joven de México» contra los ataques del perio-
dista e historiador Manuel González Ramírez (1904-1970)
[Paz-Martínez, 2014: 141-144].

Martínez ubica la aparición de los siete ensayos que con-
forman *El laberinto de la soledad* en relación con la «corriente
de autovaloración nacionalista que ha aparecido en México

en los últimos años», que se expresó con «el presunto descubrimiento de los restos de Cuauhtémoc y una malsana xenofobia» asociada a «la crónica propensión que padecemos y que nos lleva a proclamar, contra todos los testimonios, la riqueza legendaria de México». Pero Martínez menciona análisis más consistentes del ser del mexicano como los del libro de Samuel Ramos (1897-1959), *El perfil del hombre y la cultura en México*, de 1934, las conferencias del grupo Hiperión en la Facultad de Filosofía y Letras y la conferencia en el Palacio de Bellas Artes sobre «50 años de la cultura en México», que preparan al libro de Paz. Martínez hace una breve valoración del libro:

El último libro de Octavio Paz, y el primero en que ha recogido sus escritos en prosa, no se escapa de estas limitaciones, y aún más, no puede dejar de ser el libro de las meditaciones de un hombre que fundamentalmente, y para fortuna de México, es un poeta. Mas un poeta que al mismo tiempo ha frecuentado con auténtica afición la sociología, la filosofía y la historia, pero que, al proponernos sus tesis o sus inconformidades con las postulaciones de los especialistas, no alcanza a separar del todo los alcances y los dominios propios de cada una de las disciplinas que maneja, y propone a menudo, como doctrinas o tesis sociológicas o históricas las que solo ha basado en sus experiencias poéticas. Creo que al sociólogo, al historiador o al filósofo que lea el libro de Paz le seducirán sus atrevidos y penetrantes atisbos sobre nuestras fiestas, sobre algunos de nuestros sentimientos más persistentes o sobre ciertos procesos de nuestra historia, pero le sorprenderá, al mismo tiempo, la curiosa confusión de disciplinas que fundamentan aquellos atisbos. Mas a nadie le cabrá duda de que *El laberinto de la soledad* es el libro de un poeta que sabe serlo siempre y que, ~~pese a su falta de rigor científico~~, sabe sugerirnos algunas claves sobre nuestro ser mexicano que no pudieron haber surgido sino de la videncia que distingue al poeta.

Al releer su nota y considerarla para una publicación posterior, Martínez tachó «pese a su falta de rigor científico», que pudo molestar a Paz. Con todo, su intención era destacar que Paz «sabe sugerirnos algunas claves sobre nuestro ser mexicano que no pudieron haber surgido sino de la videncia que distingue al poeta». En todo caso, su nota sobre *El laberinto de la soledad* es una muestra de que siempre fue sincero con Paz, tanto en el diálogo crítico como en la admiración.

El estudioso Héctor Aparicio encontró que, en la primera edición, de 1950, de *El laberinto de la soledad*, Paz elogió a Jaime Torres Bodet y a Agustín Yáñez, y suprimió esta mención en la segunda edición, de 1959 [Aparicio-Ramos, 2022]. Ya mencioné la antipatía de Paz a Torres Bodet. Y debió molestar a Paz que precisamente en 1950, Torres Bodet, entonces director general de la UNESCO, desestimara como «un curioso, pero superfluo ejercicio literario» un informe político diplomático redactado por Paz, como segundo secretario de la embajada de México en Francia, sobre la situación política en España, en el que profetizó que el fin del franquismo podía ser una monarquía constitucional con un jefe de gobierno socialista [Domínguez, 2014: 231; Sheridan, 2004: 443; Enciso, 2008: 81-85]. Esto marcó un alejamiento político de Paz respecto de Martínez, que se mantuvo cercano a las figuras de Torres Bodet y Yáñez, por la ética de servicio y la inspiración vasconceliana.

APOYO A PAZ DESDE FERROCARRILES NACIONALES

Pese a sus cargos en la Secretaría de Relaciones Exteriores, en París, Delhi, Tokio, Ginebra, Paz seguía viviendo penurias económicas para mantener a su mujer Elena Garro y a su hija Laura Helena Paz Garro (1939-2014) y para socorrer a su madre Josefina Lozano (1893-1980), entre otras obligaciones. Entre 1952 y 1958, Martínez trabajó en Ferrocarriles

Nacionales, que dirigía el licenciado Roberto Amorós (1914-1973), quien puso a su disposición «una cantidad mensual para auxiliar a escritores en problemas». Entre los beneficiados estuvieron Paz, el escritor Juan Rulfo (1917-1986) y el filósofo Emilio Uranga (1921-1988). Y varias veces ofreció viajes en Ferrocarriles para escritores y encuentros literarios [Paz, 2008c: 114-122]. Hay unas bellas fotos de Paz, tomadas por Martínez, en los cómodos asientos del salón de fumadores de un tren, leyendo el periódico, posiblemente de camino a un encuentro de homenaje a Alfonso Reyes en Monterrey, al que acudieron también José Alvarado (1911-1974), Juan Soriano (1920-2006), Alí Chumacero y Emilio Uranga.

Al tiempo que Martínez apoyaba a Paz desde Ferrocarriles Nacionales, lo apoyaba Reyes desde El Colegio de México, que lo becó para concluir su tratado literario *El arco y la lira*, publicado en 1956, que el filósofo trasterrado José Gaos (1900-1969) consideró «uno de los frutos más granados [...] de la filosofía, a secas, en nuestra lengua», como lo recordó Enrique Krauze [2014: 138]. Al mismo tiempo, Paz publicó *Sendas de Oku*, traducción comentada de los poemas del poeta japonés Matsuo Basho (1644-1694), y los ensayos de *Las peras del olmo* (editados ambos por la UNAM en 1957).

Pese a su exigente trabajo en Ferrocarriles Mexicanos, el año de 1955 fue de mucha productividad literaria para Martínez, pues ese año publicó en la UNAM su libro *La expresión nacional. Letras mexicanas del siglo XIX*, hermano de *Literatura mexicana, siglo XX*, de 1949 y 1950; y publicó también en 1955 otro libro con escritos de teoría literaria, titulado *Problemas literarios*, en la efímera Colección Literaria Obregón dirigida por Octavio Paz y el joven Carlos Fuentes (1928-2012). Según Adolfo Castañón, este pequeño libro de Martínez forma un «triángulo crítico» con *El deslinde* de Alfonso Reyes, de 1944, y *El arco y la lira* de Octavio Paz, de 1956 [Castañón, 2014: 291].

Cabe recordar que la solapa de *Problemas literarios* de Martínez anuncia entre los tomos en preparación una «*Antología de la poesía francesa (1925-1950)*. Selección, traducción, prólogo y notas de Octavio Paz (texto bilingüe)», y un tomo titulado «*La Literatura mexicana en las revistas. («Contemporáneos», «Taller», «Tierra Nueva» y «El Hijo Pródigo»*) Selección y prólogo de Alí Chumacero». Ninguno se realizó.

En octubre de 1956 estalló la rebelión en Hungría sangrientamente reprimida por los tanques soviéticos. Martínez estaba casado desde 1954 con Lydia Baracs (1928-1986), judía húngara que huía de los nazis y de los rusos, y Paz y sus amigos de Relaciones Exteriores le ayudaron a traer a México a su madre, Sofía Sellei, y su padrastro, Gábor Makay [Paz-Martínez, 2014: 20 y 157-158].

El entusiasmo de Martínez por el Paz poeta y su aprecio reservado por el ensayista se muestran en la nota que escribió en la presentación de Paz en la compilación *El ensayo mexicano moderno*, de 1958, que comenzó a visibilizar el género del ensayo en la literatura mexicana [Martínez, 1958, II: 302-303]. La reserva de Martínez se expresa al considerar «audaces teorías» las de *El laberinto de la soledad* (1950, 1959) y al destacar que *El arco y la lira* (1956) «expresa una sola y coherente concepción poética: la del poeta que es su autor».

Los dos ensayos de Paz antologados por Martínez en *El ensayo mexicano moderno* fueron la «Introducción a la historia de la poesía mexicana», de 1952, incluido en el libro de ensayos *Las peras del olmo*, de 1957 [Paz, 1952, 1957], y «El verbo desencarnado», capítulo de *El arco y la lira* [Paz, 1956: 229-248]. Juntos abarcan 41 páginas, más que cualquier otro autor antologado en el segundo tomo, y solamente superados por la selección de ensayos de Justo Sierra (1848-1912) y de Alfonso Reyes, en el primero. En la segunda edición, refundida y aumentada, de *El ensayo mexicano moderno*, de 1971, Martínez agregó «André Breton o la búsqueda del comienzo», tomado de *Corriente alterna* [Paz, 1967]; y en la tercera edición, de 2001, agregó «Higiene y represión» y «La doble llama», tomados, respectivamente, de *El ogro filantrópico. Historia y política, 1971-1978* [Paz, 1979a]; y de *La llama doble. Amor y erotismo* [Paz, 1993a; Martínez, 1958].

Y en su discurso de ingreso a la Academia Mexicana de la Lengua el 22 de abril de 1960, titulado *De la naturaleza y carácter de la literatura mexicana*, Martínez menciona pocas figuras individuales, pero varias veces a Paz, siempre como poeta, aún no como ensayista. Pero en la década de 1960, en la embajada de la India y con Marie José Tramini (1932-2018) a su lado, Paz afirmará plenamente la potencia y el genio de su pensamiento a través de una serie de libros de ensayos, de tono resueltamente moderno: *Cuadrivio* (1965), *Los signos en rotación* (1965), *Puertas al campo* (1966), *Claude-Lévi Strauss o el nuevo festín de Esopo* (1967), *Corriente alterna* (1967), *Marcel Duchamp o el castillo de la pureza* (1968), *Conjunciones y disyunciones* (1969), entre otros. Además de su poesía, que tras la publicación de *Piedra de sol* en 1957 y de la compilación *Libertad bajo palabra* en 1960, tomó nuevos y más puros vuelos con: *Salamandra* (1962), *Viento entero* (1965), *Blanco* (1967), *Ladera este* (1969). Se renovó la fascinación de Martínez por el vigor y la riqueza creciente de la aprehensión del mundo que realizó Paz como poeta y ensayista en las décadas siguientes de su vida [Martínez-Domínguez, 1995: 164-188].

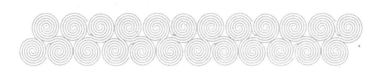

ADOLFO CASTAÑÓN

LA MANO ABIERTA

*A Fernando Savater, Pere Gimferrer,
Andrés Sánchez Robayna y Juan Malpartida,
amigos españoles de Octavio Paz*

Y yo quisiera transmitirles a ustedes algo que
no es nada extraordinario, sino una simple
inquietud: la del diablo, la del demonio. Para
Sócrates, el demonio era el interlocutor, el
consejero. El diablo era no lo que creemos
nosotros ahora que era el diablo, sino el *dai-
mon*, el diablo de los paganos, de Platón, de
Sócrates. Yo quisiera que se recordase en Mé-
xico no al demonio de las parroquias o de las
sacristías, no al demonio de las malas perso-
nas o al de la lucha civil. Sobre todo eso: no al
demonio de la lucha civil, el de la revuelta
entre hombres de la misma patria, sino al
otro, al demonio angelical de Sócrates y de
Platón, el demonio que tiende la mano al
amigo, que sabe dar consejos.

OCTAVIO PAZ [Domínguez, 2014/2019: 564]

Primera parte

I

La mañana del 19 de abril de 1998, cuando murió Octavio Paz en la Casa de Alvarado en Francisco Sosa, se inició una vertiginosa serie de publicaciones en periódicos, revistas, suplementos, memorias y libros, por un lado; del otro, exposiciones, actos y lecturas en medios de comunicación como radio y TV, tanto en México como en el extranjero. Se organizaron actos y ciclos de conferencias sobre su persona y legado en universidades, centros de investigación, bibliotecas, escuelas y colegios. De hecho, las actividades empezaron meses antes. Un ejemplo sería el de la efímera Cátedra Extraordinaria Octavio Paz, que se instaló en diciembre de 1997, asesorada por un Consejo compuesto por la Dra. Juliana González, entonces directora de la Facultad de Filosofía y Letras, y por Ramón Xirau, Adolfo Sánchez Vázquez, Fabienne Bradu y, por parte del Fondo de Cultura Económica, el suscrito. Los actos inaugurales de la Cátedra contaron con la intervención de un selecto grupo de autores como Homero Aridjis, Aurelio Asiain, Alberto Blanco, Francisco Cervantes, Elsa Cross, Christopher Domínguez, David Huerta, Enrique Krauze, Eduardo Lizalde, Víctor Manuel Mendiola, Carlos Monsiváis, Marco Antonio Montes de Oca, Carlos Pereda, Elena Poniatowska, José Luis Rivas, Alejandro Rossi, Alberto Ruy Sánchez, Tomás Segovia, Francisco Serrano, Guillermo Sheridan, Ramón Xirau y, a través de unas palabras, Gabriel Zaid; además se contó con un breve saludo enviado por el propio Octavio Paz. La conferencia inaugural estuvo a cargo del poeta y escritor José Emilio Pacheco. La Cátedra Extraordinaria Octavio Paz fue organizada por la Facultad de Filosofía y Letras y la Fundación Cervantina de Eulalio Ferrer. La ocuparon Saúl Yurkievich, Jacques Lafaye,

Julián Ríos, entre otros. El último invitado fue el escritor italiano Roberto Calasso.

Al morir Paz se desbordó la frontera editorial del millón de libros impresos de una obra como *El laberinto de la soledad* y de otros títulos suyos. Además de los libros mismos, poco después el Banco de México acuñaría una moneda de veinte pesos con su efigie. Las voces de sus amigos como Carlos Fuentes, Elena Poniatowska, Carlos Monsiváis, Juan Goytisolo, Mario Vargas Llosa, Gonzalo Rojas, Nicanor Parra, Jean Meyer, Enrique Krauze, Luis Villoro, Adolfo Sánchez Vázquez, Claude Lévi-Strauss, Jean-Clarence Lambert, Enrique González Pedrero, Alejandro Rossi, Guillermo Sheridan, Christopher Domínguez, Fabienne Bradu, Jacques Lafaye, Danubio Torres Fierro y Roger Bartra, entre muchas otras, se hicieron presentes. Desde luego, también se manifestaron voces disidentes y críticas...

Hay que decir que el movimiento empezó desde antes con la presentación de las *Obras completas* de Octavio Paz, editadas por Galaxia Gutenberg/Círculo de Lectores/Fondo de Cultura Económica (FCE), primero en formato mayor en quince volúmenes, y luego en formato condensado, en ocho. Tuve la fortuna de ser, junto con Ana Clavel, editor de la edición mexicana que replicaría la impresa en España por Círculo de Lectores, a cargo del precozmente desaparecido poeta y editor colombiano Nicanor Vélez. Octavio Paz estaba tan comprometido con su obra que insistió en revisar hasta donde pudo la edición española ya impresa. De ahí que la edición mexicana de las *Obras completas* comporte retoques y matices que no consideró la ultramarina, sobre todo en lo que hace a los nombres prehispánicos de la toponimia y las obras de arte.

El movimiento editorial relacionado con Octavio Paz tendría varios momentos culminantes en el año 2014, cuando se cumplió el centenario de su nacimiento, lo que propició numerosas publicaciones dedicadas a su obra y legado, como se refleja en el número monográfico de la revista *Tierra Adentro*. En ese horizonte, se inscribieron, por ejemplo, la exposición

«En esto ver aquello», inaugurada en el Palacio de Bellas
Artes, y el sintomático estira y afloja entre diputados federa-
les, quienes declinaron poner el nombre «Octavio Paz» en la
Cámara de Diputados de San Lázaro en 2008. No obstante,
los representantes locales, en ese 2014, sí inscribieron en le-
tras de oro su nombre, junto con los de Efraín Huerta y José
Revueltas, en la Asamblea de Representantes del entonces DF.
Fui testigo de aquella circunstancia y dejé este testimonio:

Cuenta Octavio Paz en *Vislumbres de la India* que, luego de renun-
ciar a la Embajada de México y al tomar el tren que los llevaría a él
y a Marie Jo, en octubre de 68: «El viaje de Delhi a Bombay fue
emocionante, no solo porque me recordaba el que había hecho unos
20 años antes, sino porque en algunas estaciones grupos de jóvenes
estudiantes abordaban nuestro vagón, para ofrecernos las tradicio-
nales guirnaldas de flores». Esos ramos de flores frescas son herma-
nos de las velas encendidas por manos anónimas en memoria de los
muertos en la Plaza de Tlatelolco el 2 de noviembre de 1968 y de
las letras de estos tres nombres insignes, Efraín Huerta, Octavio Paz
y José Revueltas, hermanos de tinta y luz, que hoy se inscriben con
letras de oro en la sede de la Asamblea de Representantes del DF.

Me gusta pensar que esta inscripción no es una imposición en
el sentido en que se marca a las reses con hierros ardientes al rojo
blanco en la piel las insignias de las rancherías de que provienen,
sino, más bien, y ante todo, una emanación o efusión, como si las
piedras que ahora ostentan estas letras hubiesen discernido con
inteligencia entre sus vetas estos signos para exhibirlos, sacándo-
los a la superficie uno por uno como de una caja encantada.

En alguna página, Miguel de Unamuno recuerda que los anti-
guos alquimistas tenían en sus gabinetes ventanillas hechas con
láminas de oro. La luz, al pasar por ellas, se ruborizaba y tornaba roja
como la sangre. Solo así podía tener éxito la operación alquímica.
Esta alianza entre el oro y el plasma cobra un peculiar significado
en este acto en que la caligrafía perdurable de una generación mexi-
cana representada deslumbrantemente por tres escritores y poetas:

Efraín Huerta, Octavio Paz y José Revueltas, se viene a labrar en uno de los lugares privilegiados de la memoria mexicana, para afirmar así una idea de la ciudad y de la historia de la que fueron agentes, protagonistas, testigos y hacedores, esos militantes del orden civil, esos hombres de palabra y acto de tanto y tan múltiple arraigo.

(10 de abril de 2014)

También en 2014 se realizó un libro por parte de la Secretaría de Relaciones Exteriores (SRE) donde se incluyen todos los informes diplomáticos de Paz, así como cartas escritas durante su gestión como embajador en la India y en Afganistán: *Octavio Paz, embajador de México en India: documentos e informes* (México, Secretaría de Relaciones Exteriores, 277 pp.). Esa publicación, coordinada por Alfonso de Maria y Campos Castelló y Miguel Ángel Echegaray Zúñiga, es lamentablemente poco conocida, incluye inapreciable información, consta de 61 cartas, la mayoría redactadas por Octavio Paz pero también del entonces presidente de la República Mexicana, Adolfo López Mateos, del secretario Manuel Tello, del político indio Jawaharlal Nehru, del diplomático Alfonso de Rosenzweig Díaz, del licenciado Ignacio D. Silva, del embajador Raúl Valdés Aguilar y del presidente de la India Zakir Husain. Algún día podría añadirse a las *Obras completas* de Octavio Paz en un tomo hipotéticamente titulado *Misión diplomática*, para evocar el título que recogió los documentos diplomáticos de Alfonso Reyes editados por Víctor Díaz Arciniega para el FCE y la SRE. En este mismo año, en abril, se dio, organizado por el Consejo Nacional para la Cultura y las Artes en el Palacio de Bellas Artes, un acto llamado «Retrato coral», en el que participaron Elena Poniatowska, Enrique Krauze, Charles Simic, Aurelio Asiain, Fabienne Bradu, Adolfo Castañón, José de la Colina, Jorge Edwards, Enrique Fierro, Teodoro González de León, Juan Goytisolo, Hugo Hiriart, Celso Lafer, Norman Manea, Alberto Ruy Sánchez, Lasse Söderberg, Anthony Stanton, Danubio Torres Fierro, Hugo J. Verani, Ida Vitale y Eliot Weinberger.

En 2021, Maarten van Delden, estudioso norteamericano de la Universidad de California, publicó el libro *Reality in Movement. Octavio Paz as Essayist and Public Intelectual*. Dividido en diez capítulos, el libro repasa diversas cifras y temas: «El rebelde», «La Revolución», «México y los Estados Unidos», «India», «Psicoanálisis», «Feminismo», «La izquierda», «Conservadurismo», «Poética» y «Octavio Paz como personaje literario». Se trata de un balance de la obra, del autor y de la figura pública y literaria, política y poética, que viene a llenar un hueco en el ámbito de la discusión en torno al autor. Van Delden hace ver que lo que

no deja de ser sorprendente para un estudioso de la carrera de Octavio Paz es la devoción que inspiró entre el círculo de intelectuales que colaboraron con él a lo largo de sus diversas iniciativas culturales. Piénsese en el hecho de que varios de sus colaboradores, incluyendo a Fabienne Bradu, Adolfo Castañón, Christopher Domínguez Michael, Enrique Krauze y Guillermo Sheridan escribieron libros sobre Octavio Paz. El lanzamiento de un sitio web exclusivamente dedicado a la vida y obra de Paz en el otoño de 2008 ha publicado desde entonces una corriente constante de artículos sobre su obra, selecciones de su correspondencia, y reflexiones e impresiones de Paz firmadas por personas que lo conocieron, dan testimonio del vasto y perdurable alcance de su ascendiente. El poeta y ensayista mexicano Gabriel Zaid, una de las figuras más eminentes del mundo literario mexicano, quien colaboró con Octavio Paz a lo largo de varias décadas, lo formuló sencillamente en un ensayo escrito con motivo del centenario del nacimiento del poeta. La aparición de Paz en la cultura mexicana, fue, argumentaba Zaid, nada menos que un «milagro». Independientemente de que se esté de acuerdo o no con la generosa aseveración de Zaid, es un testimonio seguro de la admiración que suscitaba entre quienes lo conocieron. Muy pocos dudarían de que fue un ganador que mereció el Premio Nobel de Literatura en 1990, y que es hasta ahora el único mexicano que lo ha recibido [Delden, 2021: 10].

II

Corrientes alternas: antología de prosa y verso de Octavio Paz, encomendada por la Asociación de Academias de la Lengua Española (ASALE) y la Real Academia Española (RAE) a la Academia Mexicana de la Lengua (AML), no podría pasar por alto la presencia de la obra del poeta mexicano en la percepción de sus miembros a lo largo de la historia. Así lo muestran los testimonios dispersos de Jaime Labastida, Gonzalo Celorio, José Luis Martínez, Hugo Gutiérrez Vega, Eduardo Lizalde, Margo Glantz, Guillermo Sheridan, Roger Bartra, Jesús Silva-Herzog Márquez, José Pascual Buxó, Ramón Xirau, Hugo Hiriart, José Luis Rivas, Alí Chumacero, Gloria Ignacia Vergara, Salvador Elizondo, Carlos Fuentes, Antonio Alatorre, José Emilio Pacheco, Gabriel Zaid, Luis Villoro, Juliana González, Ermilo Abreu Gómez y Gutierre Tibón. En esta edición solo se han podido rescatar algunos.

La persona y figura de Octavio Paz en la cultura mexicana resulta a la par emblemática y sintomáticamente incómoda. Sus cenizas se encuentran depositadas junto con las de su esposa en el edificio de San Ildefonso desde el 31 de marzo de 2022. Un año después se abrió la Casa Marie José y Octavio Paz, dependiente del DIF (Sistema para el Desarrollo Integral de la Familia) de la Ciudad de México, donde se encuentran los bienes y muebles de su casa-habitación y están en proceso de restauración y clasificación los papeles de su archivo.

III

No es muy conocida la relación de Octavio Paz con la Academia Mexicana de la Lengua. El 10 de septiembre de 1981 fue

electo para suceder en la silla número XXXI al poeta Carlos
Pellicer (1897-1977), quien a partir del 16 de octubre de
1953 fue elegido como académico de número luego de haber
sido correspondiente desde el 16 de mayo de 1952. La viva
relación amistosa de Carlos Pellicer con Octavio Paz la ha
documentado Guillermo Sheridan en el sitio Zona Paz [She-
ridan, 2014]. Baste decir aquí que la afinidad entre ambos
poetas atravesaba puntos clave en la obra de cada uno. Como
botón de muestra está la dedicatoria que hace Paz de su poema
«Felicidad en Herát» a Carlos Pellicer que le envió con esme-
rada caligrafía en papel afgano. Pasaron varios años sin que el
lugar fuese ocupado, hasta que Octavio Paz fue propuesto para
ocupar dicho sitio por Francisco Monterde, Rubén Bonifaz
Nuño y Salvador Elizondo. De la correspondencia entre Paz
y José Luis Martínez se desprende que el poeta tuvo durante
ese año un doloroso padecimiento y no pudo presentar su
discurso de ingreso como miembro de número. El 26 de agos-
to de 1997 fue nombrado académico honorario de la corpora-
ción, siendo director de esta José Luis Martínez.

IV

No sabemos desde cuándo le vino a Octavio Paz la idea de
formular sus obras completas. Arnaldo Orfila, en una carta
del 17 de enero de 1970, le manifiesta dicha sugerencia:

Por ello y ante el gusto que nos daría poder incorporar, como le
digo, otros libros suyos a nuestro catálogo, se me ocurre si no sería
posible formar un volumen completo con toda su prosa, en cuyo
caso no podrían oponer inconvenientes los otros editores, por
cuanto de acuerdo a la Ley de Derechos de Autor, cuando se trata
de «Obras completas», el autor tiene derecho de convenir la pu-
blicación aunque haya cedido individualmente algunas de sus
obras [Paz-Orfila, 2016: 328].

A esto responde Paz en la carta del 14 de febrero del mismo año, desde Cambridge, Inglaterra:

Su proposición de iniciar mis obras completas en prosa es tentadora pero la rechazo resueltamente. No, no ha llegado esa hora y ojalá que nunca llegase. No quiero enterrarme en vida ni pasearme por las páginas de lo que escribí como un fantasma [Paz-Orfila, 2016: 329].

Sin embargo, la idea sembrada por Orfila debe haberse quedado en estado latente desde entonces. Una primera enunciación de este proyecto se dio cuando el FCE, dirigido por Jaime García Terrés, le planteó a Paz un proyecto inspirado en otro anterior, editado por el argentino Luis Mario Schneider con el título: *México en la obra de Octavio Paz*, bajo el sello de Promexa en 1979. A Paz le gustó la idea de organizar su compás editorial en forma temática y no cronológica, como lo había hecho años antes Alfonso Reyes. De hecho, la idea de hacer una presentación panorámica de su obra se la había planteado a Orfila en febrero de 1970:

[...] se me ocurre lo siguiente: publicar tres volúmenes, con algún título general, que abarque mis ensayos sobre literatura, artes plásticas y otros temas. Esos tres volúmenes recogerían los dos tomos ya publicados (*Las peras del olmo* y *Puertas al campo*) y un tercer volumen con textos inéditos o, al menos, no recogidos en un libro. ¿Qué le parece mi proposición? [Paz-Orfila, 2016: 329].

Volviendo a la propuesta del Fondo de Cultura Económica, Paz decidió encargarse él mismo de dicho diseño y de ahí nació la serie de tres volúmenes que publicaría ese sello en 1987. Esta debe considerarse como una prehistoria editorial del proyecto de las *Obras completas*, dado que esos tres volúmenes —*El peregrino en su patria, Generaciones y semblan-*

zas y *Privilegios de la vista*— darían su lema y título a los
tomos de las *Obras completas* editadas más tarde por Galaxia
Gutenberg / Círculo de Lectores / Fondo de Cultura Econó-
mica. Paz enriquecería esa arquitectura con otros volúme-
nes: el dedicado a *Sor Juana Inés de la Cruz o las trampas de
la fe*, *Ideas y costumbres I* y *II*, *Miscelánea I* (escritos juveniles),
II (concebido como un pivote que luego sería reabsorbido
en los otros tomos) y *III* (entrevistas y conversaciones). Bá-
sicamente, el proyecto de *Obras completas* que se hizo más
tarde debe remontarse a esa arquitectura inicial. Esta ini-
ciativa editorial del poeta se inscribe en el horizonte más
amplio de su itinerario como editor de revistas y heredero
de la vocación que lleva a hacer libros que fue la de su abue-
lo Ireneo Paz.

El enunciado editorial que se resolvería en la edición de
las *Obras completas* podía haberse resuelto de otro modo. Pon-
go por ejemplo el caso de dos libros que ocupaban en la
mente de Paz un lugar central: me refiero al largo ensayo
dedicado a Marcel Duchamp y al dedicado al antropólogo
francés Claude Lévi-Strauss. Estos textos resultan centrales
en lo que podría llamarse la evolución de las ideas estéticas
y filosóficas del segundo Octavio Paz. No es extraño entonces
que el poeta haya pensado en algún momento en asociarlos
editándolos en un solo volumen, que se titularía *Díptico*. Véa-
se la carta dirigida al editor Arnaldo Orfila Reynal del 6 de
febrero de 1967:

Por lo que toca a mis dos libros: cuente usted con uno de ellos. El
otro lo publicará Joaquín Díez-Canedo. Uno de ellos, aún sin tí-
tulo (¿qué le parece *Díptico?*) está compuesto por dos ensayos, uno
sobre Marcel Duchamp y otro sobre Lévi-Strauss. El manuscrito
tiene 120 páginas, a máquina a doble espacio. El librito deberá ir
ilustrado con fotos de las obras de Marcel Duchamp. Para equili-
brar el aspecto gráfico quizá sea bueno ilustrar también con fotos
la segunda parte, que es la consagrada a Lévi-Strauss. En un breve

prólogo, que aún no escribo, explicaré por qué aparecen en una misma publicación un ensayo sobre un pintor y otro sobre un antropólogo: ambos, cada uno a su manera, ponen entre paréntesis lo que comúnmente se llama la «significación». El otro libro se llama *Corriente alterna* y tiene una extensión mucho mayor [...] [Paz-Orfila, 2016: 186].

Unas semanas antes, el 11 de enero de ese mismo 1967, Paz le anunciaba en la posdata de una carta escrita a Tomás Segovia: «Terminé ya el ensayo sobre Lévi-Strauss. Formará con el de Duchamp un librito —otra vez sin título—. ¿Qué te parece *Díptico*? Se trata de un díptico sobre la significación —o sea sobre aquellas preguntas que Buda se negó a contestar, ¿porque carecían de sentido o porque el lenguaje no puede contestarlas? ¿La significación no tiene significación o el lenguaje no tiene sentido? Como ves, el tema de los dos ensayos no es otro que el de un poema sin título —puesto que *Como nada* sí tiene sentido, un sentido común» [Paz, 2008a: 116].

Todo esto lleva a comprobar la unidad orgánica que tiene el pensamiento de Octavio Paz. La experiencia estética, la poética, la filosófica y la política no pueden ser disociadas unas de otras en su construcción intelectual. Sin embargo, el editor de una antología, como esta, tiene que sacrificar no pocos horizontes para poder dar una visión aproximada de la práctica poética del autor y de su pensamiento.

V

Las *Obras completas* de Octavio Paz están enunciadas editorialmente en quince volúmenes. El primero lo dedica el autor a su poética y a sus ideas en torno a la poesía. Se titula *La casa de la presencia*. En esa frase tal vez resuena la voz del filósofo alemán Martin Heidegger, que se refería al lenguaje como

a la «casa del ser». La presencia que habita esa casa es la poe-
sía y la reflexión sobre ella la que se despliegue y concentre
en este tomo y, de hecho, será el horizonte en el cual se ins-
cribe la obra toda, desde *Incursiones / Excursiones* (vol. 2) y
Fundación y disidencia (vol. 3) hasta *Generaciones y semblanzas*
(vol. 4) y *Sor Juana Inés de la Cruz o las trampas de la fe* (vol. 5).
La poesía como realidad estará expresada en los tomos 11 y
12 y campeará por el resto de los volúmenes.

Otra manifestación relacionada con la poesía es el arte.
La obra de Octavio Paz es indisociable de sus ensayos sobre
arte, ya sea universal (vol. 6), ya sea mexicano (vol. 7). Po-
dría considerarse que los dos tomos dedicados al arte serían
como las estribaciones en el plano de la estética de ese pri-
mer volumen dedicado a la poética. La otra puerta de esta
casa es la historia. La historia vivida como política, pensada
como idea o mito, debatida y controvertida, se concibe como
un viaje o un «Itinerario» que se da entre la acción y la re-
flexión, la ciudad y la política, la filosofía de la historia. *El
peregrino en su patria* (vol. 8) e *Ideas y costumbres I: la letra y el
cetro* (vol. 9) declinan esta vertiente. Historia y filosofía co-
lindan con la antropología y de nuevo con la poética. En *Ideas
y costumbres II: usos y símbolos* (vol. 10), Paz reunirá sus ensa-
yos filosóficos como el dedicado a Claude Lévi-Strauss o los
dedicados a la reflexión en torno al amor y la sexualidad,
como en *Conjunciones y disyunciones* o en *La llama doble*, his-
toria y filosofía del amor y de la experiencia amorosa, que
colinda con el volumen 1, *La casa de la presencia*.

Junto a la poesía está la traducción. Octavio Paz fue un
gran traductor de poemas y de poesía y, precisamente, los
tomos 10 y 11 giran en torno al tema de la traducción. Cuan-
do Paz empieza a pensar en la edición de sus obras completas,
aparece un joven crítico cubano, Enrico Mario Santí, quien
durante años trabajó en la reunión de los escritos de juventud
de Paz y pensó que podrían formar parte del proyecto. Ha-
bría un tomo para las entrevistas y conversaciones —no to-

das, solo las que él escribió o reescribió de su puño y letra. Tendría que darse un tomo para alojar en él los escritos que Paz iba produciendo mientras editaba sus obras completas: el vol. 14.

Esta disposición quedaría superada por la edición en ocho volúmenes, pues, por ejemplo, el vol. 14 quedaría fundido en la partitura de los volúmenes anteriores. La edición de las *Obras completas*, cabe insistir en ello, es una edición del autor y es posible que en su seno no aparezcan textos que Paz olvidó o consideró que no deberían estar por alguna razón, como es el caso de un texto de juventud o de la traducción de la nota sobre arte preislámico de Bona de Mandiargues, que se publicó en *Papeles de Son Armadans* y en la revista de Bellas Artes.

En la obra de Octavio Paz se da un contrapunto entre experiencia, sueño, poesía y reflexión; ese contrapunto incluye a la historia, presupone la política y se decanta en la configuración de lo que podría llamarse una música intelectual, una armonía de las ideas, que incluye invariablemente al otro. Paz es un ser eminentemente dialéctico, combativo pero también contemplativo. Esta rara combinación presta a su obra una tensión particular, traduce el imán de su voz que a la par que escribe dice.

VI

En el concepto de «Obra completa» cabría el de los epistolarios y correspondencias. Goethe incluyó en el cuerpo de su obra los intercambios con Schiller. No siempre ha sido así. Ni Alfonso Reyes ni Borges incluyeron cartas en el corpus de sus obras completas. Octavio Paz tampoco. En vida publicó el intercambio epistolar que sostuvo con su maestro y amigo Alfonso Reyes, en edición de Anthony Stanton, como una de las primeras publicaciones de la extinta Fundación Octavio Paz. Eso autorizaría a pensar que los epistolarios podrían considerarse como parte del legado del escritor. Después de la muerte del poeta, se publicaron sus cartas con Pere Gimferrer, Tomás Segovia, Jean-Clarence Lambert, Arnaldo Orfila, José Luis Martínez (editadas por su hijo Rodrigo), Elena Garro, estas últimas editadas por Guillermo Sheridan. Se tiene noticia de otros epistolarios. Por ejemplo, el sostenido por el autor de *El arco y la lira* con Carlos Fuentes, gracias al libro de Malva Flores, *Estrella de dos puntas*. Se conocen cartas sueltas de Paz con José Gaos, Efraín Huerta, Jesús Silva-Herzog, Julio Cortázar, Roberto Fernández Retamar, Octavio G. Barreda, Elizabeth Bishop, Luis Buñuel, Guillermo Cabrera Infante, Adolfo Gilly, Carlos Franqui, Eduardo Costa, Emir Rodríguez Monegal, Jorge González Durán, Julio Scherer, Remedios Varo, Óscar Arias, Jaime Labastida, Manuel Moreno Sánchez y Alejandra Moreno Toscano, Margarita Michelena, Vicente Rojo, Joaquín Díez-Canedo, James Laughlin, Claude Esteban, Eliot Weinberger, Haroldo de Campos, Enrique Krauze, Aurelio Asiain, Fernando Gamboa, Celso Lafer, John M. Fein, Claude Roy, Emil Cioran, Carlos Fuentes, Elena Garro, Jorge Guillén, Lysander Kemp, Victoria Ocampo, José de la Colina, Cintio Vitier, Tomás Segovia, Jaime García Terrés, Jorge Semprún, Antonio Carrillo Flores y Mario Vargas Llosa. También se tiene noticia de las cartas que Paz dirigió a Roger Caillois, Saint-John Perse, Jules Supervielle, José Bianco, Ramón Xirau, Rodolfo Usigli, José Emilio Pacheco, Saúl Yurkievich, al poeta inglés Charles Tomlinson, y de una cantidad de interlocutores que sostuvieron en distintos momentos correspondencia con Octavio Paz, como André Breton, Waldo Frank, Cornelius Castoriadis, Benjamin Péret, Dore Ashton, Antonio Carrillo Flores, Juan García Ponce, Alejandro Rossi, Enrico Mario Santí, Nicanor Vélez, José Lezama Lima, Joan Miró, Andrés Sánchez Robayna.

Ese corpus está por editarse y por definir si formaría parte del legado de Octavio Paz.

VII

Esta antología combina y entreteje dos cuerpos: de un lado, una amplia selección de la obra poética; del otro, una muestra panorámica en prosa de su ejercicio reflexivo en torno a la poesía. Se incluyen, del primer cuerpo, fragmentos de los libros y conjuntos: *Libertad bajo palabra*, que incluye *Calamidades y milagros*, *Semillas para un himno*, *¿Águila o sol?* y *La estación violenta*, que cierra con *Piedra de sol*, *Ladera este*, *Hacia el comienzo* (1964-1968), *Blanco*, *El mono gramático*, *Vuelta*, *Pasado en claro*, *Árbol adentro* y *Poemas* (1989-1996). Del segundo cuerpo, se ha decidido incluir fragmentos de: *El laberinto de la soledad*, *El arco y la lira*, *Posdata*, *Sor Juana Inés de la Cruz o las trampas de la fe*, *Los hijos del limo* y *La llama doble*. Además, se pensó en incorporar algunos textos cuyo conocimiento, por diversas razones, nos parece ineludible compartir. «Evocación de Mixcoac», que abre esta antología. También se incluyeron «Despedida» de *Vislumbres de la India*, el ensayo «Poesía de soledad y poesía de comunión» (1944), dedicado a san Juan de la Cruz y sobre el cual escribe en esta antología Luce López Baralt. *Corrientes alternas* combina verso y prosa, prosodia y discurso, soliloquio y diálogo. Esta convivencia arma una visión integral que aspira a ser como un retrato poético y crítico del poeta y de su quehacer teórico y filosófico. *Corrientes alternas*: vasos comunicantes en el cuerpo de la obra. Claves y semillas.

Los autores invitados por el editor para formar parte de este volumen son: Luce López-Baralt, Roger Bartra, Rodrigo Martínez Baracs, Fabienne Bradu y Malva Flores.

SEGUNDA PARTE

EVOCACIÓN DE MIXCOAC

«Evocación de Mixcoac» está fechado en México, en 1989, y fue recogido primero en la breve antología *Claridad errante* en 1996 y más tarde en el *Miscelánea II*, tomo 14 de las *Obras completas*. Sus catorce párrafos —patios de letras— están asociados a la historia y prehistoria de Octavio Paz, a la «Silueta de Ireneo Paz» y a «Una Francia íntima». «Evocación de Mixcoac» recorre con la privilegiada mirada interior del poeta los jardines de la niñez y los lugares cercanos a donde se desarrolló su infancia: calles, jardines, usos, costumbres, colegios, personas, familiares y amigos de estos —como el arqueólogo Manuel Gamio—, parientes, abuelos, tías, jardineros y asistentes, atmósferas, juegos y enseñanzas, experiencias e impresiones, ecos y vestigios del pasado prehispánico y del colonial, de los varios Méxicos que componen México y que rodearon esos sus primeros años. También cabe asociarlo a las páginas iniciales de «Repaso en forma de preámbulo» que, fechadas en marzo de 1986, repasan y aclaran estas letras escritas en 1989, que culminan con los versos «Mixcoac fue mi pueblo: tres sílabas nocturnas», con los cuales cierra este ensayo escrito al final para refrescar la memoria de la infancia y la juventud. Las calles, la primera escuela, las plazas y plazuelas son como un delta de la memoria, uno de cuyos brazos principales es la biblioteca del abuelo, Ireneo. Los textos mencionados forman, junto con el poema «Pasado en claro», un fresco memorioso que permite, por así decir, tocar las raíces de ese íntimo árbol errante que fue el poeta y ensayista.

Las páginas están incluidas en el volumen *El peregrino en su patria* y en verdad son como una peregrinación al lugar del origen, una arqueología minuciosa en que se restauran las

alacenas de los primeros recuerdos del poeta, aun aquellos
atesorados antes de la voz. «Evocación de Mixcoac» represen-
ta una de las entradas menos practicadas a la obra del poeta.

CALAMIDADES Y MILAGROS
en *Libertad bajo palabra*

I

El título *Libertad bajo palabra*, de donde forma parte «Cala-
midades y milagros», es un enunciado rotundo, un octosíla-
bo asertivo que de inmediato sitúa al poeta en un escenario
forense, casi en un tribunal. Hace juego con otros títulos del
propio Paz, como «Primera instancia» que remiten al mun-
do jurídico (por ejemplo, «juzgado de primera instancia»)
o, más adelante, «Descargo», en el texto que acompaña el
capítulo dedicado a la prosa en *Primeras letras*. La reiteración
de la fraseología jurídica a lo largo de la obra se confirma en
el uso de la palabra «Testimonios», como se observa en *Raíz
del hombre* (1935-1936). Se da o se goza de la libertad a través
de la canción o de la fianza de la palabra, que será para el
poeta salvoconducto y viático, pasaporte y prenda. Echar
mano del léxico forense fue una práctica habitual entre cier-
tos poetas franceses, como Jules Supervielle, autor de un li-
bro titulado *El forzado inocente*. Palabra en prenda, la o las de
Libertad bajo palabra se dicen ante el mundo aun y sobre todo
si se dan ante la experiencia amorosa. Paz corrigió muchas
veces los poemas de este libro que fue variando en el tiempo.
Consideraba, en consecuencia, que esa *Libertad bajo palabra*
se ponía a prueba en ese ejercicio de la re-escritura que una
y otra vez se ponía ante el espejo para reencontrar su libertad.
Estudiosos lectores como el cubano Enrico Mario Santí han
emprendido la tarea de reconstruir el itinerario del poeta

entre sus palabras re-escritas, depuradas, pulidas, corregidas y puestas a prueba en el yunque de la página. *Libertad bajo palabra* no es una ciudad fundada de una vez y para siempre, sino una urbe que se va haciendo en el tiempo, un poco como lo han hecho las pirámides prehispánicas, para seguir la sugerencia de Jean-Claude Masson.

La primera sección de *Libertad bajo palabra* incluye los poemas de «Bajo tu clara sombra» (que no ha sido posible incluir en esta selección), fechados entre 1935 y 1944. En 1935 Octavio Paz cumple veintiún años y en 1944 tendrá treinta. Los nueve poemas, cinco de los cuales optan por el soneto, tienen como común denominador el amor y el nombre de la amada. En «Monólogo» y «Alameda» aparece un rasgo del cual, sobre todo en la primera época, el poeta echará mano: la diéresis. Esta se encuentra en el segundo verso de la tercera estrofa de «Monólogo»: «Corriente obscura del sueño / que mana entre las rüinas» y en el sexto verso de «Alameda»: «Construïda». De este recurso echará mano Paz en otros poemas de juventud, como nos ha hecho ver Anthony Stanton. Por ejemplo, en el segundo cuarteto del tercer soneto del ciclo «Crepúsculos de la ciudad»:

> Anegado en mi sombra-espejo mido
> la deserción del soplo que me mueve:
> huyen, fantasma ejército de nieve,
> tacto y color, perfume y sed, rüido.

Otro poema de Paz, de la misma época, «Pequeño monumento», dedicado a Alí Chumacero, también pone en juego este recurso:

> Resuelto al fin en fechas lo vivido
> veo, ya edad, el sueño y la inocencia,
> puñado de aridez en mi conciencia,
> sílabas que disperso sin rüido [Paz, 2001b: 72].

II

El segundo agrupamiento de poemas incluidos en *Libertad
bajo palabra* lleva por título «Calamidades y milagros», lema
que sirvió a los antiguos editores franceses como etiqueta
para recoger una selección de la *Histoire des Francs*, del histo-
riador galo de la época merovingia Grégoire de Tours, del
siglo VI. La carga alusiva del título de este conjunto de poe-
mas de Octavio Paz traduce la profunda conciencia histórica
de que se encuentra escribiendo en un momento-bisagra de
la historia nacional, acaso comparable con el de la remota cris-
tianización de las Galias, cuya historia expuso el venerable
obispo.

El libro inicia con «Nocturno», el más antiguo incluido
en *Libertad bajo palabra*, como anota Enrico Mario Santí en
su edición crítica, publicado originalmente el 2 de febrero
de 1933 en «Alcancía». Se publica dos años después de la
muerte trágica de su padre, Octavio Paz Solórzano, acaecida
el 10 de marzo de 1935, poco antes de que el joven cumplie-
ra veintiún años. El poemario incluye algunos de los más
intensos escritos por el joven Paz como «Las palabras», «Adiós
a la casa», «Elegía interrumpida», «Razones para morir» o
«Entre la piedra y la flor», escrito en Yucatán, en 1937, adon-
de salió dejando inconclusos sus estudios para trabajar como
maestro en una escuela rural en esa península, experiencia
que nutre el citado poema. Por razones de extensión, solo ha
sido posible incluir en esta selección los poemas: «Entre la
piedra y la flor» y «Elegía a un compañero muerto en el
frente de Aragón».

«Entre la piedra y la flor» es una de las composiciones que
más revisiones y relecturas, castigos y absoluciones, cribas y
pasos por la fragua ha tenido la trama escrita por el poeta.
Una prueba sería que «Bajo tu clara sombra» y «Raíz del
hombre» se alojan en dos de los tomos de las obras comple-
tas, en el 13, que corresponde a los «Primeros escritos», *Mis-*

celánea I, y en el 11, que alberga la «Obra poética I, 1935-
1970», donde aparece reescrito enteramente. Está dedicado
a su amigo y médico Teodoro Césarman. Las dedicatorias de
los poemas de este libro abren una puerta al patio social en
el que fueron creados: su amigo, maestro y primer crítico
Jorge Cuesta (1903-1942), Juan José Arreola (1918-2001),
Rafael Vega Albela (1913-1940), Alí Chumacero (1918-
2010), Juan Soriano (1920-2006), Xavier Villaurrutia (1903-
1950), Arturo Serrano Plaja (1909- 1979) y «a un compañe-
ro muerto en el frente de Aragón», el camarada y compañero
anarquista José Bosch (1910-1998), que Paz creía muerto
cuando escribió el poema y al que reencontraría fugazmente
años después.

SEMILLAS PARA UN HIMNO
en *Libertad bajo palabra*

El folleto *Semillas para un himno* incluye poemas escritos en-
tre 1943 y 1954. Paz había publicado, en 1949, *El laberinto
de la soledad* en Cuadernos Americanos; ese mismo año en-
viaría a Reyes los poemas de *Libertad bajo palabra* y en 1951
los poemas en prosa de *¿Águila o sol?* En mayo de 1951 lle-
vaba escritas sesenta páginas de lo que sería *El arco y la lira*
y tenía escritos unos cuantos poemas de lo que llegaría a ser
el pequeño folleto de *Semillas para un himno*. Este sería dado
a la estampa unos años más tarde, en 1954, en la colección
Tezontle del FCE, en el que se presentaban 22 poemas y
traducciones de Andrew Marvell y Gérard de Nerval, actual-
mente recogidas en *Versiones y diversiones*. La edición estuvo
al cuidado de Joaquín Gutiérrez Heras y Alí Chumacero y
fue concluida el 20 de noviembre de 1954; solo se tiraron
275 ejemplares. En la carta 65 de la correspondencia entre
Alfonso Reyes y Octavio Paz, escrita desde Ginebra el 25 de
julio de 1953, este le habla a aquel de que, además de estar

escribiendo lo que más tarde será *El arco y la lira*, y que entonces llamaba *La otra orilla*, estaba preparando dos series de poemas: una que alimentaría lo que llegaría a ser, según el editor Anthony Stanton, *La estación violenta*, y otra que, según él mismo, compondría *Semillas para un himno*. El primer poema «El día abre la mano» prefigura lo que en *Árbol adentro* sería la sección «La mano abierta».

El folleto, del que solo se incluye aquí el poema «En Uxmal», contiene diversas poesías y la que da título al libro. Además una sección de poemas breves: «Piedras sueltas», que podrían caracterizarse, según Jean-Claude Masson, el editor francés de las *Œuvres* de Paz en la Pleïade, como haikús. Aquí, como en otros textos anteriores y posteriores, la presencia de la cultura prehispánica («Máscara de Tláloc», «Xochipilli», «Uxmal», «Diosa azteca») es insoslayable. En el apunte que hace Alfonso Reyes en su *Diario* se registra que el «lunes 29 de noviembre de 1954 Octavio Paz pasa conmigo la mañana y me da el primer ejemplar de su libro *Semillas para un himno*» [Reyes, 2015: 294]. El volumen y el poema que le da título prefiguran y reiteran en su calendario poético los haces y motivos imaginarios que se desplegarán más tarde en *¿Águila o sol?* y *La estación violenta*, incluida *Piedra de sol*.

EL LABERINTO DE LA SOLEDAD

La primera edición de *El laberinto de la soledad* fue publicada por la editorial Cuadernos Americanos, dirigida por Jesús Silva-Herzog, en 1950, según el colofón, el 15 de febrero. Sus 195 páginas incluían ocho capítulos: I «El pachuco y otros extremos», II «Máscaras mexicanas», III «Todos Santos, Día de Muertos», IV «Los hijos de la Malinche», V «Conquista y Colonia», VI «De la Independencia a la Revolución», VII «Nuestros días», VIII «La dialéctica de la soledad». La publicación fue apoyada y saludada por Alfonso Reyes: «¡Qué libro tan claro y noble querido Octavio Paz, su *Laberinto de la soledad*! ¡Qué probidad, qué justicia y qué elegancia! (¿No serán lo mismo en el fondo?). Ya va usted por su camino derecho [...]» [Reyes-Paz, 1998: 123].

Paz había publicado por cuenta de autor con el sello de Tezontle en el FCE la primera edición de su libro de poemas *Libertad bajo palabra*. *El laberinto de la soledad* se reeditará con el sello del FCE en 1959, en una segunda edición revisada. El libro se incluyó en el volumen 8 de las *Obras completas* de Octavio Paz, editadas por Círculo de Lectores y el FCE, primera edición, Barcelona, 1993, segunda edición, FCE, México, 1994. Paz había escrito previamente en 1943, en el periódico *Novedades*, veintisiete artículos con tema mexicano que cabría leer como la prehistoria textual de *El laberinto de la soledad*, obra que redactó en París en el verano de 1949, teniendo presente su propia experiencia y las reflexiones de Samuel Ramos sobre *El perfil del hombre y la cultura en México* de 1934, las reflexiones de Alfred Adler, y de la que no está ausente cierta corriente analítica francesa como la de los pensadores Roger Caillois, Georges Bataille y la de su maestro Marcel Mauss. Dice Paz, en «Entrada retrospectiva», prólogo al tomo 8, *El peregrino en su patria*:

[...] la pregunta sobre México no me abandonaba. Decidido a enfrentarme a ella, me tracé un plan —nunca logré seguirlo del todo— y comencé a escribir. Era el verano de 1949, la ciudad se había quedado desierta y mi trabajo en la Embajada mexicana, en donde yo tenía un empleo muy modesto, había disminuido. La distancia me ayudaba: vivía en un mundo alejado de México e inmune a sus fantasmas. Tenía para mí las tardes de los viernes y, enteros, los sábados y domingos. Y las noches, escribía con prisa y fluidez, con ansia de acabar pronto y como si en la última página me esperase una revelación. Jugaba una carrera contra mí mismo. ¿A quién o a qué iba a encontrar al final? Conocía la pregunta, no la respuesta. Escribir se volvió una ceremonia contradictoria, hecha de entusiasmo y de rabia, simpatía y angustia. Al final, me vengaba de México; un instante después mi escritura se volvía contra mí mismo, y México se vengaba de mí. Nudo inextricable, hecho de pasión y de lucidez: *odio et amo* [Paz, 2001a: 24-25].

Luego de una primera recepción reticente, la obra se impuso como un eje de la interpretación de México y sobre México. *El laberinto de la soledad* se inscribe en el ámbito hispánico, en una serie de ensayos como lo fueron en España *La España invertebrada*, publicado en 1921, de José Ortega y Gasset; en Cuba, la *Indagación del choteo*, de Jorge Mañach, 1928; en Argentina, la *Radiografía de la pampa*, 1933, de Ezequiel Martínez Estrada; en Chile, de Benjamín Subercaseaux, *Chile o una loca geografía*, 1940; en Venezuela, *Comprensión de Venezuela*, de Mariano Picón Salas, de 1949; en Guatemala, *Guatemala, las líneas de su mano*, 1955, de Luis Cardoza y Aragón; en Perú, *Lima la horrible*, del peruano Sebastián Salazar Bondy, 1964. A esa estirpe pertenecería también el ensayo de José Lezama Lima «La expresión americana» de 1957 o el libro del portugués Eduardo Lourenço, *O laberinto da saudade* de 1978, y en México las interpretaciones del Grupo Hiperión, encabezado por Leopoldo Zea y Emilio Uranga, autor de *Análisis del ser del mexicano*, publicado en 1952, que está dedicado a Octavio Paz.

Paz nunca dejó las ideas y puntos de vista expuestos en *El laberinto de la soledad*, como mostrará años más tarde el pequeño libro titulado *Posdata*, escrito para pensar «sobre lo que ha ocurrido en México desde que escribí *El laberinto de la soledad* y de ahí que haya llamado a este ensayo *Posdata*. Es una prolongación de ese libro, pero apenas si es necesario advertirlo, una prolongación crítica y autocrítica» [Paz, 1970: 9-10].

El laberinto de la soledad ha tenido múltiples ediciones, más de un millón de ejemplares y numerosas traducciones a otros idiomas (el Fondo de Cultura Económica, sin incluir contadas reimpresiones en filiales, ha producido: 1,681,440 ejemplares). Desde su publicación, el *Laberinto* ha sido objeto de críticas, las más incisivas han sido las de Jorge Aguilar Mora en «La divina pareja. Historia y mito en Octavio Paz», y Roger Bartra en «La jaula de la melancolía». Claudio Lomnitz expuso en «El ensayista en su centenario» la idea de que *El laberinto de la soledad* había establecido un cronotopo que se encontraba agotado: «Para parafrasear el famoso cuentito de Monterroso, desde que era muy joven, cuando amanecía, Paz seguía ahí» [Lomnitz, 2014]. La frase del antropólogo resulta más que pertinente. En el caso de *El laberinto de la soledad*, fue común en México que muchos estudiantes leyeran primero *Posdata* y después *El laberinto*...

¿ÁGUILA O SOL?
en *Libertad bajo palabra*

I

El libro, compuesto por una serie de poemas en prosa, fue escrito, según Guillermo Sheridan, a fines de 1948, mientras prepara *Libertad bajo palabra* y termina *El laberinto de la soledad* [Paz, 2021: 448]. En la correspondencia con Alfonso Reyes, en la carta del 23 de febrero de 1949, habla de «un pequeño libro de poesía en prosa que escribo ahora y que pienso terminar dentro de poco» [Reyes-Paz, 1998: 75]. Más de un año después, vuelve Octavio Paz al tema y dice a Reyes, desde París el 16 de noviembre de 1950 (carta 38): «no sé si deba confiarle que tengo un pequeño libro, del que creo haberle hablado alguna vez. Se trata de unas 75 páginas —poemas en prosa, cuentecillos, etc.—. Me gustaría saber si Tezontle puede publicarlo. Cuento con algunos dibujos de Tamayo, de modo que podría hacerse una bonita edición»

[Reyes-Paz, 1998: 133]. Tamayo había hecho cuatro ilustraciones, tres aparecieron en interiores y una en la portada.

El pequeño libro se divide en tres cuerpos, precedidos por el poema *¿Águila o sol?*: «Trabajos del poeta» que consta de XVI poemas, «Arenas movedizas» que consta de XI poemas en prosa o prosemas, «¿Águila o sol?» que consta de XXII piezas. Cuenta el conjunto 49 unidades. La cifra puede leerse como el resultado de la multiplicación de 7 por 7, que serían los pasos y movimientos de este «Aprendizaje difícil», cuya relación delirante se expresará con letras que son heridas a lo largo de estos intensos poemas en prosa.

El título calca una expresión popular mexicana similar a la española «¿Cara o cruz?» o a la francesa «Pile ou face?». Equivale a «echar un volado», o sea lanzar al aire una moneda para decidir una apuesta. Volado y apuesta; aquí resuena el tema del azar y del juego, el espacio inasible de lo fluctuante, esas «Arenas movedizas» que se nombran en una parte del libro. Los poemas en prosa que se presentan en este libro participan de una inspiración surrealista, exploran espacios delirantes donde la identidad estalla y se fragmenta en el espacio interior donde el sujeto elocuente cumple un «Aprendizaje difícil» y se somete a unos ásperos y rigurosos «Trabajos del poeta». De esa gimnasia no está ausente el «Jardín con niño», la estampa mágica del edénico espacio de la casa familiar en Mixcoac que le funciona a Octavio Paz como un talismán para abrir las puertas de la memoria. La reiteración de motivos mexicanos —cíclica corriente alterna— se da a través de cifras como «Dama Huasteca», «Mariposa de obsidiana», «Itzpapálotl» (diosa a veces confundida con Tetoinan, nuestra madre, y Tonantzin). El espacio en el que caen estas palabras es un suelo impregnado de energías ctónicas. Como en «Tilantlán», híbrida voz inventada. O en «Mariposa de obsidiana», donde toma la palabra una de esas «divinidades que se han fundido en el culto que desde el siglo XVI se profesa a la Virgen de Guadalupe» [Paz, 2001b: 183].

Paralelas a estas imágenes, están las del desdoblamiento como en «Encuentro» y la auto-conciencia desvelada por encontrar su lugar en medio de la «Prisa». La primera edición del libro llevaba un dibujo color rojo debido a Rufino Tamayo, en el que se ve una mano echando al aire una moneda, haciendo un volado. A este pintor, cuyo proyecto artístico tiene tantas afinidades con el de Paz, está dedicado uno de los textos finales: «Ser natural». Otros poemas están dedicados a Artur Lundkvist («Mayúsculas»), a Fernando de Szyslo y Blanca Varela («Castillo en el aire» —estampa realista de una incursión en un espacio imaginario—), a Loleh y Claude Roy («Un poeta» e «Himno futuro»), a Mario Vargas Llosa. No sobra decir que Paz tradujo al español varios poemas de Lundkvist en su libro *Cuatro poetas suecos*. En el péndulo que rige la organización del poema, el pasado remoto y el inmediato contrastan con el presentimiento de un tiempo por venir, de unos «Puntos de partida» que llevan «Hacia el poema» y rompen la progresión lineal positivista y cronológica: el pasado no está atrás, hay que ir hacia adelante para reencontrarlo.

La última línea del libro expresa una consigna a la vez ética y profética: «Merece lo que sueñas». El «comienzo», el origen no está en el pasado sino en el porvenir. De ahí que el poeta pueda titular más adelante otro libro «Hacia el comienzo».

II

Este libro llegó a las manos de Alfonso Reyes a través de Rufino Tamayo, quien desde Nueva York lo envió por correo a México. En la carta que le manda Octavio Paz a Alfonso Reyes —recogida en el epistolario preparado por Anthony Stanton para el Fondo de Cultura Económica— se lee: «[...] le envío el manuscrito de *¿Águila o sol?* Como usted verá al leerlo se trata de un "volado" en el que se apuestan muchas cosas. Ojalá que usted no lo encuentre indigno de mis manuscritos anteriores. Ojalá también que Tezontle pueda publicar este librillo. Si se tropieza con dificultades económicas, le ruego que me lo diga. Acaso por un sistema de "suscripciones" a través de otros artificios puedan obviarse los obstáculos financieros. Me doy cuenta perfectamente de que se trata de un libro de venta difícil» [Reyes-Paz, 1998: 137].

La respuesta de Alfonso Reyes —23 de febrero de 1951— no se hizo esperar, ni su entusiasmo dejó de tocar las inevitables cuestiones prácticas: «Con su carta de enero me llegó *¿Águila o sol?* Muy bienvenida. Ya procedemos a "Tezontlear", y ya le diré qué arreglo económico le propongo pues en esta casa de la Cenicienta andamos como de costumbre». El libro finalmente se publicaría hacia fines de ese año, «sería un "Tezontle chico"» que vendría a costar unos dos mil pesos, de los cuales Octavio Paz abonaría mil. La edición venía cuidada por Alí Chumacero y el tipógrafo malagueño Julián Calvo.

Publicado en 1951, *¿Águila o sol?* es una de las encrucijadas que orientan hacia su plenitud la obra de Octavio Paz. El breve libro está escrito en medio de esos años milagrosos, entre 1949 y 1950, en que se suceden y agolpan bajo la pluma de Octavio Paz *El laberinto de la soledad* (1949), los primeros papeles de *El arco y la lira*, el primer ensayo sobre Rufino Tamayo, para culminar en 1957 con *Piedra de sol* y *La estación violenta*. Son años de intensa búsqueda y exploración fecunda.

Además, al artista oaxaqueño está dedicado el poema en prosa titulado «Ser natural. Homenaje a Rufino Tamayo». Hay que recordar que por esos años —precisamente en noviembre de 1950— Tamayo expuso por primera vez en París y que Octavio Paz escribió el ensayo de presentación que acompañaba dicha exposición. En ese ensayo habla Paz de la «ferocidad» y la «rabia lúcida» que llevan a Tamayo a pintar el «reverso de la medalla, el rostro nocturno de la sociedad contemporánea»: «La pared ruinosa del suburbio, la pared orinada por los perros y los borrachos, sobre la que los niños escriben palabrotas. El muro de la cárcel, el muro del hogar, el muro del dinero, el muro del poder». Paz concluye que sobre ese muro Tamayo ha pintado «algunos de sus cuadros más terribles». Cabría añadir que también contra ese muro —el muro de la historia— está escrito este libro de poemas en prosa; con él se afirma la conciencia crítica del poeta que ya se ha percatado de que el lenguaje no está dado: «Ayer investido de plenos poderes, escribía con fluidez sobre cualquier hoja disponible, un trozo de cielo, un muro (impávido ante el sol y mis ojos), un prado, otro cuerpo [...])».

Cabe decir que de los 50 poemas que incluye la primera edición de 1951, aquí solo se compilan los 23 que pertenecen a la sección titulada «¿Águila o sol?» y se excluyen las secciones «Trabajos del poeta» y «Arenas movedizas».

Antes de ser título de un libro de poemas en prosa, «¿Águila o sol?» es una pregunta que los niños y adultos se lanzan en México con expresión retadora cuando dejan una decisión a la suerte resuelta por una moneda lanzada al aire, por un *volado*. *¿Águila o sol?* es la pregunta ritual del volado a cuyo alburero resultado todos los mexicanos nos rendimos. Por eso el libro de Octavio Paz que trae este nombre tiene algo de premonición, de apuesta, reto y desafío. «Se trata de un volado», como dice el mismo Octavio Paz a Reyes, es decir, para rascar los sentidos de la voz mexicana: de un juego y de una jugada fuera de la norma. Recuérdese que *¿Águila o sol?* es el primer libro del poeta Octavio Paz donde este practica el poema en prosa.

¿Águila o sol? convoca en el tiempo mexicano, la sombra del azar, el albur del juego, el juego de palabras. Quizá por eso habría que leer este libro como un libro augural —como un calendario, como por lo demás han comprendido perfectamente los editores italianos—, como cartas de una lotería

o de un tarot cuyo ganador sería el que reparte las cartas, el que las anuncia y las dice, el conductor del juego, el poeta-lector que echa el volado y pregunta: *¿Águila o sol?*

En la pregunta del volado «¿Águila o sol?» está presente la dualidad de los dos signos míticos de la identidad mexicana: el águila que simboliza la ciudad de los hombres y de la política, el águila que simboliza al político, como bien sabía Paz: «De un hombre que ve de lejos a sus víctimas y las sorprende desde los aires, rápido, para el ataque y para la huida, verdadera ave de rapiña se dice que "es muy águila" [...] águila silenciosa y voraz, agudo pico, garras terribles y alas poderosas» [Paz, 1999b: 394].

El sol por su parte es el símbolo mismo de la vida, pero también el padre de la sequía, el ojo sin párpados de lo sagrado que acecha, el símbolo de Huitzilopochtli y el ojo inmóvil de Lautréamont.

La pregunta que apuesta por un destino todavía no decidido —el poeta tiene treinta y cinco años— le señala una disyuntiva desde nuestra lectura: ¿elegirá la ciudad de los hombres, iniciará desde el poema en prosa el camino de la narrativa (recuérdese que a la hora de escribir ese manuscrito Octavio Paz está muy cerca de Juan José Arreola) o bien escogerá buscar las ciudades sagradas de lo solar e iniciar una heliomaquia? O bien el poeta haría de la convivencia fecunda de estos dos polos —águila y sol— un método para vivir la vivacidad a través de la escritura y la contemplación. De ahí que el autor sea consciente una y otra vez de que «el tiempo se abre en dos» y de que es «hora del salto mortal», hora de lanzarse a sí mismo al aire del azar como una moneda viva y ver de qué lado se cae. Todo está en manos del azar pero toda regla tiene una excepción, y cualquiera que haya echado volados una y otra vez sabe que a veces la moneda no da ni cara ni cruz ni águila ni sol, sino que se queda erguida de canto, imantada como por una vida propia, de pie como el poema que ha cortado el cordón umbilical con su autor y va solo en busca de sus lectores. Por eso *¿Águila o sol?* cuenta en filigrana una historia, intenta responder a una pregunta que a su manera cada uno de los textos plantea: ¿cuál es el lugar del canto?, ¿cuál es el sitio desde donde debe escribir el poeta moderno? La búsqueda del lugar del canto, del punto de partida desde donde sería posible la palabra es el hilo conductor de este libro que concluye buscando «salidas», «puntos de partida», líneas para llevar «hacia el poema». Ese lugar del canto se sitúa evidentemente en un altiplano mental, en un desierto o arena.

El hecho de que la primera sección de *¿Águila o sol?* se llame «Trabajos del poeta» y antes se haya llamado «Trabajos forzados» debe de llamar la atención. Los «trabajos forzados» son los que realizan los presidiarios, y esa expresión, ahí, sugiere que el joven poeta de treinta y cinco años que escribe esas páginas tiene, ya desde entonces, conciencia de ser un presidiario, más todavía un cautivo de por vida en el castillo de la poesía y la literatura.

El motivo del poeta como prisionero no ha sido ajeno a la poesía moderna. Ahí está el libro de Jules Supervielle *Le forçat innocent*, *El presidiario inocente*, que seguramente Paz no ignoraba, como tampoco ignoraba las imágenes carcelarias de A. Rimbaud o de Lautréamont. Sin embargo, el compromiso de Paz con la imaginación de la pérdida o privación de la libertad como una metáfora adecuada para interrogar su propia vocación poética va mucho más allá, como muestra el afortunado título que abarcará toda la producción poética de su primera época: *Libertad bajo palabra*. Al que está prisionero de por vida por su propia vocación, la única «salida» que le es dable imaginar es la de una «libertad condicional», la de una «libertad bajo palabra», a la cual se hará merecedor si cumple puntualmente los «trabajos forzados», los «trabajos del poeta» que le han sido encomendados. El primero de esos «trabajos» pone al lector ante un paisaje alucinante, demencial. Estamos ante una de esas escenas abigarradas

donde proliferan y pululan las criaturas monstruosas: «Te-
devoro y Tevomito, Tli, Mundoinmundo, Carnaza, Carroña
y Escarnio» como las que caracterizan la pintura flamenca
del Bosco o de Brueghel el Mayor. También podríamos estar
ante uno de esos paisajes medievales donde se exponen si-
multáneamente las tentaciones de san Antonio en el desier-
to. De hecho, cuando en la breve introducción de *¿Águila
o sol?* Octavio Paz dice «Hoy lucho a solas con una palabra»
está señalando el carácter de ese combate singular y solita-
rio que debe emprender quien decide luchar con el demo-
nio (el demonio de las palabras) para intentar romper el
hechizo de sus inclinaciones y declinaciones. El resto de los
«trabajos del poeta» está marcado por la idea de la purifi-
cación, pues ese combate íntimo es ante todo una lucha con
y contra la suciedad y la cobardía del lenguaje público y
privado.

Cada uno de los 23 textos (22 + 1 de la introducción) que
comprende este libro se erige como retablo, como *misterio* en
el camino doloroso y jubiloso de esta vocación apasionada
que se pregunta a cada instante ¿águila o sol?, ¿cuál es el lu-
gar del canto? Libro de salidas fuera de la «pirámide de lá-
grimas», fuera del *Laberinto de la soledad*, *¿Águila o sol?* es,
como se ha dicho, el libro donde más clara es la filiación, la
afinación surrealista de Octavio Paz. No en balde está fra-
guado como una serie de poemas en prosa. Pero *¿Águila o
sol?* es un libro, como bien ha sabido señalar Guillermo Su-
cre, desde donde arranca esa «nueva exploración del lengua-
je que la literatura hispanoamericana —y no solo la poesía—
ha venido explorando desde los años sesenta». La clave tensa
de esa exploración está en la combinación y fusión, de un
lado, de la fuerza sensible, sensitiva y contemplativa y, del
otro, en la dolorosa y gozosa intensidad con que el poeta deja
estallar en su interior la confianza en el lenguaje. Es un libro
de monólogos dramáticos donde el «yo elocuente» es un yo
inestable, itinerante, nómada, pues tan pronto le da voz al

poeta adolescente que se autorretrata como se la presta a la
Diosa dolorosa que se autoconsagra en «Mariposa de obsi-
diana» (implícitamente dedicado a Tonantzin-Virgen de
Guadalupe), uno de los poemas «salidas» donde mejor se
transparenta la condición profética del poeta que ha sabido
asumir la figura del mitógrafo y vivir como propios los mitos
y arquetipos nacionales. Paz sabe bien lo que dice, *lo que lo
dice*, el aliento que lo habla y lo hace digno de sus sueños,
merecedor de su lenguaje. Esta autoconciencia es la que re-
corre este breve libro augural que así lo demuestra la traduc-
ción al italiano, lejos de haber envejecido brilla hoy como
una moneda recién acuñada.

LA ESTACIÓN VIOLENTA
en *Libertad bajo palabra*

I

Nueve poemas incluye el volumen de 83 páginas publicado
en México, en 1958, e incluido en la colección «Letras mexi-
canas» con el número 42 y en cuya portada se estampa una
«Viñeta de Bona» (Tibertelli de Pisis, casada con Pierre de
Mandiargues). Los poemas escritos entre 1948 y 1957 están
fechados en Nápoles («Himno entre ruinas», 1948), Venecia
(«Máscaras del alba», 1948, dedicado posteriormente a José
Bianco), Aviñón («Fuente», 1950), París («Repaso nocturno»,
no», 1950), Delhi («Mutra», 1952), Tokio («¿No hay sali-
da?», 1952), Ginebra («El río», 1953), México («El cántaro
roto», 1955; «Piedra de sol», 1957).

El volumen cierra el ciclo iniciado en 1935 y que conclu-
ye en 1957, donde se integrará a *Libertad bajo palabra*, a par-
tir de 1960. Para esta selección se incluyen los poemas: «El
cántaro roto» y «Piedra de sol». Poemas de amor y desamor,

de encuentro y desencuentro, de rabia y de ávida búsqueda de la comunión, escenarios donde el mito se hace ciudad y museo.

II

La primera edición de *Piedra de sol* está fechada en 1957 y fue editada con el sello de Tezontle por el Fondo de Cultura Económica en México en una pequeña *plaquette* de 44 páginas. Al poema lo acompañaba un breve texto en prosa donde se asentaba la forma y métrica de la composición y la correspondencia que la obra tenía con el ciclo cósmico; además, se daba crédito ahí al periodista y editor cardenista Raúl Noriega Ondovilla (1907-1975) por sus estudios sobre el Calendario Azteca o Piedra de Sol. Se ha creído pertinente transcribir la «Nota» que acompañaba la edición príncipe del poema, que luego desaparecería al ser integrado en *Libertad bajo palabra* y que, en consecuencia, no se encuentra recogida en las *Obras completas*:

En la portada de este libro aparece la cifra 585 escrita con el sistema maya de numeración; asimismo, los siguientes mexicanos correspondientes al Día 4 Olín (Movimiento) y al Día 4 Ehécatl (Viento) figuran al principio y fin del poema. Quizá no sea inútil señalar que este poema está compuesto por 584 endecasílabos (los seis últimos no se cuentan porque son idénticos a los seis primeros; en realidad, con ellos no termina sino vuelve a empezar el poema). Este número de versos es igual al de la revolución sinódica del planeta Venus, que es de 584 días. Los antiguos mexicanos llevaban la cuenta del ciclo venusino (y de los planetas visibles a simple vista) a partir del Día 4 Olín; el Día 4 Ehécatl señalaba, 584 días después, la conjunción de Venus y el Sol y, en consecuencia, el fin de un ciclo y el principio de otro. El lector interesado puede encontrar más completa (y mejor) información sobre este asunto en los estudios que ha dedicado al tema el licenciado Raúl Noriega, a quien debo estos datos.

El planeta Venus aparece dos veces al día, como Estrella de la Mañana (*Phosohorus*) y como Estrella de la Tarde (*Hesperus*). Esta dualidad (Lucifer y Vésper) no ha dejado de impresionar a los hombres de todas las civilizaciones, que han visto en ella un símbolo, una cifra o una encarnación de la ambigüedad esencial del universo. Así, Ehécatl, divinidad del viento, era una de las manifestaciones de Quetzalcóatl, la serpiente emplumada, que concentra las dos vertientes de la vida. Asociado a la Luna, a la humedad, al agua, a la vegetación naciente, a la muerte y resurrección de la naturaleza, para los antiguos mediterráneos el planeta Venus era un nudo de imágenes y fuerzas ambivalentes: Istar, la Dama del Sol, la Piedra Cónica, la Piedra sin Labrar (que recuerda al «pedazo de madera sin pulir» del taoísmo), Afrodita, la cuádruple Venus de Cicerón, la doble diosa de Pausanias, etc.

Octavio Paz tenía cuarenta y tres años de edad. Un año después de publicado el poema, le comentó a Emanuel Carballo lo siguiente:

Recoge los temas a que antes he aludido al hablar de los otros poemas, y algunos otros que aparecen en mis libros anteriores. Trato estos temas como experiencia a un tiempo personal e histórica. El poema en apariencia es autobiográfico; en realidad, es la biografía de una generación, marcada por ciertas ideas y ciertas realidades históricas, como la guerra civil de España. El tema central es la recuperación del instante amoroso como recuperación de la verdadera libertad, «puerta del ser» que nos lleva a la comunicación con otro cuerpo, con los demás hombres, con la naturaleza. Este salto del «yo al otro» se puede dar porque en el hombre mismo, como constituyente de su ser, está el *otro*, la imagen de nuestro semejante. Y el puente que nos lleva del *yo* al *otro*, el reino de los pronombres enlazados, es la mujer. La mujer en forma dual, como creadora y destructora, como Melusina y Perséfona, como encantadora que vuelve cerdos a los hombres y como presencia que les

da su verdadera humanidad y los abre al secreto de su propia sig-
nificación. *Piedra de sol*, poema del tiempo, alude a la Piedra de Sol,
el calendario sagrado de los antiguos mexicanos. Está compuesto
por 584 versos. Los últimos repiten los primeros: recuperación del
instante, recuperación del ser. Como es sabido, la conjunción del Sol
y Venus —el planeta dual: muerte y vida— se opera cada 584 días.
De esta manera, el número de versos del poema constituye una
rima solar. El poema es correspondencia con la vida cósmica. Exis-
ten en él varios planos: el sentimental personal, el transformado
revolucionario y social, la correspondencia de la vida personal y de
la histórica con la vida cósmica [Paz, 2003e: 21-22].

Sobre la historia de la redacción de *Piedra de sol*, Paz ha
dado distintas versiones. Una a Anthony Stanton:

Escribí esas líneas en un estado casi sonámbulo. Me asombré pues
aquellos versos me parecieron hermosos. Además, fluían sin es-
fuerzo y en endecasílabos. No busqué esa forma: las frases manaban
espontáneamente en versos de once sílabas sin rima. Así escribí
unos treinta o cuarenta versos. Después... no sé, sonó el teléfono o
hubo otra interrupción, y no pude seguir. Al día siguiente releí
aquello con asombro. Tomé un taxi para llegar a la oficina donde
trabajaba y durante el trayecto seguí, mentalmente, componiendo
el poema. Al llegar a la oficina escribí lo que había compuesto en el
taxi. Así seguí escribiendo, solo que más y más yo tenía que cola-
borar. La corriente poética se detenía o se desviaba y yo tenía que
orientarla y ayudarla a fluir [Paz, 2003e: 120].

Otra a Elena Poniatowska, incluida en su libro *Las pala-
bras del árbol*. Paz le confió a la periodista las circunstancias
de la gestación:

Empecé a escribir este poema a principios de 1956. No tenía plan,
no sabía lo que quería escribir. «Piedra de sol» se inició como un
automatismo. Las primeras estrofas las escribía como si, literal-

mente, alguien me las dictara. Lo más extraño es que los endeca-
sílabos brotaban naturalmente y que la sintaxis y, aun la lógica,
eran relativamente normales. El poema es lento al principio:

> un sauce de cristal, un chopo de agua,
> un alto surtidor que el viento arquea,
> un árbol bien plantado mas danzante,
> un caminar de río
> que se curva,
> avanza, retrocede, da un
> rodeo y llega siempre...

De pronto sobrevino una interrupción: había escrito unos treinta
versos y no pude seguir. Salí al extranjero por dos semanas —tra-
bajaba en aquellos años en Relaciones Exteriores— y a mi regreso,
al releer lo escrito, sentí la necesidad de continuar el texto. Volví
a escribir con una extraña forma de facilidad. Pero en esta ocasión
intenté utilizar la corriente verbal y orientarla un poco. Poco a
poco, el poema se fue haciendo, me fui dando cuenta de hacia
dónde iba el texto. Fue un caso de colaboración entre lo que lla-
mamos el inconsciente, y que para mí es la verdadera inspiración,
y la conciencia crítica y racional. A veces triunfaba la segunda, a
veces la inspiración. Otra potencia que intervino en la redacción
de este poema: la memoria. Esta palabra quizá no es sino otro
nombre de la inspiración. Para mí, a diferencia de los surrealistas,
la memoria es el origen de la poesía. Por ser obra de la memoria,
«Piedra de sol» es una larga frase circular. El poema acaba donde
comienza. Tiene 584 versos. Me asombró la analogía con el tiem-
po circular precolombino. Tiene 584 líneas porque el tiempo que
tarda el planeta Venus —Quetzalcóatl para los antiguos mexica-
nos— en hacer la conjunción con el Sol, es también 584 días. El
planeta Venus aparece como estrella de la mañana y como estrella
de la tarde y esta dualidad ha impresionado a todos los hombres de
todas las civilizaciones. El poema está fundado en esta dualidad,
en esta ambigüedad.

> ... vida y muerte
> pactan en ti, señora de la noche,
> torre de claridad, reina del alba,
> virgen lunar, madre de agua madre,
> cuerpo del mundo, casa de la muerte...
>   [Poniatowska, 1998: 63-64].

Desde su publicación se consideró que el poema era una obra maestra. Julio Cortázar lo saludó así:

En el corazón de esa obra se alza *Piedra de sol*, para mí el más admirable poema de amor jamás escrito en América Latina, respuesta en el dominio erótico a la sed de confrontación total del hombre con su propia trascendencia, allí donde todas las falsas fronteras se ven abolidas, donde el ser no se reduce al yo histórico del Occidente sino que se abre a una armonía con tantos dioses abjurados o perdidos: los dioses del cuerpo, que son innumerables, los dioses del canto, los dioses de la felicidad... [Martínez, 1995: 167].

A Octavio Paz le suscitaba cierta incomodidad la caracterización del poema como magistral. En una carta enviada a Segovia el 6 de septiembre de 1965, reaccionó ante la calificación diciéndole: «... por mi parte te confieso que no sé qué quiere decir "una obra maestra". Lo que me emociona en cambio es que hayas visto que yo me propuse hacer una *obra* —algo equidistante del desahogo y del ejercicio» [Paz, 2008a: 62]. En esa misma carta Paz decía que «*Piedra de sol* es lo que está después de mis experiencias surrealistas y simultáneamente *lo que va al encuentro del surrealismo*».

José Emilio Pacheco deja constancia de la forma en que fue recibido el poema por los jóvenes lectores de su generación, a la que pertenecieron Carlos Monsiváis, Sergio Pitol y Margo Glantz: «La aparición de *Piedra de sol* (Tezontle, 300 ejemplares) en el otoño de aquel 1957 constituye un estremecimiento» [Pacheco, 2017: 223]. Pacheco dirá, después de la muerte de Octavio Paz: «Por obra de la tradición sincrética que desde sor Juana define a nuestras letras, el surrealismo no fue adoptado entre nosotros como un dogma ni una tendencia exclusiva. Su obra maestra mexicana, "Piedra de sol", es al mismo tiempo su apoteosis y su negación: nada más lejano al "automatismo psíquico puro" que los endecasílabos y la rigurosa estructura del gran poema. Hoy Octavio Paz ha muerto. "Piedra de sol" brilla con el mismo resplandor de hace ya cuarenta años» [Pacheco, 2017: 224].

Recuerdo que el poeta, diplomático, editor y director del Fondo de Cultura Económica, don Jaime García Terrés, hacia 1980, me decía que en aquellos tiempos de «Poesía en Voz Alta» Octavio Paz se había dado a leer con fervor y entrega a los clásicos españoles —y en particular la poesía de Lope de Vega, del cual, por cierto, hay más de un rastro semiexplícito en *Piedra de sol* (como Filis, o ese «ir y quedarse y con quedar partirse»)—; que al igual que Manuel Altolaguirre y José Bergamín, Paz se sabía de memoria tiradas enteras de Lope de Vega. Ese arte de la memoria es el mismo que le abrió las puertas de la amistad de Rafael Alberti y de Miguel Hernández, cuya relación personal conquistó a pulso memorioso, del mismo modo que su amigo Juan José Arreola se había ganado a Pablo Neruda con sus recitaciones en fulgurante ráfaga de los *20 poemas de amor y una canción desesperada*. Ese arte de la memoria —tan caro a los que cultivan la improvisación— es el mismo que el italiano Giuseppe Bellini registró al comentar con entusiasmo, en una temprana reseña, las tensas relaciones de *Piedra de sol* con la poesía de Quevedo y de Lope. Recuerdo de paso que Octavio Paz, en su ensayo sobre Pablo Picasso, «Picasso: el cuerpo a cuerpo con la pintura» [Paz, 1994b: 75-82], a quien trató y conoció en Francia en sus primeros años, ofrece un paralelo consistente entre él y Lope de Vega —ambos creadores proteicos—, sellando la alianza milagrosa entre surrealismo y poesía clásica española, que tanto desconcierta a los lectores de miras estrechas. Esa alianza, en el sentido metalúrgico de la palabra: aleación, que descubrió Paz muy pronto gracias a las teorías sobre la versificación irregular que le reveló Pedro Henríquez Ureña, y que le servirían no solo para comprender la poesía *por fuera*, sino para *crearla* por dentro.

Jaime Labastida expresará sobre el poema lo siguiente:

«Piedra de sol», el poema que de Paz publicamos, es por muchos conceptos el más importante de su producción, según creo. Es un poema ambicioso, circular, totalizador. Versos endecasílabos de principio a fin en los que se evita cualquier posibilidad de rima: versos blancos que estructuran el poema en forma de círculo: el poema finaliza de la misma manera como empieza: no hay mayúscula inicial ni punto que indique el fin. Las únicas mayúsculas corresponden a nombres propios. Tampoco hay puntos que separen las frases poéticas ni las estrofas están divididas a la manera usual. La enseñanza de Mallarmé empieza a cobrar cuerpo en la obra de Paz; todavía no alcanza el nivel experimental de poemas posteriores, pero ya se acerca, y mucho. Hallamos, pues, comas solamente y otras disposiciones gráficas que conceden cierto orden al desarrollo del tema amoroso, que se despliega en formas diversas. Como dice Heráclito, *en el círculo se confunden el inicio y el fin* (Heráclito, fragmento 103 [Diels-Kranz: 2004]). ¿Qué intenta el poeta, al mostrarnos este ciclo? En tanto que el poema es un largo canto al amor, tal vez quiera decir que la última mujer a la que se ama es también la primera: idéntica y diferente a un tiempo, desafío a la repetición. El epígrafe de Gérard de Nerval que preside «Piedra de sol» nos indica el sentido total del poema: *la última mujer es todavía la primera, siempre será la única en el instante único*; esa mujer, la reina desde luego, ¿es la primera o la última? Y el hombre, rey en el amor, ¿es el único o el primer amante? Toda mujer es, por bien amada y en tanto que ser único en su destello, la primera, *la única en un momento único*. Todo cambia y nada se repite, *el Sol es nuevo cada día; nos bañamos y no nos bañamos en los mismos ríos*: Heráclito subyace a lo largo del poema (Heráclito, fragmentos 6 y 12 [Diels-Kranz: 2004]). Intento decir que hay un fondo filosófico latente, oculto, en «Piedra de sol», este poema grandioso. El amante es rey en el amor: primero, único, último; la amante es reina en el amor: primera, única, última.

«Piedra de sol» logra, no sin audacia, construir múltiples imágenes del amor, todas posibles. No se limita a una, de allí su riqueza. Y todo se entrelaza con temas de índole política, social, histórica: *Madrid, 1937, / en la Plaza del Ángel las mujeres / cosían y cantaban con sus hijos, / después sonó la alarma y hubo gritos, / casas arrodilladas en el polvo, / torres hendidas, frentes escupidas / y el huracán de los motores, fijo: / los dos se desnudaron y se amaron / por defender nuestra porción eterna, / nuestra ración de pan y paraíso...* ¿Gesto inútil, podría decirse, el de los dos amantes? De ninguna manera. Se trata, acaso, de una anécdota de orden personal, digo, del viaje que Octavio Paz y Elena Garro, jóvenes en extremo, realizaron en el año de 1937 a la península española para participar en el Congreso de Escritores Antifascistas. Este viaje lo han recreado los protagonistas mismos: Garro en *España 1937* y Paz en *Itinerario* [Garro, 1992]. Pero el poema extrae, de aquel incidente privado, una enseñanza profunda, universal acaso. Los amantes presienten que está cerca la muerte, que una bomba puede aplastarlos. En vez de tomar las armas, que poco o nada pueden contar la barbarie, se desnudan y se aman. ¿Por qué? *Por defender*, dice el poema, *nuestra porción eterna, nuestra ración de pan y paraíso*. El amor está uncido a la muerte, el amor es más poderoso que la muerte: nos otorga, así sea por el breve instante en que dura, una ración de pan y paraíso. Los amantes desean morir, si fuera el caso, enlazados, desnudos en la carne: que la muerte los alcance en el yugo del amor, defendiendo *su eterna porción de vida*. El amor ilumina con su presencia toda situación, hasta la más amarga y difícil. El amor no teme a la muerte y brota, intacto, en el interior de la violencia que desea destruirlo. Paz afirma, con toda fuerza, que el mundo particular de los dos amantes tiene pleno derecho de existir frente a ese otro mundo, que lo desgaja. El amor nos obliga a tocar nuestra raíz profunda, recobrarnos, reconstruirnos, así sea solo por un instante, eterno.

«Piedra de sol» alcanza, en no pocas ocasiones, versos y estrofas de lirismo y musicalidad extraordinarios: *voy por tus ojos como por el agua, / los tigres beben sueño en esos ojos, / el colibrí se quema en esas llamas, / voy por tu frente como por la luna, / como la nube por tu pensamiento, / voy por tu vientre como por tus sueños, // tu falda de maíz ondula y canta, / tu falda de cristal, tu falda de agua...* endecasílabos perfectos, yámbicos, sáficos, anapésticos: *toda la noche llueves, todo el día / abres mi pecho con tus dedos de agua; / cierras mis ojos con tu boca de agua...*

En «Piedra de sol» no existe una sola mujer a la que el poema se dirija. Hay una obvia diferencia con lo que encontramos en otros poemas transcritos: *hambre de ser, en muerte, pan de todos, // Eloísa, Perséfona, María, / muestra tu rostro al fin para que vea...* Tampoco es el sujeto lírico el único sujeto; por el contrario, el poeta es solo él y, al propio tiempo, todos los amantes: *abre la mano, / señora de semillas... y yo amanezco, / amanecemos todos, amanece / el sol cara de sol, Juan amanece / con su cara de Juan cara de todos...* En este sentido, los aspectos de orden personal se imbrican con los de orden social, histórico, político: todas las mujeres y ninguna, todos los amantes y ninguno... Paz rechaza las formas negativas del amor: véase lo que dice del amor de Abelardo y cómo el filósofo causó su tragedia al no hacer caso del ruego de su amada: *«déjame ser tu puta», son palabras / de Eloísa, mas él cedió a las leyes, / la tomó por esposa y como premio / lo castraron después...* Frente al amor que acepta las convenciones sociales y religiosas, Paz propone lo diferente: *mejor el crimen, / los amantes suicidas, el incesto / de los hermanos como dos espejos / enamorados de su semejanza, / mejor comer el pan envenenado, / el adulterio en lechos de ceniza, / los amores feroces, el delirio, / su yedra ponzoñosa, el sodomita / que lleva por clavel en la solapa / un gargajo, mejor ser lapidado / en las plazas que dar vueltas a la noria / que exprime la sustancia de la vida, / cambia la eternidad en horas huecas...* Hay aquí una serie de referencias a varias formas de relación sexual. Lo que destaca es la necesidad de vivir amores profundos, auténticos. Es mejor ser lapidado en la plaza pública, por adúltero, que soportar una vida tediosa, al lado de quien no se ama: dar vueltas a una noria acaba con la vida. *Mejor el crimen* que el matrimonio legal de los amantes frustrados. Paz insiste siempre en el fulgor, en la renovación incesante que debe existir en la relación amorosa [Labastida, 1969].

Sobre *Piedra de sol* se han escrito muchos libros y artículos, uno de ellos fue el que escribió Víctor Manuel Mendiola exponiendo la filiación surrealista del poema en *El surrealismo de* Piedra de Sol*, entre peras y manzanas* [Mendiola, 2011]. De hecho, no solo es un libro sobre este poema, sino sobre ese tramo del itinerario intelectual del nobel mexicano. El poema no fue ajeno al movimiento surrealista, la traducción al francés que hizo de él Benjamin Péret en 1962, en una edición bilingüe, así lo prueba. *Piedra de sol* ha sido objeto de una edición conmemorativa realizada por Hugo J. Verani en 2007: *Lecturas de Piedra de sol. Edición conmemorativa del poema de Octavio Paz.*

EL ARCO Y LA LIRA

I

El título de este libro proviene del fragmento 56 de Heráclito transmitido por Hipólito, donde se dice: «Acople de tensiones, el del mundo, como el del arco y la lira» [Gaos, 1991: 264]. Probablemente llegó a los oídos de Octavio Paz a través de la lectura del libro de Kostas Axelos sobre Heráclito, aconsejada por su amigo Kostas Papaioannou. No se puede olvidar que Roger Munier, su amigo y traductor, hizo una traducción directa del griego antiguo de los *Fragments d'Héraclite*, acompañada de un extenso comentario que publicó primero en la *Nouvelle Revue Française*, número 436, en mayo de 1989, y luego, con el sello de Fata Morgana, en 2004. A Paz le había interesado *Los presocráticos: Jenófanes, Parménides y Empédocles*, cuya traducción por J. D. García-Bacca reseñó para *El Hijo Pródigo* en 1943.

Octavio Paz fecha en agosto de 1955 la «Advertencia a la primera edición» de esta obra excepcional, a la vez de teoría literaria y de reflexión filosófica, en torno a la poesía y al poema tanto como al papel del poeta en la ciudad y en la historia. El autor tenía cuarenta y un años cumplidos, había publicado cinco años antes *El laberinto de la soledad* y ese mismo año de 1955 editaría su poema «El cántaro roto», cuyo título coincide con el de la satírica comedia de costumbres del subversivo poeta romántico alemán Heinrich von Kleist (1777-1811), a quien Paz cita en *El arco y la lira*, al final del capítulo sobre «El mundo heroico». La gestación de la obra se remonta a unas vacaciones pasadas en el mes de agosto en Córcega, en la Isola Rossa, L'Ile Rousse. Paz había estado antes en ese lugar, y se alojaba en el «Splendid Hotel Ile Rousse», como consta por la carta que le envía a Reyes el 1 de agosto de 1951. Ahí, como dice en la advertencia a la primera edición del libro, continuó meditando en los temas expuestos en el ensayo «Poesía de soledad y poesía de comunión» de 1943, escrito por invitación de José Bergamín para el acto en conmemoración de san Juan de la Cruz y que fue publicado en la revista *El Hijo Pródigo* ese año.

Cabe apuntar que la presencia de la figura, la poesía y el pensamiento de san Juan de la Cruz permean la exposición de esta obra que siguió gestándose en los siguientes años entre Delhi, Tokio y México, bajo el patrocinio de El Colegio Nacional gracias a la intercesión de Reyes en 1953. Octavio Paz le anuncia a Reyes el 25 de julio de 1953 desde Ginebra que «Aquel librillo sobre la poesía se ha transformado en un libro de cerca de trescientas páginas. Nunca creí que fuese capaz de escribir tanto [...] Se me ha ocurrido llamarlo "La otra orilla", alusión al saber, o mejor dicho: al estar en el saber de los budistas. Prajnaparamita quiere decir, según parece, "saber" (o "estar") en la otra orilla [...] En suma, la poesía como salto mortal» [Reyes-Paz, 1998: 208]. Estas palabras transparentan claramente hasta qué punto Paz pensaba que la reflexión sobre la poesía y el fenómeno poético colindaba con el universo de las preocupaciones religiosas, ya fuesen las expresadas por san Juan de la Cruz o por el budismo, sin olvidar a pensadores como el alemán Rudolf Otto, autor de *Lo santo* al que cita en *El arco y la lira*.

Finalmente, la obra se publicará en 1956, el mismo año en que se estrena en México *La hija de Rappaccini*, la única obra de teatro compuesta por el poeta y que por razones de espacio no ha sido posible incluir en esta antología.

II

Octavio Paz no es, hablando con propiedad, un poeta o un escritor surrealista. Sin embargo, sus relaciones con este movimiento distan de ser accidentales; tampoco son sencillas. Conoció a varios surrealistas, convivió con otros, leyó los mismos libros que ellos antes de conocerlos, los leyó a todos con una inteligencia y un rigor con los que no siempre se leyeron entre sí. Sobre todo fue amigo de André Breton —«uno de los centros de gravedad de nuestra época»—, lo conoció en un tiempo en el que era arriesgado reconocer en el surrealismo «el último gran sacudimiento espiritual de Occidente». Si bien sus «actividades dentro del grupo surrealista fueron más bien tangenciales», el surrealismo no es en modo alguno tangencial en la evolución poética, literaria y moral de Octavio Paz. El surrealismo no ha sido para Paz una escuela de buenas o malas maneras literarias ni tampoco un manual de estilo o un conjunto de imágenes o procedimientos [Castañón, 2014: 329-330].

Habría que intentar entender la relación de Octavio Paz con el surrealismo en otros términos: por ejemplo, reconociendo en el poeta y en el escritor Octavio Paz a uno de los autores póstumos del surrealismo, una de las cosas que le han sucedido al alma romántica en el siglo XX. ¿Qué es pues lo que Octavio Paz le ha dado al surrealismo en particular y a la poesía moderna en general? Le ha dado —digámoslo con una sola palabra— una conciencia. Una conciencia que no le podía haber prestado más que un poeta capaz de escribir y de leer poemas y de reflexionar al mismo tiempo sobre su ejercicio. Esa conciencia aflora en los poemas y se despliega en los ensayos de crítica poética, restituyendo a la crítica —aquí y allá— su sitio entre las variedades de la creación y de la poesía. Es una conciencia apasionada porque en ella alienta una emoción peculiar: la emoción intelectual. Es cierto que Paz es un hombre apasionado por las ideas, pero no lo es menos que un hombre al que le emociona sobre todo comprender (acto que significa, como nos lo recuerda él mismo, abrazar con el entendimiento). De ahí que el encuentro del surrealismo haya sido uno de los momentos definitivos de su biografía espiritual, pues le ha permitido reconocerse en el mundo y reconciliarse con él. Ese reconocimiento se expresa a través de una gratitud: Paz ha pagado la luz que el surrealismo le ha dado devolviéndole a este su dignidad como eje de esa otra ilustración iniciada por esa otra razón: el Romanticismo.

Esa conciencia encarna en un sistema, expone una poética y reconstruye una historia que podemos centrar en dos libros: *El arco y la lira* por un lado y *Los hijos del limo* por el otro, dos libros complementarios surgidos del mismo impulso, unidos por un ensayo clave: «Los signos en rotación». Por su rigor, riqueza y amplitud, *El arco y la lira* es la poética que el surrealismo no pudo escribir. Es un libro curiosamente escrito entre Breton y Alfonso Reyes, un diálogo inimaginable pero sostenido y realizado a través de Paz. Se trata de un libro central no solo en la obra de Paz y no solo en la historia de la crítica de la vanguardia sino, me atrevo a decirlo, en la historia de la cultura española, pues en él Paz, por un lado, logra traducir, dar continuidad y sentido a un saber literario eclipsado por las vanguardias y, por el otro, inicia en él el proceso positivo de inventar y descubrir las tradiciones literarias que sostienen y explican la vanguardia. Es el libro de un poeta que no ha olvidado la felicidad de la carne y que, además, ha leído todos los libros. El libro de un hombre que conoce el proceso que lleva al mundo a transformarse en un libro y que, al mismo tiempo, tiene el don de transformar ese libro en el cosmos. Hemos hablado de una emoción intelectual. Deberíamos añadir que se trata de una emoción gozosa. Si *El arco y la lira* presenta una teoría literaria a la medida de la poesía y de la literatura modernas, *Los hijos del limo* reconstruye paso a paso, poema a poema su genealogía. *Los hijos del limo* es un libro que vuelve a transportarnos por su emoción intelectual y su pasión por la historia de la cultura.

LADERA ESTE

Los cincuenta poemas que componen *Ladera este* fueron elaborados enteramente en la India durante la estancia del poeta en ese país como embajador de México. Está asociado a *Salamandra*, a *Blanco*, a *El mono gramático*. Más que la presencia de Paul Claudel, autor de una *Connaissance de l'Est*, nos parece advertir ecos y resonancias de Saint-John Perse, a quien Paz visitó en Washington en 1961 y al que dedicó un ensayo titulado «Un himno moderno: Saint-John Perse», fechado en París en mayo de 1961 e incluido en *Puerta al campo*, editado por la UNAM en 1966.

Paz se refiere a las entretelas de *Ladera este* en *Vislumbres de la India* y se puede complementar su paisaje con las versiones de poesía sánscrita clásica, tituladas «Kavya» de la *Obra poética II* [Paz, 2004: 545-560]:

Sin mi vida en la India —le dice Octavio Paz a Alfred Mac Adam— no habría podido escribir *Blanco* ni la mayoría de los poemas que forman *Ladera este*. El periodo en Oriente fue una gran pausa, como si el tiempo se hubiera hecho más lento y el espacio más vasto. En ciertos raros momentos entreví esos estados del ser en los que somos uno con el mundo que nos rodea. Entonces, las puertas del tiempo parecen entreabrirse. Todos hemos vivido esos momentos en la niñez pero la vida moderna no es propicia a que se repitan en la edad adulta. En cuanto a mi poesía: esta etapa comienza con *Salamandra*, culmina con *Ladera este* y cierra con *El mono gramático* [Paz, 2003e: 345].

El título en apariencia liso y transparente de *Ladera este* es tal vez más complejo de lo que se advierte. «Ladera» equivale a «estribación» de una montaña o de un monte. Ambos tienen una dimensión simbólica. «Ladera este» podría traducirse como la estribación oriental de la montaña interior por cuyos senderos transita el poeta. Varias experiencias y geografías conviven en el libro que podría considerarse un diario, un álbum o cuaderno de «incursiones y excusiones», para retomar expresiones del propio poeta. Un libro de recuerdos grabados, tatuados en la piel de la memoria.

En *Vislumbres de la India*, publicado en 1995, después de haber salido del hospital en Austin de una delicada intervención en el corazón, el poeta evoca su «Regreso» con estas palabras:

Once años más tarde, en 1962, regresé a Delhi como embajador de mi país. Permanecí un poco más de seis años. Fue un periodo dichoso: pude leer, escribir varios libros de poesía y prosa, tener unos pocos amigos a los que me unían afinidades éticas, estéticas e intelectuales, recorrer ciudades desconocidas en el corazón de Asia, ser testigo de costumbres extrañas y contemplar monumentos y paisajes. Sobre todo, allá encontré a la que hoy es mi mujer, Marie José, y allá me casé con ella. Fue un segundo nacimiento. Juntos recorrimos varias veces el subcontinente. En mi primer viaje había tenido ocasión de visitar Birmania y Tailandia. En el segundo Vietnam, Camboya y Nepal. Además, era embajador ante los gobiernos de Afganistán y Ceilán, de modo que pasamos largas temporadas en esos dos países. Cuando la situación internacional lo permitía viajábamos en automóvil de Nueva Delhi a Kabul a través de Pakistán. Así pudimos visitar varias veces a Lahore y a otras ciudades sin excluir naturalmente las venerables ruinas de Taxila. [...] También viajamos mucho por el sur de la India: Madras, Mahabalipuram, Madurai, Tanjore, Chidambaram. Muchos de esos nombres aparecen en mis poemas de esos años [...] He mencionado todos estos nombres como si fuesen talismanes que, al frotarlos, reviven las imágenes, rostros, paisajes, momentos. También como certificados: son un testimonio de que mi educación india duró varios años y no fue meramente libresca. Aunque estuvo lejos de ser completa —temo haberme quedado en los rudimentos— me ha marcado hondamente. Ha sido una educación sentimental, artística y espiritual. Su influencia puede verse en mis poemas, en mis escritos en prosa y en mi vida misma [Paz, 1996: 369-371].

Octavio Paz se casó con Marie José Tramini Poli el 20 de enero de 1966. La había reencontrado en París por casualidad el 21 junio de 1964, en el viaje que había hecho a Europa para recoger el Premio Internacional de Poesía Knokke-le-Zoute que antes habían recibido Saint-John Perse, Giuseppe Ungaretti y Jorge Guillén. Paz presenta sus cartas credenciales como embajador el 10 de septiembre de 1962. Había llegado a la India acompañado de Bona de Mandiargues, a la que había encontrado en Istambul. Tomarían de ahí el tren hacia Teherán y Delhi. Bona lo acompañaría desde que llega a la India y juntos viajarán por Ceilán, el sur de la India, Orissa, Bengala, Nepal y Camboya, y luego ella a fin de año regresa a Europa. En *Ladera este* conviven algunos poemas escritos por Paz en la órbita de Bona Tibertelli de Pisis y otros en la de Marie José Tramini.

«El balcón» es el primer poema de *Ladera este*. El poema
es como un diálogo y una carta de adiós a Bona, a quien se lo
envía. Los más de ciento cincuenta versos de esta composi-
ción están fechados entre el «5-12 julio 1963» [Sheridan,
2004, III: 462]. El crítico Guillermo Sheridan registra «una
sola variante de relieve ante la impresa» donde esta dice:

> Delhi
> dos sílabas altas
> rodeadas de arena e insomnio
> en voz baja las digo.

la epistolar dice:

> Bona
> dos sílabas altas
> rodeadas de arena e insomnio
> en voz baja las digo.

El poema se abre como un ventanal hacia la ciudad que
Paz había entrevisto diez años antes en «Mutra», la primera
epifanía india, fechada en Delhi en 1952. Es como una ins-
tantánea de la ciudad «Vieja Delhi fétida Delhi», una evo-
cación entrañable de esa ciudad viva y vivida por el poeta.

Sobre «La higuera religiosa», en sus notas, Paz advierte: «A su
sombra Gautama percibió la verdad y se convirtió en Buda, el
Iluminado [por esto se le llama el "árbol de la Iluminación"]».

«El mausoleo de Humayún» es un poema dedicado a la
tumba del hijo de Babur. Humayún fue padre de Akbar y su
familia descendía de Tamerlán. No lejos del mausoleo había
un centro de estudios de lo que ahora «llaman los economis-
tas y los sociólogos el "desarrollo"». El poema juega irónica-
mente con estas asociaciones.

«En los jardines de los Lodi» («Los mausoleos de la di-
nastía Lodi (1451-1526) en Delhi»), que se pueden ver des-

de la residencia de la embajada de México en Delhi, se refiere a un monumento funerario constituido por una tumba de doble cúpula de estilo sirio cuya edificación se debe a Sikandar Lodi (1489-1517), el segundo gobernante de la dinastía. El poema está dedicado al poeta, ensayista, crítico de arte y traductor Claude Esteban (1935-2006). A él se deben las versiones al francés de *Blanco* y *El mono gramático* y traducciones de Quevedo, Góngora, César Vallejo, Jorge Guillén, Federico García Lorca, Jorge Luis Borges, entre otros.

Otro poema es «El día en Udaipur». El mapa que va trazando el poeta de sus pasos por la India está cargado de reminiscencias relacionadas con una singular peregrinación entre mística y mitológica. «Los palacios de Udaipur (Rajastán) pertenecen a la última fase del arte indo-sarraceno y son de los siglos XVII y XVIII», dice el autor. Acerca de los versos «Sobre el dios pálido / la diosa negra baila», recuerda la interpretación que hace Heinrich Zimmer en *Myths and Symbols in Indian Art and Civilization* (Nueva York, 1946) de la escena del mito: «Sobre el cuerpo tendido y cubierto de cenizas, aletargado o muerto, del dios asceta Shiva, baila la negra Kali y en su frenesí se decapita a sí misma» [Paz, 2001b: 543-544]. Udai Singh fundó la ciudad de Udaipur en 1567, en una isla del lago Pichola. Udaipur es conocida como la «ciudad de los lagos». Los palacios a que se refiere Paz datan de los siglos XVI y XVIII. Uno de ellos ha sido habilitado como un suntuoso hotel.

«Perpetua encarnada» es uno de los poemas de mayor extensión y de mayor complejidad de *Ladera este*. En la nota que hace Paz para acompañar el poema, dice: «Planta herbácea cuyas flores persisten meses enteros sin padecer alteración. En el poema: la poesía» [Paz, 2001b: 544]. Es precisamente la revelación de la poesía la que irrumpe en este conjunto de versos animados por la presencia envolvente de «los intrincados jardines» y las «grandes montañas de allá arriba / colgadas de la luz» mientras va y viene «una lagartija transparente» trasunto de «la bestezuela mi conciencia». El poema se resuelve en plegaria y voto, petición: «Pido ser obediente a este día y a esta noche». La petición se eleva a «la solitaria *perpetua encarnada* / una mitad mujer / peña manantial la otra». Plegaria a la poesía y por la poesía, también amoroso voto. Sus dos primeras versiones se dieron, según Guillermo Sheridan, en cartas enviadas el 9 y el 10 de septiembre de 1963 a Bona y apuntan al aniversario de nacimiento de esta, que sería el 12 de septiembre. Señala el crítico y biógrafo que la versión publicada en libro es más breve que la epistolar.

En los seis cuerpos de «Utacamud», alterna la descripción histórica y la ironía del viajero curioso y ávido de conocer y reconocer la identidad de un pueblo misterioso y legendario como el compuesto por los «flacos, barbudos y herméticos» miembros de los Toda, la visión del historiador del arte y de la civilizaciones capaz de comparar Micenas con Machu Picchu, el júbilo del poeta al encontrar al hospitalario «árbol cantante» del *nim*, el contemplador solitario que tiene una «visión en el desfiladero» y siente en la noche el llamado de las «estrellas generosas».

«Cochin». El poema dividido en seis partes tiene el nombre de uno de los principales puertos marítimos del sur de la India en el estado de Kerala. Desde que murió ahí el explorador Vasco da Gama en 1524, asentaron allí sus compatriotas una colonia. De ahí que no sea extraña la aparición en el primer cuarteto de «la iglesia portuguesa» que «se alza de puntillas» «Para vernos pasar». Se reiteran los acordes que comparan a México y a Cádiz con el antiguo reino de Travancore, que suscitó la reprobación de Vivekananda por el alto nivel que alcanzaba ahí la discriminación de castas. «Ante el patriarca nestoriano / latió más fuerte, / mi corazón herético» [Paz, 2001b: 362].

«Apoteosis de Dupleix». Los trece versos de este poema dedicado a la estatua del conde y gobernador de la colonia

francesa de Pondichery al sur de la India, Joseph François
Dupleix, cuyo cuerpo de piedra empezó a ser «ungido de
alquitrán y mantequilla», trae desde luego una carga tan
corrosiva como irónica que resalta el título más bien opro-
bioso y como sacado de una obra de Alfred Jarry. El poema
está dedicado al escritor cubano Severo Sarduy que se inte-
resó en la India, fue amigo de Octavio Paz en París y es autor
de la novela *Maitreya*, publicada en 1970. El epígrafe entre-
sacado del *Murray's Handbook of India, Pakistan, Burma and
Ceylon* corresponde a la edición de 1949 que Paz cita en *Vis-
lumbres de la India* en el capítulo dedicado a Delhi al inicio
del libro [Paz, 1996: 364].

«Madurai». En sus doce líneas, este poema concentra va-
rias capas y cortezas de la historia milenaria de esta ciudad
legendaria célebre por tener «el templo más antiguo de la
India» —como dice el personaje elegido por el poeta para
presentar a la ciudad— dedicado a «Minashki, diosa canela»,
«una de las formas de la gran diosa venerada en el país ta-
mul», dice Paz en una nota al poema. El contrapunto entre
ironía y sensibilidad poética tensa las cuerdas de este «diver-
tido poema de circunstancias» —según Sheridan— con el
cual el poeta sigue su ascenso o descenso por la «ladera este».
El personaje del poema es el director de una «Compañía de
autobuses llamada "The Great Lingam Inc"». Jean Claude
Masson hace ver que «lingam» es el símbolo fálico de Shiva.

«Felicidad en Herat». El poema está sembrado de alusio-
nes a la cultura religiosa y mística entreveradas con evoca-
ciones del paisaje y de los nombres legendarios junto con un
aliento corrosivo hasta la purga y la catarsis. «¿El viento, el
señor de las ruinas / es mi único maestro?», «clavé un clavo,
/ no, / como los otros, contra el mal de ojo: / contra mí mis-
mo». Esta experiencia lo hace decir «Vi las apariencias. / Y
llamé a esa media hora: / Perfección de lo Finito». La nota
que hace Octavio Paz sobre el poema hace ver que las alusio-
nes mencionadas tienen todas un fundamento a la par textual

y vivido, des-vivido. Guillermo Sheridan señala que el poema fue escrito después de que su amante Bona tomara el avión de regreso a Europa [Sheridan, 2004: 276]. El poema está dedicado a Carlos Pellicer, un poeta al que Paz admiró desde joven y sobre el cual no solo escribió un par de textos, sino que lo menciona a lo largo de sus obras, más de sesenta veces. Para Paz la «modernidad» de Pellicer estaba «en su visión del espacio como movimiento, es decir como tiempo». «Paisajes no de viajero... sino paisajes viajeros. Espacios andantes» [Paz, 1995d: 242].

«Prueba». Las tres líneas de este poema hacen pensar en el peso y función de la voz «polvo» y en la ecuación «humanidad» «polvo» en la poesía de Paz. En la edición original el poema se titulaba «Aparición».

«Pueblo» sigue la visión profética del tiempo que se resuelve en piedras, árboles junto con el viento que «vuelve sobre sí mismo y se entierra / en el día de piedra». Aparece la ecuación: «No hay agua pero brillan los ojos». En la edición original, las nueve líneas del poema se titulaban «Un día».

Siguen dos series de poemas que se trenzan y alternan: «Intermitencias del oeste» (1) (Canción rusa), «Himachal Pradesch» (1), «Intermitencias del oeste» (2) (Canción mexicana), «Himachal Pradesch» (2), «Intermitencias del oeste» (3) (México: Olimpiada de 1968), «Himachal Pradesch» (3), «Intermitencias del oeste» (4) (París: Les aveugles lucides). Esta hélice o trenza de poemas abren ventanas a la historia, de la India, la rusa o la mexicana, de las revoluciones, reformas, «reeducaciones», extinciones, sacrificios, masacres, y paralelamente señalan la antigüedad, «hace cinco mil años», de la historia de la conciencia, desde «los Himalayas donde algunos piensan que los himnos védicos fueron compuestos», «las montañas más jóvenes del planeta» pobladas no solo por campesinos pobres sino por «ingleses supervivientes del *British Raj*»: «pequeñas abominaciones». El último poema de «Intermitencias del oeste» lleva el número cuatro y está escrito en francés. Se atreve aquí una traducción:

> En uno de los suburbios de lo absoluto,
> las palabras que habían perdido su sombra,
> comerciaban con reflejos
> hasta perderse vista.
> Se ahogaron
> en una interjección.

La «canción rusa» fue compuesta por el poeta «mientras leía el libro del historiador británico Robert Conquest sobre las purgas en la época de Stalin». El libro *El gran terror: las purgas stalinianas de los años treinta* fue publicado en 1968. «La canción mexicana» de «Intermitencias del oeste» (2) es una de las composiciones en que el poeta logra dar sentido a sus raíces y a su búsqueda, y al mismo tiempo expresar su duelo por saberse «huérfano de historia, huérfano de Revolución», como bien lo ha sabido señalar Enrique Krauze en *Octavio Paz. El poeta y la revolución* [Krauze, 2014: 157].

La trenza de las dos series de poemas de «Intermitencias del Oeste» e «Himachal Pradesch» hace ver la conciencia planetaria del poeta que, desde la India, está pendiente de lo que sucede en París y en México y de lo que sucedió en Rusia. El contrapunto entre contemplación, autoconocimiento, conciencia histórica y ética hace que los siete poemas de esta sección abran un espacio tenso y alerta que subraya la responsabilidad que mantiene al poeta en atenta vigilia interior y exterior para no perder el hilo que guía su exploración poética en *Ladera este*.

«Lectura de John Cage» es otro de los poemas extensos y emblemáticos de *Ladera este*. El músico fue uno de los amigos que visitó a Paz en la India, junto con otros muchos como Merce Cunningham, André Malraux, Henri Michaux, Julio

Cortázar y Aurora Bernárdez, Yves Bonnefoy, Kostas Papaioannou, según registra Guillermo Sheridan en *Poeta con paisaje* [Sheridan, 2004: 483], además de otros como Agustín Yáñez. La obra y el pensamiento del músico John Cage influyó no poco en la reflexión crítica y filosófica del segundo Octavio Paz, que lo cita más de quince veces en su obra y, habría que añadir, no solo lo cita, sino que, por así decir, lo practicará en un poema tan importante como *Blanco*. Paz le dice a Manuel Ulacia: «No sé si me importa saber si John Cage es un gran músico. Sé que es un poeta, un sabio y un *clown* como aquellos viejos maestros taoístas y budistas de China y Japón. Un inventor de chascarrillos sublimes, un equilibrista que danza sobre la cuerda floja del *nonsense*» [Paz, 2003e: 135]. Las aportaciones del pensamiento de John Milton Cage, autor de *Silence. Lectures and Writings* [Cage, 1961], se pueden documentar en su «Glose sur Meister Duchamp», en donde aparecen alusiones al místico renano Eckhart [*Encyclopédie*, 2011: 225]. La presencia de Cage está relacionada con la de Marcel Duchamp, otra figura clave en este ciclo creativo de Octavio Paz: «No puedo oírme oír: Duchamp». El poema es una reflexión en torno a la música y al silencio: «El silencio / es el espacio de la música» [Paz, 2001b: 380] y en torno al amor: «Mi cuerpo oye el cuerpo de mi mujer (*a cable of sound*) / y le responde: / esto se llama música». El poema es también una reflexión sobre la identidad y el mundo. Una reflexión sobre las posibilidades del arte y la poesía desde el silencio que marcará la última etapa creativa de Paz.

«Carta a León Felipe (En respuesta a su poema-saludo y a su carta sobre nuestro desencuentro en México el verano pasado [1967])». La carta-poema de Paz a León Felipe es uno de los últimos eslabones de una larga relación entre ambos. El momento inmediatamente anterior de esa relación lo registra el español en un envío «A Octavio Paz», incluido en su libro *¡Oh, este viejo y roto violín!*:

Octavio: Cuando yo escribí mi libro *Ganarás la luz*, tú dijiste que no era un libro de poemas, pero que era un gran libro. Tampoco este es un libro de poemas, y menos ahora que estás ahí con tu verso y tu verbo sustantivos, arañando, escudriñando en las entrañas del México que nace. Y tampoco es un gran libro. Es un libro escrito por un viejo payaso a los 81 años para hacer reír a la gente. Te mando este primer ejemplar a tu Embajada en la India, para que te rías tú también. Ríete con piedad. Soy viejo y estoy como el rey Lear, pero aún puedo abrazar y discernir a los antiguos amigos y a los grandes poetas como tú [Felipe, 1993: 175].

La relación se remonta a muchos años atrás cuando el mexicano reseña en la revista *Taller*, en 1939, el libro *El mar. Elegía y esperanza*. Para el joven Paz de veinticinco años, León Felipe era una representación viva de la fuerza visionaria del poeta. Ese recuerdo seguirá vivo en la idea ética y profética que tiene Paz de la poesía y del poeta. León Felipe no era solo un hombre dedicado a la literatura. Prueba de ello es la carta que le dirige uno de sus lectores revolucionarios como Ernesto Che Guevara, fechada el 21 de agosto de 1964, «Año de la Economía». Paz cita explícitamente alrededor de veinte veces a León Felipe en sus obras, aunque pueden encontrarse no pocos fraseos del español en algunos versos del mexicano.

«Śunyata», dice Paz en la nota a este poema, «es un término que designa el concepto central del budismo "madhyamika": la vacuidad absoluta. Un relativismo radical: todo es relativo e impermanente, sin excluir la afirmación sobre la relatividad e impermanencia del mundo. La proposición que niega la realidad también se disuelve y así la negación del mundo por la crítica es asimismo su recuperación: *samsara es nirvana* porque todo es *Sunyata* (Cf. T. Stcherbatsky, «Buddhist Logic» y el comentario de Chandrakirti a Najarjuna Prasanapada en la excelente traducción de Jacques May)»

[Paz, 2001b: 557]. Paz menciona a Najarjuna en sus *Obras completas* en más de veinticinco ocasiones.

HACIA EL COMIENZO

El título de este conjunto que cierra *Ladera este* tiene quince letras, tantas como poemas contiene este feliz cántaro que algo tiene de nupcial. Escrito casi como una ofrenda o compuesto como un arreglo floreciente en el jardín del amor al fin encontrado o reencontrado.

Una atmósfera de renacimiento y acaso de resurrección impregna estas páginas iluminadas por el encuentro-reencuentro con Marie José Tramini Poli, luego de haberla encontrado en Mandapam en 1964 («Cuento de dos jardines») y casualmente en París al año siguiente el 21 de junio, como dice el poema «Viento entero» en el solsticio de verano —magnética «hora de junio»— que a los ojos del poeta estaba cargado de significado, como apunta Guillermo Sheridan en *Los idilios salvajes* [Sheridan, 2016: 493].

«Viento entero», poema de amor y de celebración, no excluye los reojos a las escenas terribles de la historia pasada —la crueldad de Tipú Sultan, la muerte de los opositores en Santo Domingo, tampoco las escenas de la vida cotidiana en el norte de la India fronterizo con Afganistán—. Al poema lo recorre un verso que se repite como una campanada o el sonido de un gong: «el presente es perpetuo», que atraviesa el aire de esta composición aérea que es también paseo y excursión arqueológica —por ejemplo, por Bactriana en Afganistán— donde el poeta ante una «estatua pulverizada» recoge «unos cuantos nombres» con los que fragua la oración y juramento de su poema: «juro ser tierra y viento / remolino / sobre tus huesos / El presente es perpetuo». Otra frase resuena en un segundo plano: «anima mundi». El poema está incrustado de nombres y alusiones que cifran la experiencia del poeta y cabría decir que las notas que acompañan a este libro en particular extienden y prolongan el poema. Por ejemplo, la mención de la fortaleza desierta y en ruinas de Datia «castillo de sal si puedes», evoca en la sensibilidad del poeta una «relojería erótica» con sus «desmanteladas salas nupciales». En la nota Paz precisa que el castillo lo hace pensar en el marqués de Sade, no tanto en los castillos que este habitó como en «el rigor delirante y circular de su pensamiento». La sincronía de tiempos que se dilatan y contraen en sístoles y diástoles parece evocar la respiración y el aliento de Ezra Pound y de sus *Cantos*.

Podría imaginarse que los siguientes poemas: «Madrigal», «Lección», «Con los ojos cerrados», «Pasaje», «Contigo» y «Sol sobre una manta» llevan al poema «Maithuna», que es un ejercicio ardiente y apasionado y una bitácora de las prácticas del budismo e hinduismo tántrico que busca la iluminación y al cual, al parecer, no fue ajena esta pareja de exploradores del cuerpo. Las líneas del poema «Maithuna» explicitan que Octavio Paz y su esposa Marie José estaban familiarizados con las prácticas del budismo tántrico. De acuerdo con la *Encyclopedia of Sacred Sexuality*, publicada en 1999, «Maithuna» es un «Término tántrico/sánscrito que indica la unión sexual en un contexto ritual. Es el más importante de los cinco *makara* y constituye la parte principal de los rituales *pamchamakara* y/o *panchatatva*. Aunque algunos autores dicen que se trata de un acto puramente mental y simbólico, el *maithuna* alude claramente al arte sagrado de la unión varón-hembra en el sentido físico/sexual y es sinónimo de *kriya nishpatti*. [...] El *maithuna*, como los demás *makara*, está rodeado de requisitos rituales como los *nyasa* y los mantras» [Camphausen, 2001: 211].

Paz se da el lujo de poner sus cartas sobre la mesa y precisar que el fragmento siete del poema imita un poema de Li Po. En los siguientes poemas: «Las armas del verano», «La llave de agua», «Cima y gravedad» y «Eje», el poeta le toma el pulso a la dicha en la que el desdoblamiento desemboca en la plenitud del poema «Custodia», que dibuja en un ideograma en dos columnas la urna genital femenina. «Custodia» se abre como un juego de simetrías y de réplicas que van en busca de un espacio «sin nombres». «Domingo en la isla de Elefante» tiene dos tiempos: «Imprecación» e «Invocación». Esta a su vez se da como una evocación y una encarnación de las divinidades invocadas —Shiva y Parvati— en la pareja que las adora «no como a dioses, / como a imágenes / de la divinidad de los hombres» [Paz, 2001b: 411].

«Cuento de dos jardines» es el poema número quince de «Hacia el comienzo» y el remate de *Ladera este*. El lazo que une a estos dos espacios es la memoria de la infancia y el amor. Jardín de la niñez y de la adolescencia en Mixcoac y jardín exterior e interior del amor realizado. Jardín en ruinas que se parecía al abuelo y que fue también el espacio de la primera revelación erótica con la higuera, tema que prefigura a *Pasado en claro* y donde el poeta aprendió una lección imborrable: «en ese jardín aprendí a despedirme». Luego de un largo paréntesis sin jardines, lleno de «Días hábiles», «Calamidades y milagros», encuentra en la India el árbol «nim» que abre sus ramas con fraterna y hospitalaria sombra y casi inmediatamente después el amor. «Me crucé con una muchacha. / Sus ojos: / el pacto del sol de verano con el sol de otoño. / Partidaria de acróbatas, astrónomos, camelleros. / Yo de fareros, lógicos, "sadhúes"» [Paz, 2001b: 415-416]. El ritmo vertiginoso del poema se pasea y toca varios tiempos y experiencias, desde la del amoroso nudo tántrico hasta la de la contemplación del hecho poético que es «una hélice de diecisiete sílabas / dibujada en el mar», surcado por «Camoes, Vasco de Gama y los otros», pasando por la evocación de Pessoa y Basho, dos presencias tutelares en este ciclo poético. Es una recapitulación de lo vislumbrado en la India. Tiene también un aire de despedida y de final que se resuelve en luz: «El jardín se abisma. / Ya es un nombre sin substancia.

/ Los signos se borran: / yo miro la claridad». La lección del jardín: «Un jardín no es un lugar: / es un tránsito».

El poema fue escrito «A bordo del Victoria, entre Bombay y las Palmas entre el 20 y el 28 de noviembre», según precisó el propio Paz en la *Penguin Book of Latin American Verse*, de E. Caracciolo Trejo, anota Jean-Claude Masson.

BLANCO

I

Blanco se inscribe entre las líneas de una tradición hispanoamericana de poemas en torno al conocimiento, como los de José Gorostiza, Jorge Cuesta, Jorge Luis Borges, Vicente Huidobro, Juan Ramón Jiménez, Eduardo Lizalde, Ernesto Cardenal, José Lezama Lima, Elsa Cross y Rafael Cadenas. Tiene también raíces en las artes plásticas y (como Marcel Duchamp) en escritos como los de Xul Solar y Leopoldo Lugones.

Poema de y sobre el conocimiento, avanza entre la literatura descriptiva y la especulación, la pregunta, el caminar entre espejos y espejo adentro. Poema atento a crear un espacio, una *Pausa*, un blanco del pensamiento.

La inspiración del poema se levanta en una construcción que señala hacia la pintura, roza la arquitectura, salta hacia el lienzo vacío de sí mismo —en los dos sentidos— hacia el espacio: es una meditación que devana al margen del tiempo los hilos de la conciencia: *Blanco* es un poema altamente sensorial, sensitivo, carnal; se da *Blanco* en el espacio de una descarga.

El reverso o anexo filosófico o conceptual de *Blanco* es el conjunto de textos coetáneos escritos por el poeta Octavio Paz como aquellos que cierran corriente alterna y plantean, como desde la filosofía oriental y la filosofía hindú, los motivos del preguntar: esos textos coetáneos son los de *Conjunciones y disyunciones*, *La apariencia desnuda de Marcel Duchamp*, *El mono gramático*.

En *Blanco* se juegan las palabras, el pellejo de la poesía: *Blanco* es un poema narrativo. A lo largo de sus frases, el lenguaje busca hacerse blanco, insensible, invisible: pura idea, dicha en el fluir de un soliloquio que gotea preguntas como lluvia. *Blanco* es un poema de amor. Un poema de amor intelectual. Un itinerario de la mente hacia Dios, y eso mismo en latín se dice *itinerarium mentis in deum*. Algunos estudiosos de Octavio Paz y de este poema en específico comparten la opinión de que el poeta hubiese podido continuar abismándose en la escritura y creación de *Blanco*. En este libro infinito se pueden advertir las huellas no solo del pensamiento oriental, sino las de Ludwig Wittgenstein, citado por Paz en *Conjunciones y disyunciones*: «[...] el mundo es mi mundo: esto se manifiesta por el hecho de que los límites del lenguaje significan los límites del mundo... Yo soy mi mundo» [Paz, 1996: 183]. Tal vez Paz podría haber dicho: Soy (mi) *Blanco*.

II

El poema «Blanco» fue publicado en México en 1967 en un libro diseñado por el propio Octavio Paz. Escrito «del 23 de julio al 25 de septiembre» de 1966, cuando Paz tenía cincuenta y cuatro años y a unos meses de haberse casado, es un poema elevado desde el amor hacia el vacío de la página en blanco. El autor pensó que su primer título podría haber sido *Śunyata*. La edición original fue llevada a la estampa por el sello Joaquín Mortiz en diciembre de 1967, un año y unos meses después de haberse concluido el manuscrito. Completamente diseñado por Octavio Paz e impreso por Joaquín Díez Canedo con gustosa y delicada atención, el libro-objeto se presentaba como una caja de cartón rectangular en cuyo interior había una tira de papel de 75 × 59 centímetros de largo, plegada en 32 hojas impresas a una sola cara a dos colores (rojo y negro) en cinco tipos de letra distintos. En la caja había además un volante suelto impreso sin firma y en prosa —redactado por el autor— en el que se detallaban ciertos rasgos formales del poema. Además, al cabo de la tira se estampaban unas «Notas» en que se precisaban ciertas fuentes del budismo tántrico y se sugerían orientaciones de lectura. Esa nota aparece en sucesivas ediciones y en esta al principio del poema. Después de su primera edición, «Blanco» se ha editado varias veces al final de *Ladera este*, luego individualmente en la edición que hizo Enrico Mario Santí para El Colegio Nacional y Ediciones de El Equilibrista, en un estuche con dos volúmenes, editado en México en 1995. Esta edición incluye «facsímil» y «transcripción de los borradores», «cartas con los editores» (Joaquín Díez Canedo, Emir Rodríguez Monegal, Vicente Rojo y James Laughlin) y «cartas con los traductores» (Charles Tomlinson, Claude Esteban, Eliot Weinberger y Haroldo de Campos), un «fichero», una «bibliografía» y textos de «Entrada» y «Salida», de Enrico Mario Santí, con un tiraje de 1500 ejemplares, impresos en Madrid. La iniciativa, como reconoce Santí, provino de Diego García Elío y se dio en el marco de la celebración del 80 aniversario del poeta.

En *Blanco* convergen varios ciclos tanto de la historia de la poesía moderna como del desarrollo de Octavio Paz como autor y como persona: el del mapa poético que configura en su obra el poema extenso que va desde «Piedra de sol», roza «La hija de Rappaccini» e incluirá otros poemas largos o composiciones transgenéricas o híbridas como *El mono gramático* y, más tarde, el poema en clave autobiográfica «Pasado en claro»; la praxis arriesgada a pulso por la mente y por el cuerpo mismo de Paz en este singular y heterodoxo «hacer el amor» o «hacer del amor» en el cuaderno de escritura del adepto del budismo tántrico; y, más allá, el horizonte artístico revelado por el poeta a Vicente Rojo en la carta del 6 de marzo de 1968, de inscribir el proyecto en el horizonte de una adaptación o versión cinematográfica que combinaría en forma dinámica las letras, la palabra hablada, las sensaciones visuales y auditivas y los diferentes sonidos. Paz le propone a Vicente Rojo «la proyección cinematográfica del libro o, mejor dicho, la *proyección de su lectura* a veces silenciosa, a veces en voz alta», parafraseando la exposición que hace Enrico Mario Santí en «Esto no es un poema: lectura de "Blanco"» [Santí, 1997: 301-305].

«Blanco» se despliega como una tapicería donde se trenzan tres columnas de versos que dialogan entre sí y urden un enjambre de significados que producen un campo magnético, poético y filosófico a partir de un firme y a la par maleable cimiento crítico y auto-crítico, capaz de producir un haz de sentidos y de posibles lecturas. En el centro de «Blanco» está el diálogo y subyace bajo sus letras una efervescente levadura. «Blanco»: vertiginoso solo a tres voces, madrigal y madriguera del auto-conocimiento en fuga concéntrica de espiral alzada y tendida en la tela, entre sábana y mantel, sudario y mandala, estupa, pirámide, montaña cósmica. «Parece que "Blanco" —dice Eliot Weinberger en *Paz en la India*, versión ampliada del texto publicado en el catálogo de la exposición *Los privilegios de la vista* [Weinberger, 1995b: 194-195]— tomó como modelo una versión simplificada del mandala descrito con lujo de detalles iconográficos en un texto indotibetano, redactado en 690, llamado el *Hevajra Tantra*, una de cuyas líneas usa Paz como epígrafe. El poema, por supuesto, no tiene otros dioses que la poesía y las imágenes que lo representan tienden a la abstracción».

Bibliodiversidad en y desde la escritura y la lectura, «Blanco» representa en la obra poética de Octavio Paz un alto momento artístico y creativo, crítico y reflexivo. Un espacio a la vez hospitalario, abierto y secreto, cifrado. Tal es acaso la razón de que «Blanco» se haya transformado en una suerte de contraseña que atraviesa las artes, no solo fecundando poemas en otras lenguas —como es el caso de la «transcreación», «Transblanco» realizada por Haroldo de Campos—, sino en el campo de la música, el teatro y las artes plásticas.

«Blanco» es una quintaesencia de la experiencia de Octavio Paz en la India, una experiencia que fue más bien como una cita predestinada del poeta con un mundo cuya irradiación le daría al suyo una fuerza particular. La estancia de Paz en ese subcontinente se dio como un arraigo y una entrega a la cultura y al país donde pasó esos años fecundos y felices de su vida. Esa entrega se puede advertir en cada una de las líneas de «Blanco». La fusión de las preocupaciones poéticas de Stéphane Mallarmé y Guillaume Apollinaire con el conocimiento de las antiguas fuentes del budismo y de la sabiduría tántrica que, por lo demás, cita en su libro *Conjunciones y disyunciones*, hacen de esta construcción una singular y polifónica «máquina de cantar» en la que se da una higiene de la metáfora —para citar a Haroldo de Campos— «en términos de combinatoria lúdica y dinamismo estructural» [Campos, 1995: 226].

Cabría decir que la escritura de este poema llevó al autor a una preparación interior que le permitiría adentrarse con fuerza en su último ciclo creativo.

EL MONO GRAMÁTICO

I

Hanuman o Hanumat o Janumat es —según el epígrafe de John Dowson M. R. A. S. en *A Classical Dictionary of Hindu Mythology*, que se pone como friso luego de la dedicatoria

«A Marie José» en *El mono gramático* (1974), el inclasificable texto de Octavio Paz— un famoso jefe de los monos que era capaz de volar y que es una figura notable del *Ramayana*: Hanuman saltaba de la India a Ceylán en un solo movimiento; arrancaba árboles, cargaba a los Himalayas, agarraba las nubes y realizaba muchas otras hazañas prodigiosas... Entre otras facultades, Hanuman tenía la de ser un gramático, y de él dice el *Ramayana*: «El jefe de los monos es perfecto; nadie lo iguala en los sastras ni en erudición ni en su capacidad de descifrar el sentido de las escrituras (o en modificarlas a voluntad). Es cosa bien sabida que Hanuman fue el noveno autor de la gramática». Esta inscripción, que figura al inicio de la selva de letras titulada *El mono gramático*, pone sobre aviso al lector: el autor mexicano no ignora la literatura clásica de la India y es capaz de viajar por la arquitectura, la fauna y la flora de aquellas remotas escrituras hasta el punto de ser capaz de jugar según su deseo con su sentido y de pensar la acción y la palabra como quien estuviese adentro de Hanuman y de ser él mismo uno de los nueve gramáticos, además de ser un viajero y de ser capaz de mover las nubes de palabras a voluntad.

Según consta por una carta de Octavio Paz a Alfonso Reyes que se remonta al 27 de enero de 1952, escrita durante su primera estancia en la India, el poeta, al acusar recibo del envío que le hace Reyes de la traducción de la *Ilíada*, le dice que será un «buen antídoto contra el *Mahabarata* y el *Ramayana* que me propongo leer en estos meses» [Reyes-Paz, 1998: 168]. Esto significa que la familiaridad de Paz con la literatura antigua de la India se remonta al menos a varios lustros antes de la escritura del sorprendente poema consagrado al mono.

Con *El mono gramático* Octavio Paz ha buscado no solo aludir o evocar al Rey de los Monos —*Viaje al oeste* o *Las aventuras del Rey Mono*, en la tradición china— sino de recrear a Hanuman mismo y escribir un libro en 29 capítulos que podrían ser a su vez leídos como una re-escritura y traslación, virtuosa traducción del *Ramayana* y de otros libros de literatura sánscrita y clásica de la India. Recuérdese que el Rey Mono llevó a China la sabiduría sánscrita que desembocaría en el océano del budismo Zen, familiar a Paz. El mismo texto de *El mono gramático* da las pistas y teatraliza en clave esta *mise en abîme*. Se trata de una composición inspirada en el Sarga IX del Sundarakanda que lleva por título «Hanuman inspecciona el gineceo» [Valmiki, 1963: 38-42], en la traducción de Juan B. Bergua, padre, por cierto, de José Manuel. Esta observación también la hace Marja Ludwika Jarocka en «El mono gramático de Octavio Paz» [Jarocka, 2003: 175]. Dice el *Ramayana* en la traducción de Bergua:

Notó las antorchas en oro kancana que asemejábanse a jugadores disputándose por un juego importante, esclavos de los dados. El brillo de las luces, el tejás de Ravana, el esplendor de los decorados iluminan a la vez esta sala, pensaba Hanumat. Advirtió, sentadas sobre los tapices, adornadas con ornamentos y coronas de colores variados, mil mujeres escogidas, vestidas con toda suerte de trajes. Pero cuando la mitad de la noche transcurrió, bajo la influencia de la bebida y del sueño, los juegos acabados, todo se durmió profundamente. Aquella multitud dormida, adornada con joyas cuyo tintineo había cesado, tenía el aspecto de un gran estanque de lotos en el que no se oyen ya los hamsas ni las abejas. Maruti contemplaba los rostros, de labios juntos y ojos cerrados, de aquellas bellas damas perfumadas con lotos. Cual lotos que se abren con la aurora y que de nuevo vuelven a cerrar sus corolas, por la noche. Aquellos lotos de caras, semejantes a lotos descogidos, las abejas siempre borrachas de amor los piden y vuelven a pedir sin cesar. Así pensaba con precisión el venerable y poderoso kapi, que las estimaba, a causa de sus atractivos, iguales a aquellas flores acuáticas. El gineceo brillaba con el resplandor de aquellas mujeres; cual en el otoño un cielo apacible, sembrado de constelaciones. En medio de ellas, el jefe de los rakashasas centelleaba como el afortunado rey de los astros en medio de su cortejo de estrellas. Los planetas echados del cielo, acompañados de lo que les queda como méritos, helos aquí todos reunidos, díjose a sí mismo el hari. Tales, en efecto, que grandes meteoros, de muy brillantes rayos, aquellas mujeres centelleaban de hermosura, de gracia y de magnificencia. Unas tenían su cabellera y sus coronas lucientes y desatadas, sus preciosas joyas esparcidas a causa de la orgía y de sus retozos, el alma enterrada en sueño; otras, entre aquellas tan hermosas mujeres, tenían el tilaka deshecho o los anillos fuera de los pies; a estas sus guirnaldas les caían sobre los costados; aquellas, cubiertas con sus collares de perlas, los vestidos en desorden, sus cinturones y sus broches sueltos, asemejábanse a jóvenes yeguas en reposo. Otras, que ya no poseían pendientes y cuyas guirnaldas estaban rotas y ajadas, tenían el aspecto de lianas abiertas, pisadas por los pies de un Indra de los elefantes, en un gran bosque. Semejantes a los rayos brillantes de la Luna, a veces los collares desprendidos, tenían el aspecto de hamsas dormidos en el seno de aquellas mujeres. Ora sus esmeraldas tenían la apariencia de kadambas aladas, ora sus cordones de oro hema, de cakravakas. Brillaban como ríos frecuentados por hamsas y karandas y embellecidos por la presencia de los cakravakas, con sus caderas por bancos de arena. Semejantes a puñados de campanillas, con el oro hema como lotos descogidos, el amor como cocodrilo, la hermosura como orilla, parecían aún ríos dormidos. Algunas, reposando sobre los graciosos miembros de sus compañeros y sobre los extremos de sus senos, les servían como adorno, de tal modo eran hermosas y cargadas de adornos ellas mismas. En otras, las puntas de sus velos, levantadas por el aliento de su boca, flotaban por su cara aquí y allá. Hubiéranse dicho brillantes estandartes desplegados y proyectando su brillo sobre la frente de esposas de hermoso rostro pintado de diversos colores. Otras veces los anillos de aquellas mujeres radiantes de belleza, al estremecimiento de su aliento, temblaban dulcemente, dulcemente. Impregnadas del aroma de los jarabes que habían bebido, el aliento naturalmente perfumado y suave de su boca acariciaba a Ravana. Pensando que era aún la cara de Ravana, varias de sus esposas besaban y besaban aún los labios de sus rivales. Excesivamente prendadas de su esposo, aquellas mujeres escogidas, no siendo dueñas de sí mismas, prodigaban a sus compañeras sus pruebas de amor. Algunas, apoyándose en sus brazos cargados de pariharyas, y en sus ricos trajes, dormían así. Esta reposaba sobre el pecho de su vecina, esta otra sobre su brazo, sobre su regazo, o entre sus senos. Apoyábanse sobre los muslos, los costados, las caderas y las espaldas unas de otras; sus miembros estaban en desorden, bajo la influencia de la embriaguez y de la voluptuosidad. Apretándose amorosamente unas contra otras, aquellas criaturas de elegante talle habíanse dormido todas, con sus brazos entrelazados. Aquel grupo de mujeres de brazos entrelazados asemejábase a una guirnalda atada con un cordón de abejas muertas de amor: como lianas, descogidas a la caricia de una brisa primaveral, que se entrecruzan para formar ramos de flores. Cual un vasto bosque de bello ramaje bien mezclado y cargado de enjambres de abejas, así estaba aquel bosque de esposas de Ravana. Bien que, reposando evidentemente en su sitio acostumbrado, no era posible distinguir unas de otras a aquellas mujeres de miembros cargados de joyas, de adornos y de guirnaldas [Valmiki, 1963: 39-41].

Compárese ahora con la refundición operada por Paz del mismo pasaje:

Vio a muchas mujeres tendidas sobre esteras, en variados trajes y atavíos, el pelo adornado con flores; dormían bajo la influencia del vino, después de haber pasado la mitad de la noche en juegos. Y el silencio de aquella gran compañía, ahora mudas las sonoras alhajas, era el de un vasto estanque nocturno rebosante de lotos y ya sin ruido de cisnes o abejas... El noble mono se dijo a sí mismo: «Aquí se han juntado los planetas que, consumida su provisión de méritos, caen del firmamento». Era verdad: las mujeres resplandecían como caídos meteoros en fuego. Unas se habían desplomado dormidas en medio de sus bailes y yacían, el pelo y el tocado en desorden, fulminadas entre sus propias desparramadas; otras habían arrojado al suelo sus guirnaldas y, rotas las cintas de sus collares, desabrochados los cinturones y los vestidos revueltos, parecían yeguas desensilladas; otras más, perdidas sus ajorcas y aretes, las túnicas desgarradas y pisoteadas, semejaban enredaderas holladas por elegantes salvajes. Aquí y allá las perlas esparcidas cruzaban reflejos lunares entre los cisnes dormidos de los senos. Aquellas mujeres eran ríos: sus muslos, las riberas; las ondulaciones del pubis y del vientre, los rizos del agua bajo el viento; sus grupas y senos, las colinas y eminencias que el curso rodea y ciñe; los lotos, sus caras, los cocodrilos, sus deseos; sus cuerpos sinuosos, el cauce de la corriente. En tobillos y muñecas, antebrazos y hombros, cerca del ombligo o en las puntas de los pechos, se veían graciosos rasguños y marcas violáceas que parecían joyas... Algunas de estas muchachas saboreaban los labios y las lenguas de sus compañeras y ellas les devolvían sus besos como si fuesen los de su señor; despiertos los sentidos aunque el espíritu dormido, se hacían el amor las unas a las otras o, solitarias, estrechaban con brazos alhajados un bulto hecho de sus propias ropas o, bajo el imperio del vino y del deseo, unas dormían recostadas sobre el vientre de una compañera o entre sus muslos y otras apoyaban la cabeza en el hombro de su vecina u ocultaban el rostro entre sus pechos y así se acoplaban las unas con las otras como las ramas de una misma arboleda. Aquellas mujeres de talles estrechos se entrelazaban entre ellas al modo de las trepadoras cuando cubren los troncos de los árboles y abren sus corolas al viento de marzo. Aquellas mujeres se entretejían y encadenaban con sus brazos y piernas hasta formar una enramada intrincada y selvática (*Sundara Kund*, IX) [Paz, 2001b: 485-486].

El texto, presentado en el capítulo o inciso número 10, no es en rigor una traducción. Se da como un inspirado ejercicio de translación y paráfrasis del espectáculo que ofrecen a Hanuman aquellos racimos de mujeres que son a su vez espejo y reflejo de la naturaleza.

En *El mono gramático*, Paz deja que sus felinos sentidos interiores jueguen y corran en libertad sin dejar de ser fiel a la constelación de sus obsesiones. Las 29 estancias en que está compuesto el libro parecen escritas como variaciones de un puñado de frases insistentes. El libro parece haber sido transcrito después de una experiencia singular en la cual la escritura, la flora, la meteorología, el mundo interior y el espacio exterior parecen unidos por una yedra subyacente de etcéteras... En el centro de ese bosque de signos se abre un claro y en el centro del claro vibra una pregunta incesante en torno al decir, a la posibilidad de decir; las cuestiones perennemente planteadas, evadidas y pendientes se estremecen como hojas que cuelgan de los árboles: son las preguntas que Buda mismo elude responder y que alimentan o deslindan la orilla de este cráter textual que es *El mono gramático*. En él se dibuja la figura de un poeta cuya canción son las preguntas y cuya casa son las palabras que lo inventan a él y a su doble Esplendor, quien es también un personaje de Valmiki. El poeta dice que ha hecho de Hanuman, *El mono gramático*, una de sus figuras tutelares: «en todo el diccionario no hay una sola palabra sobre la que reclinar la cabeza, todo es un continuo ir y venir de las cosas a los nombres a las cosas» [Paz, 2001b: 484]. De ahí la importancia de establecer un «catálogo de un jardín tropical» como el que este avatar-lector mexicano de Valmiki y Hanuman recoge en el capítulo 8 de *El mono gramático*. El bosque recreado por Paz trae a la memoria la voracidad léxica de Saint-John Perse. *El mono gramático* se presenta en la obra de Octavio Paz como una cima y un testamento, un pliego de mortaja, una herencia y un ritual que el poeta eleva como un sacrificio a esa figura cuyo sol lo hermana y lo devora y lo hace capaz no solo de descifrar el sentido oculto de las escrituras, sino de hundirse en ellas con todo y sombra, con todo y Esplendor.

El profundo conocimiento que tenía Paz de la literatura antigua de la India no se limitaba al de estos textos que inspiraron la escritura de esta obra. Otra uña del león se puede tocar en la nota que hace Paz a *La hija de Rappaccini*, donde se reconoce la genealogía de esta obra que va de Hawthorne a Thomas Browne, tan leído por Reyes y por Borges, y antes a *El sello del anillo de Rakshasa* del poeta Vishakadatta (del siglo IX).

II

La mañana del día 10 de septiembre de 1991 me apersoné en el departamento con jardín y veranda invernadero-biblioteca de la casa de Octavio Paz a recoger unos libros de los cuales me había dicho casualmente que quería deshacerse, pues —dijo— había conseguido ediciones más modernas y actualizadas de los mismos. Paz, por cierto, no era, al menos en mi caso, de los amigos y maestros que a cada visita lo obsequian a uno con libros de los cuales se quieren deshacer, y la cita era solo para recoger «esos» libros, cosa que yo no sabía. Me dio nada más dos obras. Una de ellas era *A Classical Dictionary of Hindu Mythology* del reverendo y doctor John Dowson, que está citado en el epígrafe de *El mono gramático*, obra que desde luego todavía tengo. No me di cuenta en ese momento de la importancia de ese simbólico presente [Dowson, 1968].

En la obra de John Dowson hay dos entradas sobre «Hanuman, Hanumat, Janumat. Un celebrado jefe de los monos. Era hijo de Pavana, el "viento", con Anjana, la hija del mono llamado Kesart. Era capaz de volar y es una figura conspicua del "Ramayana". Él y otros monos que ayudaron a Rama en su guerra contra Ravana era de origen divino y sus poderes eran sobrenaturales, Hanuman era capaz de brincar desde la India hasta Ceylán con un solo salto; desgarraba árboles, agarraba a los Himalayas y los cambiaba de lugar, cogía las nubes y realizaba muchas otras hazañas prodigiosas (véase Sarasa). Su forma era la de una montaña y era tan grande como una gigantesca torre» [Dowson, 1968: 68]. A continuación, Dowson pone la ficha del «Hanuman-Nataka. Un extenso poema debido a varios autores sobre las aventuras del jefe de los monos llamado Hanuman. La fábula sostiene que este drama fue compuesto por Hanuman e inscrito por él en las rocas. Valmiki, el autor del *Ramayana*, lo vio y temió que el poema eclipsara su propia obra. Se quejó con el autor quien le dijo que sembrara sus versos en el mar. Así lo hizo, y quedaron escondidos ahí durante siglos. Algunos fragmentos fueron escondidos y traídos al Rey Rhoja, quien envió a Danustarr Mirra a arreglarlo y llenar las lagunas. Así lo hizo, y de ahí resultó el drama que se conoce». Es una obra del siglo X u XI.

El otro libro que Octavio Paz me regaló ese sábado por la mañana de septiembre de 1991 fue un diccionario: el de *Synonyms, Antonyms & Prepositions*, de James C. Ferland, publicado como parte de la serie «Fund & Wignalls Estandar Handbook» en Nueva York, en 1947. Más tarde, cuando me di cuenta del sentido del regalo, me percaté de que se trataba de las armas que lleva (el lector-autor) de *El mono gramático*.

III

Mono Gramático: el animal que cree en Dios, la bestia que babea sentido. Con la gramática disfraza su condición simiesca: llama a esa mascarada: poesía, cultura, religión. Pero la hormiga, la última amiba ¿no es también gramática?, ¿no es lenguaje la más elemental partícula de vida?

Mono: simio, pero también sexo.
Gramática: academia, policía.
Mono-gramático: sexo castigado, cuerpo sometido por el lenguaje.

Animal capaz de sacrificarse. Animal caído en la red de la significación y el sentido crucificado. La gramática, *par excellence*: la cruz. El sentido de la vida: desplazar, enterrar, desenterrar la cruz y, con ella, el rostro. El mono se asoma al espejo de la gramática —es decir, de la Cruz— y descubre un rostro —pero solo lo acepta realmente cuando logra pulir el espejo y hacer del sacrificio, nueva, segunda naturaleza: humanidad—. Pero esta solo es una sombra de la esperanza, una hipótesis. Antes, la escisión, la separación entre zoología y cultura, inmanencia bestial y apuesta ética, poética.

Escisión: cántaro roto, mono gramático. La soledad del mono sin gramática. Ceguera, sordera del laberinto en ausencia del mono que lo recorre. La gramática ordena el mundo. Es el tesoro secreto de Adán, la llave que le permite no perderse entre sus propias denominaciones. Pero la gramática es también un proyecto, una utopía, el sueño que desvela al mono y lo precipita en la escritura, la política, la tentación de ordenar el mundo y devolverle a las cosas-palabras su verdadero, utópico, futuro nombre.

Gramático, el mono, ¿no? Un chango monstruoso que se viste de abogado, de catedrático, de sacerdote; un cínico chimpancé que cuando le conviene permanece en los árboles y cuando no, baja al púlpito. Escolástico, sentimental, voraz, chismoso —a veces confunde la gramática con el contagio, el sentido con el calor tribal y, necesariamente, la sintaxis con la teología—. A veces mono, a veces gramático, siempre pordiosero de la verdad, mendigo del Esplendor, huérfano del bosque y de la mónada, su verdadero, su único amor. Le da cita, en el espejo de la palabra, pero ella no siempre aparece. La invita a todas las conjugaciones, pero ella desdeña las contingencias; la corteja en todos los casos pero ella se escabulle por entre los subjuntivos. El mono, decepcionado, le da la espalda y se dirige hacia la ciudad de los fuegos extintos y en las cenizas del diccionario busca a su sombra gramática —casi nunca con éxito—. Huye. Quisiera colgarse de una liana, caer en un pozo; los demás monos, los monos no-gramáticos, solo ven un simio a veces melancólico, furioso a veces, devorado por la invisible y legendaria lepra. Se llama gramática. La contraen quienes se obstinan en seguir un camino. Por lo general, terminan así, crucificados sobre una letra, desollados sobre el signo de su elección —y es frecuente verlos desfallecer con una sonrisa beatífica y una mirada atroz que cualquiera, hasta el menos gramático de los monos, sabría reconocer—. Al desfalleciente, lo rodean de inmediato los semi-monos; los semi-gramáticos, pues ahí casi todos son mestizos y en consecuencia estériles.

Esa es la diferencia con el Mono Gramático que es invariablemente fecundo y es capaz de preñar a cualquier hembra con un leve roce de su lengua, de su cola o de cualquiera de sus extremidades. Desde luego, son muchas las monas en cinta pero pocos los gramáticos que llegan a la madurez. Son abortados o se malogran pronto. Incluso cuando llegan a desarrollarse duran poco, pues los monos gramáticos se destruyen entre sí. Y no solo eso: ciertas sectas son caníbales y sostienen que la única vía de fecundar el ingrediente gramático de su ser es devorar cerebros de otros monos gramáticos. Esta práctica no está exenta de peligros y los monos (gramáticos, semigramáticos o no-gramáticos) rechazan instintivamente a los changófagos pues despiden un olor inconfundible y, sobra decirlo, insoportable.

Otra práctica habitual es la de las parejas de simios macho y hembra que se unen para hacer juntos el camino y alcanzar juntos la soñada gramática. Así, no es inusual ver a un mono visionario sobre las espaldas de una mona que dice oír voces. Desde luego terminan peleando, pues el rubro de El Dorado Gramatical no coincide casi nunca con el pregón de las voces. De un lado la gramática lleva al mono a caminar en línea recta; del otro su condición simiesca lo impulsa a andarse por las ramas. Pero lo más común es ver a los monos gramáticos reunirse en pequeñas bandas enemigas unas de otras. Cada banda inventa un idioma a condición de que cada uno de los monos renuncie a su sueño de una gramática. Sustituyen la comezón obsesiva de un lenguaje trascendente —capaz de trascender la condición simiesca— por las piltrafas de un idioma utilitario y limitado, que comparten, mascan y escupen como una goma de mascar.

El resultado es que poco a poco pierden la memoria —el recuerdo del canto— y también, por cierto, sus características simiescas —al menos eso creen ellos—. También existen hordas de monos o de monas gramáticos que tienen prohibido comunicarse con los monos de otro sexo o de otras bandas. Al morir, los monos son incinerados. Sus cenizas se diluyen en agua y aceite y con ellas fabrican un líquido con el que pintan una suerte de cebollas cuadradas que ellos llaman libros y que almacenan en unos templos llamados bibliotecas. Ahí —según rezan las tradiciones— habita el dios invisible de la gramática. Los guardianes de esos templos son unos monos ojerosos, melancólicos e irascibles. Se dice que, si bien parecen morir desollados como se ha dicho, poseen el secreto de la inmortalidad. Debe ser realmente secreto, pues hasta ahora nadie lo ha divulgado.

Pero la asociación de mono gramático y poeta, eso ya es un escándalo. El primero —¿quién lo puede dudar?— es un mamífero, entre todos, cerebral, mientras que el segundo se ha distinguido desde siempre por carecer de seso. O quizá no habíamos pensado bien las cosas y no nos dábamos cuenta de que la conciencia del poeta equivale rigurosamente a la del simio enviciado por los acres jugos de la gramática. Tienen, sí, algo en común: ambos andan por las ramas.

Pero al poeta —que no tiene seso— la rectitud le viene del corazón, el pensamiento del amor. Se parece a don Quijote, al *Idiota* de Dostoievski; no va en el tumulto de los listos, de los sagaces y eficaces: no tiene seso y se diferencia de los otros simios en que se sabe reducido a la condición bestial en la medida en que no lo transfigure la pasión. Solo descubriremos su nombre en el libro del alma, aprendiendo la gramática del amor.

Mono gramático: mono enamorado.

El enamorado que pierde la razón se torna hombre de los bosques, loco salvaje, selvático. Es el Cardenio del *Quijote* en quien este no deja de reconocer algunos reflejos del incendio que a él mismo lo devasta. La gramática del mono desgarra y se desgarra: traduce la ley de una letra incendiaria —la ley del amor—. Al perderse en el bosque de los símbolos y analogías, el mono gramático recobra el sentido, la savia: se vuelve árbol, un súcubo del árbol. Adentro del árbol, está él; desde afuera solo se ve el follaje —esa prenda a la que también llamamos obra.

Preguntó uno a Garci Sánchez por qué causa habiendo hecho tan buenas coplas, las hacía entonces tan malas, respondió:

Porque agora no ando enamorado [Gallagher, 1968: 33].

VISLUMBRES DE LA INDIA

Vislumbres de la India es el último gran libro en prosa escrito por Octavio Paz. De la correspondencia de Octavio Paz con Pere Gimferrer se desprende que sus páginas empezaron a escribirse a fines de 1993 (carta número 188, fechada el 14 de diciembre de 1994), al socaire del proyecto editorial de *Obras completas* que empezó a editar para Círculo de Lectores por iniciativa de Hans Meinke:

Hace un año escribí unas notas rápidas sobre la India. Quise resumir en ellas no mi experiencia vital, que está en *Ladera este* y en *El mono gramático*, sino mis ideas sobre esta nación (o conjunto de naciones): religiones, castas, lenguas, historia, política y, en fin, un capítulo final en el que me ocupo de la sensibilidad estética hindú y de su pensamiento tradicional. Al preparar el tomo X de mis *Obras completas* para Círculo de Lectores me di cuenta de que esos apuntes eran un pequeño libro que debería incluirse en ese volumen. Mi operación suspendió el proyecto pero desde hace dos meses me he dedicado a corregir estas notas y a darles forma. Ahora estoy en el proceso de revisión del texto. Creo que terminaré hacia fines de este mes. Se trata de unas 170 páginas. Su título: *Vislumbres de la India*. En efecto, son vislumbres, tentativas de fijar en unas páginas una realidad inmensa y abigarrada y publicarlas [Paz, 1999a].

Paz fue a la India por primera vez en 1951, unos pocos meses. Luego, en 1962, estuvo ahí durante más de seis años, hasta el 6 de noviembre de 1968. Regresa a la India en noviembre de 1984, invitado por Indira Gandhi, para participar en la conferencia que se realiza cada año en memoria de Nehru.

Se entera durante su estancia en Kioto de la muerte de Indira, pero decide viajar a la India como estaba previsto. Probablemente el proyecto de escribir este ensayo se remonte a ese viaje, como se puede deducir de una carta de Paz a Pere Gimferrer, del 22 de noviembre de 1984.

Vislumbres de la India es también como una lectura a contraluz de México, como se lo dice a Gimferrer el propio Paz en la carta del 14 de diciembre de 1994: «Tampoco es un libro para especialistas: es una visión de la India. En cierto modo, podría parecerse a *El laberinto de la soledad*, solo que el tema, además de ser más amplio y complejo, está visto desde fuera y con lejanía en el espacio y el tiempo» [Paz, 1999a: 381]. Para comprender el esfuerzo de síntesis que hizo Paz en este libro, no solo habría que leer, como él mismo sugiere, *Ladera este* y *El mono gramático*, sino consultar el libro publicado por la SRE, en el cual se recogen los escritos que el embajador Octavio Paz hizo desde su puesto como embajador en la India, Afganistán y Ceilán [María y Campos, 2014].

Ya publicado *Vislumbres de la India*, Paz siguió recordando
y reflexionando sobre la India y su realidad contradictoria.
El 24 de enero de 1997, le escribe a Gimferrer:

Sobre el lugar del excremento y los hedores en la imaginación y en
la sensibilidad humana he reflexionado varias veces, sobre todo,
durante una visita hace unos diez años a una ciudad casi abando-
nada de Rajastán, en donde nos alojamos en el antiguo palacio
de los señores, hoy vuelto hotel. La inmundicia de las calles y de
muchas antiguas residencias, hoy ocupadas por familias misera-
bles, contrastaba de manera violenta y obscena con la belleza de
algunos edificios y sus pinturas. La habitación en que nos alojába-
mos Marie José y yo, los muros y el techo cubierto de espejos di-
minutos —fantástica multiplicación de los cuerpos— y las vitri-
nas repletas de pequeños frascos de perfumes, hoy evaporados, nos
pareció como habitar en la casa misma de los aromas. Y todo, ro-
deado afuera, del hedor: la muerte. Escribí unas notas sobre esta
experiencia y, si la enfermedad al fin me deja, me propongo darles
forma y publicarlas [Paz, 1999a: 408-409].

Octavio Paz no tendría tiempo de hacerlo y moriría el 19 de
abril de 1998.

POSDATA

Octavio Paz dictó en octubre de 1969, en Austin, Texas, en
la Universidad de ese estado, en el marco de las «Hackett
Memorial Lectures», una conferencia que, ampliada y desa-
rrollada, daría como resultado editorial el libro *Posdata*, suer-
te de alcance o *post scriptum* a lo expuesto en *El laberinto de la
soledad*, publicado en 1950, es decir, casi treinta años antes,
veintinueve para ser precisos. Estaría en Austin hasta el mes
de enero de 1970. El ensayo fue compuesto un año des-
pués de los trágicos sucesos que tuvieron lugar en México en

1968. Es, de hecho, un intento de poner al día y contrastar el haz de ideas expuestas en el libro de 1950 con la realidad histórica y política de México después de los ejercicios presidenciales de Miguel Alemán (1946-1952), Adolfo Ruiz Cortines (1952-1958), Adolfo López Mateos (1958-1964) y Gustavo Díaz Ordaz (1964-1970). Esos casi treinta años fueron los de un progresivo endurecimiento de las condiciones políticas y se caracterizaron por un desarrollo económico sostenido acompañado de lo que podría llamarse una involución política, que redundó en la represión a movimientos campesinos, obreros y profesionales. Paz no podía ser ajeno a estas atmósferas opresivas, como muestran algunos poemas de esa época, por ejemplo, los de *La estación violenta*, *Días hábiles* o incluso *Salamandra*.

Posdata es un libro bisagra entre lo escrito en *El Laberinto de la soledad* y los escritos ulteriores. Sus letras son otros tantos «signos en rotación», es decir, forman parte de un calendario cíclico. *Posdata* se encuentra alojado en el centro del tomo 8 de sus *Obras completas*, entre las páginas 267 y 324, y se publicó originalmente con el sello de Siglo XXI Editores, en México en 1970, mientras Paz aún se encuentra en el extranjero. Regresaría a México en junio de 1971.

Para fortuna del lector, la gestación y desarrollo se puede documentar a partir de la correspondencia sostenida por Octavio Paz y Arnaldo Orfila en torno a la publicación de esta obra en específico. Se transcriben aquí algunos tramos de ese intercambio:

Austin, 7 de noviembre de 1969

Querido amigo:

[...]

Varios amigos, entre ellos usted mismo, me habían sugerido que escribiese algo sobre los sucesos de México; el editor y el traductor de la edición alemana de *El laberinto* (está a punto de salir en ese idioma) me pidieron, por su parte, que escribiese unas páginas para poner al día el libro; y aquí me invitaron a pronunciar una conferencia (la di el 30 de octubre y fue emocionante ver el auditorio completamente lleno —mucha gente no pudo entrar— de muchachos y muchachas) sobre «la última década en México»... todo esto se ha resuelto en un texto de sesenta páginas. En cierto modo se trata de un epílogo de *El laberinto* pero, por lo pronto, preferiría publicarlo por separado: un pequeño libro como los que Siglo XXI hace. Mi texto podría dar, con tipo grande y espacios igualmente amplios, unas 96 páginas... Pero no sé si usted se interesará en publicar mi texto o si, por razones conocidas por usted y por mí, es preferible que se publique fuera de México o en otra editorial. A continuación le doy una idea del texto.

Está dividido en tres partes. La primera es una breve reflexión sobre la revuelta juvenil mundial, con un sucinto relato de lo que ocurrió en México y una interpretación personal del sentido del movimiento estudiantil mexicano (diez páginas). Temo que algunos de los dirigentes estudiantiles discrepen de mi interpretación y estoy seguro de que mi relato llenará de furia a las altas esferas del Gobierno (a pesar de mi moderación). La segunda parte es una exposición de la evolución política, económica y social del México desarrollado (aludo solo de paso al otro, al subdesarrollado, que es la otra mitad de México), con especial hincapié en los aspectos políticos y en la función dual del PRI y del régimen super-presidencialista; esta parte termina con el planteamiento del dilema mexicano: o reforma democrática o estancamiento político primero, después económico, violencia y, a la larga, dictadura (treinta páginas). Es posible que muchos de nuestros izquierdistas de profesión, sean ortodoxos o radicales, no coincidan entera o parcialmente con mis análisis y mis proposiciones pero, sobre todo, mi examen irritará al PRI y a los tronos y potestades de nuestro cielo político. La tercera parte es una meditación sobre la permanencia —inconsciente, no confesada, enterrada— del arquetipo azteca en nuestra historia y en nuestra vida política y espiritual (veinte páginas). Esta parte interesará a Laurette, me imagino, pero además de irritar a los herederos de Moctezuma y de los Virreyes (hay una continuidad política extraordinaria en nuestro país desde el siglo XIV hasta el XX, representada por México-Tenochtitlán), también escandalizará y molestará a los nacionalistas y a muchos arqueólogos, antropólogos y críticos de arte. Mi idea puede resumirse en lo siguiente: la clave de lo que ocurrió en Tlatelolco está en el Zócalo y las antiguas Casas de Moctezuma y la clave del Zócalo está en el Museo de Antropología y su sala central: la apoteosis de México-Tenochtitlán...

[...]

El título de mi texto: *Olimpiada y Tlatelolco*. ¿Qué pasó con *Poesía en movimiento* (latinoamericana)?

México, D. F., 27 de noviembre de 1969

Mi querido Octavio:

[...]

La única sugerencia que me permitiría formular es con respecto al título, tal cual usted lo plantea es por una parte poco definitorio del contenido del ensayo, puesto que pareciera referirse a un acontecimiento preciso y usted va mucho más lejos, ya que me advierte que sobre el movimiento estudiantil mundial y mexicano le dedica tan solo 10 páginas.

Yo no sé qué le parecería a usted lo que en este momento se me ocurre: *Posdata al Laberinto de la soledad*. Si esto le parece absurdo, como puede serlo, podría llamarse: *México ahora*; o *México 1970*; o *La última década mexicana*, o cualquier otra cosa.* Lo que

---

* Laurette me sugiere la mitad del primer título: «Posdata», puede ser atractivo y correcto. ¿Qué le parece? [N. del original].

sí creo que no sería ni intelectual ni editorialmente adecuado es usar el título que usted propone porque además está un poco gastado hasta periodísticamente. Por lo que me adelanta de su ensayo es mucho más que eso y vale la pena presentarlo como un trabajo de interpretación de una etapa de la vida mexicana. ¿No le parece?

[...]

México, D. F., 8 de diciembre, 1969

Mi querido Octavio:

[...]

Espero que le haya parecido correcta mi observación sobre el título y quiero proponerle alguno que lo sustituya. Consultado aquí con algunos amigos, lo de *Posdata* no les ha parecido mal, sobre todo si usted anotara una pequeña introducción diciendo que es posdata a *El laberinto*, como entiendo que usted lo presenta. Me agradaría muchísimo me enviara de inmediato su texto para pasarlo en seguida a la imprenta.

[...]

Austin, 12 de diciembre de 1969

Querido amigo:

[...]

De acuerdo: *Posdata* es un título excelente. Dígale a Laurette que le agradezco muchísimo su acertada sugerencia. He dado a las tres partes los siguientes subtítulos: Tlatelolco y Olimpiada, El desarrollo y otros espejismos, Crítica de la pirámide. Mañana escribiré la nota, brevísima, que ha de explicar el sentido del título y su relación con *El laberinto*.

Un fragmento de las dos primeras partes será publicado por el Instituto de Estudios Latinoamericanos de esta Universidad. No hay más remedio: el texto que ahora le envío es una ampliación de la conferencia que di aquí el 30 de octubre (Hackett Memorial Lecture). Creo que le conté a usted que me había sorprendido y emocionado el número de gente joven que asistió al acto. Por otra parte, el fragmento que aparecerá en ese folleto, bajo el título: *México, los últimos diez años*, no es muy extenso, unas 24 páginas. La edición será de mil ejemplares y en español pero solo cien serán distribuidos en México. Creo que la publicación de este folleto no daña al libro.

Carlos Fuentes piensa que valdría la pena publicar en *Excélsior* algunas partes de mi ensayo: una serie de cuatro o cinco artículos. Se indicaría, naturalmente, que se trata de un anticipo de un libro de próxima publicación por Siglo XXI. ¿Qué le parece esta idea? En caso de que la apruebe, yo podría indicarle los fragmentos que formarían esa serie. No más, me imagino, de 25 páginas, o sea: cinco artículos. Pero yo no tengo especial empeño en esto y dejo el asunto en manos de usted.

Preferiría que *Posdata* se publicase no en Colección Mínima sino en la misma en que apareció *Corriente alterna* o en alguna otra de formato similar. Si ustedes usan márgenes generosos, espacios interlineales más amplios y tipos de más puntos, el libro puede llegar fácilmente a las 128 páginas. Además, la división en tres partes y el prólogo nos dan 8 páginas más... Una página del texto que ahora le envío equivale a una página de *Corriente alterna*, de modo que habría que hacer una edición, repito, con márgenes y blancos más amplios y tipo más grande.

[...]

Austin, 14 de diciembre de 1969

Querido Arnaldo:

Le envío ahora, como se lo había anunciado en mi carta de hace unos días, el prólogo a *Posdata*. Son cuatro páginas, de modo que con ellas, las de las portadas, los subtítulos, índice, etc., podemos llegar a las 128 —si ustedes emplean un tipo grande, espacios interlineales amplios y márgenes generosos.

[...]

[Paz-Orfila, 2016: 311-318]

VUELTA

Vuelta (1969-1975) incluye veintidós poemas de variable extensión escritos a lo largo de los seis años que expresa el subtítulo. El autor tiene cincuenta y cuatro años y va a cumplir cincuenta y cinco. Salió de la India en noviembre de 1968, luego de haber renunciado a su puesto de embajador. Había publicado en ese año el libro *Discos visuales* y el ambicioso y complejo ensayo *Marcel Duchamp o el castillo de la pureza*. Entre 1969 y junio de 1971, Paz estuvo fuera de México. Eso significa que una buena parte de los poemas recogidos en este libro forman parte del ciclo de los escritos que redactó en el extranjero. Conviven en este mazo de versos los dedicados a sus amigos poetas y escritores, como el venezolano Guillermo Sucre, el catalán-mexicano Ramón Xirau, los mexicanos Juan García Ponce, José Emilio Pacheco, José de la Colina, José Alvarado, el catalán Pere Gimferrer, los españoles Jorge Guillén y Julián Ríos, el poeta y traductor francés Jean-Clarence Lambert, el poeta británico Charles Tomlinson; compuestos al margen de la obra o en homenaje a la acción artística, plástica o fotográfica de José Luis Cuevas, Robert Motherwell, Manuel Álvarez Bravo, Josef Síma, Joseph Cornell, Adja Yunkers. Los dos poemas más extensos del conjunto son «Vuelta» y «Nocturno de San Ildefonso», este último es el único que pudo ser incluido en esta selección.

El poema «Nocturno de San Ildefonso» fue publicado por primera vez en septiembre de 1974 en el número 36 de *Plural*: revista mensual de *Excélsior*, entre las páginas 24 y 27.

Poco después apareció en el libro *Vuelta* (1976) que recoge poemas escritos entre 1969 y 1975. Dividido en cuatro partes, cuatro patios, el poema puede ser considerado como un espejo o un cristal en el que se reflejan, encuentran y desencuentran el joven Octavio Paz, cuyo primer poema se titula «Nocturno», fechado el 19 de diciembre de 1930, y el poeta maduro que, luego de una travesía de varias décadas por diversos países y continentes, regresa a la ciudad que le da nombre al país: México, y a ese «lugar» en el cual se le dieron amistades, experiencias, conocimientos, como las de Jorge Cuesta, Xavier Villaurrutia, Carlos Pellicer y las de sus compañeros de generación como Efraín Huerta, Salvador Toscano o Manuel Moreno Sánchez, que lo marcarían a él y a ellos.

«Nocturno de San Ildefonso» alude a Xavier Villaurrutia, el señor de los nocturnos, y a Alfonso Reyes, quien también escribió un poema titulado «San Ildefonso», donde se da ese mismo encuentro entre el poeta precoz y el adulto lleno de experiencia... El poema puede ser descifrado o releído como la relectura que hace Paz de la obra y de la persona tanto del joven Paz como de las obras y personas de sus maestros Villaurrutia y Reyes. El poema es un viaje en el tiempo y en la historia, atraviesa edades y épocas y se da a la sombra de la conciencia que tiene el escritor de la densidad a la par sólida y corrosiva, curativa y opresiva, de ese pasado cuyo emblema es el edificio mismo que le da nombre a la escuela de jesuitas que luego fue arsenal y volvió a ser escuela y que más tarde fue rehabilitado por esa Revolución mexicana que exornó sus paredes con redes de imágenes didácticas, trazadas por los pintores del muralismo mexicano.

El nocturno se describe a sí mismo como una «caminata nocturna», es decir, como un paseo y como una evocación de aquellas voces y alientos que alimentaron al poeta de treinta años. Es también una re-escritura de los poemas juveniles donde aparece de nuevo la «ciudad dormida» y se cifra una suerte de confesión retrospectiva de la culpabilidad de los arrogantes redentores que fueron él y sus compañeros de generación. Es un regreso al espacio encantado de la juventud perdida desde la mirada escéptica y acaso estoica del joven abuelo de sí mismo llamado Octavio Paz. Regreso y catarsis, retorno y cicatriz. El curioso recuerda que San Ildefonso de Toledo escribió un tratado *Sobre el progreso del desierto espiritual* (*De progressu spiritualis deserti*). ¿Es una coincidencia que en sus últimos años Octavio Paz haya estado merodeando los temas de la melancolía y de la acidia que había leído en Aristóteles y que cita en el primero de los sonetos de ese otro poema, «Aunque es de noche», relacionado con el «Nocturno de San Ildefonso» y que está inspirado en la figura del escritor ruso Aleksandr Solzhenitsyn (1918-2008)?

El poema busca limpiar las heridas, purificar el cuerpo roto o pervertido de la mente. Echa mano de algunas imágenes recurrentes: la ventana como telescopio hacia el mundo interior, las calles vacías, «el espectro de un perro», la algarabía, «las calles [que] fueron canales», la idea de la ciudad como un bosque petrificado, los guiños literarios a personajes medulares de la formación adolescente (Aliocha K.[aramazov] y Julián S.[orel]) o a títulos de Alfonso Reyes («Árbol de pólvora»). De hecho, Alfonso Reyes es el zócalo sobre el cual se instala este andamiaje poético: el «San Ildefonso» del regiomontano sostiene al «Nocturno de San Ildefonso» del nieto de Ireneo Paz. Se da también en este poema un tejido y destejido de otros poemas del autor, ya sea que hayan sido escritos en la misma época como «Vuelta» o ya sea que pertenezcan a las letras sepultadas de la juventud. Nocturno rima con crepúsculo y con amanecer. Puede pensarse que el poema dialoga también con poemas de otros compañeros de generación, como podría ser el caso de *Los hombres del alba* de Efraín Huerta. Otro poema del propio Paz con el que dialoga íntimamente este «Nocturno» es el titulado «Crepúsculos de la ciudad», dedicado a su entrañable amigo «Rafael Vega

Albela, que aquí padeció». «Nocturno de San Ildefonso»: sonaja encantada que despierta la memoria de otros poemas y de otros poetas. No es casual que Ildefonso o san Ildefonso sea una de las voces que la aritmética de los índices arroja como más asiduos en el marco de las *Obras completas*.

SOR JUANA INÉS DE LA CRUZ O LAS TRAMPAS DE LA FE

El primer texto de Octavio Paz sobre sor Juana Inés de la Cruz está fechado en París, en octubre de 1950, cuando el poeta tiene treinta y seis años de edad. 1950 es el mismo año en que publica en México *El laberinto de la soledad*. El ensayo sobre sor Juana se incluirá siete años más tarde en *Las peras del olmo*, UNAM, 1957. En 1982, más de treinta años después, Paz publicará en México y en España *Sor Juana Inés de la Cruz o las trampas de la fe*, obra reconocida por muchos como una de sus más bien logradas y trabajadas. Sor Juana vive en la segunda mitad del siglo XVII y su florecimiento es paralelo al de la cultura barroca en Europa y en Nueva España. Decir «barroco» es decir laberintos, y es precisamente en un espacio complejo y erizado de escisiones y separaciones, fracturas e intermitencias donde se desarrolla la poeta. La complejidad de la persona y de la época es interrogada por Paz con pulso firme y comprehensivo, abarcador y crítico. Cuando publica en 1982 su libro sobre sor Juana, esta es una figura más o menos sepultada o secuestrada por los estudiosos de la poesía barroca. José Pascual Buxó se preguntaba, al inicio de su ensayo «*El sueño* de sor Juana: reflexión y espectáculo»: «¿Para qué volver al estudio del *Sueño* de sor Juana, si ya tantos críticos eminentes han desentrañado, al parecer, sus múltiples dificultades temáticas y estilísticas? Superados —por lo menos desde hace medio siglo— los prejuicios antigongorinos, y estudiado con tesón y perspicacia, ¿qué aspectos de la intrincada y riquísima trama de ese magno poema podrían aún permanecer ocultos para los lectores de hoy?» [Buxó, 2004: 89].

La gran novedad del libro es que, gracias a él, la poeta resucita y su enaltecimiento por su ensayo coincide, por un lado, con el replanteamiento que la crítica feminista propone como pauta de nuevas lecturas y, por otro, con la reivindicación de la cultura virreinal como un momento decisivo del desarrollo de la cultura americana y del barroco como una de las posibilidades vertebradoras de «La expresión americana», para citar el ensayo clave de José Lezama Lima.

La obra de Paz es precursora en más de un sentido. *Sor Juana Inés de la Cruz o las trampas de la fe* es una suma y una cima de la cultura hispanoamericana que transita *De la Conquista a la Independencia*, como diría Mariano Picón Salas, una recapitulación y un mirador panorámico, un mosaico de saberes y la historia de una persona y una recreación y una lectura de su obra. José Luis Martínez ha reconocido que: «El gran tema de sor Juana había tentado a Paz desde los principios de su obra. Muchos años más tarde, en 1971, comienza a estudiarla a fondo como tema para cursos en la Universidad de Harvard, y en 1974 en El Colegio Nacional. De 1971 a 1976 escribe las tres primeras partes de su estudio, y en 1980 y 1981 redacta las tres finales. En 1982, a los 68 años, publica *Sor Juana Inés de la Cruz o las trampas de la fe*, su libro más extenso, una de sus obras mayores y, según mi opinión, su obra más importante en prosa» [Martínez, 1995: 181]. Para poder redactar el libro sobre sor Juana, Octavio Paz tuvo que vencer al final «un ataque de *herpes zona*. No sé si conoces esa enfermedad. Es dolorosísima y desfigura la mitad de la cara», según le confió a Pere Gimferrer en una carta del 19 de mayo de 1981.

Margo Glantz supo reconocer que «Paz se nos revela de manera meridiana y sobre todo en *Las trampas de la fe* donde la biografía de sor Juana encubriría en realidad su propia autobiografía, como asegura Pedro Serrano en un largo trabajo de investigación en el que compara a Eliot con Paz. Así lo verbalizó el poeta mexicano: "No podría decir, al final, como Flaubert sobre Madame Bovary, 'Madame Bovary c'est moi'. Pero lo que sí puedo de hecho decir es que me reconozco en sor Juana". En su libro sobre la monja, Paz trata de descubrir su propia vida, pero sobre todo mediante su propia terminología analógica analiza el fundamento de las correspondencias, una correspondencia —un vínculo— casi exacta entre su universo personal y el de sor Juana, el de la sociedad histórica que le tocó vivir a él y la sociedad colonial que le tocó vivir a la monja novohispana» [Glantz, 2013: 198].

Por esas razones y otras, Juliana González ha podido decir que: «En la obra de Octavio Paz, la historia política no es distinta de la historia de la cultura, con todo cuanto esta conlleva; y menos aún es distinta la política de la ética. Paz se adentra en un aspecto realmente olvidado de la historia, que es su significado moral. Realiza, en efecto, *una lectura moral de la historia* en el sentido menos "moralista" que pueda tener el término, pues "lo moral" en Paz tiene a su vez sentido filosófico y es visto en sus horizontes más amplios: es ruta central del devenir histórico, cauce fundamental, su impulso mismo. La historia moral y espiritual que a Paz parece importarle es, en última instancia, la historia valorada en su significación más humana, que es la historia *como devenir de la libertad*» [González, 2000: 201-202].

Uno de los primeros lectores del libro sobre sor Juana de Octavio Paz fue Antonio Alatorre, quien había venido estudiando a la poeta desde muchos años atrás. No es extraño que leyera la primera edición del libro con una mirada crítica, como deja asentado en su testimonio «Octavio Paz y yo»:

En 1982, cuando apareció *Las trampas de la fe*, yo ya venía estudiando a sor Juana, así es que leí el libro con mucha atención y muy despacio. Mi ejemplar, que tiene una dedicatoria sumamente amable, está todo marcado a lápiz. Y, como desde el principio me llamaron la atención ciertos errores muy concretos, les fui poniendo las iniciales O. P., que significaban: «Tengo que mandarle a Octavio una lista de estas cosas». Y en efecto, hice una lista de más de cien errores y se la mandé con un recadito que decía más o menos: «Un libro tan importante debería estar limpio de estas manchas» (nombres mal transcritos, latines equivocados, etc., y también, cosa curiosa, varias vulgares faltas de sintaxis). Tuve buen cuidado de no incluir nada que fuera crítica del contenido. La respuesta de Octavio, que fue inmediata, comienza así: «Querido Antonio, muchísimas gracias. Eres muy generoso. Además, eres un lince y ves lo que no vemos los demás. ¡Cuántas cosas encontraste!». En la segunda edición se corrige casi todo lo de mi lista, y en prólogo se añade esta frase: «[Le doy las gracias] a Antonio Alatorre, que con rigor generoso revisó las páginas de este libro», lo cual es ambiguo: algunos han entendido que yo revisé el libro antes de que fuera a la imprenta (!). Hubiera sido más claro decir: «En esta segunda edición he corregido algunas cosillas que se me escaparon en la primera, y que me fueron señaladas por Antonio Alatorre» [Alatorre, 2012: 121-122].

Del mismo modo que el Cid seguía ganando batallas después de muerto, cabría decir que sor Juana seguía suscitando a su alrededor un revuelo póstumo, como dejaron ver después las tensiones entre Paz y Alatorre.

LOS HIJOS DEL LIMO

El «Prefacio» a *Los hijos del limo* está fechado en Cambridge, Massachusetts, el 28 de junio de 1972, cuando Paz tiene cincuenta y ocho años. El libro se pasó en claro y ensanchó a partir de la serie de conferencias que Octavio Paz dictó en la Universidad de Harvard en el marco de las «Charles Eliot Norton Lectures» en el curso del primer semestre de 1972. Entre los autores de lengua hispana que ocuparon previamente dicha cátedra se encuentran: Pedro Henríquez Ureña, Carlos Chávez, Jorge Luis Borges y Jorge Guillén. Habían pasado casi cuatro años desde que había salido de la India en octubre de 1968. Un año desde que había regresado a México y había fundado en 1971 la revista *Plural*, que dirigiría hasta julio de 1976. En *Los hijos del limo*, Paz continúa con las aproximaciones y elaboraciones que venía trabajando desde *El arco y la lira* y su epílogo de 1956 «Los signos en rotación». El subtítulo del libro publicado en 1974 es «Del romanticismo a la vanguardia»: «En este libro —dice Paz— he procurado describir, desde la perspectiva de un poeta hispanoamericano, el movimiento poético moderno y sus relaciones contradictorias con lo que llamamos modernidad». La obra dialoga con Luis Cernuda y con Harold Bloom, con los ensayos de Borges y Lezama Lima, con Villaurrutia y con Jorge Cuesta, con Pedro Salinas, Jorge Guillén y Dámaso Alonso, con T. S. Eliot, Albert Béguin y E. R. Curtius, pero sobre todo interroga y comenta a los poetas: Dante y Victor Hugo, William Wordsworth y Samuel Taylor Coleridge, Rubén Darío y Walt Whitman, André Breton y André Malraux, Marcel Duchamp y William Blake. Podría pensarse que es una extensión de *El arco y la lira* y también quizá una reescritura de cada uno de sus capítulos. El título del libro proviene de un poema de Gérard de Nerval, «Cristo en el Monte de los Olivos» que es a la vez una «hermosa adaptación del famoso pasaje de Jean Paul en el que sueña la muerte de Dios» [Paz, 1998a: 26-27], y de unos de sus proferimientos oraculares. «¿Quién es ese nuevo Dios? El oráculo calla, pues el único que puede explicar al mundo ese misterio es: *Celui qui donna l'âme aux enfants du limon*» [Paz, 1998a: 375].

Los hijos del limo, los hijos del lodo: Adán de lodo, expresión que volverá a la pluma de Paz, por ejemplo, en *Pasado en claro*. Como Paz mismo lo señala, este libro es, por así decir, una actualización de *El arco y la lira*, el libro con que Octavio Paz inició el tomo I de sus *Obras completas* titulado *La casa de la presencia*. Si la presencia es la poesía, su casa es la reflexión sobre ella. Paz continuaría discurriendo en torno a estos temas en los ensayos de *La otra voz: poesía y fin de siglo* (1990) donde se retoman los motivos y discusiones en torno al romanticismo y la vanguardia en relación con la modernidad. *Los hijos del limo* incluye, además del «Prefacio», los siguientes capítulos: «La tradición de la ruptura», «La revuelta del futuro», «Los hijos del limo», «Analogía e ironía», «Traducción y metáfora», «El ocaso de la vanguardia», además de unos «Apéndices»; de todo este conjunto solo fue posible seleccionar para esta antología el «Prefacio» y el capítulo que le da nombre al libro: «Los hijos del limo». Red de redes, este libro es una construcción hecha de correspondencias y vasos comunicantes que transitan desde los poetas y desde los poemas hacia la historia y la cultura.

PASADO EN CLARO

A los sesenta años, entre septiembre y diciembre de 1974, Octavio Paz escribió un poema extenso cuyo título, *Pasado en claro* (que se publicó en 1975), tiene una resonancia ética: pasar en claro es también pasar en limpio. Y pasar en limpio el pasado implica un ejercicio de comprensión y de concordia sobre ese texto lleno de borrones y enmiendas que puede ser el libro de la vida en sus primeros años. El poema evoca la casona familiar y los años de la infancia, así como las primeras iluminaciones contemplativas, los éxtasis precoces del poeta-niño. No solo recapitula una historia familiar sino también da cuenta de una prehistoria: la del lenguaje, la fantasía y los años de aprendizaje de aquel niño solitario, hijo único criado en un mundo de adultos.

Al escribir *Pasado en claro*, el poeta está en situación de volver a visitar algunos lugares y personajes poéticos que alimentaron su obra en distintos momentos. Se trata de una visita más serena, aunque no menos apasionada; en esa segunda vuelta, emprende una revisión vivida y vital donde los ojos, antes quizá empañados por la emoción, pueden abrirse con transparente serenidad. Escrito después de la experiencia en la India y luego de haber compartido felizmente casi una década con Marie José Paz, con quien contraería matrimonio el 20 de enero de 1966, *Pasado en claro* se da, se le da —no hay otra expresión— como una experiencia lírica donde el poeta-trovador puede volver sobre el cuerpo roto de su propio pasado e intentar comprenderlo, o, dicho en sus propios términos, abrazarlo. Aunque el poema lo escribió el mismo hombre, dado que no se escribe impunemente (por ejemplo, *El mono gramático*), cabe decir que no se pueden leer desde el mismo ángulo moral y estético los diversos poemas de índole autobiográfica escritos por Paz —en lo cual insisten inútilmente algunos críticos— como si, por decirlo abruptamente, el poeta estuviese condenado a dar vueltas sobre sí sin posibilidad alguna de evolución o redención. *Pasado en claro* representa limpiamente al Octavio Paz más próximo a la melancolía de Saturno que al ímpetu guerrero del que solo ve las armas del verano o las silvestres y lunares calamidades y milagros, para jugar con sus títulos. *Pasado en claro* sigue siendo un poema habitado por dioses, pero estos son dioses taciturnos, cuando no melancólicos, dioses que vienen de vuelta.

Además de una «casa grande» en ruinas o de un ambiente espectral familiar, el poema ensaya restituir una raigambre, enjambre de relaciones, proximidades y distancias que delimitarán aquella «casa de la ausencia», sembrada de invisibles árboles frutales de donde irán cayendo, unas tras otras, las semillas para uno u otro himno. Se trata de un poema narrativo varias veces histórico: histórico porque cuenta la historia del niño-adolescente que fue Paz, histórico porque cuenta al sesgo la historia de esa familia singular desde la cual es posible vislumbrar un siglo de historia de México —desde los años de la Intervención Francesa en 1862 hasta 1974, fecha en que se escribe el poema—, e histórico porque el poema con sus 602 versos ha sido construido como una historia, como una elegía para llorar la muerte de un mundo o un jardín desaparecido a la manera de *Coplas a la muerte de su padre* —según recordará el primer crítico y lector del poema: Juan García Ponce— o como una canción de gesta que refiere los combates iniciales y los primeros sacrificios de ese cautivo de la cárcel del lenguaje que desde sus primeros momentos se sabe condenado a «trabajos forzosos», que son los —como se titula una de las secciones de *¿Águila o sol?*— «trabajos del poeta», a los cuales solo podrá darse una «Libertad bajo palabra», es decir, una libertad condicional y condicionada a la observancia de las reglas que impone al poeta el pacto con la inspiración poética. Histórico, porque su sujeto elocuente es como un arqueólogo que va por los corredores de la memoria a investigar cómo fue realmente ese pasado a cuyo espejo insepulto hace años, a cuyo pozo sellado luego de muchas páginas y aventuras, siente el poeta que puede por fin, a los sesenta años, asomarse plenamente.

Va el poeta como un arqueólogo desenterrando las ruinas que lleva sepultadas dentro de él mismo. La laguna del México antiguo que está mirando en un libro lo hace pensar en el «lodoso espejo» que es el «charco» de su propia memoria. El charco a su vez lo remite al pozo de la memoria y ahí, como en una adivina «bola de cristal» empiezan a aparecer imágenes y episodios vividos de la antigua casa patriarcal. Aparecen los amigos de la infancia (Ernesto y Guillermo) y los familiares —padre, madre, tía y abuelo—. Comparece el patio-jardín con su «higuera primordial, capilla vegetal de rituales», aparecen sus revelaciones y abominaciones, sus lecturas y sus juegos que son las raíces, los cimientos de esa ciudad de palabras que es él mismo: el poeta, el árbol que habla. El tesoro que el poeta-arqueólogo desentierra de sí mismo son las lecturas: la *Ilíada*, la *Odisea*, *Don Quijote*, la *Galatea*, los episodios nacionales de Benito Pérez Galdós, la *Divina comedia* son algunas de las joyas que relumbran en su interior y que, en última instancia, modelaron con su huella indeleble, junto con la familia y los paisajes, su propia identidad. El poeta se pregunta por el sentido y descubre que el sentido puede estar en la forma en que se pregunta por el sentido. El poeta descubre y recuerda que la poesía puede ser una forma de meditación, una manera de mirar el mundo desde «un estar tercero» y, mirándolo así, de salvarlo y de salvarse.

La historia de *Pasado en claro* es ante todo una ego-historia, para evocar la expresión de Georges Duby, retomada por Jean Meyer: una fábula en verso donde el poeta expone su proceso formativo inicial, pero es también una logo-historia, una logo-grafía y una logo-terapia que va enumerando según el pulso de la rememoración los lugares, paisajes, figuras y personajes enredados en aquella primitiva raigambre formativa. *Pasado en claro* no solo es un texto donde el autor practica un examen de conciencia; es también un ejercicio donde el poeta trata de sacar de lo oscuro para poner en el ámbito de la claridad aquellas voces irreconciliables entre sí a las que precisamente él ensaya conciliar y dar unidad emotiva al nombrar su discordia. La crudeza del poema se destila y se disuelve, se ensalza y matiza en acentos no exentos de ternura y afecto hacia ese cuarteto —o quinteto si se incluye al poeta-niño— que está como fijo en su propia caída, embalsamado en su inmóvil vértigo.

Pasado en claro es un poema aparentemente más sencillo y transparente que algunos poemas anteriores de Paz como *Blanco* o *El mono gramático*. Es quizá el poema con mayor carga confesional, escrito por el poeta y en el que coinciden —como en la combinación de una caja fuerte— los engranes de la experiencia vivida, las aristas del sujeto elocuente que se sabe escribiendo el poema y los relieves del autor en que se entreveran historia literaria e historia personal.

Pasado en claro es un poema escrito desde la serenidad del que vuelve a la vida y la dice con la voluntad serena de comprenderla. El encono y la discordia con el padre —que han sido algo exageradas a mi ver por Jacobo Sefamí en su artículo sobre el poema [Sefamí, 2003] y por Guillermo Sheridan en el primer capítulo «Infancia en Paz» de su libro *Poeta con paisaje*— han quedado atrás, y entre las paredes verbales del poema se oye rebotar con cierta monotonía hipnótica, con pausado compás hechizante, la esfera de la voz que va y viene urdiendo la trama de la vida en su rueca de palabras.

El poema está escrito desde un lugar singular. El lugar del canto es una suerte de limbo que presupone una topología paradójica:

> Ni allá ni aquí: por esa linde
> de duda, transitada
> solo por espejeos y vislumbres
> donde el lenguaje se desdice
> voy al encuentro de mí mismo. [Paz, 2004: 76]

Octavio Paz no podía dejar de ser consciente de la importancia para él y para los otros de su propio poema. Acaso por ello se refiere a él en diversas entrevistas. Doy solamente dos ejemplos:

a) «*Pasado en claro* fue una evocación y una convocación (¿un exorcismo?) de mi infancia y mi adolescencia. Al recordar, escribía; al escribir, inventaba. No hubo resurrección del pasado; mejor dicho, cada resurrección era un nacimiento, cada nacimiento una transfiguración. La memoria es la facultad poética cardinal por su inmensa capacidad de invención. Recordaba un lugar y, al vuelo con los ojos de la mente —con los ojos de mis palabras—, me preguntaba: ¿estuve yo aquí?» [Paz, 2003e: 143].

b) «He escrito poemas relativamente largos, como *Pasado en claro* que tiene 600 líneas [en realidad 602]. Surgió de un modo no planeado. Tiene algo de narrativo; quebrado, pero de cualquier modo, narrativo» [Paz, 2003e: 149].

ÁRBOL ADENTRO

Los poemas recogidos en este volumen fueron escritos a lo largo de casi doce años. En 1976, Paz tenía sesenta y dos años y en julio de ese año le tocó ser testigo del final violento que llevaría al cierre de la revista *Plural*, cuyo primer número se lanzó en octubre de 1971. En 1976 publica los poemas de *Vuelta*. En 1988, en la editorial de la revista *Vuelta*, que fue fundada en diciembre de 1976, después del cambio de *Plural*, se publica una selección de sus *Primeras letras (1931-1941)*, editadas por el hispanista cubano residente en los Estados Unidos Enrico Mario Santí.

Octavio Paz le comenta a Manuel Ulacia que el «libro está compuesto por cinco grupos de poemas, en formas diferentes y de distintas extensiones. Los grupos o secciones forman un cuadrado con un centro. El primero y el quinto se corresponden: el yo frente a sí mismo (el tú); también el segundo y el cuarto: el yo ante los otros y entre ellos (el nosotros y el ellos); en el centro, el tercero: la muerte y su sombra. O su luz» [Paz, 2003e: 138].

El motivo rector de los poemas finales es la muerte y sus estribaciones. Cierto es que el tema no había estado ausente de la poesía de Paz, pero su presencia en las composiciones de estos doce años previos a su final es ubicua e ineludible. En el plazo de esos doce años, ve morir a Josefina Lozano de Paz en 1980, publica numerosos libros en español y en traducción, recibe diversos reconocimientos en forma de premios, designaciones académicas y doctorados, y sufre en mayo de 1981 un herpes. Luego de este, tuvo una caída accidental que le afecta los dos brazos. En cuanto estuvo restablecido, realizó viajes por el extranjero y fue objeto de homenajes y de manifestaciones políticas en su contra.

Árbol adentro, la última recopilación de Octavio Paz, fue un libro leído fervorosamente por los amigos del autor, como José Luis Martínez y Elena Poniatowska, quien reunió sus entrevistas realizadas a lo largo de la vida en *Octavio Paz. Las palabras del árbol* (México, Plaza y Janés, 1998), haciendo de este libro una suerte de emblema del autor. Elena registra en el capítulo siete de su libro las numerosas incidencias del motivo del «árbol» en la poesía de Paz, cuya presencia dista de ser accidental.

«Árbol que habla» es el texto que abre el libro en la edición de las *Obras completas* [Paz, 2004: 95]; expone su arquitectura y diseño con palabras que luego dirá en entrevistas, como la concedida a Manuel Ulacia.

Árbol adentro reúne una cadena de poemas marcados por la necesidad de la limpieza y la sobriedad interior. Está lejos de la abrumadora «inundación castalida» de *Piedra de sol*.

La primera sección se titula «Gavilla». Esta voz designa un «haz de cañas, ramas o de mies», según María Moliner. Es un «conjunto de sarmientos, cañas, mieses, ramas, hierba, etc.». Una segunda acepción se refiere a «Junta de muchas personas y comúnmente de baja suerte», según el *DRAE*. La doble acepción no es gratuita.

«Decir: hacer», el primer poema, está dedicado al lingüista ruso Roman Jakobson (1896-1982), a quien Octavio Paz dedicó una alocución póstuma el 12 de noviembre de 1982 en el MIT, Instituto Tecnológico de Massachusetts. En ella cuenta que se conocieron en 1971 en Cambridge, y que Jakobson reparó en los *collages* hechos por Marie José Paz y que «al día siguiente le envió el libro de [Louis] Aragón [*Les collages*, 1965] sobre el tema» [Paz, 2004: 672-673]. El pensamiento y la obra del lingüista ruso Jakobson no eran ajenos a Paz, quien lo cita a lo largo de sus obras más de treinta veces.

El poema incluido en *Árbol adentro* finaliza la «Instantánea» titulada «Roman Jakobson» que se encuentra recogida en *Miscelánea II* [Paz, 2001c: 39-41].

«Basho An» está compuesto por seis tercetos dedicados al poeta japonés que Paz había traducido años antes en *Sendas de Oku*. Esta «choza de sílabas» titulada como se llama la cabaña donde vivió en las afuera de Kioto y que fue reconstruida en 1760 por el pintor y poeta Yosa Busón con la ayuda de tres discípulos. En 1783, Busón murió y sus amigos y seguidores dispusieron cerca su tumba. Paz cuenta que otros poetas de la escuela Busón también se encuentran inhumados en esos parajes. Jardineros de epitafios, Octavio Paz y Marie José visitaron este lugar cercano a Kioto en 1984, invitados por la Fundación Japón.

El poema «Ejemplo» parecería ser una muestra del humor erudito que compartía la pareja capaz de ver en una «mariposa que volaba entre los autos» en Nueva York la cifra del famoso sueño del filósofo taoísta Chuang Tsu o Chuang Tse, no ignorado por Paz, quien lo cita más de treinta veces en sus obras. El texto de Chuang Tse aparece traducido en *Versiones y diversiones* en *Obra poética II* [Paz, 2004: 576]. Este poema de *Árbol adentro* prueba el sistema de vasos comunicantes que se da entre vida, poesía y traducción en la obra del poeta mexicano.

«Viento y noche». El viento alcanza, al igual que otras realidades meteorológicas en la poesía de Paz, una densidad simbólica que le sirve al poeta para escalar mediante la analogía las estribaciones de sus estados de ánimo. Aquí: «espejo ciego». El poema corre y se detiene con preguntas irreductibles como «¿A dónde estoy?», que parecen actos preparatorios para el examen de conciencia que destila, de poema en poema, el libro.

«Al vuelo (1)» incluye varios poemas breves, instantáneas verbales algunas de las cuales podrían inscribirse en la órbita del haikú: «Naranja», «Alba», «Estrellas y grillo», «No-visión», «Calma».

«Cuarteto». Este conjunto de cuatro poemas está dedicado «A Alejandro y Olbeth Rossi». El aliento que los recorre recuerda algunas instantáneas de «Augurios» de *Días hábiles*. Hace su aparición en este poema el filósofo neoplatónico Plotino, mencionado rara vez en el curso de las obras, sobre todo de la última época, como *La llama doble*, *Vislumbres de la India*, el prólogo al tomo X y en la entrevista con Carlos Castillo Peraza. Aparece aquí el motivo que informará el libro entero: «El árbol es mujer y en su follaje / oigo rodar el mar bajo la tarde» [Paz, 2004: 104]. El filósofo de origen italiano y familia venezolana, nacido en Florencia en 1932 y fallecido en 2009, fue muy cercano a Octavio Paz desde la época de *Plural*, donde empezó a publicar su *Manual del distraído*. Rossi fue, de hecho, secretario de *Plural* por algunos meses, y Paz pensaba nombrarlo «director suplente» de la revista *Vuelta*, según consta en carta de Paz a Pere Gimferrer. El poema incluido en *Árbol adentro* cierra la alocución titulada «Por y para Alejandro Rossi», que fue pronunciada durante el coloquio «Lenguaje, literatura y filosofía. Aproximaciones a Alejandro Rossi», organizado por la Facultad de Filosofía y Letras de la UNAM y el Instituto de Investigaciones Filosóficas de la UNAM en febrero de 1983.

«Dístico y variaciones». No deja de ser significativo que después del «Cuarteto» dedicado a Alejandro y Olbeth Rossi, aparezca esta enumeración de seis caracteres — «panteísta», «cristiano», «escéptico», «hermético», «gnóstico», «dialéctico»— que tiene no poco de provocador y desafiante al anunciar la rima de «constelaciones y escorpiones». En este poema, la palabra «Etcétera» cobra lancinante intensidad.

«Insomne». El motivo del insomnio se registra en la poesía del autor desde fecha muy temprana, por lo menos desde 1933, en el poema «Insomnio» de *Calamidades y milagros*. Está asociado al del espejo y la vigilia. «Vigilias» es el título de una serie de poemas escritos entre 1938 y 1943. Se reitera en «Soliloquio» de 1991 en *Árbol adentro*. En la poesía mexicana, Alfonso Reyes escribió en 1938 el poema «Insomnios» [Reyes, 1959: 181-185], y Xavier Villaurrutia tiene una «Suite del insomnio» compuesta por ocho poemas [Villaurrutia, 1974: 42-43].

«Acertijo» se titulan los trece versos dedicados al poeta, traductor y editor canario Andrés Sánchez Robayna. El eje del poema es «el gavilán», «señor del vértigo». En la entrada correspondiente al mes de octubre de 1984 de los *Diarios 1980-1985*, Sánchez Robayna da cuenta de una «larga carta» que le escribió Octavio Paz acerca de su libro *Tres estudios sobre Góngora*: «La imagen de la naturaleza como libro es esencialmente religiosa, según se ve en Dante, Paraíso Canto XXXIII y Carta a Can Grande...» [Sánchez, 1996: 67]. El poema de Paz, de filiación gongorina, plausiblemente tenga que ver con esa correspondencia. Andrés Sánchez Robayna es, junto con Eduardo Milán, José Ángel Valente y Blanca Varela, autor de la *Antología de poesía en lengua española (1950-2000)*, editada por Galaxia Gutenberg. Esta selección prolonga la de la antología *Laurel* hecha por Xavier Villaurrutia, Juan-Gil Albert, Emilio Prados y Octavio Paz en 1944.

«Prueba». De ocho versos consta esta traducción del venerable poeta y riguroso lógico sánscrito Dharmakirti del siglo VII de quien Paz tradujo otros dos poemas en «Kavya. Poesía sánscrita clásica» [Paz, 2004: 556-560]. En la nota que le dedica Octavio Paz lo compara con John Donne, en quien alternaban la teología y el erotismo.

«Al vuelo (2)». Esta segunda sección está compuesta por seis poemas («En defensa de Pirrón», «Epitafio de un dandy», «Constelación de Virgo», «Paisaje antiguo», «Proverbio», «En Mallorca») donde el poeta sigue dibujando a través de las figuras y cifras evocadas su paisaje y escenario interior. «En defensa de Pirrón está dedicado «A Juliano». La presencia del filósofo escéptico helénico y de la *Antología palatina* o *Antología griega* de donde se desprende este homenaje es fácilmente documentable en el poeta mexicano.

A esta última la menciona más de veinte veces en el curso de sus obras; al filósofo escéptico Pirrón, tres. Propia o ajena, el motivo de la muerte y del cementerio recorre estos versos, nunca exentos de ácido humor negro.

«Constelación de Virgo». Los cuatro versos en que Pálados en la *Antología palatina* o *Antología griega* evoca a la matemática Hipatia deben leerse, al igual que el propio Paz apunta, como una alusión a sor Juana Inés de la Cruz, quien menciona a esta noble figura sacrificada por la infame turba irracional de los monjes de san Cirilo, evocada por Edward Gibbon. Paz había publicado una adaptación del poema de Pálados, como él mismo señala en *Sor Juana Inés de la Cruz o las trampas de la fe*. El texto editado en *Árbol adentro* es «un pequeño poema de cuatro versos que es más que una traducción y menos que una composición original».

«En Mallorca», dedicado «A Rubén Darío», la primera línea de este poema proviene de la composición «Eheu», que el nicaragüense escribió ahí en el invierno de 1906-1907. La evocación no es gratuita. El pensamiento y la sensibilidad del autor de *Azul* acompañaron a Paz a lo largo de toda su vida, como se refleja en el ensayo que le dedicó: «El caracol y la sirena». La obra y la vida de Darío fueron para Paz fuente de continua inspiración y lo cita más de ciento cincuenta veces a lo largo de sus *Obras completas*.

«Por el arroyo». Con el poema de Hsieh Ling-Yün, que vivió en la época de las «Seis dinastías», se inicia, como dice Paz, la «poesía del paisaje». Es también un testimonio y un diálogo provocador entre dos amantes. El interés que tenía el mexicano por la antigua poesía china queda plasmado en la sección correspondiente de *Versiones y diversiones*.

«Viento, agua, piedra». Las cuatro cuartetas dedicadas «A Roger Caillois» (1913- 1978) —advierte Jean-Claude Masson en las notas de las *Œuvres* de Paz editadas en La Pléiade— se publicaron en el número 320 de la *Nouvelle Revue Françai-*

se, con fecha de septiembre de 1979, dedicado a su muerte. Las cuartetas se ven acompañadas de una carta de Paz a Caillois fechada el 2 de septiembre de 1975. Desde muy joven, Paz lo leyó deslumbrado. Calificó como «extraordinario» su libro *El mito y el hombre*, publicado en París en 1938 y en Argentina, donde se refugió al año siguiente. En la conferencia sobre «El mito», fechada en 1942 y pronunciada en Oaxaca, Paz lo glosa y comenta. Por fin lo encontró en París en 1946 y sostuvieron una amistad intelectual desde entonces, como cuenta Paz en el ensayo «Las piedras legibles de Roger Caillois», escrito el 26 de abril de 1991 [Paz, 2001c: 23-27]. La diversidad de intereses de Caillois fascinaba a Paz. Caillois dirigió para Gallimard la colección La Croix du Sud, donde se publicaron, entre otros, a Jorge Luis Borges y a Juan Rulfo. En las cuartetas del poema en cuestión subyace la idea fija de la metamorfosis en el mundo natural, cosa que fascinaba tanto a Paz como al autor de *La poética de Saint-John Perse* (1954).

«Este lado» está dedicado «A Donald Sutherland» (1935). Las nueve líneas del poema concentran su lección de sinestesias en los versos cuarto y quinto:

> Yo veo con las yemas de mis dedos
> lo que palpan mis ojos

los cuales retoman la experiencia que se anunciaba en el verso 80 de «Perpetua encarnada» en *Ladera este*:

> el animal con ojos en las yemas

y reiterará en el tercer movimiento de la «Cantata» de «Carta de creencia»:

> Amar es tener ojos en las yemas

También aparece este motivo en el último poema escrito por Paz, «Respuesta y reconciliación. Diálogo con Francisco de Quevedo»: «el animal con ojos en las manos» [Paz, 2004: 226], como señala Sheridan en *Los idilios salvajes* [Sheridan, 2016: 474], donde, además, hay un dibujo de Bona con este motivo. Por otro lado, el «ojo en la mano», Hamsa, «Ojo de Fátima» es un símbolo tradicional de protección en la cultura musulmana. En «Este lado», el poeta oye en esta secuencia la serie de ejercicios preparatorios de la muerte contenidos en *Árbol adentro*: «latir la luz del otro lado» [Paz, 2004: 110]. Quizá la dedicatoria a Donald Sutherland tenga que ver con la película *Don't Look Now* de 1973.

Las cuatro sextetas de «Intervalo» tienen un centro: «el breve vértigo del *entre*». «El *entre* es el pliegue universal [...] Pausa universal, vacilación de las cosas *entre* lo que son y lo que van a ser», dice Paz en *Xavier Villaurrutia en persona y en obra* [Paz, 1995d: 277].

«*Entre irse y quedarse*». El título en cursivas alude al soneto de Lope Vega *Ir y quedarse... y con quedar partirse*. El motivo del «entre» y de la «pausa» como sinónimo del ser en tránsito del estar entre un ayer y un hoy, entre un prójimo y un otro, entre una orilla y otra, se reitera junto con el de los juegos que espejean en el tablero de la auto-observación [Paz, 2004: 112].

«Hermandad». El poema escrito en «Homenaje a Claudio Ptolomeo» ha merecido una nota en que Octavio Paz se explaya alrededor de su sentido y resonancias. Jean-Claude Masson apunta que a Octavio Paz le gustaba recitar, en sus últimos días en la Casa de Alvarado en Coyoacán, este poema y que no es improbable que hubiera tenido noticia de Ptolomeo en los años de secundaria en que leyó a Dante [Paz, 2008b: 1438]. Este poema ha sido citado por el papa Francisco I en su despedida de México, el 17 de febrero de 2016, en Ciudad Juárez. Además, el papa también ha citado *La llama doble* en su exhortación apostólica «La alegría del amor» de ese mismo año.

La sección «La mano abierta» de *Árbol adentro* está compuesta de catorce poemas. Se ha elegido su título para la introducción a esta antología conmemorativa. La mano abierta es símbolo de amistad: el puño desaparece cuando se abre la mano, parafraseando a Dashiell Hammet en *El halcón maltés*.

El poema «Hablo de la ciudad» está dedicado «A Eliot Weinberger» (1949) lector, traductor y editor de los *Collected Poems of Octavio Paz (1957-1987)*. Con el sello de la editorial Vuelta publicó en 1992 el libro *Invenciones de papel*, traducido por Purificación Jiménez. En este poema hay ecos de algunos poemas de *Días hábiles*. El poema ameritó una nota del autor para hablar de la aparición de la voz «polumo» acuñada por él. «Polumo —le dice Paz a Pere Gimferrer— es una palabra de mi invención, hecha de *polvo* y *humo*, a la manera de *smog*, compuesto de *smoke* y *fog*» [Paz, 1999a: 314]. «*Polumo*: polvo más humo» que le ha parecido necesaria para dar cuenta de «La contaminación de la atmósfera [que] es el resultado de la mezcla de polvo, por la desecación de los lagos donde se asentaba la antigua ciudad y el humo de los automóviles y de las fábricas» [Paz, 2004: 678]. «Hablo de los basureros del tamaño de una montaña y del sol taciturno que se filtra en el *polumo*» [Paz, 2004: 115]. Hablar de la ciudad equivale a hablar de la historia y del Estado, de los mercados y del alfabeto. Si en el poema «Hermandad» aparece la frase «alguien me deletrea», aquí «la luz piensa y cada uno de nosotros se siente pensado por esa luz reflexiva». Entrelíneas, se entrevén y desvanecen la *Visión de Anáhuac* y *La región más transparente*, las ciudades tentaculares del poeta católico belga Émile Verhaeren y la ciudad insomne de Xavier Villaurrutia y de Efraín Huerta y de los surrealistas —las alusiones a Thomas de Quincey y a Stevenson son transparentes—. Lo son menos el paralelo entre los perros callejeros y «errabundos, que son nuestros franciscanos y nuestros *bhikus*, los perros que desentierran los huesos del sol» [Paz, 2004: 115]. En

el pulso e impulso urbano, Paz reconoce la ley envolvente
y ubicua de una «madre que nos engendra y nos devora, nos
inventa y nos olvida» [Paz, 2004: 116].

«Refutación de los espejos». El poema está dedicado a José
Lezama Lima, «nos tratábamos siempre de usted», dice Paz
luego de confesar: «Nunca nos vimos, yo le enviaba mis li-
bros y él los suyos, nos escribíamos a veces» [Paz, 2004:
116]. La relación de Paz con Lezama Lima se puede remontar
al invierno de 1945 cuando en la entrega número 8 de *Orí-
genes*, Paz publica «Cinco poemas» («Misterio», «La rama»,
«Viento», «Espiral» y «Nubes»), espigados de *Libertad bajo
palabra*. En el invierno de 1947, en el número 13, aparecerán
«Poemas» («Tus ojos», «Cuerpo a la vista» y «Nocturno» de
Libertad bajo palabra). Luego Paz publicará en el otoño
de 1949, en las primeras páginas del número 23 de *Orígenes*,
la revista dirigida por Lezama, los poemas «Salida», «Me-
diodía» y «Execración», provenientes de *Bajo tu clara sombra*
y de *¿Águila o sol?* Finalmente, en 1951, en el número 27,
Paz publicará «Mariposa de obsidiana», «La higuera», «La
dama huasteca» de *¿Águila o sol?*

«Refutación de los espejos» fue escrito por Paz al leer en
fotocopia el manuscrito de *Fragmentos a su imán*, editado más
tarde en 1978 por ERA. Es un poema que busca ser a la vez
un retrato y un diálogo, un ensayo poético en busca de la
poesía encarnada en el poeta cubano. Paz cita a José Lezama
Lima más de veinticinco veces a lo largo de sus *Obras completas*.

«Aunque es de noche». Aparecen aquí cuatro sonetos que
Octavio Paz escribe después de la lectura de *Archipiélago Gu-
lag* de Alexander Solzhenitsyn (1918-2008). En marzo de
1974, en la entrega número 30 de la revista *Plural*, Paz pu-
blicó el ensayo «Polvo de aquellos lodos» dedicado al autor
soviético. Luego, en 1975, da a conocer en el número 51 de
Plural «Entre Isaías y Job», fechado en Cambridge, Massa-
chusetts, el 30 de octubre de 1975. Ambos textos se recogie-
ron en el libro *El ogro filantrópico* (1979) y en el volumen 9,

Ideas y costumbres I. La letra y el cetro [Paz, 1995e: 179-194 y 199-206]. No se puede pasar por alto la invocación de los profetas del Antiguo Testamento que hace el mexicano al escribir sobre el ruso. Los poemas denuncian con valentía los abusos del poder soviético, pero son ante todo poemas, hechos del lenguaje y en ese sentido ejercicios poéticos y literarios que aspiran a dejar constancia civil y practicar una higiene mental y lingüística para disolver la retórica. Además de ser intensamente políticas, estas composiciones están movidas por un impulso religioso, si no es que profético. No en balde llevan por título unas palabras del místico san Juan de la Cruz. Aparece en el primer soneto la palabra «Acidia» —ese nombre de la indolencia— que Paz había encontrado para hablar de la pereza de Xavier Villaurrutia, en «Xavier Villaurrutia, en persona y en obra». Vuelve a aparecer: «El verdadero nombre de esa indolencia es *acidia*, ese mal del espíritu descrito por los teólogos y los médicos medievales» [Paz, 1995d: 256].

Los poemas dedicados a Alexander Solzhenitsyn están movidos por un impulso moral, en el sentido más poderoso de la palabra. El poema III trae un epígrafe de Lev Trotski: «El partido siempre tiene razón». El comunista disidente fue una figura clave para la evolución del pensamiento político de Octavio Paz. Su presencia en México atrajo la visita de no pocos escritores y artistas de la época como Frida Kahlo y Xavier Villaurrutia, y se le menciona más de cien veces en el curso de las *Obras completas*. Una siniestra figura campea por estos nocturnos forenses: la de Joseph Stalin, quien es mencionado más de ciento treinta veces en las obras de Paz.

«La casa giratoria» está dedicado a «Ivar y Astrid». Se refiere al poeta, editor y crítico de origen estonio Ivar Ivask (1927-2002), que dirigía la revista *World Literature Today* y que en 1982 dedicó un número a Paz. Cabría leer este poema cotejándolo con el poema «La veranda» traducido por Paz y que se encuentra en *Versiones y diversiones* [Paz, 2004: 453].

«París: Bactra: Skíros». El poema fue escrito en memoria del filósofo griego Kostas Papaioannou (1925-1981), amigo de Octavio Paz en París desde 1946, y está dedicado «A Nitsa y Reia», su esposa e hija. Trae un epígrafe del poema «Lycidas», nombre del amigo de John Milton muerto en 1637 y con cuya figura Paz identifica a Kostas. El poema ha de leerse acompañado de la nota con que Paz lo antecedió en *Excursiones / Incursiones* [Paz, 1998b: 403-408]. Kostas Papaioannou es autor de *Hegel* (París, Seghers, 1962) y *La ideología fría. Ensayo sobre el declive del marxismo*, editado por J. J. Pauvert en 1967. El poema de Paz está sembrado de claves biográficas y de guiños que tienden una tapicería fosforescente para situar el diálogo sostenido por ambos entre Pirrón y Cristo, pasando por la ética de la libertad y el compromiso intelectual. Kostas Papaioannou es mencionado en la obra de Paz más de veinte veces. París, Grecia, la India, el arte helénico y bizantino, la política son algunos de los puntos en que convergían ambos, que además compartían otros amigos.

La tercera sección —«Un sol más vivo»— de *Árbol adentro* cuenta con seis poemas (aunque aquí solo fue posible incluir tres): «Conversar», «Un despertar», «Pequeña variación», «Epitafio sobre ninguna piedra», «Ejercicio preparatorio (Díptico con tablilla votiva)»: «Meditación (Primer tablero)», «Rememoración (Segundo tablero)», «Deprecación (Tablilla)»; y «La cara y el viento». La afortunada fórmula «Un sol más vivo», proveniente del quinto soneto del poeta barroco novohispano Luis de Sandoval y Zapata (¿1618-1629?-1671), ha sido empleada recientemente por el poeta Antonio del Toro como título de una antología publicada en 2009. La frase «Un sol más vivo» remite a la legendaria discusión acerca de si el sol es o no un ser vivo.

«Conversar». En la segunda línea del poema, el autor recuerda haber leído la frase «Conversar es divino». En la última parte del poema, luego de una ponderación filosófica, que hace ver la condición terrible del juego de los dioses, concluye que «los nombres que decimos / dicen tiempo: nos dicen, / somos nombres del tiempo. / Conversar es humano». La frase tiene consecuencias filosóficas. Esto no se le escapó al filósofo uruguayo mexicano Carlos Pereda, quien tituló así un libro publicado en 1991 en México por el Fondo de Cultura Económica. Para Paz, la conversación tenía un alto valor: «En París, todavía está vivo el arte de la conversación. Qué placer inteligente conversar con Cioran y Bonefoy, con Kundera y Claude Roy, con Castoriadis y Roger Munier», dice Octavio Paz a Pere Gimferrer.

«Epitafio sobre ninguna piedra». Los cinco versos de esta afortunada lápida de letras repasan el origen, pulsan el viento de la historia y se resuelven en el enunciado «Mi casa fueron mis palabras, mi tumba el aire». El «Epitafio» sugiere que la verdadera tumba es la obra... y que esta vive en los lectores. En «Estrofas para un jardín imaginario», Paz retomará el «Epitafio sobre ninguna piedra». Paz escribió otros epitafios, más bien con intención irónica, como «Epitafio para un poeta» en *Libertad bajo palabra* [Paz, 2001b: 60], «Epitafio de una vieja» en *Ladera este* [Paz, 2001b: 356], «Epitafio de un dandy», en *Árbol adentro* [Paz, 2004: 107].

«Ejercicio preparatorio (Díptico con tablilla votiva)» es el poema armado en dos «tableros» y una «tablilla votiva» que se encuentra en el centro de *Árbol adentro*. Tiene algo de ceremonial y lo recorre una solemnidad que gira sobre sí misma como una escultura barroca. Se presenta con un epígrafe de Michel de Montaigne: «La préméditation de la mort est préméditation de la liberté. / Qui a appris à mourir, il a désappris à servir». La cita proviene del ensayo «Que philosopher, c'est apprendre à mourir» del Libro I. El primer movimiento refiere la inminencia ubicua de la ignorancia, de la conciencia de «la hora deshabitada» contra el hecho de que «cada cosa es irrefutable». «La realidad / está al borde del hoyo siempre». El tiempo vivido no tiene cara ni nombre, se evapora en una «presencia sin sombra». La presencia y la conciencia de «la muerte que yo quiero», «Es mi creación y soy su criatura». El esfuerzo para alzarse al futuro, al día después de la muerte le hace decir: «Todavía no aprendo a ver, / en la cara del muerto, mi cara» [Paz, 2004: 138].

La «Rememoración (segundo tablero)» se abre con un epígrafe de Miguel de Cervantes, *Don Quijote de la Mancha*, en que se cifran los temas que subyacen al poema —la muerte, el examen de la vida, el nombre—. El centro del centro de este «Ejercicio preparatorio» es esta «rememoración» en que el autor repasa su vida, lecturas y lecciones recibidas, de don Quijote a Buda, así como la compañía del paisaje circundante y su identificación con el Caballero de la Triste Figura: Octavio Paz no leyó la novela de Cervantes donde aparece un personaje llamado Alonso de Quijano, don Quijote de la Mancha, sino que *fue* —o sintió ser— que era el personaje mismo: «al regresar del desvarío / el hidalgo a su nombre regresa y se contempla / en el agua estancada de un instante sin tiempo. / Despunta, sol dudoso, / entre la niebla del espejo, un rostro. / Es la cara del muerto» [Paz, 2004: 141]. Y concluye haciendo suyas la palabras de la novela: «*En tales trances* / dice, *no ha de burlar al alma el hombre.* / Y se mira a la cara: / deshielo de reflejos» [Paz, 2004: 142]. ¿No se podría pensar que, al transcribir las palabras de don Quijote y de Cervantes, Paz mismo las hacía suyas como nosotros ahora al copiarlas las compartimos? Así responde, muchos años después a las preguntas que se hizo en Tokio en 1952 en el poema «¿No hay salida?»: «¿Estoy o estuve aquí?». El siguiente movimiento, «Deprecación», es abiertamente una plegaria, un pliego petitorio en el umbral de la muerte. El ruego es un ruego inteligente: «Pido / no la iluminación: / abrir los ojos, / mirar, tocar el mundo / con la mirada de sol que se retira / pido ser la quietud del vértigo, / la conciencia del tiempo / apenas lo que dure un parpadeo / del ánima sitiada».

Como advierte el autor en la nota respectiva, los nueve poemas reunidos en la sección «Visto y dicho» fueron compuestos para saludar exposiciones o muestras de pintores y artistas amigos, a su vez compañeros y colegas de poetas y escritores. Entre la mirada, la vista, la contemplación, la composición y el decir y escribir se da un continuo, y en ese flujo aparecen los editores de libros de arte que hacen posible ese mundo. Los nueve poemas incluidos forman parte de la sección «IV Tributos» de *Los privilegios de la vista I. Arte moderno universal* [Paz, 1994b: 323-359].

«La Dulcinea de Marcel Duchamp. *A Eulalio Ferrer*». A la nota sobre el poema «La Dulcinea de Marcel Duchamp» solo cabe añadir que la importancia de la figura y obra de Duchamp en la obra y pensamiento de Paz se puede medir por el hecho de que le dedicó al artista un extenso libro: *Apariencia desnuda* [Paz, 1994b: 129-147] y por el número de menciones que se registran a lo largo de sus obras y que ascienden a más de cien.

La asociación entre Duchamp y Cervantes es uno de esos saltos a que tiene acostumbrado al lector Octavio Paz, avatar de Hanuman que brincaba de la India a Ceylán. Cabe observar también el juego en que se desdobla la afirmación: «Metafísico estáis», dice el burro de Sancho a Rocinante, mientras que en el epígrafe de Paz el no comer se resuelve en desnudez y despojo, planteando cómo en el laboratorio de la analogía paciana las entidades se adelgazan en un segundo grado. En el trasfondo del soneto resuena el tambor de Francisco de Quevedo y del «Parnaso español», del cual Cervantes forma parte. Recordemos el soneto divulgado entre Babieca y Rocinante:

—¿Cómo estáis, Rocinante, tan delgado?
—Porque nunca se come, y se trabaja.
—Pues ¿qué es de la cebada y de la paja?
—No me deja mi amo ni un bocado.

—Andá, señor, que estáis muy mal criado, pues vuestra lengua de asno al amo ultraja.

—Asno se es de la cuna a la mortaja. ¿Quereislo ver? Miradlo enamorado.

—¿Es necedad amar?

—No es gran prudencia.

—Metafísico estáis.

—Es que no como.

—Quejaos del escudero.

—No es bastante.

¿Cómo me he de quejar en mi dolencia,
si el amo y escudero o mayordomo
son tan rocines como Rocinante?

Francisco Rico, el estudioso de Cervantes, aclara en una nota que este «metafísico» se da: «en el sentido de muy delgado, por lo sutil de la metafísica y por comparación implícita con el adjetivo ético "moral" y también "tuberculoso"» [Cervantes, 2004: 24-25].

Don Quijote se pasea despreocupadamente por las páginas de *Árbol adentro*, cuya madera está impregnada de sabor cervantino. Sobra decir que la dura realidad de las dulcineas de la calle que se ganan la vida haciendo *strip-tease* las lleva a la esbeltez forzosa cuando no a la anorexia. La repugnancia por la comida, el hartazgo se da, en el universo sublimado de las artes, como una tendencia al despojamiento y al minimalismo. *Strip-tease*, anorexia y ocaso de las vanguardias riman en el diccionario de la estructura de lo imaginario en Octavio Paz. De esa voluntad ascética participa Marcel Duchamp y por ahí andan los guiños que hace Octavio Paz a su amigo y mecenas Eulalio Ferrer, fundador del Museo Iconográfico del Quijote en Guanajuato.

En esa conjunción clarividente se engranan o relacionan dos espacios (Francia, la del surrealismo y la vanguardia, España, la de los Austrias y la de don Quijote). El poema de

Paz sugiere la velocidad dialéctica que podría darse como una corriente entre ambos sobrevivientes de la larga noche de la historia que les tocó vivir y compartir. No resulta sencillo precisar cuándo se conocieron Eulalio Ferrer y Octavio Paz, ni cuándo tuvo conocimiento por primera vez Octavio Paz de la figura de Marcel Duchamp (probablemente después de 1945, en París). Sí cabe decir, no obstante, que la presencia de Cervantes en la vida de ambos se remonta a sus respectivas mocedades y que, en particular, en el caso de Ferrer, la lectura de la novela famosa de Cervantes *Don Quijote de la Mancha* fue practicada en el campo de concentración de Argelès en 1939, gracias al afortunado trueque de un paquete de tabaco por la edición que Calleja hizo de la novela en 1905. A Eulalio Ferrer esa lectura le cambiaría la vida igual, por cierto, que a León Felipe, a quien también la lectura de *Don Quijote* en la prisión le haría ver en adelante los días y la noche de otro modo.

Octavio Paz y Eulalio Ferrer debieron encontrarse en los años que siguieron a la Segunda Guerra Mundial y a la derrota de la República Española en 1939. Paz ya había ido al Congreso de Intelectuales en Valencia en 1937 a donde había sido invitado por Rafael Alberti y Pablo Neruda y donde conocería a Miguel Hernández, al cual dedica una inolvidable página, «Recoged esa voz», incluida en *Corriente alterna*. Hernández es, con Cernuda, una de las voces con las que Paz mayor afinidad tiene; ya había colaborado en *Laurel* con Xavier Villaurrutia y Juan Gil-Albert. Eulalio Ferrer, de su lado, había participado en las juventudes socialistas, editado un periódico y sido confinado en el campo de concentración de Argelès. En Francia había estado *Entre alambradas* en 1939 y si no es posible precisar con exactitud cuándo se conocieron, sí es, en cambio, posible determinar que Octavio Paz colaboró en el suplemento literario del periódico taurino *Claridades*, fundado por Eulalio Ferrer, con una sección «Andando el tiempo», en la cual publicaría

hacia 1965 algunas páginas de su libro *Corriente alterna*.
Detrás de esa colaboración, corría, subterráneo, un torrente
de simpatía, alimentado por las afinidades libertarias y anar-
quistas de uno, Paz, hacia el príncipe Piotr A. Kropotkin y
Ricardo Flores Magón, del otro hacia Buenaventura Durru-
ti; por la admiración compartida hacia Antonio Machado y
los valores de la España ilustrada y socialista de Francisco
Giner de los Ríos y Fernando de los Ríos; y por un dinamis-
mo intelectual que haría de Paz uno de los pivotes y alba-
ceas de la vanguardia y de Ferrer uno de los adelantados
pioneros de los estudios de la comunicación y la publicidad
en México.

Compartían, además, la conciencia de estar viviendo o
más bien sobreviviendo en un mundo dominado por la gue-
rra fría o nuclear, civil, económica y planetaria y de ser de-
positarios de un aliento libre y liberal que venían de muy
atrás, de Miguel de Cervantes, el creador soberano de Dul-
cinea y de Michel de Montaigne, autores cuya lectura y de-
voción ambos compartían. Montaigne, por cierto, fue una de
las lecturas de cabecera de Salvador Dalí, el antípoda de Mar-
cel Duchamp, y dejó un suntuoso libro ilustrado con los *en-
sayos* transfigurados tanto a la luz de la imaginación surrea-
lista y renacentista como a la luz de la emblemática y de los
tratados medievales de amor cortés. Montaigne fue leído por
Eulalio Ferrer, como consta el libro sobre los orígenes de
la publicidad y, desde luego, el mismo Octavio Paz, quien lo
cita desde sus escritos más tempranos hasta *Árbol adentro*. El
diálogo de Duchamp y de Cervantes a través del encuentro
de Octavio Paz y de Eulalio Ferrer está naturalmente inscri-
to en el horizonte de la crítica a la civilización que les tocó
vivir y desvivir y heredar para nosotros.

«Diez líneas para Antoni Tàpies». El artista catalán
(1923-2012) y el poeta mexicano sostuvieron a lo largo del
tiempo una amistad alimentada por amigos comunes como
Joan Miró y Pere Gimferrer, que le dedicó un libro. Tàpies

y Paz hicieron en 1978 un libro de arte de gran calidad a par-
tir del poema «Petrificada petrificante». En algún momento,
un editor catalán le propuso a Paz que auspiciara un proyec-
to pictórico y plástico inspirado en «Renga». Paz pensó que
Tàpies era un candidato a formar parte de la realización de
esa idea que lamentablemente no llegó a cristalizar [Paz,
1999a: 62].

«La vista, el tacto». El poema dedicado «A Balthus»,
seudónimo del conde Balthazar Klossowski de Rola, herma-
no de Pierre Klossowski, fue publicado originalmente en la
revista *Plural*, dirigida por Octavio Paz, en el número 42, de
marzo de 1975, que le dedicó un dosier a este pintor. Además
del poema mismo de Paz, aparecieron textos y ensayos de
Albert Camus, Antonin Artaud, Paul Éluard, Yves Bonne-
foy, Gaetan Picon, Damián Bayón, Juan García Ponce y Elena
Calas. La entrega de la revista hace ver hasta qué punto Paz
sabía rodear su propia creación poética de un paisaje afín a
ella. El poema tiene como centro la luz que con su linterna
va evocando los diversos cuadros del artista: «la luz abre los
pliegues de la sábana / y los repliegues de la pubescencia, /
arde en la chimenea» [Paz, 2004: 148].

«Un viento llamado Bob Rauschenberg». El poema tiene
el pulso de una libre asociación no exenta de impulso épico.
En el ensayo «Dos siglos de pintura norteamericana», Paz
definió a Rauschenberg (1925-2008) así: «[...] no teme —a
la manera de Duchamp— colocar en su cuadro dos relojes de
verdad y una lata. Rauschenberg no modifica al objeto como
Picasso y los surrealistas, pero, al arrancarlo de su contexto,
desorienta al espectador. Rauschenberg dice que trabaja en-
tre las fronteras del arte y de la vida: esas fronteras, como
todos sabemos, son movedizas. A veces las fronteras move-
dizas, como si fuesen arena, se tragan a Rauschenberg» [Paz,
1994b: 89].

«Paraje». El poema está dedicado «A Denise Esteban»
(1925-1986), pintora esposa del poeta y traductor Claude

Esteban. Su obra —registra Jean-Claude Masson— no pasó inadvertida a poetas como René Char, Yves Bonnefoy, Bernard Noël y Roger Munier, quien le dedicó en 1983 un libro: *Furtive présence: essai sur la peinture de Denise Esteban*. El poema se incluye también en la sección «Tributos» de *Privilegios de la vista I. Arte Moderno Universal* [Paz, 1994b: 359].

«La casa de la mirada» es un largo poema en prosa dedicado «A Roberto Matta» (1908-2002), el pintor chileno identificado con el surrealismo, del cual habla Octavio Paz en el ensayo «Dos siglos de pintura norteamericana (1776-1971)» como uno de los artistas que, junto con Miró y Masson, influyeron en la pintura norteamericana [Paz, 1994b: 87]. En una «Nota», Paz hace un recuento del itinerario del pintor chileno que fue saludado por André Breton en 1942 con motivo de su primera gran exposición en Nueva York. En *Le surréalisme et la peinture*, nueva edición revisada y corregida, 1928-1965 [Breton, 1965], Breton incluye un ensayo titulado «Matta. Il y a trois ans» [Breton, 1965: 189-194]. El poema de Paz dialoga tanto con la pintura del chileno admirado por Gonzalo Rojas como con el texto de Breton. En la nota-ensayo escrita como preámbulo al poema «La casa de la mirada», publicado en el catálogo de la exposición retrospectiva de Roberto Matta en el Centro Georges Pompidou de París, Paz recuerda unas líneas de Marcel Duchamp sobre el pintor chileno: «Su primera contribución a la pintura surrealista, y la más importante, fue el descubrimiento de regiones del espacio, desconocidas hasta entonces en el campo del arte» [Paz, 2004: 686]. La relación entre surrealismo y hermetismo se transparenta en las menciones de Giordano Bruno y Cornelio Agripa: «Como el cuerpo astral de Bruno y Cornelio Agripa, como los *grandes transparentes* de André Breton, / vehículos de materia sutil, cables entre este y aquel lado, / los hombres somos la bisagra entre el aquí y el allá, el signo doble y uno, $\wedge$ y $\wedge$ / pirámides superpuestas unidas en un ángulo para formar la X de la Cruz» [Paz, 2004: 156-157].

«Árbol adentro» se titula la quinta y última parte del conjunto que da título al libro. Es también el título de un poema: «Árbol adentro». El «árbol» es por lo demás un poderoso símbolo universal que se encuentra presente en todas las culturas. «El árbol pone en comunicación los tres niveles del cosmos: lo subterráneo pues sus raíces se hunden en las profundidades de la tierra; la superficie de la tierra por sus troncos y sus primeras ramas; las alturas por sus ramas superiores y su cima, atraídas por la luz del cielo». Es además un símbolo esotérico en el mundo hebreo e islámico y en la tradición hermética alquímica como «el árbol filosófico»; está presente en las culturas asiáticas, en la China y en los Upanishads, como dicen Jean Chevalier y Alain Gheerbrant en el artículo «arbre» de su *Dictionnaire des symboles, édition revue et augmentée* [Chevalier-Gheerbrant, 1969: 48-53].

El conjunto está compuesto por diez piezas: 1) la que titula al libro, 2) «Primero de enero», 3) «Antes del comienzo», 4) «Canción desentonada», 5) «La guerra de la dríada o Vuelve a ser eucalipto», 6) «Regreso», 7) «Pilares», 8) «Como quien oye llover», 9) «Noche, día, noche», 10) «Carta de creencia-Cantata». El conjunto de los diez poemas que componen la parte final del libro se podría leer como un haz de diez estaciones cuyos motivos centrales son el amor, el misterio y enigma del amor, el tiempo y su paso, el clima, el amanecer, la lluvia y la muerte, en medio los sueños, el insomnio, las pesadillas y el ejercicio tenaz, a veces melancólico, a veces cándido, invariablemente crítico, de la de auto-observación y, siempre, la conciencia del sentido del lenguaje y de lo que significa la palabra como medio de comunicación y de amor. «Árbol adentro» es una declaración de amor y una invitación, un ruego dirigido a la amada para que escuche el movimiento y crecimiento del amor «Mientras amanece / en la noche del cuerpo».

«Canción desentonada» se presenta con un epígrafe del poeta español del Renacimiento Juan Antonio de Baena (1375-1435), editor de una antología que lleva su nombre y se conoce como *Cancionero de Baena*. El poema retoma el concepto bíblico de la brevedad de la vida y los días contados presente en los Salmos 39:5, Job 14:1, y en el Eclesiastés 6:12; y lo reitera como si fuese la campanada de un oficio religioso. Las frases: «El día es corto, / larga la hora» lo fuerzan a un recorrido a la par ansioso e inmóvil, lo llevan a sentir que «me pierdo en galerías transparentes / pero no me encuentro, / pero no te veo». Estas dos frases se repiten a lo largo del poema y lo fijan en la cíclica cárcel de estas «palabras circulares en la página». Cinco veces se dan las variantes al final de cada estrofa: «pero no me encuentro / pero no te veo», «pero no te encuentro / pero no me veo», «pero no me encuentro / pero no te veo», «pero no te encuentro, / pero no me veo», «pero no me encuentro, / pero no te veo». En contraste con la brevedad de la vida y la cortedad del día, «la hora es inmensa y en sí misma cae». «Canción desentonada», «canción del desencuentro y del vértigo», «te tocan mis manos y te desvaneces / me miro en tus ojos y me desvanezco», «El tiempo se arrastra, se esconde, se espía» [Paz, 2004: 162-163].

«La guerra de la dríada o Vuelve a ser eucalipto». El poema es a la par como una fábula infantil y un cuento de hadas que recuerda ciertas composiciones tradicionales infantiles, como la canción popular francesa «Le fermier dans son pré» y una suerte de declaración de lo que está en juego en «Árbol adentro». Y es que la dríada es una divinidad de la mitología griega, baste recordar que la esposa de Orfeo era una dríada. Las dríadas vivían en y alrededor de los árboles. La etimología de la voz en griego remite a su parentesco con el encino. Dríadas y hamadríadas vivían en los bosques; las primeras errantes y las segundas atadas al árbol que protegían. En las obras de Ovidio y Propercio están presentes. Las leyendas dicen que podían ser vengativas y crueles con quienes mutilaban los árboles que ellas custodiaban [*Dictionnaire*, 1853: 83]. Esa violencia es la que atraviesa con su poderoso aliento devorador este poema que da testimonio de la sensibilidad del poeta-druida educado en el respeto religioso a la naturaleza. Baudelaire en el Spleen de París, XLII, declara que esta es la «época en que, a falta de dríadas, abrazamos, sin desagrado el tronco de los encinos». El poema, que empieza con una intensidad onírica digna de la cultura medieval, se resuelve en una risueña y prometedora imagen «tendida al pie del eucalipto, / tú eras la fuente que reía / vaivén de los ramajes sigilosos, / eras tú, era la brisa que volvía». Dríadas y hamadríadas recorren las *Metamorfosis* de Ovidio, una de las lecturas que se encuentran tras bambalinas en el paisaje, bosque y fronda de fondo de «Árbol adentro» [Paz, 2004: 163-165].

«Como quien oye llover». Sabiamente fundidas en las palabras de Octavio Paz alientan las mismas de José Bergamín: «Como quien oye llover / te pido que oigas mis versos: / con atención tan profunda / como se escucha el silencio» [Bergamín, 1983: 83]. La fluidez cadenciosa del poema descansa en el arreglo de las repeticiones y simetrías, en la insistencia del vocativo y en el arte del espejo y del desdoblamiento. Por otra parte, hay que recordar que la locución «como quien oye llover» está arraigada en la lengua y que ha sido empleada en contextos forenses, como ejemplifica Miguel de Unamuno en el artículo «La vida es sueño»: «Oyen hablar de todo eso, como quien oye llover porque no entienden lo de la regeneración», es decir, lo atienden sin atenderlo «como quien habla a la pared». Paz logra darle a la locución convencional un sentido nuevo que es casi el de una apremiante plegaria amorosa.

«Carta de creencia. Cantata». En tres movimientos y una «Coda», la «Cantata» es una «composición poética de alguna extensión, escrita para que se ponga en música y se cante».

Aunque hay una cantata secular, el género se identifica con la evolución de un motete para un texto sacro. Tiene la voz «cantata» una connotación de índole religiosa y podría pensarse que el poema perfila indirectamente un homenaje a Johann Sebastian Bach, quien compuso más de trescientas cantatas. Por otro lado, la expresión «carta de creencia» recuerda, según Jean-Claude Masson, la expresión «carta credencial», que se refiere al documento diplomático que un embajador —como lo fue Paz durante muchos años— ha de presentar a las autoridades del país al que llega como representante de otro. El poema presenta así una cartilla o credencial intelectual, una suerte de pasaporte pero también de «estado de cuenta» de los valores que lo mueven y sostienen, casi un testamento.

El poema inicia en el crepúsculo, en el ocaso que «No es luz ni sombra» [Paz, 2004: 173]. A medida que la noche llega, la escritura se desata: «lenguas de llama, baile de chispas, / cuentos de humo». Las cosas desaparecen y solo quedan esos puentes que son las palabras, puentes que también son «trampas, jaulas, pozos». El poeta no se hace ilusiones: cree que escribe y habla a la mujer amada pero sabe que en realidad «No hablo contigo: / hablo con una palabra» pero sabe que «Esa palabra eres tú» y que «La mujer que eres / es la mujer a la que hablo» y que «Yo también, / al hablarte, / me vuelvo un murmullo [...] un fantasma que nace de estas letras». En el segundo movimiento se verá que si «Las palabras son inciertas» y «Amor es una palabra equívoca», en realidad «No es palabra / sino visión». El poema sigue procesando y exponiendo las definiciones de la palabra amor. El poema sobre el amor se resuelve en una «cantata» en torno al amor y sus armonías, y en una reflexión filosófica sobre lo que es el amor. «Carta de creencia» es desde luego un poema que debe leerse en paralelo y a contraluz de *La llama doble*. La muerte, la caída, la destrucción son la otra cara de «La sangre: música en el ramaje de las venas / el tacto: luz en la no-

che de los cuerpos» [Paz, 2004: 178]. La baraja del Uno y
del dos, del sí mismo y del otro se despliega en «puente de
vértigos». El tercer movimiento enuncia un enunciado ine-
ludible: «El arte de amar / ¿es arte de morir?». «Estamos
condenados / a dejar el Jardín: / delante de nosotros está el
mundo». La «Coda» se impone: «Tal vez amar es aprender /
a caminar por este mundo. / Aprender a quedarnos quietos»
para «Aprender a mirar» y ser capaces de plantar un árbol
adentro [Paz, 2004: 181]. «El amor en el tiempo» es el tema
del último libro de Octavio Paz, como este le dijera a Manuel
Ulacia [Paz, 2003e: 138].

LA LLAMA DOBLE

El amor ha sido una de las fuentes de inspiración de la poesía
de todos los tiempos y en la moderna ha desempeñado un
papel central como mitología al grado que ciertas corrientes
y tradiciones, como la romántica y la surrealista, serían difí-
cilmente explicables sin ella. A Octavio Paz, la ley de ese
motivo lo ha conmovido moral e intelectualmente desde sus
primeros escritos y poemas, y la historia de su creación lite-
raria, crítica y poética solo se podría abarcar y volver plena-
mente inteligible si se ilumina bajo esa luz. «Este libro
—dice Paz en la página liminar— tiene una relación íntima
con un poema que escribí hace unos pocos años: "Carta de
creencia". La expresión designa a la carta que llevamos con
nosotros para ser creídos por personas desconocidas; en este
caso la mayoría de mis lectores. También puede interpretar-
se como una carta que contiene una declaración de nuestras
creencias». *La llama doble* es entonces un libro clave, una de
esas recapitulaciones substantivas que el escritor guarda para
expresarla cuando ha recorrido una buena parte de su cami-
no. El tema, si nos referimos a los citados versos, es el de las
definiciones del amor/amar:

Amar:
hacer de un alma un cuerpo,
hacer de un cuerpo un alma,
hacer un tú de una presencia.
Amar:
abrir la puerta prohibida,
pasaje
que nos lleva al otro lado del tiempo.
Instante:
reverso de la muerte,
· nuestra frágil eternidad.
Amar es perderse en el tiempo,
ser espejo entre espejos.
Es idolatría:
endiosar una criatura
y a lo que es temporal llamar eterno.

(«Carta de creencia», en *Árbol adentro*)

Esa «idolatría» es el asunto de *La llama doble. Amor y erotismo*. Por otra parte, con ese título Paz quiere aludir a «la llama roja del erotismo» y a esa «otra llama, azul y trémula: la del amor» que la primera alimenta y eleva. El fuego de la carne y ese otro fuego no menos abrasador que envuelve y vence al corazón; dos fuegos que en la simplificación cristiana se encuentran separados y pertenecen a dos naturalezas opuestas que forman una sola entidad, arden en una «llama mutua» —para invocar la expresión del Maestro Eckhart en *El libro del consuelo divino*—. Llama doble también porque en ella conviven lo temporal y lo eterno *sin* fundirse en un solo fuego divino o temporal, pero también doble por ser simétrica y convergente. Será de hecho esa convergencia la clave del pensamiento de Paz, para quien «la única realidad realmente real» es precisamente aquella capaz de dar cuenta de las «caras opuestas de una misma realidad». Tal unidad o principio de convergencia se elevará en Octavio Paz hasta ser un criterio de verdad, de modo que solo habrá realidad allí donde coinciden la verdad de la mente y la del cuerpo/corazón.

De ahí que las razones del amor y la avidez de un orden espiritual feliz acompañen como sombras el amor a la razón y la sed de justicia inteligible. De ahí que en él la meditación en torno al amor desemboque tarde o temprano en una reflexión sobre la posibilidad de la belleza y la verdad en el mundo, en nuestro mundo. De ahí, en fin, por qué en Octavio Paz la vocación poética haya podido asumirse como una llamada del amor, y su itinerario como una orden cordial. Del mismo modo que el amor es indisociable del cuerpo, los cuerpos —amorosos o no— son indisociables de la historia y de la ciudad y los elementos constitutivos de (lo que Paz llama) «nuestra imagen del amor» serán representaciones concentradas de nuestra cultura, capítulos de una historia y fisiología del amor que —increíblemente como Paz apunta con razón— todavía está por escribirse, aunque existan ensayos premonitorios (véase a Denis de Rougemont, ciertas páginas del mismo Paz en *Apariencia desnuda, Conjunciones y disyunciones* y *Sade: un más allá erótico*).

La llama doble, un libro sobre el amor y erotismo, debe ser entonces de paso un libro sobre la ciudad, ya que «El amor nace en la gran ciudad», una obra sobre un aspecto secreto de la civilización, «sobre el amor y su lugar en el horizonte de la historia contemporánea». Camino del absoluto, verdad eterna de la verdad efímera, el *oficio divino* del amor representa para Octavio Paz y para nosotros un talismán, la contraseña laica que permite «abrir la puerta prohibida» y reconocer alrededor de su fuente a los fieles que saben *cómo* «La flor se volvió palabra». La pregunta a que se enfrenta Paz es sencilla pero inflexible: entre «La plaza y la alcoba», ¿qué lugar ocupa el amor en nuestra sociedad? ¿En qué lugar se encuentra esta en relación con valores como el bien, la verdad y la poesía?

Una primera respuesta sería: por los suelos. Nuestra época, cobarde, tibia y conformista es, en lo moral —dice Paz— «una edad de lodo». La decadencia del amor está ligada a la decadencia de la persona que parece haber sido devorada por el dinero y suplantada, poseída por las máquinas. La mercantilización de todos los órdenes de la vida traduce el pacto por el cual el hombre ha vendido su alma al diablo y se ha vuelto incapaz de amar. Hemos dejado de tener vergüenza del cuerpo para tener vergüenza de nuestros sentimientos. Por ello el amor, al igual que la poesía, es y seguirá siendo subversivo en la sociedad de la abundancia, dominada como está por la tecnología y por la furia de la reproducción y para la cual los seres solo son piezas intercambiables, «recursos humanos». Reflexionar sobre el amor significa, así, no olvidar la relación inconveniente, incómoda y corrosiva que tiene el amor en su propio entorno cultural; equivale a restituir con escrupuloso tacto las raíces más finas de nuestra herencia cultural; presupone ponerse de pie y de cuerpo entero ante el espejo de la conciencia.

Entereza es la palabra que conviene para describir la honesta consistencia de *La llama doble*. Es la integridad vertical, ética y enciclopédica que le permite a Paz practicar un deslinde que vale tanto por su disección como por la baraja de paisajes y panoramas (griegos, helenísticos, romanos, toscanos, provenzales, árabes, hindús, chinos y europeos) alternativos, el caudal de experiencias y reminiscencias decantadas a través de un saber literario sobre el amor que concentra un arte de amar y vivir. El amor aparece no solo como el asunto de este libro particular sino, por decirlo así, como un método para establecer puentes entre la plaza y el lecho, pasión y sociedad, apasionados y civilizadores, mensajeros del fuego y constructores de la ciudad, hombres de pasión y hombres de poder.

Es el procedimiento dialógico que buscan contrastar y cruzar lo interno y lo eterno, intuición y razón, verdad y pasión. *Llama doble* entonces no solo por hablar de esa «mutua llama» del amor y el erotismo, sino también por ser un libro escrito a dos fuegos y situado, como el amor mismo según Paz, «entre los dioses y los mortales», entre las ideas y la historia. Es una exposición y una recapitulación, un repaso de esa guerra solitaria y apasionada a que el poeta se ha entregado formulando una ética y aun una política fundadas en los valores del amor. En este terreno no sabríamos eludir la figura de André Breton, uno de los nombres clave en la historia de la literatura del siglo XX para entender los puentes que van y vienen entre amor y libertad, pasión privada y compromiso público, y una de las personalidades con quienes Octavio Paz y su obra tienen más puntos de contacto: ambos devorados por el fuego de una vocación secreta condenada a hacerse pública y de ahí nuevamente secreta; seres cuya pureza no ha dejado de resultar incómoda para la época; ambos: deudos de la mitología de una ética.

El parte de guerra anunciado por Octavio Paz al concluir estos episodios, donde la historia del amor y la historia de la poesía se alternan como rimas de un mismo verso, es estremecedor: «El ocaso de nuestra imagen del amor sería una catástrofe mayor que el derrumbe de nuestros sistemas económicos y político, sería el fin de nuestra civilización. O sea: de nuestra manera de vivir». El ocaso del amor sería, nada menos, el ocaso del nosotros, el eclipse de la comunidad, la segunda muerte de Dios. Un eclipse que quizá nunca había estado tan próximo, como sugieren las frecuentes analogías que Paz resalta entre las ciudades y metrópolis modernas y las ciudades de la última Roma o la desengañada Alejandría. Queda claro, entonces, que salvar al amor es salvar a las personas y que estas solo sabrían ser redimidas y rescatadas, levantadas hacia la luz, a través de un respeto de lo que las define. Así, la restitución de la persona, la resurrección de lo personal, nos llevarán a comprender que cada rostro es un Dios, que cada persona es una religión y un templo y que el precio de consumir cuerpos, de cohabitar con sus reproducciones a través de la pornografía es el precio mismo del alma.

La llama noble aviva, desde la historia y la reflexión, este recuerdo del poder mágico de la pareja, esta memoria del amor que es una herejía idólatra pero también el sacramento tántrico que está en la raíz de todos los sacramentos. El amor representará por ellos una de las raras formas que tiene el hombre de conocer la felicidad del cuerpo sin renunciar al espíritu, un camino para remontar la muerte e interrogar al universo. No poca de la fuerza de *La llama doble* viene de ahí —de la tensión entre filosofía (por ejemplo, platónica) y ciencia (por ejemplo, física y cosmología), entre poesía (los trovadores provenzales) y política (el amor en la sociedad totalitaria)—. También viene de ser un libro polémico (por ejemplo, hacia Denis de Rougemont y Huizinga). Es también, y no podía ser de otro modo, un ensayo, un libro escrito con la libertad de la conversación y pensado en la animación del diálogo (el diálogo platónico); un libro cuya fuerza viene de la amplitud y nobleza de una *curiosidad casta*, sabia *sofrosine* leal a sí misma, curiosidad respetuosa pero ávida del poeta y del crítico literario que es capaz de reconstruir una civilización a partir de un poema (por ejemplo, un soneto de Quevedo o un poema anónimo español del siglo XIII) como quien resucita por una carta la memoria de un gran amor.

Del mismo modo que Borges descubre el Aleph y el zahir conducido por el fervor amoroso, Octavio Paz ilumina con *La llama doble* la tierra y el cielo, la historia contemporánea y las teorías actuales sobre el origen del universo; repasa como en un proceso las pruebas y circunstancias que han rodeado al amor en nuestro mundo, pues la pasión ha de padecer también las pruebas de la Pasión y los cuerpos ser crucificados en los cuerpos para que la llama se desdoble, la «compathía» —palabra «hoy en desuso pero empleada por Petrarca» y que registra el *Diccionario de autoridades*, según advierte Paz—, ese «sentimiento de amor transfigurado por la vejez o la enfermedad del ser amado» y que puede prescindir del contacto físico porque ha sabido encarnar al ser amado como una presencia en sí mismo, «hacer un tú de una presencia», según da testimonio la sabia cita del autor de *Del sentimiento trágico de la vida*: «Ya viejo Unamuno decía: no siento nada cuando rozo las piernas de mi mujer, pero me duelen las mías si a ella le duelen las suyas». *La llama doble* apunta así hacia el misterio de la mutua transfiguración a través de y en el amor y el deseo, hacia el misterio de la transmutación del amor en poesía y de la poesía en la historia de la cultura. La conciencia de ser «polvo enamorado» permite a Octavio Paz un acto de piedad profética: restituir del polvo a las ciudades olvidadas y reconocer y anticipar el polvo que la nuestra será. Es el acto que distingue a *La llama doble* y hace de ella una *obra interior*, es decir, una semilla.

POEMAS (1989-1996)

Los ocho poemas escritos en los siete años que transcurren entre 1989 y 1996 fueron todos publicados en la revista *Vuelta* y, eventualmente, como es el caso de «Verde noticia», dedicados a su amigo y traductor el ensayista y poeta Roger Munier (1923-2010), en la entrega de mayo de 1991, en el número de homenaje destinado al autor de *Contre l'image* (1963, *Contra la imagen*) y de otros cuarenta títulos. Además de haber traducido al francés en 1965 *El arco y la lira* y luego otros muchos libros de Paz, Munier tradujo los fragmentos de Heráclito del griego antiguo, a Martin Heidegger, Angelus Silesius, Rainer Maria Rilke, y del español a Roberto Juarroz y Antonio Porchia. En México, el poeta, crítico y editor José María Espinasa lo ha traducido y ha escrito sobre él.

   «Estrofas para un jardín imaginario» se dio a la estampa en las páginas de la revista *Vuelta* en agosto de 1989, cuando el autor tenía setenta y cinco años. Las seis estrofas venían al final de una carta enviada a la historiadora Alejandra Moreno Toscano, hija de su viejo amigo el político militante del PRI, diputado y periodista Manuel Moreno Sánchez (1908-1999) y de la poeta y cineasta Carmen Toscano (1910-1988). «Estrofas para un jardín imaginario» cabría ser leído teniendo presente el texto con que abre esta antología, «Evocación de Mixcoac», también escrito en 1989, y publicado más tarde en la antología *Claridad errante* de 1996. En esa carta fechada el 9 de mayo de 1989 manifiesta que ya no reconoce ni se reconoce en el lugar que ellos —las autoridades de la ciudad—, por iniciativa de Alejandra Moreno Toscano, proyectaban «trazar en un terreno baldío del antiguo Mixcoac», un «pequeño jardín» en cuyas puertas y «en algún muro» podrían haber ido las ocho «Estrofas para un jardín imaginado (ejercicio de memoria)».

«Respiro». Las diecinueve líneas de este poema compuesto en abril de 1993, que parece acompañar al despertar del poeta, recuerdan ciertos poemas finales de Pedro Salinas, pero sobre todo anuncian el poema titulado «Lo mismo», fechado en Houston el 10 de febrero de 1995, luego de que le practicaran al poeta el injerto de cinco *bypass* en el corazón, como hicieron constar los diarios: «Octavio Paz evoluciona favorablemente en Houston de su operación de corazón» [Mayordomo, 1994: 52]. Ambos poemas parecen escritos por alguien que regresa a la vida después de estar a punto de perderla y con la conciencia de que tiene el tiempo y los días, las palabras contadas y de que, a pesar de todo, «Lo distinto es ya lo mismo» [Paz, 2004: 221].

«Respuesta y reconciliación. Diálogo con Francisco de Quevedo». Las tres partes de este poema, fechado en México el 20 de abril de 1996, justo 364 días antes de su muerte, acaecida el 19 de abril del año siguiente, es una suerte de examen de conciencia ante un espejo llamado Quevedo, con quien el poeta sostuvo un vivaz, intenso diálogo como consta por el poema «Homenaje y profanaciones», armado en

tres tiempos: «Aspiración», «Espiración», «Lauda», fechado
en 1960. De ese sostenido diálogo dan constancia las más de
cien menciones que hace del poeta y escritor barroco en todos
los tomos de sus *Obras completas*. Este poema fue de hecho la
última publicación hecha en vida por el autor en la edición
que hicieran Vuelta y El Colegio Nacional en noviembre
de 1996, a menos de seis meses de su falleci-
miento, y cabría ser considerado como el
testamento poético de
Octavio Paz.

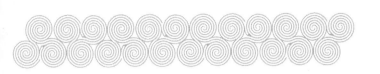

CRONOLOGÍA

1836

3 de julio de 1836. Nace don Ireneo Paz Flores, abuelo de Octavio Paz.

1883

20 de noviembre de 1883. Nace Octavio Paz Solórzano en la ciudad de México (padre de Octavio Paz Lozano), hijo de Ireneo Paz Flores y de Rosa Solórzano.

1911

29 de diciembre de 1911. Contraen matrimonio Josefina Lozano Delgado (1893-1980) y Octavio Ireneo Paz Solórzano (1883), padres de Octavio Paz.

1914

31 de marzo de 1914. Nace Octavio Paz (Octavio Paz Lozano) en la ciudad de México.
19 de mayo de 1914. Los padres de Octavio Paz lo registran en Mixcoac con el nombre de Octavio Ireneo Paz y Lozano.

1917

11 de diciembre de 1917. Nace en Puebla, México, Elena Garro (Elena Delfina Garro), primera esposa de Octavio Paz.

1924

4 de noviembre de 1924. Muere el abuelo de Octavio Paz, don Ireneo Paz Flores.

1930

20 de marzo de 1930. Octavio Paz participa en una sonora manifestación contra el imperialismo en la que tiene el honor de ver caer prisionero a su compañero José Revueltas.

19 de diciembre de 1930. «Nocturno».

24 de diciembre de 1930. «Vocación I».

1931

7 de enero de 1931. «Vocación II» se publicó en *El Nacional*.

7 de junio de 1931. «Juego», en *El Nacional*.

1 de agosto de 1931. «Preludio viajero», en *Barandal*, n.º 1.

2 de agosto de 1931. «Cabellera», en *El Nacional*.

2 de septiembre de 1931. «Orilla», en *Barandal*, n.º 2.

4 de noviembre de 1931. «Nocturno de la ciudad abandonada», en *Barandal*, n.º 4.

5 de diciembre de 1931. «Ética del artista», en *Barandal*, n.º 5.

1932

Marzo de 1932. «Luna silvestre (1932-1933)», en *Barandal*, n.º 7.

1933

1 de septiembre de 1933. «Desde el Principio», en *Cuadernos del Valle de México*, n.° 1.

19 de septiembre de 1933. *Luna silvestre*, México, Fábula, 1933, 33 pp. Edición de treinta ejemplares.

1934

18 de agosto de 1934. Nace Marie José Tramini Poli, segunda esposa de Octavio Paz.

1935

11 de marzo de 1935. Muere Octavio Paz Solórzano en la ciudad de México, padre de Octavio Paz.

17 de junio de 1935. Elena Garro otorga el sí a Octavio Paz.

1936

Septiembre de 1936. *¡No pasarán!*, publicado por primera vez en un folleto de Ediciones Simbad.

1937

11 de marzo de 1937. Octavio Paz viaja a Mérida en un Electra X-V de la compañía Mexicana de Aviación para convertirse en el director de una de las escuelas para niños proletarios que contemplaba el proyecto educativo de Lázaro Cárdenas.

8 de mayo de 1937. «Notas», en *El Nacional*, Mérida, pp. 1-3.

25 de mayo de 1937. Contraen matrimonio Elena Garro y Octavio Paz.

Julio de 1937. «Oda a España», recogido en *Bajo tu clara sombra y otros poemas sobre España*, Valencia, 1937.

Agosto de 1937. «Noticia de la poesía mexicana contemporánea. Palabras en la Casa de la Cultura de Valencia», leído durante una velada en el Ateneo Popular de Valencia, se publicó por primera vez en *Primeras letras*, Barcelona, Seix Barral, 1988.

25 de noviembre de 1937. «Carta a Rubén Salazar Mallén», en *El Universal*.

1938

Enero de 1938. *Americanidad de España*, en *Futuro*, n.º 35, pp. 18-19.

17 de julio de 1938. *Voces de España: breve antología de poetas españoles contemporáneos*, selección y notas de Octavio Paz, Letras de México, 1938.

Agosto de 1938. «Cultura de la muerte: Xavier Villaurrutia», en *Sur*, n.º 47, pp. 81-85.

Septiembre de 1938. «Pablo Neruda en el corazón», *Ruta*, n.º 4, 4.ª época, pp. 25-33.

Diciembre de 1938. En la ciudad de México aparece la revista *Taller*, con Octavio Paz, Solana, Huerta y Quintero Álvarez.

Diciembre de 1938. *Vigilias I*, en *Taller*, n.º 1, pp. 57-58.

1939

Abril de 1939. «Razón de ser», en *Taller*, n.º 2, pp. 30-34.

Julio de 1939. «El mar. Elegía y esperanza: León Felipe», en *Taller*, n.º 4, pp. 36-39.

Octubre de 1939. «Una obra sin joroba: Juan Ruiz de Alarcón», en *Taller*, n.º 5.

6 de noviembre de 1939. «Invitación a la novela: Rafael Solana», en *Taller*, n.º 6, pp. 66-68.

25 de noviembre de 1939. «Distancia y cercanía de Marcel Proust», en *El Popular*, p. 3, con el título de «Un mundo sin herederos».

Diciembre de 1939. *Vigilias II*, en *Taller*, n.º 7, p. 3.

12 diciembre de 1939. Nace Helena Paz Garro (Elena Laura Paz Garro), México D. F., hija de Octavio Paz y Elena Garro.

1940

Marzo-abril de 1940. «Emilio Ballagas, *Sabor eterno*», en *Taller*, n.º 10, pp. 52-53.

1 de marzo de 1940. «Lawrence en español», en *Romance*, año 1, n.º 3, p. 9.

1 de marzo de 1940. «El testimonio de los sentidos», en *Romance*, año 1, n.º 3, p. 9.

1 de mayo de 1940. «Respuesta a una encuesta de *Romance*», en *Romance*, año 1, n.º 7.

Julio-agosto de 1940. «Mundo de perdición: José Bergamín», en *Taller*, n.º 11, pp. 65-69.

Agosto de 1940. «Régimen de Vichy», en *Futuro*, n.º 54, p. 19.

1941

Enero de 1941. «Silvestre Revueltas (1889-1940)», en *Taller*, n.º 12.

Enero-abril de 1941. «Vigilias III» en *Taller*, año 2, n.º 7 y 8, pp. 32-43.

4 de enero de 1941. «América, ¿es un continente?», en *Así*, n.º 8, p. 30.

Septiembre-diciembre de 1941. «Juan Soriano», en *Tierra Nueva*, año 2, n.º 11-12, pp. 241-242.

15 de noviembre de 1941. «Carlos Pellicer y la poesía de la naturaleza», en *Letras de México*, año 5, n.º 11, p. 7.

1942

30 de julio de 1942. *A la orilla del mundo y Primer día. Bajo tu clara sombra, Raíz del hombre, Noche de resurrecciones*, col. Poesía Hispanoamericana, Agencia Editora Mexicana. La edición consta de novecientos ejemplares en papel Chemalín y cien en Corsican marfil encuadernados en piel, numerados y firmados por el autor, diseño tipográfico de Agustín Velázquez Chávez, Cooperativa Talleres Gráficos de la Nación.

Septiembre de 1942. «Absurdo y misterio: José Moreno Villa».

15 de diciembre de 1942. «Poesía y mitología. Novela y Mito», en *Letras de México*, año 5, n.º 6, pp. 1-2, 11.

1943

11 de marzo de 1943. «El vacilón», en *Novedades*, p. 4.

23 de marzo de 1943. «Don Nadie y Ninguno», *Novedades*, p. 4.

27 de marzo de 1943. «¡Viva México, hijos...!», *Novedades*, p. 4.

2 de abril de 1943. «Los hijos de Grecia», *Novedades*, p. 4.

9 de abril de 1943. «El arte de vestir pulgas», *Novedades*, p. 4.

16 de abril de 1943. «Los caballeros águilas», *Novedades*, pp. 4-5.

Mayo de 1943. «Lorenzo Varela, *Torre de amor*», en *El Hijo Pródigo*, n.º 2, p. 124.

Mayo de 1943. «Luis Cernuda, *Ocnos*», *El Hijo Pródigo*, n.º 2, pp. 93-96.

Junio de 1943. «El teatro de Xavier Villaurrutia», en *Sur*, n.º 105, pp. 96-98.

Julio de 1943. «Efrén Hernández, *Entre apagados muros*», en *El Hijo Pródigo*, n.º 4, p. 255.

Julio de 1943. «Manuel José Othón, *Breve antología lírica*», en *El Hijo Pródigo*, n.º 4, p. 256.

Agosto de 1943. «Antonio Castro Leal, *Juan Ruiz de Alarcón*», en *Sur*, n.º 106, pp. 107-110.

Agosto de 1943. «Max Aub, *San Juan*», en *El Hijo Pródigo*, n.º 5, pp. 318-319.

6 de septiembre de 1943. «Crédulos y creyentes», en *Novedades*, p. 4.

13 de septiembre de 1943. «Apuntes», en *Novedades*, p. 4.

20 de septiembre de 1943. «Sobre la moral», en *Novedades*, p. 4.

27 de septiembre de 1943. «La crueldad», en *Novedades*, p. 4.

Octubre de 1943. «Los presocráticos, Jenófanes, Parménides y Empédocles», en *El Hijo Pródigo*, año I, n.º 7, pp. 60-61.

4 de octubre de 1943. «Divagación», en *Novedades*, p. 4.

11 de octubre de 1943. «La mentira de México», en *Novedades*, p. 4.

20 de octubre de 1943. «Consuelos de la filosofía», en *Novedades*, p. 4.

27 de octubre de 1943. «Los beneficios de la muerte», en *Novedades*, p. 4.

Noviembre de 1943. Octavio Paz sale de México hacia Berkeley, California.

3 de noviembre de 1943. «De los agachados y otros extremos», en *Novedades*, p. 4.

15 de noviembre de 1943. «Rafael Dieste, *Historias e invenciones de Félix Muriel*», en *El Hijo Pródigo*, año I, n.º 8, p. 125.

17 de noviembre de 1943. «Cielo de tierra», en *Novedades*, p. 4.

24 de noviembre de 1943. «El pintor Guerrero Galván», en *Novedades*, p. 4.

1944

Octubre de 1944. Octavio Paz es nombrado canciller de tercera en la Embajada de Estados Unidos.

1945

24 de marzo de 1945. «Vigilias IV», en *El Hijo Pródigo*, n.º 24, pp. 147-151.

Junio de 1945. Octavio Paz es ascendido a canciller de segunda con órdenes de permanecer en San Francisco.

Agosto de 1945. «Estela de José Juan Tablada», palabras pronunciadas en un homenaje a Tablada, celebrado en Nueva York, el 3 de septiembre de 1945; publicado posteriormente en *Las peras del olmo*, México, UNAM, 1957, pp. 80-89.

10 de octubre de 1945. Octavio Paz recibe una orden firmada por Francisco Castillo Nájera (canciller del presidente Ávila Camacho) para dirigirse, en calidad de tercer secretario de Nueva York, a la legación de México en París, Francia.

1947

Abril de 1947. «Escultura antigua de México», en *Sur*, Buenos Aires.

1948

Septiembre de 1948. «Josefina Vicens: *El libro vacío*».

1949

Septiembre de 1949. «Imágenes desterradas: Alí Chumacero».

1950

20 de octubre de 1950. *Sor Juana Inés de la Cruz*.

20 de octubre de 1950. «Sor Juana Inés de la Cruz, primera aproximación», publicado posteriormente en *Las peras del olmo*, México, UNAM, 1957.

Noviembre de 1950. «Los muralistas a primera vista».

1951

Marzo de 1951. «Los campos de concentración soviéticos».

4 de abril de 1951. «El poeta Buñuel», publicado posteriormente en *Las peras del olmo*.

20 de junio de 1951. Prólogo a la obra *Muerte sin fin* de José Gorostiza, publicado posteriormente en *Las peras del olmo*.

19 de julio de 1951. «Aniversario español», palabras pronunciadas en un acto organizado por un grupo de republicanos españoles en París, se publicó en *El ogro filantrópico*, Barcelona, Seix Barral / México, Joaquín Mortiz, 1979.

Octubre de 1951. El embajador Federico Jiménez O'Farril le muestra un cable de Relaciones Exteriores donde el ministro Manuel Tello pide el cambio de Paz a Nueva Delhi, a donde será enviado como segundo secretario.

Noviembre de 1951. «Cuauhtémoc, joven abuelo», prólogo a la edición francesa del libro de Héctor Pérez Martínez: *Cuauhtémoc: vida y muerte de una cultura*, publicado posteriormente en *Las peras del olmo*.

1952

5 de junio de 1952. Octavio Paz llega a Tokio y se instala con él la Embajada mexicana en un hotel homónimo al que ocupaba en Delhi: el Imperial.

2 de octubre de 1952. Octavio Paz es trasladado a la misión diplomática en Berna, Suiza, como encargado *ad interim* de la delegación permanente de México ante la Oficina de Organismos Internacionales.

1954

Enero de 1954. «Rostros de Juan Soriano», publicado posteriormente en *Las peras del olmo*.

1957

16 de diciembre de 1957. *Las peras del olmo*, México, UNAM, 1957, 294 pp.

1958

Marzo de 1958. Octavio Paz recibe la visita de André y Bona de Mandiargues en México, los hospeda y les organiza viajes por el país.
25 de agosto de 1958. «Octavio Paz. Su poesía convierte en poetas a sus lectores».

1959

17 de junio de 1959. Octavio Paz llega a París y se instala en un departamento de la rue La Planche, iniciados ya los trámites de su divorcio con Elena Garro.
10 de agosto de 1959. «Marco Antonio Montes de Oca», publicado posteriormente en *Puertas al campo*, México, UNAM, 1966.

1960

4 de enero de 1960. «El jinete del aire: Alfonso Reyes», publicado posteriormente en *Puertas al campo*.
7 de febrero de 1960. «Respuesta y algo más a Emmanuel Carballo», en *México en la Cultura*, suplemento de *Novedades*.

1961

Mayo de 1961. «Presentación de Pedro Coronel», publicado posteriormente en *Puertas al campo*.

1962

4 de febrero de 1962. «Risa y penitencia», publicado posteriormente en *Puertas al campo*.

Marzo de 1962. «Obras maestras de México en París», publicado posteriormente en *Puertas al campo*.

8 de abril de 1962. «Instantáneas. Columna: Victoria Ocampo», en *Vuelta*, n.º 30.

19 de abril de 1962. Tello avisa a Alfonso de Rosenzweig Díaz, director del Servicio Diplomático, que el presidente López Mateos ha acordado nombrar a Octavio Paz embajador en la India.

Julio de 1962. Octavio Paz llega a México a visitar a su madre, convaleciente de una operación. El avión hace escala en Nueva York y Torres Bodet sube a él.

22 de julio de 1962. «Una exposición de Juan Soriano», publicado posteriormente en *Puertas al campo*.

10 de septiembre de 1962. Después de los saludos protocolarios, Octavio Paz presenta credenciales con toda solemnidad ante el presidente-filósofo Radhakrishnan, como embajador de México en la India.

1963

10 de enero de 1963. «El precio y la significación», publicado posteriormente en *Puertas al campo*.

22 de enero de 1963. Octavio Paz presenta credenciales como embajador en Colombo, en Sri-Lanka.

7 de diciembre de 1963. «Pinturas de Rodolfo Nieto», presentación de Rodolfo Nieto en el catálogo de su primera exposición en París (Galerie de France), 1964; publicado posteriormente en *Puertas al campo*.

1964

12 de junio de 1964. Octavio Paz llega a París, al Hotel Royal.

6 de octubre de 1964. «El caracol y la sirena: Rubén Darío», en *Revista de la Universidad*.

1965

Julio de 1965. *Cuadrivio*, México, Joaquín Mortiz, 1965, 204 pp.

29 de septiembre de 1965. «Dos apostillas», publicado posteriormente en *Puertas al campo*.

10 de octubre de 1965. *Viento entero*, Delhi, The Caxton Press, 1965. La tirada fue de 197 ejemplares, numerados del I al XX y del 21 al 197. Todos fueron firmados por el autor.

1966

5 de septiembre de 1966. *Puertas al campo*, México, UNAM, colección «Poemas y Ensayos», 1966, 284 pp.

17 de septiembre de 1966. Prólogo de la obra *Poesía en movimiento*, México, Siglo XXI Editores, 1966.

25 de octubre de 1966. «El castillo de la pureza».

17 de diciembre de 1966. «Las prácticas y los símbolos. El sí o el no y el más o el menos. El inconsciente del hombre y el de las máquinas. Los signos que se destruyen: transfiguraciones. Taxila».

1967

Mayo de 1967. «La nueva analogía: poesía y tecnología», publicado posteriormente en *El signo y el garabato*, México, Joaquín Mortiz, 1973.

Agosto de 1967. «Octavio Paz: poesía y metafísica», en *Ínsula*, n.° 260-261.

1 de agosto de 1967. Se nombra a Octavio Paz miembro de El Colegio Nacional.

Diciembre de 1967. «Presencia y presente: Baudelaire crítico de arte», publicado posteriormente en *El signo y el garabato*.

1968

11 de abril de 1968. «Transfiguraciones», publicado posteriormente en *El signo y el garabato*.

6 de agosto de 1968. «El signo y el garabato: Salvador Elizondo», publicado posteriormente en *El signo y el garabato*.

6 de septiembre de 1968. Octavio Paz remite un informe sobre las medidas del gobierno de la India ante movimientos estudiantiles, solicitado por el canciller Antonio Carrillo Flores.

4 de octubre de 1968. Octavio Paz redacta un oficio a Carrillo Flores (a quien, dicho sea de paso, Paz siempre tuvo en alta estima); es una carta de renuncia al cargo por los acontecimientos del 2 de octubre en Tlatelolco.

7 de octubre de 1968. Octavio Paz envía una carta a la Coordinación del Programa Cultura de la XIX Olimpiada; es un poema que exalta el espíritu olímpico.

16 de octubre de 1968. Carrillo Flores le escribe a Paz sugiriéndole que deje pasar un poco de tiempo para tomar una decisión final sobre su retiro.

16-17 de octubre de 1968. El presidente Gustavo Díaz Ordaz dicta el acuerdo de *disponibilidad* a partir de esta fecha al embajador Octavio Paz.

18 de octubre de 1968. Octavio Paz telegrafía a Carrillo Flores agradeciendo su carta.

1969

Octubre de 1969. *Posdata. Crítica de la pirámide*, México, Siglo XXI Editores.

15 de diciembre de 1969. *Corriente alterna*, 3.ª ed., México, Siglo XXI Editores, 224 pp.

29 de diciembre de 1969. «El pensamiento en blanco», prefacio a la primera exposición de arte tántrico en Occidente, Galería Le Point Cardinal, París, febrero de 1970, publicado en *El signo y el garabato*.

1970

15 de julio de 1970. «Literatura y literalidad».

5 de agosto de 1970. «*Adrede* de Gerardo Deniz: Composiciones y descomposiciones», se publicó en *El signo y el garabato*.

1971

Mayo de 1971. «Las "confesiones" de Bujarin, Rádek y los otros bolcheviques».

20 de junio de 1971. «Epílogo. Solo a dos voces. Julián Ríos».

14 de julio de 1971. «Respuestas a diez preguntas», se publicó en *El ogro filantrópico*.

Octubre de 1971. «La mesa y el lecho: Chales Fourier», se publicó en *El ogro filantrópico*.

23 de noviembre de 1971. «Pequeña divagación en torno a los hombres/bestias/hombres/bestias/hom», se publicó en *In/mediaciones*, Barcelona, Seix Barral, 1979.

1972

Junio de 1972. «El punto de convergencia».

Julio de 1972. «Thanatos y sus trampas. (Tres notas sobre demografía). Hacia una política de población en México», en *Plural*, n.º 12.

2 de septiembre de 1972. «Alcance: *Poesía* de José Juan Tablada», publicado en *El signo y el garabato*.

Octubre de 1972. «Corazón de León y Saladino: Jaime Sabines y Juan José Arreola».

Noviembre de 1972. «La pregunta de Carlos Fuentes», se publicó posteriormente en *In/mediaciones*.

27 de diciembre de 1972. «*Water writes always in* plural».

1973

Enero de 1973. «Gerzso: la centella glacial», en *El signo y el garabato*.

Enero de 1973. «Un catálogo descabalado», se publicó posteriormente en *In/mediaciones*.

Enero de 1973. *El signo y el garabato*, México, Joaquín Mortiz.

Marzo de 1973. «A cinco años de Tlatelolco», prólogo a la edición en inglés del libro de Elena Poniatowska, *La noche de Tlatelolco*, The Viking Press, Nueva York; también se publicó en *Excélsior*, México, 1, 2 y 3 de octubre de 1973.

Marzo de 1973. «El parlón y la parleta», en *Plural*, n.º 18.

Junio de 1973. «La otra violencia».

21 de agosto de 1973. «Los dedos en la llama: José Carlos Becerra».

27 de agosto de 1973. «El diablo suelto: Antonio Peláez», se publicó posteriormente en *In/mediaciones*.

15 de septiembre de 1973. En Cambridge, Mass. «firma Octavio Paz el ensayo "La mirada anterior"», prólogo a las *Enseñanzas de Don Juan. Una forma yaqui de conocimiento*, trad. de Juan Tovar, México, FCE, 1974.

28 de septiembre de 1973. «Los centuriones de Santiago», en *Novedades*.

8 de octubre de 1973. «Orfandad y legitimidad», prólogo a *Quetzalcóatl et Guadalupe*, de Jacques Lafaye, París, Gallimard, 1974. (*Quetzalcóatl y Guadalupe. La formación de la conciencia nacional en México*, FCE, México, 1977).

27 de octubre de 1973. «Suma de Octavio Paz. Elena Poniatowska».

16 de noviembre de 1973. «El espacio múltiple: Manuel Felguérez», se publicó posteriormente en *In/mediaciones*.

7 de diciembre de 1973. «El uso y la contemplación», se publicó posteriormente en *In/mediaciones*.

1974

Enero de 1974. *Versiones y diversiones*, México, Joaquín Mortiz, 256 pp.

Marzo de 1974. «Polvos de aquellos lodos», en *Plural*, n.º 30.

28 de abril de 1974. «La pluma y el metate: Robert Gardner», se publicó posteriormente en *In/mediaciones*.

Septiembre de 1974. «Aterrados doctores terroristas».

9 de septiembre al 27 de diciembre de 1974. «Pasado en claro».

1975

Mayo de 1975. «Declaración sobre la libertad del arte», en *Excélsior*.

Agosto de 1975. «Vuelta a *El laberinto de la soledad*», en *Plural*, n.º 50.

20 de septiembre de 1975. *Pasado en claro*, México, FCE, 1975, 44 pp.

30 de octubre de 1975. «Gulag: entre Isaías y Job», *Plural*, México, n.º 51.

Diciembre de 1975. «Literatura y crítica. I. ¿Es moderna nuestra literatura?».

1976

Marzo de 1976. «La ilusiones y las convicciones: Daniel Cosío Villegas», en *Plural*, n.º 55.

20 de marzo de 1976. «El castillo de la pureza».

Junio de 1976. «El espejo indiscreto», en *Plural*, n.º 58.

Julio de 1976. Se cierra *Plural*.

20 de agosto de 1976. «Advertencia. Apariencia desnuda. La obra de Marcel Duchamp».

Noviembre de 1976. «*Vuelta*: cuatro notas. Aviso», publicado posteriormente en *El ogro filantrópico*, Barcelona, Seix Barral / México, Joaquín Mortiz, 1979.

Diciembre de 1976. «Mao: ¿Nerón o Netzahualcóyotl?», en *Vuelta*, n.º 1.

4 de diciembre de 1976. «Alrededores de la literatura hispanoamericana», Conferencia pronunciada en la Universidad de Yale. Se publicó posteriormente en *In/mediaciones*.

26 de diciembre de 1976. «Respuestas a *Cuestionario* —y algo más: Gabriel Zaid», publicado posteriormente en *In/mediaciones*.

1977

Febrero de 1977. Le otorgan a Octavio Paz el Premio Jerusalén.

26 de abril de 1977. «Discurso de Jerusalén», palabras del discurso de aceptación del Premio Jerusalén (1977), publicado después en *El ogro filantrópico*.

1 de septiembre de 1977. «El arte de México: materia y sentido», en *Sábado* (suplemento literario de *Unomásuno*), n.º 1.

30 de septiembre de 1977. «Contemporáneos», en *Xavier Villaurrutia en persona y en obra*, México, FCE, 1978.

Noviembre de 1977. «Suma y sigue (Conversaciones con Julio Scherer)», en *Proceso*, n.º 57 y 58.

1978

Marzo de 1978. «Las obvisiones de Alberto Gironella», en *Sábado*, n.º 38.

10 de marzo de 1978. «Descripción de José Luis Cuevas», publicado posteriormente en *In/mediaciones*.

19 de marzo de 1978. «Poesía para ver: Ulalume González de León», publicado posteriormente en *In/mediaciones*.

28 de marzo de 1978. *El ogro filantrópico*, publicado por primera vez en *Vuelta*, n.º 12.

12 de julio de 1978. «La libertad contra la fe», los cuatro artículos que integran este título se publicaron por primera vez en diarios y revistas hispanoamericanas en julio y agosto de 1978, y se recogieron en *El ogro filantrópico*.

Agosto de 1978. «Re/visiones: la pintura mural», en *Sábado*, n.º 43.

1 de agosto de 1978. «Literatura política», texto del prólogo de *El ogro filantrópico*.

25 de agosto de 1978. *Xavier Villaurrutia en persona y en obra*, México, FCE, col. Letras Mexicanas, 103 pp.

29 de septiembre de 1978. «Posiciones y contraposiciones: México y Estados Unidos», conferencia inaugural del simposio *México Today*, Washington, publicada posteriormente en *Tiempo nublado*, Barcelona, Seix Barral, 1983.

1979

Enero de 1979. *In/mediaciones*, Barcelona, Seix Barral.

Enero de 1979. *El ogro filantrópico*, Barcelona, Seix Barral / México, Joaquín Mortiz.

31 de marzo de 1979. «Chillida: del hierro al reflejo», publicado en *Sombras de obras*, Barcelona, Seix Barral, 1983.

Abril de 1979. «Cultura y natura: José Emilio Pacheco», se publicó en *Sombras de obras*.

Abril de 1979. «La verde lumbre: Rubén Bonifaz Nuño», se publicó en *Sombras de obras*.

12 de abril de 1979. «Cristianismo y revolución: José Revueltas», publicado en *Hombres en su siglo y otros ensayos*, Seix Barral, Barcelona, 1984.

Mayo de 1979. «La Compañía, El Hijo del Cielo y el Emperador de Moscovia», en *Vuelta*, n.º 30.

24 de julio de 1979. «Televisión: cultura y diversidad», publicado en *Hombres en su siglo y otros ensayos*.

Noviembre de 1979. «El grabado latinoamericano», prólogo al catálogo de la exposición de grabados de Cartón y Papel de México, Museo de Arte Moderno de México, 1980; se publicó en *Sombras de obras*.

10 de noviembre de 1979. «México y los poetas del exilio español», publicado en *Hombres en su siglo y otros ensayos*.

1980

Abril de 1980. «Comunicación y encuentro de civilizaciones: la conquista de México».

10 de agosto de 1980. «Rescate de Enrique Munguía», se recogió en *Al paso*, Barcelona, Seix Barral, 1992.

Octubre de 1980. «Gilberto Owen y la alquimia» (Notas del editor), se publicó en *Sombras de obras*.

5 de octubre de 1980. «Alí Chumacero, poeta», se publicó en *Sombras de obras*.

21 de octubre de 1980. «El pacto verbal», publicado en *Hombres en su siglo y otros ensayos*.

20 de noviembre de 1980. «Dos siglos de pintura norteamericana (1776-1971)», se publicó en *Sombras de obras*.

1981

Junio de 1981. «Historia, vida, obra», prólogo a *Obras Completas, 5. Sor Juana Inés de la Cruz.*

10 de septiembre de 1981. Octavio Paz es electo académico para ocupar la silla número XXXI.

Noviembre de 1981. *Sendas de Oku*, traducción de Octavio Paz y Eikichi Hayashiya, Barcelona, Seix Barral.

Noviembre de 1981. «*Vuelta*: cuatro notas. Travesía», publicado en *Hombres en su siglo y otros ensayos.*

16 de noviembre de 1981. «La política y el instante», se publicó en cuatro partes, en *Unomásuno*, 16 de noviembre de 1981, pp. 1 y 22; 17 de noviembre de 1981, pp. 1 y 19; 18 de noviembre de 1981, pp. 1 y 24; 19 de noviembre de 1981, pp. 1 y 24.

1982

8 de febrero de 1982. «Instante y revelación: Manuel Álvarez Bravo», prólogo al libro *Instante y revelación* (treinta poemas de Octavio Paz y sesenta fotografías de Manuel Álvarez Bravo), México, 1982.

Marzo de 1982. «Efraín Huerta», recogido en *Sombras de obras.*

Mayo de 1982. «Luis Barragán y los usos de la tradición», recogido en *Sombras de obras.*

Julio de 1982. «Apollinaire, Atl, Diego Rivera, Marius de Zayas y Ángel Zárraga», recogido en *Sombras de obras.*

8 de septiembre de 1982. «Picasso: el cuerpo a cuerpo con la pintura», prólogo al catálogo de la exposición *Los Picasso de Picasso*, en el Museo Rufino Tamayo, México, 1982; recogido en *Sombras de obras.*

12 de noviembre de 1982. «Roman Jakobson», leído en el Instituto Tecnológico de Massachusetts en el homenaje luctuoso al lingüista muerto ese mismo año, publicado en *Vuelta*, n.º 83, octubre de 1983.

1983

Febrero de 1983. «Agua de la memoria: Andrés Henestrosa», recogido en *Sombras de obras*.

7 de febrero de 1983. «Antevíspera: *Taller* (1938-1941)», recogido en *Sombras de obras*.

22 de marzo de 1983. *Tiempo nublado*, Barcelona, Seix Barral.

31 de marzo de 1983. «Sor Juana: testigo de cargo».

Junio de 1983. *Sombras de obras*, Barcelona, Seix Barral.

27 de septiembre de 1983. «Pintura mexicana contemporánea». Presentación de la exposición *Pintado en México*, Madrid, 1983. Artistas: Günther Gerzso, Juan Soriano, Manuel Felguérez, Alberto Gironella, Vicente Rojo, Roger von Gunten, José Luis Cuevas y Francisco Toledo; se publicó en *Pintado en México*, Madrid, Fundación Banco Exterior de España.

1984

Enero de 1984. *Hombres en su siglo y otros ensayos*, Seix Barral, Barcelona.

20 de enero de 1984. «Ramón Xirau entre la Vía Layetana y el callejón de San Antonio», en *Vuelta*, n.º 93, en agosto.

Marzo de 1984. «Yo, pinto, indio de este pueblo: *Hermenegildo Bustos*», en *FMR*, n.º 31, Milán, marzo de 1985.

7 de octubre de 1984. Octavio Paz recibe el Premio de la Paz del Comercio Librero Alemán. Pronuncia el discurso «El diálogo y el ruido», en el que analiza las posibilidades de una paz duradera en Centroamérica.

1985

Mayo de 1985. «Hora cumplida (1929-1985)», publicado posteriormente en *Vuelta*, n.º 143, en octubre de 1988.

14 de septiembre de 1985. «Hernán Cortés: exorcismo y liberación», en *El País*, Madrid, 12 de octubre de 1985.

1986

21 de febrero de 1986. «La literatura y el Estado», discurso de recepción del Premio Alfonso Reyes, publicado en *Excélsior*.

1 de marzo de 1986. «Repaso en forma de preámbulo», prólogo de *Obras Completas, 6. Los privilegios de la vista I. Arte moderno universal*.

1 de marzo de 1986. «Ocultación y descubrimiento de Orozco. El 12 de julio de 1983, bajo los auspicios de El Colegio Nacional, se celebró en el Hospital de Jesús un coloquio sobre la figura y la obra de José Clemente Orozco, en el que participamos Salvador Elizondo, Miguel León-Portilla y yo. Estas páginas son la versión ampliada y corregida de mis intervenciones», en *Vuelta*, n.º 119, octubre de 1986.

7 de julio de 1986. «Arte e identidad: los hispanos de los Estados Unidos», se publicó en *Convergencias*, Barcelona, Seix Barral, 1991.

Agosto de 1986. «*Vuelta*: cuatro notas. Profesión de fe».

12 de agosto de 1986. «Poesía de convergencia», este texto se leyó en los cursos de verano de la Universidad de Santander, en 1986, y posteriormente, en 1989, en el Colegio de Francia y en la Universidad de Utha (Tanner Lectures). Fue publicado en la revista *Vuelta* en junio de 1987.

25 de octubre de 1986. «Reflexiones de un intruso. *Postscriptum*», en *Vuelta*, n.º 122, enero de 1987.

29 de diciembre de 1986. «Tres ensayos sobre Rufino Tamayo», este ensayo fue escrito como un comentario a la primera exposición de Tamayo en París.

31 de diciembre de 1986. «Remache: burocracia y democracia en México», en *Vuelta*, n.º 127, junio de 1987.

1987

15 de febrero de 1987. «El camino de la pasión: Ramón López Velarde».

31 de marzo de 1987. *México en la obra de Octavio Paz* (e.a., en tres volúmenes: vol. III, *Los privilegios de la vista. Arte de México*), México, FCE, 1987, 514 pp.

26 de abril de 1987. «Encrucijada», publicado en *Pequeña crónica de grandes días*, Barcelona, Seix Barral, 1990.

15 de junio de 1987. «El lugar de la prueba (Valencia 1937-1987)», discurso inaugural del Congreso Internacional de Escritores (Valencia, 15 de julio 1987), celebrado en conmemoración del Segundo Congreso Internacional de Escritores Antifascistas.

28 de julio de 1987. «Mar Celo».

31 de julio de 1987. *México en la obra de Octavio Paz*, e.a. y Luis Mario Schneider, en tres volúmenes, vol. II, *Generaciones y semblanzas, escritores y letras de México*, México, FCE.

18 de septiembre de 1987. *México en la obra de Octavio Paz* (e.a. y Luis Mario Schneider, en tres volúmenes, vol. I, *El peregrino en su patria, historia y política de México*, México, FCE, 766 pp.

Noviembre de 1987. «Política cultural o cultura política», en *Vuelta*, n.° 136, México, marzo de 1988.

1988

25 de abril de 1988. «*Manual del distraído*: Alejandro Rossi», redactado para la presentación de la quinta edición del libro.

11 de septiembre de 1988. «Ante un presente incierto», en *Excélsior*.

21 de septiembre de 1988. «Las manchas del sol: Jaime García Terrés», en *La Gaceta*, n.° 216, FCE, en diciembre.

1989

Febrero de 1989. *Lo mejor de Octavio Paz. El fuego de cada día*, Barcelona, Seix Barral.

1 de marzo de 1989. «El Fondo Nacional para la Cultura y las Artes», discurso en el acto de fundación del Fondo Nacional para la Cultura y las Artes, el 2 de marzo de 1989, se publicó en *Pequeña crónica de grandes días*.

Junio de 1989. «La Révolution confirme, par le sacrifice, la superstition», palabras al recibir el Premio Alexis de Tocqueville, otorgado por la Academia Francesa.

19 de agosto de 1989. «El águila, el jaguar y la Virgen», se publicó como prólogo en el catálogo de la exposición de arte de México, Museo Metropolitano de Nueva York, 1989.

18 de noviembre de 1989. «El azar y la memoria: Teodoro González de León», en *Al paso*, Barcelona, Seix Barral, 1992.

23 de diciembre de 1989 al 5 de enero de 1990. *Pequeña crónica de grandes días*, México, FCE, col. Letras Mexicanas, 1990, 172 pp.

1990

31 de enero de 1990. Fecha en México el «Aviso» a *La otra voz. Poesía y fin de siglo*, Barcelona, Seix Barral.

7-8 de marzo de 1990. «Alba de la libertad», discurso de la invención en el encuentro internacional *La Revolución de la Libertad*, celebrado en Lima, se publicó en *Pequeña crónica de grandes días*.

12 de abril de 1990. «La casa de la presencia», prólogo de las *Obras Completas I. La casa de la presencia. Poesía e historia*.

2 de mayo de 1990. «¿Azar o justicia?».

24 de julio de 1990. «Poemas mudos y objetos parlantes: André Bretón», prólogo a *André Breton: je vois, j'imagine, poèmes-objets*; publicado en *Convergencias*.

3 de agosto de 1990. «Saludos a Rafael Alberti», se leyó en el homenaje a Rafael Alberti en el Palacio de Bellas Artes el 3 de agosto de 1990 y se publicó en *Vuelta*, n.° 166, en septiembre.

2 de septiembre de 1990. «El siglo XX: La experiencia de la libertad», palabras en la inauguración y la clausura del Primer Encuentro de *Vuelta* (México, 27 de agosto a 2 de septiembre de 1990); publicado en *Al paso*.

10 de octubre de 1990. «Tiempos, lugares, encuentros. Alfred MacAdam», esta entrevista se publicó en *The Paris Review*, n.º 119, verano de 1991; se recogió en *Writers at Work* y se publicó en español —traducción de Guillermo Sheridan— en *Vuelta*, n.º 181, diciembre de 1991.

8 de diciembre de 1990. «La búsqueda del presente» (Conferencia Nobel, 1990), publicado en *Vuelta*, n.º 170, enero de 1991.

10 de diciembre de 1990. Ceremonia de entrega del Premio Nobel de Literatura.

1991

5 de febrero de 1991. «Una voz que venía de lejos: María Zambrano (1904-1990)», en *Vuelta*, n.º 172, marzo de 1991 y se recogió en *Al paso*.

23 de febrero de 1991. *Excursiones e Incursiones*, prólogo de las *Obras Completas, II. Excursiones/Incursiones. Dominio extranjero*.

31 de marzo de 1991. «Unidad, modernidad, tradición», prólogo a *Obras Completas, III. Fundación y disidencia. Dominio hispánico*, de la primera edición de las *Obras completas*, que reúne los ensayos sobre poesía española e hispanoamericana (excepto la mexicana).

15 de abril de 1991. «Tránsito y permanencia», prólogo de las *Obras Completas, IV. Generaciones y semblanzas. Dominio mexicano*.

26 de abril de 1991. «Las piedras legibles de Roger Caillois», se recogió en *Al paso*.

22 de agosto de 1991. «Rodolfo Usigli en el teatro de la memoria», se recogió en *Al paso*.

Septiembre de 1991. «Postfacio: Octavio Paz en su inquietud», Fernando Savater. En *Obras completas, 15. Miscelánea III: entrevistas.*

7 de octubre de 1991. Gran Oficial de la Orden al Mérito de la República Italiana.

16 de octubre de 1991. «La democracia: lo absoluto y lo relativo», conferencia pronunciada en Sevilla, el 29 de noviembre de 1991, en *Revista de Occidente*, n.º 131, abril de 1992.

Noviembre de 1991. *Convergencias*, Barcelona, Seix Barral.

Noviembre de 1991. «*Vuelta*: cuatro notas. Repaso», en *Vuelta*, n.º 180.

10 de noviembre de 1991. «Aviso»», a las *Obras Completas, VII. Los privilegios de la vista II. Arte de México.*

18 de diciembre de 1991. Sergio Marras entrevista a Octavio Paz.

1992

3 de enero de 1992. «Héctor Bianciotti: la libertad y la forma», en *Vuelta*, n.º 192, noviembre de 1992.

Febrero de 1992. *Al paso*, Barcelona, Seix Barral.

4 de marzo de 1992. «La conjura de los letrados. Coloquio o cuento de invierno», en *Vuelta*, n.º 185, en abril.

18 de marzo de 1992. «Jaime Torres Bodet: poeta secreto y hombre público», en *Vuelta*, n.º 186, en mayo.

14 de mayo de 1992. «Razón y elogio de María Félix», se publicó por primera vez como prólogo a *María Félix*, México, Dirección General de Radio, Televisión y Cinematografía.

18 de mayo de 1992. «Una Francia íntima», en la revista *Vogue*.

Junio de 1992. «La ciudad y la literatura», páginas leídas en la sesión de clausura del Encuentro de Escritores Iberoamericanos celebrado en Barcelona el mes de junio de 1992, se publicó en *Cultura*, suplemento de *La Nación*, Buenos Aires, 13 de septiembre de 1992.

9 de julio de 1992. «Respuestas nuevas a preguntas viejas (entrevista con Juan Cruz)», se publicó por primera vez en *Claves* y, simultáneamente, en *Vuelta*.

4 de septiembre de 1992. «Oración fúnebre: Luis Cardoza y Aragón (1904-1992)», en *Vuelta*, n.º 191, octubre de 1992.

5 de septiembre de 1992. «Elogio de la negación», se publicó en una separata editada por Círculo de Lectores, en edición cuatrilingüe.

24 de octubre de 1992. «Luis Rosales (1910-1992)», en *Vuelta*, n.º 192, en noviembre.

8 de noviembre de 1992. «El tres y el cuatro», prólogo al libro *Utopías mexicanas del siglo XVI*, México, Ediciones Azabache.

9 de diciembre de 1992. «Entrada retrospectiva», prólogo a las *Obras Completas, VIII. El peregrino en su patria. Historia y política de México*.

1993

2 de enero de 1993. «Ideas y costumbres I», prólogo a las *Obras Completas, IX. Ideas y costumbres I. La letra y el cetro*.

26 de enero de 1993. «Jaime Labastida: estimar al adversario», se publicó como «Carta de Octavio Paz (inédita)», publicada en el libro de J. Labastida, *La palabra enemiga*, México, Aldus, 1996.

23 de abril de 1993. Se otorga el Premio Príncipe de Asturias de Comunicación y Humanidades a su revista *Vuelta*.

1 de mayo de 1993. *La llama doble: amor y erotismo*, Barcelona, Círculo de Lectores, y en España, Seix Barral, 232 pp.

11 de junio de 1993. «Las "confesiones" de Heberto Padilla», en *Siempre!*

30 de septiembre de 1993. «Tela de juicio. Julio Scherer», en *Proceso*, n.º 885, 18 de octubre de 1993, y formó parte del libro *Itinerario*, México, FCE, 1993.

27 de noviembre de 1993. «Premio Príncipe de Asturias», palabras pronunciadas en Oviedo, al recibir el premio otorgado a la revista *Vuelta*.

3 de diciembre de 1993. *Itinerario*, México, FCE, col. Tierra Firme, 274 pp.

25 de diciembre de 1993. «Preliminar» a «Primera instancia (1930-1943)».

1994

5 de enero de 1994. «El nudo de Chiapas», en *La Jornada*.

Febrero de 1994. «Días de prueba», suplemento extraordinario dedicado a Chiapas, se publicó en *Vuelta*, n.º 207.

Febrero de 1994. «Chiapas, ¿nudo ciego o tabla de salvación? I. La recaída de los intelectuales», en *Vuelta*, n.º 207.

7 de febrero de 1994. «Un girasol para Marco Antonio Montes de Oca», en *Vuelta*, n.º 207.

22 de febrero de 1994. «Delta de cinco brazos», se publicó como prólogo al libro del mismo título, Barcelona, Círculo de Lectores, 1994.

27 de febrero de 1994. «Chiapas: hechos, dichos, gestos. 1. ¿Tabla de salvación?», en *Vuelta*, n.º 208, marzo de 1994.

28 de febrero de 1994. «Chiapas: hechos, dichos, gestos. 2. Los dichos y los gestos», en *Vuelta*, n.º 208, marzo de 1994.

24 de marzo de 1994. «El plato de sangre».

28 y 29 de abril de 1994. «Soy otro, soy muchos...», de Silvia Cherem S., en *Reforma*.

Junio de 1994. «Rupturas y restauraciones», palabras leídas en el coloquio «Las vanguardias cumplen».

Julio de 1994. Octavio Paz se somete a una operación de corazón en Houston.

3 de septiembre de 1994. «Las elecciones de 1994: doble mandato», en *Vuelta*, n.º 215.

Noviembre de 1994. «El instante y el calendario», se publicó originalmente en una edición especial para conmemorar treinta años de vida de *Le Nouvel Observateur*, noviembre de 1994, París.

Noviembre de 1994. «François Bondy, "el incorruptible"».

5 de noviembre de 1994. «Nosotros: los otros», prólogo a las *Obras Completas, X. Ideas y costumbres II. Usos y símbolos.*

20 de diciembre de 1994. *Vislumbres de la India*, Barcelona, Círculo de Lectores y en Seix Barral.

1995

13 de enero de 1995. «La selva lacandona. I. Vegetaciones».

2 de abril de 1995. «Roberto Juarroz: el pozo y la estrella», en *Vuelta*, n.º 222, en mayo.

17 de abril de 1995. «Oración fúnebre», texto leído el 17 de abril de 1995 en el Claustro de Sor Juana con motivo del tricentenario de la muerte de sor Juana, se publicó en *ABC*, Madrid, el 21 de abril.

14 de junio de 1995. «Poesía y periodismo», discurso de recepción del Premio Mariano de Cavia, en Madrid; se publicó en *Vuelta*, n.º 225, en agosto.

13 de octubre de 1995. «Rostros en el espejo: Repertorio de artistas en México», se publicó como prólogo al libro de Guillermo Tovar de Teresa, *Repertorio de Artistas en México: Artes plásticas y decorativas*, tomo I, México, Bancomer, 1995.

30 de octubre de 1995. «El pacto verbal III».

1996

10 de enero de 1996. «André Bretón: la niebla y el relámpago», en *Vuelta*, n.º 232, en marzo.

14 de enero de 1996. «La selva lacandona. 2. Poda», en *Vuelta*, n.º 231, en febrero.

Febrero de 1996. «Más sobre botánica lacandona», en *Vuelta*, n.º 231.

20 de abril de 1996. «Reflejos: réplicas. Diálogos con Francisco de Quevedo», es una conferencia leída en la Biblioteca Nacional de Madrid el 22 de mayo de 1996 y publicada en México, como edición no venal, por El Colegio Nacional y Editorial Vuelta en 1996.

10 de noviembre de 1996. «Silueta de Ireneo Paz», se publicó como postfacio al libro de *Ireneo Paz: algunas campañas*, tomo II, México, El Colegio Nacional / FCE, 1996.

10 de noviembre de 1996. «Dos décadas de *Vuelta*», en *Vuelta*, n.º 242, en enero de 1997.

18 de diciembre de 1996. *Claridad errante, poesía y prosa*, México, FCE, 93 pp.

22 de diciembre de 1996. Un incendio destruye parte de la biblioteca personal de Octavio Paz.

1997

5 de abril de 1997. «El llamado y el aprendizaje», prólogo a las *Obras Completas, XIII. Miscelánea I. Primeros escritos*.

7 de abril de 1997. «Nuestra lengua», palabras para el Primer Congreso Internacional de la Lengua Española en la Ciudad de Zacatecas, en *La Jornada*, México, el 8 de abril.

2 de mayo de 1997. *Travesías: tres lecturas* (audiolibro), Barcelona, España, Círculo de Lectores, 1997. (Tres discos compactos).

12 de junio de 1997. «México, después del 6 de julio», fue el texto de presentación a la encuesta realizada por *Vuelta* a Enrique Krauze, Gabriel Zaid, Jaime Sánchez Susarrey, Fernando Escalante Gonzalbo, Josué Sáenz, Carlos Monsiváis, Federico Reyes Heroles, Luis Rubio, Sergio Sarmiento y Fernando Pérez Correa. Se publicó en *Vuelta*, n.º 248, en julio.

7 de julio de 1997. «La nueva época», *Reforma*.

26 de agosto de 1997. La Academia Mexicana de la Lengua nombra a Octavio Paz miembro académico honorario.

1998

27 de marzo de 1998. *Correspondencia Alfonso Reyes/Octavio Paz (1939-1959)*, editada por Anthony Stanton, México, FCE / FOP, 1998, 261 pp.

19 de abril de 1998. Muere Octavio Paz en la ciudad de México en la llamada Casa de Alvarado en Coyoacán, a la edad de ochenta y cuatro años.

23 de abril de 1998. Medalla al Mérito Ciudadano de la Asamblea Legislativa del Distrito Federal.

22 de agosto de 1998. Muere Elena Garro (Elena Delfina Garro) en Cuernavaca, Morelos, primera esposa de Octavio Paz.

2005

1 de enero de 2005. *Octavio Paz-Arnaldo Orfila. Cartas cruzadas*, México, Siglo XXI Editores, 2005, 268 pp.

2006

31 de diciembre de 2006. *Imágenes de la tradición viva*, iconografía y ed. de Déborah Holtz y Juan Carlos Mena, México, FCE, Landucci, UNAM, 2006, pp. 671. Fotos 34 x 24 cm. — (Colec.) 1. Tradiciones - México 2. Imágenes México.

2007

18 de diciembre de 2007. *Lecturas de Piedra de sol*, edición conmemorativa del poema de Octavio Paz (contiene libro facsimilar de *Piedra de Sol* de 1957), México, FCE, 2007, 192 pp.

2008

16 de abril de 2008. *Cartas a Tomás Segovia (1957-1985)*, México, FCE, 2008, 200 pp.

Mayo de 2008. *Jardines errantes. Cartas 1952-1992*, Barcelona, Seix Barral, Biblioteca Breve, 2008, 244 pp.

2010

16 de abril de 2010. *Huellas del peregrino. Vistas del México independiente y revolucionario*, ed. y selec. de Adolfo Castañón, pról. de Jean Meyer, México, FCE, 2010, XXVI + 352 pp.

2014

21 de marzo de 2014. *Al calor de la amistad. Correspondencia 1950-1984*, de Octavio Paz y José Luis Martínez, ed. de Rodrigo Martínez Baracs, México, FCE, 2014, 219 pp.

23 de marzo de 2014. *Luis Buñuel: el doble arco de la belleza y de la rebeldía*, 2.ª ed., México, FCE, 2012, 80 pp.

30 de marzo de 2014. Muere Helena Paz Garro (Elena Laura Paz Garro), Cuernavaca, Morelos, hija de Octavio Paz y Elena Garro.

25 de abril de 2014. A partir de esta fecha toda la correspondencia oficial del Estado mexicano deberá contener la leyenda, «2014, año de Octavio Paz».

5 de junio de 2014. *Borrador para un testamento*, poema de Efraín Huerta dedicado a Octavio Paz, en *La Jornada*, sección de Cultura.

13 de noviembre de 2014. *Japón en Octavio Paz*, edición, selec. y pról. de Aurelio Asiain, México, FCE, 2014, 346 pp.

Diciembre de 2014. *Cuarenta años de escribir poesía. Conferencias en El Colegio Nacional*, pról. y ed. Enrico Mario Santí, DGE, Equilibrista, El Colegio Nacional, Consejo Nacional para la Cultura y las Artes, 220 pp.

OCTAVIO PAZ

Piedra de Sol

TEZONTLE

Piedra de Sol
Portada de la primera edición (1957)

Piedra de Sol, recogido completamente en esta antología (pp. 124-141), es una de las obras más reconocidas de Octavio Paz. Se publicó, en una breve tirada de trescientos ejemplares, en el año 1957, en la colección Tezontle de Fondo de Cultura Económica. La edición estuvo a cargo de Alí Chumacero. El largo poema, compuesto por 584 endecasílabos —la misma cifra que los años del calendario azteca—, fue incluido, posteriormente, en el apartado «Estación violenta» de *Libertad bajo palabra*.

CORRIENTES ALTERNAS

ANTOLOGÍA DE VERSO Y PROSA

EVOCACIÓN DE MIXCOAC
(1989)

Yo no nací en Mixcoac pero allá viví durante toda mi niñez y buena parte de mi juventud. Apenas tenía unos meses de edad cuando los azares de la Revolución nos obligaron a dejar la ciudad de México; mi padre se unió, en el sur, al movimiento de Zapata, con Antonio Díaz Soto y Gama y otros jóvenes, mientras mi madre se refugió, conmigo, en Mixcoac, en la vieja casa de mi abuelo paterno. Llegué en 1914 y no me moví de allí sino hasta 1937, año de mi primera salida de México: casi un tercio de mi vida. Mixcoac ha cambiado mucho. Hoy es un suburbio anónimo de la ciudad pero en la época prehispánica fue un señorío azteca; más tarde, desde la Conquista, la cabeza de un municipio con autoridades propias, iglesias, conventos, edificios civiles, barrios pintorescos y algo que es muy difícil definir: un alma, una tradición. A fines del siglo XIX Mixcoac se convirtió en un lugar en donde las familias de la capital pasaban las temporadas de fiestas y vacaciones. Las casas eran espaciosas y abundaban los jardines. La Revolución terminó con ese género de vida pero no con Mixcoac. El pueblo que yo conocí todavía estaba vivo aunque en decadencia. La cercanía de la muerte le daba cierta secreta, indefinible melancolía no exenta de nobleza. Mixcoac todavía habitaba su pasado.

Con los ojos de la memoria lo recorro ahora calladamente.
Comienzo mi paseo imaginario por la calle de Goya, que en-
tonces se llamaba de las Flores. Árboles corpulentos y casas
severas, un poco tristes. Animaban la soledad de la calle el
blanco Colegio de las Teresianas y, a la hora de entrada y salida
de clases, los blancos uniformes de las muchachas. Voces de
mujeres y piar de pájaros, revoloteo de alas y de faldas. Casi al
final, la casa de los G. Eran amigos de la familia y a veces yo
acompañaba a mi abuelo en sus visitas. Se abría el portón y
entrábamos en un vestíbulo amplio y un poco obscuro; nos
recibía un moro de turbante y cimitarra —imposible no pensar
en Venecia y el séquito de Otelo—, en lo alto de la diestra una
lámpara en forma de antorcha y que señalaba el camino. Pero
el foco de la lámpara casi siempre estaba fundido. Recuerdo un
corredor de altas macetas, flores blancas y rosadas (¿camelias?),
un piso de ladrillo rojo y separado por una pequeña balaustra-
da, un patio con limoneros y naranjos. En la sala de azules
desvaídos nos esperaba la dueña de la casa, una vieja señora
acompañada por algún pariente. A veces la conversación se
interrumpía por la llegada de Manuelito, un sesentón hijo o
sobrino de la señora de la casa, en el pecho la banda tricolor. Se
acercaba con deferencia a mi abuelo, lo invitaba a la ceremonia
de su inminente toma de posesión como presidente de la Re-
pública y le pedía consejo sobre la composición de su futuro
gabinete. Nadie daba muestras de extrañeza y al poco tiempo
la conversación continuaba.

La calle de las Flores era digna sin ostentación. Su vecina,
la calle de la Campana, era ancha y como ufana de su prestancia.
No había sido trazada a cordel y avanzaba entre curvas y rodeos,
no porque titubease o estuviese insegura de su dirección sino
porque quería recorrerse paso a paso para contemplarse mejor.
Era la mejor calle de Mixcoac. Casas sólidas de comienzos del
siglo XIX. Muchas tenían ventanas de cuerpo entero, rejas a la
andaluza, visillos blancos y persianas de madera. Desde la calle
se vislumbraban habitaciones altas, solitarias y en penumbra.
Reserva hispanoárabe: la verdadera vida bullía en el interior de

la casa. Muros fuertes de color ocre, jardines vastos y sombríos, vuelos de muchos pájaros, los ladridos de algún perro de raza y sobre las altas tapias el océano ondulante de los follajes. Cielos azules, verdes intensos y la blancura luminosa de las nubes. La calle de la Campana se unía, al final, con el río de Mixcoac. Un puentecillo de piedra, niños harapientos y perros flacos. El río era un hilo de agua negruzca y fétida, un arroyo seco la mitad del año. Lo redimían los eucaliptos de sus orillas. Años después lo cegaron y derribaron aquellos árboles venerables.

La calle de la Campana y el río desembocaban en la estación de los tranvías. Una explanada sin carácter pero, de nuevo, redimida por los árboles. De Tacubaya a Mixcoac los trenes corrían sobre un terraplén. Las dos vías estaban bordeadas por dos hileras de altos fresnos, un túnel verde, iluminado en la noche por las chispas eléctricas de los troles. Los tranvías eran enormes, cómodos y amarillos. Los de segunda clase olían a verduras y frutas; los agricultores transportaban en huacales sus mercancías a San Juan y a la Merced. Los tranvías iban, hacia el norte, a México y, hacia el sur, a San Ángel y al remoto Tizapán de resonancias zapatistas. Tardaban cincuenta minutos de Mixcoac al Zócalo. Mientras fui estudiante —más de diez años— viajé en esos tranvías cuatro veces al día: en ellos preparé mis clases y leí novelas, poemas, tratados de filosofía y folletos políticos. También abordé, con varia fortuna, a jóvenes pasajeras. En la estación había un puesto de periódicos, algunos comercios y una cantina. Nos prohibían la entrada a los menores y yo escuchaba, desde la puerta, las risotadas y el ruido de las fichas de dominó al rodar por las mesas. Cerca, una panadería albeante y, entrevistas un instante entre una puerta y un mostrador, las albeantes hijas del panadero asturiano. Eran pan, manzanas y queso en un mantel sobre un prado: nostalgia de la sidra, la gaita y el tambor. Al otro lado de la explanada, el edificio del mercado, algarabía de colores y voces, confusión mareante de olores y sudores. Bajo el gran sol del altiplano fermentan los hombres, las substancias, las pasiones, los siglos. Pero, al doblar la esquina, ¡ah, la nieve de limón!

Cerca de la estación de los tranvías estaba la escuela prima-
ria oficial para varones (todavía existe). Una construcción dig-
na, un poco trise, de muros espesos y grandes ventanales.
Desarbolada pero con buenas canchas de basquetbol. Yo era
aficionado a ese juego y por esto trabé amistad con muchachos
de esa escuela. En aquella época, al contrario de lo que ocurre
ahora, las instituciones educativas del gobierno gozaban de
gran prestigio y aquel colegio rivalizaba con los dos privados,
el francés de los hermanos de La Salle (El Zacatito) y el Williams,
inglés. Su director, un profesor Santamaría, era nuestro vecino.
Excelente persona y buen maestro. Cuando estudiaba el tercer
año de secundaria tuve dificultades con la Física, tomé leccio-
nes particulares con él y salí airoso del examen. Es notable que en
un perímetro relativamente pequeño, limitado por lo que hoy
son las avenidas Revolución e Insurgentes, la calzada de San
Antonio y la plaza de Mixcoac, hubiese seis escuelas, tres de
varones y tres de niñas, dos del gobierno, dos privadas católicas
y dos privadas laicas.

Hacia Tacubaya, por la vía del tren, unos mil metros más
delante de la escuela oficial, se llegaba a las soberbias villas de
ladrillo rojo de los Limantour, inesperada aparición de la cam-
piña inglesa en la meseta mexicana. Esas residencias se habían
transformado en colegios: el Williams de varones y el Barton
de señoritas. En el Williams terminé la primaria. Los profeso-
res eran ingleses y mexicanos. Se cultivaba el cuerpo pero como
energía y combate. Una educación destinada a producir inte-
ligentes y activos animales de presa. Se exaltaban las virtudes
viriles: la tenacidad, el valor, la lealtad y la agresividad. Mucha
aritmética, geometría y geografía aunque sin descuidar el len-
guaje. No las reglas ni la teoría: la práctica. Nos enseñaban a
usarlo como un utensilio o un arma, una prolongación de la
mano. Paradojas de la moral inglesa: gozábamos de gran liber-
tad pero había un calabozo para los reincidentes y los castigos
físicos no eran desconocidos. ¿Cuál era la religión del colegio?
Creo que la familia Williams era anglicana, algunos de los
profesores eran quizá católicos y otros protestantes (nunca lo

supimos a ciencia cierta), pero lo que predominaba era un vago
deísmo. En El Zacatito las creencias eran un asunto de la co-
munidad; en el Williams *a private opinion*.

El edificio era hermoso aunque mal adaptado a las necesi-
dades de un colegio (a la inversa de El Zacatito). Por ejemplo,
mi salón de clases estaba en lo que habían sido las caballerizas.
La entrada era palaciega: un parque de amplias y elegantes
proporciones, muchos árboles y, en el centro, una fuente. El
conjunto era frío y correcto. El pabellón principal, en donde
estaban las oficinas, el comedor de los alumnos y el de los pro-
fesores, la sala de visitas y el salón de actos, eran una interpre-
tación fantasiosa pero agradable del estilo Tudor. Las oficinas
del director eran sobrias sin austeridad. Estaban hechas para
recibir sin perder las distancias. Cortesía y reserva. La secreta-
ria era su hermana, una joven inglesa espigada, de pelo castaño
claro y facciones regulares. Era atractiva y marmórea. Yo la veía
con asombro y turbación; era el otro sexo y, sobre todo, era el
más allá, la otra raza. El colegio tenía campos de futbol y béis-
bol, duchas de agua helada y una sala de debates para los alum-
nos mayores. Estoicismo y democracia: el chorro de agua fría
y la discusión en el ágora. En el colegio Williams me inicié (sin
saberlo) en el método inductivo, aprendí inglés y un poco
de boxeo. También, el arte de trepar por los árboles y el arte de
quedarse solo, en una horqueta, escuchando a los pájaros. Cua-
renta años más tarde descubrí, leyendo *The Prelude*, que Words-
worth había tenido experiencias semejantes en su niñez. Qui-
zá la verdadera imaginación, a diferencia de la fantasía,
consiste en ver la realidad de todos los días —con los ojos del
primer día.

Adelante del Colegio Williams y siguiendo siempre la vía
del tren, se llegaba a una extraña construcción morisca. ¡La
Alhambra en Mixcoac! Parecía transportada por uno de los
genios de los cuentos árabes. Aquella fantasía sarracena tenía
un jardín frondoso y accidentado por el que corría, entre túne-
les, montañas, lagos y precipicios, un ferrocarril eléctrico que
nos maravillaba. La casa morisca del licenciado Serralde ha

sobrevivido a las injurias del progreso y todavía está en pie, aunque sus techos se han derrumbado y se ha caído una parte de la ornamentación árabe de los muros. El jardín es ahora un supermercado. Al lado de la mansión mudéjar, la cueva de los prodigios: cada jueves, día de asueto, abría sus puertas el cine y durante tres horas, con mis primos y primas, me reía con Buster Keaton, saltaba con Delgadillo desde un rascacielos, cabalgaba con Douglas Fairbanks, raptaba a la voluptuosa hija del sultán de Bagdad y lloraba con la huérfana de la aldea. Pasaron unos años y el rito cambió de día, lugar y divinidades: cumplí quince años y cada domingo, en *grande tenue de soupirant*, como dice Nerval, me presentaba en el cine Jardín, no para cortejar a una Jenny Colon de carne sino a unos bellos pero impalpables fantasmas.

Hacia abajo y por la misma calle estaba la plazuela de San Juan. Frente a frente una iglesia diminuta del siglo XVII y dos casas grandes. Una era de los Gómez Farías, una construcción de fines del siglo XVIII, vasta y de noble fachada; la otra casa era la de mi abuelo, afrancesada como toda la arquitectura mexicana de principios de siglo. Dos portales, un tendejón, una pulquería y, en la plaza, los infaltables y gigantescos fresnos. ¡Junto a ellos qué pequeña se veía la iglesia! Yo miraba con asombro sus cortezas rugosas y los tocaba con manos incrédulas: parecían de piedra. Eran tiempo petrificado pero que reverdecía en sus follajes. En el sombrío jardín de nuestros vecinos, entre pinos, cedros y rosales, se levantaba un pequeño monumento cubierto por una madreselva. Era la tumba de don Valentín Gómez Farías, prócer jacobino y autor de las primeras leyes en contra de la Iglesia. Por la violencia de sus opiniones anticlericales, la jerarquía eclesiástica le había negado sepultura en el pequeño cementerio de la vecina parroquia. La familia había decidido enterrarlo en el jardín de su casa y, aunque todo esto había ocurrido un siglo antes, sus descendientes no habían movido sus restos, tal vez por fidelidad a su memoria. Las malas lenguas decían que guardaban la calavera en una alacena. Visité muchas veces esa casa pero nunca pude descubrir la misteriosa alacena.

La plazuela de San Juan colindaba con unos llanos amari-
llentos, en los que sesteaban vacas abúlicas, burros resignados
y mulas indómitas. Yo intenté montar una y fui ignominiosa-
mente derribado y coceado. Había unos hoyos inmensos: las
«ladrilleras», excavaciones hechas para extraer tierra y fabricar
adobes. Las habitaban tribus de cavernícolas que nos producían
terror. En realidad, eran trabajadores que vivían en aquellas
hondonadas. Hoy las «ladrilleras» son un hermoso parque que
lleva el nombre de un poeta delicado: Luis Urbina. Fue dise-
ñado, si no me equivoco, por japoneses pero las autoridades lo
han recargado inútilmente con reproducciones del arte prehis-
pánico. Nupcias funestas de la manía didáctica y del furor na-
cionalista. Más allá, atravesando la calzada de Insurgentes, la
grácil capilla de San Lorenzo —más para gorriones que para
seres humanos— rodeada de las casas de los artesanos del barrio.
Sobresalían los coheteros, poetas de los fuegos de artificio. Yo
veía al maestro Pereira y a sus aprendices como a genios dueños
del secreto de la transformación del fuego en colores, formas y
figuras danzantes.

Frente a los llanos, allí donde terminaban las casas y comen-
zaban las «ladrilleras», vivían Ifigenia y Elodio. Su casa, pe-
queñísima y casi colgada sobre una de las enormes hondonadas,
era de adobe. El piso era de tierra. Pintada de azul y blanco, la
rodeaba una cerca de magueyes y nopales espinosos. Tenía un
patio; en el patio, un pozo de agua potable y un pirú perenne-
mente verde, rumoroso en los días de viento. En un costado,
en unos cuantos metros, ondeaba un campo de maíz. Elodio e
Ifigenia venían de las profundidades del Ajusco, la gran mon-
taña que domina el sur del valle de México. Los dos volcanes
son blancos y azules; el Ajusco es obscuro y rojizo; Elodio e
Ifigenia tenían el color de su montaña. Indios viejos, hablaban
todavía nahua y su español, salpicado de aztequismos y dimi-
nutivos, era dulce y cantante. Hacía muchos años, él había sido
jardinero de mis abuelos y ella había dejado en nuestra casa una
leyenda de cuentos y prodigios. Yo los veía como familia y ellos,
que no habían tenido hijos, me trataban como a un nieto adop-

tivo. Elodio tenía una pierna de palo y me recordaba a los piratas de los cuentos. Era reservado y cortés —salvo durante sus estrepitosas borracheras— y me enseñó a lanzar piedras con una honda. Con ella combatí en algunas furiosas batallas infantiles. También tiraba contra los pájaros; por fortuna nunca he tenido buena puntería.

Ifigenia era lo contrario de su marido. Arrugada, sentenciosa, vivaz, niña vieja con un saber de siglos, fuente manando siempre maravillas, más que una abuela era una leyenda andante, un personaje de uno de sus cuentos. Era bruja y curandera, me contaba historias, me regalaba amuletos y escapularios, me hacía salmodiar conjuros contra los diablos, los fantasmas, las enfermedades, las malas ideas. Yo fui el último de sus protegidos; por su casa habían pasado antes mis primos y primas, mayores que yo. Ifigenia me inició en los misterios del *temascal*, el tradicional baño azteca que recuerda al baño turco y al sauna finés. Pero el temascal no era solo una práctica higiénica y un placer corporal: era un rito de comunión con el agua, el fuego y las criaturas incorpóreas que engendran los vapores. Ifigenia me enseñó a frotarme con un zacate y con hierbas que ella cultivaba. Decía que el temascal más que un baño era volver a nacer. Y era verdad: al salir del baño yo sentía que regresaba de un largo viaje al comienzo del tiempo. Viaje inmóvil, con los ojos cerrados pero despiertos los sentidos y el espíritu.

Ifigenia me abrió las puertas del mundo indio, celosamente cerradas por la educación moderna. ¿Qué relación tenía lo que ella me reveló con lo que me enseñaban en El Zacatito y después en el Colegio Williams? Solo años más tarde descubrí que su nombre no era el de una divinidad azteca sino el de una desventurada muchacha griega. Además de este contacto directo con la tradición india todavía viva, tuve otros con su historia y con su pasado. En la biblioteca de mi abuelo hojeaba embelesado muchos libros de historia antigua de México, casi todos abundantemente ilustrados. No tardé en encontrar, en Mixcoac mismo, una de las estampas de los libros de mi abuelo. Una mañana de asueto, durante un paseo con mis primas y primos por las afueras del pueblo, tropezamos con un montículo que nos pareció ser una diminuta pirámide. Regresamos alborozados y contamos nuestro hallazgo a los mayores. Sonrientes, movieron la cabeza: creyeron que se trataba de otra invención de María Luisa, una de mis primas, que había creado toda una mitología con unos seres misteriosos, no más grandes que las hormigas y que, según ella, habitaban el interior del tronco y de las ramas de una higuera. Sin embargo, a los pocos días nos visitó el arqueólogo Manuel Gamio, uno de los fundadores de la moderna antropología mexicana y amigo antiguo de nuestra familia. Oyó sin inmutarse nuestro relato y esa misma tarde lo guiamos hacia el sitio de nuestro descubrimiento. Al ver el montículo —después ha sido identificado y reconstruido— nos explicó que probablemente era un santuario consagrado a Mixcóatl, la divinidad que dio el nombre a nuestro pueblo antes de la Conquista. Mixcóatl es un dios celeste y guerrero; aparece en los códices con el cuerpo pintado de azul obscuro con puntos blancos (las estrellas) y un antifaz negro: la faz del cielo nocturno.

La calle de San Juan era también ancha y sinuosa, como la de la Campana. Además, era interminable. No tenía la melancolía de las Flores ni el señorío de la Campana. En cambio, era familiar sin vulgaridad, reservada sin hosquedad, modesta sin afectación. Me recordaba a mi madre, que me decía: procura ser modesto, ya que no humilde. La humildad es de santos, la modestia de gente bien nacida. De trecho en trecho, para aliviar el camino, habían plantado, como si fuesen patrullas de centinelas inmóviles, grupos de «truenos». Me encantaban esos arbolillos aunque no acertaba a descubrir su relación con los truenos que me estremecían en las noches de temporal. Uno de mis profesores en el colegio de El Zacatito, el hermano Antoine, me aclaró: no son truenos sino *troènes*. En francés, unos arbustos. ¡Ah!, respondí aturullado. Esa tarde busqué en el diccionario francés-español el significado de *troène*: alheña. Ante esa palabra árabe mi confusión fue mayor. Seguí buscando y encontré otro enigma, ahora latino: ligustro. Pero ¿qué es ligustro? Alhaña.

¿Y qué es alhaña? Ligustro. Perversidad de los diccionarios: las definiciones circulares. La calle de San Juan, como todas las de Mixcoac, estaba empedrada. Los años, las inclemencias naturales y la incuria municipal habían dañado el pavimento. En la temporada de lluvias la calle se volvía un riachuelo impetuoso. En las tardes, a la salida del colegio, nos quitábamos los zapatos para chapotear en el agua lodosa. En septiembre, cuando disminuyen las lluvias, los charcos eran numerosos. Yo veía las nubes navegar pausadamente sobre el agua estancada. A veces, precedidos por unas burbujas, aparecían diminutos batracios. En la estación seca la tierra era fina y de color ocre. Las canicas trazaban sobre el suelo geometrías fantásticas y los trompos dibujaban vertiginosas espirales.

San Juan desembocaba en la plaza Jáuregui, el corazón de Mixcoac. Primero, el pórtico de columnas cuadradas del decimonónico colegio de niñas Enrique Olavarría y Ferrari. (En la biblioteca de mi abuelo se guardaban los tres ponderosos tomos de su *Historia del teatro en México*, en pastas rojas). Como si hojease un libro de estampas, aparece ante mí la plaza, con sus edificios y sus árboles. En el centro, el kiosco, las bancas de fierro pintadas de verde, los senderillos entre los prados, por donde paseaban las muchachas y los muchachos a la salida de misa o en las noches de fiesta, el corro de los fresnos y el círculo, más íntimo, de los pinos. El Palacio Municipal (hoy Casa de la Cultura), también del siglo XIX, edificio sobrio, espacioso y de grandes balcones. Desde allí el alcalde, cada 15 de septiembre, hacía ondear la bandera y vitoreaba a Hidalgo y a los otros héroes. (Entre las dos plazas se distribuían los grandes festejos: en la de San Juan se celebraba el día de la Virgen de Guadalupe y en la Jáuregui la Independencia). Enfrente del Palacio Municipal hay una construcción rojiza del siglo XVIII. Tiene un patio armonioso, rodeado de arcadas robustas y una diminuta capilla barroca, toda dorada. El edificio hoy es una universidad privada; en aquellos años la habían dividido en viviendas y en una de ellas vivía mi tía Victoria, casi centenaria, devota y siempre suspirando por su Guadalajara y por «aquellos paseos en el Parque de Agua Azul». Al oír aquel nombre yo veía abrirse las nubes y brotar cascadas de agua celeste. En el extremo oriental, un poco escondido por los árboles del atrio, blanco como un inmenso palomar, el convento de Santo Domingo. Es hermoso y contemplarlo al atardecer serena el ánimo. A la desaparición de las órdenes religiosas, se había convertido en la parroquia de Mixcoac. Durante el mes de mayo, a la entrada del atrio, esperábamos a las muchachas que iban a ofrecer flores a la Virgen: nardos, azucenas, lirios. A un lado del Palacio Municipal había varias casas de adustos portones, rejas y jardines. En la fachada de una de ellas, una placa en la que se decía que allí Lizardi había escrito *El Periquillo*, la primera novela mexicana.

Ya fuera de la plaza, en la calle de Actipan, se encontraba la vieja hacienda de El Zacatito, transformada por los hermanos de la orden de La Salle en un colegio. Un edificio grande, con un patio de pesadas columnas rectangulares, grandes salones, una capilla con un coro (famoso entre los entendidos) y las habitaciones de los hermanos. En todos los muros, crucifijos y estampas sagradas. Sin embargo, la construcción evocaba, más que a la piedad, a la utilidad. No la gracia sino la razón práctica. Sus proporciones y su disposición podían compararse a una proposición racional, destinada no a despertar inquietudes sino a confirmar las creencias y las convicciones. Pero sin nostalgias ni complacencias: era un colegio a un tiempo conservador y moderno, decidido a enseñarnos a navegar en las agitadas aguas del naciente siglo XX. Campos de fútbol, el juego favorito (en el Williams reinaba el béisbol), y una extensa huerta en la que los hermanos cultivaban con arte y eficiencia muchas legumbres. Sin descuidar a las ciencias y a los conocimientos útiles, nuestros maestros subrayaban la enseñanza del lenguaje y la gramática. El lenguaje claro, decían, ayuda a pensar. Más exactamente: nos obliga a pensar. Los libros de lectura eran excelentes aunque expurgados de herejías liberales y limpios de molicie y sensualidad, aun la más inocente. Desde la Contrarreforma el combate de la Iglesia contra el cuerpo no ha sido menos despiadado que su lucha contra las heterodoxias... En El Zacatito estudié los cuatro primeros años de la primaria, aprendí (y muy bien) los rudimentos de la gramática, la aritmética, la geografía, la historia de México (menos bien) y la historia sagrada. Debo decirlo: la historia sagrada era (es) prodigiosa, incluso en las versiones endulzadas del hermano Charles y del hermano Antoine. En la capilla me aburría durante las misas interminables. Para escapar del suplicio de ese ocio obligado y de la dureza de las bancas, me di a urdir fantasías y quimeras licenciosas. Así descubrí el pecado y temblé ante la idea de la muerte. En los campos jugué futbol, tuve peleas, sufrí castigos (horas y horas frente a una pared) y, en los juegos y travesuras con mis amigos y compañeros, di los primeros pasos en ese camino que recorremos todos los hombres: los corredores del tiempo y de la historia. Una tarde, al salir corriendo del colegio, me detuve de pronto; me sentí en el centro del mundo. Alcé los ojos y vi, entre dos nubes, un cielo azul abierto, indescifrable, infinito. No supe qué decir: conocí el entusiasmo y, tal vez, la poesía.

> Mixcoac fue mi pueblo: tres sílabas nocturnas,
> un antifaz de sombra sobre un rostro solar.
> Vino Nuestra Señora, la Tolvanera madre.
> Vino y se lo comió. Yo andaba por el mundo.
> Mi casa fueron mis palabras, mi tumba el aire.

México, 1989

«Evocación de Mixcoac» se recogió en *Claridad errante*, México, Fondo de Cultura Económica, 1996 (Fondo 2000). 1996.

«Evocación de Mixcoac», en *OC*, vol. XIV, pp. 341-349.

CALAMIDADES Y MILAGROS
(1937-1947)

Nada me desengaña
el mundo me ha hechizado.

QUEVEDO

ENTRE LA PIEDRA Y LA FLOR

A Teodoro Cesarman

I

Amanecemos piedras.

Nada sino la luz. No hay nada
sino la luz contra la luz.

La tierra:
palma de una mano de piedra.

El agua callada
en su tumba calcárea.
El agua encarcelada,
húmeda lengua humilde
que no dice nada.

Alza la tierra un vaho.
Vuelan pájaros pardos, barro alado.
El horizonte:
unas cuantas nubes arrasadas.

Planicie enorme, sin arrugas.
El henequén, índice verde,
divide los espacios terrestres.
Cielo ya sin orillas.

II

¿Qué tierra es esta?
¿Qué violencias germinan
bajo su pétrea cáscara,
qué obstinación de fuego ya frío,
años y años como saliva que se acumula
y se endurece y se aguza en púas?

Una región que existe
antes que el sol y el agua
alzaran sus banderas enemigas,
una región de piedra
creada antes del doble nacimiento
de la vida y la muerte.

En la llanura la planta se implanta
en vastas plantaciones militares.
Ejército inmóvil
frente al sol giratorio y las nubes nómadas.

El henequén, verde ensimismado,
brota en pencas anchas y triangulares:
es un surtidor de alfanjes vegetales.
El henequén es una planta armada.

Por sus fibras sube una sed de arena.
Viene de los reinos de abajo,
empuja hacia arriba y en pleno salto
su chorro se detiene,
convertido en un hostil penacho,
verdor que acaba en puntas.
Forma visible de la sed invisible.

El agave es verdaderamente *admirable*:
su violencia es quietud, simetría su quietud.

Su sed fabrica el licor que lo sacia:
es un alambique que se destila a sí mismo.

Al cabo de veinticinco años
alza una flor, roja y única.
Una vara sexual la levanta,
llama petrificada.
Entonces muere.

III

Entre la piedra y la flor, el hombre:
el nacimiento que nos lleva a la muerte,
la muerte que nos lleva al nacimiento.

El hombre,
sobre la piedra lluvia persistente
y río entre llamas
y flor que vence al huracán
y pájaro semejante al breve relámpago:
el hombre entre sus frutos y sus obras.

El henequén,
verde lección de geometría

sobre la tierra blanca y ocre.
Agricultura, comercio, industria, lenguaje.
Es una planta vivaz y es una fibra,
es una acción en la Bolsa y es un signo.
Es tiempo humano,
tiempo que se acumula,
tiempo que se dilapida.

La sed y la planta,
la planta y el hombre,
el hombre, sus trabajos y sus días.

Desde hace siglos de siglos
tú das vueltas y vueltas
con un trote obstinado de animal humano:
tus días son largos como años
y de año en año tus días marcan el paso;
no el reloj del banquero ni el del líder:
el sol es tu patrón,
de sol a sol es tu jornada
y tu jornada es el sudor,
rocío de cada día
que en tu calvario cotidiano
se vuelve una corona transparente
—aunque tu cara no esté impresa
en ningún lienzo de Verónica
ni sea la de la foto
del mandamás en turno
que multiplican los carteles:
tu cara es el sol gastado del centavo,
universal rostro borroso;
tú hablas una lengua que no hablan
los que hablan de ti desde sus púlpitos
y juran por tu nombre en vano,
los tutores de tu futuro,

los albaceas de tus huesos:
tu habla es árbol de raíces de agua,
subterráneo sistema fluvial del espíritu,
y tus palabras van —descalzas, de puntillas—
de un silencio a otro silencio;
tú eres frugal y resignado y vives,
como si fueras pájaro,
de un puño de pinole en un jarro de atole;
tú caminas y tus pasos
son la llovizna en el polvo;
tú eres aseado como un venado;
tú andas vestido de algodón
y tu calzón y tu camisa remendados
son más blancos que las nubes blancas;
tú te emborrachas con licores lunares
y subes hasta el grito como el cohete
y como él, quemado, te desplomas;
tú recorres hincado las estaciones
y vas del atrio hasta el altar
y del altar al atrio
con las rodillas ensangrentadas
y el cirio que llevas en la mano
gotea gotas de cera que te queman;
tú eres cortés y ceremonioso y comedido
y un poco hipócrita como todos los devotos
y eres capaz de triturar con una piedra
el cráneo del cismático y el del adúltero;
tú tiendes a tu mujer en la hamaca
y la cubres con una manta de latidos;
tú, a las doce, por un instante,
suspendes el quehacer y la plática,
para oír, repetida maravilla,
dar la hora al pájaro, reloj de alas;
tú eres justo y tierno y solícito
con tus pollos, tus cerdos y tus hijos;
como la mazorca de maíz

tu dios está hecho de muchos santos
y hay muchos siglos en tus años;
un guajolote era tu único orgullo
y lo sacrificaste un día de copal y ensalmos;
tú llueves la lluvia de flores amarillas,
gotas de sol, sobre el hoyo de tus muertos

—mas no es el ritmo obscuro,
el renacer de cada día
y el remorir de cada noche,
lo que te mueve por la tierra.

IV

El dinero y su rueda,
el dinero y sus números huecos,
el dinero y su rebaño de espectros.

El dinero es una fastuosa geografía:
montañas de oro y cobre,
ríos de plata y níquel,
árboles de jade
y la hojarasca del papel moneda.

Sus jardines son asépticos,
su primavera perpetua está congelada,
sus flores son piedras preciosas sin olor,
sus pájaros vuelan en ascensor,
sus estaciones giran al compás del reloj.

El planeta se vuelve dinero,
el dinero se vuelve número,
el número se come al tiempo,
el tiempo se come al hombre,
el dinero se come al tiempo.

La muerte es un sueño que no sueña el dinero.
El dinero no dice *tú eres*:
el dinero dice *cuánto*.

Más malo que no tener dinero
es tener mucho dinero.

Saber contar no es saber cantar.

Alegría y pena
ni se compran ni se venden.

La pirámide niega al dinero,
el ídolo niega al dinero,
el brujo niega al dinero,
la Virgen, el Niño y el Santito
niegan al dinero.

El analfabetismo es una sabiduría
ignorada por el dinero.

El dinero abre las puertas de la casa del rey,
cierra las puertas del perdón.

El dinero es el gran prestidigitador.
Evapora todo lo que toca:
tu sangre y tu sudor,
tu lágrima y tu idea.
El dinero te vuelve ninguno.

Entre todos construimos
el palacio del dinero:
el gran cero.

No el trabajo: el dinero es el castigo.
El trabajo nos da de comer y dormir:

el dinero es la araña y el hombre la mosca.
El trabajo hace las cosas:
el dinero chupa la sangre de las cosas.
El trabajo es el techo, la mesa, la cama:
el dinero no tiene cuerpo ni cara ni alma.

El dinero seca la sangre del mundo,
sobre el seso del hombre.

Escalera de horas y meses y años:
allá arriba encontramos a nadie.

Monumento que tu muerte levanta a la muerte.

Mérida, 1927 / México, 1976

ELEGÍA A UN COMPAÑERO
MUERTO EN EL FRENTE DE ARAGÓN

I

Has muerto, camarada,
en el ardiente amanecer del mundo.

Y brotan de tu muerte
tu mirada, tu traje azul,
tu rostro sorprendido por la pólvora,
tus manos, ya sin tacto.

Has muerto. Irremediablemente.
Parada está tu voz, tu sangre en tierra.
¿Qué tierra crecerá que no te alce?
¿Qué sangre correrá que no te nombre?

¿Qué palabra diremos que no diga
tu nombre, tu silencio,
el callado dolor de no tenerte?

Y alzándote,
llorándote,
nombrándote,
dando voz a tu cuerpo desgarrado,
labios y libertad a tu silencio,
crecen dentro de mí,
me lloran y me nombran,
furiosamente me alzan,
otros cuerpos y nombres,
otros ojos de tierra sorprendida,
otros ojos de árbol que pregunta.

II

Yo recuerdo tu voz. La luz del valle
nos tocaba las sienes,
hiriéndonos espadas resplandores,
trocando en luces sombras,
paso en danza, quietud en escultura
y la violencia tímida del aire
en cabelleras, nubes, torsos, nada.
Olas de luz clarísimas, vacías,
que nuestra sed quemaban, como vidrio,
hundiéndonos, sin voces, fuego puro,
en lentos torbellinos resonantes.

Yo recuerdo tu voz, tu duro gesto,
el ademán severo de tus manos.
Tu voz, voz adversaria,
tu palabra enemiga,
tu pura voz de odio,

tu frente generosa como un sol
y tu amistad abierta como plaza
de cipreses severos y agua joven.

Tu corazón, tu voz, tu puño vivo,
detenidos y rotos por la muerte.

III

Has muerto, camarada,
en el ardiente amanecer del mundo.
Has muerto cuando apenas
tu mundo, nuestro mundo, amanecía.
Llevabas en los ojos, en el pecho,
tras el gesto implacable de la boca,
un claro sonreír, un alba pura.

Te imagino cercado por las balas,
por la rabia y el odio pantanoso,
como relámpago caído y agua
prisionera de rocas y negrura.

Te imagino tirado en lodazales,
sin máscara, sonriente,
tocando, ya sin tacto,
las manos camaradas que soñabas.

Has muerto entre los tuyos, por los tuyos.

México, 1937

«Calamidades y milagros», en *OC*, vol. XI, pp. 92-94.

SEMILLAS PARA UN HIMNO
(1943-1955)

PIEDRAS SUELTAS
(1955)

EN UXMAL

1

La piedra de los días

El sol es tiempo;
el tiempo, sol de piedra;
la piedra, sangre.

2

Mitad del día

La luz no parpadea,
el tiempo se vacía de minutos,
se ha detenido un pájaro en el aire.

3
Más tarde

Se despeña la luz,
despiertan las columnas
y, sin moverse, bailan.

4
Pleno sol

La hora es transparente:
vemos, si es invisible el pájaro,
el color de su canto.

5
Relieves

La lluvia, pie danzante y largo pelo,
el tobillo mordido por el rayo,
desciende acompañada de tambores:
abre los ojos el maíz, y crece.

6
Serpiente labrada sobre un muro

El muro al sol respira, vibra, ondula,
trozo de cielo vivo y tatuado:
el hombre bebe sol, es agua, es tierra.
Y sobre tanta vida la serpiente
que lleva una cabeza entre las fauces:
los dioses beben sangre, comen hombres.

«Semillas para un himno», en *OC*, vol. XI, p. 142.

POESÍA DE SOLEDAD
Y POESÍA DE COMUNIÓN

(1943)

Parece que es una verdad admitida por casi todos la relativa a
la naturaleza inapresable de la realidad. La realidad —todo lo
que somos, todo lo que nos envuelve, nos sostiene y, simultánea-
mente, nos devora y alimenta— es más rica y cambiante, más
viva, que todas las ideas y sistemas que pretenden contenerla.
La cultura y el conocimiento no son más que una convención,
un artificial acuerdo y un orden falaz, pues a cambio de reducir
la rica y casi ofensiva espontaneidad de la naturaleza a la rigidez
de nuestras ideas, la mutilan de una parte de sí, su parte más
verdadera y fascinante: su naturalidad. La verdad del físico
sobre la materia es una verdad convencional: primero, porque
reduce las cualidades del objeto a lo físico, no tanto para recono-
cer la materia en lo que es verdaderamente cuanto para expresar-
la, aislándola en una artificial pureza, y así, utilizarla. El hombre,
al enfrentarse con la realidad, la sojuzga, la mutila y la somete
a un orden de lenguaje, que no es el orden de la naturaleza
—si es que esta posee, acaso, algo equivalente a lo que llamamos
orden— sino el del pensamiento. Y así, no es la realidad lo que
realmente conocemos sino esa parte de la realidad que podemos
reducir a lenguaje y conceptos. Lo que llamamos conocimien-
to es el saber que tenemos sobre cualquier cosa para dominar-
la y sujetarla. No quiero decir, naturalmente, que la técnica sea

el contenido esencial y la consecuencia necesaria del conoci-
miento. (En rigor, parece que es lo contrario: la técnica es an-
terior a la ciencia y no ha nacido de esta sino de una actividad
precientífica: la magia). Pero aun cuando de un conocimiento
no podemos extraer una técnica —o sea, un procedimiento para
transformar la realidad—, todos los conocimientos son la ex-
presión de una sed de apoderarnos, en nuestros propios térmi-
nos y para nuestros propios fines, de esa inefable realidad. Y el
conocimiento por excelencia, el conocimiento filosófico, solo
existe y tiene sentido cuando, lejos de construir un hábito más
o menos tolerado por la sociedad, expresa una sed, una necesi-
dad, tanto de conocimiento, de verdad, como de salvación o de
poder. No es exagerado llamar a esta actitud humana una ac-
titud de dominación. Como un guerrero el hombre lucha y
somete a la naturaleza y a la realidad. Su instinto de poder no
solo se expresa en la guerra, en la política, en la técnica; también
en la ciencia y en la filosofía, en todo lo que se ha dado en
llamar, hipócritamente, conocimiento desinteresado.

No es esta la única actitud que el hombre puede asumir
frente a la realidad del mundo y de su propia conciencia. Su
contemplación puede no poseer ninguna consecuencia práctica
y de ella es posible que no se pueda derivar ningún conocimien-
to, ningún dictamen, ninguna salvación o condenación. Esta
contemplación inútil, superflua, inservible, no se dirige al saber,
a la posesión de lo que se contempla, sino que solo intenta
abismarse en su objeto. No posee transcendencia alguna, al
menos en la medida en que es experiencia. El hombre que así
contempla no se propone saber nada; solo quiere un olvido de
sí, un postrarse ante lo que ve, un fundirse, si es posible, en lo
que ama. El miedo a la realidad lo lleva a divinizarla; la fasci-
nación y el horror lo mueven a fundirse con su objeto. Quizá
la raíz de esta actitud de adoración sea el amor, el instinto
amoroso, que es un instinto de posesión del objeto, un querer,
pero también un anhelo de fusión, de olvido, de disolución del
ser en lo *otro*. En el amor no solo interviene el instinto que nos
impulsa a sobrevivir o a reproducirnos: el instinto de la muerte,

verdadero instinto de perdición, fuerza de gravedad del alma, también es parte de su contradictoria naturaleza. En él alientan el arrobo silencioso, el vértigo, la seducción del abismo, el deseo de caer infinitamente y sin reposo, cada vez más hondo; y la nostalgia de nuestro origen, obscuro movimiento del hombre hacia su raíz, hacia su propio nacimiento. Porque en el amor la pareja intenta participar otra vez de ese estado en el que la muerte y la vida, la necesidad y la satisfacción, el sueño y el acto, la palabra y la imagen, el tiempo y el espacio, el fruto y el labio, se confunden en una sola realidad. Los amantes descienden hacia estados cada vez más antiguos y desnudos; rescatan al animal humillado y al vegetal soñoliento que viven en cada uno de nosotros y tienen el presentimiento de la pura energía que mueve al universo y de la inercia en que culmina el vértigo de esa energía.

A estas dos actitudes pueden reducirse, con todos los peligros de tan pretenciosa simplificación, las innumerables y variadas posturas del hombre frente a la realidad. Me parece que en la sociedad arcaica es posible contemplar con toda su pureza estas dos actitudes. La primera, de adoración, se manifiesta en la religión. La segunda, de poder, en la magia. La religión encarna la eternidad de la sociedad, pues sobrenaturaliza el vínculo social. La magia prefigura el progreso, la invención, la moral individual, la historia, todo lo que llamamos «adelantos del hombre». Si el sacerdote se postra, aterrado, ante el fetiche, el mago —ese modesto antecesor de los inventores— se alza frente a la realidad y, convocando a los poderes ocultos, hechizando a la naturaleza, obliga a las fuerzas rebeldes a la obediencia. Uno suplica y ama; otro, adula o coacciona.

Ahora bien, la operación poética ¿es una actividad mágica o religiosa? Los puristas contestarán, seguramente, que no es ni lo uno ni lo otro. La poesía es irreductible a cualquier otra experiencia. Y claro es que la poesía como fruto logrado, como poema, no es religión, ni magia. Pero el espíritu que la expresa, los medios de que se vale y la raíz instintiva que la origina muy bien pueden ser mágicos o religiosos. La actitud psicológica ante lo sagrado cristaliza en el ruego, en la oración, y su más intensa y profunda manifestación culmina en el éxtasis místico: en el entregarse a lo absoluto y confundirse con Dios. Pues bien, el poeta lírico establece un diálogo con el mundo; en este diálogo hay dos situaciones extremas, dentro de las cuales se mueve el alma del poeta: una, de soledad; otra, de comunión. El poeta parte de la soledad, movido por el deseo, hacia la comunión. Siempre intenta comulgar, unirse, «reunirse», mejor dicho, con su objeto: su propia alma, la amada, Dios, la naturaleza... La poesía mueve al poeta como el viento a las nubes quietas: siempre más allá, hacia lo desconocido. Y la poesía lírica, que principia como un íntimo deslumbramiento, termina en la comunión o en la blasfemia. No importa que el poeta se sirva de la magia, de la magia de las palabras, del hechizo del lenguaje, para solicitar a su objeto: nunca pretende utilizarlo, como el mago, sino poseerlo, como el místico.

En la fiesta o representación religiosa el hombre intenta cambiar de naturaleza, despojarse de la suya y participar de la divina. La misa no solo es una verificación, una teatralización de la Pasión de Jesucristo; es, también, y antes que una liturgia, un misterio en donde el diálogo entre el hombre y su Creador culmina en la comunión. Si mediante el bautismo los hijos de Adán adquieren esa libertad que les permite dar el salto mortal entre el estado natural y el estado de gracia, por la comunión los cristianos pueden, en las tinieblas de un misterio inefable, comer la carne y beber la sangre de su Dios. Esto es, alimentarse con una substancia divina, con la substancia divina, mejor dicho. El festín sagrado diviniza lo mismo a los aztecas que a los cristianos. No es diverso ese apetito al del enamorado y al del poeta. Novalis ha dicho: «El deseo sexual no es quizá sino un deseo disfrazado de carne humana». El pensamiento del poeta alemán, que ve en «la mujer el alimento corporal más elevado», nos ilumina bastante acerca del carácter profundo de la poesía y del amor: se trata, por medio de la antropología, de readquirir nuestra naturaleza paradisíaca.

No es extraño, por esto, que la poesía haya provocado el recelo, cuando no el escándalo, de algunos espíritus que veían latir en ella, en una tendencia laica, el mismo apetito y la misma sed que mueven al hombre religioso. Este recelo se justifica si se piensa que la religión es, por encima de todo, un lazo social. (La religión mantiene la eternidad de la sociedad y en cierto modo es una autodivinización del grupo social o de los poderes que lo coaccionan). Frente a la entraña social de la religión, que solo existe si se socializa en una Iglesia, en una comunidad de fieles, la poesía se presenta como una actividad subversiva y disolvente: solo existe si se individualiza, si encarna en un poeta. Su relación con lo absoluto es privada y personal. Religión y poesía tienen a la comunión; las dos parten de la soledad e intentan, mediante el alimento sagrado, romper la soledad y devolver al hombre su inocencia. Pero en tanto que la religión es profundamente conservadora, puesto que torna sagrado el lazo social (económico o político) al convertir en Iglesia a la sociedad, la poesía, por el contrario, rompe ese lazo al sacramentar una relación individual, al margen, cuando no en contra, de la sociedad. La poesía no es ortodoxa; siempre es disidente. No necesita de la teología, ni de la clerecía, porque no tiene misión, ni apostolado. No quiere salvar al hombre, ni construir la ciudad de Dios. Es una conducta personal e irregular, que no pretende nada que no sea darnos el testimonio terrenal de una experiencia. Nacida del mismo instinto que la religión, se nos aparece como una forma clandestina, ilegal, irregular, de la religión: como una heterodoxia, no porque no admita los dogmas sino porque se manifiesta de un modo privado y muchas veces anárquico. En otras palabras: la religión es una forma social y la poesía, un impulso individual.

¿Qué clase de testimonio es el testimonio poético, extraño testimonio de la unidad del hombre y el mundo, de su original y perdida identidad? Ante todo, es el testimonio de la inocencia innata en el hombre, como la religión lo es de su perdida inocencia. Si la una afirma el pecado, la otra lo niega. El poeta revela la inocencia del hombre y de sus instintos. Pero su testimonio solo vale si llega a transformar su experiencia en expresión, esto es, en palabras. Y no en cualquier clase de palabras, ni en cualquier orden, sino en un orden que no es el del pensamiento, ni el de la conversación, ni el de la oración. Un orden que crea sus propias leyes y su propia realidad: el poema. Por eso ha podido decir un crítico francés que «en tanto que el poeta tiende a la palabra, el místico tiende al silencio». Esta diversidad de direcciones distingue, al fin, la experiencia mística de la expresión poética. La mística es una inmersión en lo absoluto; la poesía es una expresión de lo absoluto o de la desgarrada tentativa para llegar a él.

Mas ¿qué intenta el poeta cuando expresa, en poemas, su experiencia? La poesía, ha dicho Rimbaud, quiere cambiar la vida. No intenta embellecerla, como piensan los estetas y los literatos, ni hacerla más justa o buena, como sueñan los moralistas. Mediante la palabra, mediante la expresión de su experiencia, procura tornar sagrado el mundo; con la palabra sacramenta la experiencia de los hombres y las relaciones entre el hombre y el mundo, entre el hombre y la mujer, entre el hombre y su propia conciencia. No se dirige a hermosear, santificar o idealizar lo que toca sino a volverlo sagrado. Por eso no es moral o inmoral, justa o injusta, falsa o verdadera, hermosa o fea. Es, simplemente, poesía de soledad o de comunión. Porque la poesía, que es un testimonio del éxtasis, del amor dichoso, también lo es de la desesperación. Y tanto como un ruego puede ser una blasfemia.

La sociedad no puede perdonar a la poesía su naturaleza: le parece sacrílega. Y aunque la poesía se disfrace, acepte comulgar en el mismo altar común y luego justifique con toda clase de razones su embriaguez, la conciencia social la reprobará siempre como un extravío y una locura peligrosa. El poeta tiende a participar en lo absoluto, como el místico, y tiende a expresarlo, como la liturgia y la fiesta religiosa. Esta pretensión lo convierte en un ser peligroso pues su actividad no beneficia a la sociedad; verdadero parásito, en lugar de atraer para ella las fuerzas desconocidas que la religión organiza y reparte, las dispersa en una empresa estéril y antisocial. En la comunión que el poeta busca descubre la fuerza secreta del mundo, esa fuerza que la religión intenta canalizar y utilizar, cuando no apagar, a través de la burocracia eclesiástica. Y el poeta no solo la descubre y se hunde en ella; a diferencia del místico, la muestra en toda su aterradora y violenta desnudez al resto de los hombres, latiendo en su palabra, viva en ese extraño mecanismo de encantamiento que es el poema. ¿Habrá que decir que esa fuerza, alternativamente sagrada o maldita, es la del éxtasis, la del vértigo, que brota como una fascinación en la cima del contacto carnal o espiritual? En lo alto de ese contacto y en la profundidad de ese vértigo el hombre y la mujer tocan lo absoluto, el reino en donde los contrarios se reconcilian y la vida y la muerte pactan en unos labios que se funden. El cuerpo y el alma, en ese instante, son lo mismo y la piel es como una nueva conciencia, conciencia de lo infinito, vertida hacia lo infinito... El tacto y todos los sentidos dejan de servir al placer o al conocimiento; cesan de ser personales; se *extienden*, por decirlo así, y lejos de constituir las antenas, los instrumentos de la conciencia, la disuelven en lo absoluto, la reintegran a la energía original. «Cesó todo y dejéme / dejando mi cuidado / entre las azucenas olvidado».

Fuerza, apetito que quiere ser, ser hasta el límite y más allá del límite del ser, hambre de eternidad y de espacio, sed que no retrocede ante la caída, antes bien busca palpar en su exceso vital, en su desgarramiento de sí, esa caída sin fin que le revela la inmovilidad y la muerte, el reino negro del olvido. Hambre de vida, sí, pero también de muerte.

La poesía es la revelación de la inocencia que alienta en cada hombre y en cada mujer y que todos podemos recobrar apenas el amor ilumina nuestros ojos y nos devuelve al asombro y la fertilidad. Ella revela que la conciencia puede encarnar en todo lo que la rodea y que para lograrlo basta no negarla sino anegarla en las aguas puras del amor. Su testimonio es algo más que un simple testimonio: es la revelación de una experiencia en la que participan todos los hombres y todos los seres pero que está oculta por la rutina y la diaria amargura. Los poetas han sido los primeros que han revelado que la eternidad y lo absoluto no están más allá de nuestros sentidos sino en ellos mismos. Esta eternidad y esta reconciliación con el mundo se producen en el tiempo, dentro del tiempo, y en nuestra vida mortal, porque el amor y la poesía no nos ofrecen la inmortalidad y la salvación. Ya Nietzsche lo decía: «No la vida eterna, sino la eterna vivacidad: eso es lo que importa». Mostrar esta condición perecedera quizá pueda ser trágico; lo es, en realidad, pero en ese elemento encuentro el verdadero valor, en el sentido de valioso y valeroso, de la poesía, porque rescata a lo cotidiano de la vulgaridad y unge con lo irreparable al instante.

Una sociedad como la nuestra, que cuenta entre sus víctimas a sus mejores poetas, una sociedad que solo quiere conservarse y durar —y que no ha vacilado en ir hasta la guerra imperialista antes de ceder lo que tan avaramente conserva en cajas de caudales y en arcas de museos—, una sociedad, en fin, para la que la conservación y el ahorro son las únicas leyes y prefiere renunciar a la vida antes que exponerse al cambio, tiene que condenar a la poesía, ese despilfarro vital, cuando no puede domesticarla con toda clase de hipócritas alabanzas. Y la condena no en nombre de la vida, que es aventura y cambio, sino en nombre de la máscara de la vida: en nombre del Instinto de Conservación. De todos los instintos del hombre solo uno es antipoético: el de conservación, el instinto burgués por excelencia, que le permite vivir de los demás y acudir a la guerra antes que resignarse a transformar su miserable estado de vida.

En ciertas épocas la poesía ha podido convivir con la sociedad y su impulso ha alimentado las mejores empresas de esta. En la Antigüedad fueron Homero y Hesíodo los que configuraron y modelaron para siempre el alma griega; ellos dotaron a los griegos de unos dioses y de un sentido de lo sobrenatural que provocaba la cólera de los filósofos que les sucedieron. Y en la Edad Media, un Berceo, por ejemplo, si no ha recreado las creencias religiosas de su pueblo, sí ha sido una especie de inocente conducto por el cual descendía, hasta el pueblo, el misterio de los dogmas, ungido por la gracia de la poesía. En nuestra época la poesía no puede vivir dentro de lo que la sociedad capitalista llama sus ideales: la vida, el martirio, de

Shelley, de Rimbaud, de Baudelaire, de Bécquer, son una prueba patética de lo que digo. Si hasta fines del siglo pasado un Mallarmé no pudo crear su poesía fuera de la sociedad, ahora toda actividad poética, si lo es de verdad, tendrá que ir en contra de esa sociedad. No es extraño que para ciertas almas sensibles la única vocación posible en nuestro tiempo sean la soledad o el suicidio; tampoco es extraño que para otras, hermosas y apasionadas, las únicas actividades poéticas imaginables sean la dinamita, el asesinato político o el crimen gratuito. En ciertos casos, por lo menos, hay que tener el valor de decir que simpatiza con esas explosiones, testimonio de la desesperación a que nos conduce un sistema social basado solo en la conservación de todo y especialmente de las ganancias económicas.

La misma fuerza vital, lúcida en medio de su tiniebla, el mismo anhelo mueven al poeta de ayer y al de hoy: a Juan el santo, y a Poe el borracho. Solo que ayer era posible la comunión, gracias quizá a esa misma Iglesia que ahora la impide. Y habrá que decirlo: para que la experiencia de san Juan se realice otra vez será menester un hombre nuevo y una nueva sociedad, en la que la inspiración y la razón, las fuerzas irracionales y las racionales, el amor y la sociedad, lo colectivo y lo individual, se reconcilien.

Esta reconciliación se da plenamente en san Juan de la Cruz. No es necesario recordar la naturaleza de la sociedad en que el santo vivió; todos saben que fue una de las últimas épocas de la cultura humana en las que las fuerzas contrarias de razón e inspiración, sociedad e individuo, religión y religiosidad individual, lejos de oponerse, se complementaban y armonizaban. En esa sociedad, donde, quizá por última vez en la historia, la llama de la religiosidad personal pudo alimentarse de la religión de la sociedad, san Juan realiza la más intensa y plena de las experiencias: la de la comunión. Un poco más tarde esa comunión será imposible. Las dos notas extremas de la poesía lírica, la de la comunión y la de la soledad, las podemos contemplar, con toda su verdad, en la historia de nuestra poesía. La poesía

española posee dos textos, igualmente impresionantes aunque
de distinto valor: los poemas de san Juan y un poema de Que-
vedo: *Lágrimas de un penitente*. Los de san Juan de la Cruz rela-
tan la experiencia mística más profunda de nuestra cultura.
Estos poemas no admiten crítica, interpretación o consideración
alguna. El mismo santo fracasó cuando quiso trasladar su vér-
tigo a términos conceptuales. (Naturalmente que no me refie-
ro a la imposibilidad del análisis psicológico, filosófico o lite-
rario, sino a la absurda pretensión que intenta explicar la
poesía). La poesía es inexplicable. ¿Cómo explicar este poema?

> *¡Qué bien sé yo la fuente que mana y corre*
> *aunque es de noche!*

> Su origen no lo sé, pues no le tiene,
> mas sé que todo origen della viene
> *aunque es de noche.*

> [...]

> Aquí se está llamando a las criaturas,
> y de esta agua se hartan, aunque a escuras,
> *porque es de noche.*

> Aquesta viva fuente que deseo
> en este pan de vidas yo la veo,
> *aunque es de noche.*

San Juan, movido por una conciencia intelectual muy de-
sarrollada, se siente obligado a explicar su experiencia, el sen-
tido de ella y el significado de sus imágenes y visiones. Mas esa
explicación, que tanto nos ilumina en lo relativo a la teología
y psicología del santo, no nos sirve para comprender su poesía.
Su lucidez, su no perder la cabeza en la plenitud del vértigo,
lo hacen un hombre moderno, un poeta que posee conciencia
de su inocencia, pero no lo hacen un poeta mejor.

A la inversa, es la conciencia lo que hace de Quevedo un gran poeta. La conciencia de sí, llevada hasta la exasperación, constituye la substancia de su poema. En los salmos y sonetos que forman las *Lágrimas de un penitente*, Quevedo expresa la certidumbre de que el poeta ya no es uno con sus creaciones: está mortalmente dividido. Entre la poesía y el poeta, entre Dios y el hombre, se opone algo muy sutil y muy poderoso: la conciencia, y lo que es más significativo: la conciencia de la conciencia, el narcisismo intelectual. Quevedo expresa este estado demoníaco en dos versos:

> las aguas del abismo
> donde me enamoraba de mí mismo.

Al principio del poema el poeta, pecador lúcido, se niega a ser salvado, se rehúsa a la gracia, prendido a la hermosura del mundo. Frente a Dios el poeta se siente solo y rechaza la redención, hundido en las apariencias:

> Nada me desengaña
> el mundo me ha hechizado.

Lo verdaderamente satánico de la situación es que el pecador se da cuenta de que el mundo que lo encanta y al que se siente prendido con tal amor... no existe. La nada del mundo se le revela como algo real, de suerte que se siente enamorado de la nada. Si san Juan es el poeta del éxtasis, Quevedo lo es de la angustia. Y es que no solo la hermosura vacía del mundo lo sujeta (ni es ella a la que se abraza, en todos los sentidos y con todos los sentidos), sino su conciencia de sí. De ser posible sería interesante un análisis de este poema, posiblemente el único poema «moderno» de la literatura española hasta Rubén Darío. Hay, sí, otros poemas mejores en nuestra lengua, más inspirados, más perfectos y puros, pero en ninguno alienta esta nota, que anticipa a Baudelaire y que consiste en ese saberse en el mal, verdadera y gozosa conciencia del mal. Quevedo no oculta que el saberse en el mal le provoca un placer de ceniza amarga y orgullosa; y es él quien primero atribuye, entre todos los poetas modernos, un contenido pecaminoso a la conciencia, no tanto por lo que peca en sus imaginaciones sino porque pretende sustentarse en sí misma, bastarse sola y sola saciar su sed de absoluto. Mientras san Juan ruega y suplica al amado, Quevedo es solicitado por su Dios; pero prefiere perderse y perderlo antes que ofrecerle el único sacrificio que acepta: el de su conciencia. Al final del poema surge la necesidad de la expiación, que consiste, muy significativamente, en la humillación del yo. Solo así es posible la reconciliación con Dios. La historia de esta reconciliación da la impresión de ser un artificio retórico y teológico, ya porque la comunión no se haya producido realmente, ya porque el poeta no haya podido expresarla con la intensidad con que ha relatado su encantamiento y el goce fúnebre que le proporciona saberse en la nada del pecado, en la nada de sí mismo. En realidad, la solución de Quevedo es la solución intelectual y moderna: se abraza a la muerte no para recobrar la vida, para salvarse en la vida eterna, sino como resignación estoica. Quevedo encuentra en el estoicismo una forma severa de la soledad implacable del hombre, a solas con su conciencia.

Entre estos dos polos de inocencia y conciencia, de soledad y comunión, se mueve toda poesía. Los hombres modernos, incapaces de inocencia, nacidos en una sociedad que nos hace naturalmente artificiales y que nos ha despojado de nuestra substancia humana para convertirnos en mercancías, buscamos en vano al hombre perdido, al hombre inocente. Todas las tentativas valiosas de nuestra cultura, desde fines del siglo XVIII, se dirigen a recobrarlo, a soñarlo. Rousseau lo buscó en el pasado, como los románticos; algunos poetas modernos, en el hombre primitivo; Karl Marx, el más profundo, dedicó su vida a construirlo, a rehacerlo. Nosotros somos incapaces de articular en un poema esa dualidad de conciencia e inocencia (puesto que esa dualidad corresponde a antagonistas irreductibles de la historia y de la vida material) e intentamos evadirnos de la tragedia que supone su enemistad. Como se nos niega esa integración superior y hemos dejado de luchar o de soñar con ella, la substituimos por un rigor externo, puramente verbal y geométrico, o por el pobre balbuceo del inconsciente. La sola participación del inconsciente en un poema lo convierte en un documento psicológico; la sola presencia del pensamiento, con frecuencia vacío y especulativo, lo deshabita. Ni discursos académicos ni vómitos sentimentales: el mismo asco nos producen las monótonas demostraciones en verso, tristes refrigeradoras de la palabra, que las revueltas aguas negras del inconsciente. ¿Y qué decir de los discursos políticos, de las arengas de los editoriales de periódico que se enmascaran con el rostro de la poesía? ¿Y cómo hablar sin vergüenza de toda esa literatura de erotómanos que confunden sus manías o sus desdichas con el amor? Imposible enumerarlos a todos: a los que se fingen niños y lloriquean porque la tierra es redonda; a los fúnebres y resecos enterradores de la alegría; a los juguetones, novilleros, cirqueros y equilibristas; a los jorobados de la pedantería; a los virtuosos de la palabra, pianolas del verso, y a los organilleros de la moral; a los místicos onanistas; a los neocatólicos que saquean los armarios de los curas para ataviar sus desnudas estrofas con cíngulos y estolas; a los papagayos y culebras nacionalistas, que cantando y silbando expolian a la triste Revolución mexicana; a los vates de ministerio y a los de falansterio; a los hampones que se creen revolucionarios solo porque gritan y se emborrachan; a los profetas de fuegos de artificio y a los prestidigitadores que juegan al cubilete, con dados marcados, en un mundo de cuatro dimensiones; a los golosos panaderos, pasteleros y reposteros; a los perros de la poesía, con alma de repórter; a los pseudosalvajes de parque zoológico; olorosos a guanábana y mango, panamericanos e intercontinentales; a los búhos y buitres solitarios; a los contrabandistas de la Hispanidad...

Pero la poesía sigue siendo una fuerza capaz de revelar al hombre sus sueños e invitarlo a vivirlos en pleno día. El poeta expresa el sueño del hombre y del mundo y nos dice que somos algo más que una máquina y un instrumento, un poco más que esa sangre que se derrama para enriquecer a los poderosos o sostener a la injusticia en el poder, algo más que mercancía y trabajo. En la noche soñamos y nuestro destino se manifiesta porque soñamos lo que podríamos ser. Somos ese sueño y solo nacimos para realizarlo. Y el mundo —todos los hombres que ahora sufren o gozan— también sueña y conspira y anhela vivir a plena luz su sueño. La poesía, al expresar estos sueños, nos invita a la rebelión, a vivir despiertos nuestros sueños. Ella nos señala la futura edad de oro y nos llama a la libertad.

Para revelar el sueño de los hombres es preciso no renunciar a la conciencia ni a la razón. No un abandono sino una mayor exigencia consigo mismo se le pide al poeta. Estamos hartos de la sinceridad inepta tanto como de la literatura disfrazada de poesía. Queremos una forma superior, digna, de la sinceridad: la autenticidad. En el siglo pasado un grupo de poetas, que representan la parte hermética del romanticismo: Novalis, Nerval, Baudelaire, Lautréamont, Poe, nos muestran el camino. Todos ellos son los desterrados de la poesía, los que padecen la nostalgia de un estado perdido, en donde el hombre es uno con el mundo y con sus creaciones. A veces de esa nostalgia surge el presentimiento de un estado futuro, de una edad inocente. Poetas originales no tanto, como dice Chesterton, por la novedad, sino porque descienden a los orígenes. Ellos no buscaron la novedad, esa sirena que se disfraza de originalidad; en la autenticidad rigurosa encontraron verdadera originalidad.

Estos poetas, a través de una serie de tentativas heroicas, intentaron reanudar la experiencia poética; en esa empresa no renunciaron a tener conciencia de su delirio. Osadía que les ha traído un castigo divino que no vacilo en llamar envidioso: en todos ellos se ha cebado la desdicha, ya en la locura, ya en la muerte temprana, o en la fuga de la civilización. Son los poetas malditos, sí, pero son algo más también: son los héroes vivientes y míticos de nuestro tiempo porque encarnan, en sus vidas misteriosas y sórdidas y en su obra precisa e insondable, toda la claridad de la conciencia y toda la desesperación del apetito. La seducción que sobre nosotros ejercen estos maestros, nuestros únicos maestros posibles, se debe a la veracidad con que encarnaron ese propósito que intenta unir dos tendencias paralelas del espíritu humano: la conciencia y la inocencia, la experiencia y la expresión, el acto y la palabra que lo revela. O para decirlo con las palabras de uno de ellos: «El matrimonio del cielo y del infierno».

México, 1943

«Poesía de soledad y poesía de comunión» se publicó en *El Hijo Pródigo*, n.º 5, agosto de 1943, pp. 271-278.

«Poesía de soledad y poesía de comunión», en *OC*, vol. XIII, pp. 234-245.

EL LABERINTO DE LA SOLEDAD
(1950)

> Lo otro *no existe: tal es la fe racional, la incurable*
> *creencia de la razón humana. Identidad = realidad,*
> *como si, a fin de cuentas, todo hubiera de ser, absoluta*
> *y necesariamente,* uno y lo mismo. *Pero* lo otro *no se*
> *deja eliminar; subsiste, persiste; es el hueso duro de roer*
> *en que la razón se deja los dientes. Abel Martín, con fe*
> *poética, no menos humana que la fe racional, creía en* lo
> otro: *en «La esencial Heterogeneidad del ser», como si*
> *dijéramos en la incurable* otredad *que padece* lo uno.
>
> ANTONIO MACHADO

EL PACHUCO Y OTROS EXTREMOS

A todos, en algún momento, se nos ha revelado nuestra existencia como algo particular, intransferible y precioso. Casi siempre esta revelación se sitúa en la adolescencia. El descubrimiento de nosotros mismos se manifiesta como un sabernos solos; entre el mundo y nosotros se abre una impalpable, transparente muralla: la de nuestra conciencia. Es cierto que apenas nacemos nos sentimos solos; pero niños y adultos pueden trascender su soledad y olvidarse de sí mismos a través de juego o trabajo. En cambio, el adolescente, vacilante entre la infancia

43

y la juventud, queda suspenso un instante ante la infinita riqueza del mundo. El adolescente se asombra de ser. Y al pasmo sucede la reflexión: inclinado sobre el río de su conciencia se pregunta si ese rostro que aflora lentamente del fondo, deformado por el agua, es el suyo. La singularidad de ser —pura sensación en el niño— se transforma en problema y pregunta, en conciencia interrogante.

A los pueblos en trance de crecimiento les ocurre algo parecido. Su ser se manifiesta como interrogación: ¿qué somos y cómo realizaremos eso que somos? Muchas veces las respuestas que damos a estas preguntas son desmentidas por la historia, acaso porque eso que llaman el «genio de los pueblos» solo es un complejo de reacciones ante un estímulo dado; frente a circunstancias diversas, las respuestas pueden variar y con ellas el carácter nacional, que se pretendía inmutable. A pesar de la naturaleza casi siempre ilusoria de los ensayos de psicología nacional, me parece reveladora la insistencia con que en ciertos periodos los pueblos se vuelven sobre sí mismos y se interrogan. Despertar a la historia significa adquirir conciencia de nuestra singularidad, momento de reposo reflexivo antes de entregarnos al hacer. «Cuando soñamos que soñamos está próximo el despertar», dice Novalis. No importa, pues, que las respuestas que demos a nuestras preguntas sean luego corregidas por el tiempo; también el adolescente ignora las futuras transformaciones de ese rostro que ve en el agua: indescifrable a primera vista, como una piedra sagrada cubierta de incisiones y signos, la máscara del viejo es la historia de unas facciones amorfas, que un día emergieron confusas, extraídas en vilo por una mirada absorta. Por virtud de esa mirada las facciones se hicieron rostro y, más tarde, máscara, significación, historia.

La preocupación por el sentido de las singularidades de mi país, que comparto con muchos, me parecía hace tiempo superflua y peligrosa. En lugar de interrogarnos a nosotros mismos, ¿no sería mejor crear, obrar sobre una realidad que no se entrega al que la contempla, sino al que es capaz de sumergirse en ella? Lo que nos puede distinguir del resto de los pueblos no es la siempre dudosa originalidad de nuestro carácter —fruto, quizá, de las circunstancias siempre cambiantes—, sino la de nuestras creaciones. Pensaba que una obra de arte o una acción concreta definen más al mexicano —no solamente en tanto que lo expresan, sino en cuanto, al expresarlo, lo recrean— que la más penetrante de las descripciones. Mi pregunta, como las de los otros, se me aparecía así como un pretexto de mi miedo a enfrentarme con la realidad; y todas las especulaciones sobre el pretendido carácter de los mexicanos, hábiles subterfugios de nuestra impotencia creadora. Creía, como Samuel Ramos, que el sentimiento de inferioridad influye en nuestra predilección por el análisis y que la escasez de nuestras creaciones se explica no tanto por un crecimiento de las facultades críticas a expensas de las creadoras, como por una instintiva desconfianza acerca de nuestras capacidades.

Pero así como el adolescente no puede olvidarse de sí mismo —pues apenas lo consigue deja de serlo— nosotros no podemos sustraernos a la necesidad de interrogarnos y contemplarnos. No quiero decir que el mexicano sea por naturaleza crítico, sino que atraviesa una etapa reflexiva. Es natural que después de la fase explosiva de la Revolución, el mexicano se recoja en sí mismo y, por un momento, se contemple. Las preguntas que todos nos hacemos ahora probablemente resulten incomprensibles dentro de cincuenta años. Nuevas circunstancias tal vez produzcan reacciones nuevas.

No toda la población que habita nuestro país es objeto de mis reflexiones, sino un grupo concreto, constituido por esos que, por razones diversas, tienen conciencia de su ser en tanto que mexicanos. Contra lo que se cree, este grupo es bastante reducido. En nuestro territorio conviven no solo distintas razas y lenguas, sino varios niveles históricos. Hay quienes viven antes de la historia; otros, como los otomíes, desplazados por sucesivas invasiones, al margen de ella. Y sin acudir a estos extremos, varias épocas se enfrentan, se ignoran o se entredevoran sobre una misma tierra o separadas apenas por unos kilómetros. Bajo un mismo cielo, con héroes, costumbres, calendarios y nociones

morales diferentes, viven «católicos de Pedro el Ermitaño y jaco-
binos de la Era Terciaria». Las épocas viejas nunca desaparecen
completamente y todas las heridas, aun las más antiguas, manan
sangre todavía. A veces, como las pirámides precortesianas que
ocultan casi siempre otras, en una sola ciudad o en una sola
alma se mezclan y superponen nociones y sensibilidades ene-
migas o distantes.[1]

La minoría de mexicanos que poseen conciencia de sí no
constituye una clase inmóvil o cerrada. No solamente es la úni-
ca activa —frente a la inercia indoespañola del resto— sino que
cada día modela más el país a su imagen. Y crece, conquista a
México. Todos pueden llegar a sentirse mexicanos. Basta, por
ejemplo, con que cualquiera cruce la frontera para que, oscura-
mente, se haga las mismas preguntas que se hizo Samuel Ramos
en *El perfil del hombre y la cultura en México*. Y debo confesar que
muchas de las reflexiones que forman parte de este ensayo na-
cieron fuera de México, durante dos años de estancia en los Es-
tados Unidos. Recuerdo que cada vez que me inclinaba sobre la
vida norteamericana, deseoso de encontrarle sentido, me encon-
traba con mi imagen interrogante. Esa imagen, destacada sobre
el fondo reluciente de los Estados Unidos, fue la primera y qui-
zá la más profunda de las respuestas que dio ese país a mis pre-
guntas. Por eso, al intentar explicarme algunos de los rasgos del
mexicano de nuestros días, principio con esos para quienes serlo
es un problema de verdad vital, un problema de vida o muerte.

---

[1] Nuestra historia reciente abunda en ejemplos de esta superposición y
convivencia de diversos niveles históricos: el neofeudalismo porfirista (uso este
término en espera del historiador que clasifique al fin en su originalidad nuestras
etapas históricas) sirviéndose del positivismo, filosofía burguesa, para justificar-
se históricamente; Caso y Vasconcelos —iniciadores intelectuales de la Revolu-
ción— utilizando las ideas de Boutroux y Bergson para combatir al positivismo
porfirista; la Educación Socialista en un país de incipiente capitalismo; los fres-
cos revolucionarios en los muros gubernamentales... Todas estas aparentes con-
tradicciones exigen un nuevo examen de nuestra historia y nuestra cultura,
confluencia de muchas corrientes y épocas.

Al iniciar mi vida en los Estados Unidos residí algún tiempo en Los Ángeles, ciudad habitada por más de un millón de personas de origen mexicano. A primera vista sorprende al viajero —además de la pureza del cielo y de la fealdad de las dispersas y ostentosas construcciones— la atmósfera vagamente mexicana de la ciudad, imposible de apresar con palabras o conceptos. Esta mexicanidad —gusto por los adornos, descuido y fausto, negligencia, pasión y reserva— flota en el aire. Y digo que flota porque no se mezcla ni se funde con el otro mundo, el mundo norteamericano, hecho de precisión y eficacia. Flota, pero no se opone; se balancea, impulsada por el viento, a veces desgarrada como una nube, otras erguida como un cohete que asciende. Se arrastra, se pliega, se expande, se contrae, duerme o sueña, hermosura harapienta. Flota: no acaba de ser, no acaba de desaparecer.

Algo semejante ocurre con los mexicanos que uno encuentra en la calle. Aunque tengan muchos años de vivir allí, usen la misma ropa, hablan el mismo idioma y sienten vergüenza de su origen, nadie los confundiría con los norteamericanos auténticos. Y no se crea que los rasgos físicos son tan determinantes como vulgarmente se piensa. Lo que me parece distinguirlos del resto de la población es su aire furtivo e inquieto, de seres que se disfrazan, de seres que temen la mirada ajena, capaz de desnudarlos y dejarlos en cueros. Cuando se habla con ellos se advierte que su sensibilidad se parece a la del péndulo, un péndulo que ha perdido la razón y que oscila con violencia y sin compás. Este estado de espíritu —o de ausencia de espíritu— ha engendrado lo que se ha dado en llamar el *pachuco*. Como es sabido, los pachucos son bandas de jóvenes, generalmente de origen mexicano, que viven en las ciudades del Sur y que se singularizan tanto por su vestimenta como por su conducta y su lenguaje. Rebeldes instintivos, contra ellos se ha cebado más de una vez el racismo norteamericano. Pero los pachucos no reivindican su raza ni la nacionalidad de sus antepasados. A pesar de que su actitud revela una obstinada y casi fanática voluntad de ser, esa voluntad no afirma nada concreto sino la decisión —ambigua, como se verá— de no ser como los otros que los rodean. El pachuco no quiere volver a su origen mexicano; tampoco —al menos en apariencia— desea fundirse a la vida norteamericana. Todo en él es impulso que se niega a sí mismo, nudo de contradicciones, enigma. Y el primer enigma es su nombre mismo: *pachuco*, vocablo de incierta filiación, que dice nada y dice todo. ¡Extraña palabra, que no tiene significado preciso o que, más exactamente, está cargada, como todas las creaciones populares, de una pluralidad de significados! Queramos o no, estos seres son mexicanos, uno de los extremos a que puede llegar el mexicano.

Incapaces de asimilar una civilización que, por lo demás, los rechaza, los pachucos no han encontrado más respuesta a la hostilidad ambiente que esta exasperada afirmación de su personalidad.[2] Otras comunidades reaccionan de modo distinto; los negros, por ejemplo, perseguidos por la intolerancia racial, se esfuerzan por «pasar la línea» e ingresar a la sociedad. Quieren ser como los otros ciudadanos. Los mexicanos han sufrido una repulsa menos violenta, pero lejos de intentar una problemática adaptación a los modelos ambientes, afirman sus diferencias, las subrayan, procuran hacerlas notables. A través de un dandismo grotesco y de una conducta anárquica, señalan no tanto la injusticia o la incapacidad de una sociedad que no ha logrado asimilarlos, como su voluntad personal de seguir siendo distintos.

No importa conocer las causas de este conflicto y menos saber si tienen remedio o no. En muchas partes existen minorías que no gozan de las mismas oportunidades que el resto de la población. Lo característico del hecho reside en este obstinado

---

[2] En los últimos años han surgido en los Estados Unidos muchas bandas de jóvenes que recuerdan a los pachucos de la posguerra. No podía ser de otro modo; por una parte la sociedad norteamericana se cierra al exterior; por otra, interiormente, se petrifica. La vida no puede penetrarla; rechazada, se desperdicia, corre por las afueras, sin fin propio. Vida al margen, informe, sí, pero vida que busca su verdadera forma.

querer ser distinto, en esta angustiosa tensión con que el mexicano desvalido —huérfano de valedores y de valores— afirma sus diferencias frente al mundo. El pachuco ha perdido toda su herencia: lengua, religión, costumbres, creencias. Solo le queda un cuerpo y un alma a la intemperie, inerme ante todas las miradas. Su disfraz lo protege y, al mismo tiempo, lo destaca y aísla: lo oculta y lo exhibe.

Con su traje —deliberadamente estético y sobre cuyas obvias significaciones no es necesario detenerse—, no pretende manifestar su adhesión a secta o agrupación alguna. El pachuquismo es una sociedad abierta —en ese país en donde abundan religiones y atavíos tribales, destinados a satisfacer el deseo del norteamericano medio de sentirse parte de algo más vivo y concreto que la abstracta moralidad de la *American way of life*. El traje del pachuco no es un uniforme ni un ropaje ritual. Es, simplemente, una moda. Como todas las modas está hecha de novedad —madre de la muerte, decía Leopardi— e imitación.

La novedad del traje reside en su exageración. El pachuco lleva la moda a sus últimas consecuencias y la vuelve estética. Ahora bien, uno de los principios que rigen a la moda norteamericana es la comodidad; al volver estético el traje corriente, el pachuco lo vuelve «impráctico». Niega así los principios mismos en que su modelo se inspira. De ahí su agresividad.

Esta rebeldía no pasa de ser un gesto vano, pues es una exageración de los modelos contra los que pretende rebelarse y no una vuelta a los atavíos de sus antepasados —o una invención de nuevos ropajes. Generalmente los excéntricos subrayan con sus vestiduras la decisión de separarse de la sociedad, ya para constituir nuevos y más cerrados grupos, ya para afirmar su singularidad. En el caso de los pachucos se advierte una ambigüedad: por una parte, su ropa los aísla y distingue; por la otra, esa misma ropa constituye un homenaje a la sociedad que pretenden negar.

La dualidad anterior se expresa también de otra manera, acaso más honda: el pachuco es un *clown* impasible y siniestro, que no intenta hacer reír y que procura aterrorizar. Esta actitud sádica se alía a un deseo de autohumillación, que me parece constituir el fondo mismo de su carácter: sabe que sobresalir es peligroso y que su conducta irrita a la sociedad; no importa, busca, atrae, la persecución y el escándalo. Solo así podrá establecer una relación más viva con la sociedad que provoca: víctima, podrá ocupar un puesto en ese mundo que hasta hace poco lo ignoraba; delincuente, será uno de sus héroes malditos.

La irritación del norteamericano procede, a mi juicio, de que ve en el pachuco un ser mítico y por lo tanto virtualmente peligroso. Su peligrosidad brota de su singularidad. Todos coinciden en ver en él algo híbrido, perturbador y fascinante. En torno suyo se crea una constelación de nociones ambivalentes: su singularidad parece nutrirse de poderes alternativamente nefastos o benéficos. Unos le atribuyen virtudes eróticas poco comunes; otros, una perversión que no excluye la agresividad. Figura portadora del amor y la dicha o del horror y la abominación, el pachuco parece encarnar la libertad, el desorden, lo prohibido. Algo, en suma, que debe ser suprimido; alguien, también, con quien solo es posible tener un contacto secreto, a oscuras.

Pasivo y desdeñoso, el pachuco deja que se acumulen sobre su cabeza todas estas representaciones contradictorias, hasta que, no sin dolorosa autosatisfacción, estallan en una pelea de cantina, en un *raid* o en un motín. Entonces, en la persecución, alcanza su autenticidad, su verdadero ser, su desnudez suprema, de paria, de hombre que no pertenece a parte alguna. El ciclo, que empieza con la provocación, se cierra: ya está listo para la redención, para el ingreso a la sociedad que lo rechazaba. Ha sido su pecado y su escándalo; ahora, que es víctima, se le reconoce al fin como lo que es: su producto, su hijo. Ha encontrado al fin nuevos padres.

Por caminos secretos y arriesgados el pachuco intenta ingresar en la sociedad norteamericana. Mas él mismo se veda el acceso. Desprendido de su cultura tradicional, el pachuco se afirma un instante como soledad y reto. Niega a la sociedad de que procede y a la norteamericana. El pachuco se lanza al exterior, pero no para fundirse con lo que lo rodea, sino para retarlo. Gesto suicida, pues el pachuco no afirma nada, no defiende nada, excepto su exasperada voluntad de no-ser. No es una intimidad que se vierte, sino una llaga que se muestra, una herida que se exhibe. Una herida que también es un adorno bárbaro, caprichoso y grotesco; una herida que se ríe de sí misma y que se engalana para ir de cacería. El pachuco es la presa que se adorna para llamar la atención de los cazadores. La persecución lo redime y rompe su soledad: su salvación depende del acceso a esa misma sociedad que aparenta negar. Soledad y pecado, comunión y salud, se convierten en términos equivalentes.[3]

Si esto ocurre con personas que hace mucho tiempo abandonaron su patria, que apenas si hablan el idioma de sus antepasados y para quienes estas secretas raíces que atan al hombre con su cultura se han secado casi por completo, ¿qué decir de los otros? Su reacción no es tan enfermiza, pero pasado el primer deslumbramiento que produce la grandeza de ese país, todos se colocan de modo instintivo en una actitud crítica, nunca de entrega. Recuerdo que una amiga a quien hacía notar la belleza de Berkeley, me decía: «Sí, esto es muy hermoso, pero no logro comprenderlo del todo. Aquí hasta los pájaros hablan en inglés. ¿Cómo quieres que me gusten las flores si no conozco

---

[3] Sin duda en la figura del pachuco hay muchos elementos que no aparecen en esta descripción. Pero el hibridismo de su lenguaje y de su porte me parecen indudable reflejo de una oscilación psíquica entre dos mundos irreductibles y que vanamente quiere conciliar y superar: el norteamericano y el mexicano. El pachuco no quiere ser mexicano, pero tampoco yanqui. Cuando llegué a Francia, en 1945, observé con asombro que la moda de los muchachos y muchachas de ciertos barrios —especialmente entre estudiantes y «artistas»— recordaba a la de los pachucos del sur de California. ¿Era una rápida e imaginativa adaptación de lo que esos jóvenes, aislados durante años, pensaban que era la moda norteamericana? Pregunté a varias personas. Casi todas me dijeron que esa moda era exclusivamente francesa y que había sido creada al fin de la ocupación. Algunos llegaban hasta a considerarla como una de las formas de la Resistencia; su fantasía y barroquismo eran una respuesta al orden de los alemanes. Aunque no excluyo la posibilidad de una imitación más o menos indirecta, la coincidencia me parece notable y significativa.

su nombre verdadero, su nombre inglés, un nombre que se ha fundido ya a los colores y a los pétalos, un nombre que ya es la cosa misma? Si yo digo buganvilia, tú piensas en las que has visto en tu pueblo, trepando un fresno, moradas y litúrgicas, o sobre un muro, cierta tarde, bajo una luz plateada. Y la buganvilia forma parte de tu ser, es una parte de tu cultura, es eso que recuerdas después de haberlo olvidado. Esto es muy hermoso, pero no es mío, porque lo que dicen el ciruelo y los eucaliptus no lo dicen para mí, ni a mí me lo dicen».

Sí, nos encerramos en nosotros mismos, hacemos más profunda y exacerbada la conciencia de todo lo que nos separa, nos aísla o nos distingue. Y nuestra soledad aumenta porque no buscamos a nuestros compatriotas, sea por temor a contemplarnos en ellos, sea por un penoso sentimiento defensivo de nuestra intimidad. El mexicano, fácil a la efusión sentimental, la rehúye. Vivimos ensimismados, como esos adolescentes taciturnos —y, de paso, diré que apenas si he encontrado esa especie entre los jóvenes norteamericanos— dueños de no se sabe qué secreto, guardado por una apariencia hosca, pero que espera solo el momento propicio para revelarse.

No quisiera extenderme en la descripción de estos sentimientos ni en la aparición, muchas veces simultánea, de estados deprimidos o frenéticos. Todos ellos tienen en común el ser irrupciones inesperadas, que rompen un equilibrio difícil, hecho de la imposición de formas que nos oprimen o mutilan. La existencia de un sentimiento de real o supuesta inferioridad frente al mundo podría explicar, parcialmente al menos, la reserva con que el mexicano se presenta ante los demás y la violencia inesperada con que las fuerzas reprimidas rompen esa máscara impasible. Pero más vasta y profunda que el sentimiento de inferioridad, yace la soledad. Es imposible identificar ambas actitudes: sentirse solo no es sentirse inferior, sino distinto. El sentimiento de soledad, por otra parte, no es una ilusión —como a veces lo es el de inferioridad— sino la expresión de un hecho real: somos, de verdad, distintos. Y, de verdad, estamos solos.

No es el momento de analizar este profundo sentimiento de soledad que se afirma y se niega, alternativamente, en la melancolía y el júbilo, en el silencio y el alarido, en el crimen gratuito y el fervor religioso. En todos lados el hombre está solo. Pero la soledad del mexicano, bajo la gran noche de piedra de la Altiplanicie, poblada todavía de dioses insaciables, es diversa a la del norteamericano, extraviado en un mundo abstracto de máquinas, conciudadanos y preceptos morales. En el Valle de México el hombre se siente suspendido entre el cielo y la tierra y oscila entre poderes y fuerzas contrarias, ojos petrificados, bocas que devoran. La realidad, esto es, el mundo que nos rodea, existe por sí misma, tiene vida propia y no ha sido inventada, como en los Estados Unidos, por el hombre. El mexicano se siente arrancado del seno de esa realidad, a un tiempo creadora y destructora, Madre y Tumba. Ha olvidado el nombre, la palabra que lo liga a todas esas fuerzas en que se manifiesta la vida. Por eso grita o calla, apuñala o reza, se echa a dormir cien años.

La historia de México es la del hombre que busca su filiación, su origen. Sucesivamente afrancesado, hispanista, indigenista, *pocho*, cruza la historia como un cometa de jade, que de vez en cuando relampaguea. En su excéntrica carrera ¿qué persigue? Va tras su catástrofe: quiere volver a ser sol, volver al centro de la vida de donde un día —¿en la Conquista o en la Independencia?— fue desprendido. Nuestra soledad tiene las mismas raíces que el sentimiento religioso. Es una orfandad, una oscura conciencia de que hemos sido arrancados del Todo y una ardiente búsqueda: una fuga y un regreso, tentativa por restablecer los lazos que nos unían a la creación.

Nada más alejado de este sentimiento que la soledad del norteamericano. En ese país el hombre no se siente arrancado del centro de la creación ni suspendido entre fuerzas enemigas. El mundo ha sido construido por él y está hecho a su imagen: es su espejo. Pero ya no se reconoce en esos objetos inhumanos, ni tampoco en sus semejantes. Como el mago inexperto, sus creaciones ya no le obedecen. Está solo entre sus obras, perdido en un «páramo de espejos», como dice José Gorostiza.

Algunos pretenden que todas las diferencias entre los norteamericanos y nosotros son económicas, esto es, que ellos son ricos y nosotros pobres, que ellos nacieron en la Democracia, el Capitalismo y la Revolución Industrial y nosotros en la Contrarreforma, el Monopolio y el Feudalismo. Por más profunda y determinante que sea la influencia del sistema de producción en la creación de la cultura, me rehúso a creer que bastará con que poseamos una industria pesada y vivamos libres de todo imperialismo económico para que desaparezcan nuestras diferencias (más bien espero lo contrario y en esa posibilidad veo una de las grandezas de la Revolución). Mas ¿para qué buscar en la historia una respuesta que solo nosotros podemos dar? Si somos nosotros los que nos sentimos distintos, ¿qué nos hace diferentes, y en qué consisten esas diferencias?

Voy a insinuar una respuesta que quizá no sea del todo satisfactoria. Con ella no pretendo sino aclararme a mí mismo el sentido de algunas experiencias y admito que tal vez no tenga más valor que el de constituir una respuesta personal a una pregunta personal.

Cuando llegué a los Estados Unidos me asombró por encima de todo la seguridad y la confianza de la gente, su aparente alegría y su aparente conformidad con el mundo que los rodeaba. Esta satisfacción no impide, claro está, la crítica —una crítica valerosa y decidida, que no es muy frecuente en los países del Sur, en donde prolongadas dictaduras nos han hecho más cautos para expresar nuestros puntos de vista. Pero esa crítica respeta la estructura de los sistemas y nunca desciende hasta las raíces. Recordé entonces aquella distinción que hacía Ortega y Gasset entre los usos y los abusos, para definir lo que llamaba «espíritu revolucionario». El revolucionario es siempre radical, quiero decir, no anhela corregir los abusos, sino los usos mismos. Casi todas las críticas que escuché en labios de norteamericanos eran de carácter reformista: dejaban intacta la estructura social o cultural y solo tendían a limitar o a perfeccionar estos o aquellos procedimientos. Me pareció entonces —y me sigue pareciendo todavía— que los Estados Unidos son una sociedad que quiere realizar sus ideales, que no desea cambiarlos por otros y que, por más amenazador que le parezca el futuro, tiene confianza en su supervivencia. No quisiera discutir ahora si este sentimiento se encuentra justificado por la realidad o por la razón, sino solamente señalar su existencia. Esta confianza en la bondad natural de la vida, o en la infinita riqueza de sus posibilidades, es cierto que no se encuentra en la más reciente literatura norteamericana, que más bien se complace en la pintura de un mundo sombrío, pero era visible en la conducta, en las palabras y aun en el rostro de casi todas las personas que trataba.[4]

Por otra parte, se me había hablado del realismo americano y, también, de su ingenuidad, cualidades que al parecer se excluyen. Para nosotros un realista siempre es un pesimista. Y una persona ingenua no puede serlo mucho tiempo si de veras contempla la vida con realismo. ¿No sería más exacto decir que los norteamericanos no desean tanto conocer la realidad como utilizarla? En algunos casos —por ejemplo, ante la muerte— no solo no quieren conocerla sino que visiblemente evitan su idea. Conocí algunas señoras ancianas que todavía tenían ilusiones y que hacían planes para el futuro, como si este fuera inagotable. Desmentían así aquella frase de Nietzsche, que condena a las mujeres a un precoz escepticismo, porque «en tanto que los hombres tienen ideales, las mujeres solo tienen ilusiones». Así pues, el realismo americano es de una especie muy particular y su ingenuidad no excluye el disimulo y aun la hipocresía. Una hipocresía que si es un vicio del carácter también es una tendencia del pensamiento, pues consiste en la negación de todos aquellos aspectos de la realidad que nos parecen desagradables, irracionales o repugnantes.

---

[4] Estas líneas fueron escritas antes de que la opinión pública se diese clara cuenta del peligro de aniquilamiento universal que entrañan las armas nucleares. Desde entonces los norteamericanos han perdido su optimismo pero no su confianza, una confianza hecha de resignación y obstinación. En realidad, aunque muchos lo afirman de labios para afuera, nadie cree —nadie quiere creer— que la amenaza es real e inmediata.

La contemplación del horror, y aun la familiaridad y la complacencia en su trato, constituyen contrariamente uno de los rasgos más notables del carácter mexicano. Los Cristos ensangrentados de las iglesias pueblerinas, el humor macabro de ciertos encabezados de los diarios, los «velorios», la costumbre de comer el 2 de noviembre panes y dulces que fingen huesos y calaveras, son hábitos, heredados de indios y españoles, inseparables de nuestro ser. Nuestro culto a la muerte es culto a la vida, del mismo modo que el amor, que es hambre de vida, es anhelo de muerte. El gusto por la autodestrucción no se deriva nada más de tendencias masoquistas, sino también de una cierta religiosidad.

Y no terminan aquí nuestras diferencias. Ellos son crédulos, nosotros creyentes; aman los cuentos de hadas y las historias policíacas, nosotros los mitos y las leyendas. Los mexicanos mienten por fantasía, por desesperación o para superar su vida sórdida; ellos no mienten, pero sustituyen la verdad verdadera, que es siempre desagradable, por una verdad social. Nos emborrachamos para confesarnos; ellos para olvidarse. Son optimistas; nosotros nihilistas —solo que nuestro nihilismo no es intelectual, sino una reacción instintiva: por lo tanto es irrefutable. Los mexicanos son desconfiados; ellos abiertos. Nosotros somos tristes y sarcásticos; ellos alegres y humorísticos. Los norteamericanos quieren comprender; nosotros contemplar. Son activos; nosotros quietistas: disfrutamos de nuestras llagas como ellos de sus inventos. Creen en la higiene, en la salud, en el trabajo, en la felicidad, pero tal vez no conocen la verdadera alegría, que es una embriaguez y un torbellino. En el alarido de la noche de fiesta nuestra voz estalla en luces y vida y muerte se confunden; su vitalidad se petrifica en una sonrisa: niega la vejez y la muerte, pero inmoviliza la vida.

¿Y cuál es la raíz de tan contrarias actitudes? Me parece que para los norteamericanos el mundo es algo que se puede perfeccionar; para nosotros, algo que se puede redimir. Ellos son modernos. Nosotros, como sus antepasados puritanos, creemos que el pecado y la muerte constituyen el fondo último de la naturaleza humana. Solo que el puritano identifica la pureza con la salud. De ahí el ascetismo que purifica, y sus consecuencias: el culto al trabajo por el trabajo, la vida sobria —a pan y agua—, la inexistencia del cuerpo en tanto que posibilidad de perderse —o encontrarse— en otro cuerpo. Todo contacto contamina. Razas, ideas, costumbres, cuerpos extraños llevan en sí gérmenes de perdición e impureza. La higiene social completa la del alma y la del cuerpo. En cambio los mexicanos, antiguos o modernos, creen en la comunión y en la fiesta; no hay salud sin contacto. Tlazoltéotl, la diosa azteca de la inmundicia y la fecundidad, de los humores terrestres y humanos, era también la diosa de los baños de vapor, del amor sexual y de la confesión. Y no hemos cambiado tanto: el catolicismo también es comunión.

Ambas actitudes me parecen irreconciliables y, en su estado actual, insuficientes. Mentiría si dijera que alguna vez he visto transformado el sentimiento de culpa en otra cosa que no sea rencor, solitaria desesperación o ciega idolatría. La religiosidad de nuestro pueblo es muy profunda —tanto como su inmensa miseria y desamparo— pero su fervor no hace sino darle vueltas a una noria exhausta desde hace siglos. Mentiría también si dijera que creo en la fertilidad de una sociedad fundada en la imposición de ciertos principios modernos. La historia contemporánea invalida la creencia en el hombre como una criatura capaz de ser modificada esencialmente por estos o aquellos instrumentos pedagógicos o sociales. El hombre no es solamente fruto de la historia y de las fuerzas que la mueven, como se pretende ahora; tampoco la historia es el resultado de la sola voluntad humana —presunción en que se funda, implícitamente, el sistema de vida norteamericano—. El hombre, me parece, no está en la historia: es historia.

El sistema norteamericano solo quiere ver la parte positiva de la realidad. Desde la infancia se somete a hombres y mujeres a un inexorable proceso de adaptación; ciertos principios, contenidos en breves fórmulas, son repetidos sin cesar por la prensa, la radio, las iglesias, las escuelas y esos seres bondadosos

y siniestros que son las madres y esposas norteamericanas. Presos
en esos esquemas, como la planta en una maceta que la ahoga, el
hombre y la mujer nunca crecen o maduran. Semejante confa-
bulación no puede sino provocar violentas rebeliones indivi-
duales. La espontaneidad se venga en mil formas, sutiles o terri-
bles. La máscara benevolente, atenta y desierta, que sustituye
a la movilidad dramática del rostro humano, y la sonrisa que
la fija casi dolorosamente, muestran hasta qué punto la intimi-
dad puede ser devastada por la árida victoria de los principios
sobre los instintos. El sadismo subyacente en casi todas las
formas de relación de la sociedad norteamericana contemporá-
nea, acaso no sea sino una manera de escapar a la petrificación
que impone la moral de la pureza aséptica. Y las religiones nue-
vas, las sectas, la embriaguez que libera y abre las puertas de la
«vida». Es sorprendente la significación casi fisiológica y des-
tructiva de esa palabra: vivir quiere decir excederse, romper
normas, ir hasta el fin (¿de qué?), «experimentar sensaciones».
Cohabitar es una «experiencia» (por eso mismo unilateral y
frustrada). Pero no es el objeto de estas líneas describir esas
reacciones. Baste decir que todas ellas, como las opuestas mexi-
canas, me parecen reveladoras de nuestra común incapacidad
para reconciliarnos con el fluir de la vida.

Un examen de los grandes mitos humanos relativos al origen
de la especie y al sentido de nuestra presencia en la tierra, re-
vela que toda cultura —entendida como creación y participación
común de valores— parte de la convicción de que el orden del
universo ha sido roto o violado por el hombre, ese intruso. Por
el «hueco» o abertura de la herida que el hombre ha infligido
en la carne compacta del mundo, puede irrumpir de nuevo el
caos, que es el estado antiguo y, por decirlo así, *natural* de la
vida. El regreso «del antiguo Desorden Original» es una ame-
naza que obsesiona a todas las conciencias en todos los tiempos.
Hölderlin expresa en varios poemas el pavor ante la fatal se-
ducción que ejerce sobre el universo y sobre el hombre la gran
boca vacía del caos:

[...] si, fuera del camino recto,
como caballos furiosos, se desbocan los Elementos
cautivos y las antiguas
leyes de la Tierra. *Y un deseo de volver a lo informe
brota incesante.* Hay mucho
que defender. Hay que ser fieles.[5]

Hay que ser fieles, porque hay *mucho que defender*. El hombre colabora activamente a la defensa del orden universal, sin cesar amenazado por lo informe. Y cuando este se derrumba debe crear uno nuevo, esta vez suyo. Pero el exilio, la expiación y la penitencia deben preceder a la reconciliación del hombre con el universo. Ni mexicanos ni norteamericanos hemos logrado esta reconciliación. Y lo que es más grave, temo que hayamos perdido el sentido mismo de toda actividad humana: asegurar la vigencia de un orden en que coincidan la conciencia y la inocencia, el hombre y la naturaleza. Si la soledad del mexicano es la de las aguas estancadas, la del norteamericano es la del espejo. Hemos dejado de ser fuentes.

Es posible que lo que llamamos pecado no sea sino la expresión mítica de la conciencia de nosotros mismos, de nuestra soledad. Recuerdo que en España, durante la guerra, tuve la revelación de «otro hombre» y de otra clase de soledad: ni cerrada ni maquinal, sino abierta a la trascendencia. Sin duda la cercanía de la muerte y la fraternidad de las armas producen, en todos los tiempos y en todos los países, una atmósfera propicia a lo extraordinario, a todo aquello que sobrepasa la condición humana y rompe el círculo de soledad que rodea a cada hombre. Pero en aquellos rostros —rostros obtusos y obstinados, brutales y groseros, semejantes a los que, sin complacencia y con un realismo, acaso encarnizado, nos ha dejado la pintura española— había algo como una desesperación esperanzada, algo muy concreto y al mismo tiempo muy universal. No he visto después rostros parecidos.

---

[5] *Los frutos maduros.*

Mi testimonio puede ser tachado de ilusorio. Considero inútil detenerme en esa objeción: esa evidencia ya forma parte de mi ser. Pensé entonces —y lo sigo pensando— que en aquellos hombres amanecía «otro hombre». El sueño español —no por español, sino por universal y, al mismo tiempo, por concreto, porque era un sueño de carne y hueso y ojos atónitos— fue luego roto y manchado. Y los rostros que vi han vuelto a ser lo que eran antes de que se apoderase de ellos aquella alborozada seguridad (¿en qué: en la vida o en la muerte?): rostros de gente humilde y ruda. Pero su recuerdo no me abandona. Quien ha visto la Esperanza, no la olvida. La busca bajo todos los cielos y entre todos los hombres. Y sueña que un día va a encontrarla de nuevo, no sabe dónde, acaso entre los suyos. En cada hombre late la posibilidad de ser o, más exactamente, *de volver a ser*, otro hombre.

MÁSCARAS MEXICANAS

> *Corazón apasionado*
> *disimula tu tristeza.*
> Canción popular

Viejo o adolescente, criollo o mestizo, general, obrero o licenciado, el mexicano se me aparece como un ser que se encierra y se preserva: máscara el rostro, máscara la sonrisa. Plantado en su arisca soledad, espinoso y cortés a un tiempo, todo le sirve para defenderse: el silencio y la palabra, la cortesía y el desprecio, la ironía y la resignación. Tan celoso de su intimidad como de la ajena, ni siquiera se atreve a rozar con los ojos al vecino: una mirada puede desencadenar la cólera de esas almas cargadas de electricidad. Atraviesa la vida como desollado; todo puede herirle, palabras y sospecha de palabras. Su lenguaje está lleno de reticencias, de figuras y alusiones, de puntos suspensivos; en su silencio hay repliegues, matices, nubarrones, arcoíris súbitos, amenazas indescifrables. Aun en la disputa prefiere la expresión velada a la injuria: «al buen entendedor pocas palabras». En suma, entre la realidad y su persona se establece una muralla, no por invisible menos infranqueable, de impasibilidad y lejanía. El mexicano siempre está lejos, lejos del mundo y de los demás. Lejos, también, de sí mismo.

El lenguaje popular refleja hasta qué punto nos defendemos del exterior: el ideal de la «hombría» consiste en no «rajarse» nunca. Los que se «abren» son cobardes. Para nosotros, contrariamente a lo que ocurre con otros pueblos, abrirse es una debilidad o una traición. El mexicano puede doblarse, humillarse, «agacharse», pero no «rajarse», esto es, permitir que el mundo exterior penetre en su intimidad. El «rajado» es de poco fiar, un traidor o un hombre de dudosa fidelidad, que cuenta los secretos y es incapaz de afrontar los peligros como se debe. Las mujeres son seres inferiores porque, al entregarse, se abren. Su inferioridad es constitucional y radica en su sexo, en su «rajada», herida que jamás cicatriza.

El hermetismo es un recurso de nuestro recelo y desconfianza. Muestra que instintivamente consideramos peligroso al medio que nos rodea. Esta reacción se justifica si se piensa en lo que ha sido nuestra historia y en el carácter de la sociedad que hemos creado. La dureza y la hostilidad del ambiente —y esa amenaza, escondida e indefinible, que siempre flota en el aire— nos obligan a cerrarnos al exterior, como esas plantas de la meseta que acumulan sus jugos tras una cáscara espinosa. Pero esta conducta, legítima en su origen, se ha convertido en un mecanismo que funciona solo, automáticamente. Ante la simpatía y la dulzura nuestra respuesta es la reserva, pues no sabemos si esos sentimientos son verdaderos o simulados. Y además, nuestra integridad masculina corre tanto peligro ante la benevolencia como ante la hostilidad. Toda abertura de nuestro ser entraña una disminución de nuestra hombría.

Nuestras relaciones con los otros hombres también están teñidas de recelo. Cada vez que el mexicano se confía a un amigo o a un conocido, cada vez que se «abre», abdica. Y teme que el desprecio del confidente siga a su entrega. Por eso la confidencia deshonra y es tan peligrosa para el que la hace como para el que la escucha; no nos ahogamos en la fuente que nos refleja, como Narciso, sino que la cegamos. Nuestra cólera no se nutre nada más del temor de ser utilizados por nuestros confidentes —temor general a todos los hombres— sino de la vergüenza de haber renunciado a nuestra soledad. El que se confía, se enajena; «me he vendido con Fulano», decimos cuando nos confiamos a alguien que no lo merece. Esto es, nos hemos «rajado», alguien ha penetrado en el castillo fuerte. La distancia entre hombre y hombre, creadora del mutuo respeto y la mutua seguridad, ha desaparecido. No solamente estamos a merced del intruso, sino que hemos abdicado.

Todas esas expresiones revelan que el mexicano considera la vida como lucha, concepción que no lo distingue del resto de los hombres modernos. El ideal de hombría para los otros pueblos consiste en una abierta y agresiva disposición al combate; nosotros acentuamos el carácter defensivo, listos a repeler el ataque. El «macho» es un ser hermético, encerrado en sí mismo, capaz de guardarse y guardar lo que se le confía. La hombría se mide por la invulnerabilidad ante las armas enemigas o ante los impactos del mundo exterior. El estoicismo es la más alta de nuestras virtudes guerreras y políticas. Nuestra historia está llena de frases y episodios que revelan la indiferencia de nuestros héroes ante el dolor o el peligro. Desde niños nos enseñan a sufrir con dignidad las derrotas, concepción que no carece de grandeza. Y si no todos somos estoicos e impasibles —como Juárez y Cuauhtémoc— al menos procuramos ser resignados, pacientes y sufridos. La resignación es una de nuestras virtudes populares. Más que el brillo de la victoria nos conmueve la entereza ante la adversidad.

La preeminencia de lo cerrado frente a lo abierto no se manifiesta solo como impasibilidad y desconfianza, ironía y recelo, sino como el amor a la forma. Esta contiene y encierra a la intimidad, impide sus excesos, reprime sus explosiones, la separa y aísla, la preserva. La doble influencia indígena y española se conjugan en nuestra predilección por la ceremonia, las fórmulas y el orden. El mexicano, contra lo que supone una superficial interpretación de nuestra historia, aspira a crear un mundo ordenado conforme a principios claros. La agitación y encono de nuestras luchas políticas prueba hasta qué punto las nociones jurídicas juegan un papel importante en nuestra vida pública. Y en la de todos los días el mexicano es un hombre que se esfuerza por ser formal y que muy fácilmente se convierte en formulista. Y es explicable. El orden —jurídico, social, religioso o artístico— constituye una esfera segura y estable. En su ámbito basta con ajustarse a los modelos y principios que regulan la vida; nadie, para manifestarse, necesita recurrir a la continua invención que exige una sociedad libre. Quizá nuestro tradicionalismo —que es una de las constantes de nuestro ser y lo que le da coherencia y antigüedad a nuestro pueblo— parte del amor que profesamos a la forma.

Las complicaciones rituales de la cortesía, la persistencia del humanismo clásico, el gusto por las formas cerradas en la poesía (el soneto y la décima por ejemplo), nuestro amor por la geometría en las artes decorativas, por el dibujo y la composición en la pintura, la pobreza de nuestro romanticismo frente a la excelencia de nuestro arte barroco, el formalismo de nuestras instituciones políticas y, en fin, la peligrosa inclinación que mostramos por la fórmulas —sociales, morales y burocráticas—, son otras tantas excepciones de esta tendencia de nuestro carácter. El mexicano no solo no se abre; tampoco se derrama.

A veces las formas nos ahogan. Durante el siglo pasado los liberales vanamente intentaron someter la realidad del país a la camisa de fuerza de la Constitución de 1857. Los resultados fueron la Dictadura de Porfirio Díaz y la Revolución de 1910. En cierto sentido la historia de México, como la de cada mexicano, consiste en una lucha entre las formas y fórmulas en que se pretende encerrar a nuestro ser y las explosiones con que nuestra espontaneidad se venga. Pocas veces la forma ha sido una creación original, un equilibrio alcanzado no a expensas sino gracias a la expresión de nuestros instintos y quereres. Nuestras formas jurídicas y morales, por el contrario, mutilan con frecuencia a nuestro ser, nos impiden expresarnos y niegan satisfacción a nuestros apetitos vitales.

La preferencia por la forma, inclusive vacía de su contenido, se manifiesta a lo largo de la historia de nuestro arte, desde la época precortesiana hasta nuestros días. Antonio Castro Leal, en su excelente estudio sobre Juan Ruiz de Alarcón, muestra cómo la reserva frente al romanticismo —que es, por definición, expansivo y abierto— se expresa ya en el siglo XVIII, esto es, antes de que siquiera tuviésemos conciencia de nacionalidad. Tenían razón los contemporáneos de Juan Ruiz de Alarcón al acusarlo de entrometido, aunque más bien hablasen de la deformidad de su cuerpo que de la singularidad de su obra. En efecto, la porción más característica de su teatro niega al de sus contemporáneos españoles. Y su negación contiene, en cifra, la que México ha opuesto siempre a España. El teatro de Alarcón es una respuesta a la vitalidad española, afirmativa y deslumbrante en esa época, y que se expresa a través de un gran *Sí* a la historia y a las pasiones. Lope exalta el amor, lo heroico, lo sobrehumano, lo increíble; Alarcón opone a estas virtudes desmesuradas otras más sutiles y burguesas: la dignidad, la cortesía, el estoicismo melancólico, un pudor sonriente. Los problemas morales interesan poco a Lope, que ama la acción, como todos sus contemporáneos. Más tarde Calderón mostrará el mismo desdén por la psicología; los conflictos morales y las oscilaciones, caídas y cambios del alma humana solo son metáforas que transparentan un drama teológico cuyos dos personajes son el pecado original y la Gracia divina. En las comedias más representativas de Alarcón, en cambio, el cielo cuenta poco, tan poco como el viento pasional que arrebata a los personajes lopescos. El hombre, nos dice el mexicano, es un compuesto y el mal y el bien se mezclan sutilmente en su alma. En lugar de proceder por síntesis, utiliza el análisis: el héroe se vuelve problema. En varias comedias se plantea la cuestión de la mentira; ¿hasta qué punto el mentiroso de veras miente, de veras se propone engañar?;

¿no es él la primera víctima de sus engaños y no es a sí mismo a quien engaña? El mentiroso se miente a sí mismo: tiene miedo de sí. Al plantearse el problema de la autenticidad, Alarcón anticipa uno de los temas constantes de reflexión del mexicano, que más tarde recogerá Rodolfo Usigli en *El gesticulador*.

En el mundo de Alarcón no triunfan la pasión ni la Gracia; todo se subordina a lo razonable; sus arquetipos son los de la moral que sonríe y perdona. Al substituir los valores vitales y románticos de Lope por los abstractos de una moral universal y razonable, ¿no se evade, no nos escamotea su propio ser? Su negación, como la de México, no afirma nuestra singularidad frente a la de los españoles. Los valores que postula Alarcón pertenecen a todos los hombres y son una herencia grecorromana tanto como una profecía de la moral que impondrá el mundo burgués. No expresan nuestra espontaneidad, ni resuelven nuestros conflictos; son formas que no hemos creado ni sufrido, máscaras. Solo hasta nuestros días hemos sido capaces de enfrentar al *Sí* español un *Sí* mexicano y no una afirmación intelectual, vacía de nuestras peculiaridades. La Revolución mexicana, al descubrir las artes populares, dio origen a la pintura moderna; al descubrir el lenguaje de los mexicanos, creó la nueva poesía.

Si en la política y el arte el mexicano aspira a crear mundos cerrados, en la esfera de las relaciones cotidianas procura que imperen el pudor, el recato y la reserva ceremoniosa. El pudor, que nace de la vergüenza ante la desnudez propia o ajena, es un reflejo casi físico entre nosotros. Nada más alejado de esta actitud que el miedo al cuerpo, característico de la vida norteamericana. No nos da miedo ni vergüenza nuestro cuerpo; lo afrontamos con naturalidad y lo vivimos con cierta plenitud —a la inversa de lo que ocurre con los puritanos. Para nosotros el cuerpo existe; da gravedad y límites a nuestro ser. Lo sufrimos y gozamos; no es un traje que estamos acostumbrados a habitar, ni algo ajeno a nosotros: somos nuestro cuerpo. Pero las miradas extrañas nos sobresaltan, porque el cuerpo no vela la intimidad, sino la descubre. El pudor, así, tiene un carácter defensivo, como la muralla china de la cortesía o las cercas de los órganos y cactus que separan en el campo a los jacales de los campesinos. Y por eso la virtud que más estimamos en las mujeres es el recato, como en los hombres la reserva. Ellas también deben defender su intimidad.

Sin duda en nuestra concepción del recato femenino interviene la vanidad masculina del señor —que hemos heredado de indios y españoles. Como casi todos los pueblos, los mexicanos consideran a la mujer como un instrumento, ya de los deseos del hombre, ya de los fines que le asignan la ley, la sociedad o la moral. Fines, hay que decirlo, sobre los que nunca se le ha pedido su consentimiento y en cuya realización participa solo pasivamente, en tanto que «depositaria» de ciertos valores. Prostituta, diosa, gran señora, amante, la mujer transmite o conserva, pero no crea, los valores y energías que le confían la naturaleza o la sociedad. En un mundo hecho a la imagen de los hombres, la mujer es solo un reflejo de la voluntad y querer masculinos. Pasiva, se convierte en diosa, amada, ser que encarna los elementos estables y antiguos del universo: la tierra, madre y virgen; activa, es siempre función, medio, canal. La feminidad nunca es un fin en sí mismo, como lo es la hombría.

En otros países estas funciones se realizan a la luz pública y con brillo. En algunos se reverencia a las prostitutas o a las vírgenes; en otros, se premia a las madres; en casi todos, se adula y respeta a la gran señora. Nosotros preferimos ocultar esas gracias y virtudes. El secreto debe acompañar a la mujer. Pero la mujer no solo debe ocultarse sino que, además, debe ofrecer cierta impasibilidad sonriente al mundo exterior. Ante el escarceo erótico, debe ser «decente»; ante la adversidad, «sufrida». En ambos casos su respuesta no es instintiva ni personal, sino conforme a un modelo genérico. Y ese modelo, como en el caso del «macho», tiende a subrayar los aspectos defensivos y pasivos, en una gama que va desde el pudor y la «decencia» hasta el estoicismo, la resignación y la impasibilidad.

La herencia hispanoárabe no explica completamente esta conducta. La actitud de los españoles frente a las mujeres es muy simple y se expresa, con brutalidad y concisión, en dos refranes: «la mujer en la casa y con la pata rota» y «entre santa y santo, pared de cal y canto». La mujer es una fiera doméstica, lujuriosa y pecadora de nacimiento, a quien hay que someter con el palo y conducir con el «freno de la religión». De ahí que muchos españoles consideren a las extranjeras —y especialmente a las que pertenecen a países de raza o religión diversas a las suyas— como presa fácil. Para los mexicanos la mujer es un ser obscuro, secreto y pasivo. No se le atribuyen malos instintos: se pretende que ni siquiera los tiene. Mejor dicho, no son suyos sino de la especie; la mujer encarna la voluntad de la vida, que es por esencia impersonal. Ser ella misma, dueña de su deseo, su pasión o su capricho, es ser infiel a sí misma. Bastante más libre y pagano que el español —como heredero de las grandes religiones naturalistas precolombinas— el mexicano no condena al mundo natural. Tampoco el amor sexual está teñido de luto y horror, como en España. La peligrosidad no radica en el instinto sino en asumirlo personalmente. Reaparece así la idea de pasividad: tendida o erguida, vestida o desnuda, la mujer nunca es ella misma. Manifestación indiferenciada de la vida, es el canal del apetito cósmico. En ese sentido, no tiene deseos propios.

Las norteamericanas proclaman también la ausencia de instintos y deseos, pero la raíz de su pretensión es distinta y hasta contraria. La norteamericana oculta o niega ciertas partes de su cuerpo —y, con más frecuencia, de su psiquis: son inmorales y, por lo tanto, no existen. Al negarse, se reprime su espontaneidad. La mexicana simplemente no tiene voluntad. Su cuerpo duerme y solo se enciende si alguien lo despierta. Nunca es pregunta, sino respuesta, materia fácil y vibrante que la imaginación y la sensualidad masculina esculpen. Frente a la actividad que despliegan las otras mujeres, que desean cautivar a los hombres a través de la agilidad de su espíritu o del movimiento de su cuerpo, la mexicana opone un cierto hieratismo, un reposo hecho al mismo tiempo de espera y desdén. El hombre revolotea a su alrededor, la festeja, la canta, hace caracolear su caballo o su imaginación. Ella se vela en el recato y la inmovilidad. Es un ídolo. Como todos los ídolos, es dueña de fuerzas magnéticas, cuya efectividad y poder crecen a medida que el foco emisor es más pasivo y secreto. Analogía cósmica: la mujer no busca, atrae. Y el centro de su atracción es su sexo, oculto, pasivo. Inmóvil sol secreto.

Esta concepción —bastante falsa si se piensa que la mexicana es muy sensible e inquieta— no la convierte en mero objeto, en cosa. La mujer mexicana, como todas las otras, es un símbolo que representa la estabilidad y continuidad de la raza. A su significación cósmica se alía la social: en la vida diaria su función consiste en hacer imperar la ley y el orden, la piedad y la dulzura. Todos cuidamos que nadie «falte al respeto a las señoras», noción universal, sin duda, pero que en México se lleva hasta sus últimas consecuencias. Gracias a ella se suavizan muchas de las asperezas de nuestras relaciones de «hombre a hombre». Naturalmente habría que preguntar a las mexicanas su opinión; ese «respeto» es a veces una hipócrita manera de sujetarlas e impedirles que se expresen. Quizá muchas preferirían ser tratadas con menos «respeto» (que, por lo demás, se les concede solamente en público) y con más libertad y autenticidad. Esto es, como seres humanos y no como símbolos o funciones. Pero, ¿cómo vamos a consentir que ellas se expresen, si toda nuestra vida tiende a paralizarse en una máscara que oculte nuestra identidad?

Ni la modestia propia, ni la vigilancia social, hacen invulnerable a la mujer. Tanto por la fatalidad de su anatomía «abierta» como por su situación social —depositaria de la honra, a la española— está expuesta a toda clase de peligros, contra los que nada pueden la moral personal ni la protección masculina. El mal radica en ella misma; por naturaleza es un ser «rajado», abierto. Mas, en virtud de un mecanismo de compensación fácilmente explicable, se hace virtud de su flaqueza original y se crea el mito de la «sufrida mujer mexicana». El ídolo —siempre vulnerable, siempre en trance de convertirse en ser humano—

se transforma en víctima endurecida e insensible al sufrimien-
to, encallecida a fuerza de sufrir. (Una persona «sufrida» es
menos sensible al dolor que las que apenas si han sido tocadas
por la adversidad). Por obra del sufrimiento, las mujeres se
vuelven como los hombres: invulnerables, impasibles y estoicas.

Se dirá que al transformar en virtud algo que debería ser
motivo de vergüenza, solo pretendemos descargar nuestra con-
ciencia y encubrir con una imagen una realidad atroz. Es cier-
to, pero también lo es que al atribuir a la mujer la misma in-
vulnerabilidad a que aspiramos, recubrimos con una inmunidad
moral su fatalidad anatómica, abierta al exterior. Gracias al
sufrimiento, y a su capacidad para resistirlo sin protesta, la
mujer trasciende su condición y adquiere los mismos atributos
del hombre.

Es curioso advertir que la imagen de la «mala mujer» casi
siempre se presenta acompañada de la idea de actividad. A la
inversa de la «abnegada madre», de la «novia que espera» y del
ídolo hermético, seres estáticos, la «mala» va y viene, busca a
los hombres, los abandona. Por un mecanismo análogo al des-
crito más arriba, su extrema movilidad la vuelve invulnerable.
Actividad e impudicia se alían en ella y acaban por petrificar
su alma. La «mala» es dura, impía, independiente, como el
«macho». Por caminos distintos, ella también transciende su
fisiología y se cierra al mundo.

Es significativo, por otra parte, que el homosexualismo mas-
culino sea considerado con cierta indulgencia, por lo que toca
al agente activo. El pasivo, al contrario, es un ser degradado y
abyecto. El juego de los «albures» —esto es, el combate verbal
hecho de alusiones obscenas y de doble sentido, que tanto se
practica en la ciudad de México— transparenta esta ambigua
concepción. Cada uno de los interlocutores, a través de trampas
verbales y de ingeniosas combinaciones lingüísticas, procura
anonadar a su adversario; el vencido es el que no puede contes-
tar, el que se traga las palabras de su enemigo. Y esas palabras
están teñidas de alusiones sexualmente agresivas: el perdidoso
es poseído, violado, por el otro. Sobre él caen las burlas y escar-

nios de los espectadores. Así pues, el homosexualismo masculino es tolerado, a condición de que se trate de una violación del agente pasivo. Como en el caso de las relaciones heterosexuales, lo importante es «no abrirse» y, simultáneamente, rajar, herir al contrario.

Me parece que todas estas actitudes, por diversas que sean sus raíces, confirman el carácter «cerrado» de nuestras reacciones frente al mundo o frente a nuestros semejantes. Pero no nos bastan los mecanismos de preservación y defensa. La simulación, que no acude a nuestra pasividad sino que exige una invención activa y que se recrea a sí misma a cada instante, es una de nuestras formas de conducta habituales. Mentimos por placer y fantasía, sí, como todos los pueblos imaginativos, pero también para ocultarnos y ponernos al abrigo de intrusos. La mentira posee una importancia decisiva en nuestra vida cotidiana, en la política, el amor, la amistad. Con ella no pretendemos nada más engañar a los demás, sino a nosotros mismos. De ahí su fertilidad y lo que distingue a nuestras mentiras de las groseras invenciones de otros pueblos. La mentira es un juego trágico, en el que arriesgamos parte de nuestro ser. Por eso es estéril su denuncia.

El simulador pretende ser lo que no es. Su actividad reclama una constante improvisación, un ir hacia adelante siempre, entre arenas movedizas. A cada minuto hay que rehacer, recrear, modificar el personaje que fingimos, hasta que llega el momento en que realidad y apariencia, mentira y verdad, se confunden. De tejido de invenciones para deslumbrar al prójimo, la simulación se trueca en una forma superior, por artística, de la realidad. Nuestras mentiras reflejan, simultáneamente, nuestras carencias y nuestros apetitos, lo que no somos y lo que deseamos ser. Simulando, nos acercamos a nuestro modelo y a veces el gesticulador, como ha visto con hondura Usigli, se funde con sus gestos, los hace auténticos. La muerte del profesor Rubio lo convierte en lo que deseaba ser: el general Rubio, un revolucionario sincero y un hombre capaz de impulsar y purificar a la Revolución estancada. En la obra de Usigli el profesor

Rubio se inventa a sí mismo y se transforma en general; su mentira es tan verdadera que Navarro, el corrompido, no tiene más remedio que volver a matar en él a su antiguo jefe, el general Rubio. Mata en él la verdad de la Revolución.

Si por el camino de la mentira podemos llegar a la autenticidad, un exceso de sinceridad puede conducirnos a formas más refinadas de la mentira. Cuando nos enamoramos nos «abrimos», mostramos nuestra intimidad, ya que una vieja tradición quiere que el que sufre de amor exhiba sus heridas ante la que ama. Pero al descubrir sus llagas de amor, el enamorado transforma su ser en una imagen, en un objeto que entrega a la contemplación de la mujer —y de sí mismo. Al mostrarse, invita a que lo contemplen con los mismos ojos piadosos con que él se contempla. La mirada ajena ya no lo desnuda: lo recubre de piedad. Y al presentarse como espectáculo y pretender que se le mire con los mismos ojos con que él se ve, se evade del juego erótico, pone a salvo su verdadero ser, lo substituye por una imagen. Substrae su intimidad, que se refugia en sus ojos, esos ojos que son nada más contemplación y piedad de sí mismo. Se vuelve su imagen y la mirada que lo contempla.

En todos los tiempos y en todos los climas, las relaciones humanas —y especialmente las amorosas— corren el riesgo de volverse equívocas. Narcisismo y masoquismo no son tendencias exclusivas del mexicano. Pero es notable la frecuencia con que canciones populares, refranes y conductas cotidianas aluden al amor como falsedad y mentira. Casi siempre eludimos los riesgos de una relación desnuda a través de una exageración, en su origen sincera, de nuestros sentimientos. Asimismo, es revelador cómo el carácter combativo del erotismo se acentúa entre nosotros y se encona. El amor es una tentativa de penetrar en otro ser, pero solo puede realizarse a condición de que la entrega sea mutua. En todas partes es difícil este abandono de sí mismo; pocos coinciden en la entrega y más pocos aún logran trascender esa etapa posesiva y gozar del amor como lo que realmente es: un perpetuo descubrimiento, una inmersión en las aguas de la realidad y una recreación constante. Nosotros concebimos el amor como conquista y como lucha. No se trata tanto de penetrar la realidad, a través de un cuerpo, como de violarla. De ahí que la imagen del amante afortunado —herencia, acaso, del Don Juan español— se confunda con la del hombre que se vale de sus sentimientos —reales o inventados— para obtener a la mujer.

La simulación es una actividad parecida a la de los actores y puede expresarse en tantas formas como personajes fingimos. Pero el actor, si lo es de veras, se entrega a su personaje y lo encarna plenamente, aunque después, terminada la representación, lo abandone como su piel la serpiente. El simulador jamás se entrega y se olvida de sí, pues dejaría de simular si se fundiera con su imagen. Al mismo tiempo, esa ficción se convierte en una parte inseparable —y espuria— de su ser: está condenado a representar toda su vida, porque entre su personaje y él se ha establecido una complicidad que nada puede romper, excepto la muerte o el sacrificio. La mentira se instala en su ser y se convierte en el fondo último de su personalidad.

Simular es inventar o, mejor, aparentar y así eludir nuestra condición. La disimulación exige mayor sutileza: el que disimula no representa, sino que quiere hacerse invisible, pasar desapercibido, sin renunciar a su ser. El mexicano excede en el disimulo de sus pasiones y de sí mismo. Temeroso de la mirada ajena, se contrae, se reduce, se vuelve sombra y fantasma, eco. No camina, se desliza; no propone, insinúa; no replica, rezonga; no se queja, sonríe; hasta cuando canta —si no estalla y se abre el pecho— lo hace entre dientes y a media voz, disimulando su cantar:

> Y es tanta la tiranía
> de esta disimulación
> que aunque de raros anhelos
> se me hincha el corazón,
> tengo miradas de reto
> y voz de resignación.

Quizá el disimulo nació durante la Colonia. Indios y mestizos tenían, como en el poema de Reyes, que cantar quedo, pues «entre dientes mal se oyen las palabras de rebelión». El mundo colonial ha desaparecido, pero no el temor, la desconfianza y el recelo. Y ahora no solamente disimulamos nuestra cólera sino nuestra ternura. Cuando pide disculpas, la gente del campo suele decir: «Disimule usted, señor». Y disimulamos. Nos disimulamos con tal ahínco que casi no existimos.

En sus formas radicales el disimulo llega al mimetismo. El indio se funde con el paisaje, se confunde con la barda blanca en que se apoya por la tarde, con la tierra obscura en que se tiende a mediodía, con el silencio que lo rodea. Se disimula tanto su humana singularidad que acaba por abolirla y se vuelve piedra, pirú, muro, silencio: espacio. No quiero decir que comulgue con el Todo, a la manera panteísta, ni que en un árbol aprehenda todos los árboles, sino que efectivamente, esto es, de una manera concreta y particular, se confunde con un objeto determinado.

Roger Caillois observa que el mimetismo no implica siempre una tentativa de protección contra las amenazas virtuales que pululan en el mundo externo. A veces los insectos «se hacen los muertos» o imitan las formas de la materia en descomposición, fascinados por la muerte, por la inercia del espacio. Esta fascinación —fuerza de gravedad, diría yo, de la vida— es común a todos los seres y el hecho de que se exprese como mimetismo confirma que no debemos considerar a este exclusivamente como un recurso del instinto vital para escapar del peligro y la muerte.

Defensa frente al exterior o fascinación ante la muerte, el mimetismo no consiste tanto en cambiar de naturaleza como de apariencia. Es revelador que la apariencia escogida sea la muerte o la del espacio inerte, en reposo. Extenderse, confundirse con el espacio, ser espacio, es una manera de rehusarse a las apariencias, pero también es una manera de ser solo Apariencia. El mexicano tiene tanto horror a las apariencias, como amor le profesan sus demagogos y dirigentes. Por eso se disimula su

propio existir hasta confundirse con los objetos que lo rodean.
Y así, por medio de las apariencias, se vuelve solo Apariencia.
Aparenta ser otra cosa e incluso prefiere la apariencia de la muerte
o del no ser antes que abrir su intimidad y cambiar. La disimu-
lación mimética, en fin, es una de tantas manifestaciones de
nuestro hermetismo. Si el gesticulador acude al disfraz, los de-
más queremos pasar desapercibidos. En ambos casos ocultamos
nuestro ser. Y a veces lo negamos. Recuerdo que una tarde, como
oyera un leve ruido en el cuarto vecino al mío, pregunté en voz
alta: «¿Quién anda por ahí?». Y la voz de una criada recién
llegada de su pueblo contestó: «No es nadie señor, soy yo».

No solo nos disimulamos a nosotros mismos y nos hacemos
transparentes y fantasmales; también disimulamos la existencia
de nuestros semejantes. No quiero decir que los ignoremos o
los hagamos menos, actos deliberados y soberbios. Los disimu-
lamos de manera más definitiva y radical: los ninguneamos. El
ninguneo es una operación que consiste en hacer de Alguien,
Ninguno. La nada de pronto se individualiza, se hace cuerpo y
ojos, se hace Ninguno.

Don Nadie, padre español de Ninguno, posee don, vientre,
honra, cuenta en el banco y habla con voz fuerte y segura.
Don Nadie llena al mundo con su vacía y vocinglera presencia.
Está en todas partes y en todos los sitios tiene amigos. Es ban-
quero, embajador, hombre de empresa. Se pasea por todos los
salones, lo condecoran en Jamaica, en Estocolmo y en Londres.
Don Nadie es funcionario o influyente y tiene una agresiva y
engreída manera de no ser. Ninguno es silencioso y tímido,
resignado. Es sensible e inteligente. Sonríe siempre. Espera siem-
pre. Y cada vez que quiere hablar, tropieza con un muro de
silencio; si saluda encuentra una espalda glacial; si suplica, llora
o grita, sus gestos y gritos se pierden en el vacío que don Nadie
crea con su vozarrón. Ninguno no se atreve a no ser: oscila,
intenta una vez y otra vez ser Alguien. Al fin, entre vanos ges-
tos, se pierde en el limbo de donde surgió.

Sería un error pensar que los demás le impiden existir. Sim-
plemente disimulan su existencia, obran como si no existiera.

Lo nulifican, lo anulan, lo ningunean. Es inútil que Ninguno hable, publique libros, pinte cuadros, se ponga de cabeza. Ninguno es la ausencia de nuestras miradas, la pausa de nuestra conversación, la reticencia de nuestro silencio. Es el nombre que olvidamos siempre por una extraña fatalidad, el eterno ausente, el invitado que no invitamos, el hueco que no llenamos. Es una omisión. Y sin embargo, Ninguno está presente siempre. Es nuestro secreto, nuestro crimen y nuestro remordimiento. Por eso el Ninguneador también se ninguea; él es la omisión de Alguien. Y si todos somos Ninguno, no existe ninguno de nosotros. El círculo se cierra y la sombra de Ninguno se extiende sobre México, asfixia al Gesticulador y lo cubre todo. En nuestro territorio, más fuerte que las pirámides y los sacrificios, que las iglesias, los motines y los campos populares, vuelve a imperar el silencio, anterior a la historia.

[...]

LOS HIJOS DE LA MALINCHE

La extrañeza que provoca nuestro hermetismo ha creado la leyenda del mexicano, ser insondable. Nuestro recelo provoca el ajeno. Si nuestra cortesía atrae, nuestra reserva hiela. Y las inesperadas violencias que nos desgarran, el esplendor convulso o solemne de nuestras fiestas, el culto a la muerte, el desenfreno de nuestras alegrías y de nuestros duelos, acaban por desconcertar al extranjero. La sensación que causamos no es diversa a la que producen los orientales. También ellos, chinos, indostanos o árabes, son herméticos e indescifrables. También ellos arrastran en andrajos un pasado todavía vivo. Hay un misterio mexicano como hay un misterio amarillo y uno negro. El contenido concreto de esas representaciones depende de cada espectador. Pero todos coinciden en hacerse de nosotros una imagen ambigua, cuando no contradictoria: no somos gente segura y nuestras respuestas como nuestros silencios son imprevisibles, inesperados. Traición y lealtad, crimen y amor, se agazapan en el fondo de nuestra mirada. Atraemos y repelemos.

No es difícil comprender los orígenes de esta actitud. Para un europeo, México es un país al margen de la historia universal. Y todo lo que se encuentra alejado del centro de la sociedad aparece como extraño e impenetrable. Los campesinos, remotos, ligeramente arcaicos en el vestir y el hablar, parcos, amantes de expresarse en formas y fórmulas tradicionales, ejercen siempre una fascinación sobre el hombre urbano. En todas partes representan el elemento más antiguo y secreto de la sociedad. Para todos, excepto para ellos mismos, encarnan lo oculto, lo escondido y que no se entrega sino difícilmente, tesoro enterrado, espiga que madura en las entrañas terrestres, vieja sabiduría escondida entre los pliegues de la tierra.

La mujer, otro de los seres que viven aparte, también es figura enigmática. Mejor dicho, es el Enigma. A semejanza del hombre de raza o nacionalidad extraña, incita y repele. Es la imagen de la fecundidad, pero asimismo de la muerte. En casi todas las culturas las diosas de la creación son también deidades de destrucción. Cifra viviente de la extrañeza del universo y de su radical heterogeneidad, la mujer ¿esconde la muerte o la vida?, ¿en qué piensa?; ¿piensa acaso?; ¿siente de veras?; ¿es igual a nosotros? El sadismo se inicia como venganza ante el hermetismo femenino o como tentativa desesperada para obtener una respuesta de un cuerpo que tememos insensible. Porque, como dice Luis Cernuda, «el deseo es una pregunta cuya respuesta no existe». A pesar de su desnudez —redonda, plena— en las formas de la mujer siempre hay algo que desvelar:

> Eva y Cipris concentran el misterio
> del corazón del mundo.

Para Rubén Darío, como para todos los grandes poetas, la mujer no es solamente un instrumento de conocimiento, sino el conocimiento mismo. El conocimiento que no poseeremos nunca, la suma de nuestra definitiva ignorancia: el misterio supremo.

Es notable que nuestras representaciones de la clase obrera no estén teñidas de sentimientos parecidos, a pesar de que también vive alejada del centro de la sociedad —incluso físicamente, recluida en barrios y ciudades especiales. Cuando un novelista contemporáneo introduce un personaje que simboliza la salud o la destrucción, la fertilidad o la muerte, no escoge, como podría esperarse, a un obrero —que encierra en su figura la muerte de la vieja sociedad y el nacimiento de otra. D. H. Lawrence, que es uno de los críticos más violentos y profundos del mundo moderno, describe en casi todas sus obras las virtudes que hacen del hombre fragmentario de nuestros días un hombre de verdad, dueño de una visión total del mundo. Para encarnar esas virtudes crea personajes de razas antiguas y no-europeas. O inventa la figura de Mellors, un guardabosque, un hijo de la sierra. Es posible que la infancia de Lawrence, transcurrida entre las minas de carbón inglesas, explique esta deliberada ausencia. Es sabido que detestaba a los obreros tanto como a los burgueses. Pero ¿cómo explicar que en todas las grandes novelas revolucionarias tampoco aparezcan los proletarios como héroes, sino como fondo? En todas ellas el héroe es siempre el aventurero, el intelectual o el revolucionario profesional. El hombre aparte, que ha renunciado a su clase, a su origen o a su patria. Herencia del romanticismo sin duda, que hace del héroe un ser antisocial. Además, el obrero es demasiado reciente. Y se parece a sus señores: todos son hijos de la máquina.

El obrero moderno carece de individualidad. La clase es más fuerte que el individuo y la persona se disuelve en lo genérico. Porque esa es la primera y más grave mutilación que sufre el hombre al convertirse en asalariado industrial. El capitalismo lo despoja de su naturaleza humana —lo que no ocurrió con el siervo— puesto que reduce todo su ser a fuerza de trabajo, transformándolo por este solo hecho en objeto. Y como a todos los objetos, en mercancía, en cosa susceptible de compra y venta. El obrero pierde, bruscamente y por razón misma de su estado social, toda relación humana y concreta con el mundo: ni son suyos los útiles que emplea, ni es suyo el fruto de su esfuerzo. Ni siquiera lo ve. En realidad no es un obrero, puesto que no hace obras o no tiene conciencia de las que hace, perdido en un aspecto de la producción. Es un trabajador, nombre abstracto, que no designa una tarea determinada, sino una función. Así, no lo distingue de los otros hombres su obra, como acontece con el médico, el ingeniero o el carpintero. La abstracción que lo califica —el trabajo medido en tiempo— no lo separa, sino lo liga a otras abstracciones. De ahí su ausencia de misterio, de problematicidad, su transparencia, que no es diversa a la de cualquier instrumento.

La complejidad de la sociedad contemporánea y la especialización que requiere el trabajo extienden la condición abstracta del obrero a otros grupos sociales. Vivimos en un mundo de técnicos, se dice. A pesar de las diferencias de salarios y de nivel de vida, la situación de estos técnicos no difiere esencialmente de la de los obreros: también son asalariados y tampoco tienen conciencia de la obra que realizan. El gobierno de los técnicos, ideal de la sociedad contemporánea, sería así el gobierno de los instrumentos. La función substituiría al fin; el medio, al creador. La sociedad marcharía con eficacia, pero sin rumbo. Y la repetición del mismo gesto, distintiva de la máquina, llevaría a una forma desconocida de la inmovilidad: la del mecanismo que avanza de ninguna parte hacia ningún lado.

Los regímenes totalitarios no han hecho sino extender y generalizar, por medio de la fuerza o de la propaganda, esta condición. Todos los hombres sometidos a su imperio la padecen. En cierto sentido se trata de una transposición a la esfera social y política de los sistemas económicos del capitalismo. La producción en masa se logra a través de la confección de piezas sueltas que luego se unen en talleres especiales. La propaganda y la acción política totalitaria —así como el terror y la represión— obedecen al mismo sistema. La propaganda difunde verdades incompletas, en serie y por piezas sueltas. Más tarde esos fragmentos se organizan y se convierten en teorías políticas, verdades absolutas para las masas. El terror obedece al mismo principio. La persecución comienza contra grupos aislados —razas, clases, disidentes, sospechosos—, hasta que gradualmente alcanza a todos. Al iniciarse, una parte del pueblo contempla con indiferencia el exterminio de otros grupos sociales o contribuye a su persecución, pues se exasperan los odios internos. Todos se vuelven cómplices y el sentimiento de culpa se extiende a toda la sociedad. El terror se generaliza: ya no hay sino persecutores y perseguidos. El persecutor, por otra parte, se transforma muy fácilmente en perseguido. Basta una vuelta de la máquina política. Y nadie escapa a esta dialéctica feroz, ni los dirigentes.

El mundo del terror como el de la producción en serie, es un mundo de cosas, de útiles. (De ahí la vanidad de la disputa sobre la validez histórica del terror moderno). Y los útiles nunca son misteriosos o enigmáticos, pues el misterio proviene de la indeterminación del ser o del objeto que lo contiene. Un anillo misterioso se desprende inmediatamente del género anillo; adquiere vida propia, deja de ser un objeto. En su forma yace, escondida, presta a saltar, la sorpresa. El misterio es una fuerza o una virtud oculta, que no nos obedece y que no sabemos a qué hora y cómo va a manifestarse. Pero los útiles no esconden nada, no nos preguntan nada y nada nos responden. Son inequívocos y transparentes. Meras prolongaciones de nuestras manos, no poseen más vida que la que nuestra voluntad les otorga. Nos sirven; luego, gastados, viejos, los arrojamos sin pesar al cesto de la basura, al cementerio de automóviles, al campo de concentración. O los cambiamos a nuestros aliados o enemigos por otros objetos.

Todas nuestras facultades, y también todos nuestros defectos, se oponen a esta concepción del trabajo como esfuerzo impersonal, repetido en iguales y vacías porciones de tiempo: la lentitud y cuidado en la tarea, el amor por la obra y por cada uno de los detalles que la componen, el buen gusto, innato ya, a fuerza de ser herencia milenaria. Si no fabricamos productos en serie, sobresalimos en el arte difícil, exquisito e inútil de vestir pulgas. Lo que no quiere decir que el mexicano sea incapaz de convertirse en lo que se llama un buen obrero. Todo es cuestión de tiempo. Y nada, excepto un cambio histórico cada vez más remoto e impensable, impedirá que el mexicano deje de ser un problema, un ser enigmático, y se convierta en una abstracción más.

Mientras llega ese momento, que resolverá —aniquilándolas— todas nuestras contradicciones, debo señalar que lo extraordinario de nuestra situación reside en que no solamente somos enigmáticos ante los extraños, sino ante nosotros mismos. Un mexicano es un problema siempre, para otro mexicano y para sí mismo. Ahora bien, nada más simple que reducir todo el complejo grupo de actitudes que nos caracteriza —y en especial la que consiste en ser un problema para nosotros mismos— a lo que se podría llamar «moral de siervo», por oposición no solamente a la «moral de señor» sino a la moral moderna, proletaria o burguesa.

La desconfianza, el disimulo, la reserva cortés que cierra el paso al extraño, la ironía, todas, en fin, las oscilaciones psíquicas con que al eludir la mirada ajena nos eludimos a nosotros mismos, son rasgos de gente dominada, que teme y finge frente al señor. Es revelador que nuestra intimidad jamás aflore de manera natural, sin el acicate de la fiesta, el alcohol o la muerte. Esclavos, siervos y razas sometidas se presentan siempre recubiertos por una máscara, sonriente o adusta. Y únicamente a solas, en los grandes momentos, se atreven a manifestarse tal como son. Todas sus relaciones están envenenadas por el miedo y el recelo. Miedo al señor, recelo ante sus iguales. Cada uno observa al otro, porque cada compañero puede ser también un traidor. Para salir de sí mismo el siervo necesita saltar barreras, embriagarse, olvidar su condición. Vivir a solas, sin testigos. Solamente en la soledad se atreve a ser.

La indudable analogía que se observa entre ciertas de nuestras actitudes y las de los grupos sometidos al poder de un amo, una casta o un Estado extraño, podría resolverse en esta afirmación: el carácter de los mexicanos es un producto de las circunstancias sociales imperantes en nuestro país. Por lo tanto la historia de México, que es la historia de esas circunstancias, contiene la respuesta a todas las preguntas. La situación del pueblo durante el período colonial sería así la raíz de nuestra actitud cerrada e inestable. Nuestra historia como nación independiente contribuiría también a perpetuar y hacer más neta esta psicología servil, puesto que no hemos logrado suprimir la miseria popular ni las exasperantes diferencias sociales, a pesar de siglo y medio de luchas y experiencias constitucionales. El empleo de la violencia como recurso dialéctico, los abusos de autoridad de los poderosos —vicio que no ha desaparecido todavía— y finalmente el escepticismo y la resignación del pueblo, hoy más visibles que nunca debido a las sucesivas desilusiones post-revolucionarias, completarían esta explicación histórica.

El defecto de interpretaciones como la que acabo de bosquejar reside, precisamente, en su simplicidad. Nuestra actitud ante la vida no está condicionada por los hechos históricos, al menos de la manera rigurosa con que en el mundo de la mecánica la velocidad o la trayectoria de un proyectil se encuentra determinada por un conjunto de factores conocidos. Nuestra actitud vital —que es un factor que nunca acabaremos de conocer totalmente, pues cambio e indeterminación son las únicas constantes de su ser— también es historia. Quiero decir, los hechos históricos no son nada más hechos, sino que están teñidos de humanidad, esto es, de problematicidad. Tampoco son el mero resultado de otros hechos, que los causan, sino de una voluntad singular, capaz de regir dentro de ciertos límites su fatalidad. La historia no es un mecanismo y las influencias entre los diversos componentes de un hecho histórico son recíprocas, como tantas veces se ha dicho. Lo que distingue a un hecho histórico de los otros hechos es su carácter histórico. O sea, que es por sí mismo y en sí mismo una unidad irreductible a otras. Irreductible e inseparable. Un hecho histórico no es la suma de los llamados factores de la historia, sino una realidad indisolu-

ble. Las circunstancias históricas explican nuestro carácter en
la medida que nuestro carácter también las explica a ellas. Am-
bas son lo mismo. Por eso toda explicación puramente históri-
ca es insuficiente —lo que no equivale a decir que sea falsa.

Basta una observación para reducir a sus verdaderas propor-
ciones la analogía entre la moral de los siervos y la nuestra: las
reacciones habituales del mexicano no son privativas de una
clase, raza o grupo aislado, en situación de inferioridad. Las cla-
ses ricas también se cierran al mundo exterior y también se
desgarran cada vez que intentan abrirse. Se trata de una actitud
que rebasa las circunstancias históricas, aunque se sirve de ellas
para manifestarse y se modifica a su contacto. El mexicano,
como todos los hombres, al servirse de las circunstancias las
convierte en materia plástica y se funde a ellas. Al esculpirlas,
se esculpe.

Si no es posible identificar nuestro carácter con el de los
grupos sometidos, tampoco lo es negar su parentesco. En ambas
situaciones el individuo y el grupo luchan, simultánea y con-
tradictoriamente, por ocultarse y revelarse. Mas una diferencia
radical nos separa. Siervos, criados o razas víctimas de un poder
extraño cualquiera (los negros norteamericanos, por ejemplo),
entablan un combate con una realidad concreta. Nosotros, en
cambio, luchamos con entidades imaginarias, vestigios del pa-
sado o fantasmas engendrados por nosotros mismos. Esos fan-
tasmas y vestigios son reales, al menos para nosotros. Su reali-
dad es de un orden sutil y atroz, porque es una realidad
fantasmagórica. Son intocables e invencibles, ya que no están
fuera de nosotros, sino en nosotros mismos. En la lucha que
sostiene contra ellos nuestra voluntad de ser, cuentan con un
aliado secreto y poderoso: nuestro miedo a ser. Porque todo lo
que es el mexicano actual, como se ha visto, puede reducirse a
esto: el mexicano no quiere o no se atreve a ser él mismo.

En muchos casos estos fantasmas son vestigios de realidades
pasadas. Se originaron en la Conquista, en la Colonia, en la
Independencia o en las guerras sostenidas contra yanquis y
franceses. Otros reflejan nuestros problemas actuales, pero de

una manera indirecta, escondiendo o disfrazando su verdadera naturaleza. ¿Y no es extraordinario que, desaparecidas las causas, persisten los efectos? ¿Y que los efectos oculten a las causas? En esta esfera es imposible escindir causas y efectos. En realidad, no hay causas y efectos, sino un complejo de reacciones y tendencias que se penetran mutuamente. La persistencia de ciertas actitudes y la libertad e independencia que asumen frente a las causas que las originaron, conduce a estudiarlas en la carne viva del presente y no en los textos históricos.

En suma, la historia podrá esclarecer el origen de muchos de nuestros fantasmas, pero no los disipará. Solo nosotros podemos enfrentarnos a ellos. O dicho de otro modo: la historia nos ayuda a comprender ciertos rasgos de nuestro carácter, a condición de que seamos capaces de aislarlos y denunciarlos previamente. Nosotros somos los únicos que podemos contestar a las preguntas que nos hacen la realidad y nuestro propio ser.

En nuestro lenguaje diario hay un grupo de palabras prohibidas, secretas, sin contenido claro, y a cuya mágica ambigüedad confiamos la expresión de las más brutales o sutiles de nuestras emociones y reacciones. Palabras malditas, que solo pronunciamos en voz alta cuando no somos dueños de nosotros mismos. Confusamente reflejan nuestra intimidad: las explosiones de nuestra vitalidad las iluminan y las depresiones de nuestro ánimo las oscurecen. Lenguaje sagrado, como el de los niños, la poesía y las sectas. Cada letra y cada sílaba están animadas de una vida doble, al mismo tiempo luminosa y oscura, que nos revela y oculta. Palabras que no dicen nada y dicen todo. Los adolescentes, cuando quieren presumir de hombres, las pronuncian con voz ronca. Las repiten las señoras, ya para significar su libertad de espíritu, ya para mostrar la verdad de sus sentimientos. Pues estas palabras son definitivas, categóricas, a pesar de su ambigüedad y de la facilidad con que varía su significado. Son las malas palabras, único lenguaje vivo en un mundo de vocablos anémicos. La poesía al alcance de todos.

Cada país tiene la suya. En la nuestra, en sus breves y desgarradas, agresivas, chispeantes sílabas, parecidas a la momentánea luz que arroja el cuchillo cuando se le descarga contra un cuerpo opaco y duro, se condensan todos nuestros apetitos, nuestras iras, nuestros entusiasmos y los anhelos que pelean en nuestro fondo, inexpresados. Esa palabra es nuestro santo y seña. Por ella y en ella nos reconocemos entre extraños y a ella acudimos cada vez que aflora a nuestros labios la condición de nuestro ser. Conocerla, usarla, arrojándola al aire como un juguete vistoso o haciéndola vibrar como un arma afilada, es una manera de afirmar nuestra mexicanidad.

Toda la angustiosa tensión que nos habita se expresa en una frase que nos viene a la boca cuando la cólera, la alegría o el entusiasmo nos llevan a exaltar nuestra condición de mexicanos: ¡Viva México, hijos de la Chingada! Verdadero grito de guerra, cargado de una electricidad particular, esta frase es un reto y una afirmación, un disparo, dirigido contra un enemigo imaginario, y una explosión en el aire. Nuevamente, con cierta patética y plástica fatalidad, se presenta la imagen del cohete que sube al cielo, se dispersa en chispas y cae oscuramente. O la del aullido en que terminan nuestras canciones, y que posee la misma ambigua resonancia: alegría rencorosa, desgarrada afirmación que se abre el pecho y se consume a sí misma.

Con ese grito, que es de rigor gritar cada 15 de septiembre, aniversario de la Independencia, nos afirmamos y afirmamos a nuestra patria, frente, contra y a pesar de los demás. ¿Y quiénes son los demás? Los demás son los «hijos de la Chingada»: los extranjeros, los malos mexicanos, nuestros enemigos, nuestros rivales. En todo caso, los *otros*. Esto es, todos aquellos que no son lo que nosotros somos. Y esos otros no se definen sino en cuanto hijos de una madre tan indeterminada y vaga como ellos mismos.

¿Quién es la Chingada? Ante todo, es la Madre. No una Madre de carne y hueso, sino una figura mítica. La Chingada es una de las representaciones mexicanas de la Maternidad, como la Llorona o la «sufrida madre mexicana» que festejamos el diez de mayo. La Chingada es la madre que ha sufrido, metafórica o realmente, la acción corrosiva e infamante implícita en el verbo que le da nombre. Vale la pena detenerse en el significado de esta voz.

En *Anarquía del lenguaje en la América española*, Darío Rubio examina el origen de esta palabra y enumera las significaciones que le prestan casi todos los pueblos hispanoamericanos. Es probable su procedencia azteca: *chingaste* es *xinachtli* (semilla de hortaliza) o *xinaxtli* (aguamiel fermentado). La voz y sus derivados se usan, en casi toda América y en algunas regiones de España, asociados a las bebidas, alcohólicas o no: *chingaste* son los residuos o heces que quedan en el vaso, en Guatemala y El Salvador; en Oaxaca llaman *chingaditos* a los restos del café; en todo México se llama *chinguere* —o, significativamente, *piquete*— al alcohol; en Chile, Perú y Ecuador la *chingana* es la taberna; en España *chingar* equivale a beber mucho, a embriagarse; y en Cuba, un *chinguirito* es un trago de alcohol.[6]

Chingar también implica la idea de fracaso. En Chile y Argentina se chinga un petardo «cuando no revienta, se frustra o sale fallido». Y las empresas que fracasan, las fiestas que se aguan, las acciones que no llegan a su término, se chingan. En Colombia, *chingarse* es llevarse un chasco. En el Plata un vestido desgarrado es un vestido chingado. En casi todas partes *chingarse* es salir burlado, fracasar. *Chingar*, asimismo, se emplea en algunas partes de Sudamérica como sinónimo de molestar, zaherir, burlar. Es un verbo agresivo, como puede verse por todas estas significaciones: descolar a los animales, incitar o hurgar a los gallos, chunguear, chasquear, perjudicar, echar a perder, frustrar.

---

[6] Según J. Coromines, *chingar* es voz jergal derivada probablemente del gitano (índico) *çingare* (pelear, fastidiar, estropear). Pero «no todas las palabras castellanas en *ching-* derivan de este verbo, pues en América se mezclan con algunos radicales aborígenes» (*Diccionario crítico etimológico de la lengua castellana*, Berna, 1954). Se trata, en verdad, de vocablos mestizos.

En México los significados de la palabra son innumerables. Es una voz mágica. Basta un cambio de tono, una inflexión apenas, para que el sentido varíe. Hay tantos matices como entonaciones: tantos significados como sentimientos. Se puede ser un chingón, un Gran Chingón (en los negocios, en la política, en el crimen, con las mujeres), un chingaquedito (silencioso, disimulado, urdiendo tramas en la sombra, avanzando cauto para dar el mazazo), un chingoncito. Pero la pluralidad de significaciones no impide que la idea de *agresión* —en todos sus grados, desde el simple de incomodar, picar, zaherir, hasta el de violar, desgarrar y matar— se presente siempre como significado último. El verbo denota violencia, salir de sí mismo y penetrar por la fuerza en otro. Y también, herir, rasgar, violar —cuerpos, almas, objetos—, destruir. Cuando algo se rompe, decimos: «se chingó». Cuando alguien ejecuta un acto desmesurado y contra las reglas, comentamos: «hizo una chingadera».

La idea de romper y de abrir reaparece en casi todas las expresiones. La voz está teñida de sexualidad, pero no es sinónima del acto sexual; se puede chingar una mujer sin poseerla. Y cuando se alude al acto sexual, la violación o el engaño le prestan un matiz particular. El que chinga jamás lo hace con el consentimiento de la chingada. En suma, chingar es hacer violencia sobre otro. Es un verbo masculino, activo, cruel: pica, hiere, desgarra, mancha. Y provoca una amarga, resentida satisfacción en el que lo ejecuta.

Lo chingado es lo pasivo, lo inerte y abierto, por oposición a lo que chinga, que es activo, agresivo y cerrado. El chingón es el macho, el que abre. La chingada, la hembra, la pasividad pura, inerme ante el exterior. La relación entre ambos es violenta, determinada por el poder cínico del primero y la impotencia de la otra. La idea de violación rige oscuramente todos los significados. La dialéctica de «lo cerrado» y «lo abierto» se cumple así con precisión casi feroz.

El poder mágico de la palabra se intensifica por su carácter prohibido. Nadie la dice en público. Solamente un exceso de cólera, una emoción o el entusiasmo delirante, justifican su expresión franca. Es una voz que solo se oye entre hombres, o en las grandes fiestas. Al gritarla, rompemos un velo de pudor, de silencio o de hipocresía. Nos manifestamos tales como somos de verdad. Las malas palabras hierven en nuestro interior, como hierven nuestros sentimientos. Cuando salen, lo hacen brusca, brutalmente, en forma de alarido, de reto, de ofensa. Son proyectiles o cuchillos. Desgarran.

Los españoles también abusan de las expresiones fuertes. Frente a ellos el mexicano es singularmente pulcro. Pero mientras los españoles se complacen en la blasfemia y la escatología, nosotros nos especializamos en la crueldad y el sadismo. El español es simple: insulta a Dios porque cree en él. La blasfemia, dice Machado, es una oración al revés. El placer que experimentan muchos españoles, incluso algunos de sus más altos poetas, al aludir a los detritus y mezclar la mierda con lo sagrado se parece un poco al de los niños que juegan con lodo. Hay, además del resentimiento, el gusto por los contrastes, que ha engendrado el estilo barroco y el dramatismo de la gran pintura española. Solo un español puede hablar con autoridad de Onán y Don Juan. En las expresiones mexicanas, por el contrario, no se advierte la dualidad española simbolizada por la oposición de lo real y lo ideal, los místicos y los pícaros, el Quevedo fúnebre y el escatológico, sino la dicotomía entre lo cerrado y lo abierto. El verbo *chingar* indica el triunfo de lo cerrado, del macho, del fuerte sobre lo abierto.

La palabra *chingar*, con todas estas múltiples significaciones, define gran parte de nuestra vida y califica nuestras relaciones con el resto de nuestros amigos y compatriotas. Para el mexicano la vida es una posibilidad de chingar o de ser chingado. Es decir, de humillar, castigar y ofender. O a la inversa. Esta concepción de la vida social como combate engendra fatalmente la división de la sociedad en fuertes y débiles. Los fuertes —los chingones sin escrúpulos, duros e inexorables— se rodean de fidelidades ardientes e interesadas. El servilismo ante los poderosos —especialmente entre la casta de los «políticos», esto es, de los profesionales de los negocios públicos— es una de las deplorables consecuencias de esta situación. Otra, no menos degradante, es la adhesión a las personas y no a los principios. Con frecuencia nuestros políticos confunden los negocios públicos con los privados. No importa. Su riqueza o su influencia en la administración les permite sostener una mesnada que el pueblo llama, muy atinadamente *lambiscones* (de lamer).

El verbo *chingar* —maligno, ágil y juguetón como un animal de presa— engendra muchas expresiones que hacen de nuestro mundo una selva: hay tigres en los negocios, águilas en las escuelas o en los presidios, leones con los amigos. El soborno se llama «morder». Los burócratas roen sus huesos (los empleos públicos). Y en un mundo de chingones, de relaciones duras, presididas por la violencia y el recelo, en el que nadie se abre ni se raja y todos quieren chingar, las ideas y el trabajo cuentan poco. Lo único que vale es la hombría, el valor personal, capaz de imponerse.

La voz tiene además otro significado, más restringido. Cuando decimos «vete a la Chingada», enviamos a nuestro interlocutor a un espacio lejano, vago e indeterminado. Al país de las cosas rotas, gastadas. País gris, que no está en ninguna parte, inmenso y vacío. Y no solo por simple asociación fonética lo comparamos a la China, que es también inmensa y remota. La Chingada, a fuerza de uso, de significaciones contrarias y del roce de labios coléricos o entusiasmados, acaba por gastarse, agotar sus contenidos y desaparecer. Es una palabra hueca. No quiere decir nada. Es la Nada.

Después de esta digresión sí se puede contestar a la pregunta ¿qué es la Chingada? La Chingada es la Madre abierta violada o burlada por la fuerza. El «hijo de la Chingada» es el engendro de la violación, del rapto o de la burla. Si se compara esta expresión con la española, «hijo de puta», se advierte inmediatamente la diferencia. Para el español la deshonra consiste en ser hijo de una mujer que voluntariamente se entrega, una prostituta; para el mexicano, en ser fruto de una violación.

Manuel Cabrera me hace observar que la actitud española refleja una concepción histórica y moral del pecado original, en tanto que la del mexicano, más honda y genuina, trasciende anécdota y ética. En efecto, toda mujer, aun la que se da voluntariamente, es desgarrada, chingada por el hombre. En cierto sentido todos somos, por el solo hecho de nacer de mujer, hijos de la Chingada, hijos de Eva. Mas lo característico del mexicano reside, a mi juicio, en la violenta, sarcástica negación de la Madre, a la que se condena por el solo delito de serlo, y en la no menos violenta afirmación del Padre. Una amiga —las mujeres son más sensibles a la extrañeza de la situación— me hacía ver que la admiración por el Padre, símbolo de lo cerrado y agresivo, capaz de chingar y abrir, se transparenta en una expresión que empleamos siempre que queremos imponer a otro nuestra superioridad: «Yo soy tu padre». En suma, la cuestión del origen es el centro secreto de nuestra ansiedad y angustia. Vale la pena detenerse un poco en el sentido que todo esto tiene para nosotros.

Estamos solos. La soledad, fondo de donde brota la angustia, empezó el día en que nos desprendimos del ámbito materno y caímos en un mundo extraño y hostil. Hemos caído; y esta caída, este sabernos caídos, nos vuelve culpables. ¿De qué? De un delito sin nombre: el haber nacido. Estos sentimientos son comunes a todos los hombres y no hay en ellos nada que sea específicamente mexicano; así pues, no se trata de repetir una descripción que ya ha sido hecha muchas veces, sino de aislar algunos rasgos y emociones que iluminan con una luz particular la condición universal del hombre.

En todas las civilizaciones la imagen del Dios Padre —apenas destrona a las divinidades femeninas— se presenta como una figura ambivalente. Por una parte, ya sea Jehová, Dios Creador, o Zeus, rey de la creación, regulador cósmico, el Padre encarna el poder genérico, origen de la vida; por la otra es el principio anterior, el Uno, de donde todo nace y adonde todo desemboca. Pero, además, es el dueño del rayo y del látigo, el tirano y el ogro devorador de la vida. Este aspecto —Jehová colérico, Dios de ira, Saturno, Zeus violador de mujeres— es el que aparece casi exclusivamente en las representaciones populares que se hace el mexicano del poder viril. El «macho» representa el polo masculino de la vida. La frase «yo soy tu padre» no tiene ningún sabor paternal, ni se dice para proteger, resguardar o conducir, sino para imponer una superioridad, esto es, para humillar. Su significado real no es distinto al del verbo *chingar* y algunos de sus derivados. El «macho» es el Gran Chingón. Una palabra resume la agresividad, impasibilidad, invulnerabilidad, uso descarnado de la violencia, y demás atributos del «macho»: *poder*. La fuerza, pero desligada de toda noción de orden: el poder arbitrario, la voluntad sin freno y sin cauce.

La arbitrariedad añade un elemento imprevisto a la figura del «macho». Es un humorista. Sus bromas son enormes, descomunales y desembocan siempre en el absurdo. Es conocida la anécdota de aquel que, para «curar» el dolor de cabeza de un compañero de juerga, le vació la pistola en el cráneo. Cierto o no, el sucedido revela con qué inexorable rigor la lógica de lo absurdo se introduce en la vida. El «macho» hace «chingaderas», es decir, actos imprevistos y que producen la confusión, el horror, la destrucción. Abre al mundo; al abrirlo, lo desgarra. El desgarramiento provoca una gran risa siniestra. A su manera es justo: restablece el equilibrio, pone las cosas en su sitio, esto es, las reduce a polvo, miseria, nada. El humorismo del «macho» es un acto de venganza.

Un psicólogo diría que el resentimiento es el fondo de su carácter. No sería difícil percibir también ciertas inclinaciones homosexuales, como el uso y abuso de la pistola, símbolo fálico portador de la muerte y no de la vida, el gusto por las cofradías cerradamente masculinas, etc. Pero cualquiera que sea el origen de estas actitudes, el hecho es que el atributo esencial del «macho», la fuerza, se manifiesta casi siempre como capacidad de herir, rajar, aniquilar, humillar. Nada más natural, por tanto, que su indiferencia frente a la prole que engendra. No es el fundador de un pueblo; no es el patriarca que ejerce la *patria potestas*; no es rey, juez, jefe de clan. Es el poder, aislado en su misma potencia, sin relación ni compromiso con el mundo exterior. Es la incomunicación pura, la soledad que se devora a sí misma y devora lo que toca. No pertenece a nuestro mundo; no es de nuestra ciudad; no vive en nuestro barrio. Viene de lejos, está lejos siempre. Es el Extraño. Es imposible no advertir la semejanza que guarda la figura del «macho» con la del conquistador español. Ese es el modelo —más mítico que real— que rige las representaciones que el pueblo mexicano se ha hecho de los poderosos: caciques, señores feudales, hacendados, políticos, generales, capitanes de industria. Todos ellos son «machos», «chingones».

El «macho» no tiene contrapartida heroica o divina. Hidalgo, el «padre de la patria», como es costumbre llamarlo en la jerga ritual de la República, es un anciano inerme, más encarnación del pueblo desvalido frente a la fuerza que imagen del poder y la cólera del padre terrible. Entre los numerosos santos patronos de los mexicanos tampoco aparece alguno que ofrezca semejanza con las grandes divinidades masculinas. Finalmente, no existe una veneración especial por el Dios Padre de la Trinidad, figura más bien borrosa. En cambio, es muy frecuente y constante la devoción a Cristo, el Dios hijo, el Dios joven, sobre todo como víctima redentora. En las iglesias de los pueblos abundan las esculturas de Jesús —en la cruz o cubiertas de llagas y heridas— en las que el realismo desollado de los españoles se alía al simbolismo trágico de los indios: las heridas son flores, prendas de resurrección, por una parte y, asimismo, reiteración de que la vida es la máscara dolorosa de la muerte.

El fervor del culto al Dios hijo podría explicarse, a primera vista, como herencia de las religiones prehispánicas. En efecto, a la llegada de los españoles casi todas las grandes divinidades masculinas —con la excepción de Tláloc, niño y viejo simultáneamente, deidad de mayor antigüedad— eran dioses hijos, como Xipe, dios del maíz joven, y Huitzilopochtli, el Guerrero del Sur. Quizá no sea ocioso recordar que el nacimiento de Huitzilopochtli ofrece más de una analogía con el de Cristo: también él es concebido sin contacto carnal; el mensajero divino también es un pájaro (que deja caer una pluma en el regazo de Coatlicue); y, en fin, también el niño Huitzilopochtli debe escapar de la persecución de un Herodes mítico. Sin embargo, es abusivo utilizar estas analogías para explicar la devoción a Cristo, como lo sería atribuirla a una mera supervivencia del culto a los dioses hijos. El mexicano venera al Cristo sangrante y humillado, golpeado por los soldados, condenado por los jueces, porque ve en él la imagen transfigurada de su propio destino. Y esto mismo lo lleva a reconocerse en Cuauhtémoc, el joven emperador azteca destronado, torturado y asesinado por Cortés.

Cuauhtémoc quiere decir «águila que cae». El jefe mexica asciende al poder al iniciarse el sitio de México-Tenochtitlan, cuando los aztecas han sido abandonados sucesivamente por sus dioses, sus vasallos y sus aliados. Asciende solo para caer, como un héroe mítico. Inclusive su relación con la mujer se ajusta al arquetipo del héroe joven, a un tiempo amante e hijo de la diosa. Así, López Velarde dice que Cuauhtémoc sale al encuentro de Cortés, es decir, al sacrificio final, «desatado del pecho curvo de la emperatriz». Es un guerrero pero también un niño. Solo que el ciclo heroico no se cierra: héroe caído, aún espera su resurrección. No es sorprendente que, para la mayoría de los mexicanos, Cuauhtémoc sea el «joven abuelo», el origen de México: la tumba del héroe es la cuna del pueblo. Tal es la dialéctica de los mitos y Cuauhtémoc, antes que una figura histórica, es un mito. Y aquí interviene otro elemento decisivo, analogía que hace de esta historia un verdadero poema en busca de un desenlace: se ignora el lugar de la tumba de Cuauhtémoc. El misterio del paradero de sus restos es una de nuestras obsesiones. Encontrarlo significa nada menos que volver a nuestro origen, reanudar nuestra filiación, romper la soledad. Resucitar.

Si se interroga a la tercera figura de la tríada, la Madre, escucharemos una respuesta doble. No es un secreto para nadie que el catolicismo mexicano se concentra en el culto a la Virgen de Guadalupe. En primer término: se trata de una Virgen india; en seguida: el lugar de su aparición (ante el indio Juan Diego) es una colina que fue antes santuario dedicado a Tonantzin, «nuestra madre», diosa de la fertilidad entre los aztecas. Como es sabido, la Conquista coincide con el apogeo del culto a dos divinidades masculinas: Quetzalcóatl, el dios del autosacrificio (crea el mundo, según el mito, arrojándose a la hoguera, en Teotihuacan) y Huitzilopochtli, el joven dios guerrero que sacrifica. La derrota de estos dioses —pues eso fue la Conquista para el mundo indio: el fin de un ciclo cósmico y la instauración de un nuevo reinado divino— produjo entre los fieles una suerte de regreso hacia las antiguas divinidades femeninas. Este fenómeno de vuelta a la entraña materna, bien conocido de los psicólogos, es sin duda una de las causas determinantes de la rápida popularidad del culto a la Virgen. Ahora bien, las deidades indias eran diosas de fecundidad, ligadas a los ritmos cósmicos, los procesos de vegetación y los ritos agrarios. La Virgen católica es también una Madre (Guadalupe-Tonantzin la llaman aún algunos peregrinos indios) pero su atributo principal no es velar por la fertilidad de la tierra sino ser el refugio de los desamparados. La situación ha cambiado: no se trata ya de asegurar las cosechas sino de encontrar un regazo. La Virgen es el consuelo de los pobres, el escudo de los débiles, el amparo de los oprimidos. En suma, es la Madre de los huérfanos. Todos los hombres nacimos desheredados y nuestra condición verdadera es la orfandad, pero esto es particularmente cierto para los indios y los pobres de México. El culto a la Virgen no solo refleja la condición general de los hombres sino una situación histórica concreta, tanto en lo espiritual como en lo material. Y hay más: Madre universal, la Virgen es también la intermediaria, la mensajera entre el hombre desheredado y el poder desconocido, sin rostro: el Extraño.

Por contraposición a Guadalupe, que es la Madre virgen, la Chingada es la Madre violada. Ni en ella ni en la Virgen se encuentran rastros de los atributos negros de la Gran Diosa: lascivia de Amaterasu y Afrodita, crueldad de Artemisa y Astarté, magia funesta de Circe, amor por la sangre de Kali. Se trata de figuras pasivas. Guadalupe es la receptividad pura y los beneficios que produce son del mismo orden: consuela, serena, aquieta, enjuga las lágrimas, calma las pasiones. La Chingada es aún más pasiva. Su pasividad es abyecta: no ofrece resistencia a la violencia, es un montón inerte de sangre, huesos y polvo. Su mancha es constitucional y reside, según se ha dicho más arriba, en su sexo. Esta pasividad abierta al exterior la lleva a perder su identidad: es la Chingada. Pierde su nombre, no es nadie ya, se confunde con la nada, es la Nada. Y sin embargo, es la atroz encarnación de la condición femenina.

Si la Chingada es una representación de la Madre violada, no me parece forzado asociarla a la Conquista, que fue también una violación, no solamente en el sentido histórico, sino en la carne misma de las indias. El símbolo de la entrega es doña Malinche, la amante de Cortés. Es verdad que ella se da voluntariamente al conquistador, pero este, apenas deja de serle útil, la olvida. Doña Marina se ha convertido en una figura que representa a las indias, fascinadas, violadas o seducidas por los españoles. Y del mismo modo que el niño no perdona a su madre que lo abandone para ir en busca de su padre, el pueblo mexicano no perdona su traición a la Malinche. Ella encarna lo abierto, lo chingado, frente a nuestros indios, estoicos, impasibles y cerrados. Cuauhtémoc y doña Marina son así dos símbolos antagónicos y complementarios. Y si no es sorprendente el culto que todos profesamos al joven emperador —«único héroe a la altura del arte», imagen del hijo sacrificado—, tampoco extraña la maldición que pesa contra la Malinche. De ahí el éxito del adjetivo despectivo «malinchista», recientemente puesto en circulación por los periódicos para denunciar a todos los contagiados por tendencias extranjerizantes. Los malinchistas son los partidarios de que México se abra al exterior: los verdaderos hijos de la Malinche, que es la Chingada en persona. De nuevo aparece lo cerrado por oposición a lo abierto.

Nuestro grito es una expresión de la voluntad mexicana de vivir cerrados al exterior, sí, pero sobre todo, cerrados frente al pasado. En ese grito condenamos nuestro origen y renegamos de nuestro hibridismo. La extraña permanencia de Cortés y de la Malinche en la imaginación y en la sensibilidad de los mexicanos actuales revela que son algo más que figuras históricas: son los símbolos de un conflicto secreto, que aún no hemos resuelto. Al repudiar a la Malinche —Eva mexicana, según la representa José Clemente Orozco en su mural de la Escuela Nacional Preparatoria— el mexicano rompe sus ligas con el pasado, reniega de su origen y se adentra solo en la vida histórica.

El mexicano condena en bloque toda su tradición, que es un conjunto de gestos, actitudes y tendencias en el que ya es difícil distinguir lo español de lo indio. Por eso la tesis hispanista, que nos hace descender de Cortés con exclusión de la Malinche, es el patrimonio de unos cuantos extravagantes, que ni siquiera son blancos puros. Y otro tanto se puede decir de la propaganda indigenista, que también está sostenida por criollos y mestizos maniáticos, sin que jamás los indios le hayan prestado atención. El mexicano no quiere ser ni indio, ni español. Tampoco quiere descender de ellos. Los niega. Y no se afirma en tanto que mestizo, sino como abstracción: es un hombre. Se vuelve hijo de la Nada. Él empieza en sí mismo.

Esta actitud no se manifiesta nada más en nuestra vida diaria, sino en el curso de nuestra historia, que en ciertos momentos ha sido encarnizada voluntad de desarraigo. Es pasmoso que un país con un pasado tan vivo, profundamente tradicional, atado a sus raíces, rico en antigüedad legendaria si pobre en historia moderna, solo se conciba como negación de su origen.

Nuestro grito popular nos desnuda y revela cuál es esa llaga que alternativamente mostramos o escondemos, pero no nos indica cuáles fueron las causas de esa separación y negación de la Madre, ni cuando se realizó la ruptura. A reserva de examinar más detenidamente el problema, puede adelantarse que la Reforma liberal de mediados del siglo pasado parece ser el momento en que el mexicano se decide a romper con su tradición, que es una manera de romper con uno mismo. Si la Independencia corta los lazos políticos que nos unían a España, la Reforma niega que la nación mexicana en tanto que proyecto histórico, continúe la tradición colonial. Juárez y su generación fundan un Estado cuyos ideales son distintos a los que animaban a Nueva España o a las sociedades precortesianas. El Estado mexicano proclama una concepción universal y abstracta del hombre: la República no está compuesta por criollos, indios y mestizos, como con gran amor por los matices y respeto por la naturaleza heteróclita del mundo colonial especificaban las Leyes de Indias, sino por hombres, a secas. Y a solas.

La Reforma es la gran Ruptura con la Madre. Esta separación era un acto fatal y necesario, porque toda vida verdaderamente autónoma se inicia como ruptura con la familia y el pasado. Pero nos duele todavía esa separación. Aún respiramos por la herida. De ahí que el sentimiento de orfandad sea el fondo constante de nuestras tentativas políticas y de nuestros conflictos íntimos. México está tan solo como cada uno de sus hijos.

El mexicano y la mexicanidad se definen como ruptura y negación. Y, asimismo, como búsqueda, como voluntad por trascender ese estado de exilio. En suma, como viva conciencia de la soledad, histórica y personal. La historia, que no nos podía decir nada sobre la naturaleza de nuestros sentimientos y de nuestros conflictos, sí nos puede mostrar ahora cómo se realizó la ruptura y cuáles han sido nuestras tentativas para trascender la soledad.

«El laberinto de la soledad», en *OC*, vol. VII, pp. 47-72 y 87-103.

¿ÁGUILA O SOL?
(1949-1950)

¿ÁGUILA O SOL?

Comienzo y recomienzo. Y no avanzo. Cuando llego a las letras fata-
les, la pluma retrocede: una prohibición implacable me cierra el paso.
Ayer, investido de plenos poderes, escribía con fluidez sobre cualquier
hoja disponible: un trozo de cielo, un muro (impávido ante el sol y mis
ojos), un prado, otro cuerpo. Todo me servía: la escritura del viento, la
de los pájaros, el agua, la piedra. ¡Adolescencia, tierra arada por una
idea fija, cuerpo tatuado de imágenes, cicatrices resplandecientes! El
otoño pastoreaba grandes ríos, acumulaba esplendores en los picos, es-
culpía plenitudes en el valle de México, frases inmortales grabadas por
la luz en puros bloques de asombro.

Hoy lucho a solas con una palabra. La que me pertenece, a la que
pertenezco: ¿cara o cruz, águila o sol?

JARDÍN CON NIÑO

A tientas, me adentro. Pasillos, puertas que dan a un cuarto de
hotel, a una interjección, a un páramo urbano. Y entre el bos-
tezo y el abandono, tú, intacto, verdor sitiado por tanta muer-

te, jardín revisto esta noche. Sueños insensatos y lúcidos, geo-
metría y delirio entre altas bardas de adobe. La glorieta de los
pinos, ocho testigos de mi infancia, siempre de pie, sin cambiar
nunca de postura, de traje, de silencio. El montón de pedruscos
de aquel pabellón que no dejó terminar la guerra civil, lugar
amado por la melancolía y las lagartijas. Los yerbales, con sus
secretos, su molicie de verde caliente, sus bichos agazapados y
terribles. La higuera y sus consejas. Los adversarios: el floripon-
dio y sus lámparas blancas frente al granado, candelabro de
joyas rojas ardiendo en pleno día. El membrillo y sus varas
flexibles, con las que arrancaba ayes al aire matinal. La lujosa
mancha de vino de la buganvilia sobre el muro inmaculado,
blanquísimo. El sitio sagrado, el lugar infame, el rincón del
monólogo: la orfandad de una tarde, los himnos de una maña-
na, los silencios, aquel día de gloria entrevista, compartida.

Arriba, en la espesura de las ramas, entre los claros del cie-
lo y las encrucijadas de los verdes, la tarde se bate con espadas
transparentes. Piso la tierra recién llovida, los olores ásperos,
las yerbas vivas. El silencio se yergue y me interroga. Pero yo
avanzo y me planto en el centro de mi memoria. Aspiro larga-
mente el aire cargado de porvenir. Vienen oleadas de futuro,
rumor de conquistas, descubrimientos y esos vacíos súbitos con
que prepara lo desconocido sus irrupciones. Silbo entre dientes
y mi silbido, en la limpidez admirable de la hora, es un látigo
alegre que despierta alas y echa a volar profecías. Y yo las veo
partir hacia allá, al otro lado, a donde un hombre encorvado es-
cribe trabajosamente, en camisa, entre pausas furiosas, estos
cuantos adioses al borde del precipicio.

PASEO NOCTURNO

La noche extrae de su cuerpo una hora y otra. Todas diversas y
solemnes. Uvas, higos, dulces gotas de negrura pausada. Fuen-
tes: cuerpos. Entre las piedras del jardín en ruinas el viento toca

el piano. El faro alarga el cuello, gira, se apaga, exclama. Cristales que empaña un pensamiento, suavidades, invitaciones: oh noche, hoja inmensa y luciente, desprendida del árbol invisible que crece en el centro del mundo.

Y al dar la vuelta, las Apariciones: la muchacha que se vuelve un montón de hojas secas si la tocas; el desconocido que se arranca la máscara y se queda sin rostro, viéndote fijamente; la bailarina que da vueltas sobre la punta de un grito; el ¿quién vive?, el ¿quién eres?, el ¿dónde estoy?; la joven que avanza como un rumor de pájaros; el torreón derruido de ese pensamiento inconcluso, abierto contra el cielo como un poema partido en dos... No, ninguna es la que esperas, la dormida, la que te espera en los repliegues de su sueño.

Y al dar la vuelta, terminan los Verdores y empiezan las piedras. No hay nada, no tienes nada que darle al desierto: ni una gota de agua ni una gota de sangre. Con los ojos vendados avanzas por corredores, plazas, callejas donde conspiran tres estrellas astrosas. El río habla en voz baja. A tu izquierda y derecha, atrás y adelante, cuchicheos y risas innobles. El monólogo te acecha a cada paso, con sus exclamaciones, sus signos de interrogación, sus nobles sentimientos, sus puntos sobre las íes en mitad de un beso, su molino de lamentos y su repertorio de espejos rotos. Prosigue: nada tienes que decirte a ti mismo.

ERALABÁN

Engendros ataviados me sonríen desde lo alto de sus principios. La señora de las plumas turquesa me alancea el costado; otros caballeros me aturden con armas melladas. No basta esa falta de sintaxis que brilla como un pico de ámbar entre las ramas de una conversación demasiado frondosa, ni la frase que salta y a la que inútilmente detengo por la cola mientras le doy unos mendrugos de tontería. En vano busco en mis bolsillos las sonrisas, las objeciones, los asentimientos. Entre tantas sim-

plezas extraigo de pronto una palabra que inventaste hace mu-
cho, todavía viva. El instante centellea, piña de luz, penacho
verde.

¡Eralabán, sílabas arrojadas al aire una tarde, constelación
de islas en mitad de un verano de vidrio! Allá el lenguaje con-
siste en la producción de objetos hermosos y transparentes y la
conversación es un intercambio de regalos, el encuentro feliz
entre dos desconocidos hechos el uno para el otro, un insólito
brotar de imágenes que cristalizan en actos. Idioma de vocales de
agua entre hojas y peñas, marea cargada de tesoros. Entre las
yerbas obscuras, al alcance de todos los paseantes, hay anillos
fosforescentes, blancuras henchidas de sí mismas como un pu-
ñado de sal virgen, palabras tensas hechas de la misma materia
vibrante con que hacen una pausa entre dos acordes. Allá el
náufrago olvida amigos, patria y lengua natal. Pero si alguien
lo descubre paseándose melancólico a la orilla, inmediatamen-
te lo llevan al puerto y lo devuelven a su tierra, con la lengua
cortada. Los isleños temen que la lepra de la memoria disgregue
todos esos palacios de hielo que la fiebre construye.

Eralabán, sílabas que brillan en la cima de la ola nocturna,
golpe de viento que abre una ventana cerrada hace un siglo,
dedos que pulsan a la orilla de lo inesperado el arpa del Nunca.

Atado de pies y manos regreso a mis interlocutores, caní-
bales que me devoran sin mucha ceremonia.

SALIDA

Al cabo de tanta vigilia, de tanto roer silogismos, de habitar
tantas ruinas y razones en ruinas, salgo al aire. Busco un con-
tacto. Y desde ese trampolín me arrojo, cabeza baja, ojos abier-
tos, a ¿dónde? Al pozo, el espejo, la mierda. (¡Oh belleza, duro
resplandor que rechaza!). No; caer, caer en otros ojos. Agua de
ojos, río amarillo, río verde, ay, caída sin fin en unos ojos trans-
lúcidos, en un río de ojos abiertos, entre dos hileras de pestañas

como dos bosques de lanzas frente a frente, en espera del clarín de ataque... Río abajo he de perderme, he de volver a lo obscuro. Cierra, amor mío, cierra esos ojos tan repletos de insignificancias terribles: funcionarios que decretan suspender la circulación de la sangre, cirujanos dentistas que extraen los dientes de la noche, maestras, monjas, curas, presidentes, gendarmes... Como la selva se cierra sobre sí misma y borra los senderos que conducen a su centro magnético, cierra los ojos, cierra el paso a tantas memorias que se agolpan a la entrada de tu alma y tiranizan tu frente.

Ven, amor mío, ven a cortar relámpagos en el jardín nocturno. Toma este ramo de centellas azules, ven a arrancar conmigo unas cuantas horas incandescentes a este bloque de tiempo petrificado, única herencia que nos dejaron nuestros padres. En el cuello de ave de la noche eres un collar de sol. Por un cielo de intraojos desplegamos nuestras alas, águila bicéfala, cometa de cauda de diamante y gemido. Arde, candelabro de ocho brazos, árbol vivo que canta, raíces enlazadas, ramas entretejidas, copa donde pían pájaros de coral y de brasa. Todo es tanto su ser que ya es otra cosa.

Y peso palabras preciosas, palabras de amor, en la balanza de este ahora. Una sola frase de más a estas alturas bastaría para hundirnos de aquel lado del tiempo.

LLANO

El hormiguero hace erupción. La herida abierta borbotea, espumea, se expande, se contrae. El sol a estas horas no deja nunca de bombear sangre, con las sienes hinchadas, la cara roja. Un niño —ignorante de que en un recodo de la pubertad lo esperan unas fiebres y un problema de conciencia— coloca con cuidado una piedrecita en la boca despellejada del hormiguero. El sol hunde sus picas en las jorobas del llano, humilla promontorios de basura. Resplandor desenvainado, los reflejos de

una lata vacía —erguida sobre una pirámide de piltrafas—
acuchillan todos los puntos del espacio. Los niños buscadores
de tesoros y los perros sin dueño escarban en el amarillo esplen-
dor del pudridero. A trescientos metros la iglesia de San Lo-
renzo llama a misa de doce. Adentro, en el altar de la derecha,
hay un santo pintado de azul y rosa. De su ojo izquierdo brota
un enjambre de insectos de alas grises, que vuelan en línea
recta hacia la cúpula y caen, hechos polvo, silencioso derrumbe
de armaduras tocadas por la mano del sol. Silban las sirenas de
las torres de las fábricas. Falos decapitados. Un pájaro vestido
de negro vuela en círculos y se posa en el único árbol vivo del
llano. Después... No hay después. Avanzo, perforo grandes ro-
cas de años, grandes masas de luz compacta, desciendo galerías
de minas de arena, atravieso corredores que se cierran como
labios de granito. Y vuelvo al llano, al llano donde siempre es
mediodía, donde un sol idéntico cae fijamente sobre un paisa-
je detenido. Y no acaban de caer las doce campanadas, ni de
zumbar las moscas, ni de estallar en astillas este minuto que
no pasa, que solo arde y no pasa.

EXECRACIÓN

Esta noche he invocado a todas las potencias. Nadie acudió.
Caminé calles, recorrí plazas, interrogué puertas, estrujé espe-
jos. Desertó mi sombra, me abandonaron los recuerdos.

(La memoria no es lo que recordamos, sino lo que nos re-
cuerda. La memoria es un presente que nunca acaba de pasar.
Acecha, nos coge de improviso entre sus manos de humo que
no sueltan, se desliza en nuestra sangre: el que fuimos se ins-
tala en nosotros y nos echa afuera. Hace mil años, una tarde, al
salir de la escuela, escupí sobre mi alma; y ahora mi alma es el
lugar infame, la plazuela, los fresnos, el muro ocre, la tarde
interminable en que escupo sobre mi alma. Nos vive un pre-
sente inextinguible e irreparable. Ese niño apedreado, ese sexo

femenino como una grieta que fascina, ese adolescente que acaudilla un ejército de pájaros al asalto del sol, esa grúa esbelta de fina cabeza de dinosaurio inclinándose para devorar un transeúnte, a ciertas horas me expulsan de mí, viven en mí, me viven. No esta noche).

¿A qué grabar con un cuchillo mohoso signos y nombres sobre la corteza de la noche? Las primeras olas de la mañana borran todas esas estelas. ¿A quién invocar a estas horas y contra quién pronunciar exorcismos? No hay nadie arriba, ni abajo; no hay nadie detrás de mi puerta, ni en el cuarto vecino, ni fuera de la casa. No hay nadie, nunca ha habido nadie, nunca habrá nadie. No hay yo. Y el otro, el que piensa, no me piensa esta noche. Piensa otro, se piensa. Me rodea un mar de arena y de miedo, me cubre una vegetación de arañas, me paseo en mí mismo como un reptil entre piedras rotas, masa de escombros y ladrillos sin historia. El agua del tiempo escurre lentamente en esta oquedad agrietada, cueva donde se pudren todas las palabras ateridas.

MAYÚSCULA

A Artur Lundkvist

Flamea el desgañicresterío del alba. ¡Primer huevo, primer picoteo, degollina y alborozo! Vuelan plumas, despliegan alas, hinchan velas, hunden remos en la madrugada. Ah, luz sin brida, encabritada luz primera. Derrumbes de cristales irrumpen del monte, témpanos rompetímpanos se quiebran en mi frente.

No sabe a nada, no huele a nada la alborada, la niña todavía sin nombre, todavía sin rostro. Llega, avanza, titubea, se va por las afueras. Deja una cola de rumores que abren los ojos. Se pierde en ella misma. Y el día aplasta con su gran pie colérico una estrella pequeña.

MARIPOSA DE OBSIDIANA*

Mataron a mis hermanos, a mis hijos, a mis tíos. A la orilla del lago de Texcoco me eché a llorar. Del Peñón subían remolinos de salitre. Me cogieron suavemente y me depositaron en el atrio de la Catedral. Me hice tan pequeña y tan gris que muchos me confundieron con un montoncito de polvo. Sí, yo misma, la madre del pedernal y de la estrella, yo, encinta del rayo, soy ahora la pluma azul que abandona el pájaro en la zarza. Bailaba, los pechos en alto y girando, girando, girando hasta quedarme quieta; entonces empezaba a echar hojas, flores, frutos. En mi vientre latía el águila. Yo era la montaña que engendra cuando sueña, la casa del fuego, la olla primordial donde el hombre se cuece y se hace hombre. En la noche de las palabras degolladas mis hermanas y yo, cogidas de la mano, saltamos y cantamos alrededor de la I, única torre en pie del alfabeto arrasado. Aún recuerdo mis canciones.

> Canta en la verde espesura
> la luz de garganta dorada,
> la luz, la luz decapitada.

Nos dijeron: una verdadera derecha nunca conduce al invierno. Y ahora las manos me tiemblan, las palabras me cuelgan de la boca. Dame una sillita y un poco de sol.
En otros tiempos cada hora nacía del vaho de mi aliento, bailaba un instante sobre la punta de mi puñal y desaparecía por la puerta resplandeciente de mi espejito. Yo era el mediodía tatuado y la medianoche desnuda, el pequeño insecto de jade que canta entre las yerbas del amanecer y el cenzontle de barro que convoca a los muertos. Me bañaba en la cascada solar, me bañaba en mí misma, anegada en mi propio resplandor. Yo era el

---

* Mariposa de Obsidiana: *Itzpapálotl*, diosa a veces confundida con *Teteoinan*, nuestra madre, y *Tonantzin*. Todas estas divinidades femeninas se han fundido en el culto que desde el siglo XVI se profesa a la Virgen de Guadalupe.

pedernal que rasga la cerrazón nocturna y abre las puertas del chubasco. En el cielo del Sur planté jardines de fuego, jardines de sangre. Sus ramas de coral todavía rozan la frente de los enamorados. Allá el amor es el encuentro en mitad del espacio de dos aerolitos y no esa obstinación de piedras frotándose para arrancarse un beso que chisporrotea.

Cada noche es un párpado que no acaban de atravesar las espinas. Y el día no acaba nunca, no acaba nunca de contarse a sí mismo, roto en monedas de cobre. Estoy cansada de tantas cuentas de piedra desparramadas en el polvo. Estoy cansada de este solitario trunco. Dichoso el alacrán madre, que devora a sus hijos. Dichosa la araña. Dichosa la serpiente, que muda de camisa. Dichosa el agua que se bebe a sí misma. ¿Cuándo acabarán de devorarme estas imágenes? ¿Cuándo acabaré de caer en esos ojos desiertos?

Estoy sola y caída, grano de maíz desprendido de la mazorca del tiempo. Siémbrame entre los fusilados. Naceré del ojo del capitán. Lluéveme, asoléame. Mi cuerpo arado por el tuyo ha de volverse un campo donde se siembra uno y se cosecha ciento. Espérame al otro lado del año: me encontrarás como un relámpago tendido a la orilla del otoño. Toca mis pechos de yerba. Besa mi vientre, piedra de sacrificios. En mi ombligo el remolino se aquieta: yo soy el centro fijo que mueve la danza. Arde, cae en mí: soy la fosa de cal viva que cura los huesos de su pesadumbre. Muere en mis labios. Nace en mis ojos. De mi cuerpo brotan imágenes: bebe en esas aguas y recuerda lo que olvidaste al nacer. Yo soy la herida que no cicatriza, la pequeña piedra solar: si me rozas, el mundo se incendia.

Toma mi collar de lágrimas. Te espero en ese lado del tiempo en donde la luz inaugura un reinado dichoso: el pacto de los gemelos enemigos, el agua que escapa entre los dedos y el hielo, petrificado como un rey en su orgullo. Allí abrirás mi cuerpo en dos, para leer las letras de tu destino.

LA HIGUERA

En Mixcoac, pueblo de labios quemados, solo la higuera señalaba los cambios del año. La higuera, seis meses vestida de un sonoro vestido verde y los otros seis carbonizada ruina del sol de verano.

Encerrado en cuatro muros (al norte, el cristal del no saber, paisaje por inventar; al sur, la memoria cuarteada; al este, el espejo; al oeste, la cal y el canto del silencio) escribía mensajes sin respuesta, destruidos apenas firmados. Adolescencia feroz: el hombre que quiere ser, y que ya no cabe en ese cuerpo demasiado estrecho, estrangula al niño que somos. (Todavía, al cabo de los años, el que voy a ser, y que no será nunca, entra a saco en el que fui, arrasa mi estar, lo deshabita, malbarata riquezas, comercia con la Muerte). Pero en ese tiempo la higuera llegaba hasta mi encierro y tocaba insistente los vidrios de la ventana, llamándome. Yo salía y penetraba en su centro: sopor visitado de pájaros, vibraciones de élitros, entrañas de fruto goteando plenitud.

En los días de calma la higuera era una petrificada carabela de jade, balanceándose imperceptiblemente, atada al muro negro, salpicado de verde por la marea de la primavera. Pero si soplaba el viento de marzo, se abría paso entre la luz y las nubes, hinchadas las verdes velas. Yo me trepaba a su punta y mi cabeza sobresalía entre las grandes hojas, picoteada de pájaros, coronada de vaticinios.

¡Leer mi destino en las líneas de la palma de una hoja de higuera! Te prometo luchas y un gran combate solitario contra un ser sin cuerpo. Te prometo una tarde de toros y una cornada y una ovación. Te prometo el coro de los amigos, la caída del tirano y el derrumbe del horizonte. Te prometo el destierro y el desierto, la sed y el rayo que parte en dos la roca: te prometo el chorro de agua. Te prometo la llaga y los labios, un cuerpo y una visión. Te prometo una flotilla navegando por un río turquesa, banderas y un pueblo libre a la orilla. Te prometo unos ojos inmensos, bajo cuya luz has de tenderte, árbol fatigado. Te prometo el hacha y el arado, la espiga y el canto, te prometo grandes nubes, canteras para el ojo, y un mundo por hacer.

Hoy la higuera golpea en mi puerta y me convida. ¿Debo coger el hacha o salir a bailar con esa loca?

NOTA ARRIESGADA

Templada nota que avanzas por un país de nieve y alas, entre despeñaderos y picos donde afilan su navaja los astros, acompañada solo por un murmullo grave de cola aterciopelada, ¿adónde te diriges? Pájaro negro, tu pico hace saltar las rocas. Tu imperio enlutado vuelve ilusorios los precarios límites entre el hierro y el girasol, la piedra y el ave, el fuego y el liquen. Arrancas a la altura réplicas ardientes. La luz de cuello de vidrio se parte en dos y tu negra armadura se constela de frialdades intactas. Ya estás entre las transparencias y tu penacho blanco ondea en mil sitios a la vez, cisne ahogado en su propia blancura. Te posas en la cima y clavas tu centella. Después, inclinándote, besas los labios congelados del cráter. Es hora de estallar en una explosión que no dejará más huella que una larga cicatriz en el cielo. Cruzas los corredores de la música y desapareces entre un cortejo de cobres.

GRAN MUNDO

Habitas un bosque de vidrio. El mar de labios delgados, el mar de las cinco de la mañana, centellea a las puertas de tu dormir. Cuando lo rozan tus ojos, su lomo metálico brilla como un cementerio de corazas. El mar amontona a tus pies espadas, azagayas, picas, ballestas, dagas. Hay moluscos resplandecientes, hay plantaciones de joyas vivas en tus alrededores. Hay una pecera de ojos en tu alcoba. Duermes en una cama hecha de un solo fulgor. Hay miradas entrelazadas en tus dominios. Hay una sola mirada fija en tus umbrales. En cada uno de los caminos que conducen hacia ti hay una pregunta sin revés, un hacha, una indicación ambigua en su inocencia, una copa que contiene fuego, otra pregunta que es un solo tajo, muchas viscosidades lujosas, una espesura de alusiones entretejidas y fatales. En tu alcoba de telarañas dictas edictos de sal. Te sirves de las claridades, manejas bien las armas frías. En otoño vuelves a los salones.

CASTILLO EN EL AIRE

A Blanca y Fernando de Szyszlo

Ciertas tardes me salen al paso presencias insólitas. Basta rozarlas para cambiar de piel, de ojos, de instintos. Entonces me aventuro por senderos poco frecuentados. A mi derecha, grandes masas de materias impenetrables; a mi izquierda, la sucesión de fauces. Subo la montaña como se trepa esa idea fija que desde la infancia nos amedrenta y fascina y a la que, un día u otro, no tenemos más remedio que encararnos. El castillo que corona el peñasco está hecho de un solo relámpago. Esbelto y simple como un hacha, erecto y llameante, se adelanta contra el valle con la evidente intención de hendirlo. ¡Castillo de una sola pieza, proposición de lava irrefutable! ¿Se canta adentro? ¿Se ama o se degüella? El viento amontona estruendos en mi frente y el trueno establece su trono en mis tímpanos. Antes de volver a mi casa, corto la florecita que crece entre las grietas, la florecita negra quemada por el rayo.

VIEJO POEMA

Escoltado por memorias tercas, subo a grandes pasos la escalinata de la música. Arriba, en las crestas de cristal, la luz deja caer sus vestiduras. A la entrada, dos surtidores se yerguen, me saludan, inclinan sus penachos parlanchines, se apagan en un murmullo que asiente. Pompas hipócritas. Adentro, en habitaciones con retratos, alguien que conozco juega un solitario empezado en 1870, alguien que me ha olvidado escribe una carta a un amigo que todavía no nace. Puertas, sonrisas, pasos quedos, cuchicheos, corredores por donde la sangre marcha al redoble de tambores enlutados. Al fondo, en el último cuarto, la lucecita de la lámpara de aceite. La lucecita diserta, moraliza, debate consigo misma. Me dice que no vendrá nadie, que apague la espera, que ya es hora de echar una cruz sobre todo y echarse a dormir. En vano hojeo mi vida. Mi rostro se desprende de mi rostro y cae en mí, como un silencioso fruto podrido. Ni un son, ni un ay. Y de pronto, indecisa en la luz, la antigua torre, erguida entre ayer y mañana, esbeltez entre dos abismos. Conozco, reconozco la escalera, los gastados escalones, el mareo y el vértigo. Aquí lloré, aquí canté. Estas son las piedras con que te hice, torre de palabras ardientes y confusas, montón de letras desmoronadas.

No. Quédate, si quieres, a rumiar al que fuiste. Yo parto al encuentro del que soy, del que ya empieza a ser, mi descendiente y antepasado, mi padre y mi hijo, mi semejante desemejante. El hombre empieza donde muere. Voy a mi nacimiento.

UN POETA

A Loleh y Claude Roy

—Música y pan, leche y vino, amor y sueño: gratis. Gran abrazo mortal de los adversarios que se aman: cada herida es una fuente. Los amigos afilan bien sus armas, listos para el diálogo final, el diálogo a muerte para toda la vida. Cruzan la noche los amantes enlazados, conjunción de astros y cuerpos. El hombre es el alimento del hombre. El saber no es distinto del soñar, el soñar del hacer. La poesía ha puesto fuego a todos los poemas. Se acabaron las palabras, se acabaron las imágenes. Abolida la distancia entre el nombre y la cosa, nombrar es crear, e imaginar, nacer.

—*Por lo pronto, coge el azadón, teoriza, sé puntual. Paga tu precio y cobra tu salario. En los ratos libres pasta hasta reventar: hay inmensos predios de periódicos. O desplómate cada noche sobre la mesa del café, con la lengua hinchada de política. Calla o gesticula: todo es igual. En algún sitio ya prepararon tu condena. No hay salida que no dé a la deshonra o al patíbulo: tienes los sueños demasiado claros,* te hace falta una filosofía fuerte.

APARICIÓN

Vuelan aves radiantes de estas letras. Amanece la desconocida en pleno día, sol rival del sol, e irrumpe entre los blancos y negros del poema. Pía en la espesura de mi asombro. Se posa en mi pecho con la misma suavidad inexorable de la luz que reclina la frente sobre una piedra abandonada. Extiende sus alas y canta. Su boca es un palomar del que brotan palabras sin sentido, fuente deslumbrada por su propio manar, blancuras atónitas de ser. Luego desaparece.

Inocencia entrevista, que cantas en el pretil del puente a la hora en que yo soy un río que deserta en lo obscuro: ¿qué frutos picas allá arriba?, ¿en qué ramas de qué árbol cantas los cantos de la altura?

DAMA HUASTECA

Ronda por las orillas, desnuda, saludable, recién salida del baño, recién nacida de la noche. En su pecho arden joyas arrancadas al verano. Cubre su sexo la yerba lacia, la yerba azul, casi negra, que crece en los bordes del volcán. En su vientre un águila despliega sus alas, dos banderas enemigas se enlazan, reposa el agua. Viene de lejos, del país húmedo. Pocos la han visto. Diré su secreto: de día, es una piedra al lado del camino; de noche, un río que fluye al costado del hombre.

SER NATURAL

A Rufino Tamayo

I

Despliegan sus mantos, extienden sus cascadas, desvelan sus profundidades, transparencia torneada a fuego, los azules. Plumas coléricas o gajos de alegría, deslumbramientos, decisiones imprevistas, siempre certeras y tajantes, los verdes acumulan humores, mastican bien su grito antes de gritarlo, frío y centelleante, en su propia espesura. Innumerables, graduales, implacables, los grises se abren paso a cuchilladas netas, a clarines impávidos. Colindan con lo rosa, con la llama. Sobre sus hombros descansa la geometría del incendio. Indemnes al fuego, indemnes a la selva, son espinas dorsales, son columnas, son mercurio.

En un extremo arde la media luna. No es joya ya, sino fruta que madura al sol interior de sí misma. La media luna es irradiación, matriz de madre de todos, de mujer de cada uno, caracol rosa que canta abandonado en una playa, águila nocturna. Y abajo, junto a la guitarra que canta sola, el puñal de cristal de roca, la pluma de colibrí y el reloj que se roe incan-

sablemente las entrañas, junto a los objetos que acaban de na-
cer y los que están en la mesa desde el Principio, brillan la
tajada de sandía, el mamey incandescente, la rebanada de fue-
go. La media fruta es una media luna que madura al sol de una
mirada de mujer.

Equidistantes de la luna frutal y de las frutas solares, sus-
pendidos entre mundos enemigos que pactan en ese poco de
materia elegida, entrevemos nuestra porción de totalidad. Mues-
tra los dientes el Tragaldabas, abre los ojos el Poeta, los cierra
la Mujer. Todo es.

II

Arrasan las alturas jinetes enlutados. Los cascos de la caballería
salvaje dejan un reguero de estrellas. El pedernal eleva su chorro
de negrura afilada. El planeta vuela hacia otro sistema. Alza su
cresta encarnada el último minuto vivo. El aullido del incendio
rebota de muro a muro, de infinito a infinito. El loco abre los
barrotes del espacio y salta hacia dentro de sí. Desaparece al
instante, tragado por sí mismo. Las fieras roen restos de sol,
huesos astrales y lo que aún queda del Mercado de Oaxaca. Dos
gavilanes picotean un lucero en pleno cielo. La vida fluye en
línea recta, escoltada por dos riberas de ojos. A esta hora gue-
rrera y de sálvese el que pueda, los amantes se asoman al balcón
del vértigo. Ascienden suavemente, espiga de dicha que se
balancea sobre un campo calcinado. Su amor es un imán del
que cuelga el mundo. Su beso regula las mareas y alza las es-
clusas de la música. A los pies de su calor la realidad despierta,
rompe su cáscara, extiende las alas y vuela.

III

Entre tanta materia dormida, entre tantas formas que buscan
sus alas, su peso, en otra forma, surge la bailarina, la señora de
las hormigas rojas, la domadora de la música, la ermitaña que
vive en una cueva de vidrio, la hermosa que duerme a la orilla

de una lágrima. Se levanta y danza la danza de la inmovilidad. Su ombligo concentra todos los rayos. Está hecha de las miradas de todos los hombres. Es la balanza que equilibra deseo y saciedad, la vasija que nos da de dormir y de despertar. Es la idea fija, la perpetua arruga en la frente del hombre, la estrella sempiterna. Ni muerta ni viva, es la gran flor que crece del pecho de los muertos y del sueño de los vivos. La gran flor que cada mañana abre lentamente los ojos y contempla sin reproche al jardinero que la corta. Su sangre asciende pausada por el tallo tronchado y se eleva en el aire, antorcha que arde silenciosa sobre las ruinas de México. Árbol fuente, árbol surtidor, arco de fuego, puente de sangre entre los vivos y los muertos: todo es inacabable nacimiento.

VALLE DE MÉXICO

El día despliega su cuerpo transparente. Atado a la piedra solar, la luz me golpea con sus grandes martillos invisibles. Solo soy una pausa entre una vibración y otra: el punto vivo, el afilado, quieto punto fijo de intersección de dos miradas que se ignoran y se encuentran en mí. ¿Pactan? Soy el espacio puro, el campo de batalla. Veo a través de mi cuerpo mi otro cuerpo. La piedra centellea. El sol me arranca los ojos. En mis órbitas vacías dos astros alisan sus plumas rojas. Esplendor, espiral de alas y un pico feroz. Y ahora, mis ojos cantan. Asómate a su canto, arrójate a la hoguera.

LECHO DE HELECHOS

En el fin del mundo, frente a un paisaje de ojos inmensos, adormecidos pero aún destellantes, me miras con tu mirada última —la mirada que pierde cielo. La playa se cubre de mira-

das, escamas resplandecientes. Se retira la ola de oro líquido.
Tendida sobre la lava que huye, eres un gran témpano lunar
que enfila hacia el ay, un pedazo de estrella que cintila en la
boca del cráter. En tu lecho vertiginoso te enciendes y apagas.
Tu caída me arrastra, herida que parpadea, círculo que cierra
sus pestañas, negrura que se abre, despeñadero en cuyo fondo
nace un astro de hielo. Desde tu caer me contemplas con tu
primer mirada —la mirada que pierde suelo. Y tu mirar se
prende al mío. Te sostienen en vilo mis ojos, como la luna a la
marea encendida. A tus pies la espuma degollada canta el can-
to de la noche que empieza.

EL SITIADO

A mi izquierda el verano despliega sus verdes libertades, sus
claros y cimas de ventura: follajes, transparencias, pies desnu-
dos en el agua, sopor bajo los plátanos y un enjambre de imá-
genes revoloteando alrededor de mis ojos entrecerrados. Canta
el mar de hojas. Zumba el sol. Alguien me espera en la espe-
sura caliente; alguien ríe entre los verdes y los amarillos. Incli-
nado sobre mí mismo, me defiendo: aún no acabo conmigo.
Pero insisten a mi izquierda: ¡ser yerba para un cuerpo, ser
cuerpo, ser orilla que se desmorona, embestida dulce de un río
que avanza entre meandros! Sí, extenderse, ser cada vez más.
De mi ojo nace un pájaro, se enreda la vid en mi tobillo, hay
una colmena en mi oreja derecha; maduro, caigo con un ruido
de fruto, me picotea la luz, me levanto con el fresco, aparto con
el pecho las hojas obstinadas. Cruzan ejércitos de alas el espacio.
No, no cedo. Aún no acabo conmigo.

A mi derecha no hay nada. El silencio y la soledad extienden
sus llanuras, ¡Oh mundo por poblar, hoja en blanco! Peregri-
naciones, sacrificios, combates cuerpo a cuerpo con mi alma,
diálogos con la nieve y la sal: ¡cuántas blancuras que esperan
erguirse, cuántos nombres dormidos, prestos a ser alas del poe-

ma! Horas relucientes, espejos pulidos por la espera, trampolines del vértigo, atalayas del éxtasis, puentes colgantes sobre el vacío que se abre entre dos exclamaciones, estatuas momentáneas que celebran durante una fracción de segundo el descenso del Rayo. La yerba despierta, se echa a andar y cubre de viviente verdor las tierras áridas, el musgo sube hasta las rocas; se abren las nubes. Todo canta, todo da frutos, todo se dispone a ser. Pero yo me defiendo. Aún no acabo conmigo.

Entre extenderse y erguirse, entre los labios que dicen la Palabra y la Palabra, hay una pausa, un centelleo que divide y desgarra: yo. Aún no acabo conmigo.

HIMNO FUTURO

A Mario Vargas Llosa

Desde la baja maleza que me ahoga, lo veo brillar, alto y serio. Arde, inmóvil, sobre la cima de sí mismo: chopo de luz, columna de música, chorro de silencio.

Al verlo allá arriba, mi orgullo incendia haces de palabras, fragmentos de realidades, realidades en fragmentos. ¡Hojarasca, llamarada resuelta en humo! Y sobre mi fracaso se precipitan, gatos insidiosos, los razonamientos de medianoche, las sonrisillas en fila india, la jauría de las risotadas. Los refranes me hacen guiños, me excomulga la cordura, los preceptos me tiran de la manga. Yo me arrisco el sombrero, levanto el cuello de mi gabán y me echo a andar. Pero no avanzo. Y mientras marco el paso, él arde allá, sobre la roca, inoído.

Sé que no basta quemar lo que ya está quemado en nosotros. Sé que no basta dar: hay que darse. Y hay que recibir. No basta ser la cumbre monda, el hueso pulido, la piedra rodada. No basta la lengua para el canto. Hay que ser la oreja, el caracol humano en donde Juan graba sus desvelos, María sus vaticinios, sus gemidos Isabel, su risa Joaquín. Lo que en nosotros solo quiere ser, no es, no será nunca. Allá, donde mi voz termina y la tuya empieza, ni solo ni acompañado, nace el canto.

Mas cuando el tiempo se desgaja del tiempo y solo es boca y grandes muelas negras, gaznate sin fondo, caída animal en un estómago animal siempre vacío, no queda sino entretener su hambre con canciones bárbaras. Cara al cielo, al borde del caer, tarareo el canto del tiempo. Al día siguiente no queda nada de esos gorgoritos. Y me digo: no es hora de cantos, sino de balbuceos. Déjame contar mis palabras, una a una: arrancadas a insomnio y ceguera, a ira y desgano, son todo lo que tengo, todo lo que tenemos.

No es tiempo. No ha llegado el Tiempo. Siempre es deshora y demasiado tarde, pensamiento sin cuerpo, cuerpo bruto. Y marco el paso, marco el paso. Pero tú, himno libre del hombre libre, tú, dura pirámide de lágrimas, llama tallada en lo alto del desvelo, brilla en la cima de la ira y canta, cántame, cántanos: pino de música, columna de luz, chopo de fuego, chorro de agua. ¡Agua, agua al fin, palabra del hombre para el hombre!

HACIA EL POEMA
(Puntos de partida)

I

Palabras, ganancias de un cuarto de hora arrancado al árbol calcinado del lenguaje, entre los buenos días y las buenas noches, puertas de entrada y salida y entrada de un corredor que va de ningunaparte a ningunlado.

Damos vueltas y vueltas en el vientre animal, en el vientre mineral, en el vientre temporal. Encontrar la salida: el poema.

Obstinación de ese rostro donde se quiebran mis miradas. Frente armada, invicta ante un paisaje en ruinas, tras el asalto al secreto. Melancolía de volcán.

La benévola jeta de piedra de cartón del Jefe, del Conductor, fetiche del siglo; los yo, tú, él, tejedores de telarañas, pronombres armados de uñas; las divinidades sin rostro, abstractas. Él y nosotros, Nosotros y Él: nadie y ninguno. Dios padre se venga en todos estos ídolos.

El instante se congela, blancura compacta que ciega y no responde y se desvanece, témpano empujado por corrientes circulares. Ha de volver.

Arrancar las máscaras de la fantasía, clavar una pica en el centro sensible: provocar la erupción.

Cortar el cordón umbilical, matar bien a la Madre. Crimen que el poeta moderno cometió por todos, en nombre de todos. Toca al nuevo poeta descubrir a la Mujer.

Hablar por hablar, arrancar sones a la desesperada, escribir al dictado lo que dice el vuelo de la mosca, ennegrecer. El tiempo se abre en dos: hora del salto mortal.

II

Palabras, frases, sílabas, astros que giran alrededor de un centro fijo. Dos cuerpos, muchos seres que se encuentran en una palabra. El papel se cubre de letras indelebles, que nadie dijo, que nadie dictó, que han caído allí y arden y queman y se apagan. Así pues, existe la poesía, el amor existe. Y si yo no existo, existes tú.

Por todas partes los solitarios forzados empiezan a crear las palabras del nuevo diálogo.

El chorro de agua. La bocanada de salud. Una muchacha reclinada sobre su pasado. El vino, el fuego, la guitarra, la sobremesa. Un muro de terciopelo rojo en una plaza de pueblo. Las aclamaciones, la caballería reluciente entrando a la ciudad, el pueblo en vilo: ¡himnos! La irrupción de lo blanco, de lo verde, de lo llameante. Lo demasiado fácil, lo que se escribe solo: la poesía.

El poema prepara un orden amoroso. Preveo un hombre-sol y una mujer-luna, el uno libre de su poder, la otra libre de su esclavitud, y amores implacables rayando el espacio negro. Todo ha de ceder a esas águilas incandescentes.

Por las almenas de tu frente el canto alborea. La justicia poética incendia campos de oprobio: no hay sitio para la nostalgia, el yo, el nombre propio.

Todo poema se cumple a expensas del poeta.

Mediodía futuro, árbol inmenso de follaje invisible. En las plazas cantan los hombres y las mujeres el canto solar, surtidor de transparencias. Me cubre la marejada amarilla: nada mío ha de hablar por mi boca.

Cuando la Historia duerme, habla en sueños: en la frente del pueblo dormido el poema es una constelación de sangre. Cuando la Historia despierta, la imagen se hace acto, acontece el poema: la poesía entra en acción.

Merece lo que sueñas.

«¿Águila o sol?», en *OC*, vol. XI, pp. 193-194.

LA ESTACIÓN VIOLENTA
(1948-1957)

O soleil c'est le temps de la Raison ardente.
APOLLINAIRE

EL CÁNTARO ROTO

La mirada interior se despliega y un mundo de vértigo y llama
  nace bajo la frente del que sueña:
soles azules, verdes remolinos, picos de luz que abren astros
  como granadas,
tornasol solitario, ojo de oro girando en el centro de una
  explanada calcinada,
bosques de cristal de sonido, bosques de ecos y respuestas y
  ondas, diálogo de transparencias,
¡viento, galope de agua entre los muros interminables de una
  garganta de azabache,
caballo, cometa, cohete que se clava justo en el corazón de la
  noche, plumas, surtidores,
plumas, súbito florecer de las antorchas, velas, alas, invasión
  de lo blanco,
pájaros de las islas cantando bajo la frente del que sueña!

Abrí los ojos, los alcé hasta el cielo y vi cómo la noche se cubría
  de estrellas.

¡Islas vivas, brazaletes de islas llameantes, piedras ardiendo,
    respirando, racimos de piedras vivas,
cuánta fuente, qué claridades, qué cabelleras sobre una espalda
    obscura,
cuánto río allá arriba, y ese sonar remoto de agua junto al fuego,
    de luz contra la sombra!
harpas, jardines de harpas.

Pero a mi lado no había nadie.
Solo el llano: cactus, huizaches, piedras enormes que estallan
    bajo el sol.
No cantaba el grillo,
había un vago olor a cal y semillas quemadas,
las calles del poblado eran arroyos secos
y el aire se habría roto en mil pedazos si alguien hubiese gritado:
    ¿quién vive?
Cerros pelados, volcán frío, piedra y jadeo bajo tanto esplendor,
    sequía, sabor de polvo,
rumor de pies descalzos sobre el polvo, ¡y el pirú en medio del
    llano como un surtidor petrificado!

Dime, sequía, dime, tierra quemada, tierra de huesos remolidos,
    dime, luna agónica,
¿no hay agua,
hay solo sangre, solo hay polvo, solo pisadas de pies desnudos
    sobre la espina,
solo andrajos y comida de insectos y sopor bajo el mediodía
    impío como un cacique de oro?
¿no hay relinchos de caballos a la orilla del río, entre las grandes
    piedras redondas y relucientes,
en el remanso, bajo la luz verde de las hojas y los gritos de los
    hombres y las mujeres bañándose al alba?
El dios-maíz, el dios-flor, el dios-agua, el dios-sangre, la virgen,
¿todos se han muerto, se han ido, cántaros rotos al borde de la
    fuente cegada?
¿Solo está vivo el sapo,

solo reluce y brilla en la noche de México el sapo verduzco,
solo el cacique gordo de Cempoala es inmortal?

Tendido al pie del divino árbol de jade regado con sangre,
    mientras dos esclavos jóvenes lo abanican,
en los días de las grandes procesiones al frente del pueblo,
    apoyado en la cruz: arma y bastón,
en traje de batalla, el esculpido rostro de sílex aspirando como
    un incienso precioso el humo de los fusilamientos,
los fines de semana en su casa blindada junto al mar, al lado de
    su querida cubierta de joyas de gas neón,
¿solo el sapo es inmortal?

He aquí a la rabia verde y fría y a su cola de navajas y vidrio
    cortado,
he aquí al perro y a su aullido sarnoso,
al maguey taciturno, al nopal y al candelabro erizados, he aquí
    a la flor que sangra y hace sangrar,
la flor de inexorable y tajante geometría como un delicado
    instrumento de tortura,
he aquí a la noche de dientes largos y mirada filosa, la noche
    que desuella con un pedernal invisible,
oye a los dientes chocar uno contra otro,
oye a los huesos machacando a los huesos,
al tambor de piel humana golpeado por el fémur,
al tambor del pecho golpeado por el talón rabioso,
al tam-tam de los tímpanos golpeados por el sol delirante,
he aquí al polvo que se levanta como un rey amarillo y todo lo
    descuaja y danza solitario y se derrumba
como un árbol al que de pronto se le han secado las raíces, como
    una torre que cae de un solo tajo,
he aquí al hombre que cae y se levanta y come polvo y se
    arrastra,
al insecto humano que perfora la piedra y perfora los siglos y
    carcome la luz,
he aquí a la piedra rota, al hombre roto, a la luz rota.

¿Abrir los ojos o cerrarlos, todo es igual?
Castillos interiores que incendia el pensamiento porque otro
  más puro se levante, solo fulgor y llama,
semilla de la imagen que crece hasta ser árbol y hace estallar el
  cráneo,
palabra que busca unos labios que la digan,
sobre la antigua fuente humana cayeron grandes piedras,
hay siglos de piedras, años de losas, minutos espesores sobre la
  fuente humana.

Dime, sequía, piedra pulida por el tiempo sin dientes, por el
  hambre sin dientes,
polvo molido por dientes que son siglos, por siglos que son
  hambres,
dime, cántaro roto caído en el polvo, dime,
¿la luz nace frotando hueso contra hueso, hombre contra hombre,
  hambre contra hambre,
hasta que surja al fin la chispa, el grito, la palabra,
hasta que brote al fin el agua y crezca el árbol de anchas hojas
  de turquesa?

Hay que dormir con los ojos abiertos, hay que soñar con las
  manos,
soñemos sueños activos de río buscando su cauce, sueños de sol
  soñando sus mundos,
hay que soñar en voz alta, hay que cantar hasta que el canto
  eche raíces, troncos, ramas, pájaros, astros,
cantar hasta que el sueño engendre y brote del costado del
  dormido la espiga roja de la resurrección,
el agua de la mujer, el manantial para beber y mirarse y reco-
  nocerse y recobrarse,
el manantial para saberse hombre, el agua que habla a solas en
  la noche y nos llama con nuestro nombre,
el manantial de las palabras para decir yo, tú, él, nosotros,
  bajo el gran árbol viviente estatua de la lluvia,

para decir los pronombres hermosos y reconocernos y ser fieles
a nuestros nombres

hay que soñar hacia atrás, hacia la fuente, hay que remar siglos
arriba,

más allá de la infancia, más allá del comienzo, más allá de las
aguas del bautismo,

echar abajo las paredes entre el hombre y el hombre, juntar de
nuevo lo que fue separado,

vida y muerte no son mundos contrarios, somos un solo tallo
con dos flores gemelas,

hay que desenterrar la palabra perdida, soñar hacia dentro y
también hacia afuera,

descifrar el tatuaje de la noche y mirar cara a cara al mediodía
y arrancarle sus máscaras,

bañarse en luz solar y comer los frutos nocturnos, deletrear la
escritura del astro y la del río,

recordar lo que dicen la sangre y la marea, la tierra y el cuerpo,
volver al punto de partida,

ni adentro ni afuera, ni arriba ni abajo, al cruce de caminos,
adonde empiezan los caminos,

porque la luz canta con un rumor de agua, con un rumor de
follaje canta el agua

y el alba está cargada de frutos, el día y la noche reconciliados
fluyen como un río manso,

el día y la noche se acarician largamente como un hombre y
una mujer enamorados,

como un solo río interminable bajo arcos de siglos fluyen las
estaciones y los hombres,

hacia allá, al centro vivo del origen, más allá de fin y comienzo.

México, 1955

PIEDRA DE SOL

La treizième revient.... c'est encor la première;
et c'est toujours la seule —ou c'est le seul moment;
car es-tu reine, ô toi, la première ou dernière?
es-tu roi, toi le seul ou le dernier amant?

GÉRARD DE NERVAL, *Arthémis*

Un sauce de cristal, un chopo de agua,
un alto surtidor que el viento arquea,
un árbol bien plantado mas danzante,
un caminar de río que se curva,
avanza, retrocede, da un rodeo
y llega siempre:

           un caminar tranquilo
de estrella o primavera sin premura,
agua que con los párpados cerrados
mana toda la noche profecías,
unánime presencia en oleaje,
ola tras ola hasta cubrirlo todo,
verde soberanía sin ocaso
como el deslumbramiento de las alas
cuando se abren en mitad del cielo,

un caminar entre las espesuras
de los días futuros y el aciago
fulgor de la desdicha como un ave
petrificando el bosque con su canto
y las felicidades inminentes
entre las ramas que se desvanecen,
horas de luz que pican ya los pájaros,
presagios que se escapan de la mano,

una presencia como un canto súbito,
como el viento cantando en el incendio,
una mirada que sostiene en vilo
al mundo con sus mares y sus montes,

cuerpo de luz filtrada por un ágata,
piernas de luz, vientre de luz, bahías,
roca solar, cuerpo color de nube,
color de día rápido que salta,
la hora centellea y tiene cuerpo,
el mundo ya es visible por tu cuerpo,
es transparente por tu transparencia,

voy entre galerías de sonidos,
fluyo entre las presencias resonantes,
voy por las transparencias como un ciego,
un reflejo me borra, nazco en otro,
oh bosque de pilares encantados,
bajo los arcos de la luz penetro
los corredores de un otoño diáfano,

voy por tu cuerpo como por el mundo,
tu vientre es una plaza soleada,
tus pechos dos iglesias donde oficia
la sangre sus misterios paralelos,
mis miradas te cubren como yedra,
eres una ciudad que el mar asedia,
una muralla que la luz divide
en dos mitades de color durazno,
un paraje de sal, rocas y pájaros
bajo la ley del mediodía absorto,

vestida del color de mis deseos
como mi pensamiento vas desnuda,
voy por tus ojos como por el agua,
los tigres beben sueño en esos ojos,
el colibrí se quema en esas llamas,
voy por tu frente como por la luna,
como la nube por tu pensamiento,
voy por tu vientre como por tus sueños,

tu falda de maíz ondula y canta,
tu falda de cristal, tu falda de agua,
tus labios, tus cabellos, tus miradas,
toda la noche llueves, todo el día
abres mi pecho con tus dedos de agua,
cierras mis ojos con tu boca de agua,
sobre mis huesos llueves, en mi pecho
hunde raíces de agua un árbol líquido,

voy por tu talle como por un río,
voy por tu cuerpo como por un bosque,
como por un sendero en la montaña
que en un abismo brusco se termina,
voy por tus pensamientos afilados
y a la salida de tu blanca frente
mi sombra despeñada se destroza,
recojo mis fragmentos uno a uno
y prosigo sin cuerpo, busco a tientas,

corredores sin fin de la memoria,
puertas abiertas a un salón vacío
donde se pudren todos los veranos,
las joyas de la sed arden al fondo,
rostro desvanecido al recordarlo,
mano que se deshace si la toco,
cabelleras de arañas en tumulto
sobre sonrisas de hace muchos años,

a la salida de mi frente busco,
busco sin encontrar, busco un instante,
un rostro de relámpago y tormenta
corriendo entre los árboles nocturnos,
rostro de lluvia en un jardín a obscuras,
agua tenaz que fluye a mi costado,

busco sin encontrar, escribo a solas,
no hay nadie, cae el día, cae el año,
caigo con el instante, caigo a fondo,
invisible camino sobre espejos
que repiten mi imagen destrozada,
piso días, instantes caminados,
piso los pensamientos de mi sombra,
piso mi sombra en busca de un instante,

busco una fecha viva como un pájaro,
busco el sol de las cinco de la tarde
templado por los muros de tezontle:
la hora maduraba sus racimos
y al abrirse salían las muchachas
de su entraña rosada y se esparcían
por los patios de piedra del colegio,
alta como el otoño caminaba
envuelta por la luz bajo la arcada
y el espacio al ceñir la vestía
de una piel más dorada y transparente,

tigre color de luz, pardo venado
por los alrededores de la noche,
entrevista muchacha reclinada
en los balcones verdes de la lluvia,
adolescente rostro innumerable,
he olvidado tu nombre, Melusina,
Laura, Isabel, Perséfona, María,
tienes todos los rostros y ninguno,
eres todas las horas y ninguna,
te pareces al árbol y a la nube,
eres todos los pájaros y un astro,
te pareces al filo de la espada
y a la copa de sangre del verdugo,
yedra que avanza, envuelve y desarraiga
al alma y la divide de sí misma,

escritura de fuego sobre el jade,
grieta en la roca, reina de serpientes,
columna de vapor, fuente en la peña,
circo lunar, peñasco de las águilas,
grano de anís, espina diminuta
y mortal que da penas inmortales,
pastora de los valles submarinos
y guardiana del valle de los muertos,
liana que cuelga del cantil del vértigo,
enredadera, planta venenosa,
flor de resurrección, uva de vida,
señora de la flauta y del relámpago,
terraza del jazmín, sal en la herida,
ramo de rosas para el fusilado,
nieve en agosto, luna del patíbulo,
escritura del mar sobre el basalto,
escritura del viento en el desierto,
testamento del sol, granada, espiga,

rostro de llamas, rostro devorado,
adolescente rostro perseguido
años fantasmas, días circulares
que dan al mismo patio, al mismo muro,
arde el instante y son un solo rostro
los sucesivos rostros de la llama,
todos los nombres son un solo nombre,
todos los rostros son un solo rostro,
todos los siglos son un solo instante
y por todos los siglos de los siglos
cierra el paso al futuro un par de ojos,

no hay nada frente a mí, solo un instante
rescatado esta noche, contra un sueño
de ayuntadas imágenes soñado,
duramente esculpido contra el sueño,

arrancado a la nada de esta noche,
a pulso levantado letra a letra,
mientras afuera el tiempo se desboca
y golpea las puertas de mi alma
el mundo con su horario carnicero,

solo un instante mientras las ciudades,
los nombres, los sabores, lo vivido,
se desmoronan en mi frente ciega,
mientras la pesadumbre de la noche
mi pensamiento humilla y mi esqueleto,
y mi sangre camina más despacio
y mis dientes se aflojan y mis ojos
se nublan y los días y los años
sus horrores vacíos acumulan,

mientras el tiempo cierra su abanico
y no hay nada detrás de sus imágenes
el instante se abisma y sobrenada
rodeado de muerte, amenazado
por la noche y su lúgubre bostezo,
amenazado por la algarabía
de la muerte vivaz y enmascarada
el instante se abisma y se penetra,
como un puño se cierra, como un fruto
que madura hacia dentro de sí mismo
y a sí mismo se bebe y se derrama
el instante translúcido se cierra
y madura hacia dentro, echa raíces,
crece dentro de mí, me ocupa todo,
me expulsa su follaje delirante,
mis pensamientos solo son sus pájaros,
su mercurio circula por mis venas,
árbol mental, frutos sabor de tiempo,

oh vida por vivir y ya vivida,
tiempo que vuelve en una marejada
y se retira sin volver el rostro,
lo que pasó no fue pero está siendo
y silenciosamente desemboca
en otro instante que se desvanece:

frente a la tarde de salitre y piedra
armada de navajas invisibles
una roja escritura indescifrable
escribes en mi piel y esas heridas
como un traje de llamas me recubren,
ardo sin consumirme, busco el agua
y en tus ojos no hay agua, son de piedra,
y tus pechos, tu vientre, tus caderas
son de piedra, tu boca sabe a polvo,
tu boca sabe a tiempo emponzoñado,
tu cuerpo sabe a pozo sin salida,
pasadizo de espejos que repiten
los ojos del sediento, pasadizo
que vuelve siempre al punto de partida,
y tú me llevas ciego de la mano
por esas galerías obstinadas
hacia el centro del círculo y te yergues
como un fulgor que se congela en hacha,
como luz que desuella, fascinante
como el cadalso para el condenado,
flexible como el látigo y esbelta
como un arma gemela de la luna,
y tus palabras afiladas cavan
mi pecho y me despueblan y vacían,
uno a uno me arrancas los recuerdos,
he olvidado mi nombre, mis amigos
gruñen entre los cerdos o se pudren
comidos por el sol en un barranco,

no hay nada en mí sino una larga herida,
una oquedad que ya nadie recorre,
presente sin ventanas, pensamiento
que vuelve, se repite, se refleja
y se pierde en su misma transparencia,
conciencia traspasada por un ojo
que se mira mirarse hasta anegarse
de claridad:
           yo vi tu atroz escama,
Melusina, brillar verdosa al alba,
dormías enroscada entre las sábanas
y al despertar gritaste como un pájaro
y caíste sin fin, quebrada y blanca,
nada quedó de ti sino tu grito,
y al cabo de los siglos me descubro
con tos y mala vista, barajando
viejas fotos:
           no hay nadie, no eres nadie,
un montón de ceniza y una escoba,
un cuchillo mellado y un plumero,
un pellejo colgado de unos huesos,
un racimo ya seco, un hoyo negro
y en el fondo del hoyo los dos ojos
de una niña ahogada hace mil años,

miradas enterradas en un pozo,
miradas que nos ven desde el principio,
mirada niña de la madre vieja
que ve en el hijo grande un padre joven,
mirada madre de la niña sola
que ve en el padre grande un hijo niño,
miradas que nos miran desde el fondo
de la vida y son trampas de la muerte
—¿o es al revés: caer en esos ojos
es volver a la vida verdadera?

¡caer, volver, soñarme y que me sueñen
otros ojos futuros, otra vida,
otras nubes, morirme de otra muerte!
—esta noche me basta, y este instante
que no acaba de abrirse y revelarme
dónde estuve, quién fui, cómo te llamas,
cómo me llamo yo:
                            ¿hacía planes
para el verano —y todos los veranos—
en Christopher Street, hace diez años,
con Filis que tenía dos hoyuelos
donde bebían luz los gorriones?,
¿por la Reforma Carmen me decía
«no pesa el aire, aquí siempre es octubre»,
o se lo dijo a otro que he perdido
o yo lo invento y nadie me lo ha dicho?,
¿caminé por la noche de Oaxaca,
inmensa y verdinegra como un árbol,
hablando solo como el viento loco
y al llegar a mi cuarto —siempre un cuarto—
no me reconocieron los espejos?,
¿desde el hotel Vernet vimos al alba
bailar con los castaños —«ya es muy tarde»
decías al peinarte y yo veía
manchas en la pared, sin decir nada?,
¿subimos juntos a la torre, vimos
caer la tarde desde el arrecife?,
¿comimos uvas en Bidart?, ¿compramos
gardenias en Perote?
                            nombres, sitios,
calles y calles, rostros, plazas, calles,
estaciones, un parque, cuartos solos,
manchas en la pared, alguien se peina,
alguien canta a mi lado, alguien se viste,
cuartos, lugares, calles, nombres, cuartos,

Madrid, 1937,
en la Plaza del Ángel las mujeres
cosían y cantaban con sus hijos,
después sonó la alarma y hubo gritos,
casas arrodilladas en el polvo,
torres hendidas, frentes escupidas
y el huracán de los motores, fijo:
los dos se desnudaron y se armaron
por defender nuestra porción eterna,
nuestra ración de tiempo y paraíso,
tocar nuestra raíz y recobrarnos,
recobrar nuestra herencia arrebatada
por ladrones de vida hace mil siglos,
los dos se desnudaron y besaron
porque las desnudeces enlazadas
saltan el tiempo y son invulnerables,
nada las toca, vuelven al principio,
no hay tú ni yo, mañana, ayer ni nombres,
verdad de dos en solo un cuerpo y alma,
oh ser total...
                    cuartos a la deriva
entre ciudades que se van a pique,
cuartos y calles, nombres como heridas,
el cuarto con ventanas a otros cuartos
con el mismo papel descolorido
donde un hombre en camisa lee periódico
o plancha una mujer; el cuarto claro
que visitan las ramas del durazno;
el otro cuarto: afuera siempre llueve
y hay un patio y tres niños oxidados;
cuartos que son navíos que se mecen
en un golfo de luz; o submarinos:
el silencio se esparce en olas verdes,
todo lo que tocamos fosforece;
mausoleos del lujo, ya roídos
los retratos, raídos los tapetes;

trampas, celdas, cavernas encantadas,
pajareras y cuartos numerados,
todos se transfiguran, todos vuelan,
cada moldura es nube, cada puerta
da al mar, al campo, al aire, cada mesa
es un festín; cerrados como conchas
el tiempo inútilmente los asedia,
no hay tiempo ya, ni muro: ¡espacio, espacio,
abre la mano, coge esta riqueza,
corta los frutos, come de la vida,
tiéndete al pie del árbol, bebe el agua!,

todo se transfigura y es sagrado,
es el centro del mundo cada cuarto,
es la primera noche, el primer día,
el mundo nace cuando dos se besan,
gota de luz de entrañas transparentes
el cuarto como un fruto se entreabre
o estalla como un astro taciturno
y las leyes comidas de ratones,
las rejas de los bancos y las cárceles,
las rejas de papel, las alambradas,
los timbres y las púas y los pinchos,
el sermón monocorde de las armas,
el escorpión meloso y con bonete,
el tigre con chistera, presidente
del Club Vegetariano y la Cruz Roja,
el burro pedagogo, el cocodrilo
metido a redentor, padre de pueblos,
el Jefe, el tiburón, el arquitecto
del porvenir, el cedro uniformado,
el hijo predilecto de la Iglesia
que se lava la negra dentadura
con el agua bendita y toma clases
de inglés y democracia, las paredes
invisibles, las máscaras podridas

que dividen al hombre de los hombres,
al hombre de sí mismo,
                  se derrumban
por un instante inmenso y vislumbramos
nuestra unidad perdida, el desamparo
que es ser hombres, la gloria que es ser hombres
y compartir el pan, el sol, la muerte,
el olvidado asombro de estar vivos;

amar es combatir, si dos se besan
el mundo cambia, encarnan los deseos,
el pensamiento encarna, brotan alas
en las espaldas del esclavo, el mundo
es real y tangible, el vino es vino,
el pan vuelve a saber, el agua es agua,
amar es combatir, es abrir puertas,
dejar de ser fantasma con un número
a perpetua cadena condenado
por un amor sin rostro;
                  el mundo cambia
si dos se miran y se reconocen,
amar es desnudarse de los nombres:
«déjame ser tu puta», son palabras
de Eloísa, mas él cedió a las leyes,
la tomó por esposa y como premio
los castraron después;
                mejor el crimen,
los amantes suicidas, el incesto
de los hermanos como dos espejos
enamorados de su semejanza,
mejor comer el pan envenenado,
el adulterio en lechos de ceniza,
los amores feroces, el delirio,
su yedra ponzoñosa, el sodomita
que lleva por clavel en la solapa
un gargajo, mejor ser lapidado

en las plazas que dar vuelta a la noria
que exprime la substancia de la vida,
cambia la eternidad en horas huecas,
los minutos en cárceles, el tiempo
en monedas de cobre y mierda abstracta;

mejor la castidad, flor invisible
que se mece en los tallos del silencio,
el difícil diamante de los santos
que filtra los deseos, sacia al tiempo,
nupcias de la quietud y el movimiento,
canta la soledad en su corola,
pétalo de cristal es cada hora,
el mundo se despoja de sus máscaras
y en su centro, vibrante transparencia,
lo que llamamos Dios, el ser sin nombre,
se contempla en la nada, el ser sin rostro
emerge de sí mismo, sol de soles,
plenitud de presencias y de nombres;

sigo mi desvarío, cuartos, calles,
camino a tientas por los corredores
del tiempo y subo y bajo sus peldaños
y sus paredes palpo y no me muevo,
vuelvo adonde empecé, busco tu rostro,
camino por las calles de mí mismo
bajo un sol sin edad, y tú a mi lado
caminas como un árbol, como un río
caminas y me hablas como un río,
creces como una espiga entre mis manos,
lates como una ardilla entre mis manos,
vuelas como mil pájaros, tu risa
me ha cubierto de espumas, tu cabeza
es un astro pequeño entre mis manos,
el mundo reverdece si sonríes
comiendo una naranja,

                         el mundo cambia
si dos, vertiginosos y enlazados,
caen sobre la yerba: el cielo baja,
los árboles ascienden, el espacio
solo es luz y silencio, solo espacio
abierto para el águila del ojo,
pasa la blanca tribu de las nubes,
rompe amarras el cuerpo, zarpa el alma,
perdemos nuestros nombres y flotamos
a la deriva entre el azul y el verde,
tiempo total donde no pasa nada
sino su propio transcurrir dichoso,

no pasa nada, callas, parpadeas
(silencio: cruzó un ángel este instante
grande como la vida de cien soles),
¿no pasa nada, solo un parpadeo?
—y el festín, el destierro, el primer crimen,
la quijada del asno, el ruido opaco
y la mirada incrédula del muerto
al caer en el llano ceniciento,
Agamenón y su mugido inmenso
y el repetido grito de Casandra
más fuerte que los gritos de las olas,
Sócrates en cadena (el sol nace,
morir es despertar: «Critón, un gallo
a Esculapio, ya sano de la vida»),
el chachal que diserta entre las ruinas
de Nínive, la sombra que vio Bruto
antes de la batalla, Moctezuma
en el lecho de espinas de su insomnio,
el viaje en la carreta hacia la muerte
—el viaje interminable mas contado
por Robespierre minuto tras minuto,
la mandíbula rota entre las manos—,
Churruca en su barrica como un trono

escarlata, los pasos ya contados
de Lincoln al salir hacia el teatro,
el estertor de Trotski y sus quejidos
de jabalí, Madero y su mirada
que nadie contestó: ¿por qué me matan?
los carajos, los ayes, los silencios
del criminal, el santo, el pobre diablo,
cementerios de frases y de anécdotas
que los perros retóricos escarban,
el animal que muere y que lo sabe,
saber común, inútil, ruido obscuro
de la piedra que cae, el son monótono
de huesos machacados en la riña
y la boca de espuma del profeta
y su grito y el grito del verdugo
y el grito de la víctima...
                               son llamas
los ojos y son llamas lo que miran,
llama la oreja y el sonido llama,
brasa los labios y tizón la lengua,
el tacto y lo que toca, el pensamiento
y lo pensado, llama el que lo piensa,
todo se quema, el universo es llama,
arde la misma nada que no es nada
sino un pensar en llamas, al fin humo:
no hay verdugo ni víctima...
                             ¿y el grito
en la tarde del viernes?, y el silencio
que se cubre de signos, el silencio
que dice sin decir, ¿no dice nada?,
¿no son nada los gritos de los hombres?,
¿no pasa nada cuando pasa el tiempo?

—no pasa nada, solo un parpadeo
del sol, un movimiento apenas, nada,
no hay redención, no vuelve atrás el tiempo,

los muertos están fijos en su muerte
y no pueden morirse de otra muerte,
intocables, clavados en su gesto,
desde su soledad, desde su muerte
sin remedio nos miran sin mirarnos,
su muerte ya es la estatua de su vida,
un siempre estar ya nada para siempre,
cada minuto es nada para siempre,
un rey fantasma rige tus latidos
y tu gesto final, tu dura máscara
labra sobre tu rostro cambiante:
el monumento somos de una vida
ajena y no vivida, apenas nuestra,

—¿la vida, cuándo fue de veras nuestra?,
¿cuándo somos de veras lo que somos?,
bien mirado no somos, nunca somos
a solas sino vértigo y vacío,
muecas en el espejo, horror y vómito,
nunca la vida es nuestra, es de los otros,
la vida no es de nadie, todos somos
la vida —pan de sol para los otros,
los otros todos que nosotros somos—,
soy otro cuando soy, los actos míos
son más míos si son también de todos,
para que pueda ser he de ser otro,
salir de mí, buscarme entre los otros,
los otros que no son si yo no existo,
los otros que me dan plena existencia,
no soy, no hay yo, siempre somos nosotros,
la vida es otra, siempre allá, más lejos,
fuera de ti, de mí, siempre horizonte,
vida que nos desvive y enajena,
que nos inventa un rostro y lo desgasta,
hambre de ser, oh muerte, pan de todos,

Eloísa, Perséfona, María,
muestra tu rostro al fin para que vea
mi cara verdadera, la del otro,
mi cara de nosotros siempre todos,
cara de árbol y de panadero,
de chofer y de nube y de marino,
cara de sol y arroyo y Pedro y Pablo,
cara de solitario colectivo,
despiértame, ya nazco:
                              vida y muerte
pactan en ti, señora de la noche,
torre de claridad, reina del alba,
virgen lunar, madre del agua madre,
cuerpo del mundo, casa de la muerte,
caigo sin fin desde mi nacimiento,
caigo en mí mismo sin tocar mi fondo,
recógeme en tus ojos, junta el polvo
disperso y reconcilia mis cenizas,
ata mis huesos divididos, sopla
sobre mi ser, entiérrame en tu tierra,
tu silencio dé paz al pensamiento
contra sí mismo airado;
                              abre la mano,
señora de semillas que son días,
el día es inmortal, asciende, crece,
acaba de nacer y nunca acaba,
cada día es nacer, un nacimiento
es cada amanecer y yo amanezco,
amanecemos todos, amanece
el sol cara de sol, Juan amanece
con su cara de Juan cara de todos,
puerta del ser, despiértame, amanece,
déjame ver el rostro de este día,
déjame ver el rostro de esta noche,
todo se comunica y transfigura
arco de sangre, puente de latidos,

llévame al otro lado de esta noche,
adonde yo soy tú somos nosotros,
al reino de pronombres enlazados,

puerta del ser: abre tu ser, despierta,
aprende a ser también, labra tu cara,
trabaja tus facciones, ten un rostro
para mirar mi rostro y que te mire,
para mirar la vida hasta la muerte,
rostro de mar, de pan, de roca y fuente,
manantial que disuelve nuestros rostros
en el rostro sin nombre, el ser sin rostro,
indecible presencia de presencias...
quiero seguir, ir más allá, y no puedo:
se despeñó el instante en otro y otro,
dormí sueños de piedra que no sueña
y al cabo de los años como piedras
oí cantar mi sangre encarcelada,
con un rumor de luz el mar cantaba,
una a una cedían las murallas,
todas las puertas se desmoronaban
y el sol entraba a saco por mi frente,
despegaba mis párpados cerrados,
desprendía mi ser de su envoltura,
me arrancaba de mí, me separaba
de mi bruto dormir siglos de piedra
y su magia de espejos revivía
un sauce de cristal, un chopo de agua,
un alto surtidor que el viento arquea,
un árbol bien plantado mas danzante,
un caminar de río que se curva,
avanza, retrocede, da un rodeo
y llega siempre.

México, 1957

«La estación violenta», en *OC*, vol. XI, pp. 213-214 y 217-233.

EL ARCO Y LA LIRA

(1956)

EL POEMA

El lenguaje

La primera actitud del hombre ante el lenguaje fue la confianza: el signo y el objeto representado eran lo mismo. La escultura era un doble del modelo; la fórmula ritual una reproducción de la realidad, capaz de re-engendrarla. Hablar era re-crear el objeto aludido. La exacta pronunciación de las palabras mágicas era una de las primeras condiciones de su eficacia. La necesidad de preservar el lenguaje sagrado explica el nacimiento de la gramática, en la India védica. Pero al cabo de los siglos los hombres advirtieron que entre las cosas y sus nombres se abría un abismo. Las ciencias del lenguaje conquistaron su autonomía apenas cesó la creencia en la identidad entre el objeto y su signo. La primera tarea del pensamiento consistió en fijar un significado preciso y único a los vocablos; y la gramática se convirtió en el primer peldaño de la lógica. Mas las palabras son rebeldes a la definición. Y todavía no cesa la batalla entre la ciencia y el lenguaje.

La historia del hombre podría reducirse a la de las relaciones entre las palabras y el pensamiento. Todo periodo de crisis se inicia o coincide con una crítica del lenguaje. De pronto se pierde fe en la eficacia del vocablo: «Tuve a la belleza en mis rodillas y era amarga», dice el poeta. ¿La belleza o la palabra? Ambas: la belleza es inasible sin las palabras. Cosas y palabras se desangran por la misma herida. Todas las sociedades han atravesado por estas crisis de sus fundamentos que son, asimismo y sobre todo, crisis del sentido de ciertas palabras. Se olvida con frecuencia que, como todas las otras creaciones humanas, los Imperios y los Estados están hechos de palabras: son hechos verbales. En el libro XIII de las *Analectas*, Tzu-Lu pregunta a Confucio: «Si el Duque de Wei te llamase para administrar su país, ¿cuál sería tu primera medida? El Maestro dijo: La reforma del lenguaje». No sabemos en dónde empieza el mal, si en las palabras o en las cosas, pero cuando las palabras se corrompen y los significados se vuelven inciertos, el sentido de nuestros actos y de nuestras obras también es inseguro. Las cosas se apoyan en sus nombres y viceversa. Nietzsche inicia su crítica de los valores enfrentándose a las palabras: ¿qué es lo que quieren decir realmente *virtud, verdad* o *justicia*? Al desvelar el significado de ciertas palabras sagradas e inmutables —precisamente aquellas sobre las que reposaba el edificio de la metafísica occidental— minó los fundamentos de esa metafísica. Toda crítica filosófica se inicia con un análisis del lenguaje.

El equívoco de toda filosofía depende de su fatal sujeción a las palabras. Casi todos los filósofos afirman que los vocablos son instrumentos groseros, incapaces de asir la realidad. Ahora bien, ¿es posible una filosofía sin palabras? Los símbolos son también lenguaje, aun los más abstractos y puros, como los de la lógica y la matemática. Además, los signos deben ser explicados y no hay otro medio de explicación que el lenguaje. Pero imaginemos lo imposible: una filosofía dueña de un lenguaje simbólico o matemático sin referencia a las palabras. El hombre y sus problemas —tema esencial de toda filosofía— no tendría cabida en ella. Pues el hombre es inseparable de las palabras. Sin ellas, es inasible. El hombre es un ser de palabras.

Y a la inversa: toda filosofía que se sirve de palabras está condenada a la servidumbre de la historia, porque las palabras nacen y mueren, como los hombres. Así, en un extremo, la realidad que las palabras no pueden expresar; en el otro, la realidad del hombre que solo puede expresarse con palabras. Por tanto, debemos someter a examen las pretensiones de la ciencia del lenguaje. Y en primer término su postulado principal: la noción del lenguaje como objeto.

Si todo objeto es, de alguna manera, parte del sujeto cognoscente —límite fatal del saber al mismo tiempo que única posibilidad de conocer— ¿qué decir del lenguaje? Las fronteras entre objeto y sujeto se muestran aquí particularmente indecisas. La palabra es el hombre mismo. Estamos hechos de palabras. Ellas son nuestra única realidad o, al menos, el único testimonio de nuestra realidad. No hay pensamiento sin lenguaje, ni tampoco objeto de conocimiento: lo primero que hace el hombre frente a una realidad desconocida es nombrarla, bautizarla. Lo que ignoramos es lo innombrado. Todo aprendizaje principia como enseñanza de los verdaderos nombres de las cosas y termina con la revelación de la palabra-llave que nos abrirá las puertas del saber. O con la confesión de ignorancia: el silencio. Y aun el silencio dice algo, pues está preñado de signos. No podemos escapar del lenguaje. Cierto, los especialistas pueden aislar el idioma y convertirlo en objeto. Mas se trata de un ser artificial arrancado a su mundo original ya que, a diferencia de lo que ocurre con los otros objetos de la ciencia, las palabras no viven fuera de nosotros. Nosotros somos su mundo y ellas el nuestro. Para apresar el lenguaje no tenemos más remedio que emplearlo. Las redes de pescar palabras están hechas de palabras. No pretendo negar con esto el valor de los estudios lingüísticos. Pero los descubrimientos de la lingüística no deben hacernos olvidar sus limitaciones: el lenguaje, en su realidad última, se nos escapa. Esa realidad consiste en ser algo indivisible e inseparable del hombre. El lenguaje es una condición de la existencia del hombre y no un objeto, un organismo o un sistema convencional de signos que podemos

aceptar o desechar. El estudio del lenguaje, en este sentido, es
una de las partes de una ciencia total del hombre.[1]

Afirmar que el lenguaje es propiedad exclusiva del hombre
contradice una creencia milenaria. Recordemos cómo principian
muchas fábulas: «Cuando los animales hablaban...». Aunque
parezca extraño, esta creencia fue resucitada por la ciencia del
siglo pasado. Todavía muchos afirman que los sistemas de co-
municación animal no son esencialmente diferentes de los usa-
dos por el hombre. Para algunos sabios no es una gastada me-
táfora hablar del lenguaje de los pájaros. En efecto, en los
lenguajes animales aparecen las dos notas distintivas del habla:
el significado —reducido, es cierto, al nivel más elemental y
rudimentario— y la comunicación. El grito animal alude a
algo, dice algo: posee significación. Y ese significado es reco-
gido y, por decirlo así, comprendido por los otros animales.
Esos gritos inarticulados constituyen un sistema de signos co-
munes, dotados de significación. No es otra la función de las
palabras. Por tanto, el habla no es sino el desarrollo del lengua-
je animal, y las palabras pueden ser estudiadas como cualquie-
ra de los otros objetos de la ciencia de la naturaleza.

El primer reparo que podría oponerse a esta idea es la incom-
parable complejidad del habla humana; el segundo, la ausencia
de pensamiento abstracto en el lenguaje animal. Son diferencias

---

[1] Hoy, quince años después de escrito este párrafo, no diría exactamente lo
mismo. La lingüística, gracias sobre todo a N. Trubetzkoy y a Roman Jakobson,
ha logrado aislar al lenguaje como un objeto, al menos en el nivel fonológico.
Pero si, como dice el mismo Jakobson, la lingüística ha anexado el sonido al
lenguaje (fonología), aún no ha realizado la operación complementaria: anexar
el sentido al sonido (semántica). Desde este punto de vista mi juicio sigue sien-
do válido. Señalo, además, que los descubrimientos de la lingüística —por ejem-
plo: la concepción del lenguaje como un sistema inconsciente y que obedece
a leyes estrictas e independientes de nuestra voluntad— convierten más y más a
esta ciencia en una disciplina central en el estudio del hombre. Como parte de esa
ciencia general de los signos que propone Lévi-Strauss, la lingüística colinda, en
uno de sus extremos, con la cibernética y, en el otro, con la antropología. Así,
quizá será el punto de unión entre las ciencias exactas y las ciencias humanas.
[Nota de 1964].

de grado, no de esencia. Más decisivo me parece lo que Marshall
Urban llama la función tripartita de los vocablos: las palabras
indican o designan, son nombres; también son respuestas in-
tensivas o espontáneas a un estímulo material o psíquico, como
en el caso de las interjecciones y onomatopeyas; y son represen-
taciones: signos y símbolos. La significación es indicativa, emo-
tiva y representativa. En cada expresión verbal aparecen las tres
funciones, a niveles distintos y con diversa intensidad. No hay
representación que no contenga elementos indicativos y emo-
tivos; y lo mismo debe decirse de la indicación y la emoción.
Aunque se trata de elementos inseparables, la función simbó-
lica es el fundamento de las otras dos. Sin representación no
hay indicación: los sonidos de la palabra *pan* son signos sonoros
del objeto a que aluden; sin ellos la función indicativa no podría
realizarse: la indicación es simbólica. Y del mismo modo: el
grito no solo es respuesta instintiva a una situación particular
sino indicación de esa situación por medio de una representa-
ción: palabra, voz. En suma, «la esencia del lenguaje es la re-
presentación, *Darstellung*, de un elemento de experiencia por
medio de otro, la relación bipolar entre el signo o el símbolo y
la cosa significada o simbolizada, y la conciencia de esa
relación».[2] Caracterizada así el habla humana, Marshall Urban
pregunta a los especialistas si en los gritos animales aparecen
las tres funciones. La mayor parte de los entendidos afirma que
«la escala fonética de los monos es enteramente "subjetiva" y
puede expresar solo emociones, nunca designar o describir ob-
jetos». Lo mismo se puede decir de sus gestos faciales y demás
expresiones corporales. Es verdad que en algunos gritos anima-
les hay débiles indicios de indicación, mas en ningún caso se
ha comprobado la existencia de la función simbólica o repre-
sentativa. Así pues, entre el lenguaje animal y humano hay una
ruptura. El lenguaje humano es algo radicalmente distinto de

---

[2] Wilbur Marshall Urban, *Lenguaje y realidad*, FCE, México, 1958 (Lengua
y Estudios Literarios).

la comunicación animal. Las diferencias entre ambos son de orden cualitativo y no cuantitativo. El lenguaje es algo exclusivo del hombre.[3]

Las hipótesis tendientes a explicar la génesis y el desarrollo del lenguaje como el paso gradual de lo simple a lo complejo —por ejemplo, de la interjección, el grito o la onomatopeya a las expresiones indicativas y simbólicas— parecen igualmente desprovistas de fundamento. Las lenguas primitivas ostentan una gran complejidad. En casi todos los idiomas arcaicos existen palabras que por sí mismas constituyen frases y oraciones completas. El estudio de los lenguajes primitivos confirma lo que nos revela la antropología cultural: a medida que penetramos en el pasado no encontramos, como se pensaba en el siglo XIX, sociedades más simples, sino dueñas de una desconcertante complejidad. El tránsito de lo simple a lo complejo puede ser una constante en las ciencias naturales pero no en las de la cultura. Aunque las hipótesis del origen animal del lenguaje se estrella ante el carácter irreductible de la significación, en cambio tiene la gran originalidad de incluir el «lenguaje en el campo de los movimientos expresivos».[4] Antes de hablar, el hombre gesticula. Gestos y movimientos poseen significación. Y en ella están presentes los tres elementos del lenguaje: indicación, emoción y representación. Los hombres hablan con las manos y con el rostro. El grito accede a la significación representativa e indicativa al aliarse con esos gestos y movimientos. Quizá el primer lenguaje humano fue la pantomima imitativa y mágica. Regidos por las leyes del pensamiento analógico, los movimientos corporales imitan y recrean objetos y situaciones.

---

[3] Hoy no afirmaría de modo tan tajante las diferencias entre comunicación animal y humana. Cierto, hay una ruptura o hiato entre ellas pero ambas son parte de ese universo de la comunicación, presentido por todos los poetas bajo la forma de la analogía universal, que ha descubierto la cibernética. [Nota de 1964].

[4] Wilbur Marshall Urban, *Lenguaje y realidad,* 1952.

Cualquiera que sea el origen del habla, los especialistas parecen coincidir en la «naturaleza primariamente mítica de todas las palabras y formas del lenguaje...». La ciencia moderna confirma de manera impresionante la idea de Herder y los románticos alemanes: «parece indudable que desde el principio el lenguaje y el mito permanecen en una inseparable correlación [...] Ambos son expresiones de una tendencia fundamental a la formación de símbolos: el principio radicalmente metafórico que está en la entraña de toda función de simbolización».[5] Lenguaje y mito son vastas metáforas de la realidad. La esencia del lenguaje es simbólica porque consiste en representar un elemento de la realidad por otro, según ocurre con las metáforas. La ciencia verifica una creencia común a todos los poetas de todos los tiempos: el lenguaje es poesía en estado natural. Cada palabra o grupo de palabras es una metáfora. Y asimismo es un instrumento mágico, esto es, algo susceptible de cambiarse en otra cosa y de trasmutar aquello que toca: la palabra *pan*, tocada por la palabra *sol*, se vuelve efectivamente un astro; y el sol, a su vez, se vuelve un alimento luminoso. La palabra es un símbolo que emite símbolos. El hombre es hombre gracias al lenguaje, gracias a la metáfora original que lo hizo ser otro y lo separó del mundo natural. El hombre es un ser que se ha creado a sí mismo al crear un lenguaje. Por la palabra, el hombre es una metáfora de sí mismo.

La constante producción de imágenes y de formas verbales rítmicas es una prueba del carácter simbolizante del habla, de su naturaleza poética. El lenguaje tiende espontáneamente a cristalizar en metáforas. Diariamente las palabras chocan entre sí y arrojan chispas metálicas o forman parejas fosforescentes. El cielo verbal se puebla sin cesar de astros nuevos. Todos los días afloran a la superficie del idioma palabras y frases chorreando aún humedad y silencio por las frías escamas. En el mismo instante otras desaparecen. De pronto, el erial de un idioma

---

[5] *Op. cit.*

fatigado se cubre de súbitas flores verbales. Criaturas lumino-
sas habitan las espesuras del habla. Criaturas, sobre todo, vo-
races. En el seno del lenguaje hay una guerra civil sin cuartel.
Todos contra uno. Uno contra todos. ¡Enorme masa siempre en
movimiento, engendrándose sin cesar, ebria de sí! En labios de
niños, locos, sabios, cretinos, enamorados o solitarios, brotan
imágenes, juegos de palabras, expresiones surgidas de la nada.
Por un instante, brillan o relampaguean. Luego se apagan. He-
chas de materia inflamable, las palabras se incendian apenas las
rozan la imaginación o la fantasía. Mas son incapaces de guar-
dar su fuego. El habla es la sustancia o alimento del poema,
pero no es el poema. La distinción entre el poema y esas expre-
siones poéticas —inventadas ayer o repetidas desde hace mil
años por un pueblo que guarda intacto su saber tradicional—
radica en lo siguiente: el primero es una tentativa por trascen-
der el idioma; las expresiones poéticas, en cambio, viven en el
nivel mismo del habla y son el resultado del vaivén de las pa-
labras en las bocas de los hombres. No son creaciones, obras.
El habla, el lenguaje social, se concentra en el poema, se articula
y levanta. El poema es lenguaje erguido.

Así como ya nadie sostiene que el pueblo sea el autor de las
epopeyas homéricas, tampoco nadie puede defender la idea del
poema como una secreción natural del lenguaje. Lautréamont
quiso decir otra cosa cuando profetizó que un día la poesía sería
hecha por todos. Nada más deslumbrante que este programa.
Pero como ocurre con toda profecía revolucionaria, el adveni-
miento de ese estado futuro de poesía total supone un regreso al
tiempo original. En este caso al tiempo en que hablar era crear.
O sea: volver a la identidad entre la cosa y el nombre. La distan-
cia entre la palabra y el objeto —que es la que obliga, precisa-
mente, a cada palabra a convertirse en metáfora de aquello que
designa— es consecuencia de otra: apenas el hombre adquirió
conciencia de sí, se separó del mundo natural y se hizo otro en
el seno de sí mismo. La palabra no es idéntica a la realidad que
nombra porque entre el hombre y las cosas —y, más hondamen-
te, entre el hombre y su ser— se interpone la conciencia de sí.

La palabra es un puente mediante el cual el hombre trata de salvar la distancia que lo separa de la realidad exterior. Mas esa distancia forma parte de la naturaleza humana. Para disolverla, el hombre debe renunciar a su humanidad, ya sea regresando al mundo natural, ya trascendiendo las limitaciones que su condición le impone. Ambas tentaciones, latentes a lo largo de toda la historia, ahora se presentan con mayor exclusividad al hombre moderno. De ahí que la poesía contemporánea se mueva entre dos polos: por una parte, es una profunda afirmación de los valores mágicos; por la otra una vocación revolucionaria. Las dos direcciones expresan la rebelión del hombre contra su propia condición. «Cambiar al hombre», así, quiere decir renunciar a serlo: hundirse para siempre en la inocencia animal o liberarse del peso de la historia. Para lograr lo segundo es necesario trastornar los términos de la vieja relación, de modo que no sea la existencia histórica la que determine la conciencia sino a la inversa. La tentativa revolucionaria se presenta como una recuperación de la conciencia enajenada y, asimismo, como la conquista que hace esa conciencia recobrada del mundo histórico y de la naturaleza. Dueña de las leyes históricas y sociales, la conciencia determinaría la existencia. La especie habría dado entonces su segundo salto mortal. Gracias al primero, abandonó el mundo natural, dejó de ser animal y se puso en pie: contempló la naturaleza y se contempló. Al dar el segundo, regresaría a la unidad original, pero sin perder la conciencia sino haciendo de esta el fundamento real de la naturaleza. Aunque no es esta la única tentativa del hombre para recobrar la perdida unidad de conciencia y existencia (magia, mística, religión y filosofía han propuesto y proponen otras vías), su mérito reside en que se trata de un camino abierto a todos los hombres y que se reputa como el fin o sentido de la historia. Y aquí habría que preguntarse: una vez reconquistada la unidad primordial entre el mundo y el hombre, ¿no saldrían sobrando las palabras? El fin de la enajenación sería también el del lenguaje. La utopía terminaría, como la mística, en el silencio. En fin, cualquiera que sea nuestro juicio sobre esta idea, es evidente que la fusión —o mejor: la reunión— de la palabra y la cosa, el nombre y lo nombrado, exige la previa reconciliación del hombre consigo mismo y con el mundo. Mientras no se opere este cambio, el poema seguirá siendo uno de los pocos recursos del hombre para ir, más allá de sí mismo, al encuentro de lo que es profunda y originalmente. Por tanto, no es posible confundir el chisporroteo de lo poético con las empresas más temerarias y decisivas de la poesía.

La imposibilidad de confiar al puro dinamismo del lenguaje la creación poética se corrobora apenas se advierte que no existe un solo poema en el que no haya intervenido una voluntad creadora. Sí, el lenguaje es poesía y cada palabra esconde una cierta carga metafórica dispuesta a estallar apenas se toca el resorte secreto, pero la fuerza creadora de la palabra reside en el hombre que la pronuncia. El hombre pone en marcha el lenguaje. La noción de un creador, necesario antecedente del poema, parece oponerse a la creencia en la poesía como algo que escapa al control de la voluntad. Todo depende de lo que se entienda por voluntad. En primer término, debemos abandonar la concepción estática de las llamadas facultades como hemos abandonado la idea de un alma aparte. No se puede hablar de facultades psíquicas —memoria, voluntad, etc.— como si fueran entidades separadas e independientes. La psiquis es una totalidad indivisible. Si no es posible trazar las fronteras entre el cuerpo y el espíritu, tampoco lo es discernir dónde termina la voluntad y empieza la pura pasividad. En cada una de sus manifestaciones la psiquis se expresa de un modo total. En cada función están presentes todas las otras. La inmersión en estados de absoluta receptividad no implica la abolición del querer. El testimonio de san Juan de la Cruz —«deseando nada»— cobra aquí un inmenso valor psicológico: la nada misma se vuelve activa, por la fuerza del deseo. El Nirvana ofrece la misma combinación de pasividad activa, de movimiento que es reposo. Los estados de pasividad —desde la experiencia del vacío interior hasta la opuesta de congestión del ser— exigen el ejercicio de una voluntad decidida a romper la dualidad entre objeto y sujeto. El perfecto yogui es aquel que, inmóvil, sentado en una postura apropiada, «mirando con mirada impasible la punta de su nariz», es tan dueño de sí que se olvida de sí.

Todos sabemos hasta qué punto es difícil rozar las orillas de la distracción. Esta experiencia se enfrenta a las tendencias predominantes de nuestra civilización, que propone como arquetipos humanos al abstraído, al retraído y hasta al contraído. Un hombre que se distrae niega al mundo moderno. Al hacerlo, se juega el todo por el todo. Intelectualmente, su decisión no es diversa a la del suicida por sed de saber qué hay del otro lado de la vida. El distraído se pregunta: ¿qué hay del otro lado de la vigilia y de la razón? La distracción quiere decir: atracción por el reverso de este mundo. La voluntad no desaparece; simplemente, cambia de dirección; en lugar de servir a los poderes analíticos les impide que confisquen para sus fines la energía psíquica. La pobreza de nuestro vocabulario psicológico y filosófico en esta materia contrasta con la riqueza de las expresiones e imágenes poéticas. Recordemos la «música callada» de san Juan o «el vacío es plenitud» de Lao-tsé. Los estados pasivos no son nada más experiencias del silencio y el vacío, sino de momentos positivos y plenos: del núcleo del ser salta un chorro de imágenes. «Mi corazón está brotando flores en mitad de la noche», dice el poema azteca. La voluntaria parálisis no ataca sino a una parte de la psiquis. La pasividad de una zona provoca la actividad de la otra y hace posible la victoria de la imaginación frente a las tendencias analíticas, discursivas o razonadoras. En ningún caso desaparece la voluntad creadora. Sin ella, las puertas de la identificación con la realidad permanecen inexorablemente cerradas.

La creación poética se inicia como violencia sobre el lenguaje. El primer acto de esta operación consiste en el desarraigo de las palabras. El poeta las arranca de sus conexiones y menesteres habituales: separados del mundo informe del habla, los vocablos se vuelven únicos, como si acabasen de nacer. El segundo acto es el regreso de la palabra: el poema se convierte en objeto de participación. Dos fuerzas antagónicas habitan el poema: una de elevación o desarraigo, que arranca a la palabra del lenguaje; otra de gravedad, que la hace volver. El poema es creación original y única, pero también es lectura y recitación: participación. El poeta lo crea; el pueblo, al recitarlo, lo recrea. Poeta y lector son dos momentos de una misma realidad. Alternándose de una manera que no es inexacto llamar cíclica, su rotación engendra la chispa: la poesía.

Las dos operaciones —separación y regreso— exigen que el poema se sustente en un lenguaje común. No en un habla popular o coloquial, como se pretende ahora, sino en la lengua de una comunidad: ciudad, nación, clase, grupo o secta. Los poemas homéricos fueron «compuestos en un dialecto literario y artificial que nunca se habló propiamente» (Alfonso Reyes). Los grandes textos de la literatura sánscrita pertenecen a épocas en que esta lengua había dejado de hablarse, excepto entre grupos reducidos. En el teatro de Kalidasa los personajes nobles hablan sánscrito; los plebeyos, prácrito. Ahora bien, popular o minoritario, el lenguaje que sustenta al poeta posee dos notas: es vivo y común. Esto es, usado por un grupo de hombres para comunicar y perpetuar sus experiencias, pasiones, esperanzas y creencias. Nadie puede escribir un poema en una lengua muerta, excepto como ejercicio literario (y entonces no se trata de un poema, porque este solo se realiza plenamente en la participación: sin lector la obra solo lo es a medias). Tampoco el lenguaje matemático, físico o de cualquier otra ciencia ofrece sustento a la poesía: es lenguaje común, pero no vivo. Nadie canta en fórmulas. Es verdad que las definiciones científicas pueden ser utilizadas en un poema (Lautréamont las empleó con genio). Solo que entonces se opera una transmutación, un cambio de signo: la fórmula científica deja de servir a la demostración y más bien tiende a destruirla. El humor es una de las armas mayores de la poesía.

Al crear el lenguaje de las naciones europeas, las leyendas y poemas épicos contribuyeron a crear esas mismas naciones.

Y en ese sentido profundo las fundaron: les dieron conciencia de sí mismas. En efecto, por obra de la poesía, el lenguaje común se transformó en imágenes míticas dotadas de valor arquetípico. Rolando, el Cid, Arturo, Lanzarote, Parsifal son héroes, modelos. Lo mismo puede decirse —con ciertas y decisivas salvedades— de las creaciones épicas que coinciden con el nacimiento de la sociedad burguesa: las novelas. Cierto, lo distintivo de la edad moderna, desde el punto de vista de la situación social del poeta, es su posición marginal. La poesía es un alimento que la burguesía —como clase— ha sido incapaz de digerir. De ahí que una y otra vez haya intentado domesticarla. Solo que apenas un poeta o un movimiento poético cede y acepta regresar al orden social, surge una nueva creación que constituye, a veces sin proponérselo, una crítica y un escándalo. La poesía moderna se ha convertido en el alimento de los disidentes y desterrados del mundo burgués. A una sociedad escindida corresponde una poesía en rebelión. Y aun en este caso extremo no se rompe la relación entrañable que une al lenguaje social con el poema. El lenguaje del poeta es el de su comunidad, cualquiera que esta sea. Entre uno y otro se establece un juego recíproco de influencias, un sistema de vasos comunicantes. El lenguaje de Mallarmé es un idioma de iniciados. Los lectores de los poetas modernos están unidos por una suerte de complicidad y forman una sociedad secreta. Pero lo característico de nuestros días es la ruptura del equilibrio precariamente mantenido a lo largo del siglo XIX. La poesía de sectas toca a su fin porque la tensión se ha vuelto insoportable: el lenguaje social día a día se degrada en una jerga reseca de técnicos y periodistas, y el poema, en el otro extremo, se convierte en ejercicio suicida. Hemos llegado al término de un proceso iniciado en los albores de la edad moderna.

Muchos poetas contemporáneos, deseosos de salvar la barrera de vacío que el mundo moderno les opone, han intentado buscar el perdido auditorio: ir al pueblo. Solo que ya no hay pueblo: hay masas organizadas. Y así, «ir al pueblo» significa ocupar un sitio entre los «organizadores» de las masas.

El poeta se convierte en funcionario. No deja de ser asombroso este cambio. Los poetas del pasado habían sido sacerdotes o profetas, señores o rebeldes, bufones o santos, criados o mendigos. Correspondía al Estado burocrático hacer del creador un alto empleado del «frente cultural». El poeta ya tiene un «lugar» en la sociedad. ¿Lo tiene la poesía?

La poesía vive en las capas más profundas del ser, en tanto que las ideologías y todo lo que llamamos ideas y opiniones constituyen los estratos más superficiales de la conciencia. El poema se nutre del lenguaje vivo de una comunidad, de sus mitos, sus sueños y sus pasiones, esto es, de sus tendencias más secretas y poderosas. El poema funda al pueblo porque el poeta remonta la corriente del lenguaje y bebe en la fuente original. En el poema la sociedad se enfrenta con los fundamentos de su ser, con su palabra primera. Al proferir esa palabra original, el hombre se creó. Aquiles y Odiseo son algo más que dos figuras heroicas: son el destino griego creándose a sí mismo. El poema es mediación entre la sociedad y aquello que la funda. Sin Homero, el pueblo griego no sería lo que fue. El poema nos revela lo que somos y nos invita a ser eso que somos.

Los partidos políticos modernos convierten al poeta en propagandista y así lo degradan. El propagandista disemina en la «masa» las concepciones de los jerarcas. Su tarea consiste en trasmitir ciertas directivas, de arriba para abajo. Su radio de interpretación es muy reducido (ya se sabe que toda desviación, aun involuntaria, es peligrosa). El poeta, en cambio, opera de abajo para arriba: del lenguaje de su comunidad al del poema. En seguida, la obra regresa a sus fuentes y se vuelve objeto de comunión. La relación entre el poeta y su pueblo es orgánica y espontánea. Todo se opone ahora a este proceso de constante recreación. El pueblo se escinde en clases y grupos; después, se petrifica en bloques. El lenguaje común se transforma en un sistema de fórmulas. Las vías de comunicación tapiadas, el poeta se encuentra sin lenguaje en que apoyarse y el pueblo sin imágenes en que reconocerse. Hay que aceptar con lealtad esta situación. Si el poeta abandona su destierro —única posibilidad

de auténtica rebeldía— abandona también la poesía y la posi-
bilidad de que ese exilio se transforme en comunión. Porque
entre el propagandista y su auditorio se establece un doble
equívoco: él cree que habla el lenguaje del pueblo; y el pueblo,
que escucha el de la poesía. La soledad gesticulante de la tri-
buna es total e irrevocable. Ella —y no la del que lucha a solas
por encontrar la palabra común— sí que es soledad sin salida
y sin porvenir.

Algunos poetas creen que un simple cambio verbal basta
para reconciliar poema y lenguaje social. Unos resucitan el
folklore; otros se apoyan en el habla coloquial. Mas el folklore,
preservado en los museos o en regiones aisladas, ha dejado de
ser lenguaje desde hace varios siglos: es una curiosidad o una
nostalgia. Y en cuanto al habla desgarrada de las urbes: no es
un lenguaje, sino el jirón de algo que fue un todo coherente y
armónico. El habla de la ciudad tiende a petrificarse en fórmu-
las y *slogans* y sufre así la misma suerte del arte popular, con-
vertido en artefacto industrial, y la del hombre mismo, que de
persona se transforma en masa. La explotación del folklore, el
uso del lenguaje coloquial o la inclusión de pasajes deliberada-
mente antipoéticos o prosaicos en medio de un texto de alta
tensión son recursos literarios que tienen el mismo sentido que
el empleo de dialectos artificiales por los poetas del pasado. En
todos los casos se trata de procedimientos característicos de
la llamada poesía minoritaria, como las imágenes geográficas
de los poetas «metafísicos» ingleses, las alusiones mitológicas de
los renacentistas o las irrupciones del humor en Lautréamont
y Jarry. Piedras de toque, incrustadas en el poema para subrayar
la autenticidad del resto, su función no es distinta a la del
empleo de materiales que tradicionalmente no pertenecían al
mundo de la pintura. No en balde se ha comparado *The Waste
Land* a un *collage*. Lo mismo puede decirse de ciertos poemas
de Apollinaire. Todo esto posee eficacia poética, pero no hace
más comprensible la obra. Las fuentes de la comprensión son
otras: radican en la comunidad del lenguaje y de los valores. El
poeta moderno no habla el lenguaje de la sociedad ni comulga

con los valores de la actual civilización. La poesía de nuestro tiempo no puede escapar de la soledad y la rebelión, excepto a través de un cambio de la sociedad y del hombre mismo. La acción del poeta contemporáneo solo se puede ejercer sobre individuos y grupos. En esta limitación reside, acaso, su eficacia presente y su futura fecundidad.

Los historiadores afirman que las épocas de crisis o estancamiento producen automáticamente una poesía decadente. Condenan así la poesía hermética, solitaria o difícil. Por el contrario, los momentos de ascenso histórico se caracterizan por un arte de plenitud, al que accede toda la sociedad. Si el poema está escrito en lo que llaman el lenguaje de todos, estamos ante un arte de madurez. Arte claro es arte grande. Arte oscuro y para pocos, decadente. Ciertas parejas de adjetivos expresan esta dualidad: arte humano y deshumano, popular y minoritario, clásico y romántico (o barroco). Casi siempre se hace coincidir estas épocas de esplendor con el apogeo político o militar de la nación. Apenas los pueblos tienen grandes ejércitos y jefes invencibles, surgen los grandes poetas. Otros historiadores aseguran que esa grandeza poética se da un poco antes —cuando enseñan los dientes los ejércitos— o un poco después —cuando los nietos de los conquistadores digieren las ganancias. Deslumbrados por esta idea forman parejas radiantes: Racine y Luis XIV, Garcilaso y Carlos V, Isabel y Shakespeare. Y otras oscuras, crepusculares, como las de Luis de Góngora y Felipe IV, Licofrón y Ptolomeo Filadelfo.

Por lo que toca a la oscuridad de las obras, debe decirse que todo poema ofrece, al principio, dificultades. La creación poética se enfrenta siempre a la resistencia de lo inerte y horizontal. Esquilo padeció la acusación de oscuridad. Eurípides era odiado por sus contemporáneos y fue juzgado poco claro. Garcilaso fue llamado descastado y cosmopolita. Los simbolistas fueron acusados de herméticos y decadentes. Los modernistas se enfrentaron a las mismas críticas. La verdad es que la dificultad de toda obra reside en su novedad. Separadas de sus funciones habituales y reunidas en un orden que no es el de la conversación ni el del discurso, las palabras ofrecen una resistencia irritante. Toda creación engendra equívocos. El goce poético no se da sin vencer ciertas dificultades, análogas a las de la creación. La participación implica una recreación; el lector reproduce los gestos y experiencias del poeta. Por otra parte, casi todas las épocas de crisis o decadencia social son fértiles en grandes poetas: Góngora y Quevedo, Rimbaud y Lautréamont, Donne y Blake, Melville y Dickinson. Si hemos de hacer caso al criterio histórico, Poe es la expresión de la decadencia sudista y Rubén Darío de la extrema postración de la sociedad hispanoamericana. ¿Y cómo explicar a Leopardi en plena disolución italiana y a los románticos germanos en una Alemania rota y a merced de los ejércitos napoleónicos? Gran parte de la poesía profética de los hebreos coincide con las épocas de esclavitud, disolución o decadencia israelita. Villon y Manrique escriben en lo que se ha llamado el «otoño de la Edad Media». ¿Y qué decir de la «sociedad de transición» en que vive Dante? La España de Carlos IV produce a Goya. No, la poesía no es un reflejo mecánico de la historia. Las relaciones entre ambas son más sutiles y complejas. La poesía cambia, pero no progresa ni decae. Decaen las sociedades.

En tiempos de crisis se rompen o aflojan los lazos que hacen de la sociedad un todo orgánico. En épocas de cansancio, se inmovilizan. En el primer caso la sociedad se dispersa; en el segundo, se petrifica bajo la tiranía de una máscara imperial y nace el arte oficial. Pero el lenguaje de sectas y comunidades reducidas es propicio a la creación poética. La situación de exilio del grupo da a sus palabras una tensión y un valor particulares. Todo idioma sagrado es secreto. Y a la inversa: todo idioma secreto —sin excluir al de conjurados y conspiradores— colinda con lo sagrado. El poema hermético proclama la grandeza de la poesía y la miseria de la historia. Góngora es un testimonio de la salud del idioma español tanto como el condeduque de Olivares lo es de la decadencia de un imperio. El cansancio de una sociedad no implica necesariamente la extinción de las artes ni provoca el silencio del poeta. Más bien es

posible que ocurra lo contrario: suscita la aparición de poetas
y obras solitarias. Cada vez que surge un gran poeta hermético
o movimientos de poesía en rebelión contra los valores de una
sociedad determinada, debe sospecharse que esa sociedad, no
la poesía, padece males incurables. Y esos males pueden medir-
se atendiendo a dos circunstancias: la ausencia de un lenguaje
común y la sordera de la sociedad ante el canto solitario. La
soledad del poeta muestra el descenso social. La creación, siem-
pre a la misma altura, acusa la baja de nivel histórico. De ahí
que a veces nos parezcan más altos los poetas difíciles. Se trata
de un error de perspectiva. No son más altos: simplemente, el
mundo que los rodea es más bajo.[6]

El poema se apoya en el lenguaje social o comunal, pero ¿cómo
se efectúa el tránsito y qué ocurre con las palabras cuando dejan
la esfera social y pasan a ser palabras del poema? Filósofos,
oradores y literatos escogen sus palabras. El primero, según sus
significados; los otros, en atención a su eficacia moral, psicoló-
gica o literaria. El poeta no escoge sus palabras. Cuando se dice
que un poeta busca su lenguaje, no quiere decirse que ande por
bibliotecas o mercados recogiendo giros antiguos y nuevos, sino
que, indeciso, vacila entre las palabras que realmente le perte-
necen, que están en él desde el principio, y las otras aprendidas
en los libros o en la calle. Cuando un poeta encuentra su pala-
bra, la reconoce: ya estaba en él. Y él ya estaba en ella. La pa-
labra del poeta se confunde con su ser mismo. Él es su palabra.
En el momento de la creación, aflora a la conciencia la parte
más secreta de nosotros mismos. La creación consiste en un
sacar a luz ciertas palabras inseparables de nuestro ser. Esas y
no otras. El poema está hecho de palabras necesarias e insusti-
tuibles. Por eso es tan difícil corregir una obra ya hecha. Toda
corrección implica una recreación, un volver sobre nuestros

---

[6] Sobre «Poesía, sociedad y Estado», véase el Apéndice I, pp. 227 y ss. [En
la edición de 14 volúmenes de las OC de Octavio Paz del FCE].

pasos, hacia dentro de nosotros. La imposibilidad de la traducción poética depende también de esta circunstancia. Cada palabra del poema es única. No hay sinónimos. Única e inamovible: imposible herir un vocablo sin herir todo el poema; imposible cambiar una coma sin trastornar todo el edificio. El poema es una totalidad viviente, hecha de elementos irreemplazables. La verdadera traducción no puede ser, así, sino re-creación.

Afirmar que el poeta no emplea sino las palabras que ya estaban en él, no desmiente lo que se ha dicho acerca de las relaciones entre poema y lenguaje común. Para disipar este equívoco basta recordar que, por su naturaleza misma, todo lenguaje es comunicación. Las palabras del poeta son también las de su comunidad. De otro modo no serían palabras. Toda palabra implica dos: el que habla y el que oye. El universo verbal del poema no está hecho de los vocablos del diccionario, sino de los de la comunidad. El poeta no es un hombre rico en palabras muertas, sino en voces vivas. Lenguaje personal quiere decir lenguaje común revelado o transfigurado por el poeta. El más alto de los poetas herméticos definía así la misión del poema: «Dar un sentido más puro a las palabras de la tribu». Y esto es cierto hasta en el sentido más superficial de la frase: vuelta al significado etimológico del vocablo y, asimismo, enriquecimiento de los idiomas. Gran número de voces que ahora nos parecen comunes y corrientes son invenciones, italianismos, neologismos y latinismos de Juan de Mena, Garcilaso o Góngora. Las palabras del poeta son también las de la tribu o lo serán un día. El poeta transforma, recrea y purifica el idioma, y después, lo comparte. Ahora que, ¿en qué consiste esta purificación de la palabra por la poesía y qué se quiere decir cuando se afirma que el poeta no se sirve de las palabras, sino que es su servidor?

Las palabras, frases y exclamaciones que nos arrancan el dolor, el placer o cualquier otro sentimiento, son reducciones del lenguaje a su mero valor afectivo. Los vocablos así pronunciados dejan de ser, estrictamente, instrumentos de relación. Croce observa que no se trata, propiamente, de expresiones verbales: les falta el elemento voluntario y personal y les sobra la espontaneidad casi maquinal con que se producen. Son frases hechas, de las que está ausente todo matiz personal. No es necesario aceptar el juicio del filósofo italiano para darse cuenta de que, incluso si se trata de verdaderas expresiones, carecen de una dimensión imprescindible: ser vehículos de relación. Toda palabra implica un interlocutor. Y lo menos que se puede decir de esas expresiones y frases con que maquinalmente se descarga nuestra afectividad es que en ellas el interlocutor está disminuido y casi borrado. La palabra sufre una mutilación: la del oyente.

En alguna parte Valéry dice que «el poema es el desarrollo de una exclamación». Entre *desarrollo* y *exclamación* hay una tensión contradictoria, y yo agregaría que esa tensión es el poema. Si uno de los dos términos desaparece, el poema regresa a la interjección maquinal o se convierte en amplificación elocuente, descripción o teorema. El *desarrollo* es un lenguaje que se crea a sí mismo frente a esa realidad bruta y propiamente indecible a que alude la exclamación. Poema: oreja que escucha a una boca que dice lo que no dijo la exclamación. El grito de pena o júbilo señala al objeto que nos hiere o alegra; lo señala pero lo encubre: dice *ahí está*, no dice *qué* o *quién* es. La realidad indicada por la exclamación permanece innombrada: está ahí, ni ausente ni presente, a punto de aparecer o desvanecerse para siempre. Es una inminencia ¿de qué? El *desarrollo* no es una pregunta ni una respuesta: es una convocación. El poema —boca que habla y oreja que oye— será la revelación de aquello que la exclamación señala sin nombrar. Digo revelación y no explicación. Si el *desarrollo* es una explicación, la realidad no será revelada sino elucidada y el lenguaje sufrirá una mutilación: habremos dejado de ver y oír para solo entender.

Un extremo contrario es el uso del lenguaje con fines de intercambio inmediato. Entonces las palabras dejan de tener significados precisos y pierden muchos de sus valores plásticos, sonoros y emotivos. El interlocutor no desaparece; al contrario, se afirma con exceso. La que se adelgaza y atenúa es la palabra, que se convierte en mera moneda de cambio. Todos sus valores se extinguen o decrecen, a expensas del valor de relación.

En el caso de la exclamación, la palabra es grito lanzado al vacío: se prescinde del interlocutor. Cuando la palabra es instrumento del pensamiento abstracto, el significado lo devora todo: oyente y placer verbal. Vehículo de intercambio, se degrada. En los tres casos se reduce y especializa. Y la causa de esta común mutilación es que el lenguaje se nos vuelve útil, instrumento, cosa. Cada vez que nos servimos de las palabras, las mutilamos. Mas el poeta no se sirve de las palabras. Es su servidor. Al servirlas, las devuelve a su plena naturaleza, les hace recobrar su ser. Gracias a la poesía, el lenguaje reconquista su estado original. En primer término, sus valores plásticos y sonoros, generalmente desdeñados por el pensamiento; en seguida, los afectivos; y, al fin, los significativos. Purificar el lenguaje, tarea del poeta, significa devolverle su naturaleza original. Y aquí tocamos uno de los temas centrales de esta reflexión. La palabra, en sí misma, es una pluralidad de sentidos. Si por obra de la poesía la palabra recobra su naturaleza original —es decir, su posibilidad de significar dos o más cosas al mismo tiempo—, el poema parece negar la esencia misma del lenguaje: la significación o sentido. La poesía sería una empresa fútil y, al mismo tiempo, monstruosa: ¡despoja al hombre de su bien más precioso, el lenguaje, y le da en cambio un sonoro balbuceo ininteligible! ¿Qué sentido tienen, si alguno tienen, las palabras y frases del poema?

EL RITMO

Las palabras se conducen como seres caprichosos y autónomos. Siempre dicen «esto y lo otro» y, al mismo tiempo, «aquello y lo de más allá». El pensamiento no se resigna; forzado a usarlas, una y otra vez pretende reducirlas a sus propias leyes, y una y otra vez el lenguaje se rebela y rompe los diques de la sintaxis y del diccionario. Léxicos y gramáticas son obras condenadas a no terminarse nunca. El idioma está siempre en movimiento, aunque el hombre, por ocupar el centro del remolino, pocas veces se da cuenta de este incesante cambiar. De ahí que, como si fuera algo estático, la gramática afirme que la lengua es un conjunto de voces y que estas constituyen la unidad más simple, la célula lingüística. En realidad, el vocablo nunca se da aislado; nadie habla en palabras sueltas. El idioma es una totalidad indivisible; no lo forman la suma de sus voces, del mismo modo que la sociedad no es el conjunto de los individuos que la componen. Una palabra aislada es incapaz de constituir una unidad significativa. La palabra suelta no es, propiamente, lenguaje; tampoco lo es una sucesión de vocablos dispuestos al azar. Para que el lenguaje se produzca es menester que los signos y los sonidos se asocien de tal manera que impliquen y transmitan un sentido. La pluralidad potencial de significados de la palabra suelta se transforma en la frase en una cierta y única, aunque no siempre rigurosa y unívoca, dirección. Así, no es la voz, sino la frase u oración, la que constituye la unidad más simple del habla. La frase es una totalidad autosuficiente; todo el lenguaje, como en un microcosmo, vive en ella. A semejanza del átomo, es un organismo solo separable por la violencia. Y en efecto, solo por la violencia del análisis gramatical la frase se descompone en palabras. El lenguaje es un universo de unidades significativas, es decir, de frases.

Basta observar cómo escriben los que no han pasado por los aros del análisis gramatical para comprobar la verdad de estas afirmaciones. Los niños son incapaces de aislar las palabras. El aprendizaje de la gramática se inicia enseñando a dividir las frases en palabras y estas en sílabas y letras. Pero los niños no tienen conciencia de las palabras; la tienen, y muy viva, de las frases: piensan, hablan y escriben en bloques significativos y les cuesta trabajo comprender que una frase está hecha de palabras. Todos aquellos que apenas si saben escribir muestran la misma tendencia. Cuando escriben, separan o juntan al azar los vocablos: no saben a ciencia cierta dónde acaban y empiezan.

Al hablar, por el contrario, los analfabetos hacen las pausas precisamente donde hay que hacerlas: piensan en frases. Asimismo, apenas nos olvidamos o exaltamos y dejamos de ser dueños de nosotros, el lenguaje natural recobra sus derechos y dos palabras o más se juntan en el papel, ya no conforme a las reglas de la gramática sino obedeciendo al dictado del pensamiento. Cada vez que nos distraemos, reaparece el lenguaje en su estado natural, anterior a la gramática. Podría argüirse que hay palabras aisladas que forman por sí mismas unidades significativas. En ciertos idiomas primitivos la unidad parece ser la palabra; los pronombres demostrativos de algunas de estas lenguas no se reducen a señalar a este o aquel, sino a «este que está de pie», «aquel que está tan cerca que podría tocársele», «aquella ausente», «este visible», etc. Pero cada una de estas palabras es una frase. Así, ni en los idiomas más simples la palabra aislada es lenguaje. Esos pronombres son palabras-frase.[7]

---

[7] La lingüística moderna parece contradecir esta opinión. No obstante, como se verá, la contradicción no es absoluta. Para Roman Jakobson, «la palabra es una parte constituyente de un contexto superior, la frase, y simultáneamente es un contexto de otros constituyentes más pequeños, los *morfemas* (unidades mínimas dotadas de significación) y los *fonemas*». A su vez los fonemas son haces o manojos de *rasgos diferenciales*. Tanto cada rasgo diferencial como cada fonema se constituyen frente a las otras partículas en una relación de oposición o contraste: los fonemas «designan una mera alteridad». Ahora bien, aunque carecen de significación propia, los fonemas «participan de la significación» ya que su «función consiste en diferenciar, cimentar, separar o destacar» los morfemas y de tal modo distinguirlos entre sí. Por su parte, el morfema no alcanza efectiva significación sino en la palabra y esta en la frase o en la palabra-frase. Así pues, rasgos diferenciales, fonemas, morfemas y palabras son signos que solo significan plenamente dentro de un contexto. Por último, el contexto significa y es inteligible solo dentro de una clave común al que habla y al que oye: el lenguaje. Las unidades semánticas (morfemas y palabras) y las fonológicas (rasgos diferenciales y fonemas) son elementos lingüísticos por pertenecer a un sistema de significados que los engloba. Las unidades lingüísticas no constituyen el lenguaje sino a la inversa: el lenguaje las constituye. Cada unidad, sea en el nivel fonológico o en el significativo, se define por su relación con las otras partes: «el lenguaje es una totalidad indivisible».

El poema posee el mismo carácter complejo e indivisible del lenguaje y de su célula: la frase. Todo poema es una totalidad cerrada sobre sí misma: es una frase o un conjunto de frases que forman un todo. Como el resto de los hombres, el poeta no se expresa en vocablos sueltos, sino en unidades compactas e inseparables. La célula del poema, su núcleo más simple, es la frase poética. Pero, a diferencia de lo que ocurre con la prosa, la unidad de la frase, lo que la constituye como tal y hace lenguaje, no es el sentido o dirección significativa, sino el ritmo. Esta desconcertante propiedad de la frase poética será estudiada más adelante; antes es indispensable describir de qué manera la frase prosaica —el habla común— se transforma en frase poética.

Nadie puede sustraerse a la creencia en el poder mágico de las palabras. Ni siquiera aquellos que desconfían de ellas. La reserva ante el lenguaje es una actitud intelectual. Solo en ciertos momentos medimos y pesamos las palabras; pasado ese instante, les devolvemos su crédito. La confianza ante el lenguaje es la actitud espontánea y original del hombre: las cosas son su nombre. La fe en el poder de las palabras es una reminiscencia de nuestras creencias más antiguas: la naturaleza está animada; cada objeto posee una vida propia; las palabras, que son los dobles del mundo objetivo, también están animadas. El lenguaje, como el universo, es un mundo de llamadas y respuestas; flujo y reflujo, unión y separación, inspiración y espiración. Unas palabras se atraen, otras se repelen y todas se corresponden. El habla es un conjunto de seres vivos, movidos por ritmos semejantes a los que rigen a los astros y las plantas.

Todo aquel que haya practicado la escritura automática —hasta donde es posible esta tentativa— conoce las extrañas y deslumbrantes asociaciones del lenguaje dejado a su propia espontaneidad. Evocación y convocación. *Les mots font l'amour*, dice André Breton. Y un espíritu tan lúcido como Alfonso Reyes advierte al poeta demasiado seguro de su dominio del idioma: «Un día las palabras se coaligarán contra ti, se te sublevarán a un tiempo...». Pero no es necesario acudir a estos testimonios literarios. El sueño, el delirio, la hipnosis y otros estados de relajación de la conciencia favorecen el manar de las frases. La corriente parece no tener fin: una frase nos lleva a otra. Arrastrados por el río de imágenes, rozamos las orillas del puro existir y adivinamos un estado de unidad, de final reunión con nuestro ser y con el ser del mundo. Incapaz de oponer diques a la marea, la conciencia vacila. Y de pronto todo desemboca en una imagen final. Un muro nos cierra el paso: volvemos al silencio.

Los estados contrarios —extrema tensión de la conciencia, sentimiento agudo del lenguaje, diálogos en que las inteligencias chocan y brillan, galerías transparentes que la introspección multiplica hasta el infinito— también son favorables a la repentina aparición de frases caídas del cielo. Nadie las ha llamado; son como la recompensa de la vigilia. Tras el forcejeo de la razón que se abre paso, pisamos una zona armónica. Todo se vuelve fácil, todo es respuesta tácita, alusión esperada. Sentimos que las ideas riman. Entrevemos entonces que pensamientos y frases son también ritmos, llamadas, ecos. Pensar es dar la nota justa, vibrar apenas nos toca la onda luminosa. La cólera, el entusiasmo, la indignación, todo lo que nos pone fuera de nosotros posee la misma virtud liberadora. Brotan frases inesperadas y dueñas de un poder eléctrico: «lo fulminó con la mirada», «echó rayos y centellas por la boca»... El elemento fuego preside todas esas expresiones. Los juramentos y malas palabras estallan como soles atroces. Hay maldiciones y blasfemias que hacen temblar el orden cósmico. Después, el hombre se admira y arrepiente de lo que dijo. En realidad no fue él, sino «otro», quien profirió esas frases: estaba «fuera de sí». Los diálogos amorosos muestran el mismo carácter. Los amantes «se quitan las palabras de la boca». Todo coincide: pausas y exclamaciones, risas y silencios. El diálogo es más que un acuerdo: es un acorde. Y los enamorados mismos se sienten como dos rimas felices, pronunciadas por una boca invisible.

El lenguaje es el hombre, pero es algo más. Tal podría ser el punto de partida de una inquisición sobre estas turbadoras propiedades de las palabras. Pero el poeta no se pregunta cómo está hecho el lenguaje y si ese dinamismo es suyo o solo es reflejo. Con el pragmatismo inocente de todos los creadores, verifica un hecho y lo utiliza: las palabras llegan y se juntan sin que nadie las llame, y estas reuniones y separaciones no son hijas del puro azar: un orden rige las afinidades y las repulsiones. En el fondo de todo fenómeno verbal hay un ritmo. Las palabras se juntan y separan atendiendo a ciertos principios rítmicos. Si el lenguaje es un continuo vaivén de frases y asociaciones verbales regido por un ritmo secreto, la reproducción de ese ritmo nos dará poder sobre las palabras. El dinamismo del lenguaje lleva al poeta a crear su universo verbal utilizando las mismas fuerzas de atracción y repulsión. El poeta crea por analogía. Su modelo es el ritmo que mueve a todo idioma. El ritmo es un imán. Al reproducirlo —por medio de metros, rimas, aliteraciones, paronomasias y otros procedimientos— convoca las palabras. A la esterilidad sucede un estado de abundancia verbal; abiertas las esclusas interiores, las frases brotan como chorros o surtidores. Lo difícil, dice Gabriela Mistral, no es encontrar rimas sino evitar su abundancia. La creación poética consiste, en buena parte, en esta voluntaria utilización del ritmo como agente de seducción.

La operación poética no es diversa del conjuro, el hechizo y otros procedimientos de la magia. Y la actitud del poeta es muy semejante a la del mago. Los dos utilizan el principio de analogía; los dos proceden con fines utilitarios e inmediatos: no se preguntan qué es el idioma o la naturaleza, sino que se sirven de ellos para sus propios fines. No es difícil añadir otra nota: magos y poetas, a diferencia de filósofos, técnicos y sabios, extraen sus poderes de sí mismos. Para obrar no les basta poseer una suma de conocimientos, como ocurre con un físico o con un chofer. Toda operación mágica requiere una fuerza interior, lograda a través de un penoso esfuerzo de purificación. Las fuentes del poder mágico son dobles: las fórmulas y demás métodos de encantamiento, y la fuerza psíquica del encantador, su afinación espiritual que le permite acordar su ritmo con el del cosmos. Lo mismo ocurre con el poeta. El lenguaje del poema está en él y solo a él se le revela. La revelación poética implica una búsqueda interior. Búsqueda que no se parece en nada a la introspección o al análisis; más que búsqueda, actividad psíquica capaz de provocar la pasividad propicia a la aparición de las imágenes.

Con frecuencia se compara al mago con el rebelde. La seducción que todavía ejerce sobre nosotros su figura procede de haber sido el primero que dijo No a los dioses y Sí a la voluntad humana. Todas las otras rebeliones —esas, precisamente, por las cuales el hombre ha llegado a ser hombre— parten de esta primera rebelión. En la figura del hechicero hay una tensión trágica, ausente en el hombre de ciencia y en el filósofo. Estos sirven al conocimiento y en su mundo los dioses y las fuerzas naturales no son sino hipótesis e incógnitas. Para el mago los dioses no son hipótesis, ni tampoco, como para el creyente, realidades que hay que aplacar o amar, sino poderes que hay que seducir, vencer o burlar. La magia es una empresa peligrosa y sacrílega, una afirmación del poder humano frente a lo sobrenatural. Separado del rebaño humano, cara a los dioses, el mago está solo. En esa soledad radica su grandeza y, casi siempre, su final esterilidad. Por una parte, es un testimonio de su decisión trágica. Por la otra, de su orgullo. En efecto, toda magia que no se trasciende —esto es, que no se transforma en don, en filantropía— se devora a sí misma y acaba por devorar a su creador. El mago ve a los hombres como medios, fuerzas, núcleos de energía latente. Una de las formas de la magia consiste en el dominio propio para después dominar a los demás. Príncipes, reyes y jefes se rodean de magos y astrólogos, antecesores de los consejeros políticos. Las recetas del poder mágico entrañan fatalmente la tiranía y la dominación de los hombres. La rebelión del mago es solitaria, porque la esencia de la actividad mágica es la búsqueda del poder. Con frecuencia se han señalado las semejanzas entre magia y técnica y algunos piensan que la primera es el origen remoto de la segunda. Cualquiera que sea la validez de esta hipótesis, es evidente que el rasgo característico de la técnica moderna —como el de la antigua magia— es el culto del poder. Frente al mago se levanta Prometeo, la figura más alta que ha creado la imaginación occidental. Ni mago, ni filósofo, ni sabio: héroe, robador del fuego, filántropo. La rebelión prometeica encarna la de la especificación. En la soledad del héroe encadenado late, implícito, el regreso al mundo de los hombres. La soledad del mago es soledad sin retorno. Su rebelión es estéril porque la magia —es decir: la búsqueda del poder por el poder— termina aniquilándose a sí misma. No es otro el drama de la sociedad moderna.

La ambivalencia de la magia puede condensarse así: por una parte, trata de poner al hombre en relación viva con el cosmos, y en este sentido es una suerte de comunión universal; por la otra, su ejercicio no implica sino la búsqueda del poder. El *¿para qué?* es una pregunta que la magia no se hace y que no puede contestar sin transformarse en otra cosa: religión, filosofía, filantropía. En suma, la magia es una concepción del mundo pero no es una idea del hombre. De ahí que el mago sea una figura desgarrada entre su comunicación con las fuerzas cósmicas y su imposibilidad de llegar al hombre, excepto como una de esas fuerzas. La magia afirma la fraternidad de la vida —una misma corriente recorre el universo— y niega la fraternidad de los hombres.

Ciertas creaciones poéticas modernas están habitadas por la misma tensión. La obra de Mallarmé es, acaso, el ejemplo máximo. Jamás las palabras han estado más cargadas y plenas de sí mismas; tanto, que apenas si las reconocemos, como esas flores tropicales negras a fuerza de encarnadas. Cada palabra es vertiginosa, tal es su claridad. Pero es una claridad mineral: nos refleja y nos abisma, sin que nos refresque o caliente. Un lenguaje a tal punto excelso merecía la prueba de fuego del teatro. Solo en la escena podría haberse consumido y consumado plenamente y, así, encarnar de veras. Mallarmé lo intentó. No solo nos ha dejado varios fragmentos poéticos que son tentativas teatrales, sino una reflexión sobre ese imposible y soñado teatro. Mas no hay teatro sin palabra poética común. La tensión del lenguaje poético de Mallarmé se consume en ella misma. Su mito no es filantrópico; no es Prometeo el que da fuego a los hombres, sino Igitur: el que se contempla a sí mismo. Su claridad acaba por incendiarlo. La flecha se vuelve contra el que la dispara, cuando el blanco es nuestra propia imagen interrogante. La grandeza de Mallarmé no consiste nada más en su tentativa por crear un lenguaje que fuese el doble mágico del universo —la Obra concebida como un Cosmos— sino sobre todo en la conciencia de la imposibilidad de transformar ese lenguaje en teatro, en diálogo con el hombre. Si la obra no se resuelve en teatro, no le queda otra alternativa que desembocar en la página en blanco. El acto mágico se trasmuta en suicidio. Por el camino del lenguaje mágico el poeta francés llega al silencio. Pero todo silencio humano contiene un habla. Callamos, decía sor Juana, no porque no tengamos nada que decir, sino porque no sabemos cómo decir todo lo que quisiéramos decir. El silencio humano es un callar y, por tanto, es implícita comunicación, sentido latente. El silencio de Mallarmé nos dice *nada*, que no es lo mismo que nada decir. Es el silencio anterior al silencio.

El poeta no es un mago, pero su concepción del lenguaje como una *society of life* —según define Cassirer la visión mágica del cosmos— lo acerca a la magia. Aunque el poema no es hechizo ni conjuro, a la manera de ensalmos y sortilegios el poeta despierta las fuerzas secretas del idioma. El poeta encanta al lenguaje por medio del ritmo. Una imagen suscita a otra. Así, la función predominante del ritmo distingue al poema de todas las otras formas literarias. El poema es un conjunto de frases, un orden verbal, fundado en el ritmo.

Si se golpea un tambor a intervalos iguales, el ritmo aparecerá como tiempo dividido en porciones homogéneas. La representación gráfica de semejante abstracción podría ser la línea de rayas: — — — — — — — — — —. La intensidad rítmica dependerá de la celeridad con que los golpes caigan

sobre el parche del tambor. A intervalos más reducidos corresponderá redoblada violencia. Las variaciones dependerán también de la combinación entre golpes e intervalos. Por ejemplo:
—I— —I—I— —I—I— —I—I— —I—I— —, etc. Aun
reducido a ese esquema, el ritmo es algo más que medida, algo
más que tiempo dividido en porciones. La sucesión de golpes
y pausas revela una cierta intencionalidad, algo así como una
dirección. El ritmo provoca una expectación, suscita un anhelar. Si se interrumpe, sentimos un choque. Algo se ha roto. Si
continúa, esperamos algo que no acertamos a nombrar. El ritmo
engendra en nosotros una disposición de ánimo que solo podrá
calmarse cuando sobrevenga «algo». Nos coloca en actitud de
espera. Sentimos que el ritmo es un ir hacia algo, aunque no
sepamos qué pueda ser ese algo. Todo ritmo es sentido de algo.
Así pues, el ritmo no es exclusivamente una medida vacía de
contenido sino una dirección, un sentido. El ritmo no es medida, sino tiempo original. La medida no es tiempo sino manera de calcularlo. Heidegger ha mostrado que toda medida es
una «forma de hacer presente el tiempo». Calendarios y relojes
son maneras de marcar nuestros pasos. Esta presentación implica una reducción o abstracción del tiempo original: el reloj
presenta al tiempo y para presentarlo lo divide en porciones
iguales y carentes de sentido. La temporalidad —que es el
hombre mismo y que, por tanto, da sentido a lo que toca— es
anterior a la presentación y lo que la hace posible.

El tiempo no está fuera de nosotros, ni es algo que pasa
frente a nuestros ojos como las manecillas del reloj: nosotros
somos el tiempo y no son los años sino nosotros los que pasamos.
El tiempo posee una dirección, un sentido, porque es nosotros
mismos. El ritmo realiza una operación contraria a la de relojes
y calendarios: el tiempo deja de ser medida abstracta y regresa
a lo que es: algo concreto y dotado de una dirección. Continuo
manar, perpetuo ir más allá, el tiempo es permanente trascenderse. Su esencia es el *más* —y la negación de ese más. El tiempo afirma el sentido de un modo paradójico: posee un sentido
—el ir más allá, siempre fuera de sí— que no cesa de negarse

a sí mismo como sentido. Se destruye y, al destruirse, se repite, pero cada repetición es un cambio. Siempre lo mismo y la negación de lo mismo. Así, nunca es medida sin más, sucesión vacía. Cuando el ritmo se despliega frente a nosotros, algo pasa con él: nosotros mismos. En el ritmo hay un *ir hacia*, que solo puede ser elucidado si, al mismo tiempo, se elucida qué somos nosotros. El ritmo no es medida, ni algo que está fuera de nosotros, sino que somos nosotros mismos los que nos vertemos en el ritmo y nos disparamos hacia «algo». El ritmo es sentido y dice «algo». Así, su contenido verbal o ideológico no es separable. Aquello que dicen las palabras del poeta ya está diciéndolo el ritmo en que se apoyan esas palabras. Y más: esas palabras surgen naturalmente del ritmo, como la flor del tallo. La relación entre ritmo y palabra poética no es distinta a la que reina entre danza y ritmo musical: no se puede decir que el ritmo es la representación sonora de la danza; tampoco que el baile sea la traducción corporal del ritmo. Todos los bailes son ritmos; todos los ritmos, bailes. En el ritmo está ya la danza; y a la inversa.

Rituales y relatos míticos muestran que es imposible disociar al ritmo de su sentido. El ritmo fue un procedimiento mágico con una finalidad inmediata: encantar y aprisionar ciertas fuerzas, exorcizar otras. Asimismo, sirvió para conmemorar o, más exactamente, para reproducir ciertos mitos: la aparición de un demonio o la llegada de un dios, el fin de un tiempo o el comienzo de otro. Doble del ritmo cósmico, era una fuerza creadora, en el sentido literal de la palabra, capaz de producir lo que el hombre deseaba: el descenso de la lluvia, la abundancia de la caza o la muerte del enemigo. La danza contenía ya, en germen, la representación; el baile y la pantomima eran también un drama y una ceremonia: un ritual. El ritmo era un rito. Sabemos, por otra parte, que rito y mito son realidades inseparables. En todo cuento mítico se descubre la presencia del rito, porque el relato no es sino la traducción en palabras de la ceremonia ritual: el mito cuenta o describe el rito. Y el rito actualiza el relato; por medio de danzas y ceremonias el mito en-

carna y se repite: el héroe vuelve una vez más entre los hombres
y vence a los demonios, se cubre de verdor la tierra y aparece
el rostro radiante de la desenterrada, el tiempo que acaba rena-
ce e inicia un nuevo ciclo. El relato y su representación son
inseparables. Ambos se encuentran ya en el ritmo, que es dra-
ma y danza, mito y rito, relato y ceremonia. La doble realidad
del mito y del rito se apoya en el ritmo, que los contiene. De
nuevo se hace patente que, lejos de ser medida vacía y abstrac-
ta, el ritmo es inseparable de un contenido concreto. Otro tan-
to ocurre con el ritmo verbal: la frase o «idea poética» no pre-
cede al ritmo, ni este a aquella. Ambos son la misma cosa. En
el verso ya late la frase y su posible significación. Por eso hay
metros heroicos y ligeros, danzantes y solemnes, alegres y fú-
nebres.

El ritmo no es medida: es visión del mundo. Calendarios,
moral, política, técnica, artes, filosofías, todo, en fin, lo que
llamamos cultura hunde sus raíces en el ritmo. Él es la fuente
de todas nuestras creaciones. Ritmos binarios o terciarios, an-
tagónicos o cíclicos alimentan las instituciones, las creencias,
las artes y las filosofías. La historia misma es ritmo. Y cada
civilización puede reducirse al desarrollo de un ritmo primor-
dial. Los antiguos chinos veían (acaso sea más exacto decir: oían)
al universo como la cíclica combinación de dos ritmos: «Una
vez Yin —otra vez Yang: eso es el Tao». Yin y Yang no son
ideas, al menos en el sentido occidental de la palabra, según
observa Granet; tampoco son meros sonidos y notas: son em-
blemas, imágenes que contienen una representación concreta
del universo. Dotados de un dinamismo creador de realidades,
Yin y Yang se alternan y alternándose engendran la totalidad.
En esa totalidad nada ha sido suprimido ni abstraído; cada
aspecto está presente, vivo y sin perder sus particularidades.
Yin es el invierno, la estación de las mujeres, la casa y la som-
bra. Su símbolo es la puerta, lo cerrado y escondido que madu-
ra en la oscuridad. Yang es la luz, los trabajos agrícolas, la caza
y la pesca, el aire libre, el tiempo de los hombres, abierto.
Calor y frío, luz y oscuridad, «tiempo de plenitud y tiempo de

decrepitud: tiempo masculino y tiempo femenino —un aspecto dragón y un aspecto serpiente—, tal es la vida». El universo es un sistema bipartido de ritmos contrarios, alternantes y complementarios. El ritmo rige el crecimiento de las plantas y de los imperios, de las cosechas y de las instituciones. Preside la moral y la etiqueta. El libertinaje de los príncipes altera el orden cósmico; pero también lo altera, en ciertos periodos, su castidad. La cortesía y el buen gobierno son formas rítmicas, como el amor y el tránsito de las estaciones. El ritmo es imagen viva del universo, encarnación visible de la legalidad cósmica: Yi Yin − Yi Yang: «Una vez Yin − otra vez Yang: eso es el Tao».[8]

El pueblo chino no es el único que ha sentido el universo como unión, separación y reunión de ritmos. Todas las concepciones cosmológicas del hombre brotan de la intuición de un ritmo original. En el fondo de toda cultura se encuentra una actitud fundamental ante la vida que, antes de expresarse en creaciones religiosas, estéticas o filosóficas, se manifiesta como ritmo. Yin y Yang para los chinos; ritmo cuaternario para los aztecas; dual para los hebreos. Los griegos conciben el cosmos como lucha y combinación de contrarios. Nuestra cultura está impregnada de ritmos ternarios. Desde la lógica y la religión hasta la política y la medicina parecen regirse por dos elementos que se funden y absorben en una unidad: padre, madre, hijo; tesis, antítesis, síntesis; comedia, drama, tragedia; infierno, purgatorio, cielo; temperamentos sanguíneo, muscular y nervioso; memoria, voluntad y entendimiento; reinos mineral, vegetal y animal; aristocracia, monarquía y democracia... No es esta ocasión para preguntarse si el ritmo es una expresión de las instituciones sociales primitivas, del sistema de producción o de otras «causas» o si, por el contrario, las llamadas estructuras sociales no son sino manifestaciones de esta primera y espontánea actitud del hombre ante la realidad. Semejante pregunta,

---

[8] Marcel Granet, *La Pensée chinoise*, París, 1938.

acaso la esencial de la historia, posee el mismo carácter verti-
ginoso de la pregunta sobre el ser del hombre —porque ese ser
parece no tener sustento o fundamento, sino que, disparado o
exhalado, diríase que se asienta en su propio sinfín. Pero si
no podemos dar una respuesta a este problema, al menos sí es
posible afirmar que el ritmo es inseparable de nuestra condición.
Quiero decir: es la manifestación más simple, permanente y
antigua del hecho decisivo que nos hace ser hombres: ser tem-
porales, ser mortales y lanzados siempre hacia «algo», hacia lo
«otro»: la muerte, Dios, la amada, nuestros semejantes.

La constante presencia de formas rítmicas en todas las ex-
presiones humanas no podía menos de provocar la tentación de
edificar una filosofía fundada en el ritmo. Pero cada sociedad
posee un ritmo propio. O más exactamente: cada ritmo es una
actitud, un sentido y una imagen del mundo, distinta y par-
ticular. Del mismo modo que es imposible reducir los ritmos
a pura medida, dividida en espacios homogéneos, tampoco es
posible abstraerlos y convertirlos en esquemas racionales. Cada
ritmo implica una visión concreta del mundo. Así, el ritmo
universal de que hablan algunos filósofos es una abstracción
que apenas si guarda relación con el ritmo original, creador de
imágenes, poemas y obras. El ritmo, que es imagen y sentido,
actitud espontánea del hombre ante la vida, no está fuera de
nosotros: es nosotros mismos, expresándonos. Es temporalidad
concreta, vida humana irrepetible. El ritmo que Dante percibe
y que mueve las estrellas y las almas se llama Amor; Lao-tsé y
Chuang-tsé oyen otro ritmo, hecho de contrarios relativos; He-
ráclito lo sintió como guerra. No es posible reducir todos estos
ritmos a unidad sin que al mismo tiempo se evapore el conte-
nido particular de cada uno de ellos. El ritmo no es filosofía,
sino imagen del mundo, es decir, aquello en que se apoyan las
filosofías.

En todas las sociedades existen dos calendarios. Uno rige la
vida diaria y las actividades profanas; otro, los periodos sagra-
dos, los ritos y las fiestas. El primero consiste en una división

del tiempo en porciones iguales: horas, días, meses, años. Cualquiera que sea el sistema adoptado para la medición del tiempo, este es una sucesión cuantitativa de porciones homogéneas. En el calendario sagrado, por el contrario, se rompe la continuidad. La fecha mítica adviene si una serie de circunstancias se conjugan para reproducir el acontecimiento. A diferencia de la fecha profana, la sagrada no es una medida sino una realidad viviente, cargada de fuerzas sobrenaturales, que encarna en sitios determinados. En la representación profana del tiempo, el 1 de enero sucede necesariamente al 31 de diciembre. En la religiosa, puede muy bien ocurrir que el tiempo nuevo no suceda al viejo. Todas las culturas han sentido el horror del «fin del tiempo». De ahí la existencia de «ritos de entrada y salida». Entre los antiguos mexicanos los ritos del fuego —celebrados cada fin de año y especialmente al terminar el ciclo de 52 años— no tenían más propósito que provocar la llegada del tiempo nuevo. Apenas se encendían las fogatas en el Cerro de la Estrella, todo el Valle de México, hasta entonces sumido en sombras, se iluminaba. Una vez más el mito había encarnado. El tiempo —un tiempo creador de vida y no vacía sucesión— había sido re-engendrado. La vida podía continuar hasta que ese tiempo, a su vez, se desgastase. Un admirable ejemplo plástico de esta concepción es el Entierro del Tiempo, pequeño monumento de piedra que se encuentra en el Museo de Antropología de México: rodeados de calaveras, yacen los signos del tiempo viejo: de sus restos brota el tiempo nuevo. Pero su renacer no es fatal. Hay mitos, como el del Grial, que aluden a la obstinación del tiempo viejo, que se empeña en no morir, en no irse: la esterilidad impera; los campos se agostan; las mujeres no conciben; los viejos gobiernan. Los «ritos de salida» —que casi siempre consisten en la intervención salvadora de un joven héroe— obligan al tiempo viejo a dejar el campo a su sucesor.

Si la fecha mítica no se inserta en la pura sucesión, ¿en qué tiempo pasa? La respuesta nos la dan los cuentos: «Una vez había un rey...». El mito no se sitúa en una fecha determinada, sino en «una vez...», nudo en el que espacio y tiempo se entrelazan. El mito es un pasado que también es un futuro. Pues la región temporal en donde acaecen los mitos no es el ayer irreparable y finito de todo acto humano, sino un pasado cargado de posibilidades, susceptible de actualizarse. El mito transcurre en un tiempo arquetípico. Y más: es tiempo arquetípico, capaz de re-encarnar. El calendario sagrado es rítmico porque es arquetípico. El mito es un pasado que es un futuro dispuesto a realizarse en un presente. En nuestra concepción cotidiana del tiempo, este es un presente que se dirige hacia el futuro pero que fatalmente desemboca en el pasado. El orden mítico invierte los términos: el pasado es un futuro que desemboca en el presente. El calendario profano nos cierra las puertas de acceso al tiempo original que abraza todos los tiempos, pasados o futuros, en un presente, en una presencia total. La fecha mítica nos hace entrever un presente que desposa el pasado con el futuro. El mito, así, contiene a la vida humana en su totalidad: por medio del ritmo actualiza un pasado arquetípico, es decir, un pasado que potencialmente es un futuro dispuesto a encarnar en un presente. Nada más distante de nuestra concepción cotidiana del tiempo. En la vida diaria nos aferramos a la representación cronométrica del tiempo, aunque hablemos de «mal tiempo» y de «buen tiempo» y aunque cada treinta y uno de diciembre despidamos al año viejo y saludemos la llegada del nuevo. Ninguna de estas actitudes —residuos de la antigua concepción del tiempo— nos impide arrancar cada día una hoja al calendario o consultar la hora en el reloj. Nuestro «buen tiempo» no se desprende de la sucesión; podemos suspirar por el pasado —que tiene fama de ser mejor que el presente— pero sabemos que el pasado no volverá. Nuestro «buen tiempo» muere de la misma muerte que todos los tiempos: es sucesión. En cambio, la fecha mítica no muere: se repite, encarna. Así, lo que distingue al tiempo mítico de toda otra representación del tiempo es el ser un arquetipo. Pasado susceptible siempre de ser hoy, el mito es una realidad flotante, siempre dispuesta a encarnar y volver a ser.

La función del ritmo se precisa ahora con mayor claridad: por obra de la repetición rítmica el mito regresa. Hubert y Mauss, en su clásico estudio sobre este tema, advierten el carácter discontinuo del calendario sagrado y encuentran en la magia rítmica el origen de esta discontinuidad: «La representación mítica del tiempo es esencialmente rítmica. Para la religión y la magia el calendario no tiene por objeto medir, sino ritmar, el tiempo».[9] Evidentemente no se trata de «ritmar» el tiempo —resabio positivista de estos autores— sino de volver al tiempo original. La repetición rítmica es invocación y convocación del tiempo original. Y más exactamente: recreación del tiempo arquetípico. No todos los mitos son poemas pero todo poema es mito. Como en el mito, en el poema el tiempo cotidiano sufre una transmutación: deja de ser sucesión homogénea y vacía para convertirse en ritmo. Tragedia, epopeya, canción, el poema tiende a repetir y recrear un instante, un hecho o conjunto de hechos que, de alguna manera, resultan arquetípicos. El tiempo del poema es distinto al tiempo cronométrico. «Lo que pasó, pasó», dice la gente. Para el poeta lo que pasó volverá a ser, volverá a encarnar. El poeta, dice el centauro Quirón a Fausto, «no está atado por el tiempo». Y este le responde: «Fuera del tiempo encontró Aquiles a Helena». ¿Fuera del tiempo? Más bien en el tiempo original. Incluso en las novelas históricas y en las de asunto contemporáneo el tiempo del relato se desprende de la sucesión. El pasado y el presente de las novelas no es el de la historia, ni el del reportaje periodístico. No es lo que fue, ni lo que está siendo, sino lo que se está haciendo: lo que se está gestando. Es un pasado que re-engendra y reencarna. Y reencarna de dos maneras; en el momento de la creación poética, y después, como recreación, cuando el lector revive las imágenes del poeta y convoca de nuevo ese pasado que regresa. El poema es tiempo arquetípico, que se hace presente apenas unos labios repiten sus frases rít-

---

[9] H. Hubert y M. Mauss, *Mélanges d'histoire des religions*, París, 1929.

micas. Esas frases rítmicas son los que llamamos versos y su función consiste en re-crear el tiempo.

Al tratar el origen de la poesía, dice Aristóteles: «En total, dos parecen haber sido las causas especiales del origen de la poesía, y ambas naturales: primero, ya desde niños es connatural a los hombres reproducir imitativamente, y en esto se distingue de los demás animales: en que es más imitador el hombre que todos ellos y hace sus primeros pasos en el aprendizaje mediante imitación; segundo, en que todos se complacen en las reproducciones imitativas».[10] Y más adelante agrega que el objeto propio de esta reproducción imitativa es la contemplación por semejanza o comparación: la metáfora es el principal instrumento de la poesía, ya que por medio de la imagen —que acerca y hace semejantes a los objetos distantes u opuestos— el poeta puede decir que esto sea parecido a aquello. La poética de Aristóteles ha sufrido muchas críticas. Solo que, contra lo que uno se sentiría inclinado a pensar instintivamente, lo que nos resulta insuficiente no es tanto el concepto de *reproducción* imitativa como su idea de la metáfora y, sobre todo, su noción de *naturaleza*.

Según explica García Bacca en su «Introducción» a la *Poética*, «imitar no significa ponerse a copiar un original [...] sino toda acción cuyo efecto es una presencialización». Y el efecto de tal imitación, «que, al pie de la letra, no copia nada, será un objeto original y nunca visto, o nunca oído, como una sinfonía o una sonata». Mas ¿de dónde saca el poeta esos objetos nunca vistos ni oídos? El modelo del poeta es la naturaleza, paradigma y fuente de inspiración para todos los griegos. Con más razón que al de Zola y sus discípulos, se puede llamar naturalista al arte griego. Pues bien, una de las cosas que nos distinguen de los griegos es nuestra concepción de la naturaleza.

---

[10] Aristóteles, *Poética*, versión directa, introd. y notas de Juan García Bacca, México, 1945.

Nosotros no sabemos cómo es, ni cuál es su figura, si alguna tiene. La naturaleza ha dejado de ser algo animado, un todo orgánico y dueño de una forma. No es, ni siquiera, un objeto, porque la idea misma de objeto ha perdido su antigua consistencia. Si la noción de *causa* está en entredicho, ¿cómo no va a estarlo la de *naturaleza* con sus cuatro causas? Tampoco sabemos en dónde termina lo natural y empieza lo humano. El hombre, desde hace siglos, ha dejado de ser natural. Unos lo conciben como un haz de impulsos y reflejos, esto es, como un animal superior. Otros han transformado a este animal en una serie de respuestas a estímulos dados, es decir, en un ente cuya conducta es previsible y cuyas reacciones no son diversas a las de un aparato: para la cibernética el hombre se conduce como una máquina. En el extremo opuesto se encuentran los que nos conciben como entes históricos, sin más continuidad que la del cambio. No es eso todo. *Naturaleza* e *historia* se han vuelto términos incompatibles, al revés de lo que ocurría entre los griegos. Si el hombre es un animal o una máquina, no veo cómo pueda ser un ente político, a no ser reduciendo la política a una rama de la biología o de la física. Y a la inversa: si es histórico, no es natural ni mecánico. Así pues, lo que nos parece extraño y caduco —como muy bien observa García Bacca— no es la poética aristotélica, sino su ontología. La naturaleza no puede ser un modelo para nosotros, porque el término ha perdido toda su consistencia.

No menos insatisfactoria parece la idea aristotélica de la metáfora. Para Aristóteles la poesía ocupa un lugar intermedio entre la historia y la filosofía. La primera reina sobre los hechos; la segunda rige el mundo de lo necesario. Entre ambos extremos la poesía se ofrece «como lo optativo». «No es oficio del poeta —dice García Bacca— contar las cosas como sucedieron, sino cual desearíamos que hubiesen sucedido». El reino de la poesía es el «ojalá». El poeta es «varón de deseos». En efecto, la poesía es deseo. Mas ese deseo no se articula en lo posible, ni en lo verosímil. La imagen no es lo «imposible verosímil», deseo de imposibles: la poesía es hambre de realidad. El deseo aspira siempre a suprimir las distancias, según se ve en el deseo por excelencia: el impulso amoroso. La imagen es el puente que tiende el deseo entre el hombre y la realidad. El mundo del «ojalá» es el de la imagen por comparación de semejanzas y su principal vehículo es la palabra *como*: esto es como aquello. Pero hay otra metáfora que suprime el *como* y dice: esto es aquello. En ella el deseo entra en acción: no compara ni muestra semejanzas sino que revela —y más: provoca— la identidad última de objetos que nos parecían irreductibles.

Entonces, ¿en qué sentido nos parece verdadera la idea de Aristóteles? En el de ser la poesía una reproducción imitativa, si se entiende por esto que el poeta recrea arquetipos, en la acepción más antigua de la palabra: modelos, mitos. Aun el poeta lírico al recrear su experiencia convoca un pasado que es un futuro. No es paradoja afirmar que el poeta —como los niños, los primitivos y, en suma, como todos los hombres cuando dan rienda suelta a su tendencia más profunda y natural— es un imitador de profesión. Esa imitación es creación original: evocación, resurrección y recreación de algo que está en el origen de los tiempos y en el fondo de cada hombre, algo que se confunde con el tiempo mismo y con nosotros, y que siendo de todos es también único y singular. El ritmo poético es la actualización de ese pasado que es un futuro que es un presente: nosotros mismos. La frase poética es tiempo vivo, concreto: es ritmo, tiempo original, perpetuamente recreándose. Continuo renacer y remorir y renacer de nuevo. La unidad de la frase, que en la prosa se da por el sentido o significación, en el poema se logra por gracia del ritmo. La coherencia poética, por tanto, debe ser de orden distinto a la prosa. La frase rítmica nos lleva así al examen de su sentido. Sin embargo, antes de estudiar cómo se logra la unidad significativa de la frase poética, es necesario ver más de cerca las relaciones entre verso y prosa.

VERSO Y PROSA

El ritmo no solamente es el elemento más antiguo y perma-
nente del lenguaje, sino que no es difícil que sea anterior al
habla misma. En cierto sentido puede decirse que el lenguaje
nace del ritmo; o, al menos, que todo ritmo implica o prefigu-
ra un lenguaje. Así, todas las expresiones verbales son ritmo,
sin excluir las formas más abstractas o didácticas de la prosa.
¿Cómo distinguir, entonces, prosa y poema? De este modo: el
ritmo se da espontáneamente en toda forma verbal, pero solo
en el poema se manifiesta plenamente. Sin ritmo, no hay poe-
ma; solo con él, no hay prosa. El ritmo es condición del poema,
en tanto que es inesencial para la prosa. Por la violencia de la
razón las palabras se desprenden del ritmo; esa violencia racio-
nal sostiene en vilo la prosa, impidiéndole caer en la corriente
del habla en donde no rigen las leyes del discurso sino las de
atracción y repulsión. Mas este desarraigo nunca es total, por-
que entonces el lenguaje se extinguiría. Y con él, el pensamien-
to mismo. El lenguaje, por propia inclinación, tiende a ser
ritmo. Como si obedeciesen a una misteriosa ley de gravedad,
las palabras vuelven a la poesía espontáneamente. En el fondo
de toda prosa circula, más o menos adelgazada por las exigen-
cias del discurso, la invisible corriente rítmica. Y el pensamien-
to, en la medida en que es lenguaje, sufre la misma fascinación.
Dejar al pensamiento en libertad, divagar, es regresar al ritmo;
las razones se transforman en correspondencias, los silogismos
en analogías y la marcha intelectual en fluir de imágenes. Pero
el prosista busca la coherencia y la claridad conceptual. Por eso
se resiste a la corriente rítmica que, fatalmente, tiende a ma-
nifestarse en imágenes y no en conceptos.

La prosa es un género tardío, hijo de la desconfianza del
pensamiento ante las tendencias naturales del idioma. La poe-
sía pertenece a todas las épocas: es la forma natural de expresión
de los hombres. No hay pueblos sin poesía; los hay sin prosa.
Por tanto, puede decirse que la prosa no es una forma de ex-
presión inherente a la sociedad, mientras que es inconcebible

la existencia de una sociedad sin canciones, mitos u otras ex-
presiones poéticas. La poesía ignora el progreso o la evolución,
y sus orígenes y su fin se confunden con los del lenguaje. La
prosa, que es primordialmente un instrumento de crítica y
análisis, exige una lenta maduración y solo se produce tras una
larga serie de esfuerzos tendientes a domar al habla. Su avance
se mide por el grado de dominio del pensamiento sobre las
palabras. La prosa crece en batalla permanente contra las incli-
naciones naturales del idioma y sus géneros más perfectos son
el discurso y la demostración, en los que el ritmo y su incesan-
te ir y venir ceden el sitio a la marcha del pensamiento.

Mientras el poema se presenta como un orden cerrado, la
prosa tiende a manifestarse como una construcción abierta y
lineal. Valéry ha comparado la prosa con la marcha y la poesía
con la danza. Relato o discurso, historia o demostración, la pro-
sa es un desfile, una verdadera teoría de ideas o hechos. La figu-
ra geométrica que simboliza la prosa es la línea: recta, sinuosa,
espiral, zigzagueante, mas siempre hacia adelante y con una meta
precisa. De ahí que los arquetipos de la prosa sean el discurso y
el relato, la especulación y la historia. El poema, por el contrario,
se ofrece como un círculo o una esfera: algo que se cierra sobre
sí mismo, universo autosuficiente y en el cual el fin es también
un principio que vuelve, se repite y se recrea. Y esta constante
repetición y recreación no es sino ritmo, marea que va y viene,
cae y se levanta. El carácter artificial de la prosa se comprueba
cada vez que el prosista se abandona al fluir del idioma. Apenas
vuelve sobre sus pasos, a la manera del poeta o del músico, y se
deja seducir por las fuerzas de atracción y repulsión del idioma,
viola las leyes del pensamiento racional y penetra en el ámbito
de ecos y correspondencias del poema. Esto es lo que ha ocurrido
con buena parte de la novela contemporánea. Lo mismo se pue-
de afirmar de ciertas novelas orientales, como *Los cuentos de Gen-
ji*, de la señora Murasaki, o la célebre novela china *El sueño del
aposento rojo*. La primera recuerda a Proust, es decir, al autor que
ha llevado más lejos la ambigüedad de la novela, oscilante siem-
pre entre la prosa y el ritmo, el concepto y la imagen; la segunda

es una vasta alegoría a la que difícilmente se puede llamar novela sin que la palabra pierda su significado habitual. En realidad, las únicas obras orientales que se aproximan a lo que nosotros llamamos novela son libros que vacilan entre el apólogo, la pornografía y el costumbrismo, como el *Chin P'ing Mei*.

Sostener que el ritmo es el núcleo del poema no quiere decir que este sea un conjunto de metros. La existencia de una prosa cargada de poesía, y la de muchas obras correctamente versificadas y absolutamente prosaicas, revelan la falsedad de esta identificación. Metro y ritmo no son la misma cosa. Los antiguos retóricos decían que el ritmo es el padre del metro. Cuando un metro se vacía de contenido y se convierte en forma inerte, mera cáscara sonora, el ritmo continúa engendrando nuevos metros. El ritmo es inseparable de la frase; no está hecho de palabras sueltas, ni es solo medida o cantidad silábica, acentos y pausas: es imagen y sentido. Ritmo, imagen y sentido se dan simultáneamente en una unidad indivisible y compacta: la frase poética, el verso. El metro, en cambio, es medida abstracta e independiente de la imagen. La única exigencia del metro es que cada verso tenga las sílabas y acentos requeridos. Todo se puede decir en endecasílabos: una fórmula matemática, una receta de cocina, el sitio de Troya y una sucesión de palabras inconexas. Incluso se puede prescindir de la palabra: basta con una hilera de sílabas o letras. En sí mismo, el metro es medida desnuda de sentido. En cambio, el ritmo no se da solo nunca; no es medida, sino contenido cualitativo y concreto. Todo ritmo verbal contiene ya en sí la imagen y constituye, real o potencialmente, una frase poética completa.

El metro nace del ritmo y vuelve a él. Al principio las fronteras entre uno y otro son borrosas. Más tarde el metro cristaliza en formas fijas. Instante de esplendor, pero también de parálisis. Aislado del flujo y reflujo del lenguaje, el verso se transforma en medida sonora. Al momento de acuerdo, sucede otro de inmovilidad; después, sobreviene la discordia y en el seno del poema se entabla una lucha: la medida oprime la imagen o esta rompe la cárcel y regresa al habla para recrearse en nuevos

ritmos. El metro es medida que tiende a separarse del lenguaje;
el ritmo jamás se separa del habla porque es el habla misma. El
metro es procedimiento, manera; el ritmo, temporalidad con-
creta. Un endecasílabo de Garcilaso no es idéntico a uno de
Quevedo o Góngora. La medida es la misma pero el ritmo es
distinto. La razón de esta singularidad se encuentra, en castella-
no, en la existencia de periodos rítmicos en el interior de cada
metro, entre la primera sílaba acentuada y antes de la última. El
periodo rítmico forma el núcleo del verso y no obedece a la re-
gularidad silábica sino al golpe de los acentos y a la combinación
de estos con las cesuras y las sílabas débiles. Cada periodo, a su
vez, está compuesto por lo menos de dos cláusulas rítmicas,
formadas también por acentos tónicos y cesuras. «La represen-
tación formal del verso —dice Tomás Navarro en su tratado de
Métrica española— resulta de sus componentes métricos y gra-
maticales; la función del periodo es esencialmente rítmica; de
su composición y dimensiones depende que el movimiento del
verso sea lento o rápido, grave o leve, sereno o turbado». El
ritmo infunde vida al metro y le otorga individualidad.[11]

---

[11] En *Linguistics and Poetics*, Jakobson dice que «far from being an abstract,
theoretical scheme, meter —or in more explicit terms, *verse design*— underlies
the structure of any single line— or, in logical terminology, any single *verse
instance* [...] The verse design determines the invariant features of the verse
instances and sets up the limit of variations». En seguida cita el ejemplo de los
campesinos servios que improvisan poemas con metros fijos y los recitan sin
equivocarse nunca de medida. Es posible que, en efecto, los metros sean medidas
inconscientes, al menos en ciertos casos (el octosílabo español sería uno de ellos).
No obstante, la observación de Jakobson no anula la diferencia entre metro y
verso concreto. La realidad del primero es ideal, es una pauta y, por tanto, es una
medida, una abstracción. El verso concreto es único: «Resuelta en polvo ya, mas
siempre hermosa» (Lope de Vega) es un endecasílabo acentuado en la sexta síla-
ba, como «Y en uno de mis ojos te llagaste» (san Juan de la Cruz) y como «De
ponderosa vana pesadumbre» (Góngora). Imposible confundirlos: cada uno tie-
ne un ritmo distinto. En suma, habría que considerar tres realidades: el ritmo
del idioma en este o aquel lugar y en determinado momento histórico; los
metros derivados del ritmo del idioma o adaptados de otros sistemas de versifi-
cación; y el ritmo de cada poeta. Este último es el elemento distintivo y lo que
separa a la literatura versificada de la poesía propiamente dicha. [Nota de 1964].

La distinción entre metro y ritmo prohíbe llamar poemas a un gran número de obras, correctamente versificadas que, por pura inercia, aparecen como tales en los manuales de literatura. Libros como *Los cantos de Maldoror*, *Alicia en el país de las maravillas* o *El jardín de senderos que se bifurcan* son poemas. En ellos la prosa se niega a sí misma; las frases no se suceden obedeciendo al orden conceptual o al del relato, sino presididas por las leyes de la imagen y el ritmo. Hay un flujo y reflujo de imágenes, acentos y pausas, señal inequívoca de la poesía. Lo mismo debe decirse del verso libre contemporáneo: los elementos cuantitativos del metro han cedido el sitio a la unidad rítmica. En ocasiones —por ejemplo, en la poesía francesa contemporánea— el énfasis se ha trasladado de los elementos sonoros a los visuales. Pero el ritmo permanece: subsisten las pausas, las aliteraciones, las paronomasias, el choque de sonidos, la marea verbal. El verso libre es una unidad rítmica. D. H. Lawrence dice que la unidad del verso libre la da la imagen y no la medida externa. Y cita los versículos de Walt Whitman, que son como la sístole y la diástole de un pecho poderoso. Y así es: el verso libre es una unidad y casi siempre se pronuncia de una sola vez. Por eso la imagen moderna se rompe en los metros antiguos: no cabe en la medida tradicional de las catorce u once sílabas, lo que no ocurría cuando los metros eran la expresión natural del habla. Casi siempre los versos de Garcilaso, Herrera, fray Luis o cualquier poeta de los siglos XVI y XVII constituyen unidades por sí mismos: cada verso es también una imagen o una frase completa. Había una relación, que ha desaparecido, entre esas formas poéticas y el lenguaje de su tiempo. Lo mismo ocurre con el verso libre contemporáneo: cada verso es una imagen y no es necesario cortarse el resuello para decirlos. Por eso, muchas veces, es innecesaria la puntuación. Sobran las comas y los puntos: el poema es un flujo y reflujo rítmico de palabras. Sin embargo, el creciente predominio de lo intelectual y visual sobre la respiración revela que nuestro verso libre amenaza en convertirse, como el alejandrino y el endecasílabo, en medida mecánica.

Esto es particularmente cierto para la poesía francesa contemporánea.[12]

Los metros son históricos, mientras que el ritmo se confunde con el lenguaje mismo. No es difícil distinguir en cada metro los elementos intelectuales y abstractos y los más puramente rítmicos. En las lenguas modernas los metros están compuestos por un determinado número de sílabas, duración cortada por acentos tónicos y pausas. Los acentos y las pausas constituyen la porción más antigua y puramente rítmica del metro; están cerca aún del golpe del tambor, de la ceremonia ritual y del talón danzante que hiere la tierra. El acento es danza y rito. Gracias al acento, el metro se pone en pie y es unidad danzante. La medida silábica implica un principio de abstracción, una retórica y una reflexión sobre el lenguaje. Duración puramente lineal, tiende a convertirse en mecánica pura. Los acentos, las pausas, las aliteraciones, los choques o reuniones inesperadas de un sonido con otro, constituyen la porción concreta y permanente del metro. Los lenguajes oscilan entre la prosa y el poema, el ritmo y el discurso. En unos es visible el predominio rítmico; en otros se observa un crecimiento excesivo de los elementos analíticos y discursivos a expensas de los rítmicos e imaginativos. La lucha entre las tendencias naturales del idioma y las exigencias del pensamiento abstracto se expresa en los idiomas modernos de Occidente a través de la dualidad de los metros: en un extremo, versificación silábica, medida fija; en el polo opuesto, el juego libre de los acentos y las pausas. Lenguas latinas y lenguas germanas. Las nuestras tienden a hacer del ritmo medida fija. No es extraña esta inclinación, pues son hijas de Roma. La importancia de la versificación silábica revela el imperialismo del discurso y la gramática. Y este predominio de la medida explica también que las creaciones poéticas modernas en nuestras lenguas sean, asimismo, rebeliones contra

---

[12] Sobre ritmos verbales y fisiológicos, véase el Apéndice 2 (pp. 284 y ss.). [En la edición de 14 volúmenes de las OC de Octavio Paz del FCE].

el sistema de versificación silábica. En sus formas atenuadas la rebelión conserva el metro, pero subraya el valor visual de la imagen o introduce elementos que rompen o alteran la medida: la expresión coloquial, el humor, la frase encabalgada sobre dos versos, los cambios de acentos y de pausas, etc. En otros casos la revuelta se presenta como un regreso a las formas populares y espontáneas de la poesía. Y en sus tentativas más extremas prescinde del metro y escoge como medio de expresión la prosa o el verso libre. Agotados los poderes de convocación y evocación de la rima y el metro tradicionales, el poeta remonta la corriente, en busca del lenguaje original, anterior a la gramática. Y encuentra el núcleo primitivo: el ritmo.

El entusiasmo con que los poetas franceses acogieron el romanticismo alemán debe verse como una instintiva rebelión contra la versificación silábica y lo que ella significa. En el alemán, como en el inglés, el idioma no es víctima del análisis racional. El predominio de los valores rítmicos facilitó la aventura del pensamiento romántico. Frente al racionalismo del Siglo de las Luces el romanticismo esgrime una filosofía de la naturaleza y el hombre fundada en el principio de analogía: «todo —dice Baudelaire en *L'Art romantique*—, en lo espiritual como en lo natural, es significativo, recíproco, correspondiente [...] todo es jeroglífico [...] y el poeta no es sino el traductor, el que descifra». Versificación rítmica y pensamiento analógico son las dos caras de una misma medalla. Gracias al ritmo percibimos esta universal correspondencia; mejor dicho, esa correspondencia no es sino manifestación del ritmo. Volver al ritmo entraña un cambio de actitud ante la realidad, y a la inversa: adoptar el principio de analogía significa regresar al ritmo. Al afirmar los poderes de la versificación acentual frente a los artificios del metro fijo, el poeta romántico proclama el triunfo de la imagen sobre el concepto, y el triunfo de la analogía sobre el pensamiento lógico.

La evolución de la poesía moderna en francés y en inglés es un ejemplo de las relaciones entre ritmo verbal y creación poética.

El francés es una lengua sin acentos tónicos, y los recursos de la pausa y la cesura los reemplazan. En el inglés, lo que cuenta realmente es el acento. La poesía inglesa tiende a ser puro ritmo: danza, canción. La francesa: discurso, «meditación poética». En Francia, el ejercicio de la poesía exige ir contra las tendencias de la lengua. En inglés, abandonarse a la corriente. El primero es el menos poético de los idiomas modernos, el menos inesperado; el segundo abunda en expresiones extrañas y henchidas de sorpresa verbal. De ahí que la revolución poética moderna tenga sentidos distintos en ambos idiomas.

La riqueza rítmica del inglés da su carácter al teatro isabelino, a la poesía de los «metafísicos» y a la de los románticos. No obstante, con cierta regularidad de péndulo, surgen reacciones de signo contrario, periodos en los que la poesía inglesa busca insertarse de nuevo en la tradición latina.[13] Parece ocioso citar a Milton, Dryden y Pope. Estos nombres evocan un sistema de versificación opuesto a lo que podría llamarse la tradición nativa inglesa: el verso blanco de Milton, más latino que inglés, y el *heroic couplet* medio favorito de Pope. Sobre este último, Dryden decía que «it bounds and circunscribes the Fancy». La rima regula a la fantasía, es un dique contra la

[13] No es extraño: la historia de Inglaterra y la de los Estados Unidos puede verse como una continua oscilación —nostalgia y repulsión— que alternativamente los acerca y los aleja de Europa o, más exactamente, del mundo latino. Mientras los germanos, inclusive en sus épocas de mayor extravío, no han cesado de sentirse europeos, en los ingleses es manifiesta la voluntad de ruptura, desde la Guerra de los Cien Años. Germania sigue hechizada, para bien y para mal, por el espectro del Sacro Imperio Romano Germánico, que, más o menos abiertamente, ha inspirado sus ambiciones de hegemonía europea. Gran Bretaña jamás ha pretendido hacer de Europa un Imperio y se ha opuesto a todas las tentativas, vengan de la izquierda o de la derecha, invoquen el nombre de César o el de Marx, por crear un orden político que no sea el del inestable «equilibrio de poderes». La historia de la cultura germánica, con mayor énfasis aún que su historia política, es una apasionada tentativa por consumar la fusión entre lo germano y lo latino. No es necesario citar a Goethe; la misma pasión anima a espíritus tan violentamente germánicos como Novalis y Nietzsche o a pensadores en apariencia tan alejados de esta clase de preocupaciones como Marx.

marea verbal, una canalización del ritmo. La primera mitad de nuestro siglo ha sido también una reacción «latina» en dirección contraria al movimiento del siglo anterior, de Blake al primer Yeats. (Digo «primer» porque este poeta, como Juan Ramón Jiménez, es varios poetas). La renovación de la poesía inglesa moderna se debe principalmente a dos poetas y a un novelista: Ezra Pound, T. S. Eliot y James Joyce. Aunque sus obras no pueden ser más distintas, una nota común las une: todas ellas son una reconquista de la herencia europea. Parece innecesario añadir que se trata, sobre todo, de la herencia latina: poesía provenzal e italiana en Pound; Dante y Baudelaire en Eliot. En Joyce es más decisiva aún la presencia grecolatina y medieval: no en balde fue un hijo rebelde de la Compañía de Jesús. Para los tres, la vuelta a la tradición europea se inicia, y culmina, con una revolución verbal. La más radical fue la de Joyce, creador de un lenguaje que, sin cesar de ser inglés, también es todos los idiomas europeos. Eliot y Pound usaron primero el verso libre rimado, a la manera de Laforgue; en su segundo momento, regresaron a metros y estrofas fijos y entonces, según nos cuenta el mismo Pound, el ejemplo de Gautier fue determinante. Todos estos cambios se fundaron en otro: la sustitución del lenguaje «poético» —o sea del dialecto literario de los poetas de fin de siglo— por el idioma de todos los días. No el estilizado lenguaje «popular», a la manera de Juan Ramón Jiménez, Antonio Machado, García Lorca o Alberti, al fin de cuentas no menos artificial que el idioma de la poesía «culta», sino el habla de la ciudad. No la canción tradicional: la conversación, el lenguaje de las grandes urbes de nuestro siglo. En esto la influencia francesa fue determinante. Pero las razones que movieron a los poetas ingleses fueron exactamente las contrarias de las que habían inspirado a sus modelos. La irrupción de expresiones prosaicas en el verso —que se inicia con Victor Hugo y Baudelaire— y la adopción del verso libre y el poema en prosa, fueron recursos contra la versificación silábica y contra la poesía concebida como discurso rimado. Contra el metro, contra el lenguaje analítico: tentativa por volver al ritmo, llave de la analogía o correspondencia universal. En lengua inglesa la reforma tuvo una significación opuesta: no ceder a la seducción rítmica, mantener viva la conciencia crítica aun en los momentos de mayor abandono.[14] En uno y otro idioma los poetas buscaron sustituir la falsedad de la dicción «poética» por la imagen concreta. Pero en tanto que los franceses se rebelaron contra la *abstracción* del verso silábico, los poetas de lengua inglesa se rebelan contra la *vaguedad* de la poesía rítmica.

The Waste Land ha sido juzgado como un poema revolucionario por buena parte de la crítica inglesa y extranjera. No obstante, solo a la luz de la tradición del verso inglés puede entenderse cabalmente la significación de este poema. Su tema no es simplemente la descripción del helado mundo moderno, sino la nostalgia de un orden universal cuyo modelo es el orden cristiano de Roma. De ahí que su arquetipo poético sea una obra que es la culminación y la expresión más plena de este mundo: la *Divina comedia*. Al orden cristiano —que recoge, transmuta y da un sentido de salvación personal a los viejos ritos de fertilidad de los paganos— Eliot opone la realidad de la sociedad moderna, tanto en sus brillantes orígenes renacentistas como en su sórdido y fantasmal desenlace contemporáneo. Así, las citas del poema —sus fuentes espirituales— pueden dividirse en dos porciones. Al mundo de salud personal y cósmica aluden las referencias a Dante, Buda, san Agustín, los Upanishad y los mitos de vegetación. La segunda porción se subdivide, a su vez, en dos: la primera corresponde al nacimiento de nuestra edad; la segunda, a su presente situación. Por una parte, fragmentos de Shakespeare, Spencer, Webster, Marvell, en los que se refleja el luminoso nacimiento del mundo moderno; por la otra, Baudelaire, Nerval, el folklore urbano, la lengua coloquial de los arrabales. La vitalidad de los prime-

---

[14] Esto explica la escasa influencia del surrealismo en Inglaterra y los Estados Unidos durante ese periodo.

ros se revela en los últimos como vida desalmada. La visión de Isabel de Inglaterra y de Lord Robert en una barca engalanada con velas de seda y gallardetes airosos, como una ilustración de un cuadro de Tiziano o del Veronés, se resuelve en la imagen de la empleada, poseída por un petimetre un fin de semana.

A esta dualidad espiritual corresponde otra en el lenguaje. Eliot se reconoce deudor de dos corrientes: los isabelinos y los simbolistas (especialmente Laforgue). Ambas le sirven para expresar la situación del mundo contemporáneo. En efecto, el hombre moderno empieza a hablar por boca de Hamlet, Próspero y algunos héroes de Marlowe y Webster. Pero empieza a hablar como un ser sobrehumano y solo hasta Baudelaire se expresa como un hombre caído y un alma dividida. Lo que hace a Baudelaire un poeta moderno no es tanto la ruptura con el orden cristiano, cuanto la conciencia de esa ruptura. Modernidad es conciencia. Y conciencia ambigua: negación y nostalgia, prosa y lirismo. El lenguaje de Eliot recoge esta doble herencia: despojos de palabras, fragmentos de verdades, el esplendor del Renacimiento inglés aliado a la miseria y aridez de la urbe moderna. Ritmos rotos, mundos de asfalto y ratas atravesados por relámpagos de belleza caída. En ese reino de hombres huecos, al ritmo sucede la repetición. Las guerras púnicas son también la primera Guerra Mundial; confundidos, presente y pasado se deslizan hacia un agujero que es una boca que tritura: la historia. Más tarde, esos mismos hechos y esas mismas gentes reaparecen, desgastadas, sin perfiles, flotando a la deriva sobre un agua gris. Todos son aquel y aquel es ninguno. Este caos recobra significación apenas se le enfrenta al universo de salud que representa Dante. La conciencia de la culpa es asimismo nostalgia, conciencia del exilio. Pero Dante no necesita probar sus afirmaciones y su palabra sostiene sin fatiga, como el tallo a la fruta, el significado espiritual: no hay ruptura entre palabra y sentido. Eliot, en cambio, debe acudir a la cita y al *collage*. El florentino se apoya en creencias vivas y compartidas; el inglés, como indica el crítico G. Brooks, tiene por tema «la rehabilitación de un sistema de creencias conocido pero desacreditado».[15] Puede ahora comprenderse en qué sentido el poema de Eliot es asimismo una reforma poética no sin analogías con las de Milton y Pope. Es una restauración, pero es una restauración de algo contra lo que Inglaterra, desde el Renacimiento, se ha rebelado: Roma.

Nostalgia de un orden espiritual, las imágenes y ritmos de *The Waste Land* niegan el principio de analogía. Su lugar lo ocupa la asociación de ideas, destructora de la unidad de la conciencia. La utilización sistemática de este procedimiento es uno de los aciertos más grandes de Eliot. Desaparecido el mundo de valores cristianos —cuyo centro es, justamente, la universal analogía o correspondencia entre cielo, tierra e infierno— no le queda nada al hombre, excepto la asociación fortuita y casual de pensamiento e imágenes. El mundo moderno ha perdido sentido y el testimonio más crudo de esa ausencia de dirección es el automatismo de la asociación de ideas, que no está regido por ningún ritmo cósmico o espiritual, sino por el azar. Todo ese caos de fragmentos y ruinas se presenta como la antítesis de un universo teológico, ordenado conforme a los valores de la Iglesia romana. El hombre moderno es el personaje de Eliot. Todo es ajeno a él y él en nada se reconoce. Es la excepción que desmiente todas las analogías y correspondencias. El hombre no es árbol, ni planta, ni ave. Está solo en medio de la creación. Y cuando toca un cuerpo humano no roza un cielo, como quería Novalis, sino que penetra en una galería de ecos. Nada menos romántico que este poema. Nada menos inglés. La contrapartida de *The Waste Land* es la *Comedia*, y su antecedente inmediato, *Las flores del mal*. ¿Será necesario añadir que el título original del libro de Baudelaire era *Limbos*, y que *The Waste Land* representa, dentro del universo de Eliot, según declaración del mismo autor, no el Infierno sino el Purgatorio?

---

[15] Véase el libro *T.S. Eliot, A Study of his Writings by Several Hands*, Londres, 1948.

Pound, *il miglior fabbro*, es el maestro de Eliot y a él se debe el «simultaneísmo» de *The Waste Land*, procedimiento del que se usa y abusa en los *Cantos*. Ante la crisis moderna, ambos poetas vuelven los ojos hacia el pasado y actualizan la historia: todas las épocas son esta época. Pero Eliot desea efectivamente regresar y reinstalar a Cristo; Pound se sirve del pasado como otra forma del futuro. Perdido el centro de su mundo, se lanza a todas las aventuras. A diferencia de Eliot, es un reaccionario, no un conservador. En verdad, Pound nunca ha dejado de ser norteamericano y es el legítimo descendiente de Whitman, es decir, es un hijo de la Utopía. Por eso valor y futuro se le vuelven sinónimos: es valioso lo que contiene una garantía de futuro. Vale todo aquello que acaba de nacer y aún brilla con la luz húmeda de lo que está más allá del presente. El *Che-King* y los poemas de Arnault, justamente por ser tan antiguos, también son nuevos: acaban de ser desenterrados, son lo desconocido. Para Pound la historia es marcha, no círculo. Si se embarca con Odiseo, no es para regresar a Ítaca, sino por sed de espacio histórico: para ir hacia allá, siempre más allá, hacia el futuro. La erudición de Pound es un banquete tras de una expedición de conquista; la de Eliot, la búsqueda de una pauta que dé sentido a la historia, fijeza al movimiento. Pound acumula las citas con un aire heroico de saqueador de tumbas; Eliot las ordena como alguien que recoge reliquias de un naufragio. La obra del primero es un viaje que acaso no nos lleva a ninguna parte; la de Eliot, una búsqueda de la casa ancestral.

Pound está enamorado de las grandes civilizaciones clásicas o, más bien, de ciertos momentos que, no sin arbitrariedad, considera arquetípicos. Los *Cantos* son una actualización en términos modernos —una presentación— de épocas, nombres y obras ejemplares. Nuestro mundo flota sin dirección; vivimos bajo el imperio de la violencia, mentira, agio y chabacanería porque hemos sido amputados del pasado. Pound nos propone una tradición: Confucio, Malatesta, Adams, Odiseo... La verdad es que nos ofrece tantas y tan diversas porque él mismo no tiene ninguna. Por eso va de la poesía provenzal a la china, de

Sófocles a Frobenius. Toda su obra es una dramática búsqueda
de esa tradición que él y su país han perdido. Pero esa tradición
no estaba en el pasado; la verdadera tradición de los Estados
Unidos, según se manifiesta en Whitman, *era* el futuro: la libre
sociedad de los camaradas, la nueva Jerusalén democrática. Los
Estados Unidos no han perdido ningún pasado; han perdido su
futuro. El gran proyecto histórico de los fundadores de esa
nación fue malogrado por los monopolios financieros, el impe-
rialismo, el culto a la acción por la acción, el odio a las ideas.
Pound se vuelve hacia la historia e interroga a los libros y a las
piedras de las grandes civilizaciones. Si se extravía en esos in-
mensos cementerios es porque le hace falta un guía: una tradi-
ción central. La herencia puritana, como lo vio muy bien Eliot,
no podía ser un puente: ella misma es ruptura, disidencia de
Occidente.

Ante la desmesura de su patria, Pound busca una medida
—sin darse cuenta que él también es desmesurado. El héroe de
los *Cantos* no es el ingenioso Ulises, siempre dueño de sí, ni el
maestro Kung, que conoce el secreto de la moderación, sino un
ser exaltado, tempestuoso y sarcástico, a un tiempo esteta, pro-
feta y *clown*: Pound, el poeta enmascarado, encarnación del
antiguo héroe de la tradición romántica. Es lo contrario de una
casualidad que la obra anterior a los *Cantos* se ampare bajo el
título de *Personae*: la máscara latina. En ese libro, que contiene
algunos de los poemas más hermosos del siglo, Pound es Ber-
trand de Born, Propercio, Li-Po —sin dejar nunca de ser Ezra
Pound. El mismo personaje, cubierto el rostro por una sucesión
no menos prodigiosa de antifaces, atraviesa las páginas confusas
y brillantes, lirismo transparente y galimatías, de los *Cantos*.
Esta obra, como visión del mundo y de la historia, carece de
centro de gravedad; pero su personaje es una figura grave y
central. Es real aunque se mueva en un escenario irreal. El tema
de los *Cantos* no es la ciudad ni la salud colectiva sino la antigua
historia de la pasión, condenación y transfiguración del poeta
solitario. Es el último gran poema romántico de la lengua in-
glesa y, tal vez, de Occidente. La poesía de Pound no está en la

línea de Homero, Virgilio, Dante y Goethe; tal vez tampoco en la de Propercio, Quevedo y Baudelaire. Es poesía extraña, discordante y entrañable a un tiempo, como la de los grandes nombres de la tradición inglesa y yanqui. Para nosotros, latinos, leer a Pound es tan sorprendente y estimulante como habrá sido para él leer a Lope de Vega o a Ronsard.

Los sajones son los disidentes de Occidente y sus creaciones más significativas son excéntricas con respecto a la tradición central de nuestra civilización, que es latino-germánica. A diferencia de Pound y de Eliot —disidentes de la disidencia, heterodoxos en busca de una imposible ortodoxia mediterránea—, Yeats nunca se rebeló contra su tradición. La influencia de pensamientos y poéticas extrañas e inusitadas no contradice sino subraya su esencial romanticismo. Mitología irlandesa, ocultismo hindú y simbolismo francés son influencias de tonalidades e intenciones semejantes. Todas estas corrientes afirman la identidad última entre el hombre y la naturaleza; todas ellas se reclaman herederas de una tradición y un saber perdidos, anteriores a Cristo y a Roma; en todas ellas, en fin, se refleja un mismo ciclo poblado de signos que solo el poeta puede leer. La analogía es el lenguaje del poeta. Analogía es ritmo. Yeats continúa la línea de Blake. Eliot marca el otro tiempo del compás. En el primero triunfan los valores rítmicos; en el segundo, los conceptuales. Uno inventa o resucita mitos, el poeta en el sentido original de la palabra. El otro se sirve de los antiguos mitos para revelar la condición del hombre moderno.

Concluyo: la reforma poética de Pound, Eliot, Wallace Stevens, cummings[16] y Marienne Moore puede verse como una *re-latinización* de la poesía de lengua inglesa. Es revelador que todos estos poetas fuesen oriundos de los Estados Unidos. El mismo fenómeno se produjo, un poco antes, en América Latina: a semejanza de los poetas yanquis, que le recordaron a la

---

[16] Se adopta la grafía e.e. cummings, respetando el deseo del poeta estadounidense que llegó a legalizar así el registro de su patronímico. [E.].

poesía inglesa su origen europeo, los «modernistas» hispanoamericanos reanudaron la *tradición europea* de la poesía de lengua española, que había sido rota u olvidada en España. La mayoría de los poetas angloamericanos intentó trascender la oposición entre versificación acentual y regularidad métrica, ritmo y discurso, analogía y análisis, sea por la creación de un lenguaje poético cosmopolita (Pound, Eliot, Stevens) o por la americanización de la vanguardia europea (cummings y William Carlos Williams). Los primeros buscaron en la tradición europea un clasicismo; los segundos, una antitradición. William Carlos Williams se propuso reconquistar el *American idiom*, ese mito que desde la época de Whitman reaparece una y otra vez en la literatura angloamericana. Si la poesía de Williams es, en cierto modo, una vuelta a Whitman, hay que agregar que se trata de un Whitman visto con los ojos de la vanguardia europea. Lo mismo debe decirse de los poetas que, en los últimos quince o veinte años, han seguido el camino de Williams. Este episodio paradójico es ejemplar: los poetas europeos, en especial los franceses, vieron en Whitman —en su verso libre tanto como en su exaltación del cuerpo— un profeta y un modelo de su rebelión contra el verso silábico regular; hoy, los jóvenes poetas ingleses y angloamericanos buscan en la vanguardia francesa (surrealismo y Dadá) y en menor grado en otras tendencias —en el expresionismo alemán, el futurismo ruso y en algunos poetas de América Latina y España— aquello mismo que los europeos buscaron en Whitman. En el otro extremo de la poesía contemporánea angloamericana, W. H. Auden, John Berryman y Robert Lowell también miran hacia Europa, pero lo que buscan en ella, ya que no una imposible reconciliación, es un origen. El origen de una norma que, según ellos, la misma Europa ha perdido.

Después de lo dicho apenas si es necesario extenderse en la evolución de la poesía francesa moderna. Bastará con mencionar algunos episodios característicos. En primer término, la presencia del romanticismo alemán, más como una levadura que como influencia textual. Aunque muchas de las ideas de Baudelaire y de los simbolistas se encuentra en Novalis y en otros poetas y filósofos alemanes, no se trata de un prestamo sino de un estímulo. Alemania fue una atmósfera espiritual. En algunos casos, sin embargo, hubo trasplante. Nerval no solo tradujo e imitó a Goethe y a varios románticos menores; una de las *Quimeras* (Délfica) está inspirada directamente en *Mignon: Kennst du das Land, wo die Zitronen blühn*... La canción lírica de Goethe se transforma en un soneto hermético que es un verdadero templo (en el sentido de Nerval: sitio de iniciación y consagración). La contribución inglesa también fue esencial. Los alemanes ofrecieron a Francia una visión del mundo y una filosofía simbólica; los ingleses, un mito: la figura del poeta como un desterrado, en lucha contra los hombres y los astros. Más tarde Baudelaire descubriría a Poe. Un descubrimiento que fue una recreación. La desdicha funda una estética en la que la excepción, la belleza irregular, es la verdadera regla. El extraño poeta Baudelaire-Poe mina así las bases éticas y metafísicas del clasicismo. En cambio, excepto como ruinas ilustres o paisajes pintorescos, Italia y España desaparecen. La influencia de España, determinante en los siglos XVI y XVII, es inexistente en el XIX: Lautréamont cita de paso, en *Poésies*, a Zorrilla (¿lo leyó?) y Hugo proclama su amor por nuestro Romancero. No deja de ser notable esta indiferencia, si se piensa que la literatura española —especialmente Calderón— impresionó profundamente a los románticos alemanes e ingleses. Sospecho que la razón de estas actitudes divergentes es la siguiente: mientras alemanes e ingleses ven en los barrocos españoles una justificación de su propia singularidad, los poetas franceses buscan algo que no podía darles España sino Alemania: un principio poético contrario a su tradición.

El contagio alemán, con su énfasis en la correspondencia entre sueño y realidad y su insistencia en ver a la naturaleza como un libro de símbolos, no podía circunscribirse a la esfera de las ideas. Si el verbo es el doble del cosmos, el campo de la experiencia espiritual es el lenguaje. Hugo es el primero que ataca a la prosodia. Al hacer más flexible el alejandrino, prepara la llegada del verso libre. Sin embargo, debido a la naturaleza de la lengua, la reforma poética no podía consistir en un cambio del sistema de versificación. Ese cambio, por lo demás, era y es imposible. Se pueden multiplicar las cesuras en el interior del verso y practicar el *enjambement*: siempre faltarán los apoyos rítmicos de la versificación acentual. El verso libre francés se distingue del de los otros idiomas en ser combinación de distintas medidas silábicas y no de unidades rítmicas diferentes. Por eso Claudel acude a la asonancia y Saint-John Perse a la rima interior y a la aliteración. De ahí que la reforma haya consistido en la intercomunicación entre prosa y verso. La poesía francesa moderna nace con la prosa romántica y sus precursores son Rousseau y Chateaubriand. La prosa deja de ser la servidora de la razón y se vuelve el confidente de la sensibilidad. Su ritmo obedece a las efusiones del corazón y a los saltos de la fantasía. Pronto se convierte en poema. La analogía rige el universo de *Aurélia*; y los ensayos de Aloysius Bertrand y de Baudelaire desembocan en la vertiginosa sucesión de visiones de *Las iluminaciones*. La imagen hace saltar a la prosa como descripción o relato. Lautréamont consuma la ruina del discurso y la demostración. Nunca ha sido tan completa la venganza de la poesía. El camino quedaba abierto para libros como *Nadja*, *Le Paysan de Paris*, *Un Certain Plume*... El verso se beneficia de otra manera. El primero que acepta elementos prosaicos es Hugo; después, con mayor lucidez y sentido, Baudelaire. No se trataba de una reforma rítmica sino de la inserción de un cuerpo extraño —humor, ironía, pausa reflexiva— destinado a interrumpir el trote de las sílabas. La aparición del prosaísmo es un alto, una cesura mental; suspensión del ánimo, su función es provocar una irregularidad. Estética de la pasión, filosofía de la excepción. El paso siguiente fue la poesía popular y, sobre todo, el verso libre. Solo que, por lo dicho más arriba, las posibilidades del verso libre eran limitadas; Eliot observa que en manos de Laforgue no era sino una contracción o distorsión del alejandrino tradicional. Por un momento pareció que no se podía ir más allá del poema en prosa y del verso libre. El proceso había llegado a su término. Pero en 1897, un año antes de su muerte, Mallarmé publica en una revista *Un coup de dés jamais n'abolira le hasard*.

Lo primero que sorprende es la disposición tipográfica del poema. Impresas en caracteres de diversos tamaños y espesores —versales, negrillas, bastardillas— las palabras se reúnen o dispersan de una manera que dista de ser arbitraria pero que no es la habitual ni de la prosa ni de la poesía. Sensación de encontrarse ante un cartel o aviso de propaganda. Mallarmé compara esta distribución a una partitura: «la différence de caractères d'imprimerie... dicte son importance à l'emission orale». Al mismo tiempo, advierte que no se trata propiamente de versos —«traits sonores réguliers»— sino de «subdivisions prismatiques de l'Idée». Música para el entendimiento y no para la oreja; pero un entendimiento que oye y ve con los sentidos interiores. La Idea no es un objeto de la razón sino una realidad que el poema nos revela en una serie de formas fugaces, es decir, en un orden temporal. La Idea, igual a sí misma siempre, no puede ser contemplada en su totalidad porque el hombre es tiempo, perpetuo movimiento: lo que vemos y oímos son las «subdivisiones» de la Idea a través del prisma del poema. Nuestra aprehensión es parcial y sucesiva. Además, es simultánea: visual (imágenes suscitadas por el texto), sonora (tipografía: recitación mental) y espiritual (significados intuitivos, conceptuales y emotivos). Más adelante, en la misma nota que precede al poema, el poeta nos confía que no fue extranjera a su inspiración la música escuchada en el concierto. Y para hacer más completa su afirmación, agrega que su texto inaugura un género que será al antiguo verso lo que la sinfonía es a la música vocal. La nueva forma, insinúa, podrá servir para los temas de imaginación pura y para los del intelecto, mientras que el verso tradicional seguirá siendo el dominio de la pasión y de la fantasía. Por último, nos entrega una observación capital: su poema es una tentativa de reunión «de poursuites particulières et chères à notre temps, le vers libre et le poème en prose».

Aunque la influencia de Mallarmé ha sido central en la historia de la poesía moderna, dentro y fuera de Francia, no creo que hayan sido exploradas enteramente todas las vías que abre a la poesía este texto. Tal vez en esta segunda mitad del siglo, gracias a la invención de instrumentos cada vez más perfectos de reproducción sonora de la palabra, la forma poética iniciada por Mallarmé se desplegará en toda su riqueza. La poesía occidental nació aliada a la música; después, las dos artes se separaron, y cada vez que se ha intentado reunirlas el resultado ha sido la querella o la absorción de la palabra por el sonido. Así, no pienso en una alianza entre ambas. La poesía tiene su propia música: la palabra. Y esta música, según lo muestra Mallarmé, es más vasta que la del verso y la prosa tradicionales. De una manera un poco sumaria, pero que es testimonio de su lucidez, Apollinaire afirma que los días del libro están contados: «la typographie termine brillamment sa carrière, à l'aurore des moyens noveaux de reproduction que sont le cinéma et le phonographe». No creo en el fin de la escritura; creo que cada vez más el poema tenderá a ser una partitura. La poesía volverá a ser palabra dicha.

Un Coup de dés cierra un periodo, el de la poesía propiamente simbolista, y abre otro: el de la poesía contemporánea. Dos vías parten de *Un Coup de dés*: una va de Apollinaire a los surrealistas; otra de Claudel a Saint-John Perse. El ciclo aún no se cierra y de una manera u otra la poesía de René Char, Francis Ponge e Yves Bonnefoy se alimenta de la tensión, unión y separación, entre prosa y verso, reflexión y canto. A pesar de su pobreza rítmica, gracias a Mallarmé la lengua francesa ha desplegado en este medio siglo las posibilidades que contenía virtualmente el romanticismo alemán. Al mismo tiempo, por camino distinto al de la poesía inglesa, pero con intensidad semejante, es palabra que reflexiona sobre sí misma, conciencia de su canto. En fin, la poesía francesa ha destruido la ilusoria arquitectura de la prosa y nos ha mostrado que la sintaxis se apoya en un abismo. Devastación de lo que tradicionalmente se llama «espíritu francés»: análisis, discurso, meditación moral, ironía, psicología y todo lo demás. La rebelión poética más profunda del siglo se operó ahí donde el espíritu discursivo se había apoderado casi totalmente de la lengua, al grado que parecía desprovista de poderes rítmicos. En el centro de un pueblo razonador brotó un bosque de imágenes, una nueva orden de caballería, armada de punta en blanco con armas envenenadas. A cien años de distancia del romanticismo alemán, la poesía volvió a combatir en las mismas fronteras. Y esa rebelión fue primordialmente rebelión contra el verso francés: contra la versificación silábica y el discurso poético.

El verso español combina de una manera más completa que el francés y el inglés la versificación acentual y la silábica. Se muestra así equidistante de los extremos de estos idiomas. Pedro Henríquez Ureña divide al verso español en dos grandes corrientes: la versificación regular —fundada en esquemas métricos y estróficos fijos, en los que cada verso está compuesto por un número determinado de sílabas— y la versificación irregular, en la que no importa tanto la medida como el golpe rítmico de los acentos. Ahora bien, los acentos tónicos son decisivos aun en el caso de la más pura versificación silábica y sin ellos no hay verso en español. La libertad rítmica se ensancha en virtud de que los metros españoles en realidad no exigen acentuación fija; incluso el más estricto, el endecasílabo, consiente una gran variedad de golpes rítmicos: en las sílabas cuarta y octava; en la sexta; en la cuarta y la séptima; en la cuarta; en la quinta. Agréguese el valor silábico variable de esdrújulos y agudos, la disolución de los diptongos, las sinalefas y demás recursos que permiten modificar la cuenta de las sílabas. En verdad, no se trata propiamente de dos sistemas independientes, sino de una sola corriente en la que se combaten y separan, se alternan y funden, las versificaciones silábica y acentual.

La lucha que entablan en la entraña del español la versificación regular y la rítmica no se expresa como oposición entre la imagen y el concepto. Entre nosotros la dualidad se muestra como tendencia a la historia e inclinación por el canto. El verso

español, cualquiera que sea su longitud, consiste en una com-
binación de acentos —pasos de danza — y medida silábica. Es
una unidad en la que se abrazan dos contrarios: uno que es
danza y otro que es relato lineal, marcha en el sentido militar
de la palabra. Nuestro verso tradicional, el octosílabo, es un
verso a caballo, hecho para trotar y pelear, pero también para
bailar. La misma dualidad se observa en los metros mayores,
endecasílabos y alejandrinos, que han servido a Berceo y Ercilla
para narrar y a san Juan y Darío para cantar. Nuestros metros
oscilan entre la danza y el galope y nuestra poesía se mueve
entre dos polos: el Romancero y el *Cántico espiritual*. El verso
español posee una natural facilidad para contar sucesos heroicos
y cotidianos, con objetividad, precisión y sobriedad. Cuando
se dice que el rasgo que distingue a nuestra poesía épica es el
realismo, ¿se advierte que este realismo ingenuo y, por tanto,
de naturaleza muy diversa al moderno, siempre intelectual e
ideológico, coincide con el carácter del ritmo español? Versos
viriles, octosílabos y alejandrinos, muestran una irresistible
vocación por la crónica y el relato. El romance nos lleva siem-
pre a relatar. En pleno apogeo de la llamada «poesía pura»,
arrastrado por el ritmo del octosílabo, García Lorca vuelve a la
anécdota y no teme incurrir en el pormenor descriptivo. Esos
episodios y esas imágenes perderían su valor en combinaciones
métricas más irregulares. Alfonso Reyes, al traducir la *Ilíada*,
no tiene más remedio que regresar al alejandrino. En cambio,
nuestros poetas fracasan cuando intentan el relato en versos
libres, según se ve en los largos y desencuadernados pasajes del
Canto general, de Pablo Neruda. (En otros casos acierta plena-
mente, como en *Alturas de Macchu Picchu*; mas ese poema no es
descripción ni relato, sino canto). Darío fracasó también cuan-
do quiso crear una suerte de hexámetro para sus tentativas
épicas. No deja de ser extraña esta modalidad si se piensa que
nuestra poesía épica medieval es irregular y que la versificación
silábica se inicia en la lírica, en el siglo XV. Sea como sea, los
acentos tónicos expresan nuestro amor por el garbo, el donaire
y, más profundamente, por el furor danzante. Los acentos es-

pañoles nos llevan a concebir al hombre como un ser extremo-
so y, al mismo tiempo, como el sitio de encuentro de los mun-
dos inferiores y superiores. Agudos, graves, esdrújulos,
sobresdrújulos —golpes sobre el cuero del tambor, palmas,
ayes, clarines: la poesía de lengua española es jarana y danza
fúnebre, baile erótico y vuelo místico. Casi todos nuestros poe-
mas, sin excluir a los místicos, se pueden cantar y bailar, como
dicen que bailaban los suyos los filósofos presocráticos.

Esta dualidad explica la antítesis y contrastes en que abun-
da nuestra poesía. Si el barroquismo es juego dinámico, claros-
curo, oposición violenta entre esto y aquello, nosotros somos
barrocos por fatalidad del idioma. En la lengua misma ya están,
en germen, todos nuestros contrastes, el realismo de los místi-
cos y el misticismo de los pícaros. Pero ya es cansancio aludir
a esas dos venas, gemelas y contrarias, de nuestra tradición.
¿Y qué decir de Góngora? Poeta visual, no hay nada más plás-
tico que sus imágenes, y, simultáneamente, nada menos hecho
para los ojos: hay luces que ciegan. Esta doble tendencia com-
bate sin cesar en cada poema e impulsa al poeta a jugarse el
todo por el todo del poema en una imagen cerrada como un
puño. De ahí la tensión, el carácter rotundo, la valentía de
nuestros clásicos. De ahí, también, las caídas en lo prolijo, el
efectismo, la tiesura y ese constante perderse en los corredores
del castillo de sal si puedes de lo ingenioso. Pero a veces la
lucha cesa y brotan versos transparentes en que todo pacta y se
acompasa:

> Corrientes aguas, puras, cristalinas,
> árboles que os estáis mirando en ellas...

milagrosa combinación de acentos y claras consonantes y vo-
cales. El idioma se viste «de hermosura y luz no usada». Todo
se transfigura, todo se desliza, danza o vuela, movido por unos
cuantos acentos. El verso español lleva espuelas en los viejos
zapatos, pero también alas. Y es tal el poder expresivo del rit-
mo que a veces basta con los puros elementos sonoros para que

la iluminación poética se produzca, como en el obsesionante
y tan citado

un no sé *qué que que*dan balbuciendo

de san Juan de la Cruz. El éxtasis no se manifiesta como imagen,
ni como idea o concepto. Es, verdaderamente, lo inefable ex-
presándose inefablemente. El idioma ha llegado, sin esfuerzo, a
su extrema tensión. El verso dice lo indecible. Es un tartamu-
deo que lo dice todo sin decir nada, ardiente repetición de un
pobre sonido: ritmo puro. Compárese este verso con uno de
Eliot, en *The Waste Land*, que pretende expresar el mismo arro-
bo, a un tiempo henchido y vacío de palabras: el poeta inglés
acude a una cita en lengua sánscrita. Lo sagrado —o, al menos,
una cierta familiaridad con lo divino, entrañable y fulminante
al mismo tiempo— parece encarnar en nuestra lengua con ma-
yor naturalidad que en otras. Y del mismo modo: *Augurios de
inocencia*, de Blake, dice cosas que jamás se han dicho en español
y que, acaso, jamás se dirán.

La prosa sufre más que el verso de esta continua tensión. Y es
comprensible: la lucha se resuelve, en el poema, con el triunfo
de la imagen, que abraza los contrarios sin aniquilarlos. El
concepto, en cambio, tiene que forcejear entre dos fuerzas ene-
migas. Por eso la prosa española triunfa en el relato y prefiere
la descripción al razonamiento. La frase se nos alarga entre
comas y paréntesis; si la cortamos con puntos, el párrafo se
convierte en una sucesión de disparos, un jadeo de afirmaciones
entrecortadas y los trozos de la serpiente saltan en todas direc-
ciones. En ocasiones, para que la marcha no resulte monótona,
recurrimos a las imágenes. Entonces el discurso vacila y las
palabras se echan a bailar. Rozamos las fronteras de lo poético
o, con más frecuencia, de la oratoria. Solo la vuelta a lo concre-
to, a lo palpable con los ojos del cuerpo y del alma, devuelve
su equilibrio a la prosa. Novelistas, cronistas, teólogos o mís-
ticos, todos los grandes prosistas españoles relatan, cuentan,
describen, abandonan las ideas por las imágenes, esculpen los

conceptos. Inclusive un filósofo como Ortega y Gasset ha crea-
do una prosa que no se rehúsa a la plasticidad de la imagen.
Prosa solar, las ideas desfilan bajo una luz de mediodía, cuerpos
hermosos en un aire transparente y resonante, aire de alta me-
seta hecha para los ojos y la escultura. Nunca las ideas se habían
movido con mayor donaire: «hay estilos de pensar que son
estilos de danzar». La naturaleza del idioma favorece el naci-
miento de talentos extremados, solitarios y excéntricos. Al
revés de lo que pasa en Francia, entre nosotros la mayoría es-
cribe mal y canta bien. Aun entre los grandes escritores, las
fronteras entre prosa y poesía son indecisas. En español hay una
prosa en el sentido artístico del vocablo, es decir, en el sentido
en que el prosista Valle-Inclán es un gran poeta, pero no la hay en
el sentido recto de la palabra: discurso, teoría intelectual.

Cada vez que surge un gran prosista, nace de nuevo el len-
guaje. Con él empieza una nueva tradición. Así, la prosa tien-
de a confundirse con la poesía, a ser ella misma poesía. El
poema, por el contrario, no puede apoyarse en la prosa espa-
ñola. Situación única en la época moderna. La poesía europea
contemporánea es inconcebible sin los estudios críticos que la
preceden, acompañan y prolongan. Una excepción sería la de
Antonio Machado. Pero hay una ruptura entre su poética —al
menos entre lo que considero el centro de su pensamiento— y
su poesía. Ante el simbolismo de los poetas modernistas y ante
las imágenes de la vanguardia, Machado mostró la misma re-
ticencia, y frente a las experiencias de este último movimiento
sus juicios fueron severos e incomprensivos. Su oposición a
estas tendencias lo hizo regresar a las formas de la canción
tradicional. En cambio, sus reflexiones sobre la poesía son ple-
namente modernas y aun se adelantan a su tiempo. Al prosis-
ta, no al poeta, debemos esta intuición capital: la poesía, si es
algo, es revelación de la «esencial heterogeneidad del ser»,
erotismo, «otredad». Sería vano buscar en sus poemas la reve-
lación de esa «otredad» o la visión de nuestra extrañeza. Su
descubrimiento aparece en su obra poética como idea, no como
realidad, quiero decir: no se tradujo en la creación de un len-

guaje que encarnase nuestra «otredad». Así, no tuvo conse-
cuencias en su poesía.

Durante muchos años el prestigio de la preceptiva neoclá-
sica impidió una justa apreciación de nuestra poesía medieval.
La versificación irregular parecía titubeo e incertidumbre de
aprendices. La presencia de metros de distintas longitudes en
nuestros cantares épicos era fruto de la torpeza del poeta, aun-
que los entendidos advertían cierta tendencia a la regularidad
métrica. Sospecho que esa tendencia «a la regularidad» es una
invención moderna. Ni el poeta ni los oyentes oían las «irre-
gularidades» métricas y sí eran muy sensibles a su profunda
unidad rítmica e imaginativa. No creo, además, que sepamos
cómo se decían esos versos. Se olvida con frecuencia que no
solamente pensamos y vivimos de una manera distinta a la de
nuestros antepasados, sino que también oímos y vemos de otro
modo. Hacia el fin del Medievo se inicia el apogeo de la versi-
ficación regular. Pero la adopción de los metros regulares no
hizo desaparecer la versificación acentual porque, como ya se
ha dicho, no se trata de sistemas distintos sino de dos tenden-
cias en el seno de una misma corriente. Desde el triunfo de la
versificación italiana, en el siglo XVI, solamente en dos periodos
la balanza se ha inclinado hacia la versificación amétrica: en el
romántico y en el moderno. En el primero, con timidez; en
el segundo, abiertamente. El periodo moderno se divide en dos
momentos: el «modernista», apogeo de las influencias parna-
sianas y simbolistas de Francia, y el contemporáneo. En ambos,
los poetas hispanoamericanos fueron los iniciadores de la refor-
ma, y en las dos ocasiones la crítica peninsular denunció el
«galicismo mental» de los hispanoamericanos —para más tar-
de reconocer que esas importaciones e innovaciones eran tam-
bién, y sobre todo, un redescubrimiento de los poderes verba-
les del castellano.

El movimiento modernista se inicia hacia 1885 y se extingue,
en América, en los años de la primera Guerra Mundial. En
España principia y termina más tarde. La influencia francesa
fue predominante. Influyeron también, en menor grado, dos

poetas norteamericanos (Poe y Whitman) y un portugués (Eugenio de Castro). Hugo y Verlaine, especialmente el segundo, fueron los dioses mayores de Rubén Darío. Tuvo otros. En su libro *Los raros* (1896) ofrece una serie de retratos y estudios de los poetas que admiraba o le interesaban: Baudelaire, Leconte de Lisle, Moréas, Villiers de l'Isle-Adam, Castro, Poe y el cubano José Martí, como único escritor de lengua castellana... Darío habla de Rimbaud, Mallarmé y, novedad mayor, de Lautréamont. El estudio sobre Ducasse fue tal vez el primero que haya aparecido fuera de Francia, y allá mismo solo fue precedido, si no recuerdo mal, por los artículos de Léon Bloy y Rémy de Gourmont. La poética del modernismo, despojada de la hojarasca de la época, oscila entre el ideal escultórico de Gautier y la música simbolista: «Yo persigo una forma que no encuentra mi estilo —dice Darío— y no hallo sino la palabra que huye [...] y el cuello del gran cisne blanco que me interroga». La «celeste unidad» del universo está en el ritmo. En el caracol marino el poeta «oye un profundo oleaje y un misterioso viento: el caracol la forma tiene de un corazón». El método de asociación poética de los modernistas, a veces verdadera manía, es la sinestesia. Correspondencias entre música y colores, ritmo e ideas, mundo de sensaciones que riman con realidades invisibles. En el centro, la mujer: «la rosa sexual [que] al entreabrirse conmueve todo lo que existe». Oír el ritmo de la creación —pero asimismo verlo y palparlo— para construir un puente entre el mundo, los sentidos y el alma: misión del poeta.

Nada más natural que el centro de sus preocupaciones fuese la música del verso. La teoría acompañó a la práctica. Aparte de las numerosas declaraciones de Darío, Díaz Mirón, Valencia y los demás corifeos del movimiento, dos poetas dedicaron libros enteros al tema: el peruano Manuel González Prada y el boliviano Ricardo Jaimes Freyre. Los dos sostienen que el núcleo del verso es la unidad rítmica y no la medida silábica. Sus estudios amplían y confirman la doctrina del venezolano Andrés Bello, que ya desde 1835 había señalado la función básica del acento tónico en la formación de las cláusulas (o pies) que componen los periodos rítmicos. Los modernistas inventaron metros, algunos hasta de veinte sílabas, adoptaron otros del francés, el inglés y el alemán, y resucitaron muchos que habían sido olvidados en España. Con ellos aparece en castellano el verso semilibre y el libre. La influencia francesa en los ensayos de versificación amétrica fue menor; más decisivo, a mi parecer, fue el ejemplo de Poe, Whitman y Castro. A principios de siglo los poetas españoles acogieron estas novedades. La mayoría fue sensible a la retórica modernista pero pocos advirtieron la verdadera significación del movimiento. Y dos grandes poetas mostraron su reserva: Unamuno con cierta impaciencia. Antonio Machado con amistosa lejanía. Ambos, sin embargo, usaron muchas de las innovaciones métricas. Juan Ramón Jiménez, en un primer momento, adoptó la manera más externa de la escuela; después, a semejanza del Rubén Darío de *Cantos de vida y esperanza* aunque con un instinto más seguro de la palabra interior, despojó al poema de atavíos inútiles e intentó una poesía que se ha llamado «desnuda» y que yo prefiero llamar esencial.

Jiménez no niega al modernismo: asume su conciencia profunda. En su segundo y tercer periodos se sirve de metros cortos tradicionales y del verso libre y semilibre de los «modernistas». Su evolución poética se parece a la de Yeats. Ambos sufrieron la influencia de los simbolistas franceses y de sus epígonos (ingleses e hispanoamericanos); ambos aprovecharon la lección de sus seguidores (Yeats, más generoso, confesó su deuda con Pound; Jiménez denigró a Guillen, García Lorca y Cernuda); ambos parten de una poesía recargada que lentamente se aligera y torna transparente; ambos llegan a la vejez para escribir sus mejores poemas. Su carrera hacia la muerte fue carrera hacia la juventud poética. En todos sus cambios Jiménez fue fiel a sí mismo. No hubo evolución sino maduración, crecimiento. Su coherencia es como la del árbol que cambia pero no se desplaza. No fue un poeta simbolista: es el simbolismo en lengua española. Al decir esto no descubro nada; él mismo lo dijo muchas veces. La crítica se empeña en ver en el segundo y tercer Jiménez a un negador del modernismo: ¿cómo podría serlo si lo lleva a sus consecuencias más extremas y, añadiré, *naturales*: la expresión simbólica del mundo? Unos años antes de morir escribe *Espacio*, largo poema que es una recapitulación y una crítica de su vida poética. Está frente al paisaje tropical de Florida (y frente a todos los paisajes que ha visto o presentido): ¿habla solo o conversa con los árboles? Jiménez percibe por primera vez, y quizá por última, el silencio *in-significante* de la naturaleza. ¿O son las palabras humanas las que únicamente son aire y ruido? La misión del poeta, nos dice, no es salvar al hombre sino salvar al mundo: nombrarlo. *Espacio* es uno de los monumentos de la conciencia poética moderna y con ese texto capital culmina y termina la interrogación que el gran cisne hizo a Darío en su juventud.

El «modernismo» también abre la vía de la interpenetración entre prosa y verso. El lenguaje hablado, y asimismo, el vocablo técnico y el de la ciencia, la expresión en francés o en inglés y, en fin, todo lo que constituye el habla urbana. Aparecen el humor, el monólogo, la conversación, el *collage* verbal. Como siempre, Darío es el primero. El verdadero maestro, sin embargo, es Leopoldo Lugones, uno de los más grandes poetas de nuestra lengua (o quizá habría que decir: uno de nuestros más grandes escritores). En 1909 publica *Lunario sentimental*. Es Laforgue pero un Laforgue desmesurado, con menos corazón y más ojos y en el que la ironía ha crecido hasta volverse visión descomunal y grotesca. El mundo visto por un telescopio desde una ventanuca de Buenos Aires. El lote baldío es una cuenca lunar. La inmensa llanura sudamericana entra por la azotea y se tiende en la mesa del poeta como un mantel arrugado. El mexicano López Velarde recoge y transforma la estética inhumana de Lugones. Es el primero que de verdad oye hablar a la gente y que percibe en ese murmullo confuso el oleaje del ritmo, la música del tiempo. El monólogo de López Velarde es inquietante porque está hecho de dos voces: el «otro», nuestro doble y nuestro desconocido, aparece al fin en el poema. Hacia los mismos años Jiménez y Machado proclaman la vuelta al «lenguaje popular». La diferencia con los hispanoamericanos es decisiva. El «habla del pueblo», vaga noción que viene de Herder, no es lo mismo que el lenguaje efectivamente hablado en las ciudades de nuestro siglo. El primero es una nostalgia del pasado; es una herencia literaria y su modelo es la canción tradicional; el segundo es una realidad viva y presente: aparece en el poema precisamente como ruptura de la canción. La canción es tiempo medido; el lenguaje hablado es discontinuidad, revelación del tiempo real. En España solo hacia 1930 un poeta menor, José Moreno Villa, descubrirá los poderes poéticos de la frase coloquial.

López Velarde nos conduce a las puertas de la poesía contemporánea. No será él quien las abra sino Vicente Huidobro. Con Huidobro, el «pájaro de lujo», llegan Apollinaire y Reverdy. La imagen recobra las alas. La influencia del poeta chileno fue muy grande en América y España; grande y polémica. Esto último ha dañado la apreciación de su obra; su leyenda oscurece su poesía. Nada más injusto: *Altazor* es un poema, un gran poema en el que la aviación poética se transforma en caída hacia «los adentros de sí mismo», inmersión vertiginosa en el vacío. Vicente Huidobro, el «ciudadano del olvido»: *contempla de tan alto que todo se hace aire*. Está en todas partes y en ninguna: es el oxígeno invisible de nuestra poesía. Frente al aviador, el minero: César Vallejo. La palabra, difícilmente arrancada al insomnio, ennegrece y enrojece, es piedra y es ascua, carbón y ceniza: *a fuerza de calor, tiene frío*. El lenguaje se vuelve sobre sí mismo. No el de los libros, el de la calle; no el de la calle, el del cuarto del hotel sin nadie. Fusión de la palabra y la fisiología: «Ya va a venir el día, ponte el saco. Ya va a venir el día; ten fuerte en la mano a tu intestino grande [...] Ya va a venir el día, ponte el alma [...] has soñado esta noche que vivías de nada y morías de todo». No la poesía de la ciudad: el poeta en la ciudad. El hambre no como tema de disertación sino hablando directamente, con voz desfalleciente y delirante. Voz más poderosa que la del sueño. Y esa hambre se vuelve una infinita gana de dar y repararse: su cadáver estaba lleno de mundo.

Como en la época del modernismo, los dos centros de la
vanguardia fueron Buenos Aires (Borges, Girondo, Molinari)
y México (Pellicer, Villaurrutia, Gorostiza). En Cuba aparece
la poesía mulata: para cantar, bailar y maldecir (Nicolás Guillen,
Emilio Ballagas); en Ecuador, Jorge Carrera Andrade inicia un
«registro del mundo», inventario de imágenes americanas...
Pero el poeta que encarna mejor este periodo es Pablo Neruda.
Cierto, es el más abundante y desigual y esto perjudica su
comprensión; también es cierto que casi siempre es el más rico
y denso de nuestros poetas. La vanguardia tiene dos tiempos:
el inicial de Huidobro, hacia 1920, volatilización de la palabra
y la imagen; y el segundo de Neruda, diez años después, ensi-
mismada penetración hacia la entraña de las cosas. No el regre-
so a la tierra: la inmersión es un océano de aguas pesadas y
lentas. La historia del modernismo se repite. Los dos poetas
chilenos influyeron en todo el ámbito de la lengua y fueron
reconocidos en España como Darío en su hora. Y podría agre-
garse que la pareja Huidobro-Neruda es como un desdobla-
miento de un mítico Darío vanguardista, que correspondería
a las dos épocas del Darío real: *Prosas profanas*, Huidobro; *Can-
tos de vida y esperanza*, Neruda. En España la ruptura con la poe-
sía anterior es menos violenta. El primero que realiza la fusión
entre lenguaje hablado e imagen no es un poeta en verso sino en
prosa: el gran Ramón Gómez de la Serna. En 1930 aparece la
antología de Gerardo Diego, que da a conocer al grupo de
poetas más rico y singular que haya tenido España desde el
siglo XVII: Jorge Guillén, Federico García Lorca, Rafael Alber-
ti, Luis Cernuda, Aleixandre... Me detengo. No escribo un
panorama literario. Y el capítulo que sigue me toca demasiado
de cerca.

La poesía moderna de nuestra lengua es un ejemplo más de
las relaciones entre prosa y verso, ritmo y metro. La descripción
podría extenderse al italiano, que posee una estructura seme-
jante al castellano, o al alemán, mina de ritmos. Por lo que toca
al español, vale la pena repetir que el apogeo de la versificación
rítmica, consecuencia de la reforma llevada a cabo por los poe-

tas hispanoamericanos, en realidad es una vuelta al verso espa-
ñol tradicional. Pero este regreso no hubiera sido posible sin la
influencia de corrientes poéticas extrañas, la francesa en par-
ticular, que nos mostraron la correspondencia entre ritmo e ima-
gen poética. Una vez más: ritmo e imagen son inseparables.
Esta larga digresión nos lleva al punto de partida: solo la imagen
podrá decirnos cómo el verso, que es frase rítmica, es también
frase dueña de sentido.

LA IMAGEN

La palabra imagen posee, como todos los vocablos, diversas
significaciones. Por ejemplo: bulto, representación, como cuando
hablamos de una imagen o escultura de Apolo o de la Virgen.
O figura real o irreal que evocamos o producimos con la ima-
ginación. En este sentido, el vocablo posee un valor psicológi-
co: las imágenes son productos imaginarios. No son estos sus
únicos significados, ni los que aquí nos interesan. Conviene
advertir, pues, que designamos con la palabra *imagen* toda for-
ma verbal, frase o conjunto de frases, que el poeta dice y que
unidas componen un poema.[17] Estas expresiones verbales han
sido clasificadas por la retórica y se llaman comparaciones, sí-
miles, metáforas, juegos de palabras, paronomasias, símbolos,
alegorías, mitos, fábulas, etc. Cualesquiera que sean las dife-
rencias que las separen, todas ellas tienen en común el preservar
la pluralidad de significados de la palabra sin quebrantar la
unidad sintáctica de la frase o del conjunto de frases. Cada
imagen —o cada poema hecho de imágenes— contiene muchos
significados contrarios o dispares, a los que abarca o reconcilia
sin suprimirlos. Así, san Juan habla de «la música callada»,

---

[17] Roberto Vernengo propone, para evitar confusiones, la expresión: «men-
ción poética».

frase en la que se alían dos términos en apariencia irreconcilia-
bles. El héroe trágico, en este sentido, también es una imagen.
Verbigracia: la figura de Antígona, despedazada entre la piedad
divina y las leyes humanas. La cólera de Aquiles tampoco es
simple y en ella se anudan los contrarios: el amor por Patroclo
y la piedad por Príamo, la fascinación ante una muerte glorio-
sa y el deseo de una vida larga. En Segismundo la vigilia y el
sueño se enlazan de manera indisoluble y misteriosa. En Edipo,
la libertad y el destino... La imagen es cifra de la condición
humana.

Épica, dramática o lírica, condensada en una frase o desen-
vuelta en mil páginas, toda imagen acerca o acopla realidades
opuestas, indiferentes o alejadas entre sí. Esto es, somete a
unidad la pluralidad de lo real. Conceptos y leyes científicas
no pretenden otra cosa. Gracias a una misma reducción racional,
individuos y objetos —plumas ligeras y pesadas piedras— se
convierten en unidades homogéneas. No sin justificado asom-
bro los niños descubren un día que un kilo de piedras pesa lo
mismo que un kilo de plumas. Les cuesta trabajo reducir piedras
y plumas a la abstracción kilo. Se dan cuenta de que piedras y
plumas han abandonado su manera propia de ser y que, por un
escamoteo, han perdido todas sus cualidades y su autonomía.
La operación unificadora de la ciencia las mutila y empobrece.
No ocurre lo mismo con la de la poesía. El poeta nombra las
cosas: estas son plumas, aquellas son piedras. Y de pronto afir-
ma: las piedras son plumas, esto es aquello. Los elementos de
la imagen no pierden su carácter concreto y singular: las piedras
siguen siendo piedras, ásperas, duras, impenetrables, amarillas
de sol o verdes de musgo: piedras pesadas. Y las plumas, plumas:
ligeras. La imagen resulta escandalosa porque desafía el prin-
cipio de contradicción: lo pesado es lo ligero. Al enunciar la
identidad de los contrarios, atenta contra los fundamentos de
nuestro pensar. Por tanto, la realidad poética de la imagen no
puede aspirar a la verdad. El poema no dice lo que es, sino lo
que podría ser. Su reino no es el del ser, sino el del «imposible
verosímil» de Aristóteles.

A pesar de esta sentencia adversa, los poetas se obstinan en afirmar que la imagen revela lo que es y no lo que podría ser. Y más: dicen que la imagen recrea el ser. Deseosos de restaurar la dignidad filosófica de la imagen, algunos no vacilan en buscar el amparo de la lógica dialéctica. En efecto, muchas imágenes se ajustan a los tres tiempos del proceso: la piedra es un momento de la realidad; la pluma otro, y de su choque surge la imagen, la nueva realidad. No es necesario acudir a una imposible enumeración de las imágenes para darse cuenta de que la dialéctica no las abarca a todas. Algunas veces el primer término devora al segundo. Otras, el segundo neutraliza al primero. O no se produce el tercer término y los dos elementos aparecen frente a frente, irreductibles, hostiles. Las imágenes del humor pertenecen generalmente a esta última clase: la contradicción solo sirve para señalar el carácter irreparablemente absurdo de la realidad o del lenguaje. En fin, a pesar de que muchas imágenes se despliegan conforme al orden hegeliano, casi siempre se trata más bien de una semejanza que de una verdadera identidad. En el proceso dialéctico piedras y plumas desaparecen en favor de una tercera realidad, que ya no es ni piedras ni plumas sino otra cosa. Pero en algunas imágenes —precisamente las más altas— las piedras y las plumas siguen siendo lo que son: esto es esto y aquello es aquello; y al mismo tiempo, esto es aquello: las piedras son plumas, sin dejar de ser piedras. Lo pesado es lo ligero. No hay la transmutación cualitativa que pide la lógica de Hegel, como no hubo la reducción cuantitativa de la ciencia. En suma, también para la dialéctica la imagen constituye un escándalo y un desafío, también viola las leyes del pensamiento. La razón de esta insuficiencia —porque es insuficiencia no poder explicarse algo que está ahí, frente a nuestros ojos, tan real como el resto de la llamada realidad— quizá consiste en que la dialéctica es una tentativa por salvar los principios lógicos —y, en especial, el de contradicción— amenazados por su cada vez más visible incapacidad para digerir el carácter contradictorio de la realidad. La tesis no se da al mismo tiempo que la antítesis, y ambas desaparecen para dar paso a una nueva afirmación que, al englobarlas, las trasmuta. En cada uno de los tres momentos reina el principio de contradicción. Nunca afirmación y negación se dan como realidades simultáneas, pues eso implicaría la supresión de la idea misma de proceso. Al dejar intacto al principio de contradicción, la lógica dialéctica condena la imagen, que se pasa de ese principio.

Como el resto de las ciencias, la lógica no ha dejado de hacerse la pregunta crítica que toda disciplina debe hacerse en un momento u otro: la de sus fundamentos. Tal es, si no me equivoco, el sentido de las paradojas de Bertrand Russell y, en un extremo opuesto, el de las investigaciones de Husserl. Así, han surgido nuevos sistemas lógicos. Algunos poetas se han interesado en las investigaciones de S. Lupasco, que se propone desarrollar series de proposiciones fundadas en lo que él llama principio de contradicción complementaria. Lupasco deja intactos los términos contrarios, pero subraya su interdependencia. Cada término puede actualizarse en su contrario, del que depende en razón directa y contradictoria: *A* vive en función contradictoria de *B*; cada alteración en *A* produce consecuentemente una modificación, en sentido inverso, en *B*.[18] Negación y afirmación, esto y aquello, piedras y plumas, se dan simultáneamente y en función complementaria de su opuesto.

El principio de contradicción complementaria absuelve a algunas imágenes, pero no a todas. Lo mismo, acaso, debe decirse de otros sistemas lógicos. Ahora bien, el poema no solo proclama la coexistencia dinámica y necesaria de los contrarios, sino su final identidad. Y esta reconciliación, que no implica reducción ni transmutación de la singularidad de cada término, sí es un muro que hasta ahora el pensamiento occidental se ha rehusado a saltar o a perforar. Desde Parménides nuestro mundo ha sido el de la distinción neta y tajante entre lo que es y lo que no es. El ser no es el no-ser. Este primer desarraigo —por-

---

[18] Stéphane Lupasco, *Le principe d'antagonisme et la logique de l'énergie*, París, 1951.

que fue un arrancar al ser del caos primordial— constituye el
fundamento de nuestro pensar. Sobre esta concepción se cons-
truyó el edificio de las «ideas claras y distintas», que si ha
hecho posible la historia de Occidente también ha condenado
a una suerte de ilegalidad toda tentativa de asir al ser por vías
que no sean las de esos principios. Mística y poesía han vivido
así una vida subsidiaria, clandestina y disminuida. El desga-
rramiento ha sido indecible y constante. Las consecuencias de
ese exilio de la poesía son cada día más evidentes y aterradoras:
el hombre es un desterrado del fluir cósmico y de sí mismo.
Pues ya nadie ignora que la metafísica occidental termina en
un solipsismo. Para romperlo, Hegel regresa hasta Heráclito.
Su tentativa no nos ha devuelto la salud. El castillo de cristal
de roca de la dialéctica se revela al fin como un laberinto de
espejos. Husserl se replantea de nuevo todos los problemas y
proclama la necesidad de «volver a los hechos». Mas el idealis-
mo de Husserl parece desembocar también en un solipsismo.
Heidegger retorna a los presocráticos para hacerse la misma
pregunta que se hizo Parménides y encontrar una respuesta que
no inmovilice al ser. No conocemos aún la palabra última de
Heidegger, pero sabemos que su tentativa por encontrar el ser
en la existencia tropezó con un muro. Ahora, según lo muestran
algunos de sus escritos últimos, se vuelve a la poesía. Cualquie-
ra que sea el desenlace de su aventura, lo cierto es que, desde
este ángulo, la historia de Occidente puede verse como la his-
toria de un error, un extravío, en el doble sentido de la palabra:
nos hemos alejado de nosotros mismos al perdernos en el mun-
do. Hay que empezar de nuevo.

El pensamiento oriental no ha padecido este horror a lo «otro»,
a lo que es y no es al mismo tiempo. El mundo occidental es
el del «esto o aquello»; el oriental, el del «esto y aquello», y
aun el de «esto es aquello». Ya en el más antiguo Upanishad
se afirma sin reticencias el principio de identidad de los con-
trarios: «Tú eres mujer. Tú eres hombre. Tú eres el muchacho
y también la doncella. Tú, como un viejo, te apoyas en un ca-

yado... Tú eres el pájaro azul oscuro y el verde de ojos rojos...
Tú eres las estaciones y los mares».[19] Y estas afirmaciones las
condensa el Upanishad Chandogya en la célebre fórmula: «Tú
eres aquello». Toda la historia del pensamiento oriental parte
de esta antiquísima aseveración, del mismo modo que la de
Occidente arranca de la de Parménides. Este es el tema cons-
tante de especulación de los grandes filósofos budistas y de los
exegetas del hinduismo. El taoísmo muestra las mismas ten-
dencias. Todas estas doctrinas reiteran que la oposición entre
esto y aquello es, simultáneamente, relativa y necesaria, pero
que hay un momento en que cesa la enemistad entre los térmi-
nos que nos parecían excluyentes.

Como si se tratase de un anticipado comentario a ciertas
especulaciones contemporáneas, Chuang-tsé explica así el ca-
rácter funcional y relativo de los opuestos: «No hay nada que
no sea esto; no hay nada que no sea aquello. Esto vive en función
de aquello. Tal es la doctrina de la interdependencia de esto y
aquello. La vida es vida frente a la muerte. Y viceversa. La
afirmación lo es frente a la negación. Y viceversa. Por tanto, si
uno se apoya en esto, tendría que negar aquello. Mas esto posee
su afirmación y su negación y también engendra su esto y su
aquello. Por tanto, el verdadero sabio desecha el esto y el aque-
llo y se refugia en Tao...». Hay un punto en que esto y aquello,
piedras y plumas, se funden. Y ese momento no está antes ni
después, al principio o al fin de los tiempos. No es paraíso
natal o prenatal ni cielo ultraterrestre. No vive en el reino de
la sucesión, que es precisamente el de los contrarios relativos,
sino que está en cada momento. Es cada momento. Es el tiem-
po mismo engendrándose, manándose, abriéndose a un acabar
que es un continuo empezar. Chorro, fuente. Ahí, en el seno del
existir —o mejor, del existiéndose—, piedras y plumas, lo lige-
ro y lo pesado, nacerse y morirse, serse, son uno y lo mismo.

[19] *Svetasvatara Upanishad. The Thirteen Principal Upanishads*, trad. del sáns-
crito por R. E. Hume, Oxford University Press, 1951.

El conocimiento que nos proponen las doctrinas orientales no es transmisible en fórmulas o razonamientos. La verdad es una experiencia y cada uno debe intentarla por su cuenta y riesgo. La doctrina nos muestra el camino, pero nadie puede caminarlo por nosotros. De ahí la importancia de las técnicas de meditación. El aprendizaje no consiste en la acumulación de conocimientos, sino en la afinación del cuerpo y del espíritu. La meditación no nos enseña nada, excepto el olvido de todas las enseñanzas y la renuncia a todos los conocimientos. Al cabo de estas pruebas, sabemos menos pero estamos más ligeros; podemos emprender el viaje y afrontar la mirada vertiginosa y vacía de la verdad. Vertiginosa en su inmovilidad; vacía en su plenitud. Muchos siglos antes de que Hegel descubriese la final equivalencia entre la nada absoluta y el pleno ser, los Upanishad habían definido los estados de vacío como instantes de comunión con el ser: «El más alto estado se alcanza cuando los cinco instrumentos del conocer se quedan quietos y juntos en la mente y esta no se mueve».[20] Pensar es respirar. Retener el aliento, detener la circulación de la idea: hacer el vacío para que aflore el ser. Pensar es respirar porque pensamiento y vida no son universos separados sino vasos comunicantes: esto es aquello. La identidad última entre el hombre y el mundo, la conciencia y el ser, el ser y la existencia, es la creencia más antigua del hombre y la raíz de ciencia y religión, magia y poesía. Todas nuestras empresas se dirigen a descubrir el viejo sendero, la olvidada vía de comunicación entre ambos mundos. Nuestra búsqueda tiende a redescubrir o a verificar la universal correspondencia de los contrarios, reflejo de su original identidad. Inspirados en este principio, los sistemas tántricos conciben el cuerpo como metáfora o imagen del cosmos. Los centros sensibles son nudos de energía, confluencias de corrientes estelares, sanguíneas, nerviosas. Cada una de las posturas de los cuerpos abrazados es el signo de un zodiaco regido por el triple ritmo

---

[20] *Katha Upanishad*, véase nota de la página 219. [Nota 19 de esta edición].

relativos del lenguaje resultan inoperantes, acude a un juego
de palabras que es un acertijo poético. Dice que esta experien-
cia de regreso a lo que somos originalmente es «entrar en la
jaula de los pájaros sin ponerlos a cantar». *Fan* es jaula y regre-
so; *ming* es canto y nombres.[23] Así, la frase también quiere
decir: «regresar allá donde los nombres salen sobrando», al
silencio, reino de las evidencias. O al lugar en donde nombres
y cosas se funden y son lo mismo: a la poesía, reino en donde
el nombrar es ser. La imagen dice lo indecible: las plumas li-
geras son piedras pesadas. Hay que volver al lenguaje para ver
cómo la imagen puede decir lo que, por naturaleza, el lengua-
je parece incapaz de decir.

El lenguaje es significado: sentido de esto o aquello. Las plumas
son ligeras; las piedras, pesadas. Lo ligero es ligero con relación
a lo pesado, lo oscuro frente a lo luminoso, etc. Todos los sis-
temas de comunicación viven en el mundo de las referencias y
de los significados relativos. De ahí que constituyan conjuntos de
signos dotados de cierta movilidad. Por ejemplo, en el caso
de los números, un cero a la izquierda no es lo mismo que un
cero a la derecha: las cifras modifican su significado de acuerdo
con su posición. Otro tanto ocurre con el lenguaje, solo que su
gama de movilidad es muy superior a la de otros procedimien-
tos de significación y comunicación. Cada vocablo posee varios
significados, más o menos conexos entre sí. Esos significados
se ordenan y precisan de acuerdo con el lugar de la palabra en
la oración. Todas las palabras que componen la frase —y con
ellas sus diversos significados— adquieren de pronto un sen-
tido: el de la oración. Los otros desaparecen o se atenúan. O di-
cho de otro modo: en sí mismo el idioma es una infinita posibi-
lidad de significados; al actualizarse en una frase, al convertirse
de veras en lenguaje, esa posibilidad se fija en una dirección
única. En la prosa, la unidad de la frase se logra a través del

---

[23] *Idem.*

sentido, que es algo así como una flecha que obliga a todas las palabras que la componen a apuntar hacia un mismo objeto o hacia una misma dirección. Ahora bien, la imagen es una frase en la que la pluralidad de significados no desaparece. La imagen recoge y exalta todos los valores de las palabras, sin excluir los significados primarios y secundarios. ¿Cómo la imagen, encerrando dos o más sentidos, es una y resiste la tensión de tantas fuerzas contrarias, sin convertirse en un mero disparate? Hay muchas proposiciones, perfectamente correctas en cuanto a lo que llamaríamos la sintaxis gramatical y lógica, que se resuelven en un contrasentido. Otras desembocan en un sinsentido, como las que cita García Bacca en su *Introducción a la lógica moderna* («el número dos es dos piedras»). Pero la imagen no es ni un contrasentido ni un sinsentido. Así, la unidad de la imagen debe ser algo más que la meramente formal que se da en los contrasentidos y, en general, en todas aquellas proposiciones que no significan nada, o que constituyen simples incoherencias. ¿Cuál puede ser el sentido de la imagen si varios y dispares significados luchan en su interior?

Las imágenes del poeta tienen sentido en diversos niveles. En primer término, poseen autenticidad: el poeta las ha visto u oído, son la expresión genuina de su visión y experiencia del mundo. Se trata, pues, de una verdad de orden psicológico, que evidentemente nada tiene que ver con el problema que nos preocupa. En segundo término esas imágenes constituyen una realidad objetiva, válida por sí misma: son obras. Un paisaje de Góngora no es lo mismo que un paisaje natural, pero ambos poseen realidad y consistencia, aunque vivan en esferas distintas. Son dos órdenes de realidades paralelas y autónomas. En este caso, el poeta hace algo más que decir la verdad; crea realidades dueñas de una verdad: las de su propia existencia. Las imágenes poéticas poseen su propia lógica y nadie se escandaliza porque el poeta diga que el agua es cristal o que «el pirú es primo del sauce» (Carlos Pellicer). Mas esta verdad estética de la imagen vale solo dentro de su propio universo. Finalmente, el poeta afirma que sus imágenes nos dicen algo sobre el mundo y sobre nosotros mismos y que ese algo, aunque parezca disparatado, nos revela de veras lo que somos. ¿Esta pretensión de las imágenes poéticas posee algún fundamento objetivo?, ¿el aparente contrasentido o sinsentido del decir poético encierra algún sentido?

Cuando percibimos un objeto cualquiera, este se nos presenta como una pluralidad de cualidades, sensaciones y significados. Esta pluralidad se unifica, instantáneamente, en el momento de la percepción. El elemento unificador de todo ese contradictorio conjunto de cualidades y formas es el sentido. Las cosas poseen un sentido. Incluso en el caso de la más simple, casual y distraída percepción se da una cierta intencionalidad, según han mostrado los análisis fenomenológicos. Así, el sentido no solo es el fundamento del lenguaje, sino también de todo asir la realidad. Nuestra experiencia de la pluralidad y ambigüedad de lo real parece que se redime en el sentido. A semejanza de la percepción ordinaria, la imagen poética reproduce la pluralidad de la realidad y, al mismo tiempo, le otorga unidad. Hasta aquí el poeta no realiza algo que no sea común al resto de los hombres. Veamos ahora en qué consiste la operación unificadora de la imagen, para diferenciarla de las otras formas de expresión de la realidad.

Todas nuestras versiones de lo real —silogismos, descripciones, fórmulas científicas, comentarios de orden práctico, etcétera— no recrean aquello que intentan expresar. Se limitan a representarlo o describirlo. Si vemos una silla, por ejemplo, percibimos instantáneamente su color, su forma, los materiales de que está construida, etc. La aprehensión de todas estas notas dispersas y contradictorias no es obstáculo para que, en el mismo acto, se nos dé el significado de la silla: el ser un mueble, un utensilio. Pero si queremos describir nuestra percepción de la silla, tendremos que ir con tiento y por partes: primero, su forma, luego su color y así sucesivamente hasta llegar al significado. En el curso del proceso descriptivo se ha ido perdiendo poco a poco la totalidad del objeto. Al principio la silla solo fue forma, más tarde cierta clase de madera y finalmente puro significado abstracto: la silla es un objeto que sirve para sentarse. En el poema la silla es una presencia instantánea y total, que hiere de golpe nuestra atención. El poeta no describe la silla: nos la pone enfrente. Como en el momento de la percepción, la silla se nos da con todas sus contrarias cualidades y, en la cúspide, el significado. Así, la imagen reproduce el momento de la percepción y constriñe al lector a suscitar dentro de sí al objeto un día percibido. El verso, la frase-ritmo, evoca, resucita, despierta, recrea. O como decía Machado: no representa, sino presenta. Recrea, revive nuestra experiencia de lo real. No vale la pena señalar que esas resurrecciones no son solo las de nuestra experiencia cotidiana, sino las de nuestra vida más oscura y remota. El poema nos hace recordar lo que hemos olvidado: lo que somos realmente.

La silla es muchas cosas a la vez: sirve para sentarse, pero también puede tener otros usos. Y otro tanto ocurre con las palabras. Apenas reconquistan su plenitud, readquieren sus perdidos significados y valores. La ambigüedad de la imagen no es distinta a la de la realidad, tal como la aprehendemos en el momento de la percepción: inmediata, contradictoria, plural y, no obstante, dueña de un recóndito sentido. Por obra de la imagen se produce la instantánea reconciliación entre el nombre y el objeto, entre la representación y la realidad. Por tanto, el acuerdo entre el sujeto y el objeto se da con cierta plenitud. Ese acuerdo sería imposible si el poeta no usase del lenguaje y si ese lenguaje, por virtud de la imagen, no recobrase su riqueza original. Mas esta vuelta de las palabras a su naturaleza primera —es decir, a su pluralidad de significados— no es sino el primer acto de la operación poética. Aún no hemos asido del todo el sentido de la imagen poética.

Toda frase posee una referencia a otra, es susceptible de ser explicada por otra. Gracias a la movilidad de los signos, las palabras pueden ser explicadas por las palabras. Cuando tropezamos con una sentencia oscura decimos: «Lo que quieren decir estas palabras es esto o aquello». Y para decir «esto o aquello» recurrimos a otras palabras. Toda frase quiere decir algo que puede ser dicho o explicado por otra frase. En consecuencia, el sentido o significado es un *querer decir*. O sea: un decir que puede decirse de otra manera. El sentido de la imagen, por el contrario, es la imagen misma: no se puede decir con otras palabras. *La imagen se explica a sí misma*. Nada, excepto ella, puede decir lo que quiere decir. Sentido e imagen son la misma cosa. Un poema no tiene más sentido que sus imágenes. Al ver la silla, aprehendemos instantáneamente su sentido: sin necesidad de acudir a la palabra, nos sentamos en ella. Lo mismo ocurre con el poema: sus imágenes no nos llevan a otra cosa, como ocurre con la prosa, sino que nos enfrentan a una realidad concreta. Cuando el poeta dice de los labios de su amada: «pronuncian con desdén sonoro hielo», no hace un símbolo de la blancura o del orgullo. Nos enfrenta a un hecho sin recurso a la demostración: dientes, palabras, hielos, labios, realidades dispares, se presentan de un solo golpe ante nuestros ojos. Goya no nos describe los horrores de la guerra: nos ofrece, sin más, la imagen de la guerra. Sobran los comentarios, las referencias y las explicaciones. El poeta no quiere decir: *dice*. Oraciones y frases son medios. La imagen no es medio; sustentada en sí misma, ella es su sentido. En ella acaba y en ella empieza. El sentido del poema es el poema mismo. Las imágenes son irreductibles a cualquier explicación e interpretación. Así pues, las palabras —que habían recobrado su original ambigüedad— sufren ahora otra desconcertante y más radical transformación. ¿En qué consiste?

Derivadas de la naturaleza significante del lenguaje, dos atributos distinguen a las palabras: primero, su movilidad o intercanjeabilidad; segundo, por virtud de su movilidad, el poder una palabra ser explicada por otra. Podemos decir de muchas maneras la idea más simple. O cambiar las palabras de un texto o de una frase sin alterar gravemente el sentido. O explicar una sentencia por otra. Nada de esto es posible con la imagen. Hay muchas maneras de decir la misma cosa en prosa; solo hay una en poesía. No es lo mismo decir «de desnuda que está brilla la estrella» que «la estrella brilla porque está desnuda». El sentido se ha degradado en la segunda versión: de afirmación se ha convertido en rastrera explicación. La corriente poética ha sufrido una baja de tensión. La imagen hace perder a las palabras su movilidad e intercanjeabilidad. Los vocablos se vuelven insustituibles, irreparables. Han dejado de ser instrumentos. El lenguaje cesa de ser un útil. El regreso del lenguaje a su naturaleza original, que parecía ser el fin último de la imagen, no es así sino el paso preliminar para una operación aún más radical: el lenguaje, tocado por la poesía, cesa de pronto de ser lenguaje. O sea: conjunto de signos móviles y significantes. El poema trasciende el lenguaje. Queda ahora explicado lo que dije al comenzar este libro: el poema es lenguaje —y lenguaje antes de ser sometido a la mutilación de la prosa o la conversación—, pero es algo más también. Y ese algo más es inexplicable por el lenguaje, aunque solo puede ser alcanzado por él. Nacido de la palabra, el poema desemboca en algo que la traspasa.

La experiencia poética es irreductible a la palabra y, no obstante, solo la palabra la expresa. La imagen reconcilia a los contrarios, mas esta reconciliación no puede ser explicada por las palabras —excepto por las de la imagen, que han cesado ya de serlo. Así, la imagen es un recurso desesperado contra el silencio que nos invade cada vez que intentamos expresar la terrible experiencia de lo que nos rodea y de nosotros mismos. El poema es lenguaje en tensión: en extremo de ser y en ser hasta el extremo. Extremos de la palabra y palabras extremas, vueltas sobre sus propias entrañas, mostrando el reverso del habla: el silencio y la no significación. Más acá de la imagen, yace el mundo del idioma, de las explicaciones y de la historia. Más allá, se abren las puertas de lo real: significación y no-significación se vuelven términos equivalentes. Tal es el sentido último de la imagen: ella misma.

Cierto, no en todas las imágenes los opuestos se reconcilian sin destruirse. Algunas descubren semejanzas entre los términos o elementos de que está hecha la realidad: son las comparaciones, según las definió Aristóteles. Otras acercan «realidades contrarias» y producen así una «nueva realidad», como dice Reverdy. Otras provocan una contradicción insuperable o un sinsentido absoluto, que delata el carácter irrisorio del mundo, del lenguaje o del hombre (a esta clase pertenecen los disparos del humor y, ya fuera del ámbito de la poesía, los chistes). Otras nos revelan la pluralidad e interdependencia de lo real. Hay, en fin, imágenes que realizan lo que parece ser una imposibilidad lógica tanto como lingüística: las nupcias de los contrarios. En todas ellas —apenas visible o realizado del todo— se observa el mismo proceso: la pluralidad de lo real se manifiesta o expresa como unidad última, sin que cada elemento pierda su singularidad esencial. Las plumas son piedras, sin dejar de ser plumas. El lenguaje, vuelto sobre sí mismo, dice lo que por naturaleza parecía escapársele. El decir poético dice lo indecible.

El reproche que hace Chuang-tsé a las palabras no alcanza a la imagen, porque ella ya no es, en sentido estricto, función verbal. En efecto, el lenguaje es sentido de esto o aquello. El sentido es el nexo entre el nombre y aquello que nombramos. Así, implica distancia entre uno y otro. Cuando enunciamos cierta clase de proposiciones («el teléfono es comer», «María es un triángulo», etc.) se produce un sinsentido porque la distancia entre la palabra y la cosa, el signo y el objeto se hace insalvable: el puente, el sentido, se ha roto. El hombre se queda solo, encerrado en su lenguaje. Y en verdad se queda también sin lenguaje, pues las palabras que emite son puros sonidos que ya no significan nada. Con la imagen sucede lo contrario. Lejos de agrandarse, la distancia entre la palabra y la cosa se acorta o desaparece del todo: el nombre y lo nombrado son ya lo mismo. El sentido —en la medida en que es nexo o puente— también desaparece: no hay nada ya que asir, nada que señalar. Mas no se produce el sinsentido o el contrasentido, sino algo que es indecible e inexplicable excepto por sí mismo. De nuevo: el sentido de la imagen es la imagen misma. El lenguaje traspasa el círculo de los significados relativos, el esto y el aquello, y dice lo indecible: las piedras son plumas, esto es aquello. El lenguaje indica, representa; el poema no explica ni representa:

presenta. No alude a la realidad; pretende —y a veces lo logra— recrearla. Por tanto, la poesía es un penetrar, un estar o ser en la realidad.

La verdad del poema se apoya en la experiencia poética, que no difiere esencialmente de la experiencia de identificación con la «realidad de la realidad», tal como ha sido descrita por el pensamiento oriental y una parte del occidental. Esta experiencia, reputada por indecible, se expresa y comunica en la imagen. Y aquí nos enfrentamos a otra turbadora propiedad del poema, que será examinada más adelante («La revelación poética», en *El arco y la lira*, *OC*, vol. I, pp. 148 y ss.): en virtud de ser inexplicable, excepto por sí misma, la manera propia de comunicación de la imagen no es la transmisión conceptual. La imagen no explica: invita a recrearla y, literalmente, a revivirla. El decir del poeta encarna en la comunión poética. La imagen trasmuta al hombre y lo convierte a su vez en imagen, esto es, en espacio donde los contrarios se funden. Y el hombre mismo, desgarrado desde el nacer, se reconcilia consigo cuando se hace imagen, cuando *se hace otro*. La poesía es metamorfosis, cambio, operación alquímica, y por eso colinda con la magia, la religión y otras tentativas para transformar al hombre y hacer de «este» y de «aquel» ese «otro» que es él mismo. El universo deja de ser un vasto almacén de cosas heterogéneas. Astros, zapatos, lágrimas, locomotoras, sauces, mujeres, diccionarios, todo es una inmensa familia, todo se comunica y se transforma sin cesar, una misma sangre corre por todas las formas y el hombre puede ser al fin su deseo: él mismo. La poesía pone al hombre fuera de sí y, simultáneamente, lo hace regresar a su ser original: lo vuelve a sí. El hombre es su imagen: él mismo y aquel otro. A través de la frase que es ritmo, que es imagen, el hombre —ese perpetuo llegar a ser— es. La poesía es entrar en el ser.

«El arco y la lira», en *OC*, vol. I, pp. 55-126.

LADERA ESTE[1]
(1962-1968)

EL BALCÓN

Quieta
en mitad de la noche
no a la deriva de los siglos
no tendida
        clavada
como idea fija
en el centro de la incandescencia
Delhi
       dos sílabas altas
rodeadas de arena e insomnio
En voz baja las digo

---

[1] Con la excepción de *Cuento de dos jardines*, compuesto durante una travesía marítima entre Bombay y Las Palmas, en noviembre de 1968, todos los poemas de *Ladera este*, *Hacia el comienzo* y *Blanco* fueron escritos en India, Afganistán y Ceilán. Como en algunos pasajes aparecen palabras y alusiones a personas, ideas y cosas que podrían extrañar al lector no familiarizado con esa región del mundo, varios amigos me aconsejaron incluir unas cuantas notas que aclarasen esas obscuridades.

              Nada se mueve
pero la hora crece
            se dilata
Es el verano
marejada que se derrama
Oigo la vibración del cielo bajo
sobre los llanos en letargo
Masas enormes cónclaves obscenos
nubes llenas de insectos
aplastan
           indecisos bultos enanos
(Mañana tendrán nombre
erguidos serán casas
mañana serán árboles)

Nada se mueve
La hora es más grande
                yo más solo
clavado
       en el centro del torbellino
Si extiendo la mano
un cuerpo fofo el aire
un ser promiscuo sin cara
Acodado al balcón
           veo

(*No te apoyes,*
si estás solo, contra la balaustrada,
dice el poeta chino)

No es la altura ni la noche y su luna
no son los infinitos a la vista
es la memoria y sus vértigos
Esto que veo
          esto que gira

son las acechanzas las trampas
detrás no hay nada
son las fechas y sus remolinos
(Trono de hueso

            trono del mediodía
aquella isla

         En su cantil leonado
por un instante vi la vida verdadera
Tenía la cara de la muerte
eran el mismo rostro

            disuelto
en el mismo mar centelleante)

Lo que viviste hoy te desvive
no estás allá

         aquí
estoy aquí

      en mi comienzo
No me reniego

        me sustento
Acodado al balcón

         veo
nubarrones y un pedazo de luna
lo que está aquí visible
casas gente

      lo real presente
vencido por la hora

          lo que está aquí
invisible

     mi horizonte
Si es un comienzo este comienzo
no principia conmigo

        con él comienzo
en él me perpetúo

        Acodado al balcón
veo
   esta lejanía tan próxima
No sé cómo nombrarla
aunque la toco con el pensamiento
La noche que se va a pique
la ciudad como un monte caído
blancas luces azules amarillas
faros súbitos paredes de infamia
y los racimos terribles
las piñas de hombres y bestias por el suelo
y la maraña de sus sueños enlazados

Vieja Delhi fétida Delhi
callejas y plazuelas y mezquitas
como un cuerpo acuchillado
como un jardín enterrado
Desde hace siglos llueve polvo
tu manto son las tolvaneras
tu almohada un ladrillo roto
En una hoja de higuera
comes las sobras de tus dioses
tus templos son burdeles de incurables
estás cubierta de hormigas
corral desamparado
                mausoleo desmoronado
estás desnuda
            como un cadáver profanado
te arrancaron joyas y mortaja
Estabas cubierta de poemas
todo tu cuerpo era escritura
acuérdate
        recobra la palabra
eres hermosa
         sabes hablar cantar bailar

Delhi
     dos torres
plantadas en el llano
               dos sílabas altas
Yo las digo en voz baja
acodado al balcón
           clavado
no en el suelo
        en su vértigo
en el centro de la incandescencia
Estuve allá
       no sé adónde
Estoy aquí
     no sé es dónde
No la tierra
     el tiempo
en sus manos vacías me sostiene

Noche y luna
         movimientos de nubes
temblor de árboles
           estupor del espacio
infinito y violencia en el aire
polvo iracundo que despierta
encienden luces en el puerto aéreo
rumor de cantos por el Fuerte Rojo
Lejanías
    pasos de un peregrino son errante
sobre este frágil puente de palabras
La hora me levanta
hambre de encarnación padece el tiempo
Más allá de mí mismo
en algún lado aguardo mi llegada.

LA HIGUERA RELIGIOSA

El viento,
            los ladrones de frutos
(monos, pájaros, murciélagos)
entre las ramas de un gran árbol
esparcen las semillas.
                    Verde y sonora,
la inmensa copa desbordante
donde beben los soles
es una entraña aérea.
                    Las semillas
se abren,
            la planta se afinca
en el vacío,
            hila su vértigo
y en él se erige y se mece y propaga.
Años y años cae
                    en línea recta.
Su caída
            es el salto del agua
congelada en el salto: tiempo petrificado.

Anda a tientas,
                    lanza largas raíces,
varas sinuosas,
                    entrelazados
chorros negros,
                    clava
pilares,
            cava húmedas galerías
donde el eco se enciende y apaga,
cobriza vibración
                    resuelta en la quietud
de un sol carbonizado cada día.
Brazos, cuerdas, anillos,

                        maraña
de mástiles y cables, encallado velero.

Trepan,
          se enroscan las raíces
errantes.
          Es una maleza de manos.
No buscan tierra: buscan un cuerpo,
tejen un abrazo.
                El árbol
es un emparedado vivo.
                        Su tronco
tarda cien años en pudrirse.
                        Su copa:
el cráneo mondo, las astas rotas del venado.

Bajo un manto de hojas coriáceas,
ondulación que canta
                    del rosal al ocre al verde,
en sí misma anudada
                    dos mil años,
la higuera se arrastra, se levanta, se estrangula.

EL MAUSOLEO DE HUMAYÚN

Al debate de las avispas
la dialéctica de los monos
gorjeos de las estadísticas
opone
        (alta llama rosa
hecha de piedra y aire y pájaros
tiempo en reposo sobre el agua)

la arquitectura del silencio

EN LOS JARDINES DE LOS LODI

A Claude Esteban

En el azul unánime
los domos de los mausoleos
—negros, reconcentrados, pensativos—
emitieron de pronto
          pájaros

EL DÍA EN UDAIPUR

Blanco el palacio,
blanco en el lago negro.
Lingam y *yoni*.
        Como la diosa al dios
        tú me rodeas, noche.

Fresca terraza.
Eres inmensa, inmensa
a la medida.
        Estrellas inhumanas.
        Pero la hora es nuestra.

Caigo y me elevo,
ardo y me anego. ¿Solo
tienes un cuerpo?
        Pájaros sobre el agua,
        alba sobre los párpados.

Ensimismados,
altos como la muerte,
brotan los mármoles.
        Encallan los palacios,
        blancura a la deriva.

Mujeres, niños
por los caminos: frutas
desparramadas.
            ¿Harapos o relámpagos?
            Procesión en el llano.

Sonora y fresca
por brazos y tobillos
canta la plata.
            Con un traje alquilado
            el niño va a su boda.

La ropa limpia
tendida entre las piedras.
Mírala y calla.
            En el islote chillan
            monos de culo rojo.

Cuelga del muro,
obscuro sol en celo,
un avispero.
            También mi frente es sol
            de pensamientos negros.

Moscas y sangre.
En el patio de Kali
trisca un cabrito.
            Del mismo plato comen
            dioses, hombres y bestias.

Sobre el dios pálido
la diosa negra baila,
decapitada.
            Calor, hora rajada,
            y esos mangos podridos...

Tu frente, el lago:
lisos, sin pensamientos.
Salta una trucha.

       Luces sobre las aguas:
       ánimas navegantes.

Ondulaciones:
ocre el llano —y la grieta...
Tu ropa al lado.

       Sobre tu cuerpo en sombra
       estoy como una lámpara.

Viva balanza:
los cuerpos enlazados
sobre el vacío.

       El cielo nos aplasta,
       el agua nos sostiene.

Abro los ojos:
nacieron muchos árboles
hoy por la noche.

       Esto que he visto y digo,
       el sol, blanco, lo borra.

EL OTRO

Se inventó una cara.

       Detrás de ella
vivió, murió y resucitó
muchas veces.

       Su cara
hoy tiene las arrugas de esa cara.
Sus arrugas no tienen cara.

CAZA REAL

Apuro del taxidermista:
Su Alteza le remite,
para su galería de trofeos,
las pieles, no muy bien curtidas,
de su padre y su hermano el primogénito.

PERPETUA ENCARNADA

Tiemblan los intrincados jardines
juntan los árboles las frentes
cuchichean
      El día
arde aún en mis ojos
Hora a hora lo vi deslizarse
ancho y feliz como un río
sombra y luz enlazadas sus orillas
y un amarillo remolino
una sola intensidad monótona
el sol fijo en su centro
                Gravitaciones
oscilaciones de materia impalpable
blancas demoliciones
congregaciones de la espuma nómada
grandes montañas de allá arriba
colgadas de la luz
gloria inmóvil que un parpadeo
vuelve añicos
      Y aquí abajo
papayos mangos tamarindos laureles
araucarias excelsas chirimoyos
el baniano
      más bosque que árbol

verde algarabía de millones de hojas
frutos negruzcos bolsas palpitantes
murciélagos dormidos colgando de las ramas

Todo era irreal en su demasía

Sobre la pared encalada
teatro escrito por el viento y la luz
las sombras de la enredadera
más verde que la palabra *marzo*
máscara de la tarde
abstraída en la caligrafía de sus pájaros
Entre las rejas trémulas de los reflejos
iba y venía
                    una lagartija transparente
Graciosa terrible diminuta
cambiaba de lugar y no de tiempo
subía y bajaba por un presente
sin antes ni después
                    Desde mi ahora
como aquel que se asoma a precipicios
yo la miraba
                    Mareo
                         pululación y vacío
la tarde la bestezuela mi conciencia
una vibración idéntica indiferente
Y vi en la cal una explosión morada
cuántos soles en un abrir y cerrar de ojos
Tanta blancura me hizo daño

Me refugié en los eucaliptos
pedí a su sombra
                    llueva o truene
ser siempre igual
                    silencio de raíces
y la conversación airosa de las hojas

Pedí templanza pedí perseverancia
Estoy atado al tiempo
                    prendido prendado
estoy enamorado de este mundo
ando a tientas en mí mismo extraviado
pido entereza pido desprendimiento
abrir los ojos
                    evidencias ilesas
entre las claridades que se anulan
No la abolición de las imágenes
la encarnación de los pronombres
el mundo que entre todos inventamos
pueblo de signos
                    y en su centro
la solitaria
            Perpetua encarnada
una mitad mujer
                    peña manantial la otra

Palabra de todos con que hablamos a solas
pido que siempre me acompañes
razón del hombre
el animal de manos radiantes
el animal con ojos en las yemas

La noche se congrega y se ensancha
nudo de tiempos y racimo de espacios
veo oigo respiro
Pido ser obediente a este día y esta noche

UTACAMUD

I

En las montañas Nilgiri
busqué a los Toda.
Sus templos son establos cónicos.
Flacos, barbudos y herméticos,
al ordeñar sus búfalos sagrados
salmodian himnos incoherentes.
Desde Sumeria guardan un secreto
sin saber que lo guardan
y entre los labios resecos de los viejos
el nombre de Ishtar, dios cruel,
brilla como la luna sobre un pozo vacío.

2

En la veranda del Cecil Hotel
Miss Penélope (pelo canario,
medias de lana, báculo) repite
desde hace treinta años: *Oh India,
country of missed opportunities...*
Arriba,
entre los fuegos de artificio
de la jacaranda,

                    graznan los cuervos,
alegremente.

3

Altas yerbas y árboles bajos.
Territorio indeciso. En los claros
las termitas aladas construyen
diminutos castillos ciclópeos.

Homenajes de arena
a Micenas y Machu Picchu.

4

Más hojoso y brillante
el *nim* es como el fresno:
es un árbol cantante.

5

Visión en el desfiladero:
el árbol de camelias rosa
doblado sobre el precipicio.
Fulgor entre verdores taciturnos
plantado en un abismo.
Una presencia impenetrable,
indiferente al vértigo —y al lenguaje.

6

Crece en la noche el cielo,
eucalipto encendido.
Estrellas generosas:
no me aplastan, me llaman.

COCHIN

I

Para vernos pasar
se alza de puntillas,
diminuta y blanquísima

entre los cocoteros,
la iglesia portuguesa.

2

Velas color canela.
El viento se levanta:
respiración de senos.

3

Con mantilla de espuma,
jazmines en el pelo
y aretes de oro,
van a misa de siete,
no en México ni en Cádiz:
en Travancore.

4

Ante el patriarca nestoriano
latió más fuerte
mi corazón herético.

5

En el cementerio cristiano
pastan
            vacas dogmáticas,
tal vez shivaítas.

6

Los mismos ojos ven, la misma tarde:
la buganvilia de múltiples brazos,
la elefancía y su pierna violácea,
entre el mar rosa y el palmar cetrino.

APOTEOSIS DE DUPLEIX

A Severo Sarduy

*(50 yd. of the pier of Pondiechery is the statute of
the unhappy rival of Clive, on a Pedestal formed
of old fragments of temples.*
                    Murray's Handbook of India)

Cara al mar se despliega,
abanico de piedra, el semicírculo.
Desgajadas de un templo, las columnas
son nueve: los nueve planetas.
En el centro, de pie sobre la basa,
proa el mentón, la testa pararrayos,
ungido de alquitrán y mantequilla,
no Ganesh ni Hanuman: entre la cáfila
de dioses todavía dios anónimo,
horas también anónimas gobierna,
diestra en alto, calzón corto, peluca,
el general Dupleix, fijo en su zócalo,
entre el Hôtel d'Europe y el mar sin barcos.

MADURAI

En el bar del British Club
—sin ingleses, *soft drinks*—
Nuestra ciudad es santa y cuenta
me decía, apurando su naranjada,
con el templo más grande de la India
(Minakshi, diosa canela)
y el garaje T.S.V. (tus ojos son dos peces.)
el más grande también en el subcontinente:
Sri K. J. Chidambaram,

yo soy familiar de ambas instituciones.
Director de The Great Lingam Inc.,
Compañía de Autobuses de Turismo.

FELICIDAD EN HERAT

A Carlos Pellicer

Vine aquí
como escribo estas líneas,
sin idea fija:
una mezquita azul y verde,
seis minaretes truncos,
dos o tres tumbas,
memorias de un poeta santo,
los nombres de Timur y su linaje.

Encontré al viento de los cien días.
Todas las noches las cubrió de arena,
acosó mi frente, me quemó los párpados.
La madrugada:
                    dispersión de pájaros
y ese rumor de agua entre piedras
que son los pasos campesinos.
(Pero el agua sabía a polvo).
Murmullos en el llano,
apariciones
                    desapariciones,
ocres torbellinos
insubstanciales como mis pensamientos.
Vueltas y vueltas
en un cuarto de hotel o en las colinas:
la tierra un cementerio de camellos
y en mis cavilaciones siempre

los mismos rostros que se desmoronan.
¿El viento, el señor de las ruinas,
es mi único maestro?
Erosiones:
el menos crece más y más.

En la tumba del santo,
hondo en el árbol seco,
clavé un clavo,
                no,
como los otros, contra el mal de ojo:
contra mí mismo.
                (Algo dije:
palabras que se lleva el viento).

Una tarde pactaron las alturas.
Sin cambiar de lugar
                    caminaron los chopos.
Sol en los azulejos,
                    súbitas primaveras.
en el Jardín de las Señoras
subí a la cúpula turquesa.
Minaretes tatuados de signos:
la escritura cúfica, más allá de la letra,
se volvió transparente.
No tuve la visión sin imágenes,
no vi girar las formas hasta desvanecerse
en claridad inmóvil,
el ser ya sin substancia del sufí.
No bebí plenitud en el vacío
ni vi las treinta y dos señales
del bodisatva cuerpo de diamante.
Vi un cielo azul y todos los azules,
del blanco al verde
todo el abanico de los álamos
y sobre el pino, más aire que pájaro,

el mirlo blanquinegro.
Vi al mundo reposar en sí mismo.
Vi las apariencias.
Y llamé a esa media hora:
Perfección de lo Finito.

PRUEBA

Si el hombre es polvo
esos que andan por el llano
son hombres

PUEBLO

Las piedras son tiempo
                    El viento
siglos de viento
                    Los árboles son tiempo
las gentes son piedras
                    El viento
vuelve sobre sí mismo y se entierra
en el día de piedra

No hay agua pero brillan los ojos

INTERMITENCIAS DEL OESTE (1)
(Canción rusa)

Construimos el canal:
nos reeducan por el trabajo.

El viento se quiebra en nuestros hombros,
nosotros nos quebramos en las rocas.

Éramos cien mil, ahora somos mil,
no sé si mañana saldrá el sol para mí.

HIMACHAL PRADESH (1)

A Juan Liscano

Vi
al pie de los contrafuertes
la dispersión de los horizontes
(En un cráneo de caballo
una colmena de abejas atareadas)

Vi
el vértigo petrificado
el jardín suspendido de la asfixia
(Una mariposa atigrada
inmóvil sobre la punta de un aroma)

Vi
las montañas de los sabios
donde el viento destroza a las águilas
(Una niña y una vieja en los huesos
cargar fardos más grandes que estos montes)

INTERMITENCIAS DEL OESTE (2)
(Canción mexicana)

Mi abuelo, al tomar el café,
me hablaba de Juárez y de Porfirio,
los zuavos y los plateados.
Y el mantel olía a pólvora.

Mi padre, al tomar la copa,
me hablaba de Zapata y de Villa,
Soto y Gama y los Flores Magón.
Y el mantel olía a pólvora.

Yo me quedo callado:
¿de quién podría hablar?

HIMACHAL PRADESH (2)

La nuestra
           (rapado, ventrudo y)
es la civilización maáas
                       (untuoso)
antigua del
           (en el atajo caprino
su manto azafrán era una llama)
                          ¡Mundo!
(en movimiento)
                Esta tierra es
(y el rumor de sus sandalias
sobre las púas secas de los pinos)
                          Santa:
la tierra de
           (era como si pisara) *los Vedas.*
(cenizas).

El hombre
                    (Con el índice)
empezó a pensar
                    (categórico)
                              hace cinco mil años
(el *pandit* me mostraba)
                    Aquí...
                              (los Himalayas,
las montañas más jóvenes del planeta).

INTERMITENCIAS DEL OESTE (3)
(México: Olimpiada de 1968)

                              A Dore y Adja Yunkers

La limpidez
                    (quizá valga la pena
escribirlo sobre la limpieza
de esta hoja)
                    no es límpida:
es una rabia
                    (amarilla y negra
acumulación de bilis en español)
extendida sobre la página.
¿Por qué?
          La vergüenza es ira
vuelta contra uno mismo:
                              si
una nación entera se avergüenza
es león que se agazapa
para saltar.
                    (Los empleados
municipales lavan la sangre
en la Plaza de los Sacrificios).

Mira ahora,
              manchada
antes de haber dicho algo
que valga la pena,
                    la limpidez.

HIMACHAL PRADESH (3)

5 pequeñas abominaciones
vistas, oídas, cometidas:

El festín de los buitres.
Comieron tanto que no pueden volar.
No muy lejos, sobre una peña,
un águila tullida
espera su resto de carroña.

En la veranda del *dak bungalow*
el *barrister* de Nagpur pesca al extranjero
y en un inglés enmelado le ofrece un trago,
un cesto de ciruelas de su huerta, un mapa,
un almuerzo de *curry*,
noticias verídicas del país,
el balcón de su casa con una vista
única... Su mujer lo observa, oblicua,
mascullando injurias en hindustani.

Ya por tomar el fresco o sorprender
ese momento de armisticio
en que la media luna es verdadera
mente blanca y el sol es todavía el sol,
se asoma al aire la pareja de viejitos.

Se animan, resucitan
una pasión feroz de insectos.
Sonaja de semillas secas:
la hora de las recriminaciones.

En el patio del club seis eucaliptos
se ahogan en una casi luz casi miel,
tres ingleses supervivientes del *British Raj*
comentan con un *sikh* el *match* de *cricket* en Sidney,
unas matronas indias juegan *bridge*,
un paria lava el piso en cuclillas
y se eclipsa, un astro negro
se abre en mi frente como una granada
(EN PARÍS PRENDEN FUEGO A LA BOLSA,
TEMPLO DEL CAPITALISMO),
los pinos ensombrecen la colina.

Polvo y gritos de pájaros
sobre la tarde quemada.
Yo escribo estas líneas infames.

INTERMITENCIAS DEL OESTE (4)
(París: Les aveugles lucides)

Dans l'une des banlieues de l'absolu,
les mots ayant perdu leur ombre,
ils faisaient commerce de relets
jusqu'à perte de vue.
                    Ils se sont noyés
dans une interjection.

LECTURA DE JOHN CAGE

Leído
     desleído:
Music without measurements,
sounds passing through circumstances.
Dentro de mí los oigo.

                     pasar afuera,
fuera de mí los veo
                 pasar conmigo.
Yo soy la circunstancia.
Música:
        oigo adentro lo que veo afuera,
        veo dentro lo que oigo fuera.
(No puedo oírme oír: Duchamp).

                     Soy
una arquitectura de sonidos
instantáneos
        sobre
un espacio que se desintegra.
                 (*Everything*
we come across is to the point).
               La música
inventa al silencio,
           la arquitectura
inventa al espacio.
         Fábricas de aire.
El silencio
        es el espacio de la música:
un espacio
        inextenso:
             no hay silencio
salvo en la mente.
          El silencio es una idea,
          la idea fija de la música.

La música no es una idea:

es movimiento,

sonidos caminando sobre el silencio.

(*Not one sound fears the silence*

that extinguishes it).

Silencio es música,

música no es silencio.

Nirvana es *samsara*,

samsara no es *nirvana*.

El saber no es saber:

recobrar la ignorancia,

saber del saber.

No es lo mismo

oír los pasos de esta tarde

entre los árboles y las casas

que

ver la misma tarde ahora

entre los mismos árboles y casas

después de leer

Silence:

nirvana es samsara,

silencio es música.

(*Let life obscure*

the difference between art and life).

Música no es silencio:

no es decir

lo que dice el silencio,

es decir

lo que no dice.

Silencio no tiene sentido,

sentido no tiene silencio.

Sin ser oída

la música se desliza entre ambos.

(*Every something is an echo of nothing*).

En el silencio de mi cuarto

el rumor de mi cuerpo:
inaudito.
Un día oiré sus pensamientos.
La tarde
se ha detenido:
no obstante —camina.
Mi cuerpo oye el cuerpo de mi mujer
(*a cable of sound*)
y le responde:
esto se llama música.
La música es real,
el silencio es una idea.
John Cage es japonés
y no es una idea:
es sol sobre nieve.
Sol y nieve no son lo mismo:
el sol es nieve y la nieve es nieve
o
el sol no es nieve ni la nieve es nieve
o
 John Cage no es americano
(*U. S. A. is determined to keep the Free World free,
U. S. A. determined*)

o
John Cage es Americano
(*that the U. S. A. may become
just another part of the world.
No more, no less*).
La nieve no es sol,
la música no es silencio,
el sol es nieve,
el silencio es música.
(*The situation must be Yes-and-No,
not either-or*)
Entre el silencio y la música,

                        el arte y la vida,
la nieve y el sol
            hay un hombre.
Ese hombre es John Cage
                    (*committed*
to the nothing in between).
                        Dice una palabra:
no nieve no sol,
                una palabra
que no es
        silencio:
A year from Monday you will hear it.

La tarde se ha vuelto invisible.

            CONCIERTO EN EL JARDÍN
            (Vina y Mridangam)

                        A Carmen Figueroa de Meyer

    Llovió.
    La hora es un ojo inmenso.
    En ella andamos como reflejos.
    El río de la música
    entra en mi sangre.
    Si digo: cuerpo, contesta: viento.
    Si digo: tierra, contesta: ¿dónde?

    Se abre, flor doble, el mundo:
    tristeza de haber venido,
    alegría de estar aquí.

    Ando perdido en mi propio centro.

CARTA A LEÓN FELIPE
(En respuesta a su poema-saludo
y a su carta sobre nuestro desencuentro en México
el verano pasado [1967])

León
          el quinto signo del cielo giratorio
                                        el león
     cara de sol
               el sol cara de hombre
                                   Sol
     el quinto son
               al centro de la música
     El quinto sol
               centro del movimiento
                                   León
     Felipe querido
                    Buenos días
     Hoy llegó el sol con tu poema
                                   hoy
     llegó el león
                    y se plantó en medio
     entre los domos de los mausoleos Lodi
     (bajo el cielo intachable
     negros planetas cercenados)
     y el Yamuna de fango iridiscente

     En Prithviraj Road 13
                         leo tu poema
     bajo esta luz natural
                         Sostiene al mundo
     como una mano
                    En su palma
     los colores los cuerpos las formas
                                   saltan
     reposan saltan

                    Las cosas
como los saltimbanquis
                    andan por el aire
Dos loros en pleno vuelo
                    desafían al movimiento
y al lenguaje
              ¡Míralos
                    ya se fueron!
Irradiación de unas cuantas palabras
Es un aleteo
              el mundo se aclara
solo para volverse invisible

Aprender a ver oír decir
                    lo instantáneo
es nuestro oficio
              ¿Fijar vértigos?
Las palabras
              como los pericos en celo
se volatilizan
              Su movimiento
es un regreso a la inmovilidad

No nos queda dijo Bataille
sino escribir comentarios
                    insensatos
sobre la ausencia de sentido del escribir
Comentarios que se borran
                    La escritura poética
es borrar lo escrito
              Escribir
sobre lo escrito
              lo no escrito
Representar la *comedia* sin desenlace
Je ne puis parler d'une absence de sens
sinon lui donnant un sens qu'elle n'a pas

La escritura poética es
                  aprender a leer
el hueco de la escritura
                  en la escritura
No huellas de lo que fuimos
                  caminos
hacia lo que somos
                El poeta
lo dices en tu carta
                es el preguntón
el que dibuja la pregunta
                sobre el hoyo
y al dibujarla
            la borra
La poesía
          es la ruptura instantánea
instantáneamente cicatrizada
                abierta de nuevo
por la mirada de los otros
                La ruptura
es la continuidad
La muerte del comandante Guevara
también es ruptura
              no un fin
Su memoria
          no es una cicatriz
es una continuidad que se desgarra
para continuarse
              La poesía
es la hendidura
          el espacio
entre una palabra y otra
configuración del inacabamiento

León Felipe
      leo tu poema
bajo árboles fraternales
Tienen nombres que tú no conoces
ellos conocen el tuyo
               Cae
sobre este verdor hipnotizado
una luz impalpable
              cae
   sobre las letras de tu poema
   sobre el gato sonámbulo
   sobre el insecto de vidrio
   sobre el pájaro carbonizado en su canto
   sobre la piel de mi mujer dormida-despierta
Todo esto que me rodea
               seres y cosas nombres
es inaccesible en su proximidad
               Palpable lejanía
como la mujer
       En su cuerpo
el mundo se manifiesta y se oculta
forma que ven mis ojos
          y mi tacto disipa
Demasía de la presencia
         más que un cuerpo
la mujer es una pregunta
            y es una respuesta
La veo la toco
       también hablo con ella
callo con ella somos un lenguaje
Algunos quieren cambiar el mundo
            otros leerlo
nosotros queremos hablar con él

                         Al callarnos
mi mujer y yo
               aprendemos a oírlo
Un día tal vez nos dirá algo

La luz cae sobre las presencias
                       cae
sobre estas palabras
            La luz
ignora la escritura
              nos ignora
Adiós León Felipe
             Buenos días
(en esta página)
             No nos vimos en México
el desencuentro fue un encuentro
irradiación de unas cuantas palabras
ligereza de sílabas girando
en la inmovilidad de este día de invierno

CONCORDE

A Carlos Fuentes

        Arriba el agua
        abajo el bosque
    el viento por los caminos

        Quietud del pozo
   El cubo es negro El agua firme

  El agua baja hasta los árboles
  El cielo sube hasta los labios

ŚUNYATA

Al confín
            yesca
del espacio calcinado
la ascensión amarilla
del árbol
            Torbellino ágata
presencia que se consume
en una gloria sin substancia
Hora a hora se deshoja
el día
            ya no es
sino un tallo de vibraciones
que se disipan
                  Y entre tantas
beatitudes indiferentes
brota
      intacto idéntico
el día
      El mismo que fluye
entre mis manos
                  el mismo
brasa sobre mis párpados
El día   El árbol

«Ladera este (1962-1968)», en *OC*, vol. XI,
pp. 341-390.

HACIA EL COMIENZO
(1964-1968)

VIENTO ENTERO

El presente es perpetuo
Los montones son de hueso y son de nieve
están aquí desde el principio
El viento acaba de nacer

                    sin edad
como la luz y como el polvo

                        Molino de sonido
el bazar tornasolea

                    timbres motores radios
el trote pétreo de los asnos opacos
cantos y quejas enredados
entre las barbas de los comerciantes
alto fulgor a martillazos esculpido
En los claros de silencio

                    estallan
los gritos de los niños

                    Príncipes en harapos
a la orilla del río atormentado
rezan orinan meditan

El presente es perpetuo
Se abren las compuertas del año
                              el día salta
        ágata
        El pájaro caído
entre la calle Montalambert y la Bac
es una muchacha
                    detenida
sobre un precipicio de miradas
Si el agua es fuego
                    llama
En el centro de la hora redonda
                              encandilada
        potranca alazana
Un haz de chispas
                    una muchacha real
entre las casas y las gentes espectrales
Presencia chorro de evidencias
yo vi a través de mis actos irreales
la tomé de la mano
                    juntos atravesamos
los cuatro espacios los tres tiempos
pueblos errantes de reflejos
y volvimos al día del comienzo

El presente es perpetuo
                    21 de junio
hoy comienza el verano
                    Dos o tres pájaros
inventan un jardín
                    Tú lees y comes un durazno
sobre la colcha roja
                    desnuda
como el vino en el cántaro de vidrio
                    Un gran vuelo de cuervos

En Santo Domingo mueren nuestros hermanos
Si hubiera parque no estarían ustedes aquí
                    Nosotros nos roemos los codos
En los jardines de su alcázar de estío
Tipú Sultán plantó el árbol de los jacobinos
luego distribuyó pedazos de vidrio
entre los oficiales ingleses prisioneros
y ordenó que se cortasen el prepucio
y se lo comiesen
                    El siglo
se ha encendido en nuestras tierras
¿Con su lumbre
                    las manos abrasadas
los constructores de catedrales y pirámides
levantarán sus casas transparentes?

                    El presente es perpetuo
El sol se ha dormido entre tus pechos
La colcha roja es negra y palpita
Ni astro ni alhaja
                    fruta
tú te llamas dátil
                    Datia
castillo de sal si puedes
                    mancha escarlata
sobre la piedra empedernida
Galerías terrazas escaleras
desmanteladas salas nupciales
del escorpión
                    Ecos repeticiones
relojería erótica
                    deshora
                    Tú recorres
los patios taciturnos bajo la tarde impía
manto de agujas en tus hombros indemnes
Si el fuego es agua

eres una gota diáfana
la muchacha real
                    transparencia del mundo

El presente es perpetuo
                         Los montes
          soles destazados
petrificada tempestad ocre
                         El viento rasga
          ver duele
El cielo es otro abismo más alto
Garganta de Salang
la nube negra sobre la roca negra
El puño de la sangre golpea
                         puertas de piedra
Solo el agua es humana
en estas soledades despeñadas
Solo tus ojos de agua humana
                         Abajo
en el espacio hendido
el deseo te cubre con sus dos alas negras
Tus ojos se abren y se cierran
                         animales fosforescentes
Abajo
          el desfiladero caliente
la ola que se dilata y se rompe
                         tus piernas abiertas
el salto blanco
la espuma de nuestros cuerpos abandonados

                         El presente es perpetuo
El morabito regaba la tumba del santo
sus barbas eran más blancas que las nubes
Frente al moral
                    al flanco del torrente
repetiste mi nombre

                    dispersión de sílabas
Un adolescente de ojos verdes
te regaló una granada
                Al otro lado del Amu-Darya
humeaban las casitas rusas
El son de la flauta uzbek
era otro río invisible y más puro
En la barcaza el batelero estrangulaba pollos
El país es una mano abierta
                        sus líneas
          signos de un alfabeto roto
Osamentas de reses en el llano
Bactriana
          estatua pulverizada
yo recogí del polvo unos cuantos nombres
Por esas sílabas caídas
granos de una granada cenicienta
juro ser tierra y viento
                remolino
sobre tus huesos

              El presente es perpetuo
La noche entra con todos sus árboles
noche de insectos eléctricos y fieras de seda
noche de yerbas que andan sobre los muertos
conjunción de aguas que vienen de lejos
murmullos
          los universos se desgranan
un mundo cae
           se enciende una semilla
cada palabra palpita
              Oigo tu latir en la sombra
enigma en forma de reloj de arena
                  mujer dormida
Espacio espacios animados
Anima mundi

                    materia maternal
perpetua desterrada de sí misma
y caída perpetua en su entraña vacía
                                            Anima mundi
madre de las razas errantes
                              de los soles y los hombres
Emigran los espacios
                        el presente es perpetuo

En el pico del mundo se acarician
Shiva y Parvati
                      Cada caricia dura un siglo
para el dios y para el hombre
                                    un mismo tiempo
un mismo despeñarse
                        Lahor
                              río rojo barcas negras
entre dos tamarindos una niña descalza
y su mirar sin tiempo
                        Un latido idéntico
muerte y nacimiento
Entre el cielo y la tierra suspendidos
unos cuantos álamos
vibrar de luz más que vaivén de hojas
                                      ¿suben o bajan?

El presente es perpetuo
                          Llueve sobre mi infancia
llueve sobre el jardín de la fiebre
flores de sílex árboles de humo
En una hoja de higuera tú navegas
por mi frente
                  La lluvia no te moja
eres la llama de agua
                          la gota diáfana de fuego
derramada sobre mis párpados

Yo veo a través de mis actos irreales
el mismo día que comienza
                        Gira el espacio
arranca sus raíces el mundo
No pesan más que el alba nuestros cuerpos
                                    tendidos

PASAJE

Más que aire
              más que agua
más que labios
              ligera ligera

Tu cuerpo es la huella de tu cuerpo

CONTIGO

Ráfagas turquesa
loros fugaces en parejas
                    Vehemencias
el mundo llamea
                Un árbol
hirviente de cuervos
arde sin quemarse
                Quieta
entre los altos tornasoles
                        eres
una pausa de la luz
                El día
es una gran palabra clara
palpitación de vocales

          Tus pechos
   maduran bajo mis ojos
             Mi pensamiento
   es más ligero que el aire
             Soy real
   veo mi vida y mi muerte
   El mundo es verdadero
   Veo
      habito una transparencia

SOL SOBRE UNA MANTA

Acribillada por la luz
             una mitad del muro
salina vertical
        La cortina su derramada sombra
azul marejada
       sobre la cal del otro lienzo
Afuera el sol combate con el mar
El piso de ladrillo
         respirado respirante
El azul se tiende
       sobre la cama se extiende
Una almohada rosada sostiene
            una muchacha
El vestido lacre todavía caliente
         los ojos
entrecerrados no por la espera
        por la visitación
Está descalza
      La plata tosca enlaza
refresca
    un brazo desnudo
Sobre sus pechos valientes baila el puñal del sol

Hacia su vientre
                    eminencia inminencia
sube una línea de hormigas negras
Abre los ojos
                    de la miel quemada
la miel negra
                    al centelleo de la amapola
la luz negra
                    Un jarro sobre la mesa
Un girasol sobre el jarro
                              La muchacha
sobre la manta azul
                    un sol más fresco

MAITHUNA

Mis ojos te descubren
desnuda
            y te cubren
con una lluvia cálida
de miradas

                    *

Una jaula de sonido
                    abierta
en plena mañana
                    más blanca
que tus nalgas
                    en plena noche
tu risa
            o más bien tu follaje
tu camisa de luna
                    al saltar de la cama

Luz cernida
              la espiral cantante
devana la blancura
                      Aspa
X
  plantada en un abra

               *

Mi día
         en tu noche
revienta
        Tu grito
salta en pedazos
               La noche
esparce
        tu cuerpo
Resaca
        tus cuerpos
se anudan
Otra vez tu cuerpo

               *

Hora vertical
           la sequía
mueve sus ruedas espejeantes
Jardín de navaja
               festín de falacias
Por esas reverberaciones
                   entras
ilesa
    en el río de mis manos

               *

Más rápida que la fiebre
nadas en lo obscuro
                    tu sombra es más clara
entre las caricias
                    tu cuerpo es más negro
Saltas
        a la orilla de lo improbable
toboganes de cómo cuando porque sí
Tu risa incendia tu ropa
                            tu risa
moja mi frente mis ojos mis razones
Tu cuerpo incendia tu sombra
Te meces en el trapecio del miedo
los terrores de tu infancia
                            me miran
desde tus ojos de precipicio
                            abiertos
en el acto de amor
                    sobre el precipicio
Tu cuerpo es más claro
                        tu sombra es más negra
Tú ríes sobre tus cenizas

                    *

Lengua borgoña de sol flagelado
lengua que lame tu país de dunas insomnes
cabellera
            lengua de látigos
                            lenguajes
sobre tu espalda desatados
                            entrelazados
sobre tus senos
                escritura que te escribe
con letras aguijones

     te niega
con signos tizones
      vestidura que te desviste
escritura que te viste de adivinanzas
escritura en la que me entierro
        Cabellera
gran noche súbita sobre tu cuerpo
jarra de vino caliente
       derramado
sobre las tablas de la ley
nudo de aullidos y nube de silencios
racimo de culebras
      racimo de uvas
pisoteadas
     por las heladas plantas de la luna
lluvia de manos de hojas de dedos de viento
sobre tu cuerpo
      sobre mi cuerpo sobre tu cuerpo
Cabellera
    follaje del árbol de huesos
el árbol de raíces aéreas que beben noche en el sol
El árbol carnal   El árbol mortal

       *

Anoche
   en tu cama
éramos tres:
tú yo la luna

       *

Abro
   los labios de tu noche
húmedas oquedades

                    ecos
desnacimientos:
                    blancor
súbito de agua
                    desencadenada

                    *

Dormir dormir en ti
o mejor despertar
                    abrir los ojos
en tu centro
                    negro blanco negro
blanco
          Ser sol insomne
que tu memoria quema
                              (y
la memoria de mí en tu memoria)

                    *

Y nuevamente nubemente sube
savia
     (salvia te llamo
llama)
          El tallo
estalla
          (Llueve
nieve ardiente)
                    Mi lengua está
allá
     (En la nieve se quema
tu rosa)

        Está
ya
   (sello tu sexo)
              el alba
salva

CIMA Y GRAVEDAD

Hay un árbol inmóvil
hay otro que avanza
                un río de árboles
golpea mi pecho
          Es la dicha
el oleaje verde

Tú estás vestida de rojo
                eres
el sello del año abrasado
el tizón carnal
          el astro frutal
En ti como sol

          La hora reposa
sobre un abismo de claridades
Puñados de sombra los pájaros
sus picos construyen la noche
sus alas sostienen al día

Plantada en la cresta de la luz
entre la fijeza y el vértigo
        tú eres
    la balanza diáfana

EJE

Por el arcaduz de sangre
mi cuerpo en tu cuerpo
                        manantial de noche
mi lengua de sol en tu bosque
                            artesa tu cuerpo
trigo rojo yo
                Por el arcaduz de hueso
yo noche yo agua
                    yo bosque que avanza
yo lengua
            yo cuerpo
                        yo hueso de sol
Por el arcaduz de noche
                        manantial de cuerpos
tú noche del trigo
                    tú bosque en el sol
tú agua que espera
                    tú artesa de huesos
Por el arcaduz de sol
                        mi noche en tu noche
mi sol en tu sol
                mi trigo en tu artesa
tu bosque en mi lengua
                        Por el arcaduz del cuerpo
el agua en la noche
                    tu cuerpo en mi cuerpo
Manantial de huesos
                    Manantial de soles

CUSTODIA

El nombre
Sus   sombras
El hombre   La hembra
El mazo   El gong
La i   La o
La torre   El aljibe
El índice   La hora
El hueso   La rosa
El rocío   La huesa
El venero   La llama
El tizón   La noche
El río   La ciudad
La quilla   El ancla
El hembro   La hombra
El hombre
Su cuerpo de nombres
Tu nombre en mi nombre En tu nombre mi nombre
Uno frente al otro uno contra el otro uno en torno al otro
El uno en el otro
Sin nombres

DOMINGO EN LA ISLA DE ELEFANTA

imprecación

Al pie de las sublimes esculturas,
desfiguradas por los musulmanes y los portugueses,
la multitud ha dejado un *picnic* de basura
para los cuervos y los perros.

Yo la condeno a renacer cien veces
en un muladar,
              como a los otros,
por eones, en carne viva han de tallarlos
en el infierno de los mutiladores de estatuas.

                    invocación

Shiva Parvati:
              los adoramos
no como a dioses,
                  como a imágenes
de la divinidad de los hombres.
Ustedes son lo que el hombre hace y no es,
lo que el hombre ha de ser
cuando pague la condena del quehacer.
Shiva:
          tus cuatro brazos son cuatro ríos,
cuatro surtidores.
                      Todo tu ser es una fuente
y en ella se baña la linda Parvati,
en ella se mece como una barca graciosa.
El mar palpita bajo el sol:
son los gruesos labios de Shiva que sonríe;
el mar es una larga llamarada:
son los pasos de Parvati sobre las aguas.
Shiva y Parvati:
                  la mujer que es mi mujer
y yo,
      nada les pedimos, nada
que sea del otro mundo:
                      solo
la luz sobre el mar,
la luz descalza sobre el mar y la tierra dormidos.

CUENTO DE DOS JARDINES

Una casa, un jardín,
                          no son lugares:
giran, van y vienen.
                          Sus apariciones
abren en el espacio
                          otro espacio,
otro tiempo en el tiempo.
                          Sus eclipses
no son abdicaciones:
                          nos quemaría
la vivacidad de uno de esos instantes
si durase otro instante.
                          Estamos condenados
a matar al tiempo:
                          así morimos,
poco a poco.
                          Un jardín no es un lugar.
Por un sendero de arena rojiza
entramos en una gota de agua,
bebemos en su centro verdes claridades,
por la espiral de las horas
                          ascendemos
hasta la punta del día
                          descendemos
hasta la consumación de su brasa.
Fluye el jardín en la noche,
                          río de rumores.

Aquel de Mixcoac, abandonado,
cubierto de cicatrices,
                          era un cuerpo
a punto de desplomarse.
                          Yo era niño
y el jardín se parecía a mi abuelo.
Trepaba por sus rodillas vegetales

sin saber que lo habían condenado.
El jardín lo sabía:
                    esperaba su destrucción
como el sentenciado el hacha.
La higuera era la diosa,
                    la Madre.
Zumbar de insectos coléricos,
los sordos tambores de la sangre,
el sol y su martillo,
el verde abrazo de innumerables brazos.
La incisión del tronco:
                    el mundo se entreabrió.
Yo creí que había visto a la muerte:
                                        vi
la otra cara del ser,
                    la vacía,
el fijo resplandor sin atributos.

Se agolpan, en la frente del Ajusco,
las blancas confederaciones.
                            Ennegrecen,
son ya una masa cárdena,
una protuberancia enorme que se desgarra:
el galope del aguacero cubre todo el llano.
Llueve sobre lavas:
                    danza el agua
sobre la piedra ensangrentada.
                            Luz, luz:
substancia del tiempo y sus inventos.
Meses como espejos,
uno en el otro reflejado y anulado.
Días en que no pasa nada,
contemplación de un hormiguero,
sus trabajos subterráneos,
sus ritos feroces.
                    Inmerso en la luz cruel,

expiaba mi cuerpo-hormiguero,

                              espiaba

la febril construcción de mi ruina.

Élitros:

        el afilado canto del insecto

corta las yerbas secas.

                          Cactos minerales,

lagartijas de azogue en los muros de adobe,

el pájaro que perfora el espacio,

sed, tedio, tolvaneras,

impalpables epifanías del viento.

Los pinos me enseñaron a hablar solo.

En aquel jardín aprendí a despedirme.

Después no hubo jardines.

                       Un día,

como si regresara,

                 no a mi casa,

al comienzo del Comienzo,

                    llegué a una claridad.

Espacio hecho de aire

                  para los juegos pasionales

del agua y de la luz.

                 Diáfanas convergencias:

del gorjeo del verde

               al azul más húmedo

al gris entre brasas

              al más llagado rosa

al oro desenterrado.

               Oí un rumor verdinegro

brotar del centro de la noche: el *nim*.

                    El cielo,

con todas sus joyas bárbaras,

                 sobre sus hombros.

El calor era una mano inmensa que se cerraba,

se oía el jadeo de las raíces,

la dilatación del espacio,
el desmoronamiento del año.
                    El árbol no cedía.
Grande como el monumento a la paciencia,
justo como la balanza que pesa
                        la gota de rocío,
                        el grano de luz,
                        el instante.
Entre sus brazos cabían muchas lunas.
Casa de las ardillas,
                    mesón de los mirlos.

La fuerza es fidelidad,
                    el poder acatamiento:
nadie acaba en sí mismo,
                        un todo es cada uno
en otro todo,
            en otro uno.
El otro está en el uno,
                    el uno es otro:
somos constelaciones.
                    El *nim*, enorme,
sabía ser pequeño.
                        A sus pies
supe que estaba vivo,
                            supe
que morir es ensancharse,
                        negarse es crecer.
aprendí,
        en la fraternidad de los árboles,
a reconciliarme,
                no conmigo:
con lo que me levanta, me sostiene, me deja caer.

Me crucé con una muchacha.
                    Sus ojos:

el pacto del sol de verano con el sol de otoño.
Partidaria de acróbatas, astrónomos, camelleros.
Yo de fareros, lógicos, *sadhúes*.
                                        Nuestros cuerpos
se hablaron, se juntaron y se fueron.
Nosotros nos fuimos con ellos.
                                        Era el monzón.
Cielos de yerba machacada
                                y el viento en armas
por las encrucijadas.
                        Por la niña del cuento,
marinera de un estanque en borrasca,
la llamé Almendrita.
                        No un nombre:
un velero intrépido.
                        Llovía,
la tierra se vestía y así se desnudaba,
las serpientes salían de sus hoyos,
la luna era de agua,
                        el sol era de agua,
el cielo se destrenzaba,
sus trenzas eran ríos desatados,
los ríos tragaban pueblos,
muerte y vida se confundían,
amasijo de lodo y de sol,
estación de lujuria y pestilencia,
estación del rayo sobre el árbol de sándalo,
tronchados astros genitales
                                pudriéndose
resucitando en tu vagina,
                        madre India,
India niña,
empapada de savia, semen, jugos, venenos.

A la casa le brotaron escamas.
                        Almendrita:

llama intacta entre el culebreo y el ventarrón,
en la noche de hojas de banano
                                        ascua verde,
hamadríada,
            yakshi:
                    risas en el matorral,
manojo de albores en la espesura,
                                    más música
que cuerpo,
                más fuga de pájaro que música,
más mujer que pájaro:
                        sol tu vientre,
sol en el agua,
                agua de sol en la jarra,
grano de girasol que yo planté en mi pecho,
ágata,
        mazorca de llamas en el jardín de huesos.
Chuang-tsé le pidió al cielo sus luminarias,
sus címbalos al viento,
                        para sus funerales.
Nosotros le pedimos al *nim* que nos casara.

Un jardín no es un lugar:
                            es un tránsito,
una pasión.
            No sabemos hacia dónde vamos,
transcurrir es suficiente,
                            transcurrir es quedarse:
una vertiginosa inmovilidad.
                            Las estaciones,
oleaje de los meses.
                Cada invierno
una terraza sobre el año.
                    Luz bien templada,
resonancias, transparencias,
                            esculturas de aire

disipadas apenas pronunciadas:

¡Sílabas,
islas afortunadas!

Engastado en la yerba
el gato Demóstenes es un carbón luminoso,
la gata Semíramis persigue quimeras,

acecha
reflejos, sombras, ecos.

Arriba,
sarcasmos de cuervos;

el urogallo y su hembra,
príncipes desterrados;

la upupa,
pico y penacho, un alfiler engalanado;
la verde artillería de los pericos;
los murciélagos color de anochecer.
En el cielo

liso, fijo, vacío,
el milano

dibuja y borra círculos.

Ahora,

quieto

sobre la arista de una ola:
un albatros,

peñasco de espuma.
Instantáneo,

se dispersa en alas.
No estamos lejos de Durban

(allí estudió Pessoa).
Cruzamos un petrolero.

Iba a Mombasa,
ese puerto con nombre de fruta.

(En mi sangre:
Camoens, Vasco de Gama y los otros...).
El jardín se ha quedado atrás.

¿Atrás o adelante?
No hay más jardines que los que llevamos dentro.
¿Qué nos espera en la otra orilla?
Pasión es tránsito:
                    la otra orilla está aquí,
luz en el aire sin orillas,
                    Prajñaparamita,
Nuestra Señora de la Otra Orilla,
                              tú misma,
la muchacha del cuento,
                    la alumna del jardín

Olvidé a Nagarjuna y a Dharmakirti
                              en tus pechos,
en tu grito los encontré,
                    Maithuna,
                              dos en uno,
uno en todo,
            todo en nada,
                    ¡*śunyata*,
plenitud vacía,
            vacuidad redonda como tu grupa!

            Los cormoranes:
            sobre un charco de luz
            pescan sus sombras.

La visión se disipa en torbellinos,
hélice de diecisiete sílabas
                    dibujada en el mar
no por Baho:
            por mis ojos, el sol y los pájaros,
hoy, hacia las cuatro,
                    a la altura de Mauritania.
Una ola estalla:
            mariposas de sal.

Metamorfosis de lo idéntico.

                                   A esta misma hora
Delhi y sus piedras rojas,

                          su río turbio,
sus domos blancos,

                          sus siglos en añicos,
se transfiguran:

                          arquitecturas sin peso,
cristalizaciones casi mentales.

                                   Desvanecimientos,
alto vértigo sobre un espejo.

                                   El jardín se abisma.
Ya es un nombre sin substancia.

Los signos se borran:

                          yo miro la claridad

          «Hacia el comienzo (1964-1968)», en *OC*, vol. XI,
          pp. 393-419.

BLANCO
(1966)

ADVERTENCIA

Como no ha sido posible reproducir aquí todas las características de la edición original de *Blanco* (México, 1967), señalo que este poema debería leerse como una sucesión de signos sobre una página única; a medida que avanza la lectura, la página se desdobla: un espacio que en su movimiento deja aparecer el texto y que, en cierto modo, lo produce. Algo así como el viaje inmóvil al que nos invita un rollo de pinturas y emblemas tántricos: si lo desenrollamos, se despliega ante nuestros ojos un ritual, una suerte de procesión o peregrinación hacia ¿dónde? El espacio fluye, engendra un texto, lo disipa —transcurre como si fuese tiempo—. A esta disposición de orden temporal y que es la forma que adopta el curso del poema: su discurso, corresponde otra, espacial: las distintas partes que lo componen están distribuidas como las regiones, los colores, los símbolos y las figuras de un mandala... La tipografía y la encuadernación de la primera edición de *Blanco* querían subrayar no tanto la presencia del texto como la del espacio que lo sostiene: aquello que hace posible la escritura y la lectura, aquello en que terminan toda escritura y lectura.

BLANCO es una composición que ofrece la posibilidad de varias lecturas, a saber:

a) En su totalidad, como un solo texto;
b) la columna del centro, con exclusión de las de izquierda y derecha, es un poema cuyo tema es el tránsito de la palabra, del silencio al silencio (de lo «en blanco» a lo blanco —al blanco), pasando por cuatro estados: amarillo, rojo, verde y azul;
c) la columna de la izquierda es un poema dividido en cuatro momentos que corresponden a los cuatro elementos tradicionales;
d) la columna de la derecha es otro poema, contrapunto del anterior y compuesto de cuatro variaciones sobre la sensación, la percepción, la imaginación y el entendimiento;
e) cada una de las cuatro partes formadas por dos columnas puede leerse, sin tener en cuenta esa división, como un solo texto: cuatro poemas independientes;
f) la columna del centro puede leerse como seis poemas sueltos y las de izquierda y derecha como ocho.

> *By passion the world is bound, by*
> *passion too it is released.*
> The Hevajra Tantra

> *Avec ce seul objet dont le Néant s'honore.*
> STÉPHANE MALLARMÉ

[EL COMIENZO]

el comienzo
                el cimiento
la simiente
                latente
la palabra en la punta de la lengua
inaudita   inaudible
                impar
grávida   nula
                sin edad
la enterrada con los ojos abiertos
inocente   promiscua
                la palabra
sin nombre   sin habla

[SUBE Y BAJA]

Sube y baja,
escalera de escapulario,[1]
el lenguaje deshabitado.
Bajo la piel de la penumbra
late una lámpara.
                    Superviviente

---

[1] *Escalera de escapulario*: la de mano que cuelga pegada a la pared de los
pozos en las minas.

entre las confusiones taciturnas,

               asciende

en un tallo de cobre

        resuelto

en un follaje de claridad:

            amparo

de caídas realidades.

            O dormido

o extinto,

      alto en su vara

(cabeza en una pica),

           un girasol

ya luz carbonizada

          sobre un vaso

de sombra.

        En la palma de una mano

ficticia,

    flor

ni vista ni pensada:

          oída,

aparece

     amarillo

cáliz de consonantes y vocales

incendiadas.

[EN EL MURO LA SOMBRA DEL FUEGO]

en el muro la sombra del fuego
en el fuego tu sombra y la mía

el fuego te desata y te anuda
Pan Grial Ascua
       Muchacha
tú ríes —desnuda
en los jardines de la llama

llama rodeada de leones
leona en el circo de las llamas
ánima entre las sensaciones

frutos de luces de bengala
los sentidos se abren
en la noche magnética

    La pasión de la brasa compasiva

[UN PULSO, UN INSISTIR]

Un pulso, un insistir
oleaje de sílabas húmedas.
Sin decir palabra
obscurece mi frente
un presentimiento de lenguaje.
Patience patience
(Livingstone en la sequía)
river rising a little. [2]
El mío es rojo y se agosta
entre sableras llameantes:
Castillas de arena, naipes rotos
y el jeroglífico (agua y brasa)[3]
en el pecho de México caído.
Polvo soy de aquellos lodos.
Río de sangre,
                        río de historias
de sangre,
                        río seco:
boca de manantial
amordazado
por la conjuración anónima
de los huesos,
por la ceñuda peña de los siglos
y los minutos:
                        el lenguaje
es una expiación,
                        propiciación
al que no habla,
                        emparedado,
cada día
        asesinado,

---

[2] *Patience, patience. River rising a little*: cf. el diario de Livingstone.
[3] *Agua y brasa*: el «agua quemada» de los aztecas. (Cf. *Pensamiento y religión en el México antiguo*, de Laurette Séjourné).

el muerto innumerable.
                                        Hablar
mientras los otros trabajan
es pulir huesos,
                         aguzar
silencios
                    hasta la transparencia,
hasta la ondulación,
                              el cabrilleo,
hasta el agua:

[LOS RÍOS DE TU CUERPO]

los ríos de tu cuerpo   **el río de los cuerpos**
país de latidos   **astros infusorios reptiles**
entrar en ti   **torrente de cinabrio sonámbulo**
país de ojos cerrados   **oleaje de las genealogías**
agua sin pensamientos   **juegos conjugaciones juglarías**
entrar en mí   **subyecto y obyecto abyecto y absuelto**
al entrar en tu cuerpo   **río de soles**
país de espejos en vela   **las altas fieras de la piel luciente[4]**
país de agua despierta   **rueda el río seminal de los mundos**
en la noche dormida   **el ojo que lo mira es otro río**

me miro en lo que miro   **es mi creación esto que veo**
como entrar por mis ojos   **la percepción es concepción**
en un ojo más límpido   **agua de pensamientos**
me mira lo que miro   **soy la creación de lo que veo**

delta de brazos del deseo   **agua de verdad**
en un lecho de vértigos   **verdad de agua**
          La transparencia es todo lo que queda

---

[4] *Las altas fieras de la piel luciente*: cf. el soneto de Quevedo «Traigo todas las Indias en la mano...».

[PARAMERA ABRASADA]

Paramera abrasada
del amarillo al encarnado
la tierra es un lenguaje calcinado.
Hay púas invisibles, hay espinas
en los ojos.
            En un muro rosado
tres buitres ahítos.
No tiene cuerpo ni cara ni alma,
está en todas partes,
a todos nos aplasta:
                este sol es injusto.

La rabia es mineral.
              Los colores
se obstina.
          Se obstina el horizonte.
Tambores tambores tambores.
El cielo se ennegrece
               como esta página.
Dispersión de cuervos.
Inminencia de violencias violetas.
Se levantan los arenales,
la cerrazón de reses de ceniza.
Mugen los árboles encadenados.
Tambores tambores tambores.
Te golpeo, cielo,
            tierra, te golpeo.
Cielo abierto tierra cerrada
flauta y tambor, centella y trueno,
te abro, te golpeo,
            Te abres, tierra,
tienes la boca llena de agua,
tu cuerpo chorrea cielo,
tremor,

                        tu panza tiembla,
            tus semillas estallan,
                            verdea la palabra

            [SE DESATA SE ESPARCE]

se desata se esparce **árida ondulación**
se levanta se erige Ídolo **entre brazos de arena**
desnuda como la mente **brilla se multiplica se niega**
en la reverberación del deseo **renace se escapa se persigue**
girando girando **visión del pensamiento gavilán**
en torno a la idea negra **cabra en la peña hendida**
el vellón de la juntura **paraje desnudo**
en la mujer desnuda **snap-shot de un latido de tiempo**
pirausta nudo de presencias **real irreal quieto vibrante**
inmóvil bajo el sol inmóvil **pradera quemada**
del color de la tierra **color de sol en la arena**
la yerba de mi sombra **sobre el lugar de la juntura**
mis manos de lluvia **obscurecida por los pájaros**
sobre tus pechos verdes **beatitud suficiente**
mujer tendida **hecha a la imagen del mundo**
            El mundo en tus imágenes

            [DEL AMARILLO AL ROJO AL VERDE]

        Del amarillo al rojo al verde,
        peregrinación hacia las claridades,
        la palabra se asoma a remolinos
        azules.
                Gira el anillo beodo,
        giran los cinco sentidos
        alrededor de la amatista

ensimismada.

Traslumbramiento:
No pienso, veo

—no lo que veo,
los reflejos, los pensamientos veo.
Las precipitaciones de la música,
el número cristalizado.
Un archipiélago de signos.
Aerofanía

boca de verdades,
claridad que se anula en una sílaba
diáfana como el silencio:
no pienso, veo

—no lo que pienso,
la cara en blanco del olvido,
el resplandor de lo vacío.
Pierdo mi sombra,

avanzo
entre los bosques impalpables,
las esculturas rápidas del viento,
los sinfines,

desfiladeros afilados,
avanzo,

mis pasos

se disuelven
en un espacio que se desvanece
en pensamientos que no pienso.

[CAES DE TU CUERPO A TU SOMBRA]

Caes de tu cuerpo a tu sombra **no allá sino en mis ojos**
en un caer inmóvil de cascada **cielo y suelo se juntan**
caes de tu sombra a tu nombre **intocable horizonte**

te precipitas en tus semejanzas **yo soy tu lejanía**
caes de tu nombre a tu cuerpo **el más allá de la mirada**
en un presente que no acaba **las imaginaciones de la arena**
caes en tu comienzo **las disipadas fábulas del viento**
derramada en mi cuerpo **yo soy la estela de tus erosiones**
tú te repartes como el lenguaje **espacio dios descuartizado**
tú me repartes en tus partes **altar el pensamiento y el cuchillo**
vientre teatro de la sangre **eje de los solsticios**
yedra arbórea lengua tizón de frescura **el firmamento es macho y**
                                        {hembra
temblor de tierra de tu grupa **testigos los testículos solares**
lluvia de tus talones en mi espalda **falo el pensar y vulva la**
                                        {palabra
ojo jaguar en espesura de pestañas **espacio es cuerpo signo**
                                        {pensamiento
la hendidura encarnada en la maleza **siempre dos sílabas**
                                        {enamoradas
los labios negros de la profetisa   **A d i v i n a n z a**
entera en cada parte te repartes **las espirales transfiguraciones**
tu cuerpo son los cuerpos del instante **es cuerpo el tiempo el mundo**
visto tocado desvanecido **pensamiento sin cuerpo el cuerpo**
                                        {imaginario
contemplada por mis oídos   **horizonte de música**
                                        {tendida
olida por mis ojos   **puente colgante del**
                                        {color al aroma
acariciada por mi olfato   **olor desnudez en las**
                                        {manos del aire
oída por mi lengua   **cántico de los sabores**
comida por mi tacto   **festín de niebla**

habitar tu nombre   **despoblar tu cuerpo**
caer en tu grito contigo   **casa del viento**
                  La irrealidad de lo mirado
                  da realidad a la mirada

[EN EL CENTRO]

En el centro
del mundo del cuerpo del espíritu
la grieta   el resplandor
                No
En el remolino de las desapariciones
el torbellino de las apariciones
                Sí
El árbol de los nombres
                        No
es una palabra
                Sí
es una palabra
            aire son nada
son
    este insecto
revoloteando entre las líneas
de la página
                inacabada
                        inacabable
El pensamiento
                revoloteando
entre estas palabras
                Son
tus pasos en el cuarto vecino
los pájaros que regresan
El árbol *nim* que nos protege
                        los protege
Sus ramas acallan al trueno
apagan al relámpago
En su follaje bebe agua la sequía
Son
    esta noche
            (esta música)

Mírala fluir
    entre tus pechos caer
sobre tu vientre
      blanca y negra
primavera nocturna
       jazmín y ala de cuervo
tamborino y *sitar*[5]
     No y Sí
juntos
  dos sílabas enamoradas

Si el mundo es real
      la palabra es irreal
Si es real la palabra
     el mundo
es la grieta el resplandor el remolino
No
  las desapariciones y las apariciones
         Sí
el árbol de los nombres
     Real irreal
son palabras
    aire son nada
El habla
  irreal
da realidad al silencio
      Callar
es un tejido de lenguaje
      Silencio
sello
  centelleo
    en la frente
en los labios

---

[5] *Sitar*: instrumento musical del norte de la India.

                    antes de evaporarse
Apariciones y desapariciones
La realidad y sus resurrecciones
El silencio reposa en el habla

El espíritu
es una invención del cuerpo
El cuerpo
es una invención del mundo
El mundo
es una invención del espíritu
No   Sí
     irrealidad de lo mirado
la transparencia es todo lo que queda
Tus pasos en el cuarto vecino
el trueno verde

                    madura
en el follaje del cielo

                         Estás desnuda
como una sílaba

                    como una llama
una isla de llamas
pasión de brasa compasiva
El mundo

          es tus imágenes
anegadas en la música

                         Tu cuerpo
derramado en mi cuerpo

                    visto
desvanecido

          da realidad a la mirada

          Delhi, del 23 de julio al 25 de septiembre de 1966

          «Blanco (1966)», en *OC*, vol. XI, pp. 421-447.

EL MONO GRAMÁTICO
(1970)

A Marie José

I

lo mejor será escoger el camino de Galta, recorrerlo de nuevo
(inventarlo a medida que lo recorro) y sin darme cuenta, casi
insensiblemente, ir hasta el fin —sin preocuparme por saber

qué quiere decir «ir hasta el fin» ni qué es lo que yo he querido decir al escribir esa frase. Cuando caminaba por el sendero de Galta, ya lejos de la carretera, una vez pasado el paraje de los banianos y los charcos de agua podrida, traspuesto el Portal en ruinas, al penetrar en la plazuela rodeada de casas desmoronadas precisamente al comenzar la caminata, tampoco sabía adónde iba ni me preocupaba saberlo. No me hacía preguntas: caminaba, nada más caminaba, sin rumbo fijo. Iba al encuentro... ¿de qué iba al encuentro? Entonces no lo sabía y no lo sé ahora. Tal vez por eso escribí «ir hasta el fin»: para saberlo, para saber qué hay detrás del fin. Una trampa verbal; después del fin no hay nada pues si algo hubiese el fin no sería fin. Y, no obstante, siempre caminamos al encuentro de..., aunque sepamos que nada ni nadie nos aguarda. Andamos sin dirección fija pero con un fin (¿cuál?) y para llegar al fin. Búsqueda del fin, terror ante el fin: el haz y el envés del mismo acto. Sin ese fin que nos elude constantemente ni caminaríamos ni habría caminos. Pero el fin es la refutación y la condenación del camino: al fin el camino se disuelve, el encuentro se disipa. Y el fin —también se disipa.

Volver a caminar, ir de nuevo al encuentro: el camino estrecho que sube y baja serpeando entre rocas renegridas y colinas adustas color camello; colgadas de las peñas, como si estuviesen a punto de desprenderse y caer sobre la cabeza del caminante, las casas blancas; el olor a pelambre trasudada y a excremento de vaca; el zumbar de la tarde; los gritos de los monos saltando entre las ramas de los árboles o corriendo por las azoteas o balanceándose en los barrotes de un balcón; en las alturas, los círculos de los pájaros y el humo azulenco de las cocinas; la luz casi rosada sobre las piedras; el sabor de sal en los labios resecos; el rumor de la tierra suelta al desmoronarse bajo los pies; el polvo que se pega a la piel empapada de sudor, enrojece los ojos y no deja respirar; las imágenes, los recuerdos, las figuraciones fragmentarias —todas esas sensaciones, visiones y semipensamientos que aparecen y desaparecen en el espacio de un parpadeo, mientras se camina al encuentro de... El camino también desaparece mientras lo pienso, mientras lo digo.

2

Tras mi ventana, a unos trescientos metros, la mole verdinegra
de la arboleda, montaña de hojas y ramas que se bambolea y
amenaza con desplomarse. Un pueblo de hayas, abedules, álamos
y fresnos congregados sobre una ligerísima eminencia del te-
rreno, todas sus copas volcadas y vueltas una sola masa líquida,
lomo de mar convulso. El viento los sacude y los golpea hasta
hacerlos aullar. Los árboles se retuercen, se doblan, se yerguen
de nuevo con gran estruendo y se estiran como si quisiesen desa-
rraigarse y huir. No, no ceden. Dolor de raíces y de follajes
rotos, feroz tenacidad vegetal no menos poderosa que la de los
animales y los hombres. Si estos árboles se echasen a andar,
destruirían todo lo que se opusiese a su paso. Prefieren quedar-
se donde están: no tienen sangre ni nervios sino savia y, en
lugar de la cólera o el miedo, los habita una obstinación silen-
ciosa. Los animales huyen o atacan, los árboles se quedan cla-
vados en su sitio. Paciencia: heroísmo vegetal. No ser ni león
ni serpiente: ser encina, ser pirú.

El cielo se ha cubierto enteramente de nubes color acero,
casi blanco en las lejanías y paulatinamente ennegrecido hacia
el centro, arriba de la arboleda: allí se reconcentra en congre-
gaciones moradas y violentas. Los árboles gritan sin cesar bajo
esas acumulaciones rencorosas. Hacia la derecha la arboleda es
un poco menos espesa y los follajes de dos hayas, enlazados,
forman un arco sombrío. Abajo del arco hay un espacio claro y
extraordinariamente quieto, una suerte de laguna de luz que
desde aquí no es del todo visible, pues la corta la raya de la
barda de los vecinos. Es una barda de poca altura, una superfi-
cie cuadriculada de ladrillos sobre la que se extiende la mancha,
verde y fría, de un rosal. A trechos, donde no hay hojas, se ve
el tronco nudoso y las bifurcaciones de sus ramas larguísimas
y erizadas de espinas. Profusión de brazos, pinzas, patas y otras
extremidades armadas de púas: nunca había pensado que un
rosal fuese un cangrejo inmenso. El patio debe tener unos cua-
renta metros cuadrados; su piso es de cemento y, además del

rosal, lo adorna un prado minúsculo sembrado de margaritas.
En una esquina hay una mesita de madera negra, ya desvenci-
jada. ¿Para qué habrá servido? Tal vez fue pedestal de una
maceta. Todos los días, durante varias horas, mientras leo o
escribo, la tengo frente a mí, pero, por más acostumbrado que
esté a su presencia, me sigue pareciendo una incongruencia:
¿qué hace allí? A veces la veo como se ve una falta, un acto
indebido; otras, como una crítica. La crítica de la retórica
de los árboles y el viento. En el rincón opuesto está el bote de
basura, un cilindro metálico de setenta centímetros de altura
y medio metro de diámetro: cuatro patas de alambre que sos-
tienen un aro provisto de una cubierta oxidada y del que cuel-
ga una bolsa de plástico destinada a contener los desperdicios.
La bolsa es de color rojo encendido. Otra vez los cangrejos. La
mesa y el bote de basura, las paredes de ladrillo y el piso de
cemento, encierran al espacio. ¿Lo encierran o son sus puertas?

Bajo el arco de las hayas la luz se ha profundizado y su fije-
za, sitiada por las sombras convulsas del follaje, es casi absolu-
ta. Al verla, yo también me quedo quieto. Mejor dicho: mi
pensamiento se repliega y se queda quieto por un largo instan-
te. ¿Esa quietud es la fuerza que impide huir a los árboles y
disgregarse al cielo? ¿Es la *gravedad* de este momento? Sí, ya sé
que la naturaleza —o lo que así llamamos: ese conjunto de
objetos y procesos que nos rodea y que, alternativamente, nos
engendra y nos devora— no es nuestra cómplice ni nuestra
confidente. No es lícito proyectar nuestros sentimientos en las
cosas ni atribuirles nuestras sensaciones y pasiones. ¿Tampoco
lo será ver en ellas una guía, una doctrina de vida? Aprender
el arte de la inmovilidad en la agitación del torbellino, apren-
der a quedarse quieto y a ser transparente como esa luz fija en
medio de los ramajes frenéticos —puede ser un programa de
vida. Pero el claro ya no es una laguna ovalada sino un trián-
gulo incandescente, recorrido por finísimas estrías de sombra.
El triángulo se agita imperceptiblemente hasta que, poco a
poco, se produce una ebullición luminosa, primero en las re-
giones exteriores y después, con creciente ímpetu, en su núcleo

encendido, como si toda esa luz líquida fuese una materia hir-
viente y progresivamente amarilla. ¿Estallará? Las burbujas se
encienden y apagan continuamente con un ritmo semejante al
de una respiración inquieta. A medida que el cielo se obscure-
ce, el claro de luz se vuelve más profundo y parpadeante, casi
una lámpara a punto de extinguirse entre tinieblas agitadas.
Los árboles siguen en pie aunque ya están vestidos de otra luz.

La fijeza es siempre momentánea. Es un equilibrio, a un
tiempo precario y perfecto, que dura lo que dura un instante:
basta una vibración de la luz, la aparición de una nube o una
mínima alteración de la temperatura para que el pacto de quie-
tud se rompa y se desencadene la serie de las metamorfosis. Cada
metamorfosis, a su vez, es otro momento de fijeza al que sucede
una nueva alteración y otro insólito equilibrio. Sí, nadie está solo
y cada cambio aquí provoca otro cambio allá. Nadie está solo y
nada es sólido: el cambio se resuelve en fijezas que son acuerdos
momentáneos. ¿Debo decir que la forma del cambio es la fijeza
o, más exactamente, que el cambio es una incesante búsqueda
de fijeza? Nostalgia de la inercia: la pereza y sus paraísos conge-
lados. La sabiduría no está ni en la fijeza ni en el cambio, sino en
la dialéctica entre ellos. Constante ir y venir: la sabiduría está
en lo instantáneo. Es el tránsito. Pero apenas digo *tránsito*, se
rompe el hechizo. El tránsito no es sabiduría sino un simple ir
hacia... El tránsito se desvanece: solo así es tránsito.

[...]

6

Manchas: malezas: borrones. Tachaduras. Preso entre las líneas,
las lianas de las letras. Ahogado por los trazos, los lazos de las
vocales. Mordido, picoteado por las pinzas, los garfios de las con-
sonantes. Malezas de signos: negación de los signos. Gesticu-
lación estúpida, grotesca ceremonia. Plétora termina en extin-

ción: los signos se comen a los signos. Maleza se convierte en desierto, algarabía en silencio: arenales de letras. Alfabetos podridos, escrituras quemadas, detritos verbales. Cenizas. Idiomas nacientes, larvas, fetos, abortos. Maleza: pululación homicida: erial. Repeticiones, andas perdido entre las repeticiones, eres una repetición entre las repeticiones. Artista de las repeticiones, gran maestro de las desfiguraciones, artistas de las demoliciones. Los árboles repiten a los árboles, las arenas a las arenas, la jungla de letras es repetición, el arenal es repetición, la plétora es vacío, el vacío es plétora, repito las repeticiones, perdido en la maleza de signos, errante por el arenal sin signos, manchas en la pared bajo este sol de Galta, manchas en esta tarde de Cambridge, maleza y arenal, manchas sobre mi frente que congrega y disgrega paisajes inciertos. Eres (soy) es una repetición entre las repeticiones. Es eres soy: soy es eres: eres es soy. Demoliciones: me tiendo sobre mis trituraciones, yo habito mis demoliciones.

7

Espesura indescifrable de líneas, trazos, volutas, mapas: discurso del fuego sobre el muro. Una superficie inmóvil recorrida por una claridad parpadeante: temblor de agua transparente sobre el fondo quieto del manantial iluminado por invisibles reflectores. Una superficie inmóvil sobre la que el fuego proyecta silenciosas, rápidas sombras convulsas: bajo las ondulaciones del agua clarísima se deslizan con celeridad fantasmas obscuros. Uno, dos, tres, cuatro rayos negros emergen de un sol igualmente negro, se alargan, avanzan, ocupan todo el espacio que oscila y ondula, se funden entre ellos, rehacen el sol de sombra de que nacieron, emergen de nuevo de ese sol —como una mano que se abre, se cierra y una vez más se abre para transformarse en una hoja de higuera, un trébol, una profusión de alas negras antes de esfumarse del todo. Una cascada se despeña calladamente sobre las lisas paredes de un dique. Una luna carbonizada surge de un precipicio entreabierto. Un velero con las velas hinchadas echas raíces en lo alto y, volcado, es un árbol invertido. Ropas que vuelan sobre un paisaje de colinas de hollín. Continentes a la deriva, océanos en erupción. Oleajes, oleajes. El viento dispersa las rocas ingrávidas. Un atlante estalla en añicos. Otra vez pájaros, otra vez peces. Las sombras se enlazan y cubren todo el muro. Se desenlazan. Burbujas en el centro de la superficie líquida, círculos concéntricos, tañen allá abajo campanas sumergidas. Esplendor se desnuda con una mano sin soltar con la otra la verga de su pareja. Mientras se desnuda, el fuego de la chimenea la cubre de reflejos cobrizos. Ha dejado su ropa al lado y se abre paso nadando entre las sombras. La luz de la hoguera se enrosca en los tobillos de Esplendor y asciende entre sus piernas hasta iluminar su pubis y su vientre. El agua color de sol moja su vello y penetra entre los labios de la vulva. La lengua templada de la llama sobre la humedad de la crica; la lengua entra y palpa a ciegas las paredes palpitantes. El agua de muchos dedos abre las valvas y frota el obstinado botón eréctil escondido entre repliegues chorreantes. Se enlazan y desenlazan los reflejos, las llamas, las ondas. Sombras trémulas sobre el espacio que respira como un animal, sombras de una mariposa doble que abre, cierra, abre las alas. Nudos. Sobre el cuerpo tendido de Esplendor sube y baja el oleaje. Sombra de un animal bebiendo sombras entre las piernas abiertas de la muchacha. El agua: la sombra; la luz: el silencio. La luz: el agua; la sombra: el silencio. El silencio: el agua; la luz: la sombra.

8

Manchas: malezas. Rodeado, preso entre las líneas, los lazos y trazos de las lianas. El ojo perdido en la profusión de sendas que se cruzan en todos sentidos entre árboles y follajes. Malezas:

hilos que se enredan, madejas de enigma. Enramadas verdine-
gras, matorrales ígneos o flavios, macizos trémulos: la vegetación
asume una apariencia irreal, casi incorpórea, como si fuese una
mera configuración de sombras y luces sobre un muro. Pero es
impenetrable. A horcajadas sobre la alta barda, contempla el
tupido bosquecillo, se rasca la peluda rabadilla y dice para sí:
delicia de los ojos, derrota del entendimiento. El sol quema las
puntas de los bambúes gigantes de Birmania, tan altos como
delgados: sus tallos alcanzan los ciento treinta pies de altura y
miden apenas diez pulgadas de diámetro. De izquierda a dere-
cha, con extrema lentitud, mueve la cabeza y así abarca todo el
panorama, de los bambúes gigantes al soto de árboles ponzo-
ñosos. A medida que sus ojos recorren la espesura, se inscriben
en su espíritu, con la misma celeridad y perfección con que
se estampan sobre una hoja de papel las letras de una máquina de
escribir manejada por manos expertas, el nombre y las caracte-
rísticas de cada árbol y de cada planta: la palmera de Filipinas,
cuyo fruto, el buyo, perfuma el aliento y enrojece la saliva; la
palmera de Doum y la de Nibung, una oriunda del Sudán y
la otra de Java, las dos airosas y de ademanes sueltos; la Kitul,
de la que extraen el licor alcohólico llamado *toddy*; la Talipot: su
tronco tiene cien pies de alto y cuatro de ancho, al cumplir los
cuarenta años de edad lanza una florescencia cremosa de veinte
pies y después muere; el árbol del guaco, célebre por sus pode-
res curativos bajo el nombre de Palo Santo; el delgado, modes-
to árbol de la gutapercha; el plátano salvaje (*Musa Paradisiaca*)
y la Palma del Viajero, manantial vegetal: en las vainas de sus
inmensas hojas guarda litros y litros de agua potable que beben
con avidez los sedientos viajeros extraviados; el árbol Upa: su
corteza contiene el Ipoh, un veneno que da calenturas, hincha-
zones, quema la sangre y mata; los arbustos de Queensland,
cubiertos de flores como anémonas de mar, plantas que produ-
cen delirios y mareos; las tribus y confederaciones de hibiscos
y abobras; el árbol del hule, confidente del olmeca, húmedo y
chorreante de savia en la obscuridad caliente; el caobo llamean-
te; el nogal de Okari, delicia del papú; el Jack de Ceilán, arto-

corpóreo hermano del árbol del pan, cuyos frutos pesan más de setenta kilos; un árbol bien conocido en Sierra Leona: el venenoso Sanny; el Rambután de malaya: sus hojas, suaves al tacto, ocultan frutos espinosos; el árbol de las salchichas; el Daluk: su jugo lechoso enceguece; la araucaria Bunya-bunya (más conocida, pensó sonriendo, como Rompecabezas del Mono) y la araucaria de América, cónica torre verde botella de doscientos pies; la magnolia indostana, el Champak citado por Valmiki al describir la visita de Hanuman al boscaje de Ashoka, en el palacio de Ravana, en Lanka; el árbol del sándalo y el falso árbol del sándalo; la planta Dhatura, droga ponzoñosa de los ascetas; el árbol de la goma, en perpetua tumescencia y desentumescencia; el Kimuska, que los ingleses llaman *flame of the forest*, masa pasional de follajes que van del naranja al encarnado, más bien refrescantes en la sequía del verano interminable; la ceiba y el ceibo, testigos soñolientos e indiferentes de Palenque y de Angkor; el mamey: su fruto es una brasa dentro de una pelota de rugby; el pimentero y su primo el turbinto; el árbol de hierro del Brasil y la orquídea gigante de Malaya; el Nam-nam y los almendros de Java, que no son almendros sino enormes rocas esculpidas; unos siniestros árboles latinoamericanos —no diré su nombre para castigarlos— con frutos semejantes a cabezas humanas que despiden un olor fétido: el mundo vegetal repite el horror sórdido de la historia de ese continente; el Hora, que da frutos tan ligeros que las brisas los transportan; el inflexible Palo Hacha; la industriosa bignonia del Brasil: tiende puentes colgantes entre un árbol y otro gracias a los ganchillos con que trepa y a los cordoncillos con que se sujeta; la serpiente, otra trepadora equilibrista, igualmente diestra en el uso de ganchillos, moteada como una culebra; el oxipétalo enroscado entre racimos azules; la sarmentosa momóndiga; el Cocotero Doble, así llamado por ser bisexuado, también conocido como Coco del Mar, porque sus frutos, bilobulados o trilobulados, envueltos entre grandes hojas y semejantes a magnos órganos genitales, se encuentran flotando en el océano Índico, el Cocotero Doble, cuya inflorescencia masculina es de

forma fálica, mide tres pies de longitud y huele a ratón, en
tanto que la femenina es redonda y, artificialmente polinizada,
tarda diez años en producir fruto; el Goda Kaduro de Oceanía:
sus semillas grises y aplastadas contienen el alcaloide de la
estricnina; el árbol de la tinta; el árbol de la lluvia; el ombú:
sombra bella; el baobab; el palo de rosa y el palo de Pernam-
buco; el ébano; el pipal, la higuera religiosa a cuya sombra el
Buda venció a Mara, planta estranguladora; el aromático Ka-
runbu Neti de Molucas y el Grano del Paraíso; el Bulu y la
enredadera Dada Kehel... El Gran Mono cierra los ojos, vuelve
a rascarse y musita: antes de que el sol se hubiese ocultado del
todo —ahora corre entre los altos bambúes como un animal
perseguido por la sombra— logré reducir el boscaje a un catá-
logo. Una página de enmarañada caligrafía vegetal. Maleza de
signos: ¿cómo leerla, cómo abrirse paso entre esta espesura?
Hanuman sonríe con placer ante la analogía que se le acaba de
ocurrir: caligrafía y vegetación, arboleda y escritura, lectura y
camino. Caminar: leer un trozo de terreno, descifrar un pedazo
de mundo. La lectura considerada como un camino hacia... El
camino como una lectura: ¿una interpretación del mundo na-
tural? Vuelve a cerrar los ojos y se ve a sí mismo, en otra edad,
escribiendo (¿sobre un papel o sobre una roca, con una pluma
o con un cincel?) el acto de *Mahanataka* en que se describe su
visita al bosquecillo del palacio de Ravana. Compara su retóri-
ca a una página de indescifrable caligrafía y piensa: la diferen-
cia entre la escritura humana y la divina consiste en que el
número de signos de la primera es limitado mientras que el de
la segunda es infinito; por eso el universo es un texto insensato
y que ni siquiera para los dioses es legible. La crítica del uni-
verso (y la de los dioses) se llama gramática... Turbado por este
extraño pensamiento, Hanuman salta de la barda al suelo, per-
manece un instante agachado, se yergue, escruta los cuatro
puntos cardinales y, con decisión, penetra en la maleza.

[...]

10

Vio a muchas mujeres tendidas sobre esteras, en varios trajes y atavíos, el pelo adornado con flores; dormían bajo la influencia del vino, después de haber pasado la mitad de la noche en juegos. Y el silencio de aquella gran compañía, ahora mudas las sonoras alhajas, era el de un vasto estanque nocturno rebosante de lotos y ya sin ruido de cisnes o abejas... El noble mono se dijo a sí mismo: «Aquí se han juntado los planetas que, consumida su provisión de méritos, caen del firmamento». Era verdad: las mujeres resplandecían como caídos meteoros en fuego. Unas se habían desplomado dormidas en medio de sus bailes y yacían, el pelo y el tocado en desorden, fulminadas entre sus ropas desparramadas; otras habían arrojado al suelo sus guirnaldas y, rotas las cintas de sus collares, desabrochados los cinturones y los vestidos revueltos, parecían yeguas desensilladas; otras más, perdidas sus ajorcas y aretes, las túnicas desgarradas y pisoteadas, semejaban enredaderas holladas por elefantes salvajes. Aquí y allá las perlas esparcidas cruzaban reflejos lunares entre los cisnes dormidos de los senos. Aquellas mujeres eran ríos: sus muslos, las riberas; las ondulaciones el pubis y del vientre, los rizos del agua bajo el viento; sus grupas y senos, las colinas y eminencias que el recurso rodea y ciñe; los lotos, sus caras; los cocodrilos, sus deseos; sus cuerpos sinuosos, el cauce de la corriente. En tobillos y muñecas, antebrazos y hombros, cerca del ombligo o en las puntas de los pechos, se veían graciosos rasguños y marcas violáceas que parecían joyas... Algunas de estas muchachas saboreaban los labios y las lenguas de sus compañeras y ellas les devolvían sus besos como si fuesen los de su señor; despiertos los sentidos aunque el espíritu dormido, se hacían el amor las unas a las otras o, solitarias, estrechaban con brazos alhajados un bulto hecho de sus propias ropas o, bajo el imperio del vino y del deseo, unas dormían recostadas sobre el vientre de una compañera o entre sus muslos y otras apoyaban la cabeza en el hombro de su vecina u ocultaban el rostro entre sus pechos y así se acoplaban

las unas con las otras como las ramas de una misma arboleda.
Aquellas mujeres de talles estrechos se entrelazaban entre ellas
al modo de las trepadoras cuando cubren los troncos de los
árboles y abren sus corolas al viento de marzo. Aquellas muje-
res se entretejían y encadenaban con sus brazos y piernas hasta
formar una enramada intrincada y selvática (*Sundara Kund*, IX).

11

La transfiguración de sus juegos y abrazos en una ceremonia
insensata les infundía simultáneamente miedo y placer. Por
una parte, el espectáculo los fascinaba y aun alimentaba su
lujuria: aquella pareja de gigantes eran ellos mismos; por la
otra, al sentimiento de exaltación que los embargaba al verse
como imágenes del fuego se aliaba otro de inquietud, resuel-
to en una pregunta más temerosa que incrédula: ¿eran ellos
mismos? Al ver aquellas formas insubstanciales aparecer y
desaparecer silenciosamente, girar una en torno de la otra,
fundirse y escindirse, palparse y desgarrarse en fragmentos
que se desvanecían y un instante después reaparecían para
inventar de nuevo otro cuerpo quimérico, les parecía asistir
no a la proyección de sus acciones y movimientos sino a una
función fantástica, sin relación alguna con la realidad que
ellos vivían en aquel momento. Fastos ambiguos de una pro-
cesión interminable, compuesta por una sucesión de escenas
incoherentes de adoración y profanación, cuyo desenlace era
un sacrificio seguido por la resurrección de la víctima: otro
fantasma ávido que iniciaba una escena distinta a la que aca-
baba de transcurrir pero poseída por la misma lógica demen-
cial. El muro les mostraba la metamorfosis de los transportes
de sus cuerpos en una fábula bárbara, enigmática y apenas
humana. Sus actos vueltos un baile de espectros, este mundo
redivivo en el otro. Redivivo y desfigurado: un cortejo de
alucinaciones exangües.

Los cuerpos que se desnudan bajo la mirada del otro y bajo la propia, las caricias que los anudan y desanudan, la red de sensaciones que los encierra y los comunica entre ellos al incomunicarlos del mundo, los cuerpos instantáneos que forman dos cuerpos en su afán por ser un solo cuerpo —todo eso se transformaba en una trama de símbolos y jeroglíficos. No podían leerlos: inmersos en la realidad pasional de sus cuerpos solo percibían fragmentos de la otra pasión que se representaba en el muro. Pero si hubiesen seguido con atención el desfile de las siluetas, tampoco habrían podido interpretarlo. Sin embargo, aunque apenas si veían los cortejos de sombras, sabían que cada uno de sus gestos y posiciones se inscribía en la pared, transfigurado en un nudo de escorpiones o pájaros, manos o pescados, discos o conos, signos instantáneos y cambiantes. Cada movimiento engendraba una forma enigmática y cada forma se enlazaba a otra y otra. Gavillas de enigmas que a su vez se entretejían con otras y se acoplaban como las ramas de una arboleda o las tenazas vegetales de una trepadora. A la luz insegura del fuego se sucedían y encadenaban los trazos de las sombras. Y del mismo modo que, aunque desconocían el sentido de aquel teatro de signos, no ignoraban su tema pasional y sombrío, sabían que, a pesar de estar hecha de sombras, la enramada que tejían sus cuerpos era impenetrable.

Racimos negros colgando de una roca abrupta y vaga pero poderosamente masculina, hendida de pronto como un ídolo abierto a hachazos: bifurcaciones, ramificaciones, disgregaciones, coagulaciones, desmembramientos, fusiones. Inagotable fluir de sombras y formas en las que aparecían siempre los mismos elementos —sus cuerpos, sus ropas, los pocos muebles y objetos de la habitación— cada vez combinados de una manera distinta aunque, como en un poema, había reiteraciones, rimas, analogías, figuras que reaparecían con cierta regularidad de oleaje: llanuras de lava, tijeras volantes, violines ahorcados, vasijas hirvientes de letras, erupciones de triángulos, combates campales entre rectángulos y hexágonos, los miles de muertos de la peste en Londres transformados en las nubes sobre las que

asciende la Virgen cambiadas en los miles de cuerpos desnudos
y enlazados de una de las colosales orgías de Harmonía calcu-
lada por Fourier vueltos las grandes llamas que devoran el ca-
dáver de Sardanápalo, montañas navegantes, civilizaciones
ahogadas en una gota de tinta teológica, hélices plantadas en
el Calvario, incendios, incendios, el viento siempre entre las
llamas, el viento que agita las cenizas y las disipa.

Esplendor se recuesta en la estera y con las dos manos opri-
me uno contra otro sus pechos hasta juntarlos casi enteramen-
te pero de modo que dejen, abajo, un estrecho canal por el que
su compañero, obediente a un gesto de invitación de la mucha-
cha, introduce su verga. El hombre está arrodillado y bajo el
arco de sus piernas se extiende el cuerpo de Esplendor, la mitad
superior erguida a medias para facilitar las embestidas de su
pareja. Tras unos cuantos y enérgicos movimientos de ataque,
la verga atraviesa el canal formado por los pechos y reaparece
en la zona de sombra de la garganta, muy cerca de la boca de
la muchacha. En vano ella pretende acariciar con la lengua la
cabeza del miembro: su posición se lo prohíbe. Con un gesto
rápido aunque sin violencia el hombre empuja hacia arriba y
hacia adelante, hace saltar los senos y entre ellos emerge su
verga como un nadador que vuelve a la superficie, ahora sí
frente a los labios de Esplendor. Ella la humedece con la lengua,
la atrae y la conduce a la gruta roja. Los cojones del hombre se
hinchan. Chapaloteo. Círculos concéntricos cubren la superficie
del estanque. Tañe grave el badajo de la campana submarina.

En el muro, el cuerpo del hombre es un puente colgante
sobre un río inmóvil: el cuerpo de Esplendor. A medida que
disminuye el chisporroteo de la chimenea, crece la sombra
del hombre arrodillado sobre la muchacha hasta que invade del
todo al muro. La conjunción de las tinieblas precipita la des-
carga. Blancura súbita. Caída interminable en una cueva abso-
lutamente negra. Después se descubre tendido al lado de ella, en
una penumbra a la orilla del mundo: más allá están los otros mun-
dos, el de los muebles y objetos de la habitación y el otro
mundo del muro, apenas iluminado por la luz muriente de las

brasas. Al cabo de un rato el hombre se levanta y aviva el fue-
go. Su sombra es inmensa y aletea en todo el cuarto. Vuelve al
lado de Esplendor y mira los reflejos del fuego deslizarse sobre
su cuerpo. Vestidura de luz, vestidura de agua: la desnudez es
más desnuda. Ahora puede verla y abarcarla. Antes solo había
entrevisto pedazos de ella: un muslo, un codo, la palma de una
mano, un pie, una rodilla, una oreja escondida en una mata de
pelo húmedo, un ojo entre pestañas, la suavidad de las corvas
y de las ingles hasta llegar a la zona obscura y áspera, la male-
za negra y mojada entre sus dedos, la lengua entre los dientes
y los labios, cuerpo más palpado que visto, cuerpo hecho de
pedazos de cuerpo, regiones de sequía o de humedad, regiones
claras o boscosas, eminencias o hendeduras, nunca el cuerpo
sino sus partes, cada parte una instantánea totalidad a su vez
inmediatamente escindida, cuerpo segmentado descuartizado
despedazado, trozos de oreja tobillo ingle nuca seño uña, cada
pedazo un signo del cuerpo de cuerpos, cada parte entera y
toral, cada signo una imagen que aparece y arde hasta consu-
mirse, cada imagen una cadena de vibraciones, cada vibración la
percepción de una sensación que se disipa, millones de cuerpos
en cada vibración, millones de universos en cada cuerpo, lluvia
de universos sobre el cuerpo de Esplendor que no es cuerpo sino
el río de signos de su cuerpo, corriente de vibraciones de sen-
saciones de percepciones de imágenes de sensaciones de vibra-
ciones, caída de lo blanco en lo negro, lo negro en lo blanco, lo
blanco en lo blanco, oleadas negras en el túnel rosa, caída blan-
ca en la hendedura negra, nunca el cuerpo sino los cuerpos que
se dividen, escisión y proliferación y disipación, plétora y abo-
lición, partes que se reparten, signos de la totalidad que sin
cesar se divide, cadena de las percepciones de las sensaciones
del cuerpo total que se disipa.

Casi con timidez acaricia el cuerpo de Esplendor con la pal-
ma de la mano, desde el nacimiento de la nuca hasta los pies.
Esplendor le devuelve la caricia con el mismo sentimiento de
asombro y reconocimiento: también sus ojos y su tacto descubren,
al mirarlo y palparlo, un cuerpo que antes solo había entrevisto

y sentido como una sucesión inconexa de visiones y sensaciones momentáneas, una configuración de percepciones destruida apenas formada. Un cuerpo que había desaparecido en su cuerpo y que, en el instante mismo de esa desaparición, había hecho desaparecer al suyo: corriente de vibraciones que se disipan en la percepción de su propia disipación, percepción que es ella misma dispersión de toda percepción pero que asimismo y por eso mismo, por ser percepción del desvanecimiento al desvanecerse, remonta la corriente y por el camino de las disoluciones rehace las formas y los universos hasta que se manifiesta de nuevo en un cuerpo: ese cuerpo de hombre que miran sus ojos.

En el muro, Esplendor es una ondulación, la forma yacente de valles y colinas adormecidas. Bajo la acción del fuego que redobla sus llamas y agita las sombras, esa masa de quietud y de sueño comienza de nuevo a animarse. El hombre habla y acompaña sus palabras con ademanes y gestos de manos y cabeza. Al reflejarse en la pared, esos movimientos inventan una pantomima en la que, festín y ritual, se descuartiza a una víctima y se esparcen sus partes en un espacio que cambia continuamente de forma y dirección, como las estrofas de un poema que una voz despliega sobre la móvil página del aire. Las llamas crecen y el muro se agita con violencia como una arboleda golpeada por el viento. El cuerpo de Esplendor se retuerce, se desgaja y se reparte en una, dos, tres, cuatro, cinco, seis, siete, ocho, nueve, diez porciones —hasta desvanecerse enteramente. El cuarto está totalmente iluminado. El hombre se levanta y camina de un lado para otro, ligeramente encorvado y como si hablase a solas. Su sombra inclinada parece buscar en la superficie del muro —lisa, parpadeante y desierta: agua vacía— los restos de la desaparecida.

12

En el muro de la terraza las proezas de Hanuman en Lanka se resuelven en una borrasca de trazos que se confunden con las manchas violáceas de la humedad. Unos pocos metros más adelante el lienzo de la pared termina en un montón de escombros. Por la gran brecha puede verse la tierra de Galta: al frente, colinas ceñudas y peladas que poco a poco se disuelven en una llanura amarillenta y reseca, cuenca desolada que gobierna una luz tajante; a la izquierda, hondonadas, ondulaciones y entre los declives o sobre las cimas las aglomeraciones de las ruinas, unas habitadas por los monos y otras por familias de parias, casi todas pertenecientes a la casta Balmik (barren y lavan los pisos, recogen la basura, acarrean las inmundicias, son los especialistas del polvo, los desechos y los excrementos, pero aquí, instalados en los despojos y cascajos de las mansiones abandonadas, cultivan también la tierra en las granjas cercanas y en las tardes se reúnen en los patios y terrazas para compartir la *hooka*, discutir y contarse historias); a la derecha, las vueltas y revueltas del camino que lleva al santuario en la cumbre de la montaña. Terreno erizado y ocre, mezquina vegetación espinosa y, desparramadas aquí y allá, grandes piedras blancas pulidas por el viento. En los recodos del camino, solitarios o en grupo, árboles poderosos: pipales de raíces colgantes, brazos nervudos y correosos con que durante siglos estrangulan a otros árboles, rompen piedras y derriban muros y edificios; eucaliptos de troncos veteados y follajes balsámicos; los *nim* de rugosa corteza mineral —en sus hendeduras y horquetas, ocultos por el verde amargo de las hojas, hay pueblos de ardillas diminutas y colas inmensas, lechuzas anacoretas, pandillas de cuervos. Cielos imperturbables, indiferentes y vacíos, salvo por las figuras que dibujan los pájaros: círculos y espirales de aguiluchos y buitres, manchas de tinta de cuervos y mirlos, disparos verdes y zigzagueantes de los pericos.

Rumor obscuro de piedras cayendo en un torrente: la polvareda del hato de cabritos negros y bayos guiados por dos pastorcitos; uno toca una tonada en un organillo de boca y el otro tararea la canción. El ruido fresco de las pisadas, las voces y las risas de una banda de mujeres que baja del santuario, cargadas de niños como si fuesen árboles frutales, sudorosas y descalzas, los brazos y tobillos cubiertos de ajorcas y brazaletes sonoros de plata —el tropel polvoso de las mujeres y el centelleo de sus vestidos, vehemencias rojas y amarillas, su andar de potros, el cascabeleo de sus risas, la inmensidad en sus ojos. Más arriba, a unos cincuenta metros del torreón decrépito, linde de la antigua ciudad, invisible desde aquí (hay que torcer hacia la izquierda y rodear una roca que obstruye el paso), el terreno se quiebra: hay una barrera de peñascos y a sus pies un estanque rodeado de construcciones irregulares. Allí los peregrinos descansan después de hacer sus abluciones. El lugar también es hostería de ascetas errantes. Entre las rocas crecen dos pipales muy venerados. El agua de la cascada es verde y el ruido que hace al caer me hace pensar en el de los elefantes a la hora del baño. Son las seis de la tarde; en estos momentos el *sadhu* que vive en ruinas cercanas deja su retiro y, completamente desnudo, se encamina hacia el tanque. Desde hace años, incluso en los fríos días de diciembre y enero, hace sus abluciones a la luz del alba y a la del crepúsculo. Aunque tiene más de sesenta años, su cuerpo es el de un muchacho y su mirada es límpida. Después del baño, cada tarde, dice sus plegarias, come la cena que le aportan los devotos, bebe una taza de té y da unas bocanadas de hachís en su pipa o ingiere un poco de *bhang* en una taza de leche —no para estimular su imaginación, dice, sino para calmarla. Busca la ecuanimidad, el punto donde cesa la oposición entre la visión interior y la exterior, entre lo que vemos y lo que imaginamos. A mí me gustaría hablar con el *sadhu* pero ni él entiende mi lengua ni yo hablo la suya. Así, de vez en cuando me limito a compartir su té, su *bhang* y su quietud. ¿Qué idea se hará de mí? Quizá él se hace ahora la misma pregunta, si es que por casualidad piensa en mí.

Me siento observado y me vuelvo: en el otro extremo de la terraza la banda de monos me espía. Camino hacia ellos en línea recta, sin prisa y con mi vara en alto; mi acción parece no inquietarlos y, sin moverse apenas, mientras yo avanzo, continúan mirándome con su acostumbrada, irritante curiosidad y su no menos acostumbrada impertinente indiferencia. En cuanto me sienten cerca, saltan, echan a correr y desaparecen detrás de la balaustrada. Me aproximo al borde opuesto de la terraza y desde allí veo, a lo lejos, el espinazo del monte dibujado con una precisión feroz. Abajo, la calle y la fuente, el templo y sus dos sacerdotes, los tendajones y sus viejos, los niños que saltan y gritan, unas vacas hambrientas, más monos, un perro cojo. Todo resplandece: las bestias, las gentes, los árboles, las piedras, las inmundicias. Un resplandor sin violencia y que pacta con las sombras y sus repliegues. Alianza de las claridades, templanza pensativa: los objetos se animan secretamente, emiten llamadas, responden a las llamadas, no se mueven y vibran, están vivos con una vida distinta de la vida. Pausa universal: respiro el aire, olor acre de estiércol quemado, olor de incienso y podredumbre. Me planto en este momento de inmovilidad: la hora es un bloque de tiempo puro.

[...]

14

Me detuve ante una fuente que estaba situada a mitad de la calle, en el centro de un semicírculo. El hilillo de agua que escurría del grifo había formado un charco lodoso en el suelo; lo lamía un perro de escasa pelambre parduzca, peladuras rojizas y carne magullada. (El perro, la calle, el charco: la luz de las tres de la tarde, hace mucho, sobre las piedras de un callejón en un pueblo del valle de México, el cuerpo tendido de un campesino vestido de manta blanca, el charco de sangre, el perro que la lame, los alaridos de unas mujeres de faldas obscuras y rebozos morados que corren hacia el muerto). Entre las construcciones casi derruidas del semicírculo que rodeaba a la fuente se encontraba una, todavía en pie, maciza y de poca altura, sus portones de par en par abiertos: el templo. Desde donde yo estaba podía verse su patio, un vasto espacio cuadrangular enlosado (acababan de lavarlo y despedía un vapor blancuzco) y a su alrededor adosados al muro y bajo una techumbre sostenida por pilares de formas irregulares, unos de piedra y otros de mampostería, todos encalados y decorados por dibujos de color rojo y azul, grecas y ramos de flores, los altares con los dioses. Estaban separados uno del otro por reja de madera como si fuesen jaulas. A los lados de las entradas había varios tendajones, en donde unos viejos vendían a la multitud de devotos flores, palillos y barras de incienso; imágenes y fotografías en color de los dioses (representados por actores y actrices de cine) y de Gandhi, Bose y otros héroes y santos; la pasta roja y blanda (*bhasma*) con la que los fieles trazan en sus frentes signos religiosos en el momento de la ceremonia de la ofrenda; abanicos con anuncios de Coca-Cola y otros refrescos; plumas de pavo real; *lingas* de piedra y metal; muñecos que figuran a Durga montada en un león; mandarinas, bananos, dulces, hojas de betel y *bhang*; cintas de colores y talismanes; cuadernos de oraciones, biografías de santos, librillos de astrología y magia; bolsas de cacahuates para los monos... Aparecieron dos sacerdotes a las puertas del templo. Eran obesos y sebosos. Estaban desnudos de la cintura para arriba y les cubría la parte inferior del cuerpo el *dothi*, un fino lienzo de algodón enredado entre las piernas. El cordón brahmánico sobre los pechos rebosantes de nodriza; el pelo, negro y aceitado, trenzado en forma de coleta; el lenguaje suave; los ademanes untuosos. Al verme flotando entre el gentío, se me acercaron y me invitaron a visitar el templo. Decliné su oferta. Ante mi negativa, comenzaron una larga perorata, pero yo, sin oírlos, me perdí entre la muchedumbre dejando que el río humano me arrastrase.

Trepaban despacio por el camino escarpado. Era una multitud pacífica, al mismo tiempo fervorosa y riente. Estaban unidos por un deseo común: llegar allá, ver, palpar. La voluntad y sus tensiones y contradicciones no tenían parte en aquel deseo impersonal, pasivo, fluido y fluente. Alegría de la confianza: se sentían como niños entre las manos de fuerzas infinitamente poderosas e infinitamente benévolas. El acto que realizaban estaba inscrito en el calendario de los siglos, era uno de los rayos de una de las ruedas del carro del tiempo. Caminaban rumbo al santuario como lo habían hecho las generaciones idas y como lo harían las venideras. Al caminar con sus parientes, sus vecinos y sus conocidos, caminaban también con los muertos y con los que aún no nacían: la multitud visible era parte de una multitud invisible. Todos juntos caminaban a través de los siglos por el mismo camino, el camino que anula a los tiempos y une a los vivos con los muertos. Por ese camino salimos mañana y llegamos ayer: hoy.

Aunque unos grupos estaban compuestos únicamente por hombre o por mujeres, la mayoría estaban formados por familiares enteras, de los abuelos a los nietos y biznietos, y de los lazos consanguíneos a los religiosos y de casta. Algunos marchaban por parejas: las de viejos hablaban sin parar, pero las de recién casados caminaban en silencio, como si les asombrase estar uno al lado del otro. Y los solitarios: los mendigos lastimosos o terribles —corcovados, ciegos, gafos, bubosos, elefancíacos, leprosos, paralíticos, cretinos babeantes, monstruos quemados por la enfermedad y esculpidos por las fiebres y las hambres— y los otros, los erguidos y arrogantes, riendo con risa salvaje o mudos de ojos llameantes de inspirado, los *sadhúes*, los ascetas vagamundos cubiertos solo por un taparrabo o envueltos en un manto azafrán, las cabelleras rizadas y teñidas de rojo o rapados enteramente salvo el copete de la coronilla, los cuerpos espolvoreados de cenizas humanas o de estiércol de vaca, los rostros pintorreados, en las mano derecha una vara en forma de tridente y en la izquierda una escudilla de latón: su único bien, solos o acompañados de un muchachillo, su discípulo y, a veces, su gitón.

Poco a poco transponíamos cumbres y declives, ruinas y más ruinas. Unos corrían y luego se tendían a descansar bajo los árboles o entre los huecos de las peñas; los más caminaban pausadamente y sin detenerse; los cojos y estropeados se arrastraban con pena y a los inválidos y paralíticos los llevaban en andas. Polvo, olor a sudor, especias, flores pisoteadas, dulzuras nauseabundas, rachas hediondas, rachas de frescura. Pequeños radios portátiles, acarreados por bandas de muchachos, lanzaban al aire canciones dulzonas y pegajosas; las crías, agarradas a los pechos o a las faldas de las madres, berreaban; los devotos salmodiaban himnos; había los que conversaban entre ellos, los que reían con grandes risotadas y los que lloraban o hablaban solos —murmullo incesante, voces, llantos, juramentos, exclamaciones, millones de sílabas que se funden en un rumor enorme e incoherente, el rumor humano abriéndose paso entre los otros rumores aéreos y terrestres, los chillidos de los monos, la cháchara de los cuervos, el ruido de mar de los follajes, el estruendo del viento corriendo entre los cerros.

El viento no se oye a sí mismo pero nosotros le oímos; las bestias se comunican entre ellas pero nosotros hablamos a solas con nosotros mismos y nos comunicamos con los muertos y con los que todavía no nacen. La algarabía humana es el viento que se sabe viento, el lenguaje que se sabe lenguaje y por el cual el animal humano sabe que está vivo y, al saberlo, aprende a morir.

Rumor de unos cuantos cientos de hombres, mujeres y niños que caminan y hablan: rumor promiscuo de dioses, antepasados muertos, niños no nacidos y vivos que esconden entre la camisa y el pecho, con sus moneditas de cobre y sus talismanes, su miedo a morir. El viento no se queja: el hombre es el que oye, en la queja del viento, la queja del tiempo. El hombre se oye y se mira en todas partes: el mundo es su espejo; el mundo ni nos oye ni se mira en nosotros: nadie nos ve, nadie se reconoce en el hombre. Para aquellas colinas éramos unos extraños, como los primeros hombres que, hacía milenios, las habían recorrido. Pero los que caminaban conmigo no lo sabían: había abolido la distancia —el tiempo, la historia, la línea que separa al hombre del mundo. Su caminar en la ceremonia inmemorial de la abolición de las diferencias. Los peregrinos sabían algo que yo ignoraba: el ruido de las sílabas humanas era un rumor más entre los otros rumores de aquella tarde. Un rumor diferente y, no obstante, idéntico a los chillidos de los monos, los gritos de los pericos y el mugido del viento. Saberlo era reconciliarse con el tiempo, reconciliar los tiempos.

15

Mientras creaba a los seres, Prajapati sudaba, se sofocaba y de su gran calor y fatiga, de su sudor, brotó Esplendor. Apareció de pronto: erguida, resplandeciente, radiante, centelleante. Apenas la vieron, los dioses la desearon. Dijeron a Prajapati: «Deja que la matemos; así nos la repartiremos entre todos». Él les respondió: «¡Vamos! Esplendor es una mujer: no se mata a las mujeres. Pero, si quieren, se la pueden repartir —con tal que la dejen viva». Los dioses se la repartieron. Esplendor corrió a quejarse ante Prajapati: «¡Me han quitado todo!». Él la aconsejó: «Pídeles que te devuelvan lo que te arrebataron. Haz un sacrificio». Esplendor tuvo la visión de la ofrenda de las diez porciones del sacrificio. Después dijo la oración de la invitación y los dioses aparecieron. Entonces dijo la oración de la adoración, al revés, comenzando por el fin, para que todo regresase a su estado original. Los dioses concedieron la devolución. Esplendor tuvo la visión de las ofrendas adicionales. Las recitó y las ofreció a los diez. A medida que cada uno recibía su oblación, devolvía su porción a Esplendor y desaparecía. Así volvió a ser Esplendor.

En esta secuencia litúrgica hay diez divinos, diez oblaciones, diez recompensas, diez porciones del grupo del sacrificio y el Poema que la dice consiste en estrofas de versos de diez sílabas. El poema no es otro que Esplendor (*Satapatha-Brahmana*, II-4-3).

16

Aparece, reaparece la palabra *reconciliación*. Durante una larga temporada me alumbraba con ella, bebía y comía de ella. *Liberación* era su hermana y su antagonista. El hereje que abjura de sus errores y regresa a la iglesia, se reconcilia; la purificación de un lugar sagrado que ha sido profanado es una reconciliación. La separación es una falta, un extravío. Falta: no estamos com-

pletos; extravío: no estamos en nuestro sitio. Reconciliación
une lo que fue separado, hace conjunción de la escisión, junta
a los dispersos: volvemos al todo y así regresamos a nuestro
lugar. Fin del exilio. Liberación abre otra perspectiva: ruptura
de los vínculos y ligamentos, soberanía del albedrío. Concilia-
ción es dependencia, sujeción; liberación es autosuficiencia,
plenitud del uno, excelencia del único. Liberación: prueba,
purgación, purificación. Cuando estoy solo no estoy solo: estoy
conmigo; estar separado no es estar escindido: es ser uno mismo.
Con todos, estoy desterrado de mí mismo; a solas, estoy en mi
todo. Liberación no es únicamente fin de los otros y de lo otro,
sino fin del yo. Vuelta del yo —no a sí mismo: a lo mismo,
regreso a la mismidad.

   ¿Liberación es lo mismo que reconciliación? Aunque recon-
ciliación pasa por liberación y liberación por reconciliación, se
cruzan solo para separarse: reconciliación es identidad en la
concordancia, liberación es identidad en la diferencia. Unidad
plural, unidad unimismada. Otramente: mismamente. Yo y los
otros, mis otros; yo en mí mismo, en lo mismo. Reconciliación
pasa por disensión, desmembración, ruptura y liberación. Pasa
y regresa. Es la forma original de la revolución, la forma en que
la sociedad se perpetúa a sí misma y se reengendra: regeneración
del pacto social, regreso a la pluralidad original. Al comienzo
no había Uno: jefe, dios, yo; por eso, la revolución es el fin del
Uno y de la unidad indistinta, el comienzo (recomienzo) de la
variedad y sus rimas, sus aliteraciones y composiciones. La de-
generación de la revolución, como se ve en los modernos mo-
vimientos revolucionarios, todos ellos sin excepción transfor-
mados en cesarismos burocráticos y en idolatría institucional
al Jefe y al Sistema, equivale a la *descomposición* de la sociedad,
que deja de ser un concierto plural, una *composición* en el sentido
propio de la palabra, para petrificarse en la máscara del Uno.
La degeneración consiste en que la sociedad repite infinitamen-
te la imagen del Jefe, que no es otra que la máscara de la *des-
compostura*: la desmesura e impostura del César. Pero no hubo
ni hay Uno: cada uno es un todo. Pero no hay todo: siempre

falta uno. Ni entre todos somos Uno, ni cada uno es todo. No hay Uno ni todo: hay unos y todos. Siempre el plural, siempre la plétora incompleta, el nosotros en busca de su cada uno: su rima, su metáfora, su complemento diferente.

Me sentía separado, lejos —no de los otros y de las cosas, sino de mí mismo. Cuando me buscaba por dentro, no me encontraba; salía y tampoco afuera me reconocía. Adentro y afuera encontraba siempre a otros. Al mismo siempre otro. Mi cuerpo y yo, mi sombra y yo, su sombra. Mis sombras: mis cuerpos: otros otros. Dicen que hay gente vacía: yo estaba lleno, repleto de mí. Sin embargo, nunca estaba en mí y nunca podía entrar en mí: siempre había otro. Siempre era otro. ¿Suprimirlo, exorcizarlo, matarlo? Apenas lo veía, desaparecía. ¿Hablar con él, convencerlo, pactar? Lo buscaba aquí y aparecía allá. No tenía substancia, no ocupaba lugar. Nunca estaba donde yo estaba; siempre allá: acá; siempre acá: allá. Mi previsible invisible, mi visible imprevisible. Nunca el mismo, nunca en el mismo sitio. Nunca el mismo sitio: afuera era adentro, adentro era otra parte, aquí era ninguna parte. Nunca un sitio. Destierros: lejanías: siempre allá. ¿Dónde? Aquí. El otro no se ha movido; nunca me he movido de mi sitio. Está aquí. ¿Quién? Yo mismo: el mismo. ¿Dónde? En mí: desde el principio caigo en mí y sigo cayendo. Desde el principio yo siempre voy adonde estoy, yo nunca llego adonde soy. Siempre yo siempre en otra parte: el mismo sitio, el otro yo. La salida está en la entrada; la entrada —no hay entrada, todo es salida. Aquí adentro siempre es afuera, aquí siempre es allá, el otro siempre en otra parte. Allá está siempre el mismo: él mismo: yo mismo: el otro. Ese soy yo: eso.

¿Con quién podía reconciliarme: conmigo o con el otro —los otros? ¿Quiénes eran, quiénes éramos? Reconciliación no era idea ni palabra: era una semilla que, días tras día primero y hora tras hora después, había ido creciendo hasta convertirse en una inmensa espiral de vidrio por cuyas venas y filamentos corrían luz, vino tinto, miel, humo, fuego, agua de mar y agua de río, niebla, materias hirvientes, torbellinos de plumas. Ni termómetro ni barómetro: central de energía que se transforma en

surtidor que es un árbol de ramas y hojas de todos los colores,
planta de brasas en invierno y planta de frescura en verano, sol
de claridad y sol de sombra, gran albatros hecho de sal y aire,
molino de reflejos, reloj en el que cada hora se contempla en las
otras hasta anularse. Reconciliación era una fruta —no la fruta
sino su madurez, no su madurez sino su caída. Reconciliación
era un planeta ágata y una llama diminuta, una muchacha, en
el centro de esa canica incandescente. Reconciliación era ciertos
colores entretejidos hasta convertirse en una estrella fija en la
frente del año o a la deriva en aglomeraciones tibias entre las
estribaciones de las estaciones; la vibración de un grano de luz
encerrado en la pupila de un gato echado en un ángulo del medio-
día; la respiración de las sombras dormidas a los pies del otoño
desollado; las temperaturas ocres, las rachas datiladas, bermejas,
hornazas y las pozas verdes, las cuencas de hielo, los cielos erra-
bundos y en harapos de realeza, los tambores de la lluvia; soles
del tamaño de un cuarto de hora pero que contienen todos los
siglos; arañas que tejen redes translúcidas para bestezuelas infi-
nitesimales, ciegas y emisoras de claridades; follajes de llamas,
follajes de agua, follajes de piedra, follajes magnéticos. Recon-
ciliación era matriz y vulva pero también párpados, provincias
de arena. Era noche. Islas, la gravitación universal, las afinidades
electivas, las dudas de la luz que a las seis de la tarde no sabe si
quedarse o irse. Reconciliación no era yo. No era ustedes ni casa,
ni pasado o futuro. No era allá. No era regreso, vuelta al país de
ojos cerrados. Era salir al aire, decir *buenos días*.

[...]

21

En los vericuetos del camino de Galta aparece y desaparece el
Mono Gramático: el monograma del Simio perdido entre sus
símiles.

22

Ninguna pintura puede contar porque ninguna transcurre. La pintura nos enfrenta a realidades definitivas, incambiables, inmóviles. En ningún cuadro, sin excluir a los que tienen por tema acontecimientos reales o sobrenaturales y a los que nos dan la impresión o la sensación del movimiento, *pasa* algo. En los cuadros las cosas están, no pasan. Hablar y escribir, contar y pensar, es transcurrir, ir de un lado a otro: pasar. Un cuadro tiene límites espaciales pero no tiene ni principio ni fin; un texto es una sucesión que comienza en un punto y acaba en otro. Escribir y hablar es trazar un camino: inventar, recordar, imaginar una trayectoria, ir hacia... La pintura nos ofrece una visión, la literatura nos invita a buscarla y así traza un camino imaginario hacia ella. La pintura construye presencias, la literatura emite sentidos y después corre tras de ellos. El sentido es aquello que emiten las palabras y que está más allá de ellas, aquello que se fuga entre las mallas de las palabras y que ellas quisieran retener o atrapar. El sentido no está en el texto sino afuera. Estas palabras que escribo andan en busca de su sentido y en esto consiste todo su sentido.

23

Hanuman: mono/grama del lenguaje, de su dinamismo y de su incesante producción de invenciones fonéticas y semánticas. Ideograma del poeta, señor/servidor de la metamorfosis universal: simio imitador, artista de las repeticiones, es el animal aristotélico que copia del natural pero asimismo es la semilla semántica, la semilla-bomba enterrada en el subsuelo verbal y que nunca se convertirá en la planta que espera su sembrador, sino en la otra, siempre otra. Los frutos sexuales y las flores carnívoras de la alteridad brotan del tallo único de la identidad.

24

Al fin del camino ¿está la visión? El patio de los vecinos con su mesita negra y su bote oxidado, la arboleda de las hayas sobre una eminencia del terreno deportivo de Churchill College, el paraje de los charcos y los banianos a unos cuantos cientos de metros de la antigua entrada de Galta, son visiones de realidades irreductibles al lenguaje. Cada una de estas realidades es única y para decirla realmente necesitaríamos un lenguaje compuesto exclusivamente de nombres propios e irrepetibles, un lenguaje que no fuese lenguaje: el doble del mundo y no su traducción ni su símbolo. Por eso verlas, de verdad verlas, equivale a enloquecer: perder los nombres, entrar en la desmesura. Es más: volver a ella, al mundo de antes del lenguaje. Pues bien, el camino de la escritura poética se resuelve en la abolición de la escritura: al final nos enfrenta a una realidad indecible. La realidad que revela la poesía y que aparece detrás del lenguaje —esa realidad visible solo por la anulación del lenguaje en que consiste la operación poética— es literalmente insoportable y enloquecedora. Al mismo tiempo, sin la visión de esa realidad ni el hombre es hombre ni el lenguaje es lenguaje. La poesía nos alimenta y nos aniquila, nos da la palabra y nos condena al silencio. Es la percepción necesariamente momentánea (no resistiríamos más) del mundo sin medida que un día abandonamos y al que volvemos al morir. El lenguaje hunde sus raíces en ese mundo pero transforma sus jugos y reacciones en signos y símbolos. El lenguaje es la consecuencia (o la causa) de nuestro destierro del universo, significa la distancia entre las cosas y nosotros. También es nuestro recurso contra esa distancia. Si cesase el exilio, cesaría el lenguaje: la medida, el *ratio*. La poesía es número, proporción, medida: lenguaje —solo que es un lenguaje vuelto sobre sí mismo y que se devora y anula para que aparezca lo otro, lo sin medida, el basamento vertiginoso, el fundamento abismal de la medida. El reverso del lenguaje.

La escritura es una búsqueda del sentido que ella misma expele. Al final de la búsqueda el sentido se disipa y nos reve-

la una realidad propiamente insensata. ¿Qué queda? Queda el
doble movimiento de la escritura: camino hacia el sentido,
disipación del sentido. Alegoría de la mortalidad: estas frases
que escribo, este camino que invento mientras trato de descri-
bir aquel camino de Galta, se borran, se deshacen mientras los
escribo: nunca llego ni llegaré al fin. No hay fin, todo ha sido
un perpetuo recomenzar. Esto que digo es un continuo decir
aquello que voy a decir y que nunca acabo de decir: siempre
digo otra cosa. Decir que apenas dicho se evapora, decir que
nunca dice lo que quiero decir. Al escribir, camino hacia el
sentido; al leer lo que escribo, lo borro, disuelvo el camino.
Cada tentativa termina en lo mismo: disolución del texto en la
lectura, expulsión del sentido por la escritura. La búsqueda del
sentido culmina en la aparición de una realidad que está más
allá del sentido y que lo disgrega, lo destruye. Vamos de la
búsqueda del sentido a su abolición para que surja una realidad
que, a su vez, se disipa. La realidad y su esplendor, la realidad y
su opacidad: la visión que nos ofrece la escritura poética es la
de su disolución. La poesía está vacía como el claro del bosque
en el cuadro de Dadd: no es sino el *lugar* de la aparición que
es, simultáneamente, el de la desaparición. *Rien n'aura eu lieu
que le lieu.*

25

En el muro cuarteado de la terraza las manchas de humedad y
los trazos de pintura roja, negra y azul inventan mapamundis
imaginarios. Son las seis de la tarde. Alianza de las claridades
y las sombras: pausa universal. Respiro: estoy en el centro de
un tiempo redondo, pleno como una gota de sol. Siento que
desde mi nacimiento y aun antes, un antes sin cuando, veo al
baniano del ángulo de la explanada crecer y crecer (un milíme-
tro cada año), multiplicar sus raíces aéreas, entrelazarlas, des-
cender por ellas hasta la tierra, anclar, enraizar, afincarse, ascen-

der de nuevo, bajar otra vez y así, durante siglos, avanzar
entretejidos entre sus ramas y raíces. El baniano es una araña
que teje desde hace mil años su inacabable telaraña. Saberlo me
produce una alegría inhumana: estoy plantado en esta hora
como el baniano en los siglos. Sin embargo, el tiempo no se
detiene: hace más de dos horas que Esplendor y yo cruzamos
el gran arco del Portal, atravesamos la plaza desierta y ascen-
dimos por la escalinata que lleva a esta terraza. El tiempo trans-
curre y no transcurre. Estas seis de la tarde son desde el origen
las mismas seis de la tarde y, no obstante, los minutos suceden
a los minutos con la regularidad acostumbrada. Estas seis de la
tarde se acaban poco a poco pero cada minuto es translúcido y
a fuerza de transparencia se disuelve o se inmoviliza, cesa de
fluir. Las seis de la tarde se resuelven en una inmovilidad trans-
parente, sin fondo y sin reverso: no hay nada detrás.

La idea de que el fondo del tiempo es una fijeza que disuel-
ve todas las imágenes, todos los tiempos, en una transparencia
sin espesor ni consistencia, me aterra. Porque el presente tam-
bién se vacía: es un reflejo suspendido en otro reflejo. Busco
una realidad menos vertiginosa, una presencia que me saque
de esta ahora abismal, y miro a Esplendor —pero ella no me
mira: en este momento se ríe de las gesticulaciones de un mo-
nito que salta del hombro de su madre a la balaustrada, se
columpia prendido con la cola a unos de los barrotes, da un
salto, cae a unos pasos de nosotros, nos mira asustado, pega otro
salto y regresa al hombro de su madre, que gruñe y nos enseña
los dientes. Miro a Esplendor y a través de su rostro y de su risa
me abro paso hacia otro momento de otro tiempo y allá, en una
esquina de París, entre la calle de Bac y la de Montalembert,
oigo la misma risa. Y esa risa se superpone a la risa que oigo
aquí, en esta página, mientras me interno en las seis de la tarde
de un día que invento y que se ha detenido en la terraza de una
casa abandonada en las afueras de Galta.

Los tiempos y los lugares son intercambiables: la cara que
miro ahora y que, sin verme, se ríe del monito y de su pánico,
la miro en otro momento de otra ciudad —sobre esta misma

página. Nunca es el mismo cuando, nunca es la misma risa, nunca son las mismas manchas del muro, nunca la misma luz de las mismas seis de la tarde. Cada cuando transcurre, cambia, se mezcla a los otros cuandos, desaparece y reaparece. Esta risa que se desgrana aquí es la misma de siempre y siempre es otra, risa oída en un *carrefour* de París, risa de una tarde que se acaba y se funde con la risa que silenciosamente, como una cascada puramente visual o, más bien, absolutamente mental —no idea de cascada sino cascada vuelta idea—, se desploma en mi frente y me obliga a cerrar los ojos por la muda violencia de su blancura. Risa: cascada: espuma: blancura inoída. ¿Dónde oigo esa risa, dónde la veo? Extraviado entre todos estos tiempos y lugares, ¿he perdido mi pasado, vivo en un continuo presente? Aunque no me muevo, siento que me desprendo de mí mismo: estoy y no estoy en donde estoy. Extrañeza de estar aquí, como si aquí fuera otra parte; extrañeza de estar en mi cuerpo y de que mi cuerpo sea mi cuerpo y yo piense lo que pienso, oiga lo que oigo. Lejos, ando lejos de mí, por aquí, por este camino de Galta que invento mientras escribo y que se disipa al leerlo. Ando por este aquí que no está afuera y que tampoco está adentro; marcho sobre el suelo desigual y polvoso de la terraza como si caminase por dentro de mí, pero ese dentro de mí está afuera: yo lo veo, yo me veo caminarlo. Yo es un afuera. Miro a Esplendor y ella no me mira: mira al monito. También ella se desprende de su pasado, también ella está en su afuera. No me mira, se ríe y, con un movimiento de cabeza, se interna en su propia risa.

Desde la balaustrada de la terraza veo la plaza. No hay nadie, la luz se ha detenido, el baniano se ha plantado en su inmovilidad, Esplendor ríe a mi lado, el monito se asusta y corre a esconderse entre los brazos peludos de su madre, yo respiro este aire insubstancial como el tiempo. Diafanidad: al fin las cosas no son sino sus propiedades visibles. Son como las vemos, son lo que vemos y yo soy solo porque las veo. No hay otro lado, no hay fondo ni agujero ni falla: todo es una adorable, impasible, abominable, impenetrable superficie. Toco el presente, hundo la mano en el ahora y es como si la hundiera en el aire, como si tocara sombras, abrazarse reflejos. Admirable superficie a un tiempo inconsistente e impenetrable: todas estas realidades son un tejido de presencias que no esconden ningún secreto. Exterioridad sin más: nada dicen, nada callan, solamente están ahí, ante mis ojos, bajo la luz no demasiado violenta de este día de otoño. Un estar indiferente más allá de hermosura y fealdad, sentido y sinsentido. Los intestinos del perro desventrado que se pudre a unos cincuenta metros del baniano, el pico húmedo y rojeante del buitre que lo destroza, el movimiento ridículo de sus alas al barrer el polvo del suelo, lo que pienso y lo que siento al ver esta escena desde la balaustrada entre la risa de Esplendor y el miedo del monito —son realidades distintas, únicas, absolutamente reales y, no obstante, inconsistentes, gratuitas y, en cierto modo, irreales. Realidades sin peso, sin razón de ser: el perro podría ser un montón de piedras, el buitre un hombre o un caballo, yo mismo un pedrusco u otro buitre, y la realidad de estas seis de la tarde no sería distinta. Mejor dicho: *distinto* y *lo mismo* son sinónimos a la luz imparcial de este momento. Todo es lo mismo y es lo mismo que yo sea el que soy o alguien distinto al que soy. En el camino de Galta siempre recomenzado, insensiblemente y sin que me lo propusiera, a medida que lo andaba y lo desandaba, se fue construyendo este ahora de la terraza: yo estoy clavado aquí, como el baniano entretejido por su pueblo de raíces, pero podría estar allá, en otro ahora —que sería el mismo ahora. Cada tiempo es diferente; cada lugar es distinto y todos son el mismo, son lo mismo. Todo es ahora.

26

El camino es escritura y la escritura es cuerpo y el cuerpo es cuerpo (arboleda). Del mismo modo que el sentido aparece más allá de la escritura como si fuese el punto de llegada, el fin del camino (un fin que deja de serlo apenas llegamos, un sentido que se evapora apenas lo enunciamos), el cuerpo se ofrece como una totalidad plenaria, igualmente a la vista e igualmente intocable: el cuerpo es siempre un más allá del cuerpo. Al palparlo, se reparte (como un texto) en porciones que son sensaciones instantáneas: sensación que es percepción de un muslo, un lóbulo, un pezón, una uña, un pedazo caliente de la ingle, la nuca como el comienzo de un crepúsculo. El cuerpo que abrazamos es un río de metamorfosis, una continua división, un fluir de visiones, cuerpo descuartizado cuyos pedazos se esparcen, se diseminan, se congregan en una intensidad de relámpago que se precipita hacia una fijeza blanca, negra, blanca. Fijeza que se anula en otro negro relámpago blanco; el cuerpo es el lugar de la desaparición del cuerpo. La reconciliación con el cuerpo culmina en la anulación del cuerpo (el sentido). Todo cuerpo es un lenguaje que, en el momento de su plenitud, se desvanece; todo lenguaje, al alcanzar el estado de incandescencia, se revela como un cuerpo ininteligible. La palabra es una desencarnación del mundo en busca de su sentido; y una encarnación: abolición del sentido, regreso al cuerpo. La poesía es corporal: reverso de los nombres.

27

ondulación rosa y verde, amarilla y morada, oleajes humanos, cabrilleos de la luz sobre las pieles y las cabelleras, fluir inagotable de la corriente humana que poco a poco, en menos de una hora, inundó toda la plaza. Acodados en la balaustrada, veíamos la palpitación de la masa, oíamos su oleaje crecer y crecer. Vaivén, pausada agitación que se propagaba y extendía en olas excéntricas, llenaba lentamente los espacios vacíos y, como si fuese un chorro, ascendía peldaño a peldaño, paciente y persistente, la gran escalinata del edificio cúbico, desmoronado en partes, situado en el extremo norte del paralelogramo.

En el segundo y último piso de aquella pesada construcción, en lo alto de la escalinata y bajo uno de los arcos que remataban

al edificio, habían levantado el altar de Hanuman. El Gran
Mono estaba representado por un relieve esculpido en un blo-
que de piedra negra de más de un metro de altura, unos ochen-
ta centímetros de ancho y unos quince de espesor, colocado o
más bien encajado en una plataforma de modestas dimensiones
y cubierta por una tela roja y amarilla. La piedra reposaba bajo
un dosel de madera en forma de conca estriada, pintada de
color oro. Colgaba de la conca un lienzo de seda violeta termi-
nado por flecos también dorados. Dos palos a manera de más-
tiles de madera, ambos azules y plantados respectivamente a
izquierda y derecha del dosel, enarbolaban sendos estandartes
triangulares de papel, uno verde y otro blanco. Desparramados
en el ara del altar, sobre la brillante tela roja y gualda, se veían
montoncitos de cenizas del incienso con que sahumaban a la
imagen y muchos pétalos todavía húmedos, restos de las ofren-
das florales de los fieles. La piedra estaba embadurnada por una
pasta de color rojo vivísimo. Bañado por el agua lustral, los
jugos de las flores y la mantequilla derretida de las oblaciones,
el relieve de Hanuman relucía como un cuerpo de atleta un-
tado de aceite. A pesar de la espesa pintura roja, se percibía con
cierta claridad la figura del Simio en el momento de dar aquel
salto descomunal que lo transportó desde las montañas Nilgi-
ri al jardín del palacio de Ravana en Lanka; la pierna derecha
flexionada, la rodilla como una proa que divide la onda, a la
zaga la pierna izquierda extendida como un ala o, mejor, como
un remo (el salto evoca al vuelo y este a la natación), la larga
cola dibujando una espiral: línea/liana/vía láctea, en alto el
brazo derecho ceñido por pesadas pulseras y la mano enorme
empuñando la maza guerrera, el otro brazo hacia adelante, la
mano desplegada como un abanico o una hoja de palmera real
o como la aleta del pescado o la cresta del pájaro (de nuevo: la
navegación y la aviación), el cráneo cubierto por un casco —un
bólido rojo rompiendo los espacios.

Como su padre Vayú, el Gran Mono, «si vuela, traza signos
de fuego en el cielo; si cae, deja una cola de sonidos en la tierra:
escuchamos su rumor pero no vemos su forma». Hanuman es

viento como su padre y por eso sus saltos son semejantes al vuelo de los pájaros; y por ser aire, también es sonido con sentido: emisor de palabras, poeta. Hijo del viento, poeta y gramático, Hanuman es el mensajero divino, el Espíritu Santo de la India. Es un mono que es un pájaro que es un soplo vital y espiritual. Casto, su cuerpo es un inagotable manantial de esperma y una sola gota del sudor de su piel es suficiente para fecundar la matriz de piedra de un desierto. Hanuman es el amigo, el consejero y el inspirador del poeta Valmiki. Puesto que una leyenda quiere que el autor del Ramayana haya sido un paria leproso, los parias de Galta, que veneran particularmente a Hanuman, han escogido como suyo el nombre del poeta y de ahí que se llamen Balmik. Pero en aquel altar, piedra negra pintada de rojo, bañado por la mantequilla líquida de las oblaciones, Hanuman era sobre todo el Fuego del sacrificio. Un sacerdote había encendido un pequeño brasero que le había aportado uno de sus ayudantes. Aunque estaba desnudo de la cintura para arriba, no era un brahmán y no llevaba el cordón ritual en el pecho; como los otros oficiantes y como la mayoría de los concurrentes, era un paria. Vuelto de espaldas a los espectadores amontonados en el pequeño santuario, alzó el brasero a la altura de los ojos y moviéndolo con lentitud de abajo hacia arriba y en dirección de los ocho puntos cardinales, trazó círculos y volutas luminosas en el aire. Las brasas chisporroteaban y humeaban, el sacerdote salmodiaba las plegarias con voz gangosa y los otros oficiantes, siguiendo el orden prescripto, uno a uno, vertían cucharadas de mantequilla líquida en el fuego: «Brotan los arroyos de mantequilla (la verga de oro está en el centro), corren como ríos, se reparten y huyen como gacelas ante el cazador, saltan como mujeres que van a una cita de amor, las cucharadas de mantequilla acarician al leño abrasado y el fuego las acepta complacido».

Con piedras, martillos y otros objetos, los acólitos empezaron a golpear los rieles de hierro que colgaban del techo. Apareció un hombre —vestido de una jerga parda, antifaz, casco y una vara que simulaba una lanza. Era quizá la representación de uno de los monos guerreros que acompañaron a Hanuman y Sugriva en su expedición a Lanka. Los acólitos seguían golpeando los rieles y sobre las cabezas de la multitud que se arremolinaba abajo, persistente y atronador, descendía un poderoso e implacable chubasco sonoro. Al pie del baniano se había reunido una docena de *sadhúes*, todos viejos, los cráneos rapados o el pelo largo y revuelto espolvoreado de polvo rojo, las barbas blancas y undosas, los rostros pintarrajeados y las frentes decoradas con signos: rayas verticales y horizontales, círculos, medias lunas, tridentes. Unos estaban ataviados con mantos blancos o de color azafrán, otros andaban desnudos, el cuerpo cubierto de cenizas o de estiércol de vaca, los testículos y el pene protegidos por una bolsa de tela suspendida a un cordón que les servía de cinturón. Tendidos en el suelo, fumaban, bebían té o leche o *bhang*, reían, conversaban, oraban a media voz, callaban. Al oír el sonar de los rieles y el rumor confuso de las salmodias sacerdotales allá arriba, se incorporaron y sin previo aviso, como si obedeciesen a una orden que nadie había oído sino ellos, con ojos chispeantes y ademanes sonámbulos —los ademanes del que anda en sueños y se mueve con lentísimos movimientos de buzo en el fondo del mar—, se echaron a bailar y cantar en corro. El gentío los rodeaba y seguía sus movimientos con una fascinación risueña y respetuosa. Saltos y cantos, revoloteo de andrajos coloridos y trapos centelleantes, miseria lujosa, relámpagos de esplendor y desdicha, danza de inválidos y nonagenarios, gestos de ahogados y de iluminados, ramas secas del árbol humano que el viento desgaja y arrastra, vuelo de títeres, voces roncas de pedruscos que caen en pozos cegados, voces agudas de vidrieras que se hacen trizas, homenajes de la muerte a la vida.

La multitud era un lago de movimientos pacíficos, una vasta ondulación cálida. Se habían aflojado los resortes, las tensiones se desvanecían, ser era extenderse, derramarse, volverse líquido, regresar al agua primordial, al océano materno. La danza de los *sadhúes*, los cantos de los oficiantes, los gritos y exclamaciones de la multitud eran burbujas del gran lago hipnotizado bajo la lluvia metálica que producían los acólitos al golpear los rieles. Allá arriba, insensibles a los movimientos de la gente apiñada en la plaza y a sus ritos, los cuervos, los mirlos, los buitres y los pericos proseguían imperturbables sus vuelos, sus disputas y sus amoríos. Cielo limpio y desnudo. El aire también se había inmovilizado. Calma e indiferencia. Engañosa quietud hecha de miles de cambios y movimientos imperceptibles: aunque parecía que la luz se había detenido para siempre sobre la cicatriz rosada del muro, la piedra palpitaba, respiraba, estaba viva, su cicatriz se encendía hasta ser una llaga rojiza, y cuando esa brasa estaba a punto de convertirse en llama, se arrepentía, se contraía poco a poco, caía en sí misma, se enterraba en su ardor, era una mancha negra que se derramaba en el muro. Así el cielo, así la plaza y el gentío. La tarde avanzó entre las claridades caídas, anegó las colinas achatadas, cegó los reflejos, volvió opacas las transparencias. Apeñuscados en los balcones desde los que, en otros tiempos, los señores y sus mujeres contemplaban los espectáculos de la explanada, centenares y centenares de monos, con esa curiosidad suya que es una forma terrible de la universal indiferencia, observaban la fiesta que allá abajo celebraban los hombres.

28

Dichas o escritas, las palabras avanzan y se inscriben una detrás de otra en su espacio propio: la hoja de papel, el muro de aire. Van de aquí para allá, trazan un camino: transcurren, son tiempo. Aunque no cesan de moverse de un punto a otro y así dibujan una línea horizontal o vertical (según sea la índole de la escritura), desde otra perspectiva, la simultánea o convergente, que es la de la poesía, las frases que componen el texto aparecen como grandes bloques inmóviles y transparentes: el texto no transcurre, el lenguaje cesa de fluir. Quietud vertiginosa por ser un tejido de claridades: en cada página se reflejan las otras y cada una es el eco de la que la precede o la sigue —el eco y la respuesta, la rima y la metáfora. No hay fin y tampoco hay principio: todo es centro. Ni antes ni después, ni adelante ni atrás, ni afuera ni adentro: todo está en todo. Como en el caracol marino, todos los tiempos son este tiempo de ahora que no es nada salvo, como el cuarzo de cristal de roca, la condensación instantánea de los otros tiempos en una claridad insubstancial. La condensación y la dispersión, el signo de inteligencia que se hace a sí mismo el ahora en el momento de disiparse. La perspectiva simultánea no contempla al lenguaje como un camino porque no la orienta la búsqueda del sentido. La poesía no quiere saber qué hay al fin del camino; concibe al texto como una serie de estratos translúcidos en cuyo interior las distintas partes —las distintas corrientes verbales y semánticas—, al entrelazarse o desenlazarse, reflejarse o anularse, producen momentáneas configuraciones. La poesía busca, se contempla, se funde y se anula en las cristalizaciones del lenguaje. Apariciones, metamorfosis, volatilizaciones, precipitaciones de presencias. Esas configuraciones son tiempo cristalizado: aunque están en perpetuo movimiento, dan siempre la misma hora —la hora del cambio. Cada una de ellas contiene a las otras, cada una está en las otras: el cambio es solo la repetida y siempre distinta metáfora de la identidad.

La visión de la poesía es la de la convergencia de todos los puntos. Fin del camino. Es la visión de Hanuman al saltar (géiser) del valle al pico del monte o al precipitarse (aerolito) desde el astro hasta el fondo del mar: la visión vertiginosa y transversal que revela al universo no como una sucesión, un movimiento, sino como una asamblea de espacios y tiempos, una quietud. La convergencia es quietud porque en su ápice los distintos movimientos, al fundirse, se anulan; al mismo tiempo, desde esa cima de inmovilidad, percibimos al universo como una asamblea de mundos en rotación. Poemas: cristalizaciones del juego universal de la analogía, objetos diáfanos que, al reproducir el mecanismo y el movimiento rotatorio de la analogía, son surtidores de nuevas analogías. El mundo juega en ellos al mundo, que es el juego de las semejanzas engendradas por las diferencias y el de las semejanzas contradictorias. Hanuman escribió sobre las rocas una pieza de teatro, *Mahanataka*, con el mismo asunto del Ramayana; al leerla, Valmiki temió que opacase a su poema y le suplicó que la ocultase. El Mono accedió al ruego del poeta, desgajó la montaña y arrojó las rocas al océano. La tinta y la pluma de Valmiki sobre el papel son una metáfora del rayo y la lluvia con que Hanuman escribió su drama sobre los peñascos. La escritura humana refleja a la del universo, es su traducción, pero asimismo su metáfora: dice algo totalmente distinto y dice lo mismo. En la punta de la convergencia el juego de las semejanzas y las diferencias se anula para que resplandezca, sola, la identidad. Ilusión de la inmovilidad, espejismo del Uno: la identidad está vacía; es una cristalización y en sus entrañas transparentes recomienza el movimiento de la analogía.

Todos los poemas dicen lo mismo y cada poema es único. Cada parte reproduce a las otras y cada parte es distinta. Al comenzar estas páginas decidí seguir literalmente la metáfora del título de la colección a que están destinadas, Los Caminos de la Creación, y escribir, trazar un texto que fuese efectivamente un camino y que pudiese ser leído, recorrido como tal. A medida que escribía, el camino de Galta se borraba o yo me desviaba y perdía en sus vericuetos. Una y otra vez tenía que volver al punto del comienzo. En lugar de avanzar, el texto giraba sobre sí mismo. ¿La destrucción es creación? No lo sé, pero sé que la creación no es destrucción. A cada vuelta el texto se desdoblaba en otro, a un tiempo su traducción y su transposición: un espiral de repeticiones y de reiteraciones que se han resuelto en una negación de la escritura como camino. Ahora me doy cuenta de que mi texto no iba a ninguna parte, salvo al encuentro de sí mismo. Advierto también que las repeticiones son metáforas y que las reiteraciones son analogías: un sistema de espejos que poco a poco han ido revelando otro texto. En ese texto Hanuman contempla el jardín de Ravana como una página de caligrafía como el harem del mismo Ra-

vana según lo describe el Ramayana como esta página sobre la
que se acumulan las oscilaciones de la arboleda de las hayas que
está frente a mi ventana como las sombras de dos amantes pro-
yectadas por el fuego sobre una pared como las manchas del
monzón en un muro de un palacete derruido del pueblo aban-
donado de Galta como el espacio rectangular en que se desplie-
ga el oleaje de una multitud contemplada desde los balcones
en ruinas por centenares de monos como imagen de la escritu-
ra y la lectura como metáfora del camino y la peregrinación al
santuario como disolución final del camino y convergencia de
todos los textos en este párrafo como metáfora del abrazo de los
cuerpos. Analogía: transparencia universal: en esto ver aquello.

                                    29

El cuerpo de Esplendor al repartirse, dispersarse, disiparse en
mi cuerpo al repartirse, dispersarse, disiparse en el cuerpo de
Esplendor:
    respiración, temperatura, contorno, bulto que lentamente
bajo la presión de las yemas de mis dedos deja de ser una con-
fusión de latidos y se congrega y reúne consigo mismo,
    vibraciones, ondas que golpean mis párpados cerrados al
mismo tiempo que se apaga la luz eléctrica en las calles y avan-
za titubeante por la ciudad la madrugada:
    el cuerpo de Esplendor bajo mis ojos que la miran extendi-
da entre las sábanas mientras yo camino hacia ella en la madru-
gada bajo la luz verde filtrada por grandes hojas de banano en
un sendero ocre de Galta que me lleva a esta página donde el
cuerpo de Esplendor yace entre las sábanas mientras yo escribo
sobre esta página y a medida que leo lo que escribo,
    sendero ocre que se echa a andar, río de aguas quemadas que
busca su camino entre las sábanas, Esplendor se levanta de la
cama y anda en la penumbra del cuarto con pasos titubeantes
mientras se apaga la luz eléctrica en las calles de la ciudad:

busca algo, la madrugada busca algo, la muchacha se detiene y me mira: mirada ardilla, mirada alba demorada entre las hojas de banano del sendero ocre que conduce de Galta a esta página, mirada pozo para beber, mirada en donde yo escribo la palabra *reconciliación*:

Esplendor es esta página, aquello que separa (libera) y entreteje (reconcilia) las diferentes partes que la componen,

aquello (aquella) que está allá, al fin de lo que digo, al fin de esta página y que aparece aquí, al disiparse, al pronunciarse esta frase,

el acto inscrito en esta página y los cuerpos (las frases) que al entrelazarse forman este acto, este cuerpo:

la secuencia litúrgica y la disipación de todos los ritos por la doble profanación (tuya y mía), reconciliación/liberación, de la escritura y de la lectura.

Cambridge, verano de 1970

«El mono gramático (1970)», en *OC*, vol. XI, pp. 460-519.

VISLUMBRES DE LA INDIA

DESPEDIDA

El último año de mi estancia en la India coincidió con las grandes revueltas juveniles. Las seguí, desde lejos, con asombro y con esperanza. No comprendía claramente cuál era el significado de esos movimientos; diré en mi abono que sus protagonistas tampoco lo sabían. Lo que sí sabíamos todos es que era una rebelión contra los valores e ideas de la sociedad moderna. Aquella agitación no estaba inspirada por los comunistas sino por un ánimo libertario y por esto mismo, a pesar de su confusión, era saludable. La rebelión estudiantil de París, en 1968, fue la más inspirada y la que más me impresionó. Los dichos y los actos de aquellos jóvenes me parecían la herencia de algunos grandes poetas modernos a un tiempo rebeldes y profetas: un William Blake, un Victor Hugo, un Walt Whitman. Mientras cavilaba sobre estos temas, el verano de 1968 se nos echó encima. El calor excesivo nos obligó, a Marie José y a mí, a buscar un retiro temporal en un pequeño pueblo en las estribaciones de los Himalayas, un antiguo lugar de veraneo de los ingleses: Kasauli. Nos instalamos en un hotelito, el único del pueblo, todavía regentado por dos viejas señoras inglesas, sobrevivientes del British Raj. Llevé conmigo un excelente

aparato de radio que me permitía oír diariamente las noticias
y comentarios de la BBC de Londres.

Nos paseábamos por los alrededores de Kasauli pero ni las
vistas de aquellas montañas inmensas y, abajo, las llanuras de
la India, ni los jardines encantadores donde abundaban los pra-
dos de hortensias —jardinería inglesa al pie de montes subli-
mes— lograban apartarnos de los sucesos de París. Durante
esas semanas sentí que mis esperanzas juveniles renacían: si los
obreros y los estudiantes se unían, asistiríamos a la primera y
verdadera revolución socialista. Tal vez Marx no se había equi-
vocado: la revolución estallaría en un país avanzado, con un
proletariado maduro y educado en las tradiciones democráticas.
Esa revolución se extendería a todo el mundo desarrollado,
acabaría con el capitalismo y también con los regímenes tota-
litarios que habían usurpado el nombre del socialismo en Ru-
sia, China, Cuba y otros países. Y una novedad no prevista por
Marx: esa revolución sería asimismo el comienzo de una pro-
funda mutación en las conciencias. La poesía, heredera de las
grandes tradiciones espirituales de Occidente, entraba en acción.
Era la realización, al fin, de los sueños de los románticos del XIX
y de los surrealistas del XX. A mí nunca me habían conquista-
do enteramente la poética y la estética del surrealismo. Practi-
qué en muy raras ocasiones la «escritura automática»; siempre
creí —y lo sigo creyendo— que en la poesía se combinan, de
manera inextricable, la inspiración y el cálculo. Lo que me
atrajo del surrealismo, sobre todo, fue la unión entre la poesía
y la acción. Esto era, para mí, la esencia o sentido de la palabra
revolución. André Breton había muerto apenas hacía dos años,
precisamente en el momento en que esas ideas, que él había
encarnado de manera admirable y ejemplar, comenzaban a co-
brar cuerpo y realidad histórica.

Los acontecimientos pronto me desengañaron. Asistíamos,
sí, a una suerte de temblor, no en la tierra: en las conciencias.
La explicación del fenómeno no estaba en el marxismo sino,
quizá, en la historia de las religiones, en el subsuelo psíquico
de la civilización de Occidente. Una civilización enferma; las

agitaciones juveniles eran como esas fiebres pasajeras pero que delatan males más profundos. Regresamos a Delhi y allí me esperaba otra noticia: en la ciudad de México había estallado otra revuelta estudiantil. Se trataba, en buena parte, de un eco de las que habían ocurrido antes en los Estados Unidos, en Alemania y en Francia. La rebelión se limitaba a la ciudad de México y era un movimiento de jóvenes de la clase media más o menos afluentes. No era un movimiento proletario ni logró atraer a los trabajadores. Pero ponía en aprietos al gobierno, dedicado en esos días a la preparación de las Olimpiadas, que deberían celebrarse en México unos meses después. Lo que ocurría en México, además, tenía ciertas características propias y no era un simple reflejo de los sucesos que habían sacudido a otros países. En el movimiento mexicano faltaban la crítica moral, social y sexual a la sociedad burguesa, el anarquismo orgiástico y poético, por decirlo así, de los rebeldes parisinos, expresado en frases eléctricas como *Prohibido prohibir* o *La playa está bajo los adoquines*, expresiones que recordaban los manifiestos y declaraciones de los surrealistas cuarenta años antes. En cambio, en las demandas de los muchachos mexicanos aparecían varios asuntos concretos y, entre ellos, uno que era y sigue siendo el corazón de las polémicas políticas en México: la democracia.

La demanda de una reforma democrática del régimen correspondía a un anhelo general de la población, especialmente de sectores cada vez más numerosos de la clase media. El país estaba cansado de la dominación de cerca de medio siglo del partido oficial (Partido Revolucionario Institucional), que había sobrevivido a las necesidades históricas y políticas de su nacimiento en 1929. Cierto, el propósito real de los dirigentes estudiantiles era de índole revolucionaria: veían en la democracia solo un punto de apoyo para saltar a la etapa siguiente, la revolucionaria, que instauraría el socialismo. En esto, su ideología era radicalmente diferente a la de los rebeldes de París. Los mexicanos eran jóvenes magnetizados por el ejemplo del Che Guevara. Un ejemplo, diré de paso, a un tiempo suicida e inservible: la historia había tomado ya un rumbo distinto al escogido por el revolucionario argentino. Pero la conjunción de la revuelta estudiantil y la palabra *democracia* hizo inmensamente populares, en la ciudad de México, a los estudiantes.

En esos días recibí una comunicación del secretario de Relaciones Exteriores de México, Antonio Carrillo Flores, hombre afable, inteligente y sensible. Me pedía que le informara acerca de las medidas que había tomado el gobierno de la India ante situaciones semejantes a la de México. Era una nota dirigida a todos nuestros embajadores. En mi respuesta, aparte de proporcionar los informes que se me habían pedido, añadía a título personal un largo comentario. Lo esencial de mi argumentación aparece, ampliado, en un pequeño libro que publiqué un poco después: *Posdata* (1969). Justificaba la actitud de los estudiantes en lo que se refería a su demanda de una reforma democrática y, sobre todo, sugería que no se usase la fuerza y que se buscase una solución política al conflicto. Carrillo Flores me contestó con un telegrama: agradecía mi respuesta, había leído con suma atención mis comentarios y se los había mostrado al presidente de la República, que se había manifestado igualmente interesado. Dormí tranquilo por diez o doce días hasta que, la mañana del 3 de octubre, me enteré de la represión sangrienta del día anterior. Decidí que no podía continuar representando a un gobierno que había obrado de una manera tan abiertamente opuesta a mi manera de pensar. Escribí a Carrillo Flores para comunicarle mi decisión y visité al ministro de Negocios Extranjeros de la India con el mismo propósito.

La reacción del gobierno indio fue extremadamente discreta y amable. Indira Gandhi, que ya era primera ministra, no podía despedirme oficialmente pero nos invitó, a Marie José y a mí, a una cena íntima, en su casa, con Rajiv, su mujer, Sonia, y algunos amigos comunes. Los escritores y artistas organizaron una suerte de homenaje-despedida en The International House. Hubo artículos y entrevistas en la prensa. El corresponsal de *Le Monde*, Jean Wetz, buen amigo, publicó en su diario un extenso comentario sobre el caso. Unos días después, tomamos el tren hacia Bombay, en donde embarcaríamos en el *Victoria*, un barco que hacía el servicio entre el Oriente y el Mediterráneo. El viaje de Delhi a Bombay fue emocionante, no solo porque me recordaba el que había hecho unos veinte años antes, sino porque en algunas estaciones grupos de jóvenes estudiantes abordaban nuestro vagón, para ofrecernos las tradicionales guirnaldas de flores. En Bombay nos instalamos en el Taj Mahal y visitamos algunos amigos. El último domingo lo pasamos en la isla de Elefanta. Había sido mi primera experiencia del arte de la India; también había sido la primera de Marie José, años después de la mía y antes de conocernos. Los turistas eran numerosos y esto malogró al principio nuestra visita. Pero la belleza del lugar acabó por vencer a todas las distracciones e intrusiones. El azul del mar y del cielo; la bahía redonda y sus litorales, unos blancos, otros verdes, ocres, violetas; la isla caída en el agua como una piedra inmensa; la cueva y, en la penumbra, las estatuas, imágenes de seres que son de este mundo y de otro que nosotros solo podemos entrever... Revivió lo que habíamos sentido años antes. Pero iluminado por otra luz más grave: sabíamos que veíamos todo aquello por última vez. Era como alejarnos de nosotros mismos: el tiempo abría sus puertas, ¿qué nos esperaba? Esa noche, de regreso al hotel, a manera de despedida y de invocación, escribí estas líneas:

> Shiva y Parvati:
>   los adoramos
>   no como a dioses,
>   como imágenes
>   de la divinidad de los hombres.
> Ustedes son lo que el hombre hace y no es,
> lo que el hombre ha de ser
> cuando pague la condena del quehacer.
> Shiva:
>   tus cuatro brazos son cuatro ríos,
> cuatro surtidores.

Todo tu ser es una fuente
y en ella se baña la linda Parvati,
en ella se mece como una barca graciosa.
El mar palpita bajo el sol:
son los gruesos labios de Shiva que sonríe;
el mar es una larga llamarada:
son los pasos de Parvati sobre las aguas.
Shiva y Parvati:
                  la mujer que es mi mujer
y yo,
        nada les pedimos,
nada que sea del otro mundo,
                        solo
la luz sobre el mar,
la luz descalza sobre el mar y la tierra dormidos.

México, a 20 de diciembre de 1994

Vislumbres de la India se publicó en Barcelona, en Círculo de Lectores y en Seix Barral, 1995.

«Vislumbres de la India», en *OC*, vol. X, pp. 483-487.

POSDATA

NOTA

Estas páginas desarrollan y amplían la conferencia que pronuncié en la Universidad de Texas, Austin, el 30 de octubre pasado (Hackett Memorial Lecture). Su tema es una reflexión sobre lo que ha ocurrido en México desde que escribí *El laberinto de la soledad* y de ahí que haya llamado a este ensayo: *Posdata*. Es una prolongación de ese libro pero, apenas si es necesario advertirlo, una prolongación crítica y autocrítica; *Posdata* no solamente por continuarlo y ponerlo al día sino por ser una nueva tentativa por descifrar la realidad. Tal vez valga la pena aclarar (una vez más) que *El laberinto de la soledad* fue un ejercicio de la imaginación crítica: una visión y, simultáneamente, una revisión. Algo muy distinto a un ensayo sobre la filosofía de lo mexicano o a una búsqueda de nuestro pretendido ser. El mexicano no es una esencia sino una historia. Ni ontología ni psicología. A mí me intrigaba (me intriga) no tanto el «carácter nacional» como lo que oculta ese carácter: aquello que está detrás de la máscara. Desde esta perspectiva el carácter de los mexicanos no cumple una función distinta a la que tiene en otros pueblos y sociedades: por una parte es un escudo, un muro; por la otra, un haz de signos, un jeroglífico. Por lo primero, es una muralla que nos defiende de la mirada ajena a cambio de inmovilizarnos y aprisionarnos; por lo segundo, es una máscara que al mismo tiempo nos expresa y nos ahoga. La mexicanidad no es sino otro ejemplar, una variación más, de esa cambiante idéntica criatura plural, una que cada uno es y todos somos: ninguno. El hombre/los hombres: perpetua oscilación. La diversidad de caracteres, temperamentos, historias, civilizaciones, hace del hombre: los hombres; y el plural se resuelve, se disuelve, en un singular: yo, tu, él, desvanecidos apenas pronunciados. Como los nombres, los pronombres son máscaras y detrás de ellos no hay nadie salvo, quizá, un nosotros instantáneo que es el parpadeo de un ello igualmente fugaz. Pero mientras vivimos no podemos escapar ni de las máscaras ni de los nombres y pronombres: somos inseparables de nuestras ficciones —nuestras facciones. Estamos condenados a inventarnos una máscara y, después, a descubrir que esa máscara es nuestro verdadero rostro. En *El laberinto de la soledad* me esforcé por eludir (claro, sin lograrlo del todo) tanto las trampas del humanismo abstracto como las ilusiones de una filosofía de lo mexicano: la máscara convertida en rostro / el rostro petrificado en máscara. En aquella época no me interesaba la definición de lo mexicano sino, *como ahora*, la crítica: esa actividad que consiste, tanto o más que en conocernos, en liberarnos. La crítica despliega una posibilidad de libertad y así es una invitación a la acción.

Posdata a un libro que escribí hace veinte años, estas páginas son igualmente un prefacio a otro libro no escrito. En dos obras, *El laberinto de la soledad* y *Corriente alterna*, he aludido a ese libro: el tema de México desemboca en la reflexión sobre la suerte de América Latina. México es un fragmento, una parte de una historia más vasta. Yo no sé si soy la persona más a propósito para escribir ese libro y, si lo fuese, tampoco sé si alguna vez podré hacerlo. En cambio, sé que esa reflexión deberá ser una recuperación de nuestra verdadera historia, desde el dominio español y el fracaso de nuestra Revolución de Independencia —un fracaso que corresponde a los de España en los siglos XIX y XX— hasta nuestros días; sé, además, que ese libro deberá enfrentarse, como su tema central, al problema del desarrollo. Las revoluciones contemporáneas en América Latina han sido y son respuestas a la insuficiencia del desarrollo y de ahí arrancan tanto su justificación histórica como sus fatales y obvias limitaciones. Para los clásicos del pensamiento revolucionario del siglo XIX, la Revolución sería la consecuencia del desarrollo: el proletariado urbano pondría fin al desequilibrio entre el progreso técnico y económico (el modo de producción industrial) y el nulo o escaso progreso social (el modo de propiedad capitalista); para los caudillos revolucionarios de las naciones atrasadas o marginales del siglo XX, la Revolución se ha convertido en una vía hacia el desarrollo, con los resultados que todos conocemos. Los modelos de desarrollo que hoy nos ofrecen el Oeste y el Este son compendios de horrores: ¿podremos nosotros inventar modelos más humanos y que correspondan a lo que somos? Gente de las afueras, moradores de los suburbios de la historia, los latinoamericanos somos los comensales no invitados que se han colado por la puerta trasera de Occidente, los intrusos que han llegado a la función de la modernidad cuando las luces están a punto de apagarse —llegamos tarde a todas partes, nacimos cuando ya era tarde en la historia, tampoco tenemos un pasado o, si lo tenemos, hemos escupido sobre sus restos, nuestros pueblos se echaron a dormir durante un siglo y mientras dormían los robaron y ahora andan en andrajos, no logramos conservar ni siquiera lo que los españoles dejaron al irse, nos hemos apuñalado entre nosotros... No obstante, desde el llamado modernismo de fines de siglo, en estas tierras nuestras hostiles al pensamiento han brotado, aquí y allá, dispersos pero sin interrupción, poetas y prosistas y pintores que son los pares de los mejores en otras partes del mundo. Y ahora, ¿seremos al fin capaces de pensar por nuestra cuenta? ¿Podremos concebir un modelo de desarrollo que sea nuestra versión de la modernidad? ¿Proyectar una sociedad que no esté fundada en la dominación de los otros que no termine ni en los helados paraísos policíacos del este ni en las explosiones de náuseas y odio que interrumpen el festín del oeste?

El tema del desarrollo está íntimamente ligado al de nuestra identidad: ¿quién, qué y cómo somos? Repetiré que no somos nada, excepto una relación: algo que no se define sino como parte de una historia. La pregunta sobre México es inseparable de la pregunta sobre el porvenir de América Latina y esta, a su vez, se inserta en otra: la del futuro de las relaciones entre ella y los Estados Unidos. La pregunta sobre nosotros se revela siempre como una pregunta sobre los *otros*. Desde hace más de un siglo ese país se presenta ante nuestros ojos como una realidad gigantesca pero apenas humana. Sonrientes o coléricos, con la mano abierta o cerrada, los Estados Unidos ni nos oyen ni nos miran pero caminan y, al caminar, se meten por nuestras tierras y nos aplastan. Es imposible detener a un gigante; no lo es, aunque tampoco sea fácil, obligarlo a oír a los otros: si escucha, se abre la posibilidad de la convivencia. Por razón de sus orígenes (el puritano habla con Dios y consigo mismo, no con los otros) y, sobre todo, de su poderío, los norteamericanos sobresalen en el monólogo: son elocuentes y, también, conocen el valor del silencio. Pero la conversación no es su fuerte: no saben ni escuchar ni replicar. A pesar de que hasta ahora han fracasado casi todas nuestras tentativas de diálogo con ellos, durante los últimos años hemos presenciado ciertos acontecimientos que, quizá, prefiguran un cambio de actitud. Si América Latina vive un período de revueltas y transformaciones, los Estados Unidos atraviesan por otro no menos violento y profundo: la rebelión de los negros y los chicanos, la de los jóvenes y las mujeres, la de los artistas y los intelectuales. Cierto, tanto por las causas que los originan como por las ideas que los inspiran, esos movimientos son distintos a los que conmueven a nuestros países y por eso cometeríamos un nuevo error si tratásemos de imitarlos ciegamente; no lo cometeremos si nos damos cuenta de que en ellos se despliega una capacidad de crítica y de autocrítica que sería vano buscar en América Latina. Nosotros todavía no aprendemos a pensar con verdadera libertad. No es una falla intelectual sino moral: el valor de un espíritu, decía Nietzsche, se mide por su capacidad para soportar la verdad. Una de las razones de nuestra incapacidad para la democracia es nuestra correlativa incapacidad crítica. Los norteamericanos —al menos los mejores, la conciencia de la nación— intentan ahora ver a la verdad, a su verdad, sin cerrar los ojos. Por primera vez en la historia de los Estados Unidos —antes solo lo habían hecho unos cuantos poetas y filósofos— se manifiesta una poderosa corriente de opinión que pone en tela de juicio los valores y creencias sobre los que se ha edificado la civilización angloamericana. Aquellos que están a la cabeza del progreso ahora lo critican: ¿no es inaudito? La crítica del progreso es un portento, una promesa de otros cambios. Si se me preguntase: ¿podrán los Estados Unidos dialogar con nosotros?, yo contestaría: sí, a condición de que aprendan antes a hablar con ellos mismos, con su propia otredad: con sus negros, sus chicanos y sus jóvenes. Habría que decir algo parecido a los latinoamericanos: la crítica del otro comienza con la crítica de uno mismo.

Austin, a 14 de diciembre de 1969

OLIMPIADA Y TLATELOLCO

Mil novecientos sesenta y ocho fue un año axial: protestas, tumultos y motines en Praga, Chicago, París, Tokio, Belgrado, Roma, México, Santiago... De la misma manera que las epidemias medievales no respetaban ni las fronteras religiosas ni las jerarquías sociales, la rebelión juvenil anuló las clasificaciones ideológicas. A esta espontánea universalidad de la protesta correspondió una reacción no menos espontánea y universal: invariablemente los gobiernos atribuyeron los desórdenes a una conspiración del exterior. Aunque los supuestos y secretos inspiradores fueron casi los mismos en todas partes, en cada país se barajaron sus nombres de manera distinta. A veces hubo curiosas, involuntarias coincidencias; por ejemplo, lo mismo para el gobierno de México que para el Partido Comunista Francés, los estudiantes estaban movidos por agentes de Mao y de la CIA. También fue notable la ausencia o, en el caso de Francia, la reticencia, de la clase tradicionalmente considerada como revolucionaria *per se*: el proletariado; los únicos aliados de los estudiantes han sido hasta ahora los grupos marginales que la sociedad tecnológica no ha podido o no ha querido integrar. Es claro que no estamos ante un recrudecimiento de la lucha de clases sino ante una revuelta de esos sectores que, de un modo permanente o transitorio, la sociedad tecnológica ha colocado al margen. Los estudiantes pertenecen a la segunda de estas categorías. Además, es el único grupo realmente internacional; todos los jóvenes de los países desarrollados son parte de la subcultura juvenil internacional, producto a su vez de una tecnología igualmente internacional.

Entre todos los sectores desafectos, el estudiantil es el más inquieto y, con la excepción de los negros norteamericanos, el más exasperado. Su exasperación no brota de condiciones de vida particularmente duras sino de la paradoja en que consiste ser estudiante: durante los largos años que pasan aislados en universidades y escuelas superiores, los muchachos y muchachas viven en una situación artificial, mitad como reclusos privilegiados y mitad como irresponsables peligrosos. Añádase la aglomeración extraordinaria en los centros de estudio y otras circunstancias bien conocidas y que operan como factores de segregación: seres reales en un mundo irreal. Es verdad que la enajenación juvenil no es sino una de las formas (y de las más benévolas) de la enajenación que impone a todos la sociedad tecnológica. También lo es que, debido a la irrealidad misma de su situación, habitantes de una suerte de laboratorio en donde no rigen del todo las reglas de la sociedad de afuera, los estudiantes pueden reflexionar sobre su estado y, asimismo, sobre el del mundo que los rodea. La universidad es, a un tiempo, el objeto y la condición de la crítica juvenil. El objeto de la crítica porque es una institución que segrega a los jóvenes de la vida colectiva y que así, en esa segregación, anticipa en cierto modo su futura enajenación; los jóvenes descubren que la sociedad moderna fragmenta y separa a los hombres: el sistema no puede, por razón de su naturaleza misma, crear una verdadera comunidad. La condición de la crítica porque, sin la distancia que establece la universidad entre los jóvenes y la sociedad exterior, no habría posibilidad de crítica y los estudiantes ingresarían inmediatamente en el circuito mecánico de la producción y el consumo. Contradicción insalvable: si la universidad desapareciese, desaparecería la posibilidad de la crítica; al mismo tiempo, su existencia es una prueba —y más: una garantía— de la permanencia del objeto de la crítica, es decir, de aquello cuya desaparición se desea. La rebelión juvenil oscila entre estos dos extremos: su crítica es real, su acción es irreal. Su crítica da en el blanco pero su acción no puede cambiar a la sociedad e incluso, en algunos casos, lejos de atraer o de inspirar a otras clases, provoca regresiones como la de las elecciones francesas en 1968.

La acción de los gobiernos, por su parte, posee la opacidad de todos los realismos a corto plazo y que, a la larga, producen los cataclismos o las decadencias. Fortalecer el *statu quo* es fortalecer un sistema que crece y se extiende a expensas de los hombres que lo alimentan: a medida que aumenta su realidad, aumenta nuestra irrealidad. La ataraxia, el estado de ecuánime insensibilidad que los estoicos creían alcanzar por el dominio de las pasiones, la sociedad tecnológica la distribuye entre todos como una panacea. No nos cura de la desdicha que es ser hombres pero nos gratifica con un estupor hecho de resignación satisfecha y que no excluye la actividad febril. Solo que la realidad reaparece cada vez con mayor furia y frecuencia: crisis, violencias, explosiones. Año axial, 1968 mostró la universalidad de la protesta y su final irrealidad: ataraxia y estallido, explosión que se disipa, violencia que es una nueva enajenación. Si las explosiones son parte del sistema, también lo son las represiones y el letargo, voluntario o forzado, que las sucede. La enfermedad que roe a nuestras sociedades es constitucional y con-

génita, no algo que le venga de fuera. Es una enfermedad que
ha resistido a todos los diagnósticos, lo mismo a los de aquellos
que se reclaman de Marx que a los de aquellos que se dicen
herederos de Tocqueville. Extraño padecimiento que nos con-
dena a desarrollarnos y a prosperar sin cesar para así multipli-
car nuestras contradicciones, enconar nuestras llagas y exacer-
bar nuestra inclinación a la destrucción. La filosofía del
progreso muestra al fin su verdadero rostro: un rostro en blan-
co, sin facciones. Ahora sabemos que el reino del progreso no
es de este mundo: el paraíso que nos promete está en el futuro,
un futuro intocable, inalcanzable, perpetuo. El progreso ha
poblado la historia de las maravillas y los monstruos de la téc-
nica pero ha deshabitado la vida de los hombres. Nos ha dado
más cosas, no más ser.

El sentido profundo de la protesta juvenil —sin ignorar ni
sus razones ni sus objetivos inmediatos y circunstanciales—
consiste en haber opuesto al fantasma implacable del futuro la
realidad espontánea del ahora. La irrupción del ahora significa
la aparición, en el centro de la vida contemporánea, de la pala-
bra prohibida, la palabra maldita: *placer*. Una palabra no menos
explosiva y no menos hermosa que la palabra *justicia*. Cuando
digo placer no pienso en la elaboración de un nuevo hedonismo
ni en el regreso a la antigua sabiduría sensual —aunque lo pri-
mero no sea desdeñable y lo segundo sea deseable— sino en la
revelación de esa mitad obscura del hombre que ha sido humi-
llada y sepultada por las morales del progreso: esa mitad que
se revela en las imágenes del arte y del amor. La definición
del hombre como un ser que trabaja debe cambiarse por la del
hombre como un ser que desea. Esa es la tradición que va de
Blake a los poetas surrealistas y que los jóvenes recogen: la
tradición profética de la poesía de Occidente desde el roman-
ticismo alemán. Por primera vez desde que nació la filosofía
del progreso de las ruinas del universo medieval, precisamente
en el seno de la sociedad más avanzada y progresista del mun-
do, los Estados Unidos, los jóvenes se preguntan sobre la vali-
dez y el sentido de los principios que han fundado a la edad

moderna. Esta pregunta no revela ni odio a la razón y la ciencia ni nostalgia por el período neolítico (aunque el neolítico fue, según Lévi-Strauss y otros antropólogos, probablemente la única época feliz que hayan conocido los hombres). Al contrario, es una pregunta que solo una sociedad tecnológica puede hacerse y de cuya contestación depende la suerte del mundo que hemos edificado: pasado, presente y futuro, ¿cuál es el verdadero tiempo del hombre, en dónde está su reino? Y si su reino es el presente, ¿cómo insertar el *ahora*, por naturaleza explosivo y orgiástico, en el tiempo histórico? La sociedad moderna ha de contestar a estas preguntas sobre el ahora —*ahora mismo*. La otra alternativa es perecer en un estallido suicida o hundirse más y más en el ruinoso proceso actual en el que la producción de bienes amenaza ser ya inferior a la producción de desechos.

La universalidad de la protesta juvenil no impide que asuma características específicas en cada región del mundo. El movimiento juvenil en los Estados Unidos y en Europa contiene, según acabo de explicar, preguntas implícitas y no formuladas que atañen a los fundamentos mismos de la edad moderna y a lo que, desde el siglo XVIII, constituye su principio rector. Esas preguntas aparecen muy diluidas en los países de Europa oriental y no aparecen del todo, excepto como *slogans* vacíos, en América Latina. La razón es clara: los norteamericanos y los europeos son los únicos que tienen realmente una experiencia completa de lo que es y significa el progreso. En Occidente los jóvenes se rebelan contra los mecanismos de la sociedad tecnológica: contra su mundo tantálico de objetos que se gastan y disipan apenas los poseemos —como si fuesen una involuntaria y concluyente confirmación del carácter ilusorio que atribuyen a la realidad los budistas— y contra la violencia abierta o solapada que esa sociedad ejerce sobre sus minorías y, en el exterior, sobre otros pueblos. En cambio, en los países del Este europeo la lucha juvenil presenta dos notas ausentes en Occidente: nacionalismo y democracia. Nacionalismo frente a la dominación y la injerencia soviética en esos países; democracia frente a las burocracias comunistas incrustadas en la vida política y económica. Es revelador que esta última aparezca como la reivindicación inmediata y primordial de los jóvenes en el Este: la democracia, esa palabra que ha perdido casi todo su magnetismo en Occidente. Es un síntoma desolador: cualesquiera que sean las limitaciones de la democracia occidental (y son muchas y gravísimas: régimen burocrático de partidos, monopolios de la información, corrupción, etc.), sin libertad de crítica y sin pluralidad de opiniones y grupos no hay vida política. Y para nosotros, hombres modernos, vida política es sinónimo de vida racional y civilizada. Esto es verdad incluso para naciones herederas de altas civilizaciones y que, como la antigua China, no conocieron la democracia. Los jóvenes fanáticos que recitan el catecismo de Mao —de paso: mediocre poeta académico— cometen no solo una falta estética e intelectual sino un error moral. No se puede sacrificar el pensamiento crítico en las aras del desarrollo económico acelerado, la idea revolucionaria, el prestigio y la infalibilidad de un jefe o cualquier otro espejismo análogo. Las experiencias de Rusia y México son concluyentes: sin democracia, el desarrollo económico carece de sentido, aunque este haya sido gigantesco en el primer país y muchísimo más modesto pero proporcionalmente no menos apreciable en el segundo. Toda dictadura, sea de un hombre o de un partido, desemboca en las dos formas predilectas de la esquizofrenia: el monólogo y el mausoleo. México y Moscú están llenos de gente con mordaza y de monumentos a la Revolución.

El movimiento de los estudiantes mexicanos mostró semejanzas con los de otros países, tanto de Occidente como de Europa oriental. Me parece que la afinidad mayor fue con los de esta última: nacionalismo, solo que no en contra de la intervención soviética sino del imperialismo norteamericano; aspiración a una reforma democrática; protesta, no en contra de las burocracias comunistas sino del Partido Revolucionario Institucional. Pero la rebelión juvenil mexicana fue singular, como el

país mismo. No hay ningún dudoso nacionalismo en mi observación; México es una nación que, dentro de la civilización
occidental, ocupa una posición excéntrica: «castellana rayada
de azteca», decía el poeta López Velarde; asimismo, dentro de
América Latina, su situación histórica es única: México vive un
período postrevolucionario en tanto que la mayoría de los otros
países atraviesan por una etapa prerrevolucionaria. Por último,
su desarrollo económico ha sido excepcional. Después de un
prolongado y sangriento período de violencia, la Revolución
mexicana logró crear instituciones originales y un Estado nuevo. Desde hace cuarenta años, y especialmente en las dos últimas décadas, la economía del país ha hecho tales progresos que
los economistas y sociólogos citan el caso de México como un
ejemplo para los otros países subdesarrollados. En efecto, las
estadísticas son impresionantes, sobre todo si se tiene en cuenta el estado en que se encontraba la nación en 1910 y las destrucciones materiales y humanas que sufrió durante cerca de
veinte años de guerras civiles. Como una suerte de reconocimiento internacional a su transformación en un país moderno
o semimoderno, México solicitó y obtuvo que su capital fuese
la sede de los Juegos Olímpicos en 1968. Los organizadores no
solo salieron airosos de la prueba sino que inclusive añadieron
al programa deportivo una nota original, tendiente a subrayar
el carácter pacífico y no competitivo de la Olimpiada mexicana: exposiciones de arte universal, conciertos y representaciones
de teatro y danza por compañías de todos los países, un encuentro internacional de poetas y otros actos de la misma índole.
Pero dentro del contexto de la rebelión juvenil y de la recesión
que la siguió, estas celebraciones parecieron gestos espectaculares con los que se quería ocultar la realidad de un país conmovido y aterrado por la violencia gubernamental. Así, en el
momento en que el gobierno obtenía el reconocimiento internacional de cuarenta años de estabilidad política y de progreso
económico, una mancha de sangre disipaba el optimismo oficial
y provocaba en todos los espíritus una duda sobre el sentido de
ese progreso.

El movimiento estudiantil se inició como una querella callejera entre bandas rivales de adolescentes. La brutalidad policíaca unió a los muchachos. Después, a medida que aumentaban los rigores de la represión y crecía la hostilidad de la prensa, la radio y la televisión, en su casi totalidad entregadas al gobierno, el movimiento se robusteció, se extendió y adquirió conciencia de sí. En el transcurso de unas cuantas semanas apareció claramente que los estudiantes, sin habérselo propuesto expresamente, eran los voceros del pueblo. Subrayo: no los voceros de esta o aquella clase, sino de la conciencia general. Desde el principio se intentó aislar el movimiento tendiendo un cordón sanitario que lo aislase e impidiese el contagio ideológico. Los dirigentes y funcionarios de los sindicatos obreros se apresuraron a condenar, en términos amenazadores, a los estudiantes; lo mismo hicieron, aunque con menos violencia, los partidos políticos de la izquierda y la derecha oficiales. No obstante la movilización de todos estos medios de propaganda y de coacción moral, para no hablar de la violencia física de la policía y el ejército, el pueblo engrosó espontáneamente las manifestaciones juveniles y una de ellas, la célebre «manifestación silenciosa», agrupó a cerca de cuatrocientas mil personas, algo nunca visto en México.

A diferencia de los estudiantes franceses en mayo de ese mismo año, los mexicanos no se proponían un cambio violento y revolucionario de la sociedad ni su programa tenía el radicalismo de los de muchos grupos de jóvenes alemanes y norteamericanos. Tampoco apareció la tonalidad orgiástica y pararreligiosa de los *hippies*. El movimiento fue reformista y democrático, a pesar de que algunos de sus dirigentes pertenecían a la extrema izquierda. ¿Una maniobra táctica? Me parece más sensato atribuir esta ponderación a la naturaleza de las circunstancias y al peso de la realidad objetiva: ni el temple del pueblo mexicano es revolucionario ni lo son las condiciones históricas del país. Nadie quiere una revolución sino una reforma: acabar con el régimen de excepción iniciado por el Partido Nacional Revolucionario hace cuarenta años. Las peticiones de los estudiantes, por lo demás, fueron realmente moderadas: la derogación de un artículo del Código Penal, a todas luces inconstitucional y que contiene esa afrenta a los derechos humanos que se llama «delito de opinión»; la libertad de varios presos políticos; la destitución del jefe de la policía, etcétera. Todas estas peticiones se resumían en una palabra que fue el eje del movimiento y el secreto de su instantáneo poder de seducción sobre la conciencia popular: democratización. Una y otra vez los muchachos pidieron «el diálogo público entre el gobierno y los estudiantes», preludio del diálogo entre el pueblo y las autoridades. Esta demanda recogía la que habíamos hecho un grupo de escritores en 1958 ante disturbios semejantes, aunque de menor amplitud —que anunciaban, como entonces advertimos al gobierno, los que se producirían diez años después.

La actitud de los estudiantes le daba al gobierno la posibilidad de enderezar su política sin perder la cara. Hubiera bastado con oír lo que el pueblo decía a través de las peticiones juveniles; nadie esperaba un cambio radical pero sí mayor flexibilidad y una vuelta a la tradición de la Revolución mexicana, que nunca fue dogmática y sí muy sensible a las mudanzas del ánimo popular. Se habría roto así la cárcel de palabras y conceptos en que el gobierno se ha encerrado, todas esas fórmulas en las que ya nadie cree y que se condensan en esa grotesca expresión con que la familia oficial designa al partido único: el Instituto Revolucionario. Al liberarse de su cárcel de palabras, el gobierno habría podido forzar la otra cárcel, más real, que lo envuelve y paraliza: la de los negocios e intereses de los banqueros y financieros. Restablecer la comunicación con el pueblo hubiera significado recobrar autoridad y libertad para dialogar con la derecha, la izquierda y con los Estados Unidos. Con gran claridad y concisión, una de las inteligencias más agudas y honradas de México, Daniel Cosío Villegas, apuntaba lo que a su juicio —y debe agregarse: al de la mayoría de los mexicanos pensantes— era «el único remedio: hacer pública de verdad la vida pública». El gobierno prefirió apelar,

alternativamente, a la fuerza física y a la retórica «revoluciona-
rio-institucional». Estas vacilaciones eran probablemente el
reflejo de una lucha entre los «técnicos», deseosos de salvar lo
poco que aún queda vivo de la herencia revolucionaria, y la bu-
rocracia política partidaria de la mano dura. Pero en ningún
momento se advirtió el deseo de «hacer pública la vida públi-
ca» y abrir el diálogo con la gente. Las autoridades, es verdad,
propusieron la negociación, solo que entre bastidores; las plá-
ticas abortaron porque los estudiantes se negaron a aceptar este
inmoral procedimiento.

A fines de septiembre el ejército ocupó la Universidad Na-
cional y el Instituto Politécnico. Ante la reprobación que pro-
vocó esta medida, las tropas desalojaron los locales de las dos
instituciones. Hubo un respiro. Esperanzados, los estudiantes
celebraron una reunión (no una manifestación) en la plaza de
Tlatelolco, el 2 de octubre. En el momento en que los recu-
rrentes, concluido el mitin, se disponían a abandonar el lugar,
la plaza fue cercada por el ejército y comenzó la matanza. Unas
horas después se levantó el campo. ¿Cuántos murieron? En
México ningún periódico se ha atrevido a publicar las cifras. Daré
aquí la que el periódico inglés *The Guardian*, tras una investi-
gación cuidadosa, considera como la más probable: 325 muertos.
Los heridos deben haber sido miles, lo mismo que las personas
aprehendidas.[1] El 2 de octubre de 1968 terminó el movimien-
to estudiantil. También terminó una época de la historia de
México.

Aunque las revueltas estudiantiles son un fenómeno mundial,
se manifiestan con mayor virulencia en las sociedades más ade-
lantadas. Así, pues, puede decirse que el movimiento estudian-
til y la celebración de la Olimpiada en México fueron hechos
complementarios: los dos eran signos del relativo desarrollo del
país. Lo discordante, lo anómalo y lo imprevisible fue la actitud

---

[1] Todavía están en la cárcel 200 estudiantes, varios profesores universita-
rios y José Revueltas, uno de los mejores escritores de mi generación y uno de
los hombres más puros de México. [Nota de 1970].

gubernamental. ¿Cómo explicarla? Por una parte, ni las peticiones de los estudiantes ponían en peligro al régimen ni este se enfrentaba a una situación revolucionaria; por la otra, ningún acto de ningún gobierno —ni siquiera el de Francia, ese sí amenazado con una oleada revolucionaria— tuvo la ferocidad, no hay otra palabra, de la represión mexicana. La prensa mundial, a pesar de la diaria ración de iniquidades que contienen sus páginas, se sintió levemente escandalizada. Una popular revista norteamericana, horrorizada pero púdica, dijo que lo de México era un caso típico de *overreaction*, un síntoma de «la esclerosis del régimen mexicano». Curioso *understatement*... Una reacción exagerada o excesiva delata, en cualquier organismo vivo, miedo e inseguridad; y la esclerosis no solo es signo de vejez sino de incapacidad para cambiar. El régimen mostró que no podía ni quería hacer un examen de conciencia; ahora bien, sin crítica y, sobre todo, sin autocrítica, no hay posibilidad de cambio. Esta debilidad mental y moral lo condujo a la violencia física. Como esos neuróticos que al enfrentarse a situaciones nuevas y difíciles retroceden, pasan del miedo a la cólera, cometen acciones insensatas y así regresan a conductas instintivas, infantiles o animales, el gobierno regresó a períodos anteriores de la historia de México: agresión es sinónimo de regresión. Fue una repetición instintiva que asumió la forma de un ritual de expiación; las correspondencias con el pasado mexicano, especialmente con el mundo azteca, son fascinantes, sobrecogedoras y repelentes. La matanza de Tlatelolco nos revela que un pasado que creíamos enterrado está vivo e irrumpe entre nosotros. Cada vez que aparece en público, se presenta enmascarado y armado; no sabemos quién es, excepto que es destrucción y venganza. Es un pasado que no hemos sabido o no hemos podido reconocer, nombrar, desenmascarar. Pero antes de tocar este tema —que es el tema central y secreto de nuestra historia— debo describir, en sus grandes líneas, el desarrollo del México moderno, ese desarrollo paradójico en el que la simultaneidad de los elementos contradictorios se condensa en estos dos nombres: Olimpiada y Tlatelolco.

CRÍTICA DE LA PIRÁMIDE

A lo largo de estas páginas ha aparecido una y otra vez el tema de los dos Méxicos, el desarrollado y el subdesarrollado. Es el tema central de nuestra historia moderna, el problema de cuya solución depende nuestra existencia misma como pueblo. En general, los economistas y los sociólogos ven las diferencias entre la sociedad tradicional y la moderna como una oposición entre desarrollo y subdesarrollo: las disparidades entre los dos Méxicos son de orden cuantitativo y el problema se reduce a determinar si la mitad desarrollada podrá o no absorber a la subdesarrollada. Ahora bien, si es normal que las estadísticas omitan la descripción cualitativa de los fenómenos, no lo es que nuestros sociólogos no adviertan que detrás de esas cifras hay realidades psíquicas, históricas y culturales irreductibles a las groseras medidas que, por fuerza, debe utilizar el censo. Esos cuadros estadísticos, además, no han sido pensados para México sino que son toscas adaptaciones de modelos extraños. Es otro caso de «imitación extralógica» y su adopción revela más aturdida irreflexión que rigor científico. Por ejemplo, entre los índices del desarrollo figuran el trigo y el maíz: el comer pan de trigo es uno de los signos de que se está más allá de la línea que separa a los subdesarrollados de los desarrollados, en tanto que comer tortilla de maíz señala que se está más acá. Dos razones se alegan para justificar la inclusión del trigo como uno de los índices del desarrollo: sus mayores virtudes nutritivas y ser un producto cuyo consumo revela que se ha dado el salto de la sociedad tradicional a la moderna. Es un criterio que condena al subdesarrollo por la eternidad al Japón, ya que el arroz es menos nutritivo que el trigo y no es menos «tradicional» que el maíz. Por lo demás, el trigo tampoco es «moderno», de modo que nada lo distingue del arroz y del maíz excepto pertenecer a otra tradición cultural, la de Occidente (¡aunque el *chapati* hindú está hecho de trigo!). En verdad, lo que se quiere indicar es que en todo, inclusive en materia de alimentación y cocina, la civilización occidental es superior a las otras y que, dentro de ella, la más perfecta es la rama norteamericana. Otro de los índices del subdesarrollo, según nuestras estadísticas, es el uso del guarache. Si se piensa en términos de comodidad y de estética, en nuestro clima el guarache resulta superior al zapato; lo que ocurre es que, dentro del contexto de nuestra sociedad, maíz y sandalias son rasgos característicos del *otro* México.

La porción desarrollada de México impone su modelo a la otra mitad, sin advertir que ese modelo no corresponde a nuestra verdadera realidad histórica, psíquica y cultural sino que es una mera copia (y copia degradada) del arquetipo norteamericano. De nuevo: no hemos sido capaces de crear modelos de desarrollo viables y que correspondan a lo que somos. El desarrollo ha sido, hasta ahora, lo contrario de lo que significa esa palabra: extender lo que está arrollado, desplegarse, crecer libre y armoniosamente. El desarrollo ha sido una verdadera camisa de fuerza. Una falsa liberación: si ha abolido muchas de las antiguas e insensatas prohibiciones, en cambio nos agobia con exigencias no menos terribles y onerosas. Cierto, cuando llegó el progreso a la moderna, nuestra casa, hecha con los despojos del mundo precolombino y las viejas piedras de la civilización hispano-católica, se desmoronaba; la que hemos construido en su lugar, aparte de albergar únicamente a una minoría de mexicanos, ha sido deshabitada por el espíritu. Pero el espíritu no se ha ido: se ha ocultado. Para referirse al México subdesarrollado, algunos antropólogos usan una expresión reveladora: *cultura de la pobreza*. La designación no es inexacta sino insuficiente: el otro México es pobre y miserable; además, es efectivamente *otro*. Esa otredad escapa a las nociones de *pobreza* y de *riqueza*, *desarrollo* o *atraso*: es un complejo de actitudes y estructuras inconscientes que, lejos de ser supervivencias de un mundo extinto, son pervivencias constitutivas de nuestra cultura contemporánea. El *otro* México, el sumergido y reprimido, reaparece en el México moderno: cuando hablamos a solas, hablamos con él; cuando hablamos con él, hablamos con nosotros mismos.

La división de México en dos, uno desarrollado y otro sub-
desarrollado, es científica y corresponde a la realidad económi-
ca y social de nuestro país. Al mismo tiempo, en un estrato
distinto, hay *otro* México. No me refiero de ninguna manera a
una entelequia ahistórica y atemporal; tampoco a un arquetipo
en el sentido de Jung o de Mircea Eliade. Es posible que la
expresión *el otro México* carezca de precisión, pero la verdad es
que no he encontrado ninguna otra más a propósito. Con ella
pretendo designar a esa realidad gaseosa que forman las creen-
cias, fragmentos de creencias, imágenes y conceptos que la
historia deposita en el subsuelo de la psique social, esa cueva o
sótano en continua somnolencia y, asimismo, en perpetua fer-
mentación. Es una noción que viene tanto del subconsciente
(individual) de Freud como de la ideología (social) de Marx.
Una ideología que representa lo que el mismo Marx llamaba
«la conciencia absurda del mundo» y que nunca es consciente
del todo. Sin embargo, las concepciones de Marx y Freud, cada
una por razones diferentes y que no analizaré aquí, me parece
que no explican la totalidad del fenómeno: la existencia en cada
civilización de ciertos complejos, presuposiciones y estructuras
mentales generalmente inconscientes y que resisten con ter-
quedad a la erosión de la historia y a sus cambios. Dumézil
llama a estas estructuras «ideologías» pero usa el término en
un sentido más cercano a Kant que a Marx: una cierta predis-
posición particular de la mente frente y hacia la realidad obje-
tiva. En suma, para mí la expresión *el otro México* evoca una
realidad compuesta de diferentes estratos y que alternativamen-
te se pliega y se despliega, se oculta y se revela.

Si el hombre es doble y triple, también lo son las civiliza-
ciones y las sociedades. Cada pueblo sostiene un diálogo con
un interlocutor invisible que es, simultáneamente, él mismo y
el *otro*, su doble. ¿Su doble? ¿Cuál es el original y cuál el fantas-
ma? Como en la banda de Moebius, no hay exterior ni interior
y la *otredad* no está allá, fuera, sino aquí, dentro: la *otredad* es
nosotros mismos. La dualidad no es algo pegado, postizo o exte-
rior; es nuestra realidad constitutiva: sin *otredad* no hay unidad.

Y más: la *otredad* es la manifestación de la unidad, la manera en que esta se despliega. La *otredad* es una proyección de la unidad: la sombra con que peleamos en nuestras pesadillas; y a la inversa, la unidad es un momento de la *otredad*: ese momento en que nos sabemos un cuerpo sin sombra —o una sombra sin cuerpo. Ni adentro ni afuera, ni antes ni después: el pasado reaparece porque es un presente oculto. Hablo del verdadero pasado, que no es lo mismo que «lo que pasó»: las fechas, los personajes y todo eso que llamamos historia. Aquello que pasó efectivamente pasó, pero hay algo que no pasa, algo que pasa sin pasar del todo, perpetuo presente en rotación. La historia de cada pueblo contiene ciertos elementos invariantes o cuyas variaciones, de tan lentas, resultan imperceptibles. ¿Qué sabemos de esos invariantes y de las formas en que se asocian o separan? Por analogía con lo que ocurre en otros dominios, vislumbramos que su modo de operación es la combinación de unos cuantos elementos; como en el caso de los procesos biológicos, el montaje cinematográfico o las asociaciones verbales de los poetas, esas combinaciones producen figuras distintas y únicas —o sea: historia. Pero es engañoso hablar de elementos y de invariantes como si se tratase de realidades aisladas y con vida propia: aparecen siempre en relación unos con otros y no se definen como elementos sino como partes de una combinatoria. De ahí que no sea lícito confundir estos complejos sistemas con los llamados factores históricos, sean estos económicos o culturales. Aunque esos factores son, diría, el motor de la historia, lo que me parece decisivo, desde esta perspectiva, es determinar cómo se combinan: *su forma de producción de historia.* Tal vez en todos los pueblos y en todas las civilizaciones opera el mismo sistema combinatorio —de otra manera se rompería tanto la unidad de la especie humana como la universalidad de la historia—, solo que en cada cultura el modo de asociación es distinto.

La *otredad* nos constituye. No afirmo con esto el carácter único de México —ni el de México ni el de pueblo alguno—, sostengo que esas realidades que llamamos culturas y civilizaciones son elusivas. No es que México escape a las definiciones: somos nosotros mismos los que nos escapamos cada vez que intentamos definirnos, asirnos. El carácter de México, como el de cualquier otro pueblo, es una ilusión, una máscara; al mismo tiempo, es un rostro real. Nunca es el mismo y siempre es el mismo. Es una contradicción perpetua: cada vez que afirmamos una parte de nosotros mismos, negamos otra. Lo que ocurrió el 2 de octubre de 1968 fue, simultáneamente, la negación de aquello que hemos querido ser desde la Revolución y la afirmación de aquello que somos desde la Conquista y aun antes. Puede decirse que fue la aparición del *otro* México o, más exactamente, de uno de sus aspectos. Apenas si debo repetir que el *otro* México no está afuera sino en nosotros: no podríamos extirparlo sin mutilarnos. Es un México que, si sabemos nombrarlo y reconocerlo, un día acabaremos por transfigurar: cesará de ser ese fantasma que se desliza en la realidad y la convierte en pesadilla de sangre. Doble realidad del 2 de octubre de 1968: ser un hecho histórico y ser una representación simbólica de nuestra historia subterránea o invisible. Y hago mal en hablar de representación pues lo que se desplegó ante nuestros ojos fue un acto ritual: un sacrificio. Vivir la historia como un rito es nuestra manera de asumirla; si para los españoles la Conquista fue una *hazaña*, para los indios fue un *rito*, la representación humana de una catástrofe cósmica. Entre estos dos extremos, la hazaña y el rito, han oscilado siempre la sensibilidad y la imaginación de los mexicanos.

Todas las historias de todos los pueblos son simbólicas; quiero decir: la historia y sus acontecimientos y protagonistas aluden a otra historia oculta, son la manifestación visible de una realidad escondida. Por esto nos preguntamos: ¿qué significaron realmente las Cruzadas, el descubrimiento de América, el saqueo de Bagdad, el Terror jacobino, la guerra de Secesión norteamericana? Vivimos la historia como si fuese una representación de enmascarados que trazan sobre el tablado figuras enigmáticas; a pesar de que sabemos que nuestros actos significan, dicen, no sabemos qué es lo que dicen y así se nos escapa el significado de la pieza que representamos. ¿Alguien lo sabe? Nadie conoce el desenlace final de la historia porque su fin es también el fin del hombre. Pero no podemos demorarnos en estas preguntas sin respuesta porque la historia nos obliga a vivirla: es la substancia de nuestra vida y el lugar de nuestra muerte. Entre vivir la historia e interpretarla se pasan nuestras vidas. Al interpretarla, la vivimos: hacemos historia; al vivirla, la interpretamos: cada uno de nuestros actos es un signo. La historia que vivimos es una escritura; en la escritura de la historia visible debemos leer las metamorfosis y los cambios de la historia invisible. Esa lectura es un desciframiento, la traducción de una traducción: jamás leeremos el original. Cada versión es provisional: el texto cambia sin cesar (aunque quizá siempre dice lo mismo) y de ahí que de tiempo en tiempo se descarten ciertas versiones en favor de otras que, a su vez, antes habían sido descartadas. Cada traducción es una creación: un texto nuevo... Lo que sigue es una tentativa por traducir el 2 de octubre en los términos de lo que yo creo que es la verdadera, aunque invisible, historia de México: esa tarde la historia visible desplegó, a la manera de un códice precolombino, nuestra otra historia, la invisible. La visión fue sobrecogedora porque los símbolos se volvieron transparentes.

Las geografías también son simbólicas: los espacios físicos se resuelven en arquetipos geométricos que son formas emisoras de símbolos. Llanuras, valles, montañas: los accidentes del terreno se vuelven significativos apenas se insertan en la historia. El paisaje es histórico y de ahí que se convierta en escritura cifrada y texto jeroglífico. Las oposiciones entre mar y tierra, llanura y montaña, isla y continente, selva y desierto son símbolos de oposiciones históricas: sociedades, culturas, civilizaciones. Cada tierra es una sociedad: un mundo y una visión del mundo y del transmundo. Cada historia es una geografía y cada geografía una geometría de símbolos: India es un cono invertido, un árbol cuyas raíces se hunden en el cielo; China es un inmenso disco —vientre, ombligo y sexo del cosmos—; México

se levanta entre dos mares como una enorme pirámide trunca:
sus cuatro costados son los cuatro puntos cardinales, sus esca-
leras son los climas de todas las zonas, su alta meseta es la casa
del sol y de las constelaciones. Apenas si es necesario recordar
que para los antiguos el mundo era una montaña y que, lo
mismo en Sumeria y Egipto que en Mesoamérica, la represen-
tación geométrica y simbólica de la montaña cósmica fue la
pirámide. La geografía de México tiende a la forma piramidal
como si existiese una relación secreta pero evidente entre el
espacio natural y la geometría simbólica y entre esta y lo que
he llamado nuestra historia invisible. Arquetipo arcaico del
mundo, metáfora geométrica del cosmos, la pirámide mesoa-
mericana culmina en un espacio magnético: la plataforma-
santuario. Es el eje del universo, el sitio en que se cruzan los
cuatro puntos cardinales, el centro del cuadrilátero: el fin y el
principio del movimiento. Una inmovilidad en la que se acaba
y se reengendra la danza del cosmos. Tiempo petrificado, los
cuatro lados de la pirámide representan los cuatro soles o eda-
des del mundo y sus escaleras son días, meses, años, siglos.
Arriba, en la plataforma: el lugar del nacimiento del Quinto
Sol, la era nahua y azteca. Un edificio hecho de tiempo: lo que
fue, lo que será, lo que está siendo. Espacio, la plataforma-
santuario es el lugar de aparición de los dioses y el altar del sa-
crificio: punto de convergencia entre el mundo humano y el
divino; tiempo, es el centro del movimiento, el fin y el princi-
pio de las eras: presente eterno de los dioses. La pirámide es
una imagen del mundo; a su vez, esa imagen del mundo es una
proyección de la sociedad humana. Si es cierto que el hombre
inventa dioses a su semejanza, también lo es que encuentra su
semejanza en las imágenes que le ofrecen el cielo y la tierra. El
hombre hace del paisaje inhumano historia humana; la natu-
raleza convierte la historia en cosmogonía, danza de astros.

La pirámide asegura la continuidad del tiempo (el humano
y el cósmico) por el sacrificio: es un espacio generador de vida.
La metáfora del mundo como montaña y de la montaña como
dadora de vida se materializa con pasmosa literalidad en la

pirámide. Su plataforma-santuario, cuadrada como el mundo, es el teatro de los dioses y su campo de juego. ¿Cuál es el juego de los dioses? Juegan con tiempo y su juego es la creación y la destrucción de los mundos. Oposición entre el trabajo y el juego divino: el hombre trabaja para comer, los dioses juegan para crear. Mejor dicho, para ellos no hay diferencia entre jugar y crear: cada una de sus piruetas es un mundo que nace o que se aniquila. *Creación y destrucción* son nociones antitéticas para los hombres pero idénticas para los dioses: todo es juego. En sus juegos —que son guerras que son danzas— los dioses crean, destruyen y, a veces, se autodestruyen. Al inmolarse, recrean al mundo. El juego de los dioses es un juego sangriento que culmina en un sacrificio que es la creación del mundo. La destrucción creadora de los dioses es el modelo de los ritos, las ceremonias y las fiestas de los hombres: sacrificio es igual a destrucción productiva. Para los antiguos mexicanos *danza* era sinónimo de *penitencia*. Parece extraño pero no lo es: danza es primordialmente rito y este es ceremonia que reproduce la creación del mundo por los dioses en un juego que es destrucción creadora. Hay una íntima conexión entre el juego divino y el sacrificio que engendra el universo; a ese modelo celeste corresponde otro humano: en el rito la danza es penitencia.

La ecuación danza = sacrificio se repite en el simbolismo de la pirámide: la plataforma de la cúspide representa el espacio sagrado donde se despliega la danza de los dioses, un juego creador del movimiento y, por tanto, del tiempo humano; el lugar de la danza es igualmente, por las mismas razones de analogía y correspondencia, el lugar del sacrificio. Ahora bien, para los aztecas el mundo de la política no era distinto al mundo de la religión: la danza celeste que es destrucción creadora es asimismo guerra cósmica; esta serie analógica divina se proyecta en otra, terrestre: la guerra ritual (o «guerra florida») es el doble de la danza guerrera de los dioses y culmina en el sacrificio de los prisioneros de guerra. Destrucción creadora y política de dominación de los *otros* son la doble cara, la divina y la humana, de una misma concepción. La pirámide, tiempo pe-

trificado, lugar del sacrificio divino, es también la imagen del
Estado azteca y de su misión: asegurar la continuidad del cul-
to solar, fuente de la vida universal, por el sacrificio de los
prisioneros de guerra. El pueblo mexica se identifica con el
culto solar: su dominación es semejante a la del sol que cada
día nace, combate, muere y renace. La pirámide es el mundo y
el mundo es México-Tenochtitlan: deificación de la nación az-
teca por su identificación con la imagen ancestral del cosmos,
la pirámide. Para los herederos del poder azteca, la conexión
entre los ritos religiosos y los actos políticos de dominación de-
saparece pero, como se verá en seguida, el modelo inconscien-
te del poder siguió siendo el mismo: la pirámide y el sacrifi-
cio.

Si México es una pirámide trunca, el valle de Anáhuac es la
plataforma de esa pirámide. En el centro del valle está la ciudad
de México, la antigua México-Tenochtitlan, sede del poder
azteca y hoy capital de la república de México. Hay un hecho
que posee una significación particular y en el cual, que yo sepa,
nadie ha reparado: la capital ha dado su nombre al país. Es algo
extraño. En casi todo el mundo —las excepciones se cuentan
con los dedos— el nombre de la capital es distinto al de la
nación. La razón, me parece, es la siguiente: hay una regla uni-
versal, aunque no formulada, que exige distinguir cuidadosa-
mente entre la realidad particular de una ciudad y la realidad
plural y más vasta de una nación. La distinción se vuelve im-
perativa si, como ocurre con frecuencia, la capital es una vieja
metrópoli con una historia propia y, sobre todo, si esa historia
ha sido de dominación de las otras ciudades y provincias: Roma/
Italia, París/Francia, Tokio/Japón, Teherán/Irán, Londres/In-
glaterra... Ni siquiera los centralistas castellanos se atrevieron
a violar la regla: Madrid/España. La extrañeza del caso mexica-
no aumenta si se recuerda que para los pueblos que componían
el mundo prehispánico el nombre de México-Tenochtitlan
evocaba la idea de la dominación azteca. Mejor dicho: la reali-
dad terrible de esa dominación. Haber llamado al país entero
con el nombre de la ciudad de sus opresores es una de las claves

de la historia de México, la historia no escrita y nunca dicha. La fascinación que han ejercido los aztecas ha sido tal que ni siquiera sus vencedores, los españoles, escaparon de ella: cuando Cortés decidió que la capital del nuevo reino se edificaría sobre las ruinas de México-Tenochtitlan, se convirtió en el heredero y sucesor de los aztecas. A pesar de que la Conquista española destruyó el mundo indígena y construyó sobre sus restos otro distinto, entre la antigua sociedad y el nuevo orden hispánico se tendió un hilo invisible de continuidad: el hilo de la dominación. Ese hilo no se ha roto: los virreyes españoles y los presidentes mexicanos son los sucesores de los tlatoanis aztecas.

Si desde el siglo XIV hay una secreta continuidad política, ¿cómo extrañarse de que el fundamento inconsciente de esa continuidad sea el arquetipo religioso-político de los antiguos mexicanos: la pirámide, sus implacables jerarquías y, en lo alto, el jerarca y la plataforma del sacrificio? Al hablar del fundamento inconsciente de nuestra idea de la historia y de la política, no pienso nada más en los gobernantes sino en los gobernados. Es evidente que los virreyes españoles eran ajenos a la mitología de los mexicanos pero no lo eran sus súbditos, fuesen indios, mestizos o aun criollos; todos ellos, espontánea y naturalmente, veían en el Estado español la continuación del poder azteca. Esta identificación no era explícita y ni siquiera asumía una forma racional: era algo que estaba en el orden de las cosas. La continuidad entre el virrey y el señor azteca, entre la capital cristiana y la antigua ciudad idólatra no eran, por lo demás, sino uno de los aspectos de la idea que se hacía la sociedad colonial del pasado precolombino. En el ámbito de la religión la continuidad aparecía también: la aparición de la Virgen de Guadalupe sobre las ruinas de un santuario consagrado a la diosa Tonantzin es el ejemplo central, aunque no es el único, de esta relación entre los dos mundos, el indígena y el colonial. En un auto sacramental de sor Juana, *El divino Narciso*, la antigua religión precolombina, a pesar de sus ritos sangrientos, aparece como una prefiguración de la llegada del cristianismo a tierras mexicanas. Para los españoles, el modelo histórico era Roma y su imperio; México-Tenochtitlan y, después, la ciudad de México, no fueron sino versiones reducidas del arquetipo romano. Del mismo modo que la Roma cristiana prolongaba, rectificándola, a la Roma pagana, la nueva ciudad de México era la continuación, la rectificación y, finalmente, la afirmación de la metrópoli azteca. La Independencia no alteró radicalmente esta concepción: se consideró que la Colonia española había sido una interrupción de la historia de México y que, al liberarse de la dominación europea, la nación restablecía sus libertades y reanudaba su tradición. Desde este punto de vista la Independencia fue una suerte de restauración. Esta ficción histórico-jurídica consagraba la legitimidad de la dominación azteca: México-Tenochtitlan era y es el origen, la fuente del poder. Desde la Independencia el proceso de identificación sentimental con el mundo prehispánico se acentúa hasta convertirse, después de la Revolución, en una de las características más notables del México moderno. Lo que no se ha dicho es que los mexicanos, en su inmensa mayoría, han hecho suyo el punto de vista azteca y así han fortificado, sin saberlo, el mito que encarna la pirámide y su piedra de sacrificios.

A medida que progresa nuestro conocimiento del mundo mesoamericano, cambia nuestro juicio sobre los aztecas. Durante mucho tiempo se pensó que en México-Tenochtitlan había alcanzado su apogeo la civilización prehispánica. Esa fue la idea de los españoles y esa es, todavía, la de muchísimos mexicanos, sin excluir a varios historiadores, arqueólogos, críticos de arte y otros estudiosos de nuestro pasado. Pero ahora sabemos con certeza que el gran período creador de Mesoamérica es anterior en varios siglos a la llegada de los aztecas al valle de Anáhuac. Inclusive es probable que Teotihuacan no haya sido nahua, al menos exclusivamente. Así, pues, aunque existe una indudable relación entre la cultura de Tula y la de Teotihuacan —la relación del bárbaro que hereda e interpreta una civilización— es un error estudiar desde la perspectiva nahua (y más desde su

tardía versión azteca) la totalidad de la civilización mesoame-
ricana, que es una realidad más rica, diversa y antigua. Sobre
esto me he explicado con alguna amplitud en otro estudio.[2]
En todo caso, la fase creadora de Mesoamérica —llamada por
los arqueólogos actuales, no sé si muy exactamente, «período
de las grandes teocracias»— termina hacia el siglo IX. La ex-
traordinaria fecundidad artística e intelectual de esa etapa
se debe, a mi manera de ver, a la coexistencia en distintas zonas
del país de varias culturas originales, aunque posiblemente
surgidas de un tronco común: mayas, zapotecas, la gente de
Teotihuacan, la gente de El Tajín. No hubo hegemonía de un
Estado sobre los otros sino diversidad y confrontación, ese jue-
go de influencias y reacciones en que consiste finalmente toda
creación. Mesoamérica no era una pirámide sino una asamblea
de pirámides. Por supuesto, ese período no fue una época de
paz universal como han dicho con ingenuidad algunos de nues-
tros arqueólogos. Teocráticas o no, esas ciudades-Estado no eran
pacíficas; los muros de Bonampak conmemoran una batalla con
su corolario ritual, el sacrificio de los prisioneros; y en Teo-
tihuacan aparecen muchos de los símbolos que después figu-
rarían en el culto solar azteca así como los emblemas de las
órdenes militares del águila y el jaguar y varios indicios de
canibalismo ritual. Muchos estudiosos minimizan estos rasgos
de la civilización mesoamericana, tendencia no menos nociva
que la de aquellos que los exageran. Unos y otros olvidan que
la ciencia no tiene por objeto juzgar sino comprender. Mesoa-
mérica, además, no necesita ni apologistas ni detractores.

La segunda época, el llamado «período histórico», es la de
las grandes hegemonías. Fue predominantemente nahua y se
inicia con Tula y su dominación. Los toltecas llegaron hasta
Yucatán y allá los mayas los vieron con la misma admiración
y el mismo horror con que después verían a los aztecas. Para

---

[2] «El punto de vista nahua», incluido en el cuarto volumen —*Los privilegios de la vista*— de las *Obras completas*.

entender lo que significa el dominio de un pueblo sobre otro hay que haber visto esa serpiente nahua de piedra que recorre el muro frontal del templo consagrado al dios maya Chac en Uxmal: lo recorre y lo desfigura como el hierro la frente del esclavo. A la hegemonía de Tula, tras un período de confusión y luchas, sucedió la de México-Tenochtitlan. Los nuevos señores, hasta hacía poco nómadas errantes, por muchos años habían merodeado a las puertas de las ciudades que más tarde someterían. La versión azteca de la civilización mesoamericana fue grandiosa y sombría. Los grupos militares y sacerdotales, y a su imagen y semejanza la gente del común, estaban poseídos por una creencia heroica y desmesurada: ser los instrumentos de una tarea divina que consistía en servir, mantener y extender el culto solar y así contribuir a la conservación del orden cósmico. El culto exigía alimentar a los dioses con sangre humana para asegurar la marcha del universo. Idea sublime y aterradora: la sangre como substancia animadora del movimiento de los mundos, un movimiento análogo al de la danza y al de la guerra. Danza guerrera de los astros y los planetas, danza de la destrucción creadora. Cadena de ecuaciones y transformaciones: rito → danza → guerra ritual → sacrificio. En esta cosmología la edad nahua y la de sus herederos, los aztecas, era la quinta edad del mundo, la del Quinto Sol: el sol del movimiento, el sol guerrero que bebe sangre y cada día salva al mundo de la destrucción definitiva. Sol polémico, sol del movimiento: guerras, temblores de tierra, eclipses, danza del cosmos.

Si el pueblo azteca era el pueblo del Quinto Sol, el fin del mundo se confundía con el de la supremacía azteca y de ahí que evitar ambos —por la guerra, el vasallaje de las otras naciones y el sacrificio— fuese al mismo tiempo una tarea divina y una empresa político-militar. La identificación de una era cósmica con su destino nacional es el aspecto más notable de la imbricación entre las ideas religiosas y filosóficas de los aztecas y sus intereses políticos. Uno de los informantes de Sahagún explicó de un modo memorable la verdadera significación religiosa de Huitzilopochtli, el dios nacional de los mexica: *el dios era nosotros.*

No «el pueblo es dios» de los demócratas de Occidente sino *el dios es pueblo*: la divinidad encarna en la sociedad y le impone tareas inhumanas, sacrificar y ser sacrificada. La «paz azteca», como llama a la hegemonía mexica uno de sus eruditos idólatras contemporáneos, convirtió en institución permanente la guerra ritual: los pueblos vasallos, como el de Tlaxcala, tenían la obligación de celebrar periódicamente batallas campales con los aztecas y sus aliados para proveerlos (y proveerse) de cautivos destinados al sacrificio. Las naciones sojuzgadas constituían una reserva de alimento sagrado. La «guerra florida» combinaba la caza con el torneo y los dos con una institución filantrópica moderna: el banco de sangre.

Los aztecas modificaron su tradición religiosa nacional para adaptarla a una cosmología anterior, creada por los toltecas o, tal vez, por los mismos teotihuacanos. El dios tribal, Huitzilopochtli, el Guerrero del Sur, ocupó el centro del culto; a su lado figuraron los otros grandes dioses de las culturas que los habían precedido en el valle de Anáhuac: Tláloc, Quetzalcóatl. Confiscaron así una visión del universo singularmente profunda y compleja para transformarla en un instrumento de dominación.[3] Religión solar e ideología expansionista, heroísmo sobrehumano e inhumano realismo político, locura sagrada y fría astucia, sacrificio y pillaje: entre tales extremos se movía el *ethos* azteca. Esta dualidad psíquica y moral estaba en correlación con el dualismo de su organización social y con el de su pensamiento religioso y cosmológico. Al dualismo original de los aztecas —rasgo distintivo de los nahuas y que quizá sea una característica de todos los indios americanos— se superpuso otro de orden histórico: la amalgama de las concepciones de los pueblos sedentarios de la Meseta con las de los nómadas que habían sido los aztecas. Religión solar y religión agrícola, observa Jacques Soustelle.

---

[3] Varios autores han dedicado estudios al tema; entre los más recientes y perspicaces se encuentran los de Laurette Séjourné.

En suma, al sincretismo en la religión y la cosmología corresponden, por una parte, esa duplicidad moral que he mencionado más arriba y, por la otra, un arte híbrido que va de lo sublime a lo grotesco y del estilo oficial al patético. Nuestros críticos de arte se extasían ante la estatua de Coatlicue, enorme bloque de teología petrificada. ¿La han *visto*? Pedantería y heroísmo, puritanismo sexual y ferocidad, cálculo y delirio: un pueblo de soldados y sacerdotes, astrólogos y sacrificadores. También de poetas: ese mundo de colores brillantes y pasiones sombrías estaba atravesado por breves, prodigiosos relámpagos de poesía. Y en todas las manifestaciones de esa nación extraordinaria y terrible, de los mitos astronómicos a las metáforas de los poetas y de los ritos diarios a las meditaciones de los sacerdotes, la obsesión, el olor, el tufo de la sangre. Como esas ruedas de suplicios que aparecen en las novelas de Sade, el año azteca era un círculo de dieciocho meses empapados de sangre; dieciocho ceremonias, dieciocho maneras de morir: por flechamiento o por inmersión en el agua o por degollación o por desollamiento... Danza y penitencia.

¿Por cuál aberración religiosa y social una ciudad de la hermosura de México-Tenochtitlan fue el teatro de agua, piedra y cielo de un alucinante ballet fúnebre? ¿Y por cuál ofuscación del espíritu nadie entre nosotros —no pienso en los nacionalistas trasnochados sino en los sabios, los historiadores, los artistas y los poetas— quiere ver y admitir que el mundo azteca es una de las aberraciones de la historia? El caso azteca es único porque su crueldad era el fruto de un sistema de impecable e implacable coherencia, un irrefutable silogismo-puñal. El puritanismo sexual, la represión de los sentidos y el peso aplastante de lo sagrado podrían explicar esa violencia pero no es ella lo que asombra y paraliza, sino los métodos realistas al servicio de una metafísica a un tiempo rigurosamente racional y delirante, la insensata siega de vidas ante una razón petrificada. No el furor homicida de Gengis Khan o de Timur ni la embriaguez en el asesinato y el incendio de los hunos blancos; más bien, inclusive por el esplendor de su ciudad y el carácter litúrgico y grandioso de sus matanzas, los mexicas recuerdan a los asirios, que fueron también herederos de una alta civilización y que mostraron igual predilección por la pirámide trunca (*zigurat*). No obstante, los asirios no eran teólogos. En realidad, los émulos de los aztecas no están en Asia sino en Occidente, pues solo entre nosotros la alianza entre política y razón metafísica ha sido tan íntima, exasperada y mortífera: las inquisiciones, las guerras de religión y, sobre todo, las sociedades totalitarias del siglo XX.

A reserva de ofrecer, más adelante, una hipótesis que explique la singular seducción que nos ha impedido contemplar con objetividad el mundo azteca, aclaro que no pretendo que se le juzgue y menos aún que se le condene. México-Tenochtitlan ha desaparecido y ante su cuerpo caído lo que me preocupa no es un problema de interpretación histórica sino que no podamos contemplar frente a frente al muerto: su fantasma nos habita. Por eso creo que la crítica de México y de su historia —una crítica que se asemeja a la terapéutica de los psicoanalistas— debe iniciarse por un examen de lo que significó y significa todavía la visión azteca del mundo. La imagen de México como una pirámide es un punto de vista entre otros igualmente posibles: el punto de vista de aquel que está en la plataforma que la corona. Es el punto de vista de los antiguos dioses y de sus servidores, los señores y pontífices aztecas. Asimismo es el de sus herederos y sucesores: virreyes, altezas serenísimas y señores presidentes. Y hay algo más: es el punto de vista de la inmensa mayoría, las víctimas aplastadas por la pirámide o sacrificadas en su plataforma-santuario. La crítica de México comienza por la crítica de la pirámide.

El segundo período de Mesoamérica estuvo marcado por Tula y México-Tenochtitlan. Ambos Estados pesaron sobre los otros pueblos como esos gigantescos guerreros de piedra que los arqueólogos han desenterrado en la primera de esas ciudades. Repeticiones, ampliaciones, obras inmensas, grandeza inhumana —nada comparable al gran período creador. Pero lo que me

interesa destacar es la extraña relación de los aztecas con la
tradición mesoamericana. Es sabido que ignoraban todo o casi
todo de las grandes «teocracias» que habían precedido a Tula.
Confieso que esa ignorancia me estremece: es la misma de los
europeos de los siglos obscuros ante la Antigüedad grecorro-
mana, la misma que sufrirán nuestros descendientes ante París,
Londres, Nueva York.

Si los aztecas tenían nociones rudimentarias y grotescas acer-
ca de Teotihuacan y sus constructores, en cambio Tula les ins-
piraba ideas exaltadas. Los mexicas afirmaron siempre y orgu-
llosamente que eran los legítimos y directos herederos de los
toltecas, es decir, de Tula y Culhuacan. Para entender la razón
de esta pretensión hay que recordar que para la gente nahua la
dicotomía universal *civilizado/bárbaro* se expresaba por estos dos
términos: *tolteca/chichimeca*. Los aztecas querían negar su pasado
chichimeca (bárbaro). Esta pretensión no tenía gran fundamen-
to: antes de la fundación de México habían sido una banda de
fugitivos fuera de la ley. El sentimiento de ilegitimidad, común
a todos los bárbaros y advenedizos, fue una suerte de llaga en
la psique azteca y, además, una tacha en sus títulos de domi-
nadores del mundo por voluntad de Huitzilopochtli. En efecto,
Huitzilopochtli mismo, supuesto centro de la cosmogonía del
Quinto Sol y sustento del culto solar, no era sino un dios tribal,
un advenedizo entre las antiguas divinidades de Mesoamérica.
Por eso el tlatoani Itzcóatl, aconsejado por el célebre Tlacaélel,
el arquitecto de la grandeza mexica, ordenó la quema de los
códices y documentos antiguos así como la fabricación de otros
destinados a probar que el pueblo azteca era el descendiente de
los señores de Anáhuac. Al afirmar su filiación directa con el
mundo tolteca, los aztecas afirmaban la legitimidad de su he-
gemonía sobre las otras naciones de Mesoamérica. Ahora apa-
rece con mayor claridad el sentido de la correlación entre la
falsificación de la historia y el sincretismo religioso.

Las naciones sojuzgadas veían con escepticismo estas doc-
trinas. Los aztecas mismos, por su parte, sabían que se trataba
de una superchería aunque nadie se atreviese a decírselo ni aun

a sí mismo. Todo esto explica que, al recibir a Cortés, Mocte-
zuma II lo salude como al enviado de alguien que reclama su
herencia. Aclaro y subrayo: lo recibe no como al emisario del
emperador Carlos sino como a un dios (o semidiós o mago-
guerrero: los aztecas nunca llegaron a tener ideas definidas
acerca de la naturaleza de los españoles) enviado para restable-
cer el orden sagrado del Quinto Sol, interrumpido con la caída
de Tula. La llegada de los españoles coincide con un interregno
en Mesoamérica: a la destrucción de Tula, la fuga de Quetzal-
cóatl (dios-jefe-sacerdote) y su profecía de regresar algún día,
había sucedido la hegemonía de México-Tenochtitlan; pero el
poder azteca, por razón misma de su origen bárbaro, estaba
perpetuamente amenazado por la vuelta de aquellos que real-
mente encarnaban el principio del Quinto Sol, los legendarios
toltecas. Para comprender la actitud del mundo mesoamerica-
no frente a los españoles hay que recordar que, según la leyen-
da, el rey-sacerdote Topiltzin-Quetzalcóatl nació el año I ácatl
(caña) y que su fuga y desaparición acaecieron 52 años más
tarde, otra vez en la fecha I ácatl. La creencia general era que
Quetzalcóatl regresaría en un año I ácatl ¡y Cortés llegó a Mé-
xico en 1519, o sea precisamente en I ácatl!
    Es impresionante leer la arenga con que Moctezuma II re-
cibe a Cortés: «Señor nuestro, te has fatigado, te has dado can-
sancio: ya a la tierra tú has llegado. *Has arribado a tu ciudad:
México*. Aquí has venido a asentarte en tu solio, en tu trono.
Oh, por breve tiempo te lo reservaron, te lo conservaron, los
que ya se fueron, tus substitutos». El soberano no pone en duda
los títulos sagrados del español; México pertenece a Cortés no
por derecho de conquista sino de propiedad original: viene a
recobrar su herencia. Y Moctezuma subraya que los que «ya se
fueron» —es decir, sus predecesores, los antiguos soberanos de
México: Itzcóatl, Moctezuma el Viejo, Tizoc, Axayácatl, Ahuí-
zotl— gobernaron solo como *substitutos* o regentes. No eran,
como el mismo Moctezuma, sino los guardianes, los custodios
de la herencia tolteca. El tlatoani señala, no sé si lamentando
el hecho o haciéndolo valer ante Cortés, que esa regencia duró

poco: «Oh, qué breve tiempo tan solo guardaron para ti...». Es
patética la insistencia de Moctezuma: «ha cinco, ha diez días
que yo estaba angustiado: tenía fija la mirada en la Región del
Misterio. Y tú has venido entre nubes, entre nieblas. Como que
esto era lo que nos habían dejado dicho los reyes, los que rigie-
ron, los que gobernaron tu ciudad: que habrías de instalarte en
tu asiento, que habrías de venir acá».[4] No puedo detenerme
más en el análisis del tema. Habría que dedicar una vida ente-
ra al estudio y elucidación de la Conquista.

La actitud de Moctezuma y de la casta dirigente de México-
Tenochtitlan no es tan fantástica como a primera vista parece:
el regreso de Tula y Quetzalcóatl se insertaban con naturalidad
dentro de una concepción circular del tiempo. La idea nos cho-
ca porque nosotros los modernos, a un tiempo fanáticos y víc-
timas del tiempo rectilíneo e irrepetible del progreso, no po-
demos aceptar con todas sus consecuencias la visión del tiempo
cíclico. En el caso de los aztecas, la idea del regreso del tiem-
po hundía sus raíces en un sentimiento de culpabilidad. El
tiempo del principio, al regresar, asumía la forma de una *repa-
ración*. Esto no habría sido posible si los aztecas no se hubiesen
sentido culpables no solo frente al pasado mítico de Tula sino
también ante los otros pueblos.

El extraño episodio de la aparición del dios Tezcatlipoca lo
prueba. Como es sabido, ese dios tiene un papel decisivo en la
historia de la caída de Tula. A la manera de Satán con Cristo y
de Mara con Buda, Tezcatlipoca es el tentador de Quetzalcóatl,
solo que, más astuto y afortunado que aquellos, valido de sus
artes de hechicería logra que el dios asceta se embriague y co-
meta incesto con su hermana. Así se consuma la ruina de Quetzal-
cóatl y de su ciudad.

Tezcatlipoca era particularmente venerado por los mexicas.
Pues bien, cuando Moctezuma II se entera de que Hernán Cor-

---

[4] Cf. *Visión de los vencidos. Relaciones indígenas de la Conquista*. Introducción y
notas de Miguel León-Portilla; versión de textos nahuas de Ángel M.ª Garibay K.

tés y sus compañeros, lejos de escuchar sus ruegos o sus veladas amenazas, no se retiran por donde habían venido sino que marchan hacia México-Tenochtitlan, decide hacerles frente con un arma infalible: la hechicería. Así, destaca a un grupo de magos y hechiceros; el grupo se pone en camino pero, cuando los magos están a punto de encontrar a los españoles, tropiezan con un joven «que habla como si estuviese borracho» (¿poseído por el delirio sagrado?) que los detiene y les dice: «¿Qué cosa es la que queréis? ¿Qué es lo que hacer procura Moctezuma?... Ha cometido errores: ha llevado allá lejos a sus vasallos, ha destruido a las personas...». Los hechiceros escuchan suspensos las palabras confusas y entrecortadas del joven «borracho». Cuando quieren tocarlo, este desaparece. No obstante, siguen oyendo su voz: les ordena volver la mirada hacia abajo, hacia el valle en donde está la ciudad: «Ardiendo estaban los templos y las casas comunales y los colegios sacerdotales y todas las casas de México. Y todo era como si hubiera batalla. Y cuando los hechiceros todo esto vieron, se les fue el corazón quién sabe adónde. Ya no hablaron claramente... Dijeron: No era un cualquiera ese: ¡ese era el joven Tezcatlipoca!». Los magos regresan sin haber cumplido su misión y le cuentan a Moctezuma lo que habían visto y oído. El tlatoani al principio se quedó sin habla, tal fue su abatimiento; más tarde murmuró: «¿Qué remedio, mis fuertes? ¡Con esto ya se nos dio el merecido...!».[5]

Para Moctezuma la llegada de los españoles significa, en cierto modo, el pago de la vieja cuenta, la antigua falta de la usurpación sacrílega. La imbricación entre lo sagrado y lo político, que había servido a los aztecas para justificar su hegemonía, jugó en su contra al aparecer los españoles: la divinidad de estos últimos tenía el mismo origen que la pretendida misión cósmica del pueblo azteca. Unos y otros eran los agentes del orden divino, los mandatarios e instrumentos del Quinto Sol. Lo más curioso fue que los españoles no sospecharon la com-

---

[5] Cf. *Visión de los vencidos*.

plejidad de las contrarias actitudes de los indios ante ellos. Y hay otro elemento que aumentó la confusión trágica de todos estos equívocos: los pueblos indios aliados a los españoles esperaban que la caída de México-Tenochtitlan pusiese fin al interregno, la usurpación y el vasallaje. Su horrible desengaño fue, quizá, el origen de su pasividad de siglos: al convertirse en los sucesores del poder azteca, los españoles perpetuaron la usurpación.

Herederos de México-Tenochtitlan, los españoles se encargaron de transmitir el arquetipo azteca del poder político: el tlatoani y la pirámide. Transmisión involuntaria y, por eso mismo, incontrovertible: transmisión inconsciente, al abrigo de toda crítica y examen racional. En el curso de nuestra historia el arquetipo azteca a veces se opone y separa y otras se funde y confunde con el arquetipo hispano-árabe: el caudillo. La oscilación entre estas dos figuras es uno de los rasgos que nos distingue de España, Portugal y los demás países latinoamericanos, ya que en todos ellos reina sin rival el caudillismo.[6] El tlatoani es impersonal, sacerdotal e institucional; de ahí que la figura abstracta del señor presidente corresponda a una corporación burocrática y jerárquica como el PRI. El caudillo es personalista, épico y excepcional; de ahí también que aparezca en momentos de interrupción del orden. El tlatoani representa la continuidad impersonal de la dominación; una casta de sacerdotes y jerarcas ejerce el poder a través de una de sus momentáneas encarnaciones: el señor presidente es el PRI durante seis años pero al cabo de ese término surge otro presidente que es una encarnación distinta del PRI. Distinta y la misma: doble exigencia de la institución presidencialista mexicana. La concentración de poder en manos del presidente es enorme pero nunca es un poder personalista sino que es una consecuencia de su

---

[6] Estas páginas fueron escritas en 1969, muchos años antes del regreso de América Latina a la democracia.

investidura impersonal. La presidencia es una función institu-
cional; el caudillaje es una misión excepcional: el poder del cau-
dillo es siempre personal. El caudillo no pertenece a ninguna
casta ni lo elige ningún colegio sacro o profano: es una presencia
inesperada que brota en los momentos de crisis y confusión, rige
sobre el filo de la ola de los acontecimientos y desaparece de una
manera no menos súbita que la de su aparición. El caudillo
gobierna de espaldas a la ley: él hace la ley. El tlatoani, inclusi-
ve si su poder brota de la usurpación azteca o del monopolio del
PRI, se ampara siempre en la legalidad: todo lo que hace, lo hace
en nombre de la ley. Nuestra historia está llena de tlatoanis y
caudillos: Juárez y Santa Anna, Carranza y Villa.

No ha habido, es natural, ningún gobernante que haya sido
absolutamente tlatoani o íntegramente caudillo pero hay un
rasgo revelador de la secreta supremacía del modelo azteca: to-
dos los jefes que hemos tenido, aun los más arbitrarios y caudi-
llescos, aspiran a la categoría de tlatoani. Hay una nostalgia
mexicana por la legalidad que no experimentan los otros cau-
dillos hispanoamericanos; todos ellos —trátese de Bolívar y de
Fidel Castro o de Rosas y de Perón— han creído y creen en
el acto como hazaña en tanto que los mexicanos afirman el mis-
mo acto como rito. En un caso la violencia es transgresión; en
el otro, expiación. Con la fundación del PNR se inició el ocaso
del caudillismo mexicano; también desde entonces se consolidó
más y más el arquetipo azteca. No podía ser de otro modo: es
el modelo mismo de la estabilidad y, después de cerca de vein-
te años de guerra civil y de querellas violentas entre los caudillos
revolucionarios, la estabilidad es el valor político más buscado
y apreciado en México. Pero los partidarios de la estabilidad
à outrance olvidan una circunstancia que trastorna todo ese edi-
ficio piramidal en apariencia tan sólido: el PRI fue concebido
como una solución de excepción y transición, de modo que la
continuación de su monopolio político tiene cierta analogía con
la usurpación de México-Tenochtitlan y su pretensión de ser el
eje del Quinto Sol. La traducción de los términos políticos con-
temporáneos en conceptos míticos prehispánicos no se detiene

en la equivalencia entre la usurpación de la herencia revolucio-
naria por el PRI y la usurpación de la herencia tolteca por Mé-
xico-Tenochtitlan; el Quinto Sol —la era del movimiento, los
temblores de tierra y el derrumbe de la gran pirámide— corres-
ponde al período histórico que vivimos ahora en todo el mundo:
revueltas, rebeliones y otros trastornos sociales. Ante las agita-
ciones y convulsiones del Quinto Sol, no serán la estabilidad, la
solidez y la dureza de la piedra las que nos preservarán sino
la ligereza, la flexibilidad y la capacidad para cambiar. La esta-
bilidad se resuelve en petrificación: mole pétrea de la pirámide
que el sol del movimiento resquebraja y pulveriza.

La plaza de Tlatelolco está imantada por la historia. Expre-
sión del dualismo mesoamericano, en realidad Tlatelolco fue
un centro gemelo de México-Tenochtitlan. Aunque nunca per-
dió enteramente su autonomía, después de un conato de rebelión
reprimido con severidad por el tlatoani Axayácatl, vivió en
estrecha dependencia del poder central. Fue sede de la casta de
los mercaderes y su gran plaza albergaba, además de los templos,
un célebre mercado que Bernal Díaz y Cortés han descrito con
exaltación minuciosa y encantada, como si contasen un cuento.
Durante el sitio ofreció tenaz resistencia a los españoles y fue
el último puesto azteca que se entregó. En la inmensa explanada
de piedra, como si hiciesen una apuesta temeraria, los evange-
lizadores plantaron —esa es la palabra— una iglesia minúscu-
la. Aún está en pie. Tlatelolco es una de las raíces de México:
allí los misioneros enseñaron a la nobleza indígena las letras
clásicas y las españolas, la retórica, la filosofía y la teología; allí
Sahagún fundó el estudio de la historia prehispánica... La Co-
rona y la Iglesia interrumpieron brutalmente esos experimentos
y todavía mexicanos y españoles pagamos las consecuencias de
esta fatal interrupción: España nos aisló de nuestro pasado indio
y así ella misma se aisló de nosotros. (No sé si se haya reparado
que, después del extraordinario y ejemplar esfuerzo del siglo XVI,
continuado parcialmente en el XVII, la contribución de España
al estudio de las civilizaciones americanas es prácticamente nula).
Tlatelolco vivió después una vida obscura: prisión militar, cen-

tro ferroviario, suburbio polvoso. Hace unos años el régimen transformó el barrio en un conjunto de grandes edificios de habitación popular y quiso rescatar la plaza venerable: descubrió parte de la pirámide y frente a ella y la minúscula iglesia construyó un rascacielos anónimo. El conjunto no es afortunado: tres desmesuras en una desolación urbana. El nombre que escogieron para la plaza fue ese lugar común de los oradores el 2 de octubre: plaza de las Tres Culturas. Pero nadie usa el nombre oficial y todos dicen: Tlatelolco. No es accidental esta preferencia por el antiguo nombre mexica: el 2 de octubre de Tlatelolco se inserta con aterradora lógica dentro de nuestra historia, la real y la simbólica.

Tlatelolco es la contrapartida, en términos de sangre y de sacrificio, de la petrificación del PRI. Ambos son proyecciones del mismo arquetipo, aunque con distintas funciones dentro de la dialéctica implacable de la pirámide. Como si los hechos contemporáneos fuesen una metáfora de ese pasado que es un presente enterrado, la relación entre la antigua plaza de Tlatelolco y la plaza Mayor de México-Tenochtitlan se repite ahora en la conexión entre la nueva plaza de las Tres Culturas y el Zócalo con su Palacio Nacional. La relación entre uno y otro lugar es explícita si se atiende a la historia visible pero también resulta simbólica apenas se advierte que se trata de una relación que alude a lo que he llamado la historia invisible de México. Cierto, podemos encogernos de hombros y recusar toda interpretación que vaya más allá de lo que dicen los periódicos y las estadísticas. Solo que reducir el significado de un hecho a la historia visible es negarse a la comprensión e, inclusive, someterse a una suerte de mutilación espiritual.

Para elucidar el verdadero carácter de la relación entre el Zócalo y Tlatelolco debemos acudir a un tercer término e interrogar a otro lugar no menos imantado de historia: el bosque de Chapultepec. Allí el régimen ha construido un soberbio monumento: el Museo Nacional de Antropología. Si la historia visible de México es la escritura simbólica de su historia invisible y si ambas son la expresión, la reiteración y la metáfora,

en diversos niveles de la realidad, de ciertos momentos repri-
midos y sumergidos, es evidente que en ese museo se encuentran
los elementos, así sea en dispersión de fragmentos, que podrían
servirnos para reconstruir la figura que buscamos. Pero el mu-
seo nos ofrece algo más —y más inmediato, tangible y eviden-
te— que los signos rotos y las piedras desenterradas que encie-
rran sus salas: en él mismo y en la intención que lo anima el
arquetipo al fin se desvela plenamente. En efecto, la imagen
que nos presenta del pasado mexicano no obedece tanto a las
exigencias de la ciencia como a la estética del paradigma. No
es un museo sino un espejo —solo que en esa superficie tatua-
da de símbolos no nos reflejamos nosotros sino que contempla-
mos, agigantado, el mito de México-Tenochtitlan con su Hui-
tzilopochtli y su madre Coatlicue, su tlatoani y su Culebra
Hembra, sus prisioneros de guerra y sus corazones-frutos-de-
nopal. En ese espejo no nos abismamos en nuestra imagen sino
que adoramos a la Imagen que nos aplasta.

Entrar en el Museo de Antropología es penetrar en una
arquitectura hecha de la materia solemne del mito. Hay un
inmenso patio rectangular y en el patio hay un gran parasol de
piedra por el que escurren el agua y la luz con un rumor de ca-
lendarios rotos, cántaros de siglos y años que se derraman sobre
la piedra gris y verde. El parasol está sostenido por una alta
columna que sería prodigiosa si no estuviese recubierta por
relieves con los motivos de la retórica oficial. Pero no es la es-
tética sino la ética lo que me mueve a hablar del museo: allí la
antropología se ha puesto al servicio de una idea de la historia
de México y esa idea es el cimiento, la base enterrada e incon-
movible que sustenta nuestras concepciones del Estado, el po-
der político y el orden social. El visitante recorre encantado
sala tras sala: el mundo sonriente del neolítico con sus figurillas
desnudas; los *olmecas* y el cero; los mayas, mineros del tiempo
y del cielo; los huastecos y sus grandes piedras en las que la
escultura tiene la simplicidad de un dibujo lineal; la cultura
de El Tajín: un arte que escapa a la pesadez olmeca y al hiera-
tismo teotihuacano sin caer en el barroquismo maya, un pro-

digio de gracia felina; los toltecas y sus toneladas de escultura —toda la diversidad y la complejidad de dos mil años de historia mesoamericana presentada como prólogo al acto final, la apoteosis-apocalipsis de México-Tenochtitlan. Apenas si debo señalar que, desde el punto de vista de la ciencia y la historia, la imagen que nos ofrece el Museo de Antropología de nuestro pasado precolombino es falsa. Los aztecas no representan en modo alguno la culminación de las diversas culturas que los precedieron. Más bien lo cierto sería lo contrario; su versión de la civilización mesoamericana la simplifica por una parte y, por la otra, la exagera: de ambas maneras la empobrece. La exaltación y glorificación de México-Tenochtitlan transforma el Museo de Antropología en un templo. El culto que se propaga entre sus muros es el mismo que inspira a los libros escolares de historia nacional y a los discursos de nuestros dirigentes: la pirámide escalonada y la plataforma del sacrificio.

¿Por qué hemos buscado entre las ruinas prehispánicas el arquetipo de México? ¿Y por qué ese arquetipo tiene que ser precisamente azteca y no maya o zapoteca o tarasco u otomí? Mi respuesta a estas preguntas no agradará a muchos: los verdaderos herederos de los asesinos del mundo prehispánico no son los españoles peninsulares sino nosotros, los mexicanos que hablamos castellano, seamos criollos, mestizos o indios. Así, el museo expresa un sentimiento de culpa solo que, por una operación de transferencia y descarga estudiada y descrita muchas veces por el psicoanálisis, la culpabilidad se transfigura en glorificación de la víctima. Al mismo tiempo —y esto es lo que me parece decisivo— la exaltación final del período azteca confirma y justifica aquello que en apariencia condena el museo: la supervivencia, la vigencia del modelo azteca de dominación en nuestra historia moderna. Ahora bien, ya he dicho que la relación entre aztecas y españoles no es únicamente una relación de oposición: el poder español substituye al poder azteca y así lo continúa; a su vez, el México independiente, explícita e implícitamente, prolonga la tradición azteca-castellana, centralista y autoritaria. Repito: hay un puente que va del tlatoani al virrey y del virrey al presidente. La glorificación de México-Tenochtitlan en el Museo de Antropología es una exaltación de la imagen de la pirámide azteca, ahora garantizada, por decirlo así, por la ciencia. El régimen se ve, transfigurado, en el mundo azteca. Al contemplarse, se afirma. Por eso la crítica de Tlatelolco, el Zócalo y el Palacio Nacional —la crítica política, social y moral del México moderno— pasa por el Museo de Antropología y es asimismo una crítica histórica. Si la política es una dimensión de la historia, la crítica de la historia es también crítica política y moral. Al México del Zócalo, Tlatelolco y el Museo de Antropología tenemos que oponerle no otra imagen —todas las imágenes padecen la fatal tendencia a la petrificación—, sino la crítica: el ácido que disuelve las imágenes. En este caso (y tal vez en todos) la crítica no es sino uno de los modos de operación de la imaginación, una de sus manifestaciones. En nuestra época la imaginación es crítica. Cierto, la crítica no es el sueño pero ella nos enseña a soñar y a distinguir entre los espectros de las pesadillas y las verdaderas visiones. La crítica es el aprendizaje de la imaginación en su segunda vuelta, la imaginación curada de fantasía y decidida a afrontar la realidad del mundo. La crítica nos dice que debemos aprender a disolver los ídolos: aprender a disolverlos dentro de nosotros mismos. Tenemos que aprender a ser aire, sueño en libertad.

Austin, octubre de 1969

Posdata se publicó por primera vez en México, Siglo XXI, 1970.

«Posdata», en *OC*, vol. VIII, pp. 267-324.

VUELTA
(1969-1975)

I

Inventa la noche en mi ventana
                    otra noche,
otro espacio:
            fiesta convulsa
en un metro cuadrado de negrura.
                        Momentáneas
confederaciones de fuego,
                    nómadas geometrías,
números errantes.
                Del amarillo al verde al rojo
se desovilla la espiral.
                    Ventana:
lámina imantada de llamadas y respuestas,
caligrafía de alto voltaje,
mentido cielo/infierno de la industria
sobre la piel cambiante del instante.

397

Signos-semillas:
                    la noche los dispara,
          suben,
                    estallan allá arriba,
                                        se precipitan,
          ya quemados,
                    en un cono de sombra,
                                        reaparecen,
          lumbres divagantes,
                              racimos de sílabas,
          incendios giratorios,
                              se dispersan,
                                        otra vez añicos.
          La ciudad los inventa y los anula.

          Estoy a la entrada de un túnel.
          Estas frases perforan el tiempo.
          Tal vez yo soy ese que espera al final del túnel.
          Hablo con los ojos cerrados.
                                        Alguien
          ha plantado en mis párpados
          un bosque de agujas magnéticas,
                                        alguien
          guía la hilera de estas palabras.
                                        La página
          se ha vuelto un hormiguero.
                                        El vacío
          se estableció en la boca de mi estómago.
                                        Caigo
          interminablemente sobre ese vacío.
                                        Caigo sin caer.
          Tengo las manos frías,
                              los pies fríos
          —pero los alfabetos arden, arden.
                                        El espacio
          se hace y se deshace.

La noche insiste,
la noche palpa mi frente,
                    palpa mis pensamientos.
¿Qué quiere?

2

Calles vacías, luces tuertas.
                    En una esquina,
el espectro de un perro.
                    Busca, en la basura,
un hueso fantasma.
                    Gallera alborotada:
patio de vecindad y su mitote.
                    México, hacia 1931.
Gorriones callejeros,
                    una bandada de niños
con los periódicos que no vendieron
                    hace un nido.
Los faroles inventan,
                    en la soledumbre,
charcos irreales de luz amarillenta.
                    Apariciones,
el tiempo se abre:
                    un taconeo lúgubre, lascivo:
bajo un *cielo de hollín*
                    la llamarada de una falda.
C'est la mort —ou la morte...
                    El viento indiferente
arranca en las paredes anuncios lacerados.

A esta hora
                    los muros rojos de San Ildefonso
son negros y respiran:
                    sol hecho tiempo,
tiempo hecho piedra,

                                   piedra hecha cuerpo.
Estas calles fueron canales.
                                   Al sol,
las casas eran plata:
                              ciudad de cal y canto,
luna caída en el lago.
                                   Los criollos levantaron,
sobre el canal cegado y el ídolo enterrado,
otra ciudad
                    —no blanca: rosa y oro—
idea vuelta espacio, número tangible.
                                        La asentaron
en el cruce de las ocho direcciones,
                                        sus puertas
a lo invisible abiertas:
el cielo y el infierno.

Barrio dormido.
                         Andamos por galerías de ecos,
entre imágenes rotas:
                              nuestra historia.
Callada nación de las piedras.
                                   Iglesias,
vegetación de cúpulas,
                              sus fachadas
petrificados jardines de símbolos.
                                        Embarrancados
en la proliferación rencorosa de casas enanas,
palacios humillados,
                         fuentes sin agua,
afrentados frontispicios.
                              Cúmulos,
madréporas insubstanciales:
                                   se acumulan
sobre las graves moles,

       vencidas
no por la pesadumbre de los años,
por el oprobio del presente.

       Plaza del Zócalo,
vasta como firmamento:
        espacio diáfano,
frontón de ecos.
     Allí inventamos,
entre Aliocha K. y Julian S.,
        sinos de relámpago
cara al siglo y sus camarillas.
       Nos arrastra
el viento del pensamiento,
       el viento verbal,
el viento que juega con espejos,
        señor de reflejos,
constructor de ciudades de aire,
        geometrías
suspendidas del hilo de la razón.

       Gusanos gigantes:
amarillos tranvías apagados.
      Eses y zetas:
un auto loco, insecto de ojos malignos.
        Ideas,
frutos al alcance de la mano.
      Frutos: astros.
        Arden.
Arde, árbol de pólvora,
      el diálogo adolescente,
súbito armazón chamuscado.
      12 veces
golpea el puño de bronce de las torres.
       La noche

estalla en pedazos,
                    los junta luego y a sí misma,
intacta, se une.
                    Nos dispersamos,
no allá en la plaza con sus trenes quemados,
                                        aquí,
sobre esta página: letras petrificadas.

                    3

El muchacho que camina por este poema,
entre San Ildefonso y el Zócalo,
es el hombre que lo escribe:
                              esta página
también es una caminata nocturna.
                              Aquí encarnan
los espectros amigos,
                    las ideas se disipan.

El bien, quisimos el bien:
                         enderezar al mundo.
No nos faltó entereza:
                    nos faltó humildad.
Lo que quisimos no lo quisimos con inocencia.
Preceptos y conceptos,
                    soberbia de teólogos:
golpear con la cruz,
                    fundar con sangre,
levantar la casa con ladrillos de crimen,
decretar la comunión obligatoria.
                              Algunos
se convirtieron en secretarios de los secretarios
del Secretario General del Infierno.
                              La rabia
se volvió filósofa,
                    su baba ha cubierto al planeta.

La razón descendió a la tierra,
tomó la forma del patíbulo
                    —y la adoran millones.
Enredo circular:
                todos hemos sido,
en el Gran Teatro del Inmundo;
jueces, verdugos, víctimas, testigos,
                                todos
hemos levantado falso testimonio
                                contra los otros
y contra nosotros mismos.
                        Y lo más vil: fuimos
el público que aplaude o bosteza en su butaca.
La culpa que no se sabe culpa,
                        la inocencia,
fue la culpa mayor.
                        Cada año fue monte de huesos.

Conversaciones, retractaciones, excomuniones,
reconciliaciones, apostasías, abjuraciones,
zig-zag de las demonolatrías y las androlatrías,
los embrujamientos y las desviaciones:
mi historia,
                ¿son las historias de un error?
La historia es el error.
                        La verdad es aquello,
más allá de las fechas,
                        más acá de los nombres,
que la historia desdeña:
                        el cada día
—latido anónimo de todos,
                        latido
único de cada uno—,
                        el irrepetible
cada día idéntico a todos los días.
                                La verdad
es el fondo del tiempo sin historia.

El peso
del instante que no pesa:

unas piedras con sol,
vistas hace ya mucho y que hoy regresan,
piedras de tiempo que son también de piedra
bajo este sol de tiempo,
sol que viene de un día sin fecha,

sol
que ilumina estas palabras,

sol de palabras
que se apaga al nombrarlas.

Arden y se apagan
soles, palabras, piedras:

el instante los quema
sin quemarse.

Oculto, inmóvil, intocable,
el presente —no sus presencias— está siempre.

Entre el hacer y el ver,

acción o contemplación,
escogí el acto de palabras:

hacerlas, habitarlas,
dar ojos al lenguaje.

La poesía no es la verdad:
es la resurrección de las presencias,

la historia
transfigurada en la verdad del tiempo no fechado.
La poesía,

como la historia, se hace;

la poesía,
como la verdad, se ve.

La poesía:

encarnación
del sol-sobre-las-piedras en un nombre,

disolución
del nombre en un más allá de las piedras.

La poesía,
          puente colgante entre historia y verdad,
no es camino hacia esto o aquello:
                              es ver
la quietud en el movimiento,
                    el tránsito
en la quietud.
          La historia es el camino:
no va a ninguna parte,
                    todos lo caminamos,
la verdad es caminarlo.
               No vamos ni venimos:
estamos en las manos del tiempo.
                    La verdad:
sabernos,
          desde el origen,
                    suspendidos.
Fraternidad sobre el vacío.

                    4

Las ideas se disipan,
                    quedan los espectros:
verdad de lo vivido y padecido.
Queda un sabor casi vacío:
                    el tiempo
—furor compartido—
                    el tiempo
—olvido compartido—
                    al fin transfigurado
en la memoria y sus encarnaciones.
                    Queda
el tiempo hecho cuerpo repartido: lenguaje.

En la ventana,
          simulacro guerrero,

                              se enciende y apaga
el cielo comercial de los anuncios.
                         Atrás,
apenas visibles,
                    las constelaciones verdaderas.
Aparece,
             entre tinacos, antenas, azoteas,
columna líquida,
                    más mental que corpórea,
cascada de silencio:
                    la luna,
                         Ni fantasma ni idea:
fue diosa y es hoy claridad errante.

Mi mujer está dormida.
                    También es luna,
claridad que transcurre
                    —no entre escollos de nubes,
entre las peñas y las penas de los sueños:
también es alma.
                    Fluye bajo sus ojos cerrados,
desde su frente se despeña,
                         torrente silencioso,
hasta sus pies,
             en sí misma se desploma
y de sí misma brota,
                    sus latidos la esculpen,
se inventa al recorrerse,
                    se copia al inventarse,
entre las islas de sus pechos
                         es un brazo de mar,
su vientre es la laguna
                    donde se desvanecen
la sombra y sus vegetaciones,
                         fluye por su talle,
sube,

desciende,
          en sí misma se esparce,
                    se ata
a su fluir,
      se dispersa en su forma:
también es cuerpo.
          La verdad
es el oleaje de una respiración
y las visiones que miran unos ojos cerrados:
palpable misterio de la persona.

La noche está a punto de desbordarse.
                  Clarea.
El horizonte se ha vuelto acuático.
              Despeñarse
desde la altura de esta hora:
          ¿morir
será caer o subir,
        una sensación o una cesación?
Cierro los ojos,
        oigo en mi cráneo
los pasos de mi sangre,
        oigo
pasar el tiempo por mis sienes.
         Todavía estoy vivo.
El cuarto se ha enarenado de luna.
        Mujer:
fuente en la noche.
      Yo me fío a su fluir sosegado.

«Vuelta», en *OC*, vol. XII, pp. 21-71.

SOR JUANA INÉS DE LA CRUZ
O LAS TRAMPAS DE LA FE

MUSA DÉCIMA

Tinta en alas de papel

Los poemas religiosos de sor Juana son pocos, apenas dieciséis: siete romances, cuatro glosas y cinco sonetos. No cuento un poemilla en latín y su traducción al español, dos versiones latinas de una décima ajena y una traducción al castellano de una plegaria. Menos de la mitad de los poemas de amor y una décima parte del conjunto de sus poemas. Un examen más atento revela que casi todos son composiciones de circunstancias: homenajes a un pintor que ha pintado una imagen de la Virgen o a un poeta que ha cantado su aparición en el cerro del Tepeyac, sonetos y glosas enviados a certámenes y concursos con temas devotos, un soneto «sacro» que es más bien de índole moral y, en fin, poemas escritos para ser recitados en ceremonias eclesiásticas (fiestas de la Encarnación, Navidad, San José, San Pedro). El poema en latín y las cuatro versiones son ejercicios. Así, quedan solo tres poemas. Son tres romances de amor a Dios. No fueron publicados en vida suya; Castorena y Ursúa los incluyó entre los póstumos que formaron la *Fama* de 1700. Algunos críticos pretenden que estos tres romances fueron escritos después de 1690 y que anuncian la conversión de 1693. Afirmación imprudente: cualquiera que sea la fecha de estos poemas, debe repetirse que hasta 1692 sor Juana se mantuvo firme ante las presiones de Núñez de Miranda y los otros prelados que la conminaban para que abandonase las letras; en 1693 cedió y desde entonces hasta su muerte, poco después, no volvió a escribir una línea. Pero es indudable que los romances son suyos: tienen una relación muy estrecha con sus poemas de amor profano y también con sus ideas teológicas.

Se ha dicho muchas veces, unas con escándalo y otras con unción, que el lenguaje de la poesía mística, sobre todo el de la española, es indistinguible del de la poesía erótica profana. Menéndez Pelayo lamentó que santa Teresa incurriese en expresiones que figuran en «las coplas de amor del Comendador Escrivá y otros trovadores palacianos del siglo XV». El difunto W. A. Auden, que seguramente no había leído a Menéndez Pelayo (probablemente tampoco a santa Teresa), también se escandalizó por las expresiones excesivamente sensuales de san Juan de la Cruz y reprobó la impía confusión entre el éxtasis divino y el acto sexual. Los escrúpulos de Menéndez Pelayo y los de Auden no son realmente cristianos sino platónicos. Los primeros textos místicos de Occidente son posteriores a los de Oriente y no fueron obra de autores cristianos sino de neoplatónicos como Numenio y Plotino; en ellos era natural la separación tajante entre el cuerpo y el alma.[1] Pero el cristianismo, al adoptar la filosofía platónica, no adoptó su condenación del cuerpo, como lo demuestra, por ejemplo, la doctrina de la resurrección de la carne y la del «cuerpo glorioso». El misticismo cristiano, aunque derivado del platónico, encontró en la poesía erótica profana una mina de imágenes y asociaciones. La lectura del *Cantar de los Cantares* como un texto místico hubiera sido

[1] Cf. E. R. Dodds, *Pagan and Christian in an Age of Anxiety*, Cambridge University Press, 1965. Según Dodds el primer místico cristiano es san Gregorio Niseno, que conocía la obra de Plotino y que se apropió de su vocabulario: *To that extent and in that sense Christian mysticism springs from a pagan source.*

imposible si el cristianismo, a la inversa del platonismo, no hubiera sido una religión de *encarnación*. La acentuada coloración erótica de nuestra poesía mística no es, por lo demás, una exclusiva de Occidente: lo mismo ocurre con la mística sufí y con la *bakthi* de la India.

Los poemas de amor divino de sor Juana continúan esta tradición. El romance 48 «califica de amorosas todas las acciones de Cristo», sobre todo en el supremo sacramento de la comunión. No es extraño que lo llame «Amante dulce» y diga que «ha entrado en persona» en ella; es notable, sí, que la mayoría de esas imágenes prolonguen las de sus sonetos eróticos más conocidos. Sor Juana llama *Divino Imán* a Cristo y en el soneto 165 su amante imaginario también es un imán que atrae con su gracia. El amante del soneto 164 es un celoso que, para su mal, no puede ver el corazón de la que lo adora; Cristo, en cambio, entra en ella:

> pregunto: ¿es amor o celos
> tan cuidadoso escrutinio?
> Que quien lo registra todo,
> da de sospechar indicios.

Pregunta «bárbara»: el «Lince Divino», a la inversa del amante humano, penetra en los corazones y para Él «son patentes las entrañas del abismo». Cristo ve y toca el corazón de su amada sin necesidad de que este órgano salga, deshecho en lágrimas, por sus ojos. No duda ni siente celos: ama. El romance 57 combina, sin mucha originalidad pero con eficacia, los motivos tradicionales de la lucha interior. Testigo y actor a un tiempo: *De mí misma soy verdugo / y soy cárcel de mí misma.* Dividida entre lo alto y lo bajo, contempla cómo

> La virtud y la costumbre
> en el corazón pelean,
> y el corazón agoniza
> en tanto que lidian ellas.

El romance 56 ha sido muy citado y comentado pues contiene
un pasaje —ya lo examiné en la Segunda Parte de este libro—
en el que se refiere a otro amor, un loco amor profano, «bastar-
do y de contrarios compuesto», ya desvanecido por su misma
impura naturaleza. Pero el poema es digno de interés por otra
razón. Como en el 57, abundan en este romance las expresiones
de autocastigo y las paradojas que hacen oficio de látigos retó-
ricos: «yo misma soy verdugo de mis deseos», «muero a manos
de la cosa que más quiero», «el amor que le tengo es el motivo de
matarme» y otras semejantes. ¿Y cuál es la causa de todos estos
tormentos que ella se inflige a sí misma? El culpable deseo de
ser amada:

> Tan precisa es la apetencia
> que a ser amados tenemos,
> que, aun sabiendo que no sirve,
> nunca dejarla sabemos.

Lo mismo en los poemas de amor profano que en los de amistad
amorosa, sor Juana sostiene que el amor más alto es aquel que
no pide correspondencia. Esta idea la distingue de los que, como
Ficino, afirman que el amor perfecto es el correspondido. El
filósofo florentino dice que el amor a Dios es el mejor porque
al amarlo no hacemos sino corresponderle, muy pobremente
por cierto, el inmenso amor que nos tiene. Pero sor Juana, que
ha dicho lo contrario en sus poemas de amor, en este «roman-
ce a lo divino» repite con mayor énfasis aún que la correspon-
dencia *no sirve* y, en otro pasaje, que *no añade nada*. Estas expre-
siones, referidas a Dios, son graves: ¿cómo fueron leídas? No
en su sentido propio sino como paradojas, hipérboles y concep-
tos: su siglo había abusado de la *agudeza*. La concepción de la
no-correspondencia reaparece en la argumentación de su único
escrito teológico, la crítica al padre Vieyra: el favor más grande
que puede hacernos Dios, su mayor *fineza*, es no hacernos nin-
gún favor. La doctrina de los «favores negativos» es el equiva-
lente, en el nivel teológico, de la del amor perfecto que no

busca correspondencia. Hay un claro paralelismo entre su idea del amor —el divino y el profano— y su concepción de la relación entre Dios y sus criaturas.

Estas paradojas, para llamarlas así, rozan la herejía. Hay un eco del Dios aristotélico que, siendo la plenitud del ser, no necesita ser amado ni es capaz de amar. Según Dodds, uno de los rasgos distintivos del misticismo de Plotino es el carácter unilateral y no recíproco del éxtasis: «El alma aspira al Uno, desea fundirse con él, pero el Uno no experimenta un deseo recíproco porque desear es la marca del ser incompleto, la señal de la insuficiencia». Aunque Plotino fue leído en los siglos XVI y XVII, no es fácil saber si sor Juana lo conoció directamente; no importa: frecuentó autores profundamente influidos por el neoplatonismo. La diferencia —una diferencia enorme— es que sor Juana traslada la autosuficiencia divina a la criatura. Esta idea, opuesta a la concepción central del cristianismo, impone una exigencia heroica y propiamente sobrehumana a la criatura: amar sin buscar reciprocidad es un heroísmo que no es humano sino divino. Llevada a sus más extremas y rigurosas consecuencias, la no-correspondencia como perfección del amor equivale a una tentativa de autodivinización. Los escritos de sor Juana no dejan traslucir esto: quizá ella misma no se dio cuenta del alcance de su idea.

En el romance que comento sor Juana hace una confesión que atempera el rigor de su doctrina. El amor no necesita correspondencia pero nosotros la buscamos:

> Que corresponda a mi amor,
> nada añade; mas no puedo,
> por más que lo solicito,
> dejar yo de apetecerlo.
>   Si es delito, ya lo digo;
> si es culpa, ya lo confieso...

La apetencia que tenemos de ser amados es una imperfección de nuestra naturaleza, una *falta*, en el sentido original de la palabra. Deseamos porque nos falta ser: el deseo es la señal de nuestra insuficiencia. Los poemas de amor profano no aluden a esta imperfección pero el romance de amor divino sí admite que la natural apetencia de ser amado se convierte en culpa, castigo y dolor. A la criatura imperfecta no le basta con amar; por eso sufre y sufrirá: dejará de sufrir cuando ame sin esperar correspondencia. Entonces, en un goce indescriptible, bastará con cerrar los ojos para ver, con los ojos del alma, la imagen del amado. La imagen: la idea. Sor Juana nos da a entender implícitamente que, a pesar de la imperfección de la criatura, unos pocos transcienden la limitación del desear ser amados. Esos pocos son los santos y, en el caso de los amores humanos, los amantes heroicos y puros. Aunque ella no lo dice con todas sus letras, insinúa que hay un punto en el que el amor humano y el divino se cruzan: el estado perfecto del que ama sin esperanza de correspondencia.

Sor Juana altera radicalmente la situación de la criatura: afirma la posibilidad heroica de la autosuficiencia. Por otra parte, si el amor perfecto no necesita correspondencia, se atenúa el otro extremo de la relación amorosa: la persona amada, sea esta un ser humano o la Divinidad. El otro —o el Otro— se retira a un cielo inaccesible; no cesa de existir pero su presencia se adelgaza hasta volverse una claridad, una inmóvil transparencia que no podemos tocar y a la que adoramos sin saber siquiera si nos oye. La noción tradicional del *otro* sufre un cambio no menos radical que la de criatura. De una y otra manera sor Juana ensancha los límites de la libertad humana y, así, insensiblemente, reduce el ámbito de la gracia divina. Dios nos ha hecho libres, parece decirnos a través de todas estas paradojas y agudezas, y el favor más grande que nos hace es dejarnos en libertad. O sea: nos favorece con su indiferencia. No lo dice así, por supuesto, pero esto es lo que diría si se tradujese a términos actuales su pensamiento. Naturalmente, no hay que caer en la tentación de convertirla en un espíritu moderno: sor Juana no es nuestra contemporánea. Pero no es una persona simple y hecha de una pieza: es un ser complejo y dramático, en lucha con su mundo y con ella misma. No ignora nuestra nativa imperfección, nuestra original falta de ser. Sabe que somos criaturas caídas pero sabe también —viejo saber más estoico que cristiano— que solo el esclavo puede hablar con autoridad de la libertad.

La doctrina de la no-correspondencia como la perfección del amor es el complemento filosófico de los poemas en que se presenta a la pasión amorosa como la persecución de una forma fantasmal. Según esos poemas, el amor es una loca carrera que no cesa sino hasta que el enamorado interioriza la imagen deseada. El amor es una actividad solitaria, imaginante y autosuficiente; también es un proceso de purificación: la imagen se refina hasta volverse impalpable y radiante, como los espíritus y las inteligencias angélicas. La exacta contrapartida intelectual de esta experiencia poética de purificación es la doctrina del amor no-recíproco y la de los favores negativos. La sombra, la ficción, la imagen perseguida y siempre esquiva, adquieren plenitud de sentido —estuve a punto de escribir: cobran cuerpo— apenas se integran en la teoría de la no-correspondencia. Son piezas del mismo rompecabezas. La figura que dibujan todas esas piezas se llama soledad. También se llama autosuficiencia y su tercer nombre es libertad. El primero es existencial, el segundo ontológico y el tercero moral. Son las tres etapas de su camino hacia la realización íntima.

Los críticos se han referido con frecuencia a una «doctrina del amor» de sor Juana. Pero esa doctrina, si se le puede llamar así, no está, como repiten esos mismos críticos, en los romances y sonetos donde expone una aburrida casuística erótica: se encuentra, dispersa y no del todo formulada, en los poemas profanos y sagrados que he mencionado. Dispersión no es incoherencia ni falta de unidad. Al contrario: la coherencia y la unidad, admirables, de esos poemas se debe a que fueron la respuesta a necesidades psicológicas e intelectuales. Entre ellas se encuentran su condición de reclusa y otras particularidades de su carácter y de su mundo pero, asimismo, la necesidad de transcender esas circunstancias y justificar su vida y su vocación. He señalado

muchas veces su timidez frente a la autoridad, su respeto a las
opiniones establecidas, su temor ante la Iglesia y la Inquisición,
su conformismo social. Todo esto no fue sino la mitad de su
persona, la más externa. La otra mitad fue su profunda decisión
de ser lo que quería ser, su búsqueda paciente y subterránea de
una autosuficiencia psíquica y moral que fuese el fundamento
de su vida y su destino de poeta e intelectual. La obstinación
con que se empeñó en ser ella misma, su habilidad y su tacto
para sortear los obstáculos, su fidelidad a sus voces interiores,
la secreta y orgullosa terquedad que la llevó a inclinarse pero
no a quebrarse, todo esto no fue rebeldía —imposible en su
tiempo y en su situación— pero sí fue (y es) un ejemplo del
buen uso de la inteligencia y la voluntad al servicio de la liber-
tad interior.

En las antiguas ediciones de Quevedo, los poemas aparecen
divididos según sus temas, cada grupo bajo la advocación de
una musa. Polymnia es la patrona del segundo grupo y «canta
poesías morales, esto es, que descubren y manifiestan las pa-
siones y costumbres del hombre, procurándolas enmendar».
Sucinta definición que muestra con claridad el doble carácter
de estas composiciones: descubrir la interioridad humana y
aleccionar. Los poemas morales oscilan entre la introspección
y la crítica del mundo y sus crímenes, entre la descripción
de los afectos e inclinaciones y el aviso del inevitable castigo de
las faltas. Es un género que colinda, en uno de sus extremos,
con el ejemplo ético y, en el otro, con la sátira. La poesía moral
fue popular en el siglo XVII y en ella se distinguieron todos
nuestros grandes poetas. Se escribieron poemas morales en to-
das las formas: romances, glosas, décimas, silvas, octavas, ter-
cetos, sonetos. Fue un género afín al genio barroco y a sus ex-
presiones típicas: la agudeza, la sentencia, el emblema, el
memento mori. En la obra de sor Juana, que cultivó casi todas las
formas poéticas de su tiempo, no podían faltar los poemas mo-
rales. Son una suerte de contrapunto reflexivo de sus poemas
de amor y de sus canciones para cantar y bailar. La reflexión

moral y moralizante se prestaba a su temperamento: la melancolía la llevaba a interrogarse, la inteligencia a presentar sus ideas y experiencias en conceptos y sentencias, el humor a reflejar en sus poemas el lado a un tiempo grotesco y absurdo de las pasiones.

El romance 2 es un buen ejemplo de las virtudes y defectos del género y, también, de sor Juana. El título es pintoresco pero exacto: «Acusa la hidropesía de mucha ciencia, que teme inútil aun para saber y nociva para vivir». El arranque es de lo mejor y ya lo cité al fin de la Cuarta Parte: *Finjamos que soy feliz, / triste pensamiento, un rato...* El tono recuerda al romance de Lope: *A mis soledades voy, / de mis soledades vengo...* La misma convención rige a los dos poemas: un saber que se asume inmemorial, hijo de la vida y no de los libros, expresado en fluidas y sentenciosas cuartetas con cierto sabor rústico. El romance de sor Juana se desliza en variaciones sobre la funesta diversidad de los pareceres hasta que llega, previsiblemente, a la pareja que era el prototipo de esa multiplicidad: el risueño Demócrito y el lloroso Heráclito. Después de una veintena de versos reiterativos, el romance recobra el brío. Del lamento por la variedad de opiniones pasa al vituperio del mucho saber y al elogio de la santa ignorancia:

> ¡Qué feliz es la ignorancia
> del que, indoctamente sabio,
> halla de lo que padece,
> en lo que ignora, sagrado!

Unamuno comentó, en una carta a Reyes, dos líneas: *si es para vivir tan poco, / ¿de qué sirve saber tanto?*, diciendo que sor Juana debería haber escrito: *si es para saber tan poco, / ¿de qué sirve vivir tanto?* Pero el saber a que alude Unamuno es el saber de las cosas primeras y últimas, mientras que el de sor Juana es el libresco, esa «mucha ciencia» a que se refiere el título y que es nociva acumulación de noticias, saber inútil para saber lo que de veras importa, saber que estorba para vivir. La ignorancia que admira sor Juana (en su romance: no en la realidad de su vida) no es la *docta ignoranti* de Nicolás de Cusa, resultado del mucho saber y el mucho pensar, sino la del lugareño, que compensa su no-saber con una cuerda resignación. Elogio de la ignorancia que solo podía hacer un docto y que termina con la siguiente paradoja: *Aprendamos a ignorar...* El romance es un poco largo y la filosofía un poco corta.

Algunos de los sonetos morales cuentan entre sus obras más logradas. El mejor es el 145, que figura con justicia en todas las antologías. Es una construcción verbal perfecta: el primer cuarteto, brillante y conceptuoso, es una frase completa que se desdobla en otra no menos redonda: el segundo cuarteto; los seis versos de los tercetos son seis frases, una enumeración que crece en intensidad hasta disiparse en la frase final que repite —mejorándolo levemente— un célebre endecasílabo de Góngora. El soneto tiene como tema un retrato de la misma sor Juana:

> Este que ves, engaño colorido,
> que del arte ostentando los primores,
> con falsos silogismos de colores
> es cauteloso engaño del sentido;
>   este, en quien la lisonja ha pretendido
> excusar de los años los horrores,
> y venciendo del tiempo los rigores
> triunfar de la vejez y del olvido,
>   es un vano artificio del cuidado,
> es una flor al viento delicada,
> es un resguardo inútil para el hado:
>   es una necia diligencia errada,
> es un afán caduco y, bien mirado,
> es cadáver, es polvo, es sombra, es nada.

Monumento de catorce endecasílabos, conceptos-escalones por los que el lector asciende hasta que brota la esperada sorpresa final. A pesar de su rigurosa y voluntaria impersonalidad, este soneto toca un tema hondamente personal y que es uno de los motivos de su poesía: el retrato. En los otros poemas —los dedicados a retratos suyos o de María Luisa— el tema es un diálogo entre el *original* y la *copia*, mientras que en este el retrato se convierte en un emblema verbal cuyo equivalente pictórico son *Las postrimerías* y *Las vanidades* de los Valdés Leal y los Pereda. Nadie ha prestado atención, que yo sepa, al título; es lástima pues nos obligan a leer el soneto como una confesión oblicua: «Procura desmentir los elogios que a un retrato de la poetisa inscribió la verdad que llama pasión». La *verdad*, es decir: la fidelidad, con que se había inscrito en la tela su rostro hermoso, es una *pasión*: algo que pasa.

El soneto 146 también es personal: es una defensa de su afición a las letras, que le ha ocasionado persecuciones. Méndez Plancarte alaba la perfecta correspondencia de las tres series de retruécanos: *poner bellezas en mi entendimiento / y no mi entendimiento en las bellezas; poner riquezas en mi pensamiento / que no mi pensamiento en las bellezas; poner riquezas en mi pensamiento / que no mi pensamiento en las riquezas; consumir vanidades de la vida / que consumir la vida en vanidades*. El soneto 150 regresa al tema y «muestra sentir que la baldonen por los aplausos de su habilidad». Estos dos sonetos son un testimonio más de que no es una fantasía de los liberales y los jacobinos la historia de las dificultades que experimentó y que, al final, se convirtieron en despiadada persecución. Se queja ante el hado (¿a quién podía quejarse si no a la suerte?): *me diste entendimiento / porque fuese mi daño más crecido. / Dísteme aplausos para más baldones...* El soneto 149 expresa una experiencia que fue sin duda terrible y que ya comenté en la Segunda Parte: la «animosidad» —o sea: el ánimo heroico— que se requiere para elegir un estado que ha de durar toda la vida. Más de una vez debe de haberse arrepentido de haber tomado los hábitos... Hay dos sonetos a la rosa con el motivo del *Carpe diem*: ejercicios inteligentes. Los dos versos finales del segundo (148), directos y fuertes, me impresionan: *que es fortuna morirte siendo hermosa / y no ver el ultraje de ser vieja*. Hay también dos sonetos (151 y 152) a la Esperanza, no la virtud

teologal sino la embaucadora que, «por conservar la vida», nos
da «más dilatada muerte», «decrépito verdor imaginado». Des-
taco, en el segundo soneto (152) los dos versos finales, de un
realismo casi brutal, pero no inusitado en ella, y que a Rubén
Darío le habría gustado escribir:

> tengo en entrambas manos ambos ojos
> y solamente lo que toco veo.

Sor Juana es autora de cuatro sonetos inspirados en episodios
de la historia romana.[2] El género había sido cultivado por casi
todos los poetas de su siglo; la obra de Arguijo, por ejemplo,
está compuesta casi exclusivamente por sonetos con asuntos
tomados de la historia y la mitología de la Antigüedad pagana.
La particularidad de los cuatro sonetos de sor Juana es que
están dedicados a heroínas romanas: dos a Lucrecia, violada por
Tarquino; uno a Julia, la mujer de Pompeyo, y otro más a
Porcia, la valerosa hija de Catón y esposa de Marco Bruto. Las
tres mujeres son ejemplos proverbiales de virtud y valentía; los
sonetos que les dedica sor Juana son un testimonio más de su
feminismo decidido; un feminismo *avant la lettre* y, moralmen-
te, no menos valeroso que las acciones de las tres heroínas. Los
sonetos son cuatro estelas funerarias, nobles pero frías. Otro so-
neto inspirado en la fábula antigua ostenta un curioso título:
«Refiere con ajuste, y envidia sin él, la tragedia de Píramo y
Tisbe».[3] Es otro ejercicio retórico. La historia bíblica también
inspiró sonetos sentenciosos y ejemplares. Lope escribió algunos,
difíciles de olvidar, como aquel en que, sobre la muralla de la
ciudad, el campamento de Holofernes todavía en sombras, apa-
rece Judith y «con la cabeza resplandece armada». Sor Juana
se inspira en el Nuevo Testamento y en la sentencia de Pilatos
contra Cristo. Los primeros versos del soneto son una adver-

---

[2] Núms. 153, 154, 155 y 156.
[3] Núm. 207.

tencia a todos los jueces: *Firma Pilatos la que juzga ajena / sentencia, y es la suya.*[4]

Los sonetos fúnebres colindan con la poesía moral. Entre ellos se encuentra su primer poema conocido: un soneto a la muerte de Felipe IV. La noticia llegó a México en mayo de 1666, de modo que lo escribió cuando tenía dieciocho años. Maestría precoz: no es inferior a los sonetos que hizo después. Ya mencioné y comenté los tres rotundos sonetos a la muerte del duque de Veragua (1673) y los otros tres, menos escultóricos pero más sentidos y transparentes, a la memoria de su amiga Leonor Carreto, marquesa de Mancera (*Laura*), que murió en 1674, en el camino de Veracruz, cuando regresaba a España:

> y lamente el Amor su amarga suerte,
>   pues si antes, ambicioso de gozarte,
> deseó tener ojos para verte,
> ya le sirvieron solo de llorarte.[5]

Lo solemne y lo sentencioso son los vestidos de ceremonia: hay otra sor Juana, simple y fluida, llana e irónica. Casi todos sus romances epistolares, que son los más: cerca de cincuenta, contienen pasajes ingeniosos y a veces chispeantes. En el romance 11 le pide al arzobispo Payo Enríquez de Rivera la confirmación y le cuenta los percances de una enfermedad que casi la mató. Esto le da oportunidad para describir el infierno «según el elegante Virgilio» y para burlarse un poco de la guadaña: queriendo ajustar aprisa las faltas cometidas despacio, *repasaba aquellas cuentas / que tan sin cuenta he corrido.* En el romance 20, que celebra un cumpleaños de la condesa de Paredes, se enreda en sus alabanzas con el adverbio *más*: *que suele moler un* más */ más que un mazo y un martillo.* El romance 21 es una divertida enumeración de los enrevesados términos musi-

---

[4] Núm. 207.
[5] El soneto a Felipe IV es el núm. 185; los dedicados al duque de Veragua: 190, 191 y 192; a la marquesa de Mancera: 187, 188 y 189.

cales en la que sale a relucir hasta una soprano llamada doña
Petronila. En el 23 el mismísimo Apolo le pide que lo reco-
miende con la virreina —tráfico de influencias— y le consiga
una «miradura»; para convencerla, el dios-sol le habla *razonan-*
do medios días / y pronunciando centellas. El catálogo de los juegos
de palabras, retruécanos y donaires es largo pues casi no hay
romance en el que no figuren pasajes irónicos o jocosos. Inclu-
so aquellos en que trata temas más bien serios —como los de
su afecto a María Luisa o su respuesta al poeta peruano que le
pedía que se volviese hombre— están entreverados de burla y
gracejos. A otro poeta visitante —este venido de España— que
la había llamado Fénix, le responde con una andanada de ocu-
rrencias; acepta que la «enfenicen» pues hay quien se «ensala-
mandra», a condición de que no la exhiban «en los andurriales
de Italia y Francia, que son amigas de novedades», por dos cuar-
tos, como a la Cabeza del Gigante. Un detalle curioso pues re-
vela su vida diaria y sus menudos pero fastidiosos deberes mun-
danos: gracias a su conversión en Fénix *no he de moler chocolate, /*
ni me ha de moler a mí / quien viniere a visitarme.

El ingenio abre nuevas visitas al espíritu pero también lo
encierra en jaulas simétricas: busca la novedad y se degrada en
repetición mecánica. El siglo XVII, que tanto quiso sorprender,
nos aburre con frecuencia. Sus maravillas son previsibles mien-
tras que lo insólito es espontáneo. Sor Juana no es una excepción;
su ingenio nos parece muchas veces un espectáculo vano y sin
riesgos, como las piruetas en el trapecio del gimnasio. La sor-
presa que causan las agudezas y los chistes se resuelve invaria-
blemente en un descenso de la tensión poética: son mecanismos
verbales al servicio de la decepción y del sentido común. Son
algo muy distinto de la ironía, que es más filosófica que poética,
y del humor, en la acepción moderna, que es el estallido de la
razón ante lo impensado y lo impensable. La anécdota del poe-
ta Bashō y su discípulo Kikaku —fueron contemporáneos de
sor Juana— ilustra de un modo inmejorable la diferencia entre
poesía e ingenio. Kikaku le presenta a su maestro este haikú:
La libélula / le quito las alas / ¡un pimiento! Bashō sonríe, mueve

la cabeza y escribe: *El pimiento / le pongo alas / ¡una libélula!* Esto
es lo que André Breton llamó la *metáfora ascendente*. El concepto
y la agudeza nos sorprenden; la gracia verdadera nos *transporta*:
tiene alas. Pero no todo es ingenio en estos romances; en algunos
—los de amor y amistad amorosa— hay pasión y en casi todos
hay pasajes de auténtica poesía, es decir: gracia. En el roman-
ce 50 elogia al romance mismo y las palabras con que lo hace
tienen la naturalidad y la fluidez que ella atribuye a esta forma
poética. Identidad entre la definición y el objeto definido:

> Pero el diablo del Romance
> tiene, en su oculto artificio,
> en cada copla una fuerza
> y en cada verso un hechizo.
> Tiene un agrado tirano,
> que, en lo blando del estilo,
> el que suena como ruego
> apremia como dominio...
> Tiene una altiva humildad,
> que con estruendo sumiso
> se rinde, para triunfar
> con las galas del rendido.

El último poema de sor Juana es un romance (51), encon-
trado en su celda, dice Castorena y Ursúa, «en borrador y sin
mano última». Fue escrito «en reconocimiento a las inimitables
plumas de la Europa, que hicieron mayores sus obras con sus
elogios». El título alude a los doce poetas y a los siete teólogos
que la alaban, a veces de manera extravagante, en el segundo
tomo de sus *Obras* (Sevilla, 1692). El libro debe haber llegado
a México a fines de ese año, de modo que el poema es de los
últimos meses de 1692 o de los primeros de 1693. Por lo tan-
to, es inmediatamente anterior a su llamada «conversión».
Además de su interés biográfico, este poema contiene cuatro
versos que definen, sin definirla realmente, la seducción que
ejercen sobre nosotros su poesía y su persona:

¿Qué mágicas infusiones
de los indios herbolarios
de mi patria, entre mis letras
el hechizo derramaron?

Es hora de hablar del poema que durante los siglos del gran
desdén hacia su obra, el XVIII y el XIX, la salvó del olvido total:
las redondillas en que censura a los hombres y defiende a las
mujeres. Fue una sátira que nunca se dejó de leer y se la consi-
dera una de las piezas centrales de su feminismo. Como trataré
este tema cuando me ocupe de la *Respuesta a sor Filotea de la
Cruz*, aquí me limito a indicar, de paso, que la sátira contra los
hombres debe verse en el cuadro general de la literatura de su
siglo: fue una respuesta a las incontables sátiras contra la mujer
que circulaban en su tiempo, muchas escritas por poetas famosos.
Desde este punto de vista, la sátira es, de nuevo, un ejercicio
literario: sor Juana quiere sobresalir también en este género.
Esto no significa que la moviese únicamente el demonio de la
emulación literaria y que fuese indiferente al asunto mismo de
su poema. Al contrario: es indudable que vivió —mejor dicho:
sufrió— con una lucidez poco común su condición de mujer.
También es indudable que más de una vez se rebeló y se quejó:
las redondillas contra los hombres son otro testimonio de su
feminismo. Confieso, sin embargo, que no sé si esta palabra sea
aplicable a su caso: ¿se podía ser *feminista* en el siglo XVII? De
cualquier modo, su feminismo —para llamarlo así— no se
parece al moderno ni tiene la tonalidad ideológica de este,
aunque haya nacido de las mismas raíces: la condición de infe-
rioridad de la mujer. La sátira de sor Juana fue una respuesta
espontánea y aislada a una situación histórica. En esto, como
en tantas otras cosas, su actitud fue única.

El mérito poético de esta pieza es dudoso. Es comprensible
que un crítico de la generación anterior, que vivió entre dos
extremos: el radicalismo de la «poesía pura» y el absolutismo
poético surrealista, encuentre que los versos de *Hombres necios
que acusáis / a la mujer sin razón...* son «prosaicos y precampoa-

morianos, lo peor de su obra».[6] Hoy estamos de vuelta de esas condenas sin remisión, aunque yo sigo creyendo que la confusión entre poesía y prosa es funesta. La prosa es palabra escrita y la poesía es habla rítmica. La expresión más perfecta de la prosa es el discurso y por esto la poesía militante e ideológica de nuestros días ha sido y es discursiva. O sea: es literatura escrita y nunca popular aunque sea, con frecuencia, populista. La poesía no se nutre de la prosa escrita sino de los ritmos del habla diaria o, como decía Eliot, de «la música de la conversación». Pero el poema de sor Juana no es, por fortuna, literatura escrita sino hablada —y hablada en octosílabos y en una forma viva y presente desde el siglo XV: la redondilla. El tema es tan antiguo como la forma en que se desarrolla: ¿quién tiene la culpa, *la que peca por la paga, / o el que paga por pecar*? La defensa que hace sor Juana de su sexo no es ideológica: se funda en la moral de la época y en el sentido común. Toca un tópico popular: las relaciones eróticas fuera del matrimonio son pecaminosas pero ¿por qué los hombres se empeñan en condenar a las mujeres? ¿Quién las seduce, quién las fuerza? ¿No se realiza el acto, casi siempre, por iniciativa masculina? Es una hipocresía acusar a nuestro cómplice del delito que ambos cometimos.

Las razones de sor Juana —muy alejadas del feminismo contemporáneo— no eran nuevas. Méndez Plancarte ha encontrado antecedentes en dos autores de nuestro teatro primitivo, Juan del Encina y Torres Naharro; también en Alarcón. En el *Romancero general* hay, asimismo, un lejano precedente.[7] José María de Cossío, al que debemos más de una penetrante observación sobre la poesía de sor Juana, señala que las redondillas contra los hombres son un ejemplo de su conceptismo innato.[8]

---

[6] Ángel Valbuena Prat, *Historia de la literatura española*, tomo II, octava edición, Barcelona, 1968.

[7] Clementina Díaz y de Ovando, «Acerca de las redondillas de sor Juana», en *Anales del Instituto de Investigaciones Estéticas*, IV, México, 1945.

[8] José María de Cossío, «Observaciones sobre la obra de sor Juana Inés de la Cruz», en *Boletín de la Real Academia Española*, Madrid, 1952.

OCTAVIO PAZ

Esta propensión intelectual, que la acerca más a Calderón que a Góngora, dice Cossío, la hizo también recoger otra herencia: «el conceptismo de los *Cancioneros*, la corriente castellanista defendida por los enemigos del estilo italiano y que nunca dejó de correr en nuestra poesía». Cossío recuerda que un capítulo entero de *Agudeza y arte de ingenio* (el Discurso XXIV) está esmaltado con ejemplos de Lope de Sosa, Escrivá, Garci Sánchez de Badajoz, Diego de San Pedro y otros antiguos poetas españoles. La polémica sobre las virtudes y los defectos de las mujeres fue un tema favorito de los *Cancioneros* pero, agrega el crítico español, la fuente directa de sor Juana fue la *Canción de Florisa* de la *Diana* de Gil Polo. En este poema Gil Polo abandona a sus modelos italianos y regresa al molde castellano:

> Siempre tan necios andáis
> que con desigual nivel
> a una culpáis por cruel
> y a otra por fácil culpáis.

Cossío concluye: «Sor Juana tiene más destreza dialéctica y es más sobria que Gil Polo pero sus redondillas tienen indudablemente ese origen y responden a la tradición conceptista de poeta arcaizante, que nunca se extinguió entre nosotros». Sin embargo, la gran y verdadera novedad es que haya sido una mujer y no un hombre el autor de esas redondillas satíricas. En este sentido, el poema fue una ruptura histórica y un comienzo: por primera vez en la historia de nuestra literatura una mujer habla en nombre propio, defiende a su sexo y, con gracia e inteligencia, usando las mismas armas de sus detractores, acusa a los hombres por los vicios que ellos achacan a las mujeres. En esto sor Juana se adelanta a su tiempo: no hay nada parecido, en el siglo XVII, en la literatura femenina de Francia, Italia e Inglaterra. Por esto es más notable aún que esta sátira haya sido escrita en Nueva España, una sociedad cerrada, periférica y bajo la doble dominación de dos poderes celosos: la Iglesia católica y la monarquía española.

El carácter de la cultura en ese siglo era marcadamente masculino. En España ni siquiera las mujeres de la aristocracia gozaban de los privilegios de las grandes damas de Francia. Los poetas rendían culto a la dama ideal pero eran insensibles a la situación real de las mujeres. La literatura española del siglo XVII no es rica en caracteres femeninos; cierto, existen las mujeres de Cervantes y también las de Lope de Vega: son criaturas adorables a veces y, otras, terribles. Pero son casos aislados. Quevedo fue un extremo, no una excepción: el exaltado platonista que escribió el soneto *Amor constante más allá de la muerte* fue también el rabioso misógino que dijo: *Mujer que dura un mes se vuelve plaga.* Es sorprendente que en una sociedad así, en la que confluían la herencia árabe y la romano-cristiana, sor Juana hubiese podido publicar su sátira; más sorprendente resulta que haya sido leída con simpatía. Pero su respuesta fue una explosión aislada y que no tuvo consecuencias sino hasta el siglo XX.

Sor Juana es autora de varios epigramas. Son crueles y son el reverso de su sátira contra los hombres: no zahieren costumbres ni opiniones sino personas. Ya mencioné aquel en que contesta a uno que aludió a su bastardía: si ella no es de padre honrado, *más piadosa fue tu madre, / que hizo que a muchos sucedas...* Este epigrama prueba que en México era del dominio público su origen; la versión que pinta a su padre como un hidalgo vasco sin fortuna fue una mentira piadosa que tuvo más curso en la Vieja España que en la Nueva. Otro epigrama tiene por blanco a una fea presumida, a la que dice con atrevimiento: por tu cara no te darán el premio de la hermosura pero con ella ganarás el de la virginidad. Extraña injuria en labios de una monja. Los otros epigramas también son hirientes: contra un aristócrata borracho y contra dos militares. Estos poemas, que nos revelan una sor Juana sin pelos en la lengua, fueron publicados en el tomo segundo de sus *Obras* (1692), compuesto con los manuscritos que ella misma envió desde México a Sevilla. No se trata, así, de piezas que circulasen *sous le manteau*. Lo mismo sucede con la serie de sonetos burlescos que fueron publicados en el primer tomo de sus poesías (1690). Todas las piezas apa-

428   OCTAVIO PAZ

recieron con su aprobación y por su iniciativa. Probablemente las consideraba, dentro de su programa vital de emulación literaria, como muestras de su capacidad para acometer todos los géneros en boga, aun los más arriesgados.

Los sonetos, dice el título, fueron escritos durante un *domestico solaz*, una reunión mundana. Sor Juana usó consonantes forzados, propuestos sin duda por los concurrentes al íntimo festejo. Méndez Plancarte supone que estas piezas, «por su sal picaresca, demasiado grosera e inferior a su decoro», deben remontarse a la época en que era dama de la Mancera, entre 1665 y 1667. La suposición carece de fundamento y, también, de verosimilitud: menos compatible con su decoro habría sido que esos sonetos hubiesen sido compuestos por una jovencita de diecisiete o dieciocho años, confiada a una virreina. Es más creíble que hayan sido escritos cuando era ya una mujer hecha y derecha, durante una de aquellas tertulias del locutorio de San Jerónimo, para las que «molía chocolate» y en las que, según cuenta Castorena y Ursúa, se resolvían acertijos, se improvisaba y se componían versos. Los sonetos son burlescos pero no solo en el sentido español de ser festivos y chuscos sino asimismo en el inglés de *burlesque*, que incluye, con lo grotesco, lo licencioso. Es revelador que se hayan escrito en un monasterio y que hayan sido publicados como obra de una monja. Es otro ejemplo de la conjunción de los opuestos que amó su época. Los sonetos no carecen de cierto humor canalla, menos desgarrado y tétrico que el de Quevedo, pero con un desparpajo nada eclesiástico y como para ser dichos en una taberna:

> Aunque eres, Teresilla, tan *muchacha*,
> le das quehacer al pobre de *Camacho*,
> porque dará tu disimulo un *chacho*
> a aquel que se pintare más sin *tacha*.
>
> De los empleos que tu amor *despacha*
> anda el triste cargado como un *macho*,
> y tiene tan crecido ya el *penacho*
> que ya no puede entrar si no se *agacha*.

> Estás a hacerle burlas ya tan *ducha*,
> y a salir de ellas bien estás tan *hecha*,
> que de lo que tu vientre *desembucha*
>   sabes darle a entender, cuando *sospecha*,
> que has hecho, por hacer su hacienda *mucha*,
> de ajena siembra, suya la *cosecha*.

Entre los «retratos» a que aludí en otra parte, destaca el de Lisarda (214). Escrito en pareados —sucesión de parejas de versos aconsonantados, como el *heroic couplet* inglés— el poema «pinta en jocoso numen, igual que el tan célebre de Jacinto Polo, una belleza». Esta clase de composiciones, en la que se combinaban libremente versos de once y siete sílabas, fueron usados sobre todo en el teatro, otro indicio de que sor Juana fue una gran lectora de comedias. En la *Inundación castálida* se llama *ovillejos* a esta composición; el *Diccionario de Autoridades* incluye esta acepción que hoy está en desuso; el de la Academia llama *ovillejos* a una composición distinta, en octosílabos y pie quebrado, rimados por pares. Es indudable el parecido de este poema con uno de Polo de Medina (*Retrata un galán a una mulata, su dama*) pero hay que decir que ese género de poemas era popular en la época; sor Juana sigue, más que un modelo aislado, a una corriente.[9] Lisarda, la retratada, era una jovencita como Belilla; según nos informan los versos finales: *Veinte años de cumplir en mayo acaba. / Juana Inés de la Cruz la retrataba*. El poema se burla de los términos con que los gongoristas y culteranos describían a sus damas. Esta sátira del estilo culterano se hacía dentro del estilo culterano: era una de sus modalidades —como las parodias mitológicas— y con frecuencia era obra de los mis-

---

[9] Abundan los ejemplos, en la poesía del siglo XVII, de poemas jocosos precisamente en versos pareados. Por ejemplo, en Quevedo, estas canciones: *A una dama hermosa, rota y remendada; A una mujer flaca; A una mujer pequeña; A Marica*. Méndez Plancarte censura a Henríquez Ureña por llamar silva al poema en pareados de sor Juana; sin embargo, Lope de Vega llama *Silva primera* al primer canto de *La gatomaquia*, compuesto casi enteramente por pareados.

mos poetas culteranos. No indicaba una opinión estética sino
que era un juego literario. El poema es rico en imágenes vívidas
y chuscas; también es cansado: no es posible —al menos para el
gusto moderno— ser gracioso durante cuatrocientos versos a
expensas de los rebuscamientos de literatos *manieristas*. Aunque
la afectación del estilo llano no es menos fastidiosa que la del
estilo encumbrado, temo ser injusto: hay gracia en algunos pa-
sajes, hay fantasía (la cintura de Lisarda es *tan delgada, / que en
una línea queda ya pintada*), hay mexicanismos tiernos (*y me ali-
vio un poquito*), hay momentos en que el buen sentido se vuelve
buena poesía, como este fragmento sobre la mano derecha:

> Es, pues, blanca y hermosa con exceso,
> porque es de carne y hueso...
> y la estima, bizarra,
> más que no porque luce, porque agarra.

Hay, en fin, el supremo elogio de una mujer a otra, una alaban-
za al vestido de Lisarda y a su porte:

> Un adorno garboso y no afectado,
> que parece descuido y es cuidado;
> un aire con que arrastra la tal niña
> con aseado desprecio la basquiña,
> en que se van pegando
> las almas entre el polvo que va hollando.

He mencionado varias veces el «retrato» de Belilla, canción
ligera como una nubecilla y esbelta como únicamente puede
serlo una muchacha a los quince años. Cada estrofa es un giro
de gracia y la última es una sorprendente pirueta:

> Este, de Belilla
> no es retrato, no;
> ni bosquejo, sino
> no más de un borrón.

En la poesía mexicana y con el mismo tema: el trazo de la figura de una adolescente en la luz, como un árbol todavía tierno, solo encuentro unas líneas que pueden comprarse a las de sor Juana. Son de Amado Nervo:

> Tan rubia es la niña que
> cuando hay sol no se la ve.

El poema de Belilla y su contrapunto: la sátira contra Gila,[10] que ya he mencionado, me llevan a las seis canciones (64-69) para acompañar unos bailes y tonadas regionales, en un festejo para agasajar a los condes de Paredes en San Jerónimo. (Es curioso que en el patio de los conventos se bailasen danzas mundanas). Son versos cortesanos, envarados y formales pero la canción tercera de la serie —letra de un baile llamado la españoleta— está compuesta por una combinación poco usual: cuartetos asonantados como en los romances de 10-12-10-12 sílabas, con ocasionales irregularidades. Méndez Plancarte dice que es una estrofa que viene de las coplas de Marizápalos de Jerónimo de Camargo, muy populares en el siglo XVII:

> Marizápalos bajó una tarde
> al fresco sotillo de Vaciamadrid,
> porque entonces, pisándole ella,
> no hubiese más Flandes que ver su país...[11]

Mejores que estas canciones son las *Tres letras para cantar* (8, 9 y 10): tres delgados, transparentes chorros verbales. En la primera una joven canta y al oír su voz, que resuelve en armonía la discordia de los elementos y pone en movimiento a los astros:

---

[10] Poemas 71 y 72 respectivamente.

[11] Méndez Plancarte pensaba que Camargo había recogido estas coplas anónimas pero Alatorre aclara que son de esa poeta («Avatares barrocos del romance», México, 1977).

El mar la admira sirena,
y con sus marinas ninfas
le dan en lenguas de las aguas
alabanzas cristalinas.

Estas canciones son el punto de unión entre la lírica perso-
nal de sor Juana y la colectiva: los villancicos que, en las fiestas
litúrgicas, se cantaban en la catedral de México y en otros gran-
des templos de Nueva España.

«Musa décima», en *OC*, vol. V, pp. 352-370.

LOS HIJOS DEL LIMO

DEL ROMANTICISMO A LA VANGUARDIA

LOS HIJOS DEL LIMO

La historia de la poesía moderna —al menos la mitad de esa historia— es la de la fascinación que han experimentado los poetas por las construcciones de la razón crítica. Fascinar quiere decir hechizar, magnetizar, encantar; asimismo: engañar. El caso de los románticos alemanes es una ilustración de este fenómeno de vaivén en el que la repulsión sucede casi fatal e inmediatamente a la atracción. En general se les considera como un grupo católico y monárquico, enemigo de la Revolución francesa; se olvida así que casi todos ellos mostraron inicialmente entusiasmo y simpatía por el movimiento revolucionario. Su conversión al catolicismo y al absolutismo monárquico fue la consecuencia tanto de la ambigüedad del romanticismo, siempre desgarrado entre los extremos, como de la naturaleza del dilema histórico a que se enfrentó esa generación. La Revolución francesa presentaba dos caras: movimiento revolucionario, ofrecía a los pueblos europeos una visión universal del hombre y una concepción nueva de la sociedad y del Estado; movimiento nacional, prolongaba en el exterior el expansionismo francés y en el interior continuaba la política de centralización comenzada por Richelieu. Las guerras contra el Consulado y el Imperio fueron simultáneamente guerras de liberación nacional y en defensa del absolutismo monárquico. El ejemplo de España me ahorra el trabajo de una larga demostración: los liberales españoles que colaboraron con los franceses fueron fieles a sus ideas políticas pero infieles a su patria; los otros tuvieron que resignarse a confundir la causa de la independencia de España con la del indigno Fernando VII y la Iglesia.

La actitud de Hölderlin es un buen ejemplo de esta ambivalencia. Se dirá que Hölderlin no es un poeta estrictamente romántico. Pero no lo es por la misma razón por la que Blake tampoco lo es del todo: no tanto por estar cronológicamente un poco antes del Romanticismo propiamente dicho, sino porque ambos lo traspasan. En los días de la Primera Coalición contra la República Francesa, el poeta alemán escribe a su hermana: «Ruega porque los revolucionarios derroten a los austriacos, pues de lo contrario el abuso de poder de los príncipes será terrible. Créeme y ora por los franceses, que son los defensores de los derechos del hombre» (19 de junio de 1792).[1] Un poco después, en 1797, escribe una oda a Bonaparte —al libertador de Italia, no al general que un poco después se convertiría, como dice con desprecio en otra carta, «en una especie de dictador». El tema de *Hyperion* es doble: el amor por Diotima y la fundación de una comunidad de hombres libres. Ambos actos son inseparables. El punto de unión entre el amor a Diotima y el amor a la libertad es la poesía. Hiperión no solo lucha por la libertad de Grecia sino por la instauración de una sociedad libre; la construcción de esta comunidad futura implica asimismo un regreso a la poesía. La palabra poética es mediación entre lo sagrado y los hombres y así es el verdadero fundamento de la comunidad. Poesía e historia, lenguaje y sociedad, la poesía como punto de intersección entre el poder divino

---

[1] Hölderlin, *Œuvres,* volumen publicado bajo la dirección de Philippe Jacottet, París, Gallimard, Bibliothèque de la Pléiade, 1967. Incluye una selección de su correspondencia.

y la libertad humana, el poeta como guardián de la palabra que nos preserva del caos original: todas estas oposiciones anticipan los temas centrales de la poesía moderna.

El sueño de una comunidad igualitaria y libre, herencia común de Rousseau, reaparece entre los románticos alemanes, aliado como en Hölderlin al amor, solo que ahora de una manera más violenta y acusada. Todos estos poetas ven al amor como transgresión social y exaltan a la mujer no solo como objeto sino como sujeto erótico. Novalis habla de un comunismo poético, una sociedad en la que la producción, y no solo la consumación, de poesía será colectiva. Friedrich von Schlegel hace la apología del amor libre en su novela *Lucinde* (1799), un libro que hoy puede parecernos ingenuo pero que Novalis quería que llevase como subtítulo: «Fantasías cínicas o diabólicas». Esa frase anticipa una de las corrientes más poderosas y persistentes de la literatura moderna: el gusto por el sacrilegio y la blasfemia, el amor por lo extraño y lo grotesco, la alianza entre lo cotidiano y lo sobrenatural. En una palabra, la ironía —la gran invención romántica. Precisamente la ironía —en el sentido de Schlegel: amor por la contradicción que es cada uno de nosotros y conciencia de esa contradicción— define admirablemente la paradoja del Romanticismo alemán. Fue la primera y más osada de las revoluciones poéticas, la primera que explora los dominios subterráneos del sueño, el pensamiento inconsciente y el erotismo; la primera, asimismo, que hace de la nostalgia del pasado una estética y una política.

Todavía estudiantes en Cambridge, Robert Southey y Samuel Taylor Coleridge conciben la idea de la Pantisocracia: una sociedad comunista, libre e igualitaria, que combinaría la «inocencia de la edad patriarcal» con los «refinamientos de la Europa moderna».[2] El tema revolucionario del comunismo libertario se enlaza así al tema religioso del restablecimiento

---

[2] R. J. White, ed., *Political Tracts of Wordsworth, Coleridge and Shelley,* Cambridge, Cambridge University Press, 1953.

de la inocencia original. Los dos jóvenes poetas deciden embarcarse hacia América para fundar en el nuevo continente la sociedad pantisocrática, pero Coleridge cambia de opinión cuando se entera de que Southey pretendía llevar con ellos a un criado. Años más tarde, el joven Shelley, acompañado de su primera mujer, Harriette, ambos casi adolescentes, visita a Southey en su retiro del Lake District. El viejo poeta exrepublicano encuentra que su joven admirador era «exactamente como yo había sido en 1794». En cambio, al contar en una carta a su amigo Thomas Hogg las impresiones de su visita, Shelley escribe: «Southey es un hombre corrompido por el mundo y contaminado por los honores y las tradiciones» (7 enero 1812).[3]

William Wordsworth visita Francia por primera vez en 1790. Al año siguiente, movido por su entusiasmo republicano —tenía apenas veintiún años y acababa de terminar sus estudios en Cambridge— vuelve a Francia y por casi dos años, primero en París y luego en Orleans, vive —convive— con los girondinos. Esta circunstancia, y la repulsión que le inspira el terror revolucionario, explican su animadversión por los jacobinos, a los que llamaba «la tribu de Moloch». Como muchos escritores del siglo XX ante la Revolución rusa, Wordsworth tomó partido por una de las facciones que se disputaban la dirección de la Revolución francesa, precisamente la facción vencida. En su gran poema autobiográfico, *The Prelude* (1805), con ese estilo hiperbólico y lleno de mayúsculas que hacen de este inmenso poeta también uno de los más pomposos de su siglo, nos cuenta que uno de los momentos más felices de su vida fue el día en que, en un pueblo de la costa donde «todo lo que veía o sentía era quietud y serenidad», oyó decir a un viajero recién desembarcado de Francia: «Robespierre ha muerto». No es menor su antipatía hacia Bonaparte, y en el mismo poema refiere

---

[3] F. L. Jones, ed., *The Letters of Percy Bysshe Shelley,* Londres, Oxford University Press, 1964.

que, al enterarse de que había sido coronado Emperador por el Papa, sintió que era «el último oprobio, algo así como ver al perro que regresa a su vómito...».[4]

Ante los desastres de la historia y la «degradación de la época», Wordsworth se vuelve a la infancia y a sus instantes de transparencia: el tiempo se abre en dos para que, más que ver la realidad, veamos a través de ella. Y lo que Wordsworth ve, como quizá nadie haya visto ni antes ni después de él, no es un mundo fantástico sino la realidad tal cual: el árbol, la piedra, el arroyo, cada uno asentado en sí mismo, reposando en su propia realidad, en una suerte de inmovilidad que no niega al movimiento. Bloques de tiempo vivo, espacios que fluyen lentamente bajo la mirada mental: visión del «otro tiempo» —un tiempo distinto al de la historia con sus reyes y sus pueblos en armas, sus comités revolucionarios y sus curas sanguinarios, sus guillotinas y sus horcas. El tiempo de la infancia es el tiempo de la imaginación, esa facultad que Wordsworth llama el «alma de la naturaleza» para significar que es un poder transhumano. La imaginación no está en el hombre, sino que es el espíritu del lugar y del momento; no es solo la potencia por la que vemos la realidad visible y la oculta: también es el medio por el que la naturaleza, a través de la mirada del poeta, se mira. Por la imaginación la naturaleza nos habla y habla con ella misma.

Las vicisitudes de la pasión política de Wordsworth podrían explicarse en términos de su vida íntima: los años de su entusiasmo por la Revolución son los años de su amor por Annette (Anne Marie Vallon), una muchacha francesa a la que abandona precisamente cuando empiezan a cambiar sus opiniones políticas; los años de su creciente enemistad por los movimientos revolucionarios coinciden con los de su decisión de apartarse del mundo y vivir en el campo, acompañado de su mujer y de su hermana Dorothy. Esta mezquina explicación no empeque-

---

[4] Ernest de Selincourt, ed., *The Prelude,* Londres, Oxford University Press, 1970. Hay dos versiones del poema; la segunda es de 1850 y contiene las enmiendas y modificaciones que le hizo Wordsworth hasta su muerte.

ñece a Wordsworth, sino a nosotros. Otra interpretación, aho-
ra de orden intelectual e histórico: su afinidad política con los
girondinos; su natural repugnancia ante el terror y el espíritu
de sistema de los jacobinos; sus convicciones morales y filosó-
ficas que lo llevan a extender la reprobación protestante del
universalismo papista al universalismo revolucionario; su reac-
ción de inglés ante las tentativas de invasión de Napoleón. Esta
explicación, que combina la antipatía del liberal frente al des-
potismo revolucionario y la del patriota frente a las pretensiones
hegemónicas de un poder extranjero, podría aplicarse también
a los románticos alemanes, aunque con ciertas salvedades.

Ver el conflicto entre los primeros románticos y la Revolu-
ción francesa como un episodio de la lucha entre autoritarismo
y libertad no es del todo falso, pero tampoco es enteramente
cierto. No, la explicación es otra. En circunstancias históricas
distintas, el fenómeno se manifiesta una y otra vez, primero a
lo largo del siglo XIX y después, con mayor intensidad, en lo
que va del que corre. Apenas si vale la pena recordar los casos
de Esenin, Mandelstam, Pasternak y tantos otros poetas, artis-
tas y escritores rusos; las polémicas de los surrealistas con la
Tercera Internacional; la amargura de César Vallejo, dividido
entre su fidelidad a la poesía y su fidelidad al Partido Comu-
nista; las querellas en torno al «realismo socialista» y todo lo
que ha seguido después. La poesía moderna ha sido y es una
pasión revolucionaria, pero esa pasión ha sido desdichada. Afi-
nidad y ruptura: no han sido los filósofos, sino los revolucio-
narios, los que han expulsado a los poetas de su república. La
razón de la ruptura ha sido la misma que la de la afinidad:
revolución y poesía son tentativas por destruir este tiempo de
ahora, el tiempo de la historia que es el de la historia de la
desigualdad, para instaurar *otro tiempo*. Pero el tiempo de la poe-
sía no es el de la revolución, el tiempo fechado de la razón
crítica, el futuro de las utopías: es el tiempo de antes del tiem-
po, el de la «vida anterior» que reaparece en la mirada del niño,
el tiempo sin fechas.

La ambigüedad de la poesía frente a la razón crítica y sus en-
carnaciones históricas: los movimientos revolucionarios es una
cara de la medalla; la otra es la de su ambigüedad —otra vez
afinidad y ruptura— ante la religión de Occidente: el cristianis-
mo. Casi todos los grandes románticos, herederos de Rousseau
y del deísmo del siglo XVIII, fueron espíritus religiosos, pero
¿cuál fue realmente la religión de Hölderlin, Blake, Coleridge,
Hugo, Nerval? La misma pregunta podría hacerse a los que se
declararon francamente irreligiosos. El ateísmo de Shelley es
una pasión religiosa. En 1810, en otra carta a su íntimo Thomas
Hogg, dice: «Oh, ardo en impaciencia esperando la disolución
del cristianismo... Creo que es un deber de humanidad acabar
con esa creencia. Si yo fuese el Anticristo y tuviese el poder de
aniquilar a ese demonio para precipitarlo en su infierno nativo».[5]
Lenguaje más bien curioso para un ateo y que prefigura al de
Nietzsche de los últimos años.

Negación de la religión: pasión por la religión. Cada poeta
inventa su propia mitología y cada una de esas mitologías es
una mezcla de creencias dispares, mitos desenterrados y obse-
siones personales. El Cristo de Hölderlin es una divinidad solar
y, en ese enigmático poema que se llama *El único*, Jesús se
convierte en el hermano de Hércules y «de aquel que unció su
carro con un tiro de tigres y descendió hasta el Indo», Dionisio.[6]
La Virgen de Novalis es la madre de Cristo y la Noche pre-
cristiana, su novia Sophie y la muerte. La Aurélia de Nerval es
Isis, Pandora y la actriz Jenny Colon. Religiones románticas:
herejías, sincretismos, apostasías, blasfemias, conversiones. La
ambigüedad romántica tiene dos modos, en el sentido musi-
cal de la palabra: uno se llama ironía y consiste en insertar
dentro del orden de la objetividad la negación de la subjetivi-
dad; el otro se llama angustia y consiste en dejar caer, en la

---

[5] F. L. Jones, ed., *The Letters of Percy Bysshe Shelley,* Londres, Oxford Univer-
sity Press, 1964.

[6] Friedrich Hölderlin, *Poems and fragments,* Londres, Routledge and Kegal
Paul, edición bilingüe, traducción inglesa de Michael Hamburger, 1966.

plenitud del ser, una gota de nada. La ironía revela la dualidad de lo que parecía uno, la escisión de lo idéntico, el otro lado de la razón: la quiebra del principio de identidad. La angustia nos muestra que la existencia está vacía, que la vida es muerte, que el cielo es un desierto: la quiebra de la religión.

El tema de la muerte de Dios es un tema romántico. No es un tema filosófico, sino religioso. Para la razón Dios existe o no existe. En el primer caso, no puede morir, y en el segundo, ¿cómo puede morir alguien que nunca ha existido? Este razonamiento es válido solamente desde la perspectiva del monoteísmo y del tiempo sucesivo e irreversible de Occidente. La Antigüedad sabía que los dioses son mortales pero que, manifestaciones del tiempo cíclico, resucitan y regresan. En la noche los marineros escuchan una voz que recorre las costas del Mediterráneo diciendo: «Pan ha muerto», y esa voz que anuncia la muerte del dios anuncia también su resurrección. La leyenda náhuatl nos cuenta que Quetzalcóatl abandona Tula, se inmola y se convierte en el planeta doble (Estrella de la Mañana y de la Tarde), pero que un día ha de regresar para recobrar su herencia. En cambio, Cristo vino a la tierra solo una vez. Cada acontecimiento de la historia sagrada de los cristianos es único y no se repetirá. Si alguien dice: «Dios ha muerto», anuncia un hecho irrepetible: Dios ha muerto para siempre jamás. Dentro de la concepción del tiempo como sucesión lineal irreversible, la muerte de Dios se vuelve un acontecimiento impensable.

La muerte de Dios abre las puertas de la contingencia y la sinrazón. La respuesta es doble: la ironía, el humor, la paradoja intelectual; también la angustia, la paradoja poética, la imagen. Ambas actitudes aparecen en todos los románticos: su predilección por lo grotesco, lo horrible, lo extraño, lo sublime irregular, la estética de los contrastes, la alianza entre risa y llanto, prosa y poesía, incredulidad y fideísmo, los cambios súbitos, las cabriolas, todo, en fin, lo que convierte a cada poeta romántico en un Ícaro, un Satanás y un payaso, no es sino respuesta al absurdo: angustia e ironía. Aunque el origen de todas estas actitudes es religioso, se trata de una religiosidad

singular y contradictoria, pues consiste en la conciencia de que
la religión está vacía. La religiosidad romántica es irreligión:
ironía; la irreligión romántica es religiosa: angustia.

El tema de la muerte de Dios, en este sentido religioso/
irreligioso, aparece por primera vez, según creo, en Jean Paul
Richter. En este gran precursor confluyen todas las tendencias
y corrientes que más tarde van a desplegarse en la poesía y la
novela del siglo XIX y del XX: el onirismo, el humor, la angus-
tia, la mezcla de los géneros, la literatura fantástica aliada al
realismo y este a la especulación filosófica. El célebre *Sueño* de
Jean-Paul es el sueño de la muerte de Dios y su título comple-
to es: *Discurso de Cristo muerto en lo alto del edificio del mundo: no
hay Dios*. Existe otra versión en la que, significativamente, no
es Cristo, sino Shakespeare, el que anuncia la noticia.[7] Para los
románticos Shakespeare era el poeta por antonomasia, como
Virgilio lo fue para la Edad Media; al poner en labios del poe-
ta inglés la terrible nueva, Jean-Paul afirma implícitamente
algo que más tarde dirán todos los románticos: los poetas son
videntes y profetas, por su boca habla el espíritu. El poeta
desaloja al sacerdote y la poesía se convierte en una revelación
rival de la escritura religiosa.

La versión definitiva del *Sueño* acentúa el carácter profun-
damente religioso de este texto capital y, simultáneamente, su
carácter absolutamente blasfemo: no es un filósofo ni un poeta,
sino Cristo mismo, el hijo de la divinidad, el que afirma que
Dios no existe. El lugar del anuncio es la iglesia de un cemen-
terio inmenso. Tal vez es medianoche, aunque ¿cómo saberlo a
ciencia cierta?: el cuadrante del reloj no tiene cifras ni agujas
y una mano negra traza incansablemente sobre esa superficie
signos que se borran inmediatamente y que los muertos en vano
quieren descifrar. En medio del clamor de la multitud de las
sombras, Cristo desciende y dice: He recorrido los mundos,

---

[7] La primera versión es de 1789 y la última, incluida en la novela *Siebenkas,*
es de 1796.

subí hasta los soles y no encontré a Dios alguno; bajé hasta los últimos límites del universo, miré los abismos y grité: Padre, ¿dónde estás? Pero no escuché sino la lluvia que caía en el precipicio y la eterna tempestad que ningún orden rige... La eternidad reposaba sobre el caos, lo roía y, al roerlo, se devoraba lentamente ella misma. Los niños muertos se acercan a Cristo y le preguntan: Jesús, ¿no tenemos padre? Y él responde: Todos somos huérfanos.

Dos temas se entrelazan en el *Sueño*: el de la muerte del Dios cristiano, padre universal y creador del mundo; y el de la inexistencia de un orden divino o natural que regule el movimiento de los universos. El segundo tema está en abierta contradicción con las ideas que la nueva filosofía había propagado entre los espíritus cultivados de la época. Los filósofos de la Ilustración habían atacado con saña al cristianismo y a su Dios hecho persona, pero tanto los deístas como los materialistas postulaban la existencia de un orden universal. El siglo XVIII, con unas pocas excepciones como la de Hume, creyó en un cosmos regido por leyes que no eran esencialmente distintas a las del entendimiento. Divina o natural, una necesidad inteligente movía al mundo y el universo era un mecanismo racional. La visión de Jean-Paul nos muestra exactamente lo contrario: el desorden, la incoherencia. El universo no es un mecanismo, sino una inmensidad informe agitada por movimientos que no es exagerado llamar pasionales: esa lluvia que cae desde el principio sobre el abismo sin fin y esa tempestad perpetua sobre el paisaje de la convulsión son la imagen misma de la contingencia.

Universo sin leyes, mundo a la deriva, visión grotesca del cosmos: la eternidad está sentada sobre el caos y, al devorarlo, se devora. Estamos ante la «naturaleza caída» de los cristianos, pero la relación entre Dios y el mundo se presenta invertida: no es el mundo, caído de la mano de Dios, el que se precipita en la nada, sino que es Dios el que cae en el hoyo de la muerte. Blasfemia enorme: ironía y angustia. La filosofía había concebido un mundo movido, no por un creador, sino por un orden inteligente; para Jean-Paul y sus descendientes la contingencia es una consecuencia de la muerte de Dios: el universo es un caos porque no tiene creador. El ateísmo de Jean-Paul es religioso y se opone al ateísmo de los filósofos: la imagen del mundo como un mecanismo es sustituida por la de un mundo convulso que agoniza sin cesar y nunca acaba de morir. La contingencia universal se llama, en la esfera existencial, orfandad. Y el primer huérfano, El Gran Huérfano, no es otro que Cristo. El *Sueño* de Jean-Paul escandaliza lo mismo al filósofo que al sacerdote, al ateo que al creyente.

El *Sueño* de Jean-Paul va a ser soñado, pensado y padecido por muchos poetas, filósofos y novelistas del siglo XIX y del XX. En Francia fue conocido gracias al libro famoso de Madame de Staël: *De l'Allemagne* (1814). Hay un poema de Nerval, compuesto por cinco sonetos e intitulado *Cristo en el Monte de los Olivos*, que es una adaptación del *Sueño*.[8] El texto de Jean-Paul es abrupto, exagerado; los sonetos de Nerval despliegan los mismos temas como una solemne música nocturna. El poeta francés suprimió el elemento confesional y psicológico; el poema no es el relato de un sueño, sino el de un mito: no es la pesadilla de un poeta en la iglesia de un cementerio, sino el monólogo de Cristo ante sus discípulos dormidos. En el primer soneto hay una línea soberbia (*Le dieu manque à l'autel, où je suis la victime*) que inicia un tema que no aparece en Jean-Paul y que los siguientes sonetos continúan hasta culminar en el último verso del último soneto. Es el tema del eterno retorno que, aliado al de la muerte de Dios, reaparece más tarde en Nietzsche con una intensidad y una lucidez sin paralelo.

En el poema de Nerval el sacrificio de Cristo en este mundo sin Dios lo convierte, a su vez, en un nuevo Dios. Nuevo y otro: es una divinidad que apenas si tiene relación con el Dios cristiano. El Cristo de Nerval es un Ícaro, un Faetón, un hermano Atis herido y al que Cibeles reanima. La tierra se embria-

---

[8] Gérard de Nerval, *Œuvres,* París, Gallimard, Bibliothèque de la Pléiade, 1952. Texto establecido, anotado y presentado por Albert Beguin y Jean-Paul Richier. Los sonetos de Nerval se publicaron por primera vez en 1844.

ga con esa sangre preciosa, el Olimpo se despeña en el abismo y César pregunta al oráculo de Júpiter Amón: ¿Quién es ese nuevo Dios? El oráculo calla, pues el único que puede explicar al mundo ese misterio es: *Celui qui donna l'âme aux enfants du limon.* Misterio insoluble, pues el que infunde un alma al Adán de lodo es el Padre, el creador: precisamente ese Dios ausente en el altar donde Cristo es la víctima. Un siglo y medio más tarde Fernando Pessoa se enfrenta al mismo enigma y lo resuelve en términos parecidos a los de Nerval: no hay Dios, sino dioses, y el tiempo es circular: «Dios es un hombre de otro Dios más grande; / También tuvo caída, Adán supremo; / También, aunque creador, él fue criatura...».[9]

La conciencia poética de Occidente ha vivido la muerte de Dios como si fuese un mito. Mejor dicho, esa muerte ha sido verdaderamente un mito y no un mero episodio en la historia de las ideas religiosas de nuestra sociedad. El tema de la orfandad universal, tal como lo encarna la figura de Cristo, el gran huérfano y el hermano mayor de todos los niños huérfanos que son los hombres, expresa una experiencia psíquica que recuerda la vía negativa de los místicos: esa «noche oscura» en la que nos sentimos flotar a la deriva, abandonados en un mundo hostil o indiferente, culpables sin culpa e inocentes sin inocencia. No obstante, hay una diferencia esencial: es una noche sin desenlace, un cristianismo sin Dios. Al mismo tiempo, la muerte de Dios provoca en la imaginación poética un despertar de la fabulación mítica y así se crea una extraña cosmogonía en la que cada Dios es la criatura, el Adán, de otro Dios. Regreso del tiempo cíclico, transmutación de un tema cristiano en un mito pagano. Un paganismo incompleto, un paganismo cristiano teñido de angustia por la caída en la contingencia.

Estas dos experiencias —cristianismo sin Dios, paganismo cristiano— son constitutivas de la poesía y la literatura de Occidente desde la época romántica. En uno y en otro caso

---

[9] *La tumba de Cristian Rosencreutz,* traducción de Octavio Paz.

estamos ante una doble transgresión: la muerte de Dios convierte el ateísmo de los filósofos en una experiencia religiosa y en un mito; a su vez, esa experiencia niega aquello mismo que afirma: el mito está vacío, es un juego de reflejos en la conciencia solitaria del poeta; no hay realmente nadie en el altar, ni siquiera esa víctima que es Cristo. Angustia e ironía: ante el tiempo futuro de la razón crítica y de la Revolución, la poesía afirma el tiempo sin fechas de la sensibilidad y la imaginación, el tiempo original; ante la eternidad cristiana, afirma la muerte de Dios, la caída en la contingencia y la pluralidad de dioses y mitos. Pero cada una de estas negaciones se vuelve contra sí misma: el tiempo sin fechas de la imaginación no es un tiempo revolucionario sino mítico; la muerte de Dios es un mito vacío. La poesía romántica es revolucionaria no *con*, sino *frente a* las revoluciones del siglo; y su religiosidad es una transgresión de las religiones.

[...]

«Los hijos del limo», en *OC*, vol. I, pp. 321-484.

PASADO EN CLARO
(1974)

Fair seed-time had my soul, and I grew up
Foster'd alike by beauty and by fear...
W. W., *The Prelude* (I, 165-266)

Oídos con el alma,
pasos mentales más que sombras,
sombras del pensamiento más que pasos,
por el camino de ecos
que la memoria inventa y borra:
sin caminar caminan
sobre este ahora, puente
tendido entre una letra y otra.
Como llovizna sobre brasas
dentro de mí los pasos pasan
hacia lugares que se vuelven aire.
Nombres: en una pausa
desaparecen, entre dos palabras.
El sol camina sobre los escombros
de lo que digo, el sol arrasa los parajes
confusamente apenas
amaneciendo en esta página,
el sol abre mi frente,

                    balcón al voladero
dentro de mí.

                    Me alejo de mí mismo,
sigo los titubeos de esta frase,
senda de piedras y de cabras.
Relumbran las palabras en la sombra.
Y la negra marea de las sílabas
cubre el papel y entierra
sus raíces de tinta
en el subsuelo del lenguaje.
Desde mi frente salgo a un mediodía
del tamaño del tiempo.
El asalto de siglos del baniano
contra la vertical paciencia de la tapia
es menos largo que esta momentánea
bifurcación del pensamiento
entre lo presentido y lo sentido.
Ni allá ni aquí: por esa linde
de duda, transitada
solo por espejeos y vislumbres,
donde el lenguaje se desdice,
voy al encuentro de mí mismo.
La hora es bola de cristal.
Entro en un patio abandonado:
aparición de un fresno.
Verdes exclamaciones
del viento entre las ramas.
Del otro lado está el vacío.
Patio inconcluso, amenazado
por la escritura y sus incertidumbres.
Ando entre las imágenes de un ojo
desmemoriado. Soy una de sus imágenes.
El fresno, sinüosa llama líquida,
es un rumor que se levanta
hasta volverse torre hablante.

Jardín ya matorral: su fiebre inventa bichos
que luego copian las mitologías.
Adobes, cal y tiempo:
entre ser y no ser los pardos muros.
Infinitesimales prodigios en sus grietas:
el hongo duende, vegetal Mitrídates,
la lagartija y sus exhalaciones.
Estoy dentro del ojo: el pozo
donde desde el principio un niño
está cayendo, el pozo donde cuento
lo que tardo en caer desde el principio,
el pozo de la cuenta de mi cuento
por donde sube el agua y baja
mi sombra.

          El patio, el muro, el fresno, el pozo
en una claridad en forma de laguna
se desvanecen. Crece en sus orillas
una vegetación de transparencias.
Rima feliz de montes y edificios,
se desdobla el paisaje en el abstracto
espejo de la arquitectura.
Apenas dibujada,
suerte de coma horizontal (⸱)
entre el cielo y la tierra,
una piragua solitaria.
Las olas hablan nahua.
Cruza un signo volante las alturas.
Tal vez es una fecha, conjunción de destinos:
el haz de cañas, prefiguración del brasero.
El pedernal, la cruz, esas llaves de sangre
¿alguna vez abrieron las puertas de la muerte?
La luz poniente se demora,
alza sobre la alfombra simétricos incendios,
vuelve llama quimérica
este volumen lacre que hojeo

(estampas: los volcanes, los cúes y, tendido,
manto de plumas sobre el agua,
Tenochtitlan todo empapado en sangre).
Los libros del estante son ya brasas
que el sol atiza con sus manos rojas.
Se rebela mi lápiz a seguir el dictado.
En la escritura que la nombra
se eclipsa la laguna.
Doblo la hoja. Cuchicheos:
me espían entre los follajes
de las letras.

                    Un charco es mi memoria.
Lodoso espejo: ¿dónde estuve?
Sin piedad y sin cólera mis ojos
me miran a los ojos
desde las aguas turbias de ese charco
que convocan ahora mis palabras.
No veo con los ojos: las palabras
son mis ojos. Vivimos entre nombres;
lo que no tiene nombre todavía
no existe: *Adán de lodo*,
no un muñeco de barro, una metáfora.
Ver al mundo es deletrearlo.
Espejo de palabras: ¿dónde estuve?
Mis palabras me miran desde el charco
de mi memoria. Brillan,
entre enramadas de reflejos,
nubes varadas y burbujas,
sobre un fondo del ocre al brasilado,
las sílabas de agua.
Ondulación de sombras, visos, ecos,
no escritura de signos: de rumores.
Mis ojos tienen sed. El charco es senequista:
el agua, aunque potable, no se bebe: se lee.
Al sol del altiplano se evaporan los charcos.

Queda un polvo desleal
y unos cuantos vestigios intestados.
¿Dónde estuve?

        Yo estoy en donde estuve:
entre los muros indecisos
del mismo patio de palabras.
Abderramán, Pompeyo, Xicoténcatl,
batallas en el Oxus o en la barda
con Ernesto y Guillermo. La mil hojas,
verdinegra escultura del murmullo,
jaula del sol y la centella
breve del chupamirto: la higuera primordial,
capilla vegetal de ritüales
polimorfos, diversos y perversos.
Revelaciones y abominaciones:
el cuerpo y sus lenguajes
entretejidos, nudo de fantasmas
palpados por el pensamiento
y por el tacto disipados,
argolla de la sangre, idea fija
en mi frente clavada.
El deseo es señor de espectros,
el deseo nos vuelve espectros:
somos enredaderas de aire
en árboles de viento,
manto de llamas inventado
y devorado por la llama.
La hendedura del tronco:
sexo, sello, pasaje serpentino
cerrado al sol y a mis miradas,
abierto a las hormigas.

La hendedura fue pórtico
del más allá de lo mirado y lo pensado:
allá dentro son verdes las mareas,

la sangre es verde, el fuego verde,
entre las yerbas negras arden estrellas verdes:
es la música verde de los élitros
en la prístina noche de la higuera;
—allá dentro son ojos las yemas de los dedos,
el tacto mira, palpan las miradas,
los ojos oyen los olores;
—allá dentro es afuera,
es todas partes y ninguna parte,
las cosas son las mismas y son otras,
encarcelado en un icosaedro
hay un insecto tejedor de música
y hay otro insecto que desteje
los silogismos que la araña teje
colgada de los hilos de la luna;
—allá dentro el espacio
es una mano abierta y una frente
que no piensa ideas sino formas
que respiran, caminan, hablan, cambian
y silenciosamente se evaporan;
—allá dentro, país de entretejidos ecos,
se despeña la luz, lenta cascada,
entre los labios de las grietas:
la luz es agua, el agua tiempo diáfano
donde los ojos lavan sus imágenes;
—allá dentro los cables del deseo
fingen eternidades de un segundo
que la mental corriente eléctrica
enciende, apaga, enciende,
resurrecciones llameantes
del alfabeto calcinado;
—no hay escuela allá dentro,
siempre es el mismo día, la misma noche siempre,
no han inventado el tiempo todavía,
no ha envejecido el sol
esta nieve es idéntica a la yerba,

siempre y nunca es lo mismo,
nunca ha llovido y llueve siempre,
todo está siendo y nunca ha sido,
pueblo sin nombre de las sensaciones,
nombres que buscan cuerpo,
impías transparencias,
jaulas de claridad donde se anulan
la identidad entre sus semejanzas,
la diferencia en sus contradicciones.
La higuera, sus falacias y su sabiduría:
prodigios de la tierra
—fidedignos, puntuales, redundantes—
y la conversación con los espectros.
Aprendizajes con la higuera:
hablar con vivos y con muertos.
También conmigo mismo.

                    La procesión del año:
cambios que son repeticiones.
El paso de las horas y su peso.
La madrugada: más que luz, un vaho
de claridad cambiada en gotas grávidas
sobre los vidrios y las hojas:
el mundo se atenúa
en esas oscilantes geometrías
hasta volverse el filo de un reflejo.
Brota el día, prorrumpe entre las hojas,
gira sobre sí mismo
y de la vacuidad en que se precipita
surge, otra vez corpóreo.
El tiempo es luz filtrada.
Revienta el fruto negro
en encarnada florescencia,
la rota rama escurre savia lechosa y acre.
Metamorfosis de la higuera:
si el otoño la quema, su luz la transfigura.

Por los espacios diáfanos
se eleva descarnada virgen negra.
El cielo es giratorio lapislázuli:
viran *au ralenti* sus continentes,
insubstanciales geografías.
Llamas entre las nieves de las nubes.
La tarde más y más de miel quemada.
Derrumbe silencioso de horizontes:
la luz se precipita de las cumbres,
la sombra se derrama por el llano.

A la luz de la lámpara —la noche
ya dueña de la casa y el fantasma
de mi abuelo ya dueño de la noche—
yo penetraba en el silencio,
cuerpo sin cuerpo, tiempo
sin horas. Cada noche,
máquinas transparentes del delirio,
dentro de mí los libros levantaban
arquitecturas sobre una sima edificadas.
Las alza un soplo del espíritu,
un parpadeo las deshace.
Yo junté leña con los otros
y lloré con el humo de la pira
del domador de potros;
vagué por la arboleda navegante
que arrastra el Tajo turbiamente verde:
la líquida espesura se encrespaba
tras de la fugitiva Galatea;
vi en racimos las sombras agolpadas
para beber la sangre de la zanja:
«mejor quebrar terrones
por la ración de perro del labrador avaro
que regir las naciones pálidas de los muertos»;
tuve sed, vi demonios en el Gobi;
en la gruta nadé con la sirena

(y después, en el sueño purgativo,
fendendo i drappi, e mostravami'l ventre,
quel mi svegliò col puzzo che n'nuscia);
grabé sobre mi tumba imaginaria:
«no muevas esta lápida,
soy rico solo en huesos»;
aquellas memorables
pecosas peras encontradas
en la cesta verbal de Villaurrutia;
Carlos Garrote, eterno medio hermano,
«Dios te salve», me dijo al derribarme
y era, por los espejos del insomnio
repetido, yo mismo el que me hería;
Isis y el asno Lucio; el pulpo y Nemo;
y los libros marcados por las armas de Príapo,
leídos en las tardes diluviales
el cuerpo tenso, la mirada intensa.
Nombres anclados en el golfo
de mi frente: yo escribo porque el druida,
bajo el rumor de sílabas del himno,
encina bien plantada en una página,
me dio el gajo de muérdago, el conjuro
que hace brotar palabras de la peña.
Los nombres acumulan sus imágenes.
Las imágenes acumulan sus gaseosas,
conjeturales confederaciones.
Nubes y nubes, fantasmal galope
de las nubes sobre las crestas
de mi memoria. Adolescencia,
país de nubes.

                    Casa grande,
encallada en un tiempo
azolvado. La plaza, los árboles enormes
donde anidaba el sol, la iglesia enana
—su torre les llegaba a las rodillas

pero su doble lengua de metal
a los difuntos despertaba.
Bajo la arcada, en garbas militares,
las cañas, lanzas verdes,
carabinas de azúcar;
en el portal, el tendejón magenta:
frescor de agua en penumbra,
ancestrales petates, luz trenzada,
y sobre el zinc del mostrador,
diminutos planetas desprendidos
del árbol meridiano,
los tejocotes y las mandarinas,
amarillos montones de dulzura.
Giran los años en la plaza,
rueda de Santa Catalina,
y no se mueven.

           Mis palabras,
al hablar de la casa, se agrïetan.
Cuartos y cuartos, habitados
solo por sus fantasmas,
solo por el rencor de los mayores
habitados. Familias,
criaderos de alacranes:
como a los perros dan con la pitanza
vidrio molido, nos alimentan con sus odios
y la ambición dudosa de ser alguien.
También me dieron pan, me dieron tiempo,
claros en los recodos de los días,
remansos para estar solo conmigo.
Niño entre adultos taciturnos
y sus terribles niñerías,
niño por los pasillos de altas puertas,
habitaciones con retratos,
crepusculares cofradías de los ausentes,
niño sobreviviente

de los espejos sin memoria
y su pueblo de viento:
el tiempo y sus encarnaciones
resuelto en simulacros de reflejos.
En mi casa los muertos eran más que los vivos.
Mi madre, niña de mil años,
madre del mundo, huérfana de mí,
abnegada, feroz, obtusa, providente,
jilguera, perra, hormiga, jabalina,
carta de amor con faltas de lenguaje,
mi madre: pan que yo cortaba
con su propio cuchillo cada día.
Los fresnos me enseñaron,
bajo la lluvia, la paciencia,
a cantar cara al viento vehemente.
Virgen somnílocua, una tía
me enseñó a ver con los ojos cerrados,
ver hacia dentro y a través del muro.
Mi abuelo a sonreír en la caída
y a repetir en los desastres: *al hecho, pecho*.
(Esto que digo es tierra
sobre tu nombre derramada: «blanda te sea»).
Del vómito a la sed,
atado al potro del alcohol,
mi padre iba y venía entre las llamas.
Por los durmientes y los rieles
de una estación de moscas y de polvo
una tarde juntamos sus pedazos.
Yo nunca pude hablar con él.
Lo encuentro ahora en sueños,
esa borrosa patria de los muertos.
Hablamos siempre de otras cosas.
Mientras la casa se desmoronaba
yo crecía. Fui (soy) yerba, maleza
entre escombros anónimos.

Días

como una frente libre, un libro abierto.
No me multiplicaron los espejos
codiciosos que vuelven
cosas los hombres, número las cosas:
ni mando ni ganancia. La santidad tampoco:
el cielo para mí pronto fue un cielo
deshabitado, una hermosura hueca
y adorable. Presencia suficiente,
cambiante: el tiempo y sus epifanías.
No me habló dios entre las nubes;
entre las hojas de la higuera
me habló el cuerpo, los cuerpos de mi cuerpo.
Encarnaciones instantáneas:
tarde lavada por la lluvia,
luz recién salida del agua,
el vaho femenino de las plantas
piel a mi piel pegada: ¡súcubo!
—como si al fin el tiempo coincidiese
consigo mismo y yo con él,
como si el tiempo y sus dos tiempos
fuesen un solo tiempo
que ya no fuese tiempo, un tiempo
donde siempre es *ahora* y a todas horas *siempre*,
como si yo y mi doble fuesen uno
y yo no fuese ya.
Granada de la hora: bebí sol, comí tiempo.
Dedos de luz abrían los follajes.
Zumbar de abejas en mi sangre:
el blanco advenimiento.
Me arrojó la descarga
a la orilla más sola. Fui un extraño
entre las vastas ruinas de la tarde.
Vértigo abstracto: hablé conmigo,
fui doble, el tiempo se rompió.

Atónita en lo alto del minuto
la carne se hace verbo —y el verbo se despeña.
Saberse desterrado en la tierra, siendo tierra,
es saberse mortal. Secreto a voces
y también secreto vacío, sin nada adentro:
no hay muertos, solo hay muerte, madre nuestra.
Lo sabía el azteca, lo adivinaba el griego:
el agua es fuego y en su tránsito
nosotros somos solo llamaradas.
La muerte es madre de las formas...
El sonido, bastón de ciego del sentido:
escribo *muerte* y vivo en ella
por un instante. Habito su sonido:
es un cubo neumático de vidrio,
vibra sobre esta página,
desaparece entre sus ecos.
Paisajes de palabras:
los despueblan mis ojos al leerlos.
No importa: los propagan mis oídos.
Brotan allá, en las zonas indecisas
del lenguaje, palustres poblaciones.
Son criaturas anfibias, son palabras.
Pasan de un elemento a otro,
se bañan en el fuego, reposan en el aire.
Están del otro lado. No las oigo, ¿qué dicen?
No dicen: hablan, hablan.

                    Salto de un cuento a otro
por un puente colgante de once sílabas.
Un cuerpo vivo aunque intangible el aire,
en todas partes siempre y en ninguna.
Duerme con los ojos abiertos,
se acuesta entre las yerbas y amanece rocío,
se persigue a sí mismo y habla solo en los túneles,
es un tornillo que perfora montes,
nadador en la mar brava el fuego

es invisible surtidor de ayes,
levanta a pulso dos océanos,
anda perdido por las calles
palabra en pena en busca de sentido,
aire que se disipa en aire.
¿Y para qué digo todo esto?
Para decir que en pleno mediodía
el aire se poblaba de fantasmas,
sol acuñado en alas,
ingrávidas monedas, mariposas.
Anochecer. En la terraza
oficiaba la luna silenciaria.
La *cabeza de muerto*, mensajera
de las ánimas, la fascinante fascinada
por las camelias y la luz eléctrica,
sobre nuestras cabezas era un revoloteo
de conjuros opacos. «¡Mátala!»
gritaban las mujeres
y la quemaban como bruja.
Después, con un suspiro feroz, se santiguaban.
Luz esparcida, Psique...

                              ¿Hay mensajeros? Sí,
cuerpo tatuado de señales
es el espacio, el aire es invisible
tejido de llamadas y respuestas.
Animales y cosas se hacen lenguas,
a través de nosotros habla consigo mismo
el universo. Somos un fragmento
—pero cabal en su inacabamiento—
de su discurso. Solipsismo
coherente y vacío:
desde el principio del principio
¿qué dice? Dice que nos dice.
Se lo dice a sí mismo. *Oh madness of discourse,
that cause sets up with and against itself!*

Desde lo alto del minuto
despeñado en la tarde de plantas fanerógamas
me descubrió la muerte.
Y yo en la muerte descubrí al lenguaje.
El universo habla solo
pero los hombres hablan con los hombres:
hay historia. Guillermo, Alfonso, Emilio:
el corral de los juegos era historia
y era historia jugar a morir juntos.
La polvareda, el grito, la caída:
algarabía, no discurso.
En el vaivén errante de las cosas,
por las revoluciones de las formas
y de los tiempos arrastradas,
cada una pelea con las otras,
cada una se alza, ciega, contra sí misma.
Así, según la hora cae desen-
lazada, su injusticia pagan. (Anaximandro).
La injusticia de ser: las cosas sufren
unas con otras y consigo mismas
por ser un querer más, siempre ser más que más.
Ser tiempo es la condena, nuestra pena es la historia.
Pero también es el lugar de prueba:
reconocer en el borrón de sangre
del lienzo de Verónica la cara
del otro —siempre el otro es nuestra víctima.
Túneles, galerías de la historia
¿solo la muerte es puerta de salida?
El escape, quizás, es hacia dentro.
Purgación del lenguaje, la historia se consume
en la disolución de los pronombres:
ni *yo soy* ni *yo más* sino más ser sin yo.
En el centro del tiempo ya no hay tiempo,
es movimiento hecho fijeza, círculo
anulado en sus giros.

Mediodía:
llamas verdes los árboles del patio.
Crepitación de brasas últimas
entre la yerba: insectos obstinados.
Sobre los prados amarillos
claridades: los pasos de vidrio del otoño.
Una congregación fortuita de reflejos,
pájaro momentáneo,
entra por la enramada de estas letras.
El sol en mi escritura bebe sombra.
Entre muros —de piedra no:
por la memoria levantados—
transitoria arboleda:
luz reflexiva entre los troncos
y la respiración del viento.
El dios sin cuerpo, el dios sin nombre
que llamamos con nombres
vacíos —con los nombres del vacío—,
el dios del tiempo, el dios que es tiempo,
pasa entre los ramajes
que escribo. Dispersión de nubes
sobre un espejo neutro:
en la disipación de las imágenes
el alma es ya, vacante, espacio puro.
En quietud se resuelve el movimiento.
Insiste el sol, se clava
en la corola de la hora absorta.
Llama en el tallo de agua
de las palabras que la dicen,
la flor es otro sol.
La quietud en sí misma
se disuelve. Transcurre el tiempo
sin transcurrir. Pasa y se queda. Acaso,
aunque todos pasamos, no pasa ni se queda:
hay un tercer estado.

Hay un estar tercero:
el ser sin ser, la plenitud vacía,
hora sin horas y otros nombres
con que se muestra y se dispersa
en las confluencias del lenguaje
no la presencia: su presentimiento.
Los nombres que la nombran dicen: *nada*,
palabra de dos filos, palabra entre dos huecos.
Su casa, edificada sobre el aire
con ladrillos de fuego y muros de agua,
se hace y se deshace y es la misma
desde el principio. Es dios:
habita nombres que lo niegan.
En las conversaciones con la higuera
o entre los blancos del discurso,
en la conjuración de las imágenes
contra mis párpados cerrados,
el desvarío de las simetrías,
los arenales del insomnio,
del dudoso jardín de la memoria
o en los senderos divagantes,
era el eclipse de las claridades.
Aparecía en cada forma
de desvanecimiento.

                    Dios sin cuerpo,
con lenguajes de cuerpo lo nombraban
mis sentidos. Quise nombrarlo
con un nombre solar,
una palabra sin revés.
Fatigué el cubilete y el *ars combinatoria*.
Una sonaja de semillas secas
las letras rotas de los nombres:
hemos quebrantado a los nombres,
hemos dispersado a los nombres,

hemos deshonrado a los nombres.
Ando en busca del nombre desde entonces.
Me fui tras un murmullo de lenguajes,
ríos entre los pedregales
color ferrigno de estos tiempos.
Pirámides de huesos, pudrideros verbales:
nuestros señores son gárrulos y feroces.
Alcé con las palabras y sus sombras
una casa ambulante de reflejos,
torre que anda, construcción de viento.
El tiempo y sus combinaciones:
los años y los muertos y las sílabas,
cuentos distintos de la misma cuenta.
Espiral de los ecos, el poema
es aire que se esculpe y se disipa,
fugaz alegoría de los nombres
verdaderos. A veces la página respira:
los enjambres de signos, las repúblicas
errantes de sonidos y sentidos,
en rotación magnética se enlazan y dispersan
sobre el papel.

                    Estoy en donde estuve:
voy detrás del murmullo,
pasos dentro de mí, oídos con los ojos,
el murmullo es mental, yo soy mis pasos,
oigo las voces que yo pienso,
las voces que me piensan al pensarlas.
Soy la sombra que arrojan mis palabras.

México y Cambridge, Mass., del 9 de septiembre
al 27 de diciembre de 1974

«Pasado en claro», en *OC*, vol. XII, pp. 73-91.

ÁRBOL ADENTRO
(1976-1988)

GAVILLA

Decir: hacer

A Roman Jakobson

I

Entre lo que veo y digo,
entre lo que digo y callo,
entre lo que callo y sueño,
entre lo que sueño y olvido,
la poesía.
            Se desliza
entre el sí y el no:
                        dice
lo que callo,
                calla
lo que digo,
                sueña
lo que olvido.

No es un decir:
es un hacer.
          Es un hacer
que es un decir.
               La poesía
se dice y se oye:
               es real.
Y apenas digo
          es real,
se disipa.
          ¿Así es más real?

                    2

Idea palpable,
               palabra
impalpable:
               la poesía
va y viene
               entre lo que es
y lo que no es.
               Teje reflejos
y los desteje.
          La poesía
siembra ojos en la página,
siembra palabras en los ojos.
Los ojos hablan,
               las palabras miran,
las miradas piensan.
                    Oír
los pensamientos,
                    ver
lo que decimos,
               tocar
el cuerpo de la idea.

                    Los ojos
se cierran,
            las palabras se abren.

        Bashō An

    El mundo cabe
    en diecisiete sílabas:
    tú en esta choza.

    Troncos y paja:
    por las rendijas entran
    Budas e insectos.

    Hechos de aire
    entre pinos y rocas
    brota el poema.

    Entretejidas
    vocales, consonantes:
    casa del mundo.

    Huesos de siglos,
    penas ya peñas, montes:
    aquí no pesan.

    Esto que digo
    son apenas tres líneas:
    choza de sílabas.

Ejemplo

La mariposa volaba entre los autos.
Marie José me dijo: ha de ser Chuang Tzu,
de paso por Nueva York.
                         Pero la mariposa
no sabía que era una mariposa
que soñaba ser Chuang Tzu
                         o Chuang Tzu
que soñaba ser una mariposa.
La mariposa no dudaba:
                         volaba.

Viento y noche

Hora de viento,
noche contra la noche,
aquí, en mi noche.

El viento toro
corre, se para, gira,
¿va a alguna parte?

Viento ceñudo:
en las encrucijadas
se rompe el alma.

Como yo mismo,
acumulada cólera
sin desenlace.

¿Adónde estoy?
El viento viene y va.
Ni aquí ni allá.

Espejo ciego.

Al vuelo (1)

Naranja

Pequeño sol
quieto sobre la mesa,
fijo mediodía.
Algo le falta:
                    noche.

Alba

Sobre la arena
escritura de pájaros:
memorias del viento.

Estrellas y grillo

Es grande el cielo
y arriba siembran mundos.
Imperturbable,
prosigue en tanta noche
el grillo berbiquí.

No-visión

Hora nula, cisterna
donde mi pensamiento
a sí mismo se bebe.

Por un instante inmenso
he olvidado mi nombre.
Poco a poco desnazco,
diáfano advenimiento.

Calma

Luna, reloj de arena:
la noche se vacía,
la hora se ilumina.

Cuarteto

A Alejandro y Olbeth Rossi

I

Paisaje familiar mas siempre extraño,
enigma de la palma de la mano.

El mar esculpe, terco, en cada ola,
el monumento en que se desmorona.

Contra el mar, voluntad petrificada,
la peña sin facciones se adelanta.

Nubes: inventan súbitas bahías
donde un avión es barca desleída.

Se disipa, impalpable abecedario,
la rápida escritura de los pájaros.

Camino entre la espuma y las arenas,
el sol posado sobre mi cabeza:

entre inmovilidad y movimiento
soy el teatro de los elementos.

II

Hay turistas también en esta playa,
hay la muerte en bikini y alhajada,

nalgas, vientres, cecinas, lomos, bofes,
la cornucopia de fofos horrores,

plétora derramada que anticipa
el gusano y su cena de cenizas.

Contiguos, separados por fronteras
rigurosas y tácitas, no expresas,

hay vendedores, puestos de fritangas,
alcahuetes, parásitos y parias:

el hueso, la bazofia, el pringue, el podre...
Bajo un sol imparcial, ricos y pobres.

No los ama su Dios y ellos tampoco:
como a sí mismos odian a su prójimo.

III

Se suelta el viento y junta la arboleda,
la nación de las nubes se dispersa.

Es frágil lo real y es inconstante;
también, su ley el cambio, infatigable:

gira la rueda de las apariencias
sobre el eje del tiempo, su fijeza.

La luz dibuja todo y todo incendia,
clava en el mar puñales que son teas,

hace del mundo pira de reflejos:
nosotros solo somos cabrilleos.

No es la luz de Plotino, es luz terrestre,
luz de aquí, pero es luz inteligente.

Ella me reconcilia con mi exilio:
patria es su vacuidad, errante asilo.

IV

Para esperar la noche me he tendido
a la sombra de un árbol de latidos.

El árbol es mujer y en su follaje
oigo rodar el mar bajo la tarde.

Como sus frutos con sabor de tiempo,
frutos de olvido y de conocimiento.

Bajo el árbol se miran y se palpan
imágenes, ideas y palabras.

Por el cuerpo volvemos al comienzo,
espiral de quietud y movimiento.

Sabor, saber mortal, pausa finita,
tiene principio y fin —y es sin medida.

La noche entera y nos cubre su marea;
repite el mar sus sílabas, ya negras.

Dístico y variaciones

PANTEÍSTA
La lengua y sus sagradas conjunciones:
riman constelaciones y escorpiones.

CRISTIANO
La lengua y sus perversas conjunciones:
riman constelaciones y escorpiones.

ESCÉPTICO
La lengua y sus absurdas conjunciones:
riman constelaciones y escorpiones.

HERMÉTICO
La lengua y sus arcanas conjunciones:
riman constelaciones y escorpiones.

GNÓSTICO
La lengua, abominables conjunciones:
riman constelaciones y escorpiones.

DIALÉCTICO
La lengua, oposición y conjunciones,
riman constelaciones y escorpiones.

Etcétera.

Insomne

Vigilia del espejo:
la luna lo acompaña.
Reflejo tras reflejo
urde tramas la araña.

Apenas parpadea
el pensamiento en vela:
no es fantasma ni idea
mi muerte centinela.

No estoy vivo ni muerto:
despierto estoy, despierto
en un ojo desierto.

Acertijo

A Andrés Sánchez Robayana

Señor del vértigo,
                    el gavilán
solitario en la altura
traza un signo,
                al punto
desvanecido en luz, en aire.

Obstinado, del alba al ocaso
lo repite.
        Dibuja, sin saberlo,
una pregunta:
            ¿poder es libertad,
                        libertad es destino?
Luz y aire.

Prueba

La piel es azafrán al sol tostado,
son de gacela los sedientos ojos.

—Ese dios que la hizo, ¿cómo pudo
dejar que lo dejase? ¿Estaba ciego?

—No es hechura de ciego este prodigio:
es mujer y es sinuosa enredadera.

La doctrina del Buda así se prueba:
nada en este universo fue creado.

                                (*Dharmakirti*)

Al vuelo (2)

En defensa del pirrón

            A Juliano (*Antología palatina*, VIII, 576)

Juliano, me curaste
de espantos, no de dudas.

Contra Pirrón dijiste:
No sabía el escéptico
si estaba vivo o muerto.
La muerte lo sabía.
Y tú, ¿cómo lo sabes?

Epitafio de un dandy

En un cementerio de corbatas
incineración de un retrato.
Fuego fatuo.

Constelación de Virgo

Hipatía, si miro luces puras
allá arriba, morada de la Virgen,
no palabras, estrellas deletreo:
tu discurso son cláusulas de fuego.

Páladas (*Antología palatina*, IX, 400)

Paisaje antiguo

Sol alto. Duerme el llano.
Nada se mueve.
Entre las rocas, Eco espía.

Proverbio

Lodo del charco quieto:
mañana polvo
bailando en el camino.

En Mallorca

A Rubén Darío

Aquí, frente al mar latino,
palpo lo que soy:
entre la roca y el pino
una exhalación.

Por el arroyo

—¡Qué raro, qué lindo!
La esposa de alguno
en el agua obscura
lava sus pies blancos.

Entre nubarrones
relumbra la luna,
tan lejos, tan lejos
que nadie la alcanza.

—¡Qué lindo, qué raro!
De alguna el esposo
por el río obscuro
pasa en blanca barca.

Iba a preguntarle
qué se le ofrecía
pero entre las nubes
se escondió la luna.

(*Hsieh Ling-yün*)

Viento, agua, piedra

A Roger Caillois

El agua horada la piedra,
el viento dispersa el agua,
la piedra detiene al viento.
Agua, viento, piedra.

El viento esculpe la piedra,
la piedra es copa del agua,
el agua escapa y es viento.
Piedra, viento, agua.

El viento en sus giros canta,
el agua al andar murmura,
la piedra inmóvil se calla.
Viento, agua, piedra.

Uno es otro y es ninguno:
entre sus nombres vacíos
pasan y se desvanecen
agua, piedra, viento.

Este lado

A Donald Sutherland

Hay luz. No la tocamos ni la vemos.
En sus vacías claridades
reposa lo que vemos y tocamos.
Yo veo con las yemas de mis dedos
lo que palpan mis ojos:

         sombras, mundo.

Con las sombras dibujo mundos,
disipo mundos con las sombras.
Oigo latir la luz del otro lado.

Intervalo

Arquitecturas instantáneas
sobre una pausa suspendidas,
apariciones no llamadas
ni pensadas, formas de viento,
insubstanciales como tiempo
y como tiempo disipadas.

Hechas de tiempo, no son tiempo;
son la hendedura, el intersticio,
el breve vértigo del *entre*
donde se abre la flor diáfana:
alta en el tallo de un reflejo
se desvanece mientras gira.

Nunca tocadas, claridades
con los ojos cerrados vistas:
el nacimiento transparente
y la caída cristalina
en este instante de este instante,
interminable todavía.

Tras la ventana: desoladas
azoteas y nubes rápidas.
El día se apaga, se enciende
la ciudad, próxima y remota.
Hora sin peso. Yo respiro
el instante vacío, eterno.

Entre irse y quedarse

Entre irse y quedarse duda el día,
enamorado de su transparencia.

La tarde circular es ya bahía:
en su quieto vaivén se mece el mundo.

Todo es visible y todo es elusivo,
todo está cerca y todo es intocable.

Los papeles, el libro, el vaso, el lápiz
reposan a la sombra de sus nombres.

Latir del tiempo que en mi sien repite
la misma terca sílaba de sangre.

La luz hace del muro indiferente
un espectral teatro de reflejos.

En el centro de un ojo me descubro;
no me mira, me miro en su mirada.

Se disipa el instante. Sin moverme,
yo me quedo y me voy: soy una pausa.

Hermandad

Homenaje a Cláudio Ptolomeo

Soy hombre: duro poco
y es enorme la noche.
Pero miro hacia arriba:
las estrellas escriben.
Sin entender comprendo:
también soy escritura
y en este mismo instante
alguien me deletrea.

LA MANO ABIERTA

Hablo de la ciudad

A Eliot Weinberger

novedad de hoy y ruina de pasado mañana, enterrada y resuci-
tada cada día,

convivida en calles, plazas, autobuses, taxis, cines, teatros, bares,
hoteles, palomares, catacumbas,

la ciudad enorme que cabe en un cuarto de tres metros cuadrados
inacabable como una galaxia,

la ciudad que nos sueña a todos y que todos hacemos y desha-
cemos y rehacemos mientras soñamos,

la ciudad que todos soñamos y que cambia sin cesar mientras
la soñamos,

la ciudad que despierta cada cien años y se mira en el espejo de
una palabra y no se reconoce y otra vez se echa a dormir,

la ciudad que brota de los párpados de la mujer que duerme a
mi lado y se convierte,

con sus monumentos y sus estatuas, sus historias y sus leyendas,

en un manantial hecho de muchos ojos y cada ojo refleja el
    mismo paisaje detenido,

antes de las escuelas y las prisiones, los alfabetos y los números,
    el altar y la ley:

el río que es cuatro ríos, el huerto, el árbol, la Varona y el Varón
    vestido de viento

—volver, volver, ser otra vez arcilla, bañarse en esa luz, dormir
    bajo esas luminarias,

flotar sobre las aguas del tiempo como la hoja llameante del
    arce que arrastra la corriente,

volver ¿estamos dormidos o despiertos?, estamos, nada más
    estamos, amanece, es temprano,

estamos en la ciudad, no podemos salir de ella sin caer en otra,
    idéntica aunque sea distinta,

hablo de la ciudad inmensa, realidad diaria hecha de dos palabras:
    los otros,

y en cada uno de ellos hay un yo cercenado de un nosotros, un
    yo a la deriva,

hablo de la ciudad construida por los muertos, habitada por
    sus tercos fantasmas, regida por su despótica memoria,

la ciudad con la que hablo cuando no hablo con nadie y que
    ahora me dicta estas palabras insomnes,

hablo de las torres, los puentes, los subterráneos, los hangares,
    maravillas y desastres,

el Estado abstracto y sus policías concretos, sus pedagogos, sus
    carceleros, sus predicadores,

Las tiendas en donde hay de todo y gastamos todo y todo se
    vuelve humo,

los mercados y sus pirámides de frutos, rotación de las cuatro
    estaciones, las reses en canal colgando de los garfios, las
    colinas de especias y las torres de frascos y conservas,

todos los sabores y los colores, todos los olores y todas las ma-
    terias, la marea de las voces —agua, metal, madera, barro—,
    el trajín, el regateo y el trapicheo desde el comienzo de los
    días,

hablo de los edificios de cantería y de mármol, de cemento,
  vidrio, hierro, del gentío en los vestíbulos y portales, de
  los elevadores que suben y bajan como el mercurio en los
  termómetros,

de los bancos y sus consejos de administración, de las fábricas
  y sus gerentes, de los obreros y sus máquinas incestuosas,

hablo del desfile inmemorial de la prostitución por calles largas
  como el deseo y como el aburrimiento,

del ir y venir de los autos, espejo de nuestros afanes, quehaceres
  y pasiones (¿por qué, para qué, hacia dónde?),

de los hospitales siempre repletos y en los que siempre morimos
  solos,

hablo de la penumbra de ciertas iglesias y de las llamas titu-
  beantes de los cirios en los altares,

tímidas lenguas con las que los desamparados hablan con los
  santos y con las vírgenes en un lenguaje ardiente y entre-
  cortado,

hablo de la cena bajo la luz tuerta en la mesa coja y los platos
  desportillados,

de las tribus inocentes que acampan en los baldíos con sus
  mujeres y sus hijos, sus animales y sus espectros,

de las ratas en el albañal y de los gorriones valientes que
  anidan en los alambres, en las cornisas y en los árboles
  martirizados,

de los gatos contemplativos y de sus novelas libertinas a la luz
  de la luna, diosa cruel de las azoteas,

de los perros errabundos, que son nuestros franciscanos y
  nuestros *bhikkus*, los perros que desentierran los huesos
  del sol,

hablo del anacoreta y de la fraternidad de los libertarios, de la
  conjura de los justicieros y de la banda de los ladrones,

de la conspiración de los iguales y de la sociedad de amigos
  del Crimen, del club de los suicidas y de Jack el Destri-
  pador,

del Amigo de los Hombres, afilador de la guillotina, y de César,
  Delicia del Género Humano,

hablo del barrio paralítico, el muro llagado, la fuente seca, la
    estatua pintarrajeada,

hablo de los basureros del tamaño de una montaña y del sol
    taciturno que se filtra en el *polumo*,

de los vidrios rotos y del desierto de chatarra, del crimen de
    anoche y del banquete del inmortal Trimalción,

de la luna entre las antenas de la televisión y de una mariposa
    sobre un bote de inmundicias,

hablo de madrugadas como vuelo de garzas en la laguna y del
    sol de alas transparentes que se posa en los follajes de piedra
    de las iglesias y del gorjeo de la luz en los tallos de vidrio
    de los palacios,

hablo de algunos atardeceres al comienzo del otoño, cascadas
    de oro incorpóreo, transfiguración de este mundo, todo pier-
    de cuerpo, todo se queda suspenso,

la luz piensa y cada uno de nosotros se siente pensado por esa
    luz reflexiva, durante un largo instante el tiempo se disipa,
    somos aire otra vez,

hablo del verano y de la noche pausada que crece en el horizonte
    como un monte de humo que poco a poco se desmorona y
    cae sobre nosotros como una ola,

reconciliación de los elementos, la noche se ha tendido y su
    cuerpo es un río poderoso de pronto dormido, nos mecemos
    en el oleaje de su respiración, la hora es palpable, la podemos
    tocar como un fruto,

han encendido las luces, arden las avenidas con el fulgor del
    deseo, en los parques la luz eléctrica atraviesa los follajes y
    cae sobre nosotros una llovizna verde y fosforescente que nos
    ilumina sin mojarnos, los árboles murmuran, nos dicen algo,

hay calles en penumbra que son una insinuación sonriente, no
    sabemos adónde van, tal vez al embarcadero de las islas
    perdidas,

hablo de las estrellas sobre las altas terrazas y de las frases in-
    descifrables que escriben en la piedra del cielo,

hablo del chubasco rápido que azota los vidrios y humilla las
    arboledas, duró veinticinco minutos y ahora allá arriba hay

agujeros azules y chorros de luz, el vapor sube del asfalto, los
   coches relucen, hay charcos donde navegan barcos de reflejos,
hablo de nubes nómadas y de una música delgada que ilumina
   una habitación en un quinto piso y de un rumor de risas en
   mitad de la noche como agua remota que fluye entre raíces
   y yerbas,
hablo del encuentro esperado con esa forma inesperada en la
   que encarna lo desconocido y se manifiesta a cada uno:
ojos que son la noche que se entreabre y el día que despierta,
   el mar que se tiende y la llama que habla, pechos valientes:
   marea lunar,
labios que dicen *sésamo* y el tiempo se abre y el pequeño cuarto
   se vuelve jardín de metamorfosis y el aire y el fuego se en-
   lazan, la tierra y el agua se confunden,
o es el advenimiento del instante en que allá, en aquel otro lado
   que es aquí mismo, la llave se cierra y el tiempo cesa de
   manar:
instante del *hasta aquí*, fin del hipo, del quejido y del ansia, el
   alma pierde cuerpo y se desploma por un agujero del piso,
   cae en sí misma, el tiempo se ha desfondado, caminamos
   por un corredor sin fin, jadeamos en un arenal,
¿esa música se aleja o se acerca, esas luces pálidas se encienden
   o apagan?, canta el espacio, el tiempo se disipa: es el boqueo,
   es la mirada que resbala por la lisa pared, es la pared que se
   calla, la pared,
hablo de nuestra historia pública y de nuestra historia secreta,
   la tuya y la mía,
hablo de la selva de piedra, el desierto del profeta, el hormi-
   guero de almas, la congregación de tribus, la casa de los
   espejos, el laberinto de ecos,
hablo del gran rumor que viene del fondo de los tiempos, mur-
   mullo incoherente de naciones que se juntan o dispersan, ro-
   dar de multitudes y sus armas como peñascos que se despeñan,
   sordo sonar de huesos cayendo en el hoyo de la historia,
hablo de la ciudad, pastora de siglos, madre que nos engendra
   y nos devora, nos inventa y nos olvida.

Refutación de los espejos

Nunca nos vimos, yo le enviaba mis libros y él los suyos, nos
escribíamos a veces, nos tratamos siempre de usted.

Leí su nombre por primera vez, hace más de cincuenta años, en
Espuela de Plata, hoja de poesía.

¿A quién espoleaba esa espuela? Caballito de palo, caballo de
ajedrez, caballito del diablo,

veloz zumbido azul montado por un jinete que segaba jardines
de tinta con un largo silbido.

El jinete desmontó y, alzando el yelmo de yedra, descubrió un
rostro hecho de catorce letras:

yo vi, entre los chopos líquidos de las eles y los montes mag-
néticos de las emes,

rodeado de vocales —solo faltaba la u, caracol de la melancolía,
ciervo enamorado de la luna—

a José Lezama Lima, apoyado en su vara políglota, pastor de
imágenes.

Me mostró «un pobre cemento de corazón de león» y me dijo:
«a un puente, un gran puente, no se le ve».

Desde entonces cruzo puentes que van de aquí a allá, de nunca
a siempre,

desde entonces, ingeniero de aire, construyo el puente inaca-
bable entre lo inaudible y lo invisible.

Nos tratábamos de usted pero ahora, al leer en Xerox el ma-
nuscrito de *Fragmentos a su imán*, lo tuteo.

Tú no me oyes ya, tú eres silencio más allá de sentido y sin
sentido, tú estás más acá de silencio y de ruido,

no obstante, puesto que has escrito: «solo existen el bien y la
ausencia», tú existes y te tuteo.

Si el Agua Ígnea «demuestra que la imagen existió antes que
el hombre», tú eres ya tu Imagen.

Tú dices que lo «lúdico es lo agónico» y yo digo que lo lúdico
es lo lúcido y por eso,

en este juego de las apariciones y las desapariciones que jugamos
    sobre la tierra,
en este ensayo general del Fin del Mundo que es nuestro siglo,
    te veo:
estás sentado en una silla hecha de una sola nube de metal
    polisemio arrancado a la avaricia del diccionario,
y tus ojos contemplan tu poema —¿o es tu poema el que con-
    templa las visiones de tus ojos?
—sea lo uno o lo otro, te veo: teatro de las metamorfosis, cá-
    mara de las transformaciones, templo del triple Hermes.
Por tu cuerpo corren las substancias enamoradas de su forma,
    giran los elementos en busca de su imagen,
perpetuas revoluciones del lenguaje que solo habita la forma
    que inventa para devorarla y seguir girando.

Sí, tú eres la gran boa de la poesía de nuestra lengua que al
    enroscarse en sí misma se incendia
y al incendiarse asciende como el carro de llamas del profeta y
    al tocar el ombligo del cielo
se precipita como el joven Faetonte, el avión fulminado del
    Sueño de sor Juana.
Sí, tú eres el pájaro que *perfecciona el diccionario* y que, plantado
    sobre la piedra de las etimologías,
canta —¿y qué dice su canto?, dice: cúacúa cúacúa— lo lúcido
    es lo lúdico y lo lúdico es lo agónico.
Sí, tú eres el guardián del Spermatikos Logos y lo preservas,
    como tu maestro Carpócrates, de la tiranía del cosmócrata.
Los espejos repiten al mundo pero tus ojos lo cambian: tus ojos
    son la crítica de los espejos: creo en tus ojos.

Aunque *no esperas a nadie*, insistes en que *alguien tiene que llegar*:
    ¿alguien o algo, quién o qué?
Preguntas al muro y el muro no responde y tú rascas al muro
    hasta que sangra y muestra su vacío:
ya tienes la *compañía insuperable*, el pequeño hueco donde caben
    tú y tus Obras Completas y tus fantasmas.

Ese agujero no es el espejo que devuelve tu imagen: es el espejo
   que te vuelve Imagen,
aquel o aquello que fuiste antes de ser José Lezama Lima, pastor
   entre fuentes de eles y colinas de emes.
Ya entraste en *el espejo que camina hacia nosotros*, el espejo vacío
   de la poesía,
contradicción de las contradicciones, ya estás en la casa de las seme-
   janzas,
ya eres, a los pies del Uno, sin cesar de ser otro, idéntico a ti
   mismo.
José Lezama Lima: *qué pocos son capaces de pedir*, como tu amigo
   Víctor Manuel, *un regalo para regalarlo*.
Yo lo he imitado y te pedí un manojo de frases: te las regalo
   para que te reconozcas
—no como el que escribió esas frases sino como *aquel-tú-mismo*
   en que ellas te han convertido.

Aunque es de noche

I

La noche, a un tiempo sólida y vacía,
vasta demolición que se acumula
y sobre la erosión en que se anula
se edifica: la noche, lejanía
que se nos echa encima, epifanía
al revés. Ciego, el ojo capitula
y se interna hacia dentro, hacia otra nula
noche mental. Acidia, no agonía.

Afuera, perforada de motores
y de faros, la sombra pesa menos
que este puño de sílabas: Azores
que suscito en la página. Los frenos

de un auto. La ciudad, rota en mi frente,
despeña su discurso incoherente.

II

Mientras yo leo en México, ¿qué hora
es en Moscú? Ya es tarde, siempre es tarde;
siempre en la historia es noche y es deshora.

Solzheitsyn escribe, el papel arde,
avanza su escritura, cruel aurora
sobre llanos de huesos.
                       Fui cobarde,
no vi de frente al mal y hoy corrobora
al filósofo el siglo:
                  ¿El mal? Un par de
ojos sin cara, un repleto vacío.

El mal: un alguien nadie, un algo nada.

¿Stalin tuvo cara? La sospecha
le comió cara y alma y albedrío.

Pobló el miedo su noche desalmada,
su insomnio despobló Rusia deshecha.

III

El partido siempre tiene razón
LEV TROTSKI

Alma no tuvo Stalin: tuvo historia.
Deshabitado Mariscal sin cara,
servidor de la nada. Se enmascara
el mal: la larva es César ya. Victoria
de un fantasma: designa su memoria

una oquedad. La nada es gran avara
de nadies. ¿Y los otros? Se descara
el mal: la misma irreal combinatoria
baraja a todos. Circular la pena,
la culpa circular: desdevanado
el carrete, la historia los despena.
Discurso en un cuchillo congelado:

Dialéctica, sangriento solipsismo
que inventó el enemigo de sí mismo.

IV

Donde con voz de cañas en el viento
hablaban acopladas agua y llama
hoy urde el doctrinario su amalgama.
La impostura se erige monumento.

Cháchara y vacuidad. El pensamiento
borra, dibuja y borra un ideograma:
el mal enamorado de su trama.
Estatua, con mordaza, del lamento.

Todo lo que pensamos se deshace,
en los Campos encarna la utopía,
la historia es espiral sin desenlace.

No hay sentido: hay piedad, hay ironía,
hay el pronombre que se transfigura:
yo soy tu yo, verdad de la escritura.

La casa giratoria

A Ivar y Astrid

Hay una casa de madera
en la llanura de Oklahoma.
Cada noche la casa se vuelve
una isla del mar Báltico,
piedra caída del cielo de la fábula.
Pulida por las miradas de Astrid,
encendida por la voz de Ivar,
la piedra gira lentamente en la sombra:
es un girasol y arde.
              Un gato,
oriundo de Saturno,
atraviesa la pared y desaparece
entre las páginas de un libro.
La hierba se ha vuelto noche,
la noche se ha vuelto arena,
la arena se ha vuelto agua.
              Entonces
Ivar y Astrid levantan arquitecturas
—cubos de ecos, formas sin peso—
que a veces se llaman poemas,
otras dibujos, otras conversaciones
con amigos de Málaga, México
y otros planetas.
              Esas formas
caminan y no tienen pies,
miran y no tienen ojos,
hablan y no tienen boca.
              El girasol
gira y no se mueve,
              la isla
se enciende y se apaga,
              la piedra

florece,
                la noche se cierra,
el cielo se abre.
                El alba
moja los párpados del llano.

París: Bactra: Skíros

A Nitsa y Reia

*In this monody the author bewails a learned
friend, unfortunately drowned in his passage
from Chester on the Irish Seas, 1637. And
by occasion foretells the ruin of our corrupted
clergy.*

JOHN MILTON, *Lycidas*, 1638

Yo tenía treinta años, venía de América y buscaba entre las
    pavesas de 1946 el huevo del Fénix,
tú tenías veinte años, venías de Grecia, de la insurrección y la
    cárcel,
nos encontramos en un café lleno de humo, voces y literatura,
pequeña fogata que había encendido el entusiasmo contra el
    frío y la penuria de aquel febrero,
nos encontramos y hablamos de Zapata y su caballo, de la piedra
    negra cubierta por un velo, Deméter cabeza de yegua,
y al recordar a la linda hechicera de Tesalia que convirtió a
    Lucio en asno y filósofo
la oleada de tu risa cubrió las conversaciones y el ruido de las
    cucharillas en las tazas,
hubo un rumor de cabras blanquinegras trepando en tropel un
    país de colinas quemadas,
la pareja vecina dejó de decirse cosas al oído y se quedó suspensa
    con la mirada vacía

como si la realidad se hubiese desnudado y no quedase ya sino
el girar silencioso de los átomos y las moléculas,
hubo un aleteo sobre la onda azul y blanca, un centelleo de sol
sobre las rocas,
oímos el rumor de las pisadas de las aguas nómadas sobre las
lajas color de brasa,
vimos una mariposa posarse sobre la cabeza de la cajera, abrir
las alas de llama y dispersarse en reflejos,
tocamos los pensamientos que pensábamos y vimos las palabras
que decíamos,
después volvió el ruido de las cucharillas, creció la marejada,
el ir y venir de las gentes,
pero tú estabas a la orilla del acantilado, era una ancha sonrisa
la bahía
y allá arriba pactaban luz y viento: Psique sopló sobre tu frente.

No fuiste Licidas ni te ahogaste en un naufragio en el mar de
Irlanda,
fuiste Kostas Papaioannou, un griego universal de París, con
un pie en Bactriana y el otro en Delfos,
y por eso escribo en tu memoria estos versos en la medida
irregular de la sístole y la diástole,
prosodia del corazón que hace breves las sílabas largas y largas
las breves,
versos largos y cortos como tus pasos subiendo del Puente Nuevo
al león de Belfort recitando el poema de Proclo,
versos para seguir sobre esta página el rastro de tus palabras
que son cabras que son ménades
saltando a la luz de la luna en un valle de piedra y sólidos de
vidrio inventados por ellas,
mientras tú hablas de Marx y de Teócrito y ríes y las miras
bailar entre tus libros y papeles
—es verano y estamos en un *atelier* que da a un jardincillo en
el callejón Daguerre,
hay un emparrado del que cuelgan racimos de uvas, condensa-
ciones de la noche: adentro duerme un fuego,

tesoros quemantes, ¿así serían las que vio y tocó Nerval entre
    el oro de la trenza divina?—

tu conversación caudalosa avanza entre obeliscos y arcos rotos,
    inscripciones mutiladas, cementerios de nombres,

abres un largo paréntesis donde arden y brillan archipiélagos
    mentales, sin cerrarlo prosigues,

persigues una idea, te divides en meandros, te inmovilizas en
    golfos y deltas, tu idea se ha vuelto piedra,

la rodeas, regresas, te adelgazas en un hilillo de frías agujas, la
    horadas

y entras —no, no entras ni sales, no hay adentro ni afuera, solo
    hay tiempo sin puertas

y tú te detienes y miras callado al dios de la historia: cabras,
    ménades y palabras se disipan.

Fuiste a la India, de donde salió Dionisos y adonde fue rey el
    general Meneandro, que allá llaman Milinda,

y como el rey tú te maravillaste al ver las diferencias entre el
    Uno y la Vacuidad resueltas en identidad,

y fue mayor maravilla —porque tu genio bebía no solo en la
    luz de la idea sino en el manantial de las formas—

ver en Mahabalipuram a una adolescente caminar descalza sobre
    la tierra negra, su vestido era un relámpago,

y dijiste: ¡Ah, la belleza como en tiempos de Pericles! y te
    reíste y Marie José y yo nos reímos contigo

y con nosotros tres se rieron todos los dioses y los héroes del
    Mahabhárata y todos los bodisatvas de los Sturas,

rayaban el espacio naciones vehementes: una tribu de cuervos
    y, verde tiroteo, una banda de loros,

el sol se hundía y hasta la piedra de ídolo y la espuma del mar
    eran una vibración rosada;

otra noche, en el patio del hotelito de Trichi, mientras servías
    whisky al *bearer* atónito que nos servía:

—¿Hay puertas? Hay tierra y en nosotros la tierra se hace tiempo
    y el tiempo en nosotros se piensa y se entierra,

pero —señalando a las constelaciones babilonias— podemos
    contemplar a este mundo y los otros y regocijarnos,
la contemplación abre otras puertas: es una transfiguración y
    es una reconciliación,
también podemos reírnos de los ogros y sonreír ante el inicuo
    con la sonrisa de Pirrón o con la de Cristo,
son distintos pero la sonrisa es la misma, hay corredores invi-
    sibles entre la duda y la fe,
la libertad es decir *para siempre* cuando decimos *ahora*, es un
    juramento y es el arte del enigma transparente:
es la sonrisa —y es desatar al prisionero y al decir *no* al monstruo
    decir *sí* al sol de este instante, la libertad es
—y no terminaste: sonreíste al beber el vaso de *whisky*. El agua
    del alba borraba las constelaciones.

El hombre es sus visiones: una tarde, después de una tormenta,
    viste o soñaste o inventaste, es lo mismo,
caer sobre la doble cima del monte Parnaso la luz cenital en un
    torrente inmóvil, intangible y callado,
árboles, piedras y yerbas chorreaban luz líquida, el agua res-
    plandecía, el aire podía tocarse, cuerpo sin cuerpo,
los elementos y las cosas obedecían a la luz apacible y reposaban
    en sí mismos, contentos con ser lo que eran,
poco a poco salieron de sus refugios, y madrigueras los toros y
    las vacas, las cabras, las serpientes, los perros,
bajaron la tórtola, el águila y el tordo, llegaron caballos, asnos,
    un jabalí, un gato y un lince,
y todos, los animales salvajes y los domados por el hombre, en
    círculo pacífico bebían el agua de la lluvia.

Kostas, entre las cenizas heladas de Europa yo no encontré el
    huevo de la resurrección:
encontré, al pie de la cruel quimera empapada de sangre, tu
    risa de reconciliación.

UN SOL MÁS VIVO

desde el Ocaso un Sol más vivo...
LUIS DE SANDOVAL Y ZAPATA

Conversar

En un poema leo:
conversar es divino.
Pero los dioses no hablan:
hacen, deshacen mundos
mientras los hombrees hablan.
Los dioses, sin palabras,
juegan juegos terribles.

El espíritu baja
y desata las lenguas
pero no habla palabras:
habla lumbre. El lenguaje,
por el dios encendido,
es una profecía
de llamas y un desplome
de sílabas quemadas:
ceniza sin sentido.

La palabra del hombre
es hija de la muerte.
Hablamos porque somos
mortales: las palabras
no son signos, son años.
Al decir lo que dicen
los nombres que decimos
dicen tiempo: nos dicen,
somos nombres del tiempo.
Conversar es humano.

Epitafio sobre ninguna piedra

Mixcoac fue mi pueblo: tres sílabas nocturnas,
un antifaz de sombra sobre un rostro solar.
Vino Nuestra Señora, la Tolvanera Madre.
Vino y se lo comió. Yo andaba por el mundo.
Mi casa fueron mis palabras, mi tumba el aire.

Ejercicio preparatorio
(Díptico con tablilla votiva)

Meditación
(Primer tablero)

> *La préméditation de la mort est préméditation de la liberté.*
> *Qui a appris à mourir, il a désappris à servir.*
>   MICHEL DE MONTAIGNE

La hora se vacía.
Me cansa el libro y lo cierro.
Miro, sin mirar, por la ventana.
Me espían mis pensamientos.
                    Pienso que no pienso.
Alguien, al otro lado, abre una puerta.
Tal vez, tras esa puerta,
no hay otro lado.
                    Paso en el pasillo.
Paso de nadie: es solo el aire
buscando su camino.
                    Nunca sabemos
si entramos o salimos.
                    Yo, sin moverme,
también busco —no mi camino:
el rastro de los pasos
que por años diezmados me han traído
a este instante sin nombre, sin cara.

Sin cara, sin nombre.
                              Hora deshabitada.
La mesa, el libro, la ventana:
cada cosa es irrefutable.
                              Sí,
la realidad es real.
                              Y flota
—enorme, sólida, palpable—
sobre este instante hueco.
                              La realidad
está al borde del hoyo siempre.
Pienso que no pienso.
                              Me confundo
con el aire que anda por el pasillo.
El aire sin cara, sin nombre.

Sin nombre, sin cara,
sin decir: he llegado,
                              llega.
Interminablemente está llegando,
inminencia que se desvanece
en un aquí mismo
                              más allá siempre.
Un siempre nunca.
                              Presencia sin sombra,
disipación de las presencias,
Señora de las reticencias
que dice todo cuando dice nada,
Señora sin nombre, sin cara.

Sin cara, sin nombre:
miro
        —sin mirar;
pienso
        —y me despueblo.

Es obsceno,
dije en una hora como esta,
morir en su cama.
                    Me arrepiento:
no quiero muerte de fuera,
quiero morir sabiendo que muero.
Este siglo está poseído.
En su frente, signo y clavo,
arde una idea fija:
todos los días nos sirve
el mismo plato de sangre.
En una esquina cualquiera
—justo, omnisciente y armado—
aguarda el dogmático sin cara, sin nombre.

Sin nombre, sin cara:
la muerte que yo quiero
lleva mi nombre,
                    tiene mi cara.
Es mi espejo y es mi sombra,
la voz sin sonido que dice mi nombre,
la oreja que escucha cuando callo,
la pared impalpable que me cierra el paso,
el piso que de pronto se abre.
Es mi creación y soy su criatura.
Poco a poco, sin saber lo que hago,
la esculpo, escultura de aire.
Pero no la toco, pero no me habla.
Todavía no aprendo a ver,
en la cara del muerto, mi cara.

Rememoración
(Segundo tablero)

... querría hacerla de tal modo que diese a entender que
no había sido mi vida tan mala que dejase nombre de
loco; puesto que lo he sido, no querría confirmar esta
verdad con mi muerte.

MIGUEL DE CERVANTES

Con la cabeza lo sabía,
no con saber de sangre:
es un acorde ser y otro acorde no ser.
La misma vibración, el mismo instante
ya sin nombre, sin cara.
                              El tiempo,
que se come las caras y los nombres,
a sí mismo se come.
El tiempo es una máscara sin cara.

No me enseñó a morir el Buda.
Nos dijo que las caras se disipan
y sonido vacío son los nombres.
Pero al morir tenemos una cara,
morimos con un nombre.
En la frontera cenicienta
¿quién abrirá mis ojos?

Vuelvo a mis escrituras,
al libro del hidalgo mal leído
en una adolescencia soleada,
con plurales violencias compartida:
el llano acuchillado,
las peleas del viento con el polvo,
el pirú, surtidor verde de sombra,
el testuz obstinado de la sierra
contra la nube encinta de quimeras,

la rigurosa luz que parte y distribuye
el cuerpo vivo del espacio:
geometría y sacrificio.

Yo me abismaba en mi lectura
rodeado de prodigios y desastres:
al sur los dos volcanes
hechos de tiempo, nieve y lejanía;
sobre las páginas de piedra
los caracteres bárbaros del fuego;
las terrazas del vértigo;
los cerros casi azules apenas dibujados
con manos impalpables por el aire;
el mediodía imaginero
que todo lo que toca hace escultura
y las distancias donde el ojo aprende
los oficios de pájaro y arquitecto-poeta.

Altiplano, terraza del zodíaco,
circo del sol y sus planetas,
espejo de la luna,
alta marea vuelta piedra,
inmensidad escalonada
que sube apenas luz la madrugada
y desciende la grave anochecida,
jardín de lava, casa de los ecos,
tambor del trueno, caracol del viento,
teatro de la lluvia,
hangar de nubes, palomar de estrellas.

Giran las estaciones y los días,
giran los cielos, rápidos o lentos,
las fábulas errantes de las nubes,
campos de juego y campos de batalla
de inestables naciones de reflejos,
reinos de viento que disipa el viento:

en los días serenos el espacio palpita,
los sonidos son cuerpos transparentes,
los ecos son visibles, se oyen los silencios.
Manantial de presencias,
el día fluye desvanecido en sus ficciones.

En los llanos el polvo está dormido.
Huesos de siglos por el sol molidos,
tiempo hecho sed y luz, polvo fantasma
que se levanta de su lecho pétreo
en paradas y rojizas espirales,
polvo danzante enmascarado
bajo los domos diáfanos del cielo.
Eternidades de un instante,
eternidades suficientes,
vastas pausas sin tiempo:
cada hora es palpable,
las formas piensan, la quietud es danza.

Páginas más vividas que leídas
en las tardes fluviales:
el horizonte fijo y cambïante;
el temporal que se despeña, cárdeno,
desde el Ajusco por los llanos
con un ruido de piedras y pezuñas
resuelto en un pacífico oleaje;
los pies descalzos de la lluvia
sobre aquel patio de ladrillos rojos;
la buganvilla en el jardín decrépito,
morada vehemencia...
Mis sentidos en guerra con el mundo:
fue frágil armisticio la lectura.

Inventa la memoria otro presente.
Así me inventa.
                    Se confunde
el hoy con lo vivido.

Con los ojos cerrados leo el libro:
al regresar del desvarío
el hidalgo a su nombre regresa y se contempla
en el agua estancada de un instante sin tiempo.

Despunta, sol dudoso,
entre la niebla del espejo, un rostro.
Es la cara del muerto.
                    En tales trances,
dice, *no ha de burlar al alma el hombre.*
Y se mira a la cara:
                    deshielo de reflejos.

                    Deprecación
                    (Tablilla)

                                        Debemur morti nos nostraque
                                        HORACIO

No he sido don Quijote,
no deshice ningún entuerto
                        (aunque a veces
me han apedreado los galeotes)
                            pero quiero,
como él, morir con los ojos abiertos.
                                Morir
sabiendo que morir es regresar
adonde no sabemos,
                    adonde,
sin esperanza, lo esperamos.
                            Morir
reconciliado con los tres tiempos
y las cinco direcciones,
                        el alma
—o lo que así llamamos—

vuelta una transparencia.
                            Pido
no la iluminación:
                            abrir los ojos,
mirar, tocar al mundo
con mirada de sol que se retira;
pido ser la quietud del vértigo,
la conciencia del tiempo
apenas lo que dure un parpadeo
del ánima sitiada;
                            pido
frente a la tos, el vómito, la mueca,
ser día despejado,
                            luz mojada
sobre tierra recién llovida
y que tu voz, mujer, sobre mi frente sea
el manso soliloquio de algún río;
pido ser breve centelleo,
repentina fijeza de un reflejo
sobre el oleaje de esa hora:
memoria y olvido,
                            al fin,
una misma claridad instantánea.

VISTO Y DICHO

La Dulcinea de Marcel Duchamp

A Eulalio Ferrer

—*Metafísica estáis.*
                            —*Hago strip-tease.*

Ardua pero plausible, la pintura
cambia la blanca tela en pardo llano

y en Dulcinea al polvo castellano,
torbellino resuelto en escultura.

Transeúnte de París, en su figura
—molino de ficciones, inhumano
rigor y geometría— Eros tirano
desnuda en cinco chorros su estatura.

Mujer en rotación que se disgrega
y es surtidor de sesgos y reflejos:
mientras más se desviste, más se niega.

La mente es una cámara de espejos;
invisible en el cuadro, Dulcinea
perdura: fue mujer y ya es idea.

Diez líneas para Antoni Tàpies

Sobre las superficies ciudadanas,
las deshojadas hojas de los días,
sobre los muros desollados, trazas
signos carbones, números en llamas.
Escritura indeleble del incendio,
sus testamentos y sus profecías
vueltos ya taciturnos resplandores.
Encarnaciones, desencarnaciones:
tu pintura es el lienzo de Verónica
de ese Cristo sin rostro que es el tiempo.

La vista, el tacto

A Balthus

La luz sostiene —ingrávidos, reales—
el cerro blanco y las encinas negras,
el sendero que avanza,
el árbol que se queda;

la luz naciente busca su camino,
río titubeante que dibuja
sus dudas y las vuelve certidumbres,
río del alba sobre unos párpados cerrados;

la luz esculpe al viento en la cortina,
hace de cada hora un cuerpo vivo,
entra en el cuarto y se desliza,
descalza, sobre el filo del cuchillo;

la luz nace mujer en un espejo,
desnuda bajo diáfanos follajes
una mirada la encadena,
la desvanece un parpadeo;

la luz palpa los frutos y palpa lo invisible,
cántaro donde beben claridades los ojos,
llama cortada en flor y vela en vela
donde la mariposa de alas negras se quema;

la luz abre los pliegues de la sábana
y los repliegues de la pubescencia,
arde en la chimenea, sus llamas vueltas sombras
trepan los muros, yedra deseosa;

la luz no absuelve ni condena,
no es justa ni es injusta,

la luz con manos invisibles alza
los edificios de la simetría;

la luz se va por un pasaje de reflejos
y regresa a sí misma:
es una mano que se inventa,
un ojo que se mira en sus inventos.

La luz es tiempo que se piensa.

Un viento llamado Bob Rauschenberg

Paisaje caído de Saturno,
paisaje del desamparo,
llanuras de tuercas y ruedas y palancas,
turbinas asmáticas, hélices rotas,
cicatrices de la electricidad,
paisaje desconsolado:
los objetos duermen unos al lado de los otros,
vastos rebaños de cosas y cosas y cosas,
los objetos duermen con los ojos abiertos
y caen pausadamente en sí mismos,
caen sin moverse,
su caída es la quietud del llano bajo la luna,
su sueño es un caer sin regreso,
un descanso hacia el espacio sin comienzo,
los objetos caen,
                    están cayendo,
caen desde mi frente que los piensa,
caen desde mis ojos que no los miran,
caen desde mi pensamiento que los dice,
caen como letras, letras, letras,
lluvia de letras sobre el paisaje del desamparo.

Paisaje caído,
sobre sí mismo echado, buey inmenso,
buey crepuscular como este siglo que acaba,
las cosas duermen unas al lado de las otras
—el hierro y el algodón, la seda y el carbón,
las fibras sintéticas y los granos de trigo,
los tornillos y los huesos del ala del gorrión,
la grúa, la colcha de lana y el retrato de familia,
el reflector, el manubrio y la pluma del colibrí—
las cosas duermen y hablan en sueños,
el viento ha soplado sobre las cosas
y lo que hablan las cosas en su sueño
lo dice el viento lunar al rozarlas,
lo dice con reflejos y colores que arden y estallan,
el viento profiere formas que respiran y giran,
las cosas se oyen hablar y se asombran al oírse,
eran mudas de nacimiento y ahora cantan y ríen,
eran paralíticas y ahora bailan,
el viento las une y las separa y las une,
juega con ellas, las deshace y las rehace,
inventa otras cosas nunca vistas ni oídas,
sus ayuntamientos y sus disyunciones
son racimos de enigmas palpitantes,
formas insólitas y cambiantes de las pasiones,
constelaciones del deseo, la cólera, el amor,
figuras de los encuentros y las despedidas.

El paisaje abre los ojos y se incorpora,
se echa a andar y su sombra lo sigue,
es una estela de rumores obscuros,
son los lenguajes de las substancias caídas,
el viento se detiene y oye el clamor de los elementos,
a la arena y al agua hablando en voz baja,
el gemido de las maderas del muelle que combate la sal,
las confidencias temerarias del fuego,
el soliloquio de las cenizas,

la conversación interminable del universo.
Al hablar con las cosas y con nosotros
el universo habla consigo mismo:
somos su lengua y su oreja, sus palabras y sus silencios.
El viento oye lo que dice el universo
y nosotros oímos lo que dice el viento
al mover los follajes submarinos del lenguaje
y las vegetaciones secretas del subsuelo y el subcielo:
los sueños de las cosas el hombre los sueña,
los sueños de los hombres el tiempo los piensa.

Paraje

A Denise Esteban

El camino sin nombre,
                         sin nadie,
fluye entre peñas desgastadas,
dados de esa partida inmemorial
que juegan sin cesar los elementos,
prosigue por un llano,
                         cada paso
una leyenda de la geología,
se pierde en una duna de reflejos
que no es agua ni arena sino tiempo.
Hay un árbol rosado, yerbas negras,
sal en las yemas de la luz.
                         El camino
lleva al sol en los hombros.
El cielo ha acumulado lejanías
sobre esta realidad que dura poco.
Un charco: surtidor de resplandores.
Ojos por todas partes.
La hora se detiene

para verse pasar entre unas piedras.
El camino no acaba de llegar.

La casa de la mirada

A Roberto Matta

Caminas adentro de ti mismo y el tenue reflejo serpeante que
    te conduce
no es la última mirada de tus ojos al cerrarse ni es el sol tímido
    golpeando tus párpados:
es un arroyo secreto, no de agua sino de latidos: llamadas, res-
    puestas, llamadas,
hilo de claridades entre las altas yerbas y las bestias agazapadas
    de la conciencia a obscuras.
Sigues el rumor de tu sangre por el país desconocido que in-
    ventan tus ojos
y subes por una escalera de vidrio y agua hasta una terraza.
Hecha de la misma materia impalpable de los ecos y los trineos,
la terraza, suspendida en el aire, es un cuadrilátero de luz, un
    ring magnético
que se enrolla en sí mismo, se levanta, anda y se planta en el
    circo del ojo,
géiser lunar, tallo de vapor, follaje de chispas, gran árbol que
    se enciende y apaga y enciende:
estás en el interior de los reflejos, estás en la casa de la mirada,
has cerrado los ojos y entras y sales de ti mismo a ti mismo por
    un puente de latidos:
EL CORAZÓN ES UN OJO.

Estás en la casa de la mirada, los espejos han escondido todos
    sus espectros,
no hay nadie ni hay nada que ver, las cosas han abandonado sus
    cuerpos,

no son cosas, no son ideas: son disparos verdes, rojos, amarillos,
    azules,
enjambres que giran y giran, espirales de legiones desencarnadas,
torbellino de las formas que todavía no alcanzan su forma,
tu mirada es la hélice que impulsa y revuelve las muchedumbres
    incorpóreas,
tu mirada es la idea fija que taladra el tiempo, la estatua inmóvil
    en la plaza del insomnio,
tu mirada teje y desteje los hilos de la trama del espacio,
tu mirada frota una idea contra otra y enciende una lámpara en
    la iglesia de tu cráneo,
pasaje de la enunciación a la anunciación, de la concepción a la
    asunción,
el ojo es una mano, la mano tiene cinco ojos, la mirada tiene
    dos manos,
estamos en la casa de la mirada y no hay nada que ver, hay que
    poblar otra vez la casa del ojo,
hay que poblar el mundo con ojos, hay que ser fieles a la vista,
    hay que

CREAR PARA VER.

La idea fija taladra cada minuto, el pensamiento teje y desteje
    la trama,
vas y vienes entre el infinito de afuera y tu propio infinito,
eres un hilo de la trama y un latido del minuto, el ojo que ta-
    ladra y el ojo tejedor,
al entrar en ti mismo no sales del mundo, hay ríos y volcanes
    en tu cuerpo, planetas y hormigas,
en tu sangre navegan imperios, turbinas, bibliotecas, jardines,
también hay animales, plantas, seres de otros mundos, las ga-
    laxias circulan en tus neuronas,
al entrar en ti mismo entras en este mundo y en los otros mundos,
entras en lo que vio el astrónomo en su telescopio, el matemá-
    tico en sus ecuaciones:
el desorden y la simetría, el accidente y las rimas, las duplica-
    ciones y las mutaciones,

el mal de San Vito del átomo y sus partículas, las células rein-
    cidentes, las inscripciones estelares.

Afuera es adentro, caminamos por donde nunca hemos esta-
    do,
el lugar del encuentro entre esto y aquello está aquí mismo y
    ahora,
somos la intersección, la X, el aspa maravillosa que nos multi-
    plica y nos interroga,
el aspa que al girar dibuja el cero, ideograma del mundo y de
    cada uno de nosotros.
Como el cuerpo astral de Bruno y Cornelio Agripa, como los
    grandes transparentes de André Breton,
vehículos de materia sutil, cables entre este y aquel lado,
los hombres somos la bisagra entre el aquí y el allá, el signo
    doble y uno, ∧ y ∨,
pirámides superpuestas unidas en un ángulo para formar la X
    de la Cruz,
cielo y tierra, aire y agua, llanura y monte, lago y volcán, hombre
    y mujer,
el mapa del cielo se refleja en el espejo de la música,
donde el ojo se anula nacen mundos:
LA PINTURA TIENE UN PIE EN LA ARQUITECTURA Y OTRO EN
                    EL SUEÑO.

La tierra es un hombre, dijiste, pero el hombre no es la tierra,
el hombre no es este mundo ni los otros mundos que hay en
    este mundo y en los otros,
el hombre es el momento en que la tierra duda de ser tierra y
    el mundo de ser mundo,
el hombre es la boca que empaña el espejo de las semejanzas
    y las analogías,
el animal que sabe decir *no* y así inventa nuevas semejanzas y
    dice *sí*,
el equilibrista vendado que baila sobre la cuerda floja de una
    sonrisa,

el espejo universal que refleja otro mundo al repetir a este, el
     que transfigura lo que copia,
el hombre no es el que es, célula o dios, sino el que está siempre
     más allá.
Nuestras pasiones no son los ayuntamientos de las substancias
     ciegas
pero los combates y los abrazos de los elementos riman con
     nuestros deseos y apetitos,
pintar es buscar la rima secreta, dibujar el eco, pintar el eslabón:
El vértigo de Eros es el vahído de la rosa al mecerse sobre el osario,
la aparición de la aleta del pez al caer la noche en el mar es el
     centelleo de la idea,
tú has pintado el amor tras una cortina de agua llameante
     PARA CUBRIR LA TIERRA CON UN NUEVO ROCÍO.

En el espejo de la música las constelaciones se miran antes de
     disiparse,
el espejo se abisma en sí mismo anegado de claridad hasta
     anularse en un reflejo,
los espacios fluyen y se despeñan bajo la mirada del tiempo
     petrificado,
las presencias son llamas, las llamas son tigres, los tigres se han
     vuelto olas,
cascada de transfiguraciones, cascada de repeticiones, trampas
     del tiempo:
hay que darle su ración de lumbre a la naturaleza hambrienta,
hay que agitar la sonaja de las rimas para engañar al tiempo y
     despertar al alma,
hay que plantar ojos en la plaza, hay que regar los parques con
     risa solar y lunar,
hay que aprender la tonada de Adán, el solo de la flauta del
     fémur,
hay que construir sobre este espacio inestable la casa de la
     mirada,
la casa de aire y de agua donde la música duerme, el fuego vela
     y pinta el poeta.

ÁRBOL ADENTRO

Árbol adentro

Creció en mi frente un árbol.
Creció hacia dentro.
Sus raíces son venas,
nervios sus ramas,
sus confusos follajes pensamientos.
Tus miradas lo encienden
y sus frutos de sombra
son naranjas de sangre,
son granadas de lumbre.

      Amanece
en la noche del cuerpo.
Allá adentro, en mi frente,
el árbol habla.

    Acércate, ¿lo oyes?

Canción desentonada

> *non visto color de buen verdigay*
> *nin trobo discor ni fago deslay*
> JUAN ALFONSO DE BAENA

El día es corto,
    larga la hora.
Sin moverme recorro sus pasillos,
subo por sus calvarios mínimos,
desciendo por peldaños hechos de aire,
me pierdo en galerías transparentes
—pero no me encuentro,
     pero no te veo.

El día es corto,
                    larga la hora.
Veo a mi mano obstinada que escribe
palabras circulares en la página,
veo a mi sombra en la página, veo
mi caída en el centro vacío de esta hora
—pero no te encuentro,
                              pero no me veo.

El día es corto,
                    larga la hora.
El tiempo se arrastra, se esconde, se espía,
el tiempo se entierra, terrones de aire,
el tiempo rebrota, columna de aire,
me hiere en la frente, me rasga los párpados
—pero no me encuentro,
                              pero nó te veo.

El día es corto,
                    larga la hora.
Ando por baldíos, corredores, ecos,
te tocan mis manos y te desvaneces,
me miro en tus ojos y me desvanezco,
traza, borra, inventa reflejos la hora
—pero no te encuentro,
                              pero no me veo.

El día es corto,
                    larga la hora.
Hay una semilla dormida en el tiempo,
estalla en el aire con ruido de sílabas,
es una palabra, dice sin decirlos
los nombres del tiempo, el tuyo y el mío
—pero no me encuentro,
                              pero no te veo.

Los nombres son frutos, maduran y caen;
la hora es inmensa y en sí misma cae.

La guerra de la dríada
o
Vuelve a ser eucalipto

El enorme perro abrió los ojos,
pegó un salto y arqueando el negro lomo,
bien plantado en sus cuatro patas,
aulló con un aullido inacabable:
¿qué veía con seis ojos inyectados,
sus tres hocicos contra quién gruñían?
veía una nube preñada de centellas,
veía un par de ojos, veía un gato montés,
el gato cayó sobre el perro,
el perro revolcó al gato,
el gato le sacó un ojo al perro,
el perro se volvió un ladrido de humo,
el humo subió al cielo,
el cielo se volvió tempestad,
la tempestad bajó armada de rayos,
el rayo incendió al gato montés,
las cenizas del gato se esparcieron
entre las cuatro esquinas del universo,
el cuarto se convirtió en Sáhara,
sopló el simún y me abrasé en su vaho,
convoqué a los genios del agua,
el trueno rodó por la azotea,
se quebraron los cántaros de arriba,
llovió sin parar durante cuarenta relámpagos,
el agua llegó al cielo raso,
en el vértice de la cresta tu cama se bandeaba,
con las sábanas armaste un velamen,

de pie en la proa de tu esquife inestable
tirado por cuatro caballos de espuma y un águila,
una llama ondeante tu cabellera eléctrica,
levaste el ancla, capeaste el temporal
y te hiciste a la mar,
                      tu artillería
disipaba desde estribor,
desmantelaba mis premisas,
hacía añicos mis consiguientes,
tus espejos ustorios
incendiaban mis convicciones,
me replegué hacia la cocina,
rompí el cerco en el sótano,
escapé por una alcantarilla,
en el subsuelo hallé madrigueras,
el insomnio encendió su bujía,
su luz díscola iluminó mi noche,
inspiraciones, conspiraciones, inmolaciones,
con rabia verde, una llamita iracunda
y el soplete de ¡me la pagarás!
forjé un puñal de misericordia,
me bañé en la sangre del dragón,
salté el foso, escalé las murallas,
aceché en el pasillo, abrí la puerta,
tú te mirabas en el espejo y sonreías,
al verme desapareciste en un destello,
corrí tras esa claridad desvanecida,
interrogué a la luna del armario,
estrujé las sombras de la cortina,
plantado en el centro de la ausencia
fui estatua en una plaza vacía,
fui palabra encerrada en un paréntesis,
fui aguja de un reloj parado,
me quedé con un puñado de ecos,
baile de sílabas fantasmas
en la cueva del cráneo,

reapareciste en un resplandor súbito,
llevabas en la mano derecha un sol diminuto,
en la izquierda un cometa de cauda granate,
los astros giraban y cantaban,
al volar dibujaban figuras,
se unían, separaban, unían,
eran dos y eran uno y eran ninguno,
el doble pájaro de lumbre
anidó en mis oídos,
quemó mis pensamientos, disipó mis memorias,
cantó en la jaula del cerebro
el solo del faro en la noche oceánica
y el himno nupcial de las ballenas,
el puñal floreció,
el perro de tres cabezas lamía tus pies,
el espejo era un arroyo detenido,
el gato pescaba imágenes en el arroyo,
tú reías en mitad de la pieza,
eras una columna de luz líquida,
Vuelve a ser eucalipto, dijiste,
el viento mecía mi follaje,
yo callaba y el viento hablaba,
murmullo de palabras que eran hojas,
verdes chisporroteos, lenguas de agua,
tendida al pie del eucalipto
tú eras la fuente que reía,
vaivén de los ramajes sigilosos,
eras tú, era la brisa que volvía.

Como quien oye llover

Óyeme como quien oye llover,
ni atenta ni distraída,
pasos leves, llovizna,
agua que es aire, aire que es tiempo,

el día no acaba de irse,
la noche no llega todavía,
figuraciones de la niebla
al doblar la esquina,
figuraciones del tiempo
en el recodo de esta pausa,
óyeme como quien oye llover,
sin oírme, oyendo lo que digo
con los ojos abiertos hacia adentro,
dormida con los cinco sentidos despiertos,
llueve, pasos leves, rumor de sílabas,
aire y agua, palabras que no pesan:
lo que fuimos y somos,
los días y los años, este instante,
tiempo sin peso, pesadumbre enorme,
óyeme como quien oye llover,
relumbra el asfalto húmedo,
el vaho se levanta y camina,
la noche se abre y me mira,
eres tú y tu talle de vaho,
tú y tu cara de noche,
tú y tu pelo, lento relámpago,
cruzas la calle y entras en mi frente,
pasos de agua sobre mis párpados,
óyeme como quien oye llover,
el asfalto relumbra, tú cruzas la calle,
es la niebla errante en la noche,
es la noche dormida en tu cama,
es el oleaje de tu respiración,
tus dedos de agua mojan mi frente,
tus dedos de llama queman mis ojos,
tus dedos de aire abren los párpados del tiempo,
manar de apariciones y resurrecciones,
óyeme como quien oye llover,
pasan los años, regresan los instantes,
¿oyes tus pasos en el cuarto vecino?

no aquí ni allá: los oyes
en otro tiempo que es ahora mismo,
oye los pasos del tiempo
inventor de lugares sin peso ni sitio,
oye la lluvia correr por la terraza,
la noche ya es más noche en la arboleda,
en los follajes ha anidado el rayo,
vago jardín a la deriva
—entra, tu sombra cubre esta página.

Carta de creencia

Cantata

I

Entre la noche y el día
hay un territorio indeciso.
No es luz ni sombra:
                              es tiempo.
Hora, pausa precaria,
página que se obscurece,
página en la que escribo,
despacio, estas palabras.
                              La tarde
es una braza que se consume.
El día gira y se deshoja.
Lima los confines de las cosas
un río obscuro.
                              Terco y suave
las arrastra, no sé adónde.
La realidad se aleja.
                              Yo escribo:
hablo conmigo
                              —hablo contigo.

Quisiera hablarte
como hablan ahora,
casi borrados por las sombras,
el arbolito y el aire;
como el agua corriente,
soliloquio sonámbulo;
como el charco callado,
reflector de instantáneos simulacros;
como el fuego:
lenguas de llama, baile de chispas,
cuentos de humo.
                   Hablarte
con palabras visibles y palpables,
con peso, sabor y olor
como las cosas.
                   Mientras lo digo
las cosas, imperceptiblemente,
se desprenden de sí mismas
y se fugan hacia otras formas,
hacia otros nombres.
                   Me quedan
estas palabras: con ellas te hablo.

Las palabras son puentes.
También son trampas, jaulas, pozos.
Yo te hablo: tú no me oyes.
No hablo contigo:
                   hablo con una palabra.
Esa palabra eres tú,
             esa palabra
te lleva de ti misma a ti misma.
La hicimos tú, yo, el destino.
La mujer que eres
es la mujer a la que hablo:
estas palabras son tu espejo,

eres tú misma y el eco de tu nombre.
Yo también,
            al hablarte,
me vuelvo un murmullo,
aire y palabras, un soplo,
un fantasma que nace de estas letras.

Las palabras son puentes:
la sombra de las colinas de Meknès
sobre un campo de girasoles estáticos
es un golfo violeta.
Son las tres de la tarde,
tienes nueve años y te has adormecido
entre los brazos frescos de la rubia mimosa.

Enamorado de la geometría
un gavilán dibuja un círculo.
Tiembla en el horizonte
la mole cobriza de los cerros.
Entre peñascos vertiginosos
los cubos blancos de un poblado.
Una columna de humo sube del llano
y poco a poco se disipa, aire en el aire,
como el canto del muecín
que perfora el silencio, asciende y florece
en otro silencio.
                Sol inmóvil,
inmenso espacio de alas abiertas;
sobre llanuras de reflejos
la sed levanta alminares transparentes.
Tú no estás dormida ni despierta:
tú flotas en un tiempo sin horas.
Un soplo apenas suscita
remotos países de menta y manantiales.
Déjate llevar por estas palabras
hacia ti misma.

2

Las palabras son inciertas
y dicen cosas inciertas.
Pero digan esto o aquello,
                    nos dicen.
Amor es una palabra equívoca,
como todas.
            No es palabra,
dijo el Fundador:
                es visión,
comienzo y corona
de la escala de la contemplación
—y el florentino:
                es un accidente
—y el otro:
            no es la virtud
pero nace de aquello que es la perfección
—y los otros:
            una fiebre, una dolencia,
un combate, un frenesí, un estupor,
una quimera.
            El deseo lo inventa,
lo avivan los ayunos y las laceraciones,
los celos lo espolean,
la costumbre lo mata.
                Un don,
una condena.
            Furia, beatitud.
Es un nudo: vida y muerte.
                Una llaga
que es rosa de resurrección.
Es una palabra:
                al decirla, nos dice.

El amor comienza en el cuerpo
¿dónde termina?
                    Si es fantasma,
encarna en un cuerpo;
                              si es cuerpo,
al tocarlo se disipa.
                    Fatal espejo:
la imagen deseada se desvanece,
tú te ahogas en tus propios reflejos.
Festín de espectros.

Aparición:
              el instante tiene cuerpo y ojos,
me mira.
              Al fin la vida tiene cara y nombre.
Amar:
        hacer de un alma un cuerpo,
hacer de un cuerpo un alma,
hacer un tú de una presencia.
                              Amar:
abrir la puerta prohibida,
                        pasaje
que nos lleva al otro lado del tiempo.
Instante:
          reverso de la muerte,
nuestra frágil eternidad.

Amar es perderse en el tiempo,
ser espejo entre espejos.
                        Es idolatría:
endiosar una criatura
«y a lo que es temporal llamar eterno».
Todas las formas de carne
son hijas del tiempo,
                        simulacros.
El tiempo es el mal,
                    el instante

es la caída;
        amar es despeñarse:
caer interminablemente,
                nuestra pareja
es nuestro abismo.
            El abrazo:
jeroglífico de la destrucción.
Lascivia: máscara de la muerte.

Amar: una variación,
                apenas un momento
en la historia de la célula primigenia
y sus divisiones incontables.
                Eje
de la rotación de las generaciones.

Invención, transfiguración:
la muchacha convertida en fuente,
la cabellera en constelación,
en isla la mujer dormida.
            La sangre:
música en el ramaje de las venas;
                el tacto:
luz en la noche de los cuerpos.

                Transgresión
de la fatalidad natural,
                bisagra
que enlaza destino y libertad,
                pregunta
grabada en la frente del deseo:
¿accidente o predestinación?

Memoria, cicatriz:
—¿de dónde fuimos arrancados?,
                cicatriz,

memoria: sed de presencia,

                        querencia

de la mitad perdida.

                  El Uno

es el prisionero de sí mismo,

                          es,

solamente es,

                no tiene memoria,

no tiene cicatriz:

                amar es dos,

siempre dos,

              abrazo y pelea,

dos es querer ser uno mismo

y ser el otro, la otra;

                  dos no reposa,

no está completo nunca,

                  gira

en torno a su sombra,

                  busca

lo que perdimos al nacer;

la cicatriz se abre:

                fuente de visiones;

dos: arco sobre el vacío,

puente de vértigos;

                dos:

Espejo de las mutaciones.

3

Amor, isla sin horas,

isla rodeada de tiempo,

                claridad

sitiada de noche.

            Caer

es regresar,

          caer es subir.

Amar es tener ojos en las yemas,
palpar el nudo en que se anudan
quietud y movimiento.

               El arte de amar
¿es arte de morir?

               Amar
es morir y revivir y remorir:
es la vivacidad.

               Te quiero
porque yo soy mortal
y tú lo eres.

               El placer hiere,
la herida florece.
En el jardín de las caricias
corté la flor de sangre
para adornar tu pelo.
La flor se volvió palabra.
La palabra arde en mi memoria.

Amor:

               reconciliación con el Gran todo
y con los otros,

                    los diminutos todos
innumerables.

               Volver al día del comienzo.
Al día de hoy.

La tarde se ha ido a pique.
Lámparas y reflectores
perforan la noche.

               Yo escribo:
hablo contigo:

               hablo conmigo.
Con palabras de agua, llama, aire y tierra
inventamos el jardín de las miradas.
Miranda y Ferdinand se miran,
interminablemente, en los ojos

—hasta petrificarse.
                              Una manera de morir
como las otras.
                    En la altura
las constelaciones escriben siempre
la misma palabra;
                              nosotros,
aquí abajo, escribimos
nuestros nombres mortales.
                              La pareja
es pareja porque no tiene Edén.
Somos los expulsados del Jardín,
estamos condenados a inventarlo
y cultivar sus flores delirantes,
joyas vivas que cortamos
para adornar un cuello.
                              Estamos condenados
a dejar el Jardín:
                    delante de nosotros
está el mundo.

Coda

Tal vez amar es aprender
a caminar por este mundo.
Aprender a quedarnos quietos
como el tilo y la encina de la fábula.
Aprender a mirar.
Tu mirada es sembradora.
Plantó un árbol.
                    Yo hablo
porque tú mereces los follajes.

«Árbol adentro», en *OC*, vol. XII, pp. 93-181.

LA LLAMA DOBLE
AMOR Y EROTISMO

REPASO: LA LLAMA DOBLE

Todos los días oímos esta frase: nuestro siglo es el siglo de la comunicación. Es un lugar común que, como todos, encierra un equívoco. Los medios modernos de transmisión de las noticias son prodigiosos; lo son mucho menos las formas en que usamos esos medios y la índole de las noticias e informaciones que se transmiten en ellos. Los medios muchas veces manipulan la información y, además, nos inundan con trivialidades. Pero aun sin esos defectos toda comunicación, incluso la directa y sin intermediarios, es equívoca. El diálogo, que es la forma más alta de comunicación que conocemos, siempre es un afrontamiento de alteridades irreductibles. Su carácter contradictorio consiste en que es un intercambio de informaciones concretas y singulares para el que las emite y abstractas y generales para el que las recibe. Digo *verde* y aludo a una sensación particular, única e inseparable de un instante, un lugar y un estado psíquico y físico: la luz cayendo sobre la yedra verde esta tarde un poco fría de primavera. Mi interlocutor escucha una serie de sonidos, percibe una situación y vislumbra la idea de *verde*. ¿Hay posibilidades de comunicación concreta? Sí, aunque el equívoco nunca desaparece del todo. Somos hombres, no ángeles. Los sentidos nos comunican con el mundo y, simultáneamente, nos encierran en nosotros mismos: las sensaciones son subjetivas e indecibles. El pensamiento y el lenguaje son puentes pero, precisamente por serlo, no suprimen la distancia entre nosotros y la realidad exterior. Con esta salvedad, puede decirse que la poesía, la fiesta y el amor son formas de comunicación concreta, es decir, de comunión. Nueva dificultad: la comunión es indecible y, en cierto modo, excluye la comunicación: no es un intercambio de noticias sino una fusión. En el caso de la poesía, la comunión comienza en una zona de silencio, precisamente cuando termina el poema. Podría definirse al poema como un organismo verbal productor de silencios. En la fiesta —pienso, ante todo, en los ritos y en otras ceremonias religiosas— la fusión se opera en sentido contrario: no el regreso al silencio, refugio de la subjetividad, sino entrada en el gran todo colectivo: el yo se vuelve un nosotros. En el amor, la contradicción entre comunicación y comunión es aún más patente.

El encuentro erótico comienza con la visión del cuerpo deseado. Vestido o desnudo, el cuerpo es una presencia: una forma que, por un instante, es todas las formas del mundo. Apenas abrazamos esa forma, dejamos de percibirla como presencia y la asimos como una materia concreta, palpable, que cabe en nuestros brazos y que, no obstante, es ilimitada. Al abrazar a la presencia, dejamos de verla y ella misma deja de ser presencia. Dispersión del cuerpo deseado: vemos solo unos ojos que nos miran, una garganta iluminada por la luz de una lámpara y pronto vuelta a la noche, el brillo de un muslo, la sombra que desciende del ombligo al sexo. Cada uno de estos fragmentos vive por sí solo pero alude a la totalidad del cuerpo. Ese cuerpo que, de pronto, se ha vuelto infinito. El cuerpo de mi pareja deja de ser una forma y se convierte en una substancia informe e inmensa en la que, al mismo tiempo, me pierdo y me recobro. Nos perdemos como personas y nos recobramos como sensaciones. A medida que la sensación se hace más intensa, el cuerpo que abrazamos se hace más y más inmenso. Sensación de infinitud: perdemos cuerpo en ese cuerpo. El abrazo carnal es el apogeo del cuerpo y la pérdida del cuerpo. También es la experiencia de la pérdida de la identidad: dispersión de las formas en mil sensaciones y visiones, caída en una substancia oceánica, evaporación de la esencia. No hay forma ni presencia: hay la ola que nos mece, la cabalgata por las llanuras de la noche. Experiencia circular: se inicia por la abolición del cuerpo de la pareja, convertido en una substancia infinita que palpita, se expande, se contrae y nos encierra en las aguas primordiales; un instante después, la substancia se desvanece, el cuerpo vuelve a ser cuerpo y reaparece la presencia. Solo podemos percibir a la mujer amada como forma que esconde una alteridad irreductible o como substancia que se anula y nos anula.

La condenación del amor carnal como un pecado contra el espíritu no es cristiana sino platónica. Para Platón la forma es la idea, la esencia. El cuerpo es una presencia en el sentido real de la palabra: la manifestación sensible de la esencia. Es el trasunto, la copia de un arquetipo divino: la idea eterna. Por esto, en el *Fedro* y en el *Banquete*, el amor más alto es la contemplación del cuerpo hermoso: contemplación arrobada de la forma que es esencia. El abrazo carnal entraña una degradación de la forma en substancia y de la idea en sensación. Por esto también Eros es invisible; no es una presencia: es la obscuridad palpitante que rodea a Psique y la arrastra en una caída sin fin. El enamorado ve la presencia bañada por la luz de la idea; quiere asirla pero cae en la tiniebla de un cuerpo que se dispersa en fragmentos. La presencia reniega de su forma, regresa a la substancia original para, al fin, anularse. Anulación de la presencia, disolución de la forma: pecado contra la esencia. Todo pecado atrae un castigo: vueltos del arrebato, nos encontramos de nuevo frente a un cuerpo y un alma otra vez extraños. Entonces surge la pregunta ritual: ¿en qué piensas? y la respuesta: en nada. Palabras que se repiten en interminables galerías de ecos.

No es extraño que Platón haya condenado el amor físico. Sin embargo, no condenó la reproducción. En el *Banquete* llama divino al deseo de procrear: es ansia de inmortalidad. Cierto, los hijos del alma, las ideas, son mejores que los hijos de la carne; sin embargo, en las *Leyes* exalta a la reproducción corporal. La razón: es un deber político engendrar ciudadanos y mujeres que sean capaces de asegurar la continuidad de la vida en la ciudad. Aparte de esta consideración ética y política, Platón percibió claramente la vertiente pánica del amor, su conexión con el mundo de la sexualidad animal y quiso romperla. Fue coherente consigo mismo y con su visión del mundo de las ideas incorruptibles. Pero hay una contradicción insalvable en la concepción platónica del erotismo: sin el cuerpo y el deseo que enciende en el amante, no hay ascensión hacia los arquetipos. Para contemplar las formas eternas y participar en la esencia, hay que pasar por el cuerpo. No hay otro camino. En esto el platonismo es el opuesto a la visión cristiana: el eros platónico busca la desencarnación mientras que el misticismo cristiano es sobre todo un amor de encarnación, a ejemplo de Cristo, que se hizo carne para salvarnos. A pesar de esta diferencia, ambos coinciden en su voluntad de romper con este mundo y subir al otro. El platónico por la escala de la contemplación, el cristiano por el amor a una divinidad que, misterio inefable, ha encarnado en un cuerpo.

Unidos en su negación de este mundo, el platonismo y el cristianismo vuelven a separarse en otro punto fundamental. En la contemplación platónica hay participación, no reciprocidad: las formas eternas no aman al hombre; en cambio, el Dios cristiano padece por los hombres, el Creador está enamorado de sus criaturas. Al amar a Dios, dicen los teólogos y los místicos, le devolvemos, pobremente, el inmenso amor que nos tiene. El amor humano, tal como lo conocemos y vivimos en Occidente desde la época del amor cortés, nació de la confluencia entre el platonismo y el cristianismo y, asimismo, de sus oposiciones. El amor humano, es decir, el verdadero amor, no niega al cuerpo ni al mundo. Tampoco aspira a otro ni se ve como un tránsito hacia una eternidad más allá del cambio y del tiempo. El amor es amor no *a* este mundo sino *de* este mundo;

está atado a la tierra por la fuerza de gravedad del cuerpo, que es placer y muerte. Sin alma —o como quiera llamarse a ese *soplo* que hace de cada hombre y de cada mujer una *persona*— no hay amor pero tampoco lo hay sin cuerpo. Por el cuerpo, el amor es erotismo y así se comunica con las fuerzas más vastas y ocultas de la vida. Ambos, el amor y el erotismo —llama doble— se alimentan del fuego original: la sexualidad. Amor y erotismo regresan siempre a la fuente primordial, a Pan y a su alarido que hace temblar la selva.

El reverso del Eros platónico es el tantrismo, en sus dos grandes ramas: la hindú y la budista. Para el adepto de Tantra, el cuerpo no manifiesta la esencia: es un camino de iniciación. Más allá no está la esencia, que para Platón es un objeto de contemplación y de participación; al final de la experiencia erótica el adepto llega, si es budista, a la vacuidad, un estado en que la nada y el ser son idénticos; si es hindú, a un estado semejante pero en el que el elemento determinante no es la nada sino el ser —un ser siempre idéntico a él mismo, más allá del cambio. Doble paradoja: para el budista, la nada está llena; para el hinduista, el ser está vacío. El rito central del tantrismo es la copulación. Poseer un cuerpo y recorrer en él y con él todas las etapas del abrazo erótico, sin excluir a ninguno de sus extravíos o aberraciones, es repetir ritualmente el proceso cósmico de la creación, la destrucción y la recreación de los mundos. También es una manera de romper ese proceso y detener la rueda del tiempo y de las sucesivas reencarnaciones. El yogui debe evitar la eyaculación y esta práctica obedece a dos propósitos: negar la función reproductiva de la sexualidad y transformar el semen en pensamiento de iluminación. Alquimia erótica: la fusión del yo y del mundo, del pensamiento y la realidad, produce un relámpago: la iluminación, llamarada súbita que literalmente consume al sujeto y al objeto. No queda nada: el yogui se ha disuelto en lo incondicionado. Abolición de las formas. En el tantrismo hay una violencia metafísica ausente en el platonismo: romper el ciclo cósmico para penetrar en lo incondicionado. La cópula ritual es, por una parte, una inmersión en el caos, una vuelta a la fuente original de la vida; por otra, una práctica ascética, una purificación de los sentidos y de la mente, una desnudez progresiva hasta llegar a la anulación del mundo y del yo. El yogui no debe retroceder ante ninguna caricia pero su goce, cada vez más concentrado, debe transformarse en suprema indiferencia. Curioso paralelo con Sade, que veía en el libertinaje un camino hacia la ataraxia, la insensibilidad de la piedra volcánica.

Las diferencias entre el tantrismo y el platonismo son instructivas. El amante platónico contempla la forma, el cuerpo, sin caer en el abrazo; el yogui alcanza la liberación a través de la cópula. En un caso, la contemplación de la forma es un viaje que conduce a la visión de la esencia y a la participación con ella; en el otro, la cópula ritual exige atravesar la tiniebla erótica y realizar la destrucción de las formas. A pesar de ser un rito acentuadamente carnal, el erotismo tántrico es una experiencia de desencarnación. El platonismo implica una represión y una sublimación: la forma amada es intocable y así se substrae de la agresión sádica. El yogui aspira a la abolición del deseo y de ahí la naturaleza contradictoria de su tentativa: es un erotismo ascético, un placer que se niega a sí mismo. Su experiencia está impregnada de un sadismo no físico sino mental: hay que destruir las formas. En el platonismo, el cuerpo amado es intocable; en el tantrismo el intocable es el espíritu del yogui. Por esto tiene que agotar, durante el abrazo, todas las caricias que proponen los manuales de erotología pero reteniendo la descarga seminal; si lo consigue, alcanza la indiferencia del diamante: impenetrable, luminoso y transparente.

Aunque las diferencias entre el platonismo y el tantrismo son muy hondas —corresponden a dos visiones del mundo y del hombre radicalmente opuestas— hay un punto de unión entre ellos: el *otro* desaparece. Tanto el cuerpo que contempla el amante platónico como la mujer que acaricia el yogui, son objetos, escalas en una ascensión hacia el cielo puro de las esencias o hacia esa región fuera de los mapas que es lo incondicionado. El fin que ambos persiguen está más allá del *otro*.

Esto es, esencialmente, lo que los separa del amor, tal como ha
sido descrito en estas páginas. Es útil repetirlo: el amor no es
la búsqueda de la idea o la esencia; tampoco es un camino ha-
cia un estado más allá de la idea y la no-idea, el bien y el mal,
el ser y el no-ser. El amor no busca nada más allá de sí mismo,
ningún bien, ningún premio; tampoco persigue una finalidad
que lo trascienda. Es indiferente a toda trascendencia: principia
y acaba en él mismo. Es una atracción por un alma y un cuerpo;
no una idea: una persona. Esa persona es única y está dotada de
libertad; para poseerla, el amante tiene que ganar su voluntad.
Posesión y entrega son actos recíprocos.

Como todas las grandes creaciones del hombre, el amor es do-
ble: es la suprema ventura y la desdicha suprema. Abelardo
llamó al relato de su vida: *Historia de mis calamidades*. Su mayor
calamidad fue también su más grande felicidad: haber encon-
trado a Eloísa y ser amado por ella. Por ella fue hombre: cono-
ció el amor; y por ella dejó de serlo: lo castraron. La historia de
Abelardo es extraña, fuera de lo común; sin embargo, en todos
los amores, sin excepción, aparecen esos contrastes, aunque casi
siempre menos acusados. Los amantes pasan sin cesar de la
exaltación al desánimo, de la tristeza a la alegría, de la cólera a
la ternura, de la desesperación a la sensualidad. Al contrario
del libertino, que busca a un tiempo el placer más intenso y la
insensibilidad moral más absoluta, el amante está perpetua-
mente movido por sus contradictorias emociones. El lenguaje
popular, en todos los tiempos y lugares, es rico en expresiones
que describen la vulnerabilidad del enamorado: el amor es
una herida, una llaga. Pero, como dice san Juan de la Cruz, es «una
llaga regalada», un «cauterio suave», una «herida deleitosa».
Sí, el amor es una flor de sangre. También es un talismán. La
vulnerabilidad de los amantes los defiende. Su escudo es su
indefensión, están armados de su desnudez. Cruel paradoja: la
sensibilidad extrema de los amantes es la otra cara de su indi-
ferencia, no menos extrema, ante todo lo que no sea su amor.
El gran peligro que acecha a los amantes, la trampa mortal en

que caen muchos, es el egoísmo. El castigo no se hace esperar: los amantes no ven nada ni a nadie que no sea ellos mismos hasta que se petrifican... o se aburren. El egoísmo es un pozo. Para salir al aire libre, hay que mirar más allá de nosotros mismos: allá está el mundo y nos espera.

El amor no nos preserva de los riesgos y desgracias de la existencia. Ningún amor, sin excluir a los más apacibles y felices, escapa a los desastres y desventuras del tiempo. El amor, cualquier amor, está hecho de tiempo y ningún amante puede evitar la gran calamidad: la persona amada está sujeta a las afrentas de la edad, la enfermedad y la muerte. Como un remedio contra el tiempo y la seducción del amor, los budistas concibieron un ejercicio de meditación que consistía en imaginar al cuerpo de la mujer como un saco de inmundicias. Los monjes cristianos también practicaron estos ejercicios de denigración de la vida. El remedio fue vano y provocó la venganza del cuerpo y de la imaginación exasperada: las tentaciones a un tiempo terribles y lascivas de los anacoretas. Sus visiones, aunque sombras hechas de aire, fantasmas que la luz disipa, no son quimeras: son realidades que viven en el subsuelo psíquico y que la abstención alimenta y fortifica. Transformadas en monstruos por la imaginación, el deseo las desata. Cada una de las criaturas que pueblan el infierno de san Antonio es un emblema de una pasión reprimida. La negación de la vida se resuelve en violencia. La abstención no nos libra del tiempo: lo transforma en agresión psíquica, contra los otros y contra nosotros mismos.

No hay remedio contra el tiempo. O, al menos, no lo conocemos. Pero hay que confiarse a la corriente temporal, hay que vivir. El cuerpo envejece porque es tiempo como todo lo que existe sobre esta tierra. No se me oculta que hemos logrado prolongar la vida y la juventud. Para Balzac la edad crítica de la mujer comenzaba a los treinta años; ahora a los cincuenta. Muchos científicos piensan que en un futuro más o menos próximo será posible evitar los achaques de la vejez. Estas predicciones optimistas contrastan con lo que sabemos y vemos todos los días: la miseria aumenta en más de la mitad del planeta, hay hambrunas e incluso en la antigua Unión Soviética, en los últimos años del régimen comunista, aumentó la tasa de la mortalidad infantil. (Esta es una de las causas que explican el desplome del Imperio soviético). Pero aun si se cumpliesen las previsiones de los optimistas, seguiríamos siendo súbditos del tiempo. Somos tiempo y no podemos sustraernos a su dominio. Podemos transfigurarlo, no negarlo ni destruirlo. Esto es lo que han hecho los grandes artistas, los poetas, los filósofos, los científicos y algunos hombres de acción. El amor también es una respuesta: por ser tiempo y estar hecho de tiempo, el amor es, simultáneamente, conciencia de la muerte y tentativa por hacer del instante una eternidad. Todos los amores son desdichados porque todos están hechos de tiempo, todos son el nudo frágil de dos criaturas temporales que saben que van a morir; en todos los amores, aun en los más trágicos, hay un instante de dicha que no es exagerado llamar sobrehumana: es una victoria contra el tiempo, un vislumbrar el otro lado, ese allá que es un aquí, en donde nada cambia y todo lo que es realmente *es*.

La juventud es el tiempo del amor. Sin embargo, hay jóvenes viejos incapaces de amor, no por impotencia sexual sino por sequedad de alma; también hay viejos jóvenes enamorados: unos son ridículos, otros patéticos y otros más sublimes. Pero ¿podemos amar a un cuerpo envejecido o desfigurado por la enfermedad? Es muy difícil, aunque no enteramente imposible. Recuérdese que el erotismo es singular y no desdeña ninguna anomalía. ¿No hay monstruos hermosos? Además, es claro que podemos seguir amando a una persona, a pesar de la erosión de la costumbre y la vida cotidiana o de los estragos de la vejez y la enfermedad. En esos casos, la atracción física cesa y el amor se transforma. En general se convierte no en piedad sino en compasión, en el sentido de compartir y participar en el sufrimiento de otro. Ya viejo, Unamuno decía: «No siento nada cuando rozo las piernas de mi mujer pero me duelen las mías si a ella le duelen las suyas». La palabra *pasión* significa sufri-

miento y, por extensión, designa también al sentimiento amo-
roso. El amor es sufrimiento, padecimiento, porque es carencia
y deseo de posesión de aquello que deseamos y no tenemos; a su
vez, es dicha porque es posesión, aunque instantánea y siempre
precaria. El *Diccionario de Autoridades* registra otra palabra hoy
en desuso pero empleada por Petrarca: *comphatía*. Deberíamos
reintroducirla en la lengua pues expresa con fuerza este senti-
miento de amor transfigurado por la vejez o la enfermedad del
ser amado.

Según la tradición, el amor es un compuesto indefinible de
alma y cuerpo; entre ellos, a la manera de un abanico, se des-
pliega una serie de sentimientos y emociones que van de la
sexualidad más directa a la veneración, de la ternura al erotismo.
Muchos de esos sentimientos son negativos: en el amor hay
rivalidad, despecho, miedo, celos y finalmente odio. Ya lo dijo
Catulo: el odio es indistinguible del amor. Esos afectos y esos
resentimientos, simpatías y antipatías, se mezclan en todas
las relaciones amorosas y componen un licor único, distinto
en cada caso y que cambia de coloración, aroma y sabor según
cambian el tiempo, las circunstancias y los humores. Es un
filtro más poderoso que el de Tristán e Isolda. Da vida y muer-
te: todo depende de los amantes. Puede transformarse en pasión,
aborrecimiento, ternura y obsesión. A cierta edad, puede con-
vertirse en *comphatía*. ¿Cómo definir a este sentimiento? No es
un afecto de la cabeza ni del sexo sino del corazón. Es el fruto
último del amor, cuando se ha vencido a la costumbre, al tedio
y a esa tentación insidiosa que nos hace odiar todo aquello que
hemos amado.

El amor es intensidad y por esto es una distensión del tiem-
po: estira los minutos y los alarga como siglos. El tiempo, que
es medida isócrona, se vuelve discontinuo e inconmensurable.
Pero después de cada uno de esos instantes sin medida, volve-
mos al tiempo y a su horario: no podemos escapar de la sucesión.
El amor comienza con la mirada: miramos a la persona que
queremos y ella nos mira. ¿Qué vemos? Todo y nada. No por
mucho tiempo; al cabo de un momento, desviamos los ojos.

De otro modo, ya lo dije, nos petrificaríamos. En uno de sus
poemas más complejos, Donne se refiere a esta situación. Arro-
bados, los amantes se miran interminablemente:

> *Wee, like sepulchrall statues lay;*
> *All day, the same our postures were,*
> *And wee said nothing, all the day.*

Si se prolongase esta inmóvil beatitud, pereceríamos. Debemos
volver a nuestros cuerpos, la vida nos reclama:

> *Love mysteries in soules doe grow,*
> *But yet the body is his booke.*

Tenemos que mirar, juntos, al mundo que nos rodea. Tene-
mos que ir más allá, al encuentro de lo desconocido.

Si el amor es tiempo, no puede ser eterno. Está condenado
a extinguirse o a transformarse en otro sentimiento. La histo-
ria de Filemón y Baucis, contada por Ovidio en el libro VIII
de *Las metamorfosis*, es un ejemplo encantador. Júpiter y Mer-
curio recorren Frigia pero no encuentran hospitalidad en nin-
guna de las casas adonde piden albergue, hasta que llegan a la
choza del viejo, pobre y piadoso Filemón y de su anciana es-
posa, Baucis. La pareja los acoge con generosidad, les ofrece
un lecho rústico de algas y una cena frugal, rociada con un vino
nuevo que beben en vasos de madera. Poco a poco los viejos
descubren la naturaleza divina de sus huéspedes y se prosternan
ante ellos. Los dioses revelan su identidad y ordenan a la pa-
reja que suba con ellos a la colina. Entonces, con un signo,
hacen que las aguas cubran la tierra de los frigios impíos y
convierten en pantano sus casas y sus campos. Desde lo alto,
Baucis y Filemón ven con miedo y lástima la destrucción de
sus vecinos; después, maravillados, presencian cómo su choza
se transforma en un templo de mármol y techo dorado. En-
tonces Júpiter les pide que digan su deseo. Filemón cruza unas
cuantas palabras con Baucis y ruega a los dioses que los dejen

ser, mientras duren sus vidas, guardianes y sacerdotes del santuario. Y añade: puesto que hemos vivido juntos desde nuestra juventud, queremos morir unidos y a la misma hora: «que yo no vea la pira de Baucis ni que ella me sepulte». Y así fue: muchos años guardaron el templo hasta que, gastados por el tiempo, Baucis vio a Filemón cubrirse de follajes y Filemón vio cómo el follaje cubría a Baucis. Juntos dijeron: «Adiós, esposo» y la corteza ocultó sus bocas. Filemón y Baucis se convirtieron en dos árboles: una encina y un tilo. No vencieron al tiempo, se abandonaron a su curso y así lo transformaron y se transformaron.

Filemón y Baucis no pidieron la inmortalidad ni quisieron ir más allá de la condición humana: la aceptaron, se sometieron al tiempo. La prodigiosa metamorfosis con la que los dioses —el tiempo— los premiaron fue un regreso: volvieron a la naturaleza para compartir con ella, y en ella, las sucesivas transformaciones de todo lo vivo. Así, su historia nos ofrece a nosotros, en este fin de siglo, otra lección. La creencia en la metamorfosis se fundó, en la Antigüedad, en la continua comunicación entre los tres mundos: el sobrenatural, el humano y el de la naturaleza. Ríos, árboles, colinas, bosques, mares, todo estaba animado, todo se comunicaba y todo se transformaba al comunicarse. El cristianismo desacralizó a la naturaleza y trazó una línea divisoria e infranqueable entre el mundo natural y el humano. Huyeron las ninfas, las náyades, los sátiros y los tritones o se convirtieron en ángeles o en demonios. La edad moderna acentuó el divorcio: en un extremo, la naturaleza y, en el otro, la cultura. Hoy, al finalizar la modernidad, redescubrimos que somos parte de la naturaleza. La tierra es un sistema de relaciones o, como decían los estoicos, una «conspiración de elementos», todos movidos por la simpatía universal. Nosotros somos partes, piezas vivas en ese sistema. La idea del parentesco de los hombres con el universo aparece en el origen de la concepción del amor. Es una creencia que comienza con los primeros poetas, baña a la poesía romántica y llega hasta nosotros. La semejanza, el parentesco entre la montaña y la mujer o entre el árbol y el hombre, son ejes del sentimiento amoroso. El amor puede ser ahora, como lo fue en el pasado, una vía de reconciliación con la naturaleza. No podemos cambiarnos en fuentes o encinas, en pájaros o en toros, pero podemos *reconocernos* en ellos.

No menos triste que ver envejecer y morir a la persona que amamos es descubrir que nos engaña o que ha dejado de quererernos. Sometido al tiempo, al cambio y a la muerte, el amor es víctima también de la costumbre y del cansancio. La convivencia diaria, si los enamorados carecen de imaginación, puede acabar con el amor más intenso. Poco podemos contra los infortunios que reserva el tiempo a cada hombre y a cada mujer. La vida es un continuo riesgo, vivir es exponerse. La abstención del ermitaño se resuelve en delirio solitario, la fuga de los amantes en muerte cruel. Otras pasiones pueden seducirnos y arrebatarnos. Unas superiores, como el amor a Dios, al saber o a una causa; otras bajas, como el amor al dinero o al poder. En ninguno de esos casos desaparece el riesgo inherente a la vida: el místico puede descubrir que corría detrás de una quimera, el saber no defiende al sabio de la decepción que es todo saber, el poder no salva al político de la traición del amigo. La gloria es una cifra equivocada con frecuencia y el olvido es más fuerte que todas las reputaciones. Las desdichas del amor son las desdichas de la vida.

A pesar de todos los males y todas las desgracias, siempre buscamos querer y ser queridos. El amor es lo más cercano, en esta tierra, a la beatitud de los bienaventurados. Las imágenes de la Edad de Oro y del paraíso terrenal se confunden con las del amor correspondido: la pareja en el seno de una naturaleza reconciliada. A través de más de dos milenios, lo mismo en Occidente que en Oriente, la imaginación ha creado parejas ideales de amantes que son la cristalización de nuestros deseos, sueños, temores y obsesiones. Casi siempre esas parejas son jóvenes: Dafnis y Cloe, Calixto y Melibea, Bao-yu y Dai-yu. Una de las excepciones es, precisamente, la de Filemón y Baucis. Emblemas del amor, esas parejas conocen una dicha so-

brehumana pero también un final trágico. La Antigüedad vio
en el amor un desvarío e incluso el mismo Ovidio, gran cantor
de los amoríos fáciles, dedicó un libro entero, las *Heroidas*, a las
desventuras del amor: separación, ausencia, engaño. Se trata de
veintiuna epístolas de mujeres célebres a los amantes y esposos
que las han abandonado, todos ellos héroes legendarios. Sin
embargo, para la Antigüedad el arquetipo fue juvenil y dicho-
so: Dafnis y Cloe, Eros y Psique. En cambio, la Edad Media se
inclina decididamente por el modelo trágico. El poema de Tristán
comienza así: «Señores, ¿les agradaría oír un hermoso cuento de
amor y de muerte? Se trata de la historia de Tristán y de Isolda,
la reina. Escuchad cómo, entre grandes alegrías y penas, se ama-
ron y murieron el mismo día, él por ella y ella por él...». Desde
el Renacimiento, nuestro arquetipo también es trágico: Calixto
y Melibea, pero, sobre todo y ante todo, *Romeo y Julieta*. Esta
última es la más triste de todas esas historias, pues los dos
mueren inocentes y víctimas no del destino sino de la casuali-
dad. Con Shakespeare el accidente destrona al Destino antiguo
y a la Providencia cristiana.

Hay una pareja que abarca a todas las parejas, de los viejos
Filemón y Baucis a los adolescentes Romeo y Julieta; su figura
y su historia son las de la condición humana en todos los tiem-
pos y lugares: Adán y Eva. Son la pareja primordial, la que
contiene a todas. Aunque es un mito judeocristiano, tiene
equivalentes o paralelos en los relatos de otras religiones. Adán
y Eva son el comienzo y el fin de cada pareja. Viven en el pa-
raíso, un lugar que no está más allá del tiempo sino en su
principio. El paraíso es lo que está *antes*; la historia es la degra-
dación del tiempo primordial, la caída del *eterno ahora* en la
sucesión. Antes de la historia, en el paraíso, la naturaleza era
inocente y cada criatura vivía en armonía con las otras, con ella
misma y con el todo. El pecado de Adán y Eva los arroja al
tiempo sucesivo: al cambio, al accidente, al trabajo y a la muer-
te. La naturaleza, corrompida, se divide y comienza la enemis-
tad entre las criaturas, la carnicería universal: todos contra
todos. Adán y Eva recorren este mundo duro y hostil, lo pueblan

con sus actos y sus sueños, lo humedecen con su llanto y con el sudor de su cuerpo. Conocen la gloria del hacer y del procrear, el trabajo que gasta el cuerpo, los años que nublan la vista y el espíritu, el horror del hijo que muere y del hijo que mata, comen el pan de la pena y beben el agua de la dicha. El tiempo los habita y el tiempo los deshabita. Cada pareja de amantes revive su historia, cada pareja sufre la nostalgia del paraíso, cada pareja tiene conciencia de la muerte y vive un continuo cuerpo a cuerpo con el tiempo sin cuerpo... Reinventar el amor es reinventar a la pareja original, a los desterrados del Edén, creadores de este mundo y de la historia.

El amor no vence a la muerte: es una apuesta contra el tiempo y sus accidentes. Por el amor vislumbramos, en esta vida, a la otra vida. No a la vida eterna sino, como he tratado de decirlo en algunos poemas, a la vivacidad pura. En un pasaje célebre, al hablar de la experiencia religiosa, Freud se refiere al «sentimiento oceánico», ese sentirse envuelto y mecido por la totalidad de la existencia. Es la dimensión pánica de los antiguos, el *furor* sagrado, el entusiasmo: recuperación de la totalidad y descubrimiento del yo como totalidad dentro del Gran Todo. Al nacer, fuimos arrancados de la totalidad; en el amor todos nos hemos sentido regresar a la totalidad original. Por esto, las imágenes poéticas transforman a la persona amada en naturaleza —montaña, agua, nube, estrella, selva, mar, ola— y, a su vez, la naturaleza habla como si fuese mujer. Reconciliación con la totalidad que es el mundo. También con los tres tiempos. El amor no es la eternidad; tampoco es el tiempo de los calendarios y los relojes, el tiempo sucesivo. El tiempo del amor no es grande ni chico: es la percepción instantánea de todos los tiempos en uno solo, de todas las vidas en un instante. No nos libra de la muerte pero nos hace verla a la cara. Ese instante es el reverso y el complemento del «sentimiento oceánico». No es el regreso a las aguas del origen sino la conquista de un estado que nos reconcilia con el exilio del paraíso. Somos el teatro del abrazo de los opuestos y de su disolución, resueltos en una sola nota que no es de afirmación ni de negación sino de aceptación. ¿Qué ve la pareja en el espacio de un parpadeo? La identidad de la aparición y la desaparición, la verdad del *cuerpo* y del *no-cuerpo*, la visión de la presencia que se disuelve en un esplendor: vivacidad pura, latido del tiempo.

México, a 1.º de mayo de 1993

La llama doble. Amor y erotismo se publicó en Barcelona, en Círculo de Lectores y en Seix Barral, 1993.

«La llama doble», en *OC*, vol. VI, pp. 859-1057.

POEMAS
(1989-1996)

ESTROFAS
PARA UN JARDÍN IMAGINARIO

Los ocho versos describen un jardín más bien rústico, pueblerino. Un pequeño recinto cerrado; muros y dos entradas (Revolución y Patriotismo). Además de las palmeras, que ya existen, deben plantarse buganvilias, heliotropos, un fresno y un pino. Asimismo, hay que instalar una pequeña fuente.

Este texto podría ir en una de las entradas del jardincillo, ya sea seguido, como una sola estrofa, en el dintel o en el frontón, ya sea dividido en dos cuartetos en cada una de las jambas:

Cuatro muros de adobe. Buganvillas.
En sus llamas pacíficas los ojos
se bañan. Pasa el viento entre alabanzas
de follajes y yerbas de rodillas.

El heliotropo con morados pasos
cruza envuelto en su aroma. Hay una profeta:
el fresno —y un meditabundo: el pino.
El jardín es pequeño, el cielo inmenso.

*Estos cuatro versos podrían ir en la otra entrada, en el dintel o en
el frontón:*

> Rectángulo feliz: unas palmeras,
> surtidores de jade; fluye el tiempo,
> canta el agua, la piedra calla, el alma,
> suspensa en el instante, es una fuente.

*Este texto podría ir en el interior del jardín. Por ejemplo, en la
fuente. Pienso en un muro sobre el que cayese una cortina transparente
de agua que dejase leer los cuatro versos:*

> La lluvia, pie danzante y pelo suelto,
> el tobillo mordido por el rayo,
> desciende acompañada de tambores:
> abre el árbol los ojos, reverdece.

COLOFÓN

Escrito después de visitar el lugar:

> Populoso baldío, unas palmeras,
> plumeros desplumados, martilleo
> de motores, un muro carcelario,
> polvo y basura, patria de ninguno.

Escrito al recordar cierto jardín:

> Verdor sobreviviente en mis escombros,
> en mis ojos te miras y te tocas,
> te conoces en mí y en mí te piensas,
> en mí duras y en mí te desvaneces.

«Epitafio sobre ninguna piedra»:

Mixcoac fue mi pueblo: tres sílabas nocturnas,
un antifaz de sombra sobre un rostro solar.
Vino Nuestra Señora, la Tolvanera madre.
Vino y se lo comió. Yo andaba por el mundo.
Mi casa fueron mis palabras, mi tumba el aire:

Mayo de 1989

RESPIRO

No tiene cuerpo todavía
la despeinada primavera.
Invisible y palpable
salta por una esquina,
pasa, se desvanece,
toca mi frente: nadie.

Aire de primavera.
No se sabe por dónde
aparece y desaparece.
El sol abre los ojos:
acaba de cumplir
veinte años el mundo.

Late la luz tras la persiana.
Brotan retoños en mi pensamiento;
son aire más que hojas,
un aleteo apenas verde.
Giran por un instante y se disipan.
Pesa menos el tiempo.
                        Yo respiro.

LO MISMO

Al comenzar la mañana
en un mundo bien plantado
cada cosa es ella misma.

Quietud de la llamarada
de la rosa que se abre
entre los brazos del aire.

Y quietud de la paloma
llegada de no sé dónde,
plumas blancas y ojos rápidos.

Frente a frente, cerca y lejos,
la rosa que se despeina,
la paloma que se alisa.

El viento no tiene cuerpo
y traspasa los ramajes:
todo cambia y nada queda.

La rosa tiene dos alas
y anida en una cornisa
sobre el vértigo posada.

La paloma es flor y llama,
perfección que se deshoja
y en su aroma resucita.

Lo distinto es ya lo mismo.

Houston, a 10 de febrero de 1995

RESPUESTA Y RECONCILIACIÓN
Diálogo con Francisco de Quevedo

I

¡Ah de la vida! ¿Nadie me responde?
Rodaron sus palabras, relámpagos grabados
en años que eran rocas y hoy son niebla.
La vida no responde nunca.
No tiene orejas, no nos oye;
no nos habla, no tiene lengua.
No pasa ni se queda:
somos nosotros los que hablamos,
somos los que pasamos
mientras oímos de eco en eco y de año en año
rodar nuestras palabras por un túnel sin fin.

Lo que llamamos vida
en nosotros se oye, habla con nuestra lengua
y por nosotros sabe de sí misma.
Al retratarla, somos su espejo, la inventamos.
Invento de un invento: ella nos hizo
sin saber lo que hacía,
somos un acaso pensante.
Criatura de reflejos,
creada por nosotros al pensarla,
en ficticios abismos se despeña.
Profundidades, transparencias
donde flota o se hunde, no la vida: su idea.
Siempre está en otro lado y siempre es otra,
tiene mil cuerpos y ninguno,
jamás se mueve y nunca se detiene,
nace para morir y al morir nace.

¿La vida es inmortal? No le preguntes
pues ni siquiera sabe que es la vida.
Nosotros lo sabemos:
ella también ha de morir un día
y volverá al comienzo, la inercia del principio.
Fin del ayer, del hoy y del mañana,
disipación del tiempo
y de la nada, su reverso.
Después —¿habrá un después,
encenderá la chispa primigenia
la matriz de los mundos,
perpetuo recomienzo del girar insensato?
Nadie responde, nadie sabe.
Sabemos que vivir es desvivirse.

II

Violenta primavera, muchacha que despierta
en una cama verde guardada por espinas;
árbol del mediodía cargado de naranjas:
tus diminutos soles, frutos de lumbre fresca,
en cestas transparentes los recoge el verano;
el otoño es severo, su luz fría
afila su navaja contra los arces rojos;
eneros y febreros: sus barbas son de yelo
y sus ojos zafiros que el mes de abril licúa;
la ola que se alza, la ola que se tiende,
apariciones-desapariciones
en la carrera circular del año.

Todo lo que miramos, todo lo que olvidamos,
el arpa de la lluvia, la rúbrica del rayo,
el pensamiento rápido, reflejo vuelto pájaro,
las dudas del sendero entre meandros,

los aullidos del viento
taladrando la frente de los montes,
la luna de puntillas sobre el lago,
hálitos de jardines, palpitación nocturna,
en el quemado páramo campamento de estrellas,
combate de reflejos en la blanca salina,
la fuente y su monólogo,
el respirar pausado de la noche tendida
el río que la enlaza, bajo el lucero el pino
y sobre el mar las olas, estatuas instantáneas,
la manada de nubes que el viento pastorea
por valles soñolientos, los picos, los abismos,
tiempo hecho rocas, eras congeladas,
tiempo hacedor de rosas y plutonio,
tiempo que hace mientras se deshace.

La hormiga, el elefante, la araña y el cordero,
extraño mundo nuestro de criaturas terrestres
que nacen, comen, matan, duermen, juegan, copulan
y obscuramente saben que se mueren;
mundo nuestro del hombre, ajeno y prójimo,
el animal con ojos en las manos
que perfora el pasado y escudriña el futuro,
con sus historias y vicisitudes:
el éxtasis del santo, la argucia del malvado,
los amantes, sus júbilos, encuentros y discordias,
el insomnio del viejo contando sus errores,
el criminal y el justo: doble enigma,
el Padre de los pueblos, sus parques crematorios,
sus bosques de patíbulos y obeliscos de cráneos,
los victoriosos y los derrotados,
las largas agonías y el instante dichoso,
el constructor de casas y aquel que las destruye,
este papel que escribo letra a letra

y que recorres tú con ojos distraídos,
todos y todas, todo,
es hechura del tiempo que comienza y se acaba.

III

Del nacer al morir el tiempo nos encierra
entre sus muros intangibles.
Caemos con los siglos, los años, los minutos.
¿Solo es caída el tiempo, solo es muro?
Por un instante, a veces, vemos
—no con los ojos: con el pensamiento—
al tiempo reposar en una pausa.
El mundo se entreabre y vislumbramos
el reino inmaculado,
las formas puras, las presencias
inmóviles flotando
sobre la hora, río detenido:
la verdad, la hermosura, los números, la idea
—y la bondad, palabra desterrada
en nuestro siglo.
Instante sin duración ni peso,
instante fuera del instante:
el pensamiento ve, los ojos piensan.

Los triángulos, los cubos, la esfera, la pirámide
y las otras figuras de la geometría,
pensadas y trazadas por miradas mortales
pero que están allí desde antes del principio,
son, ya legible, el mundo, su secreta escritura,
la razón y el origen del girar de las cosas,
el eje de los cambios, fijeza sin sustento
que en sí misma reposa, realidad sin sombra.
El poema, la música, el teorema,

presencias impolutas nacidas del vacío,
edificios ingrávidos
sobre un abismo construidos:
en sus formas finitas caben los infinitos,
su oculta simetría rige también al caos.
Puesto que lo sabemos, no somos un acaso:
el azar, redimido, vuelve al orden.
Atado al suelo y a la hora,
éter ligero que no pesa,
soporta el pensamiento los mundos y su peso,
torbellinos de soles convertidos
en puñado de signos
sobre un papel cualquiera.
Enjambres giratorios
de transparentes evidencias
donde los ojos del entendimiento
beben un agua simple como el agua.
Rima consigo mismo el universo,
se desdobla y es dos y es muchos
sin dejar de ser uno.
El movimiento, río que recorre sin término,
con los ojos abiertos, los países del vértigo
—no hay arriba ni abajo, lo que está cerca es lejos—
a sí mismo regresa
                        —sin regresar, ya vuelto
surtidor de quietud.
Árbol de sangre, el hombre siente, piensa, florece
y da frutos insólitos: palabras.
Se enlazan lo sentido y lo pensado,
tocamos las ideas: son cuerpos y son números.

Y mientras digo lo que digo
caen vertiginosos, sin descanso,
el tiempo y el espacio. Caen en ellos mismos.

El hombre y la galaxia regresan al silencio.
¿Importa? Sí —pero no importa:
sabemos ya que es música el silencio
y somos un acorde del concierto.

México, a 20 de abril de 1996

«Poemas», en *OC*, vol. XII, pp. 211-228.

HORIZONTES DE OCTAVIO PAZ

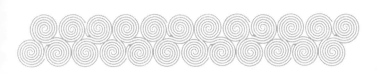

LUCE LÓPEZ-BARALT

LA ESCONDIDA SENDA: OCTAVIO PAZ
EN DIÁLOGO CON SAN JUAN DE LA CRUZ

... {leí} fervorosamente a san Juan de la Cruz.

OCTAVIO PAZ: prólogo a las *Obras completas*, vol. I, 1998a, p. 22

Fui testigo de primera mano de la sed de eternidad que tuvo Octavio Paz. Este anhelo de expresar el instante en cúspide ajeno al espacio-tiempo lo llevó a ensamblar una teoría poética y una poesía hermanada con el lenguaje balbuciente de los místicos. Coincidí con el maestro mexicano en Harvard, entre 1971 y 1972, en ocasión de sus «Charles Eliot Norton Lectures», que dictó mientras yo redactaba mi tesis sobre san Juan de la Cruz. Allí exploré la queja del santo ante el lenguaje, insuficiente para expresar el encuentro indecible con el Todo. Para comunicar su vivencia infinita, el poeta urde un lenguaje polivalente capaz de conciliar los contrarios, afín con el Cantar de los Cantares y con la poesía mística islámica, cuya opacidad onírica, capaz de una rica simultaneidad de sentidos, oblitera la razón y apunta a la experiencia abisal. Por más, el poeta, rompiendo con su tradición cristiana milenaria, reconcilia el amor humano con lo Sagrado. Aspiración mística, lenguaje en perpetua rotación, homologación del cuerpo y el alma, afinidad con el Oriente: Octavio se interesó vivamente en aquel estudio, pues las pulsiones artísticas del Reformador coincidían muy de cerca con las suyas.

De la mano del poeta místico compartido nos hicimos cómplices literarios. Recuerdo nuestras apasionadas conversaciones sobre el poeta de Fontiveros: Octavio, alborozado, llamaba urgentemente a Marie Jo para que accediera a la sorpresa de aquellos hallazgos pioneros. El maestro mexicano les dio primicia entusiasta en las páginas de *Vuelta* con una generosidad que aún me estremece. Por esos años Octavio y yo planeamos juntos muchas de las publicaciones sanjuanísticas en *Vuelta*. Agradezco al maestro, de otra parte, las reseñas de Juan Goytisolo y Severo Sarduy sobre mis estudios, que acogió en su revista, y los sabios consejos literarios y bibliográficos que me fue dando en sus cartas.

Querría homenajear aquí la antigua devoción de Octavio por el poeta místico español, que en más de un sentido fue su espejo. Deslumbrado ante san Juan, lo cita obsesivamente a lo largo de su obra, por lo menos sesenta veces. Sin embargo, tras revisar ese inmenso caudal de citas, advertí que el Nobel solía ser parco al dar cuenta precisa de la magnitud de su deuda con el santo. A menudo alude a aspectos generales de su obra: su tendencia a acentuar el endecasílabo en sexta sílaba, su encuentro con Garcilaso a través de Sebastián de Córdoba, entre otros consabidos. Pero aquí y allá deja entrever el impacto real que tuvieron sobre él los versos embriagados del Reformador: admite en el Prólogo a sus *Obras completas* que desde joven los «leía fervorosamente» y, en *El arco y la lira*, que su «fascinante hermosura» le había tendido un «infinito hechizo» [Paz, 1998a: 50 y 192]. Declara «obsesionante» el famoso verso del santo, «un no sé qué que quedan balbuciendo» [Paz, 1998a: 107]. También reconoce —y era de esperar— el «ardiente erotismo de san Juan de la Cruz» [Paz, 2003d: 454]. Pero al margen de estos homenajes rotundos, Paz no se detiene en las razones que detonaron su entusiasmo por san Juan.

Muchos estudiosos —Luis Gustavo Meléndez Guerrero, Joseph A. Feuste, Graciela Palau, José Luis Casas Sánchez, Leonardo Sancho, María M. Vázquez Vélez, Ovidio C. Fuente, Lloyd King, Zoila Nelken, entre otros— han destacado la deuda de Octavio Paz con el lenguaje de la mística. Así lo intuye Alberto Ruy Sánchez cuando observa que el mexicano asume la poesía como «la otra religión» [Ruy Sánchez, 2013: 132]. En una carta desde México de 1987, Octavio me pidió que reseñara al entonces desconocido escritor: «Un joven escritor mexicano, Alberto Ruy Sánchez, acaba de publicar un precioso relato (*Los nombres del aire*), con un tema islámico. Por recomendación de Severo [Sarduy] y mía te enviará pronto su libro. Estoy seguro de que te encantará. Sería espléndido que tú pudieses escribir un pequeño comentario para *Vuelta*». La obra, en efecto, me encantó; la reseñé con entusiasmo («El *Simurg* de Alberto Ruy Sánchez», *Vuelta*, año XII, n.º 135, febrero de 1988, pp. 58-60) y a partir de ahí nació una preciosa amistad con el autor, ahora convertido en un escritor célebre.

Jorge Machín Lucas, por su parte, compara su homenaje al silencio con el de José Ángel Valente y Antonio Gamoneda, afines al lenguaje sanjuanístico de la *Nada* y el *Vacío*. Pero pocos —salvo excepciones como la de Luis Gustavo Meléndez Guerrero (2021)—, se detienen en el intenso diálogo intertextual que el mexicano sostiene con san Juan de la Cruz.

El propio Octavio Paz nos ofrece, sin embargo, varias pistas decisivas sobre la huella de «Juan el santo» [Paz, 1999b: 240] sobre su pensamiento. Testimonia que su célebre ensayo de poética *El arco y la lira* (véase su "Advertencia a la primera edición" de 1955, en *Obras completas*, 1, p. 35), galardonado con el Premio Xavier Villaurrutia, había nacido de un breve escrito anterior, «Poesía de soledad y poesía de comunión» (1943), el único ensayo en el que el maestro dedica varias páginas de propósito a san Juan. Salió inicialmente en el número 5 de la revista *El Hijo Pródigo*, luego en el vol. XIII de las *Obras completas* (pp. 234-245). Va mi gratitud al amigo y maestro Adolfo Castañón, invariablemente generoso, no solo por la copia del texto, sino por su compañía solidaria durante la redacción de este trabajo. Cf. su homenaje al poeta en *Tránsito de Octavio Paz* (1999).

Allí lo asume como «poeta de comunión» frente a Quevedo, «poeta de la soledad», y se hermana con el fenómeno místico, advirtiendo, sin embargo, que la mística es «una inmersión en lo absoluto» frente a la poesía, que entiende como «una expresión de lo absoluto» [Paz, 1999b: 237]. Asocia el éxtasis místico con el erótico, pues ambos rozan la vivencia del Todo: vida y muerte pactan y los contrarios se reconcilian en unos labios que se funden. El poeta admite que esa anhelada armonización de los opuestos se «da plenamente en san Juan de la Cruz» [Paz, 1999b: 240]. Pero no explica cómo. El lector esperaría que explorara el poema «Noche», donde san Juan celebra precisamente la reconciliación de los distintos registros del amor, pero Octavio se limita a citar los versos de cierre, «Cesó todo y dejéme...» [Paz, 1999b: 238] —como si se explicaran por sí mismos—, y se detiene, en cambio, en la «Fonte», un poema menor del santo. Acaso lo avasallan los enigmas juancrucianos, tan hermanados con su propia poética, pues admite que la «plenitud del vértigo» [Paz, 1999b: 241] que le suscita la «Noche» es tal que el comentario que el autor le adjunta «no [le] sirve para comprender» su misterio. Mal podría entonces Paz acometer él la glosa del poema.

El artículo pionero de talante místico que vengo comentando asedia los misterios de san Juan porque nace precisamente de la celebración del Centenario de su nacimiento. Muy joven aún, e insatisfecho ante la «poesía pura» y la «poesía revolucionaria» en boga por aquel entonces, Paz participa en la celebración del Centenario en 1942, y asegura que esta conmemoración detonó su reflexión sobre lo que habría de ser en adelante su poesía. San Juan está pues, por admisión propia del maestro, en el centro mismo de su gestación como poeta y como teórico de la literatura. Pero hay más, ya que el centenario de san Juan provocó aun otras reflexiones adicionales de Octavio Paz en torno al poeta de Fontiveros. En 1943, José Bergamín organiza un coloquio como colofón al ciclo de las conferencias conmemorativas del centenario e invitó al joven Octavio a participar.

Ya aludí a mi complicidad sanjuanística con el poeta mexicano. Cuando publicó en *Vuelta* mi ensayo «Huellas del islam en san Juan de la Cruz: en torno a la "Llama de amor viva" y la espiritualidad musulmana israquí» (*Vuelta*, n.º 45, agosto de 1980, pp. 4-11) decidió adjuntar, como «contrapunto», justamente el antiguo conversatorio que se organizó para comentar las aludidas conferencias del Centenario, que *El Hijo Pródigo* había publicado en versión taquigráfica en 1943. Paz rescata este antiguo foro en el que participaron, entre otros, Bergamín, Vasconcelos, Gaos y él mismo, titulándolo ahora «Misticismo y filosofía» [Paz, 1980: 12-17]. Es curioso que el joven Octavio se distancie de sus contertulianos al privilegiar el enfoque místico sobre el filosófico. Al hacerlo, vuelve a ofrecer claves cruciales de lo que sería su pensamiento literario posterior, trenzado con el lenguaje de los místicos. Afirma que tanto la poesía como la mística son una tentativa de reunirse con algo «más vasto y pleno» [Paz, 1980: 16], y que ambas no intentan «convencer» sino «contagiar» [Paz, 1980: 17]. La poesía le «resulta plegaria», sin más. Octavio habla con conocimiento de causa, y explica a sus contertulios —de seguro asombrados ante sus osadías— que «la relación entre el místico y Dios es una relación erótica, privada, personal, y no una relación con entidades abstractas» [Paz, 1980: 14]. Cuerpo y alma reconciliados, pulsión por lo Absoluto: el maestro nunca habría de aban-

donar esas claves de su poética temprana nacidas al calor del
centenario del Reformador. Con todo, el Nobel no quedó
complacido con el antiguo conversatorio: «Al releerlo me di
cuenta, para mi confusión, que a ninguno de nosotros se nos
ocurrió —¿etnocentrismo arrogante o ignorancia no me-
nos arrogante?— aludir siquiera a la tradición mística
oriental» [Paz, 1980: 12]. Claro, aún no había vivido en la
India y era mucho pedir que asociara la mística de san Juan
con Oriente, que era precisamente lo que propuse en mi
ensayo sobre la «Llama de amor viva» que publicó junto a
la reedición de la charla colectiva. Octavio estaba descu-
briendo con entusiasmo que el poeta español estaba tan
«orientalizado» como él.

Importa, pues, explorar más de cerca el diálogo intertex-
tual que Octavio Paz sostiene con el discurso místico de san
Juan de la Cruz. Me centraré principalmente en su libro
teórico por excelencia, *El arco y la lira* (1956), un ensayo
estremecedor que por momentos resulta pura poesía. Am-
pliaría luego su libro con ensayos como «Los signos en rota-
ción» (1967). El autor lo habrá advertido, pues declara que
«las fronteras entre la prosa y la poesía son indecisas» [Paz,
1998a: 108]. Y es que la «prosa solar» (*ibid.*) de su estudio
se puede leer como un poema, tal como el propio mexicano
leyó *Alicia en el país de las maravillas* y *El jardín de los senderos
que se bifurcan*. Sobre *El arco y la lira*, puede verse el impor-
tante estudio de Anthony Stanton (2015). Otros estudiosos
han resaltado a su vez las cualidades poéticas del célebre
ensayo: Manuel Ángel Vázquez apunta [2014, p. 12] que «la
expresión crítica [de Paz] en algunos momentos nos acerca a
la pura fruición estética», mientras que Ruy Sánchez siente
que «las ideas se vuelven deslumbramientos, visiones, reve-
laciones» [Ruy Sánchez, 2013: 90]. Pero lo que nos interesa
aquí es que el vate mexicano retoma el hilo de sus reflexiones
previas y vuelve a ensamblar su poética con un discurso que
toma prestado a los místicos.

Y prestado también a la antigua mitología. María Vázquez-Vélez recuerda que para Paz «la poesía [es] el nuevo mito o religión del hombre moderno» [Vázquez Vélez, 1997: 100]. Los antiguos mitos se geminan, en efecto, con lo sagrado y con la religión. Pero Octavio no se queda ahí, pues se sirve también —y sobre todo— del lenguaje de la mística a la hora de urdir su poética y ensamblar su poesía. Andando el tiempo ilustraría sus teorías con altísimos poemas como «Piedra de sol» (1957) y «Blanco» (1967), poemas muy extensos carentes de trama lineal que el poeta entrevera de imágenes delirantes en un intento por abolir el espacio-tiempo. Los versos celebran a su vez las nupcias de los contrarios y homologan gozosamente la pulsión erótica con la vivencia ultraterrenal. ¿Cómo no recordar el «Cántico» y la «Noche» de san Juan de la Cruz? El vocabulario poético de Paz delata homenajes adicionales a san Juan: recordemos versos como «llamas rodeadas de leones» (*de cuevas de leones enlazados*); «viento sagrado cantando en el incendio» (*el ventalle de cedros aire daba*; *llama que consume y no da pena*); «agua que [...] mana toda la noche» (*fuente que mana y corre / aunque es de noche*); «sobre tus pechos verdes beatitud suficiente» (*En mi pecho florido* [...] *allí quedó dormido*), entre tantos otros.

Poeta sediento de Absoluto e hijo cronológico de la idea de la «muerte de Dios» de Nietzsche, Octavio Paz advierte en *Los hijos del limo* que, para tristeza de su siglo, el «altar se ha quedado vacío» [Paz, 1986: 81]. La poesía debería ayudar a compensar la incompleción del ser humano y llenar el tenebroso *black hole* existencial que ha dejado la religión [Vázquez Medel, 2014: 99]. De ahí que haya asociado una y otra vez el hecho poético con lo sagrado, con el mito pero, en especial, con el misticismo. En *El arco y la lira* asigna a la poesía sorprendentes cualidades religiosas: deber ser capaz *de cambiar al mundo*, de constituirse en un método de *liberación interior* y de servir como ruta para llegar *a la otra orilla*. *¿Será posible una comunión universal en la poesía?* [Paz, 1999b: 147], se pregunta también Octavio, que había asumido a san Juan precisamente como *poeta de comunión*. Tales son las tangencias de la poética paciana con la plegaria, que el vate mexicano podría ser calificado como «gramático místico», como llamó Robert Havard [1979: 135] a Pedro Salinas. En efecto: si el poeta hubiese puesto en mayúsculas el «tú» de la destinataria de *La voz a ti debida*, el poemario podría leerse en clave mística. Manuel Ángel Vázquez [2014: 27], por su parte, considera a Octavio como un «ascético laico del siglo XX». En el fondo, podríamos leerlo como a fray Luis de León, que sin ser místico —*no soy uno de ellos, con dolor lo confieso*— ha sido tenido por tal a la luz de su lenguaje contemplativo. Fray Luis confiesa esta nostálgica verdad en sus comentarios al Cantar de los Cantares.

Otro tanto Octavio Paz. Si prescindiéramos del contexto ensayístico teórico de la «Poesía de soledad» y de *El arco y la lira* desde donde nos habla sobre el misterio de la poesía, parecería que se trata de un contemplativo explicando la experiencia del Todo. La poesía, continúa proponiendo el teórico, intenta expresar algo indecible, justamente como el éxtasis transformante. No es viable, en efecto, dejar dicho algo acerca del instante supremo en que el ser humano percibe, en un estado alterado de conciencia y más allá de las coordenadas de la razón, de los sentidos, del lenguaje y del espacio-tiempo, la unidad participante con el Amor infinito. Muchos místicos, como la madre Ana de Jesús, destinataria del «Cántico» de san Juan, han reverenciado con el silencio esta *cognitio Dei experimentalis* o experiencia fruitiva de Dios. Las palabras imprecisas con las que se ha abordado el éxtasis, que no es susceptible de verificación racional o científica, hablan por sí solas de la dificultad comunicativa que le es tan propia.

Paz sabe bien que la afasia de la poesía y del éxtasis se tocan, y, como adelanté, lo justifica con el verso de san Juan *un no sé qué que quedan balbuciendo*. Estamos *ante lo inefable expresándose inefablemente* [Paz, 1999b: 107]; ante el tartamudeo que acaece cuando el lenguaje se viene abajo ante aquello que lo sobrepasa. San Agustín admite que hablamos de Dios *non ut illud diceretur, sed ne taceretur* (*De Trin.* v, 9): «no por decirlo, sino por no callar»; mientras que Dante gime en el *Paradiso ¡O quanto è corto il dire!*. San Juan nos previene en contra de la tentación de encerrar la experiencia del Dios en imagen o en palabra: «Dios, siendo como es incogitable, no cabe en la imaginación» [Cruz, 2015: Ll III, 52], o bien «los que imaginan a Dios debajo de algunas figuras [...], como un gran fuego o resplandor, o otras cualesquiera formas [palacios de perlas y montes de oro], y piensan que algo de aquello será semejante a Él, harto lejos van dél» [Cruz, 2015: *Subida* II, 12, 4 y 5].

William James, uno de los máximos teóricos del fenómeno místico, postula en sus *Varieties of Religious Experience* que la primera característica del éxtasis es precisamente su *inefabilidad*: es indescriptible a quien no lo haya experimentado a su vez. Los teóricos más solventes del campo, como Evelyn Underhill y Juan Martín Velasco, aún se sirven de este estudio indispensable, editado en 1905, que ha estado en prensa más de un siglo. Etimológicamente, «místico» proviene de la voz griega *mystikos*, asociada con los misterios iniciáticos y con lo secreto. Deriva «del verbo *myo*, que significa la acción de cerrar la boca y los ojos» [Martín, 1999a: 9]. El místico es pues un enmudecido ante el portento.

El *éxtasis* implica a su vez una «salida» que coloca al sujeto fuera de las coordenadas de la conciencia normal. También lo sabe Octavio Paz y se apropia de esa verdad para su propia poética: estamos siempre «lanzados hacia "algo", hacia lo "otro"» [Paz, 1998a: 82]. En «Piedra de sol» celebra esta salida: *rompen amarras el cuerpo, zarpa el alma*. Para Paz la poesía es la ruta para llegar a la otra orilla, «como el viaje del Buda a la iluminación» [Vázquez Vélez, 1997: 102]. Poesía y éxtasis van una vez más de la mano en la obra paciana:

ambas constituyen nada menos que una *peregrinatio* sagrada hacia el Todo.

La segunda característica que postula William James para el fenómeno místico es su calidad noética, es decir, su capacidad de aprehensión directa de los misterios de Dios. El místico se sume en un estado cognoscitivo que le permite aprehender directamente grandes verdades trascendentes. Pero estas verdades no están sujetas al discurrir racional, que sobrepasan del todo. Paz invoca la misma cualidad para el hecho poético: se trata de una «revelación»: «Y aunque hayamos olvidado aquellas palabras [...], guardamos viva aun la sensación de unos minutos de tal modo plenos que fueron tiempo desbordado, [...] inmersión en las aguas originales de la existencia» [Paz, 1998a: 52]. Al místico le es dado experimentar fruitivamente la urdimbre última del universo, que no es susceptible de explicaciones teológicas reduccionistas. Ni el poeta ni el místico pueden dar cuenta precisa de la revelación recibida, como propone Octavio: «el grito [...] señala al objeto: lo señala pero lo encubre: dice ahí está, pero no dice qué o quién es [...] El poema [...] será la revelación de aquello que la exclamación señala sin nombrar. Digo revelación y no explicación» [Paz, 1998a: 72]. El poeta es pues un *poseído*, «a través de cuya boca [habla] la divinidad» [Paz, 1998a: 168].

El trance místico resulta, una vez más, según William James, *efímero*: suele durar unos breves momentos. En un fogonazo súbito, al contemplativo se le abren de par en par las puertas del Misterio. El teórico mexicano asocia de nuevo ese instante en cúspide con el hecho poético: «Hay un momento en el que todo pacta. Los contrarios no desaparecen, pero se funden por un instante. [...] Sin dejar de fluir, el tiempo se detiene, colmado de sí» [Paz, 1998a: 50-51]. Tan caro es al poeta ese instante que «arde», que intenta re-crearlo en sus citados poemas «Piedra de sol» y «Blanco»: *piso mi sombra en busca de un instante* («Piedra», sp), hasta llegar al *centro de la incandescencia*. En «Piedra de sol» Paz se hace eco del magistral *Espacio* en el que Juan Ramón Jiménez rompe con el espacio/tiempo: «no hay tiempo ya, ni muro —espacio, espacio, / abre la mano, coge esta riqueza...». Como Propone María M. Vázquez Vélez [1997: 104], la estructura del poema es a manera de esfera «que se cierra sobre sí misma en un universo auto-suficiente». Los contrarios —el árbol de la vida, el río que se curva— se unen y se desunen en un esfuerzo por alcanzar la comunión total en un momento en cúspide ajeno al tiempo.

Mercedes López-Baralt (2005), por su parte, experta en los mitos prehispánicos, estudia con minucia la eterna rotación de los días en la piedra calendárica azteca en la que se fundamenta el poema, que comienza y culmina con unos mismos versos que se muerden la cola y que apuntan a una circularidad incesante. La simbólica rueda giratoria del mito abole la temporalidad lineal: el poeta celebra gozoso cómo el tiempo *cierra su abanico*. En «Blanco» atestiguamos otra vez lo anunciado en «Piedra de sol»: *el parpadeo que nos hace el tiempo en el momento de su desaparición*. Paz disuelve no solo las coordenadas del tiempo sino las del espacio, que colapsan en un inaudito instante *blanco*. Para dar la ilusión de abolir la espacialidad, el poema «Blanco» consta en «una única hoja [que] se va extendiendo y al desdoblarse va, en cierta manera, produciendo el texto porque el espacio mismo se vuelve texto [...] Tres columnas paralelas con diferentes tipos de letra ofrecen por lo menos seis combinaciones o posibilidades de lectura» [Ruy Sánchez, 2013: 111]. Octavio llevó a cabo un experimento semejante en sus «Discos visuales» (1968) de cartulina, cuyos orificios dejan al descubierto versos sueltos. El lector gira los discos caleidoscópicos y va «construyendo» poemas distintos a partir de las nuevas combinaciones de versos. Octavio se desafilió de sus experimentos con los discos visuales, al menos en privado. Lo habían imitado poetas como Eliane Zagury del Brasil y William Ferguson de Estados Unidos. Aún recuerdo cuando Octavio le dijo al joven Ferguson en Cambridge: «se aburrirá de ellos». Me pregunto si esa curiosa *ars combinatoria* paciana no delata otra lectura atenta a las distintas versiones del «Cántico espiritual», un poema aleatorio carente de trama, como el epitalamio bíblico. El Reformador hace algo inusitado para su época: descoloca el orden de las estrofas del «Cántico A» en el nuevo «Cántico B», creando así un poema distinto. El lector queda libre para elegir su combinación favorita de estrofas y, por ende, arma su propio «Cántico». Octavio advertiría lo innovador de este «experimento» combinatorio, que borra el tiempo y el espacio poéticos de un plumazo.

El vate mexicano y san Juan vuelven a coincidir cuando intentan expresar el instante abisal como una transparencia radiante. En el poema «Blanco» esa transparencia es un vacío que contiene todos los colores, donde las palabras se dejan caer en el fondo blanco, «el no-lugar del silencio primigenio» [Meléndez Guerrero, 2021: 586]. Todo apunta al instante máximo de quien ha rozado la Trascendencia. También la protagonista de la «Noche» sanjuanística se deja caer en un vacío *blanco*: «quedéme y olvidéme / el rostro recliné sobre el Amado / cesó todo y dejéme / dejando mi cuidado / entre las azucenas olvidado». Dibujando un curioso escorzo físico, la Amada se entrega entre las azucenas *blancas*. En el sufismo constituyen la flor emblemática del dejamiento último en Dios, que celebran con las lenguas enmudecidas de sus pétalos *blancos*.

Octavio insiste en el símil de la transparencia sobrenatural al final de «Blanco»: «la puerta de salida [...] corresponde al espacio blanco, donde se han fundido todos los colores» [Meléndez Guerrero, 2021: 589]. Ya sabemos que, a la usanza de san Juan, el mexicano glosa sus poemas, excesivamente crípticos para la mayoría de los lectores. Aunque esta blancura radiante que funde todos los colores del prisma constituye un conocido símbolo oriental, Paz vuelve a coincidir al detalle con el santo; ahora, con sus «Propiedades del pájaro solitario». El tratado original sobre esta extraña ave simbólica, de raigambre sufí, se ha perdido, pero contamos con textos abreviados sobre el tema (cf. López-Baralt, 1984). Juan Goytisolo escribió su novela *Las virtudes del pájaro solitario* precisamente en homenaje al pájaro sanjuanístico.

San Juan propone allí que su ave mística tiene todos los colores y a la vez «no tiene determinado color», porque representa al alma en libertad, ya desasida de lo creado. Meléndez Guerrero [2021: 595] ha visto que el «Blanco» paciano es precisamente una «aventura hacia la liberación» porque constituye una «senda que nos conduce a lo abisal». Lo mismo podría haber afirmado san Juan de su enigmático pájaro místico. Justamente por su apego a esta mística del vacío el santo fue tildado como el «Doctor de las Nadas». Su vacuidad, que paradójicamente es plenitud total, recuerda la *sunyata* del filósofo hindú-catalán Raimon Panikkar, gran amigo de Octavio Paz durante sus años en la India (sobre todo en *El silencio del Buddha*, 1996). El Reformador advertía a Ana de Peñalosa, destinataria de la «Llama de amor viva»: «Nada, nada, nada, nada...», lección que inscribió en verso en su grabado del *Monte Carmelo*: «Para venir a gustarlo todo, no quieras tener gusto en nada» [Meléndez Guerrero, 2021: 593].

Octavio Paz sigue asediando ese instante al blanco vivo a salvo del espacio-tiempo. En *El arco y la lira* explica que para conllevar al lector la noción del tiempo abolido la poesía se sirve sobre todo del ritmo. No se trata de la métrica, pues incluso la cadencia poética puede darse a base de las metáforas. El ritmo sí es esencial al poema, no así a la prosa. La poesía es danza, mito y ceremonia, «continuo manar, perpetuo ir más allá» [Paz, 1998a: 80]. Con esta temporalidad en danza que es un permanente trascenderse, el poeta triunfa sobre el tiempo lineal. Su temporalidad se torna arquetípica porque cuando el lector repite los versos, el pasado, reengendrándose a sí mismo, se convierte en presente. El tiempo

detenido remeda aquel instante a salvo del fluir temporal que
es el éxtasis místico. Paz respalda ahora su poética con la
mística oriental, recordándonos que los antiguos chinos «oían»
el universo como la cíclica combinación de dos ritmos: «Una
vez Yin —otra vez Yang: eso es el Tao» [Paz, 1998a: 81].
O la música de las esferas de Pitágoras. O el éxtasis.

Tan adepto era san Juan de la Cruz al ritmo acompasado
que una noche de Navidad arrancó a bailar de dicha con una
figura del Niño Dios en sus brazos. También sus versos y su
teología mística acceden al ritmo. Para conllevarnos el dina-
mismo intrínseco de la experiencia extática, el místico se
sirve del movimiento reiterado de las llamas crepitantes: «los
movimientos de estas llamas [...] las hacen Dios y el alma
juntos» (LB: 3, 10, 74). El alma en Dios es danza rítmica y
acompasada. Incluso, «juegos y fiestas alegres» (LB: 3, 10,
76). San Juan advierte cautamente, sin embargo, que Dios
es de suyo inamovible pese a ese movimiento festivo que él
describe como propio del éxtasis místico: «porque, aunque
[...] Dios no se mueve realmente, al alma le parece que en
verdad se mueve» (cf. LB: 3, 1179-1181). Otro tanto Octavio
Paz en «Piedra de sol»: *arde el instante y son un solo rostro / los
sucesivos rostros de la llama*. Las llamas convierten en uno lo
que tocan: apuntan a la fusión en uno de la pareja amorosa y
por eso danzan jubilosas tanto en los versos de Octavio como
en los de san Juan.

Ya sabemos que el vate mexicano propone en *El arco y la
lira* que la poesía, como el ápice del alma, constituye el es-
pacio «donde los contrarios se funden» [Paz, 1998a: 126];
donde «la imagen abraza los contrarios sin aniquilarlos»
[Paz, 1998a: 107]. Al ser metamorfosis y cambio, la poesía,
asegura, colinda con la magia y la religión «y otras tentativas
para transformar al hombre [...] todo se comunica y se trans-
forma sin cesar...» [Paz, 1998a: 126]. El ser humano sale de
sí mismo, y se pierde en lo «otro». En su ensayo pionero
«Poesía de soledad...», Paz había adelantado el deseo de fu-

sión con la otredad que siempre implica la poesía: «[el hombre que] intenta abismarse en su objeto [de contemplación] no se propone saber nada; solo quiere un olvido de sí, un postrarse ante lo que ve, un fundirse, si es posible, en lo que ama» [Paz, 1999b: 235]. Notemos su cauto «si es posible». En *El arco y la lira* va más lejos y afirma rotundamente: «Ahí, en pleno salto, [...] suspendido en el abismo, entre el esto y el aquello, por un instante fulgurante es esto y aquello, lo que fue y lo que será, vida y muerte, en un serse que es un pleno ser [...]. El hombre ya es todo lo que querría ser: roca, mujer, ave, los otros hombres y los otros seres. Es imagen, nupcias de los contrarios, poema diciéndose a sí mismo [...] yo es tú. Y también él y nosotros y vosotros y esto y aquello» [Paz, 1998a: 184]. Esta sublime fusión de contrarios que Paz propone como teórico lo ilustra como poeta en «Piedra de sol»: *adonde yo soy tú somos nosotros, / el reino de pronombres enlazados* y vuelve sobre ello en «Blanco»: *No y sí juntos / Dos sílabas enamoradas*. Es obvio que va de la mano del «gramático místico» Pedro Salinas.

No hay quien tenga un anhelo más desgarrador de fusión con el Otro que el místico, solo que, contrario al poeta, logra vivir fruitivamente el cese de la dualidad y de la herejía de la separación. Todos los enamorados (y los místicos son enamorados en grado superlativo) reconocen que el norte último del amor es la fusión total con el objeto amado. Petrarca lo dejó dicho antes que san Juan de la Cruz: en la culminación última del amor, *l'amante ne l'amata si trasform(a)* (*Triumphus cupidinis* III, 151, 162). En la esfera de las nupcias físicas, la transformación en uno es imposible, porque la carne, como recuerdan Lucrecio y Marsilio Ficino, es separadora. Teóricos posteriores a William James, como Evelyn Underhill y Juan Martín Velasco, consideran que esta fusión en el Otro y consiguiente comunión con el universo constituye otra característica definitoria del fenómeno místico. La misma que Octavio asigna a sus versos.

Son muchos los místicos que han celebrado el misterio supremo en el que el Observado y el observador devienen lo mismo en unión participante. Plotino declara en sus *Enéadas* (VI, 7) que «el alma ve, de pronto, al Uno en sí mismo, pues nada hay que los separe, ni son ya dos, sino uno». Los Upanishad proponen que de la misma manera que los ríos se pierden en el mar, así el «conocedor [...] se pierde en la Persona Celestial». Hui-Neng secunda la idea en el siglo VIII: «nuestra propia naturaleza es el [...] Buda de la iluminación [...] Hemos de esforzarnos por alcanzar la budeidad de nuestra propia naturaleza y no buscarla fuera de nosotros mismos». Otro tanto el mandato agustiniano: *Noli foras ire, in te ipsum redi. In interiori homine habitat veritas* («No salgas fuera, regresa a ti. En el interior del hombre habita la verdad»). Los místicos han reinterpretado desde esta óptica unitiva la lección del Génesis 1:27: Dios hizo al hombre a su imagen y semejanza no porque Dios fuera antropomórfico, sino porque compartimos la Naturaleza divina.

Para ilustrar esa identidad compartida, el persa 'Attar acuñó en el siglo XII el símbolo del Simurg, que Borges reescribe con unción. El poeta de Nishapur cuenta en *La conferencia de los pájaros* cómo cientos de aves de brillante pluma deciden ir en busca de su Simurg o «Pájaro-Rey». Atraviesan geografías escarpadas y mares traicioneros a lo largo de miles de años de vuelo penosísimo, hasta que quedan reducidos a treinta aves. Al fin los treinta pájaros sobrevivientes logran acceso al palacio del Simurg y, en el instante mismo en el que se va a producir el encuentro, descubren la maravilla: ellos mismos eran el Simurg que con tanta pasión habían buscado. Es que en persa, Si-murg significa «Pájaro-Rey» pero también «treinta pájaros».

Los místicos cristianos evitan los extremos panteístas, y por eso san Juan glosa su osado «amada en el Amado transformada» explicando que el alma, aunque en efecto se «deifica» o «endiosa» (Ll: 1, 35), se convierte en Dios «por participación» (SII: 5, 7). Teilhard de Chardin reflexiona en *El medio divino* acerca de «la aspiración de todo místico: unirse (es decir, hacerse Otro) siendo uno mismo» [Chardin, 1959: 120). Ernesto Cardenal lo secunda: «No sabemos que en el centro de nuestro ser no somos nosotros sino Otro» [Cardenal, 1997: 41]. Meher Baba parafrasea la lección milenaria: «¡Lograr la unión es terriblemente difícil porque es imposible venir a ser lo que ya se es!» [Meher, 1989: 19].

Esta fusión con el Otro, inherente al éxtasis, implica un vertiginoso regreso a nuestra identidad, que es esencialmente infinita. Por eso la unión transformante constituye una vivencia ontológica suprema: al regresar a sí mismo, el místico descubre quién es realmente. Lo supo Octavio Paz. Desde tan temprano como sus *Primeras letras* (1931-1943) [Machín Lucas, 2014: 94 y ss.] intuye, como el místico sediento, que también el poeta está exilado de «un estado perdido»; de un incognoscible «primer día». Quiere «desnacer» para encontrar su verdadero «yo». En «Poesía de soledad» [Paz, 1999b: 235] afirmaba que ese peregrino, como otrora Dante, «tiene el presentimiento de la pura energía que mueve el universo». En *El arco y la lira* vuelve sobre esa «nostalgia de un estado anterior [...] ese estado de unidad primordial, del cual fuimos separados» [Paz, 1998a: 147]. De ahí el consuelo de la poesía, que en un *instante relampagueante* nos devuelve al «centro del círculo» («Piedra de sol»). El hombre encuentra en el poema lo que ya llevaba dentro: a sí mismo. Otro tanto el místico, que al descubrir su identidad infinita retorna a su perdida *Jerusalén celestial*.

Octavio Paz también entrevé, aunque *desde esta ladera*, la reconciliación con el universo que se da al momento de este supremo encuentro ontológico. Por eso exclama en «Carta de creencia»: *Amor: / reconciliación con el Gran todo / y con los otros* [Vázquez Medel, 2014: 20]. Parecería que alude al «espacio divino de la interconexión» que diría Ibn 'Arabi; es decir, a las nupcias de la tierra y el cielo en el hondón del ser durante el éxtasis. Al unirnos con el Uno nos geminamos gozosamente con la creación entera.

Octavio sigue a la zaga del ansiado instante fuera del espacio/tiempo y recurre también a imágenes visionarias inconexas y contradictorias que se suceden en vertiginoso caleidoscopio para darnos la ilusión de una vivencia que no termina nunca. Ahí está la letanía anhelante de «Piedra de sol»: *escritura de fuego sobre el jade,* / [...] / *columna de vapor, fuente en la peña,* / *circo lunar, peñasco de las águilas.* Aun más emocionante me parece el mantra verbal que define la poesía y que da comienzo a *El arco y la lira*: «La poesía revela este mundo; crea otro. Pan de los elegidos, alimento maldito. Aísla, une; invitación al viaje, regreso a la tierra natal [...] Plegaria al vacío, diálogo con la ausencia [...] Oración, letanía, epifanía, presencia» [Paz, 1998a: 41]. Paz hace escuela con las eclosiones verbales que Borges esgrime ante el prodigio que lo avasalla en «El Aleph» —*vi el populoso mar, vi el alba y la tarde, vi las muchedumbres de América*—. Otro tanto Pablo Neruda, afásico ante Machu Picchu: *águila sideral, viña de bruma. Bastión perdido, cimitarra ciega.* Estas imágenes inconexas de ritmo incantatorio funcionan a manera de ensalmo, pues el sortilegio que suscitan adormece la inteligencia consciente para que pueda operar libremente la intuición. Todas las religiones se han servido de estos mantras para aquietar la mente y potenciar el éxtasis: no otra cosa es la oración acompasada. San Juan de la Cruz lo sabía y se adelantó a Neruda, a Borges y, naturalmente, a Paz con la poderosa cadencia verbal con la que celebra la unión extática: *Mi Amado las montañas* / *los valles solitarios nemorosos* / *las ínsulas extrañas* / *los ríos sonorosos* / *el silbo de los aires amorosos.* Las imágenes inconexas se entrechocan y enlazan continuamente entre sí en jubilosa libertad: aspiran a decir el Todo, pero su lenguaje apofático niega toda significación racional. Como otrora el Reformador, Paz elimina la puntuación para dejar más libres los versos: «desnuda como la mente *brilla se mul-*

tiplica se niega / En la reverberación del deseo *renace se escapa se persigue*». Como antes san Juan, tampoco duda en romper el endecasílabo, dejando una oquedad espacial en la página que indica una inesperada relación de continuidad entre sus dos segmentos:

> *y llega siempre:*
>   *un caminar tranquilo*

El Reformador había roto espacialmente su endecasílabo por las mismas razones:

> *¡Apártalos, Amado,*
> *que voy de vuelo!*
>   *vuélvete paloma* [...]

La lección está dada, y es inmensa: Dios es inasible por el lenguaje. Otro tanto las vivencias abisales que celebra la poesía o el arte. No me cabe duda: Octavio haría una lectura cómplice de estas liras centelleantes con las que san Juan celebra la consagración del instante.

El poeta mexicano, auténtico devoto, como ya sabemos, de la anulación del tiempo, asocia estos relámpagos poéticos de eternidad con los Upanishad, que enseñan que «esta reconciliación es "ananda" o deleite con lo Uno» [Paz, 1998a: 24]. Vale recordar también su poética del eterno retorno, que el poeta ejemplifica con sus «signos en rotación», y con la idea del regreso *ad infinitum* —o *Vuelta*—, como tituló sus conjuntos poéticos y su célebre revista literaria. El ensayista admite en entrevista a Rita Guibert (1973) que la idea central de su obra es precisamente «abolir el tiempo lineal». Dicho en clave mística: acceder a la eternidad. Pero sabe que, aunque usurpe el lenguaje místico, no es un místico, sino un poeta. Por eso democratiza la vivencia del instante fulgúreo: «todos, alguna vez, hemos vislumbrado algo semejante [...].

No es necesario ser místico para rozar esa certidumbre» [Paz, 1998a: 24]. Aunque no lo llame por su nombre, el Nobel está refiriéndose al «síndrome de Stendhal» o «síndrome de Florencia». Se trata del paroxismo artístico (elevación del ritmo cardíaco, vértigo) que suscita la belleza extrema de una obra de arte o un paisaje. Stendhal experimentó esta exaltación estética repentina ante la Basílica de la Santa Cruz en Florencia y la describe en sus memorias, dando nombre al síndrome. Se trata de una vivencia universal, propia de cualquier ser humano sensible, semejante a la intuición del artista cuando accede a la gracia o del científico cuando exclama el legendario «¡eureka!». Son experiencias intuitivas que nos colocan en la antesala de conocimientos metafísicos más profundos.

Este paroxismo no es, sin embargo, la experiencia mística propiamente dicha, aunque el lenguaje que lo celebra pueda ser el mismo. Evelyn Underhill (1961) establece la diferencia entre quienes buscan, cada uno a su modo, la *Verdad* última: donde el filósofo argumenta y el artista intuye, el místico *experimenta*. Y este instante en cúspide al margen del espacio-tiempo que el místico saborea fruitivamente se hermana con el instante poético «colmado de sí» de Octavio Paz.

Cumple que volvamos a William James, que postula una cuarta característica para la experiencia mística: es *infusa* y *pasiva*: se puede ayudar a inducir por ejercicios de meditación pero es gratuita y deja al sujeto con un sentido de impotencia total, como si se encontrara ante un Poder frente al que no pudiera ejercer su voluntad. (En sus *Moradas*, santa Teresa dice sentirse arrebatada —como san Pablo— por una fuerza divinal contra la que no podía ni quería luchar). Cabe evocar a las antiguas musas, que dictaban la inspiración al vate, igualmente pasivo ante el misterio. Borges se queja de que estas musas se hayan convertido en el prosaico subconsciente de nuestra época moderna. Paz sabe bien de la inoperancia respetuosa propia del artista cuando brotan, incontenibles, los versos, tan afín a la sumisión del contemplativo ante la súbita irrupción de lo Invisible. De ahí que asocie la operación poética con el conjuro o el hechizo. El poeta, mago por excelencia, accede a la inspiración, «que requiere [...] un penoso esfuerzo de purificación [...] que le permite acordar su ritmo con el del cosmos». Esta «búsqueda» interior logra la «pasividad propicia a la aparición de las imágenes» [Paz, 1998a: 77]. Parecería que escuchamos a san Juan de la Cruz.

Hemos ido viendo cómo el Nobel mexicano ha ido haciéndose de un lenguaje dúctil y maleable para acercarse a lo sagrado y supra-temporal. Sabe bien que la prosa, por su carácter unívoco, es inútil para tal empresa. La poesía, sin embargo, es capaz de devolver al lenguaje su esencial polivalencia, pues la palabra, dentro del contexto poético, es «en sí misma, [...] pluralidad de sentidos [capaz] de significar dos o más cosas al mismo tiempo» [Paz, 1998a: 72]. Este lenguaje, potencialmente infinito, apunta al misterio de lo Absoluto, pues pone sordina a la razón humana y al espacio-tiempo. Hay cosas que no pueden decirse, «no por la secrecía del evento, sino por su intensidad, porque la riqueza de lo gustado rebasa la posibilidad de expresarlo con un lenguaje preciso» [Meléndez Guerrero, 2021: 589]. Paz ensancha entonces la capacidad significativa del lenguaje para acercarlo a la expresión de lo imposible y sus palabras, ávidas de polivalencia, se incendian gozosas.

Ese mismo camino lo había transitado antes san Juan de la Cruz, y Octavio lo habría advertido. Los versos surrealistas *avant la lettre* del santo, ajenos a toda ilación lógica y a menudo carentes, como las lenguas semíticas, del verbo *ser*, disuelven súbitamente los espacios y sus tiempos zigzagueantes son imposibles de circunscribir. Sobre esta aparente «modernidad», cf. Carlos Bousoño «San Juan de la Cruz, poeta *contemporáneo*» (1970). Las identidades fijas colapsan: la amada es morena como la Sulamita de los Cantares pero a la vez es una blanca *paloma*; el Amado es ciervo que vulnera y, a la vez, *ciervo vulnerado* y, tras el encuentro abisal, redime en sí mismo todas las identidades: *las montañas, los valles solitarios nemorosos, las ínsulas extrañas*. Versos así, que el propio santo llamó «dislates», requerirían explicación teológica y el santo la ofrece, como siglos más tarde haría Paz con sus propios poemas. Sorprendentemente, como el vate mexicano, el fraile propone que sus versos admiten distintos significados simultáneos. En sus glosas al «Cántico» explica que la voz *montes* significa tanto la «alteza de Dios» como las «virtudes» y «los vicios del alma». El poeta-teólogo parecería deleitarse con los opuestos, como si manejara una lengua semítica de raíces polivalentes: *vuélvete* significa «vete de aquí» y, a la vez, «regresa a mí». Como si fuera poco, san Juan pide al lector que añada más significados por su cuenta, creando así un lenguaje potencialmente infinito: el único adecuado para traducir la experiencia del Todo (cf. López-Baralt 1985 y 1980b y el prólogo a mi edición de las *Obras completas* del poeta, en colaboración con Eulogio Pacho, 2015). Al anular el lenguaje conceptual, el poeta comunica, como diría Henri Bergson, cosas para cuya expresión no estaba hecho el lenguaje.

Octavio Paz también entiende que el erotismo celebra las nupcias de los contrarios al ser cónsono con lo sagrado. En *La llama doble* reconoce que vuelve a hacer escuela con el misticismo español: «nuestra mística está impregnada de erotismo y nuestra poesía amorosa de religiosidad» [Machín Lucas, 2014: 91]. Su guía en el *mysterium coniunctionis* erótico-místico es, otra vez, san Juan de la Cruz: «Es imposible leer los poemas del místico español únicamente como textos eróticos o como textos religiosos. Son lo uno, lo otro y algo más» [Paz, 1996: 222]. A Manuel Ángel le parecen palmarios los paralelos entre el mexicano y el carmelita: «Juan de la Cruz es, en efecto, el modelo más alto que podemos proponer de esta conjunción entre poesía, mística y erotismo» [Vázquez Medel, 2014: 24]. Paz propone en «Blanco» que «la carne es gramática propicia que le permite "empalabrar" la experiencia indecible» [Meléndez Guerrero, 2021: 600], e insiste en «Piedra de sol»: «el amor no es erótico, ni espiritual, es ambos» [Vázquez Vélez, 1997: 106]. El amor siempre anhela la fusión de los contrarios, y Octavio anhela tocar la Trascendencia a través del contacto de los cuerpos. Los amantes *saltan el tiempo y son invulnerables* («Piedra de sol») y anulan la espacialidad: *Todo es ninguna parte / Lugar de las nupcias impalpables* («Lo idéntico»). Terminan, incluso, por anularse a sí mismos: «verdad es solo un cuerpo y alma, / oh ser total» («Piedra de sol»). Paz hubiese concurrido con el verso encendido de Jorge Guillén (ambos coincidieron en Cambridge entre 1971-1972): «Cuerpo es alma / y todo es boda».

Esta conciliación del cuerpo con la alta vida del alma se da con más comodidad en las religiones orientales que en el cristianismo. Paz apuesta otra vez al mundo *ultra auroram et Gangen* al hacerse eco del tantrismo, que hace dialogar lo fenoménico con lo espiritual. La frase sugerente pero inexacta es de Juvenal, y Borges retoma dicha versión, aun conociendo el original latino. Me pregunto si su identificación juvenil con san Juan lo familiarizaría con esta idea tan foránea al cristianismo, pues ya leía al poeta mucho antes de establecerse en India. Claro que san Juan aprendería la coextensividad del erotismo con la vida del alma en el Cantar de los Cantares, tan afín a los poemas erótico-místicos de sufíes como Ibn al-Arabi e Ibn al-Farid. San Juan presenta, en efecto, curiosos paralelos con la mística hindú, como han advertido Swami Siddheswarananda (1974), Denise Hanusek (1999), Rudolf D'Souza (1996) y Gloria Maité Hernández (2011 y 2021). Incluso yo misma publiqué, precisamente en Nueva Delhi (2011), un estudio en el que asociaba el erotismo sanjuanístico con la espiritualidad tántrica de la India. La lectura de *Conjunciones y disyunciones* nos deja ver cuánto sabía el maestro del tantrismo, que armoniza los elementos contrarios sin suprimirlos. En 1987, le envié a Octavio copia de una reseña periodística que dio cuenta de la primera vez que hablé en

Córdoba del manuscrito inédito morisco que luego publicaría bajo el título de *Un* Kama Sutra *español* (1992/2017). El poeta me comentó: «Me divirtió mucho la crónica cordobesa de tu descubrimiento del tratado erótico de un morisco español. Por la cita que hace el periodista de tu conferencia, el tratado me hace pensar, simultáneamente, en el *Kama Sutra* y en los *Tantras*. También en los textos chinos de erotología y en el misticismo sexual taoísta. Sobre esto me atrevo a sugerirte que le eches un vistazo a un librito mío: *Conjunciones y disyunciones*. ¿Por qué no nos envías tu ensayo, o una parte, para un número próximo de *Vuelta*? Te doy las gracias por anticipado» (fragmento de carta desde México del 7 de marzo de 1987). Me hizo gracia que el maestro aludiese a sus *Conjunciones*, que demuestran un conocimiento abismal de la erotología oriental, como «librito». Naturalmente, le envié mi ensayo «Un *Kama Sutra* español: el primer tratado erótico de nuestra lengua (ms. S-2 BRAH Madrid)», que apareció en *Vuelta* (año XV, n.º 171, febrero de 1991, pp. 14-22).

Otro tanto propone san Juan en la «Noche oscura»: la protagonista poética abraza lo fenoménico sin quemarse y lo simultanea con lo sagrado. Recordemos el poema: la enamorada sale en busca de su Amado y tras encontrarlo, este colapsa, dormido, sobre su *pecho florido*. ¿Han hecho el amor? Lo cierto es que, al dormir, el Amado queda al margen de las ardientes caricias que aún le ofrece la mujer. De repente ella siente que alguien la acaricia a su vez en la zona erógena del cuello, pero no es el Amado, que yace sobre su pecho, sino un enigmático «aire del almena». El «aire» es símbolo inmemorial para la alta noticia de Dios: es decir, el soplo creador, el logos, el *pneuma*, el Espíritu o *ruah*. Lo supo Octavio, que alude a su vez al logos como «viento» creador en *El arco y la lira* y, ya en «Blanco», lo asocia con las nupcias supraterrenales bajo el curioso neologismo de *areofanía*.

Volvamos a las caricias del poema sanjuanístico. Tan avasalladoras resultan que sacan de sí a la protagonista: *y todos mis sentidos suspendía.* Ha quedado traspuesta, al margen mismo de sus exacerbadas capacidades sensoriales; fuera del cuerpo en medio mismo de la celebración del cuerpo. Y se dispone entonces a acompañar al Amado en una fuga final de la carne: *Quedéme y olvidéme, / el rostro recliné sobre el Amado, / cesó todo y dejéme, / dejando mi cuidado / entre las azucenas olvidado.* Los enamorados terminan colapsando el uno sobre el otro más allá de todo reclamo físico: exactamente como los enamorados del poema «Blanco». Para apuntar simultáneamente al clímax erótico y anonadamiento abisal, el poeta mexicano acuña otro neologismo, *translumbramiento* [Meléndez Guerrero, 2021: 585]. Parecería que homenajea los neologismos de san Juan: ahí están sus *obumbraciones* («hacimientos de luz y sombras») y su *adamar* («amar con extremo»).

Tanto en «Blanco» como en la «Noche», los poetas no niegan el cuerpo, simplemente lo reconcilian con el alma, y con el alma en unión cósmica con el Todo. La pasión erótica ha trascendido la carne para instalarse en el espíritu: hemos ido del amor de los sentidos al amor más allá de los sentidos. El gozo físico y la espiritualidad que lo trasciende son milagrosamente simultáneos. «Todo es integrado, asumido, transfigurado. Nada se margina o se considera irredimible; el cuerpo [...] incluido»: la reflexión es de Raimon Panikkar, pero los versos de san Juan parecerían adelantarse a su visión armonizada del universo [Panikkar, 1999, p. 19]. Octavio Paz habría celebrado el aserto de su amigo filósofo, pues aplica al tantrismo, a san Juan y, sobre todo, a su propia poesía.

Todavía en sus últimos años Octavio Paz continúa dialogando con su poeta elegido. Agrupa unos sonetos bajo el título *Aunque es de noche*, apropiándose del estribillo de uno de los poemas del Reformador (cf. *Obras completas, 12*, pp. 122-124. Una vez más, mi conmovida gratitud a Adolfo Castañón, que me facilitó las copias de los sonetos). El emisor de los versos habla en medio de una depresión causada por la crueldad del hombre moderno. El mexicano, que comentaba al detalle sus poemas elegidos como su mentor «Juan el santo», confiesa que la lectura del primer volumen del *Archipiélago Gulag*, de Alexandr Solzhenitsyn, aparecido hacia 1973, detona sus sonetos nocturnos. El espanto de los campos de concentración rusos tenía ahora un rostro tangible.

Curiosamente, estos sonetos de «denuncia» histórica juegan con la riquísima polivalencia del vocablo místico *noche*, que el maestro mexicano hereda del poeta español. Paz mismo lo reconoce, y advierte en su comentario que la modalidad semántica de la *noche* que emplea en sus sonetos no es la de la «noche espiritual de la teología negativa», sino «la noche espesa y ruidosa de nuestro siglo». No apunta pues a la *noche dichosa, más clara que la luz del mediodía* que san Juan había celebrado en su poema nocturno. Allí la modalidad de la voz *noche* implicaba el gozoso *anochecimiento* de los sentidos, necesario para liberarnos del espacio-tiempo y acceder a la iluminación interior. Aunque Octavio no va ahora por esos caminos, sabe que san Juan también teorizó sobre esa otra *noche* lóbrega del sufrimiento humano, del vacío desgarrador y la desesperanza. Ducho en las «nupcias de los contrarios», el poeta-teólogo adjunta no uno, sino dos largos comentarios a su breve poema nocturno —la *Subida del Monte Carmelo* y la *Noche oscura*—, insuflando una polivalencia inusitada a la voz técnica *noche*. La nocturnidad espiritual no solo es sombra protectora que apaga los sentidos y precipita la gozosa huida del cuerpo, sino, simultáneamente, un hito desgarrador de duda y depresión del camino espiritual.

Octavio, como adelanté, elige esa segunda dimensión nocturna angustiada que san Juan ya había preludiado. La lectura del *Archipiélago Gulag* lo sume en *acidia*, confiesa, haciéndose eco de la voz que Petrarca esgrimió en su *Secretum* para lo que hoy llamamos «depresión». Su *noche*, como aquella otra terrible *noche* sanjuanística, es a un tiempo *sólida y vacía* —espesa y hueca— y sume al protagonista poético en una *nula noche mental*. De nuevo, la *Nada* del poeta abulense, pero ahora no entendida como vacío colmado de plenitud, sino como oquedad siniestra: Stalin, *mariscal sin cara*, no es sino un *servidor de la nada*. El *ojo capitula* ante la oscuridad, llevando al poeta a concluir que *siempre en la historia es noche y es deshora*.

And yet, and yet...: cabría preguntarse si, aun así, Octavio se hace eco inconfesado del verso completo bajo cuyo amparo escribe sus entristecidos sonetos: *Qué bien sé yo la fonte que mana y corre, / aunque es de noche*. El lector avisado suple el segmento henchido de dicha que el maestro calla pero que otorga una súbita polivalencia a sus sonetos. Acaso más allá del Gulag podría haber esperanza...

Cumple que recapitulemos. El poeta de Fontiveros, celebrado por Octavio Paz desde su primera juventud, parece haber polinizado decisivamente su obra, unas veces de manera explícita, otras de manera inconfesada. Pero es posible aquilatar la magnitud de esta deuda literaria, que ha alimentado la imaginación y consolado el anhelo de eternidad del vate mexicano. San Juan ha guiado sus versos hacia lo Absoluto, geminando gloriosamente el cuerpo y el alma en un discurso poético polivalente que supo celebrar con júbilo las nupcias de los contrarios. Cierto que san Juan fue un místico, y Octavio un «contemplativo» laico. Pero ambos fueron, ante todo, poetas. Poetas que sostuvieron un intensísimo diálogo intertextual cuya *escondida senda* he intentado recorrer con respetuoso fervor en estas páginas.

ROGER BARTRA

EL TERCER MÉXICO DE OCTAVIO PAZ

Con la publicación de *El laberinto de la soledad* (1950), Octavio Paz fue víctima de un efecto perverso: quedó atrapado en lo que yo llamo la jaula de la identidad del mexicano. Nada más lejos de las intenciones de Paz al escribir su libro. Desde el comienzo, y apoyado en el poeta Antonio Machado, anuncia que cree en la existencia de lo otro, de esa otredad que la metafísica ha querido aniquilar. Esa es la otredad que en su libro se propuso buscar, el otro México oculto. Paz no se propuso definir la identidad nacional ni quiso hacer una filosofía de lo mexicano. Sin embargo, su libro acabó formando parte del canon del carácter del mexicano, junto con Samuel Ramos, quien inició la consagración del mito de lo mexicano con su famoso libro *El perfil del hombre y la cultura en México* (1934). Yo mismo he pensado que el libro de Paz forma parte del canon establecido sobre la identidad nacional del mexicano. He bautizado irónicamente ese conjunto de ideas sobre la mexicanidad como el canon del axolote, como lo expliqué en *La jaula de la melancolía* (1987). Pero yo no decidí encajar a Octavio Paz en el canon del axolote, junto a Samuel Ramos, Rodolfo Usigli, Emilio Uranga, Jorge Portilla, Santiago Ramírez, Carlos Fuentes y muchos más. Ese canon se cristalizó en la cultura mexicana gracias a las innumerables discusiones sobre el carácter nacional en las que los participantes del debate fueron incluyendo a una serie de escritores y pensadores. El propio Paz contribuyó a ello.

Paz siempre afirmó que quiso hacer una crítica moral e histórica. Quiso hacer una crítica de las costumbres (*moeurs*). En una conversación con Claude Fell a propósito de su libro dijo claramente: «yo no quise hacer ni ontología ni filosofía del mexicano. Mi libro es un libro de crítica social, política y psicológica. Es un libro dentro de la tradición francesa del "moralismo"». Estaba convencido de que había «un México enterrado pero vivo» e intentó una descripción de ese mundo sepultado en los mexicanos. Yo diría que Paz fue como un arqueólogo freudiano que quiso excavar una realidad escondida y acaso dañina. Quiso explorar el carácter del mexicano a través de la historia de México. Partía de la idea de que la historia es un conocimiento que se sitúa entre la ciencia y la poesía.

Paz hablaba de una «psiquis mexicana» oculta y recubierta por la historia y la vida moderna. A los lectores de *El laberinto* les parecía que buscaba descifrar esa psiquis, ese carácter nacional mexicano que seguía presente, aunque enterrado. El mismo Samuel Ramos hizo una reseña del libro de Paz en cuanto se publicó, y en ella celebró su aparición como «uno de los intentos más logrados y serios para descifrar ciertas extrañas manifestaciones del alma mexicana» [Ramos, 1950]. Ramos escribe que Paz estudia algunas costumbres mexicanas para buscar «los rasgos característicos de nuestro espíritu» y que interpreta la historia para «trazar la caracterología del mexicano». Se percata de que Paz considera esos rasgos como una máscara «que en realidad esconde el verdadero carácter del mexicano». La publicación de *El laberinto* marginó y opacó con su brillantez el gris libro de Samuel Ramos. Pero, como si fuera una venganza, Ramos y sus seguidores encerraron el libro de Paz en el canon de la mexicanidad al que Paz se resistía a ser recluido. Los más sectarios y aguerridos llegaron a acusar a Paz de haber plagiado a Ramos. Por ejemplo, Emmanuel Carballo, conocido crítico literario, al reseñar la segunda edición corregida de 1959, insinuó que ninguneaba a los que antes habían abordado el tema de la identidad del mexicano, aludiendo a Ramos. Tachó la obra de «imprecisa, sinuosa, relampagueante y, tal vez, nociva». Carballo se declaraba «marxista ortodoxo» y acusaba a Paz de estar influido por Trotski. Se ve que en Carballo perduró una aversión por las críticas de la identidad nacional, pues muchos años después declaró enfáticamente que mi libro, *La jaula de la melancolía*, era «muy malo», lo que me hizo sonreír.

Al contestar la crítica de Carballo, Paz aprovechó para señalar cuáles habían sido sus intenciones: hacer «la descripción de un ritmo vital e histórico (la dialéctica de la soledad y la comunión) en un momento y en un pueblo». Aclara que quiso entender la historia de México y su relación con el mundo. Señala que está en contra de las ideas de Ramos y rechaza la posibilidad de una filosofía de lo mexicano. Él quiere una historia de México que desemboque en la Historia Universal (así, con mayúsculas). Decía que en la soledad anidaba la identidad, pero en la comunión se reconocía la otredad que había exaltado Antonio Machado. Christopher Domínguez ha dicho con razón que *El laberinto* «no dejaba de ser una caracterología del mexicano, por más que Paz intente separarse de los ontólogos y de los filósofos, de la mexicanosofía» [Domínguez, 2014: 328].

Hay que señalar que *El laberinto* contiene muchas reflexiones que orientan al lector hacia la identidad nacional y la definición de un carácter propiamente mexicano. El mismo Paz propició que su libro fuese considerado como una aportación intelectual a la definición de la mexicanidad. Tras percatarse de esta situación, Paz solía insistir en que a él le había interesado la historia y no la ontología. En otro ensayo en que se propuso ampliar y completar las ideas expresadas en *El laberinto*, Paz fue muy enfático al señalar que su libro era

algo muy diferente a un ensayo sobre la filosofía de lo mexica-
no, o a una búsqueda de un pretendido ser del mexicano. En
Posdata (1970) afirmó con contundencia: «El mexicano no es
una esencia sino una historia». Observó que el «carácter na-
cional» era como una máscara y que a él lo que le interesaba
era lo que ocultaba esa máscara.

   Posdata es uno de sus libros menos logrados y en el que
enfatiza la importancia de la historia. En cierto sentido, es
una fe de erratas; busca completar lo que no dijo en *El labe-
rinto* y corregir la idea de que se le podía colocar en la fila de
las obras escritas para ilustrar, describir y analizar el carácter
del mexicano. No quiso formar parte de las huestes de mexi-
canólogos que querían descifrar el ser nacional. Aborda lo
que llama la historia de los dos Méxicos, el atrasado y el
moderno. Pero advierte que hay otro México, un tercer Mé-
xico, que es una realidad gaseosa de creencias, imágenes y
conceptos que la historia ha depositado «en el subsuelo de la
psiquis social». Esa cueva es como el subconsciente indivi-
dual del que habló Freud o como la ideología social que
describió Marx. Se refería Paz a «la existencia en cada civili-
zación de ciertos complejos, presuposiciones y estructuras
mentales generalmente inconscientes y que resisten con ter-
quedad a la erosión de la historia y a sus cambios». En ese
subsuelo cavernoso, lleno de fermentaciones oníricas nebu-
losas, se encontraba el otro México, esa tercera realidad que
Paz trataba de explicar. Esa otredad era constituyente; era la
máscara ilusoria y también el rostro real del país. Ese otro
México es el que brotó el 2 de octubre de 1968, un acto ri-
tual, un sacrificio. A partir de estas ideas, Paz se zambulle en
la historia prehispánica mesoamericana, y especialmente
en la antigua cultura azteca, en busca de lo que llama «el arque-
tipo de México». Es el «modelo azteca» que continúa des-
pués de la Conquista gracias al poder colonial español y que
llega hasta nuestros días. Paz termina *Posdata* haciendo un
llamado a la crítica, a oponernos críticamente a esos ídolos

que aún viven dentro de nosotros. Esta es la crítica moral e histórica que, afirma, quiso hacer en *El laberinto de la soledad*. Lo que hizo en *Posdata* fue, como dice Christopher Domínguez, «volver responsabilidad colectiva lo que después comenzó a conocerse como «crimen de Estado», lo que le fue reprochado por muchos [Domínguez, 2014: 326].

El laberinto está sembrado de ideas que remiten a una ontología, aunque Paz lo haya negado. Afirmó que el mexicano no desea ser ni indio ni español, niega ese origen y no quiere afirmarse como mestizo. Reniega de su hibridismo y por ello acaba el mexicano entrando solo en la historia. El resultado es que se «vuelve hijo de la nada», una especie de fantasma que se le aparece al poeta «como un ser que se encierra y se preserva: máscara el rostro y máscara la sonrisa». El mexicano no es mestizo, no tiene padres indios ni españoles: ¿qué es? La respuesta es contundente: ser hijo de la nada es ser hijo de la chingada. Y esta palabra que está tan desgastada acaba siendo algo hueco: «No quiere decir nada. Es la Nada». Ese ser espectral habita en un tercer México, una región que hunde sus raíces en un subterráneo psíquico del país.

Paz creía vivir en ese tercer México, extraño y contradictorio, que no solo se manifestó en 1968 con la represión cruel al movimiento estudiantil, sino que de alguna manera caracterizó al régimen que había surgido de la Revolución mexicana. Cuando Paz abandonó las posturas dogmáticas que lo habían llevado a España durante la guerra civil, se sumergió en el nacionalismo revolucionario mexicano, sin dejar de observar y criticar sus contradicciones y anomalías. Ese era el tercer México, el de los ídolos aztecas, la cultura colonial española y las revoluciones. Paz criticó al Estado posrevolucionario mexicano, pero también fue su servidor. Le sucedió lo mismo que con la identidad nacional que había criticado con gran inteligencia: quedó atrapado en ella. Su libro, *El laberinto*, fue una aguda crítica moral, pero al mismo tiempo contribuyó a consolidar el culto a la revolución que, como señaló, carecía de ideología pero había surgido de ese tercer México y logrado construir una sólida base cultural e institucional. Paz nunca escapó de esa institucionalización del nacionalismo revolucionario, aunque fue uno de sus críticos más lúcidos. Quiso en ciertos momentos escapar del Estado revolucionario, pero no lo logró.

Hay muchos ejemplos de escritores y pensadores revolucionarios que en el siglo XX lograron una transición o una conversión hacia una nueva condición, sea liberal, utópica, posmoderna, religiosa o libertaria. La presencia o ausencia de este proceso de transición ha sido ampliamente discutida e investigada, especialmente en Europa. Se ha examinado largamente la vida y la obra de intelectuales como André Gide, Arthur Koestler, Jean-Paul Sartre, Jorge Semprún, Ignazio Silone y muchos otros. ¿Qué sucede en el espíritu de una persona que abandona alguno de los grandes mitos del siglo XX ligados a la redención, como el comunismo, el marxismo, la revolución, la liberación nacional o el hombre nuevo? Esta conversión ocurre generalmente en los momentos en que la tensión o la crisis política motivan a muchos intelectuales a meditar sobre su responsabilidad y su participación en los flujos políticos y sociales. El historiador Enrique Krauze se ha propuesto reflexionar sobre este tema, abordando la trayectoria de Octavio Paz, con quien colaboró amistosa y estrechamente y al que conoció muy bien. Lo hace en un excelente libro, *Redentores* [Krauze, 2011], donde además examina algunos de estos procesos de conversión o transición en otros intelectuales. Le interesa observar el tránsito entre el comunismo y el liberalismo. ¿Cómo se pasa de la redención a la democracia? ¿Cómo se renuncia a la revolución para abrazar el liberalismo? ¿Qué es lo que detona el desencanto? La interpretación de Krauze me servirá como punto de apoyo para reflexionar sobre las dificultades de Paz para lograr una completa transición al liberalismo [Bartra, 2012].

Octavio Paz sufrió una lenta conversión que lo alejó de sus convicciones radicales juveniles. Podemos observar otros dos casos paralelos, en los que encontramos el ejemplo paradigmático de una transformación casi perfecta (Mario Vargas Llosa) y la situación de un escritor que tercamente se negó a abandonar su castrismo (Gabriel García Márquez). La vida de Octavio Paz no se deja reducir a ninguno de estos dos extremos y Enrique Krauze se propuso investigar los laberínticos vínculos de Paz con la Revolución. El resultado de esta exploración es una de las más agudas críticas que se hayan hecho al pensamiento político de Paz; una crítica, sin embargo, atenuada por la gran admiración que siente Krauze por el poeta. Para Krauze, Octavio Paz no logró culminar su travesía liberal y se mantuvo siempre, hasta el final, como un revolucionario. No abandonó nunca totalmente su vocación redentora. No pudo o no quiso salir del círculo de la identidad nacional. Yo diría que se volvió un revolucionario antirrevolucionario: se mantuvo en el espacio simbólico de la Revolución Mexicana (con mayúsculas) pero rechazó tajantemente toda alternativa de nueva revolución.

Una anécdota es reveladora. A principios de los años noventa, durante una cena, el escritor José Luis Martínez, buen amigo de Paz, le dice: «Octavio, tú en realidad nunca fuiste revolucionario». Paz se indignó enormemente. Krauze comenta que Paz «había practicado la Revolución a través de la poesía y el pensamiento» y considera que en el poeta hubo siempre una llama revolucionaria viva. Por ello Krauze afirma que «la democracia liberal no podía saciar a Paz. Era demasiado insípida y formal».

Esto no quiere decir que Paz hubiese quedado anclado en su marxismo y su cercanía a los comunistas de los años treinta y cuarenta. No se había atrevido a defender a André Gide cuando el escritor francés fue atacado en España por haber denunciado la represión estalinista, en el congreso de escritores antifascistas de Valencia de 1937. Siempre lo lamentó.

En cambio, sí tuvo el coraje de confrontar el dogmatismo de Pablo Neruda, que en los años cuarenta era cónsul de Chile en México. Sin embargo, en esa época, dice Krauze, Paz «seguía arraigado sentimentalmente, en la revolución campesina y zapatista, e ideológicamente a la Revolución mundial profetizada por Marx».

En *El laberinto de la soledad* Paz expresa de manera fulgurante su amor a la Revolución, a esa «súbita inmersión de México en su propio ser». Krauze comenta que el poeta siempre pensó «que México había encontrado su camino en la Revolución mexicana». Cuando se publicó *El laberinto*, José Vasconcelos exaltó el hecho de que Paz rechazase el liberalismo, pero insólitamente le reprochó haber olvidado el impulso democrático original de la Revolución, encarnado en el ideario de Francisco I. Madero. Krauze observa que esta crítica la hace un Vasconcelos simpatizante del fascismo, no un liberal, y comenta melancólicamente que «Paz comenzaría a entender el sentido de esa crítica en 1968».

¿Inicia Paz en 1968 su travesía liberal? Después de tantos años de servir al Estado revolucionario mexicano el poeta comienza a dudar y proclama su ruptura al renunciar como embajador de México en la India. Pero no renuncia al ideal revolucionario, aunque este ideal ya no será, desde luego, el de la Revolución bolchevique ni el de la Revolución cubana. Se vuelve un crítico ácido de los avatares de la Revolución mexicana, pero no la abandona por completo. Aceptó que el gobierno de Luis Echeverría le había «devuelto la transparencia a las palabras» y cobijado por el ambiente de apertura comienza a publicar la revista *Plural*, donde colaboraba un amplio abanico de escritores. Sin embargo, Krauze hace notar que los «iracundos jóvenes de 1968 casi no tuvieron representación» en la revista y observa la ausencia de Gabriel García Márquez. No obstante, dice Krauze, Paz escribe para los lectores de izquierda, actitud que mantuvo toda su vida.

Estoy completamente de acuerdo con esta idea. Quiero recordar que hace más de treinta años, en 1979, cuando una apertura legal permitió a la izquierda radical participar en las elecciones, escribí un artículo en el que imaginaba que Octavio Paz votaría por el partido comunista: «La tragicómica batalla que Octavio Paz ha organizado contra el marxismo es, a todas luces, una áspera guerra consigo mismo. Atrapado como está por el Príncipe moderno, entabla una lucha por sepultar a ese comunista que subsiste, agazapado, en el fondo del espíritu de Octavio Paz. Por eso, a pesar de todo, Octavio Paz no logra convertirse en un intelectual anticomunista y reaccionario: sigue siendo, pese a todo, un intelectual que escribe para la izquierda y cuyas mejores ideas y descubrimientos serán (y son) recogidas por la izquierda» [Bartra, 1979: 3].

Afirmar en aquella época que Paz era un intelectual que escribía para la izquierda, y decir que la izquierda recogía sus ideas, contrastaba con la actitud de muchos que lo consideraban como un intelectual autoritario de derecha. En 1977 había ocurrido una áspera querella con Carlos Monsiváis sobre el socialismo y en 1984 la efigie de Paz fue quemada por algunos ultraizquierdistas frente a la embajada de Estados Unidos. Pero había mucha gente de izquierda que leía y apreciaba a Paz, aunque lo criticaba. En aquella época en la izquierda se discutía mucho y todo estaba sujeto a crítica. En mi artículo también afirmé que las «bofetadas que con tenaz regularidad reparte Octavio Paz a los marxistas son dolorosas porque van cargadas de razón». No dejé de criticar a Paz su cercanía con el Leviatán filantrópico, pero reconocía que había duendecillos comunistas, que aún habitaban los edificios de las iglesias militantes, y que tenían lazos secretos con su poesía.

Krauze cree que Paz estaba solo «frente a una cultura doblemente hegemónica: el nacionalismo gobiernista y el dogmatismo de izquierda». No creo que fuera así: la izquierda

en su conjunto (la dogmática y la no dogmática) fue un fenó-
meno completamente marginal y minoritario en México.
No era hegemónica ni siquiera en las universidades, salvo
algunos casos exóticos. Paz no pudo o no quiso aceptar que
había muchos «duendecillos comunistas» que lo apreciaban
y lo querían. Detrás del griterío, había una izquierda demo-
crática que admiraba el pensamiento crítico del poeta y que
se hallaba dispersa en muy diversos ámbitos, desde los par-
tidos hasta las universidades.

Quiero señalar que había un aspecto de las corrientes de
izquierda reformistas, democráticas y revisionistas que mo-
lestaba a Paz. Yo coincidía con él en que las revoluciones
socialistas habían desembocado en Estados dictatoriales;
pero yo agregaba a la Revolución mexicana a la lista de los
movimientos que habían auspiciado regímenes autoritarios.
Una gran parte de la izquierda comenzaba a rechazar la idea
de revolución, para sustituirla por la de democracia. Y esto
era algo que Paz no admitía fácilmente. Le gustaba más la
interpretación trotskista según la cual la revolución mexi-
cana se había interrumpido y era necesario continuarla. De
alguna manera, Paz tenía alojada en su espíritu la idea de
una maravillosa revolución permanente que podía aflorar
tanto en la poesía como en la política, en el arte como en las
instituciones.

Paz se volvió reformista, pero era al mismo tiempo revo-
lucionario. Por esto Krauze afirma que «no era liberal, sino
un peculiar socialista libertario. Paz nunca dejó de ponderar
al sistema político al que había servido. Negar esa historia
era negar a la Revolución mexicana». El poeta hizo un seve-
ro juicio del marxismo, del leninismo y del bolchevismo. Sin
embargo, señala Krauze, faltaba un acusado en el juicio: el
propio Octavio Paz. El poeta se dio cuenta y vivió la crítica
como un intento acaso vano de expiar un pecado que, dijo
Paz en 1975, «nos ha manchado y ha manchado también,
fatalmente, nuestros escritos». Desde luego que este pecado,

para Paz, era infinitamente peor en Louis Aragon, Paul Éluard o Pablo Neruda, cuyo estalinismo los llevó a perder el alma («Polvos de aquellos lodos»).

En 1985, Paz espera que el PRI —en un contexto futuro en el que comparta el poder con otros partidos— vuelva al pasado, a sus orígenes, a la inmensa aspiración democrática de 1910: «Realizar esa aspiración será convertir efectivamente a la Revolución en Institución» [Paz, 1985: 12]. Tres años después, al comentar las elecciones de 1988, Paz no se convence de que el nuevo partido de izquierda encabezado por Cuauhtémoc Cárdenas haya sido derrotado mediante un fraude descomunal, que no fue más que la continuación de los que se habían orquestado durante décadas. Le parece que la izquierda unida quiere volver al pasado y que se enfrenta a una fracción del grupo dirigente que es la más joven, inteligente y dinámica (encabezada por Carlos Salinas de Gortari, uno de los presidentes más odiados). No se percata de que Cuauhtémoc Cárdenas quería hacer precisamente lo que Paz le pedía al PRI en 1985: volver a los orígenes.

Lo curioso es que, aunque Paz recomienda a la izquierda agrupada en torno a Cuauhtémoc Cárdenas que abandone el populismo, genere un programa, se modernice y repudie el socialismo totalitario, es en el PRI donde finca sus esperanzas redentoras: «deberá reformarse, dejar de ser un partido de Estado y transformarse en lo que podría y debería ser: un partido socialdemócrata de centro-izquierda». Desde luego, como sabemos, eso fue precisamente lo que el presidente Salinas de Gortari bloqueó. Las tendencias socialdemócratas estaban en otro lado, en el PRD, y allí se desarrollaron, aunque no lograron cristalizar de manera fecunda ni frenar las tradiciones populistas. El PRI era un partido que no se había renovado, no había propuesto nada nuevo; se encontraba anclado en el autoritarismo.

Krauze afirma, con razón, que en aquella época Octavio Paz «entró en una zona de perplejidad». Ciertamente, la con-

fusión provenía de la llama viva de la redención revoluciona-
ria que Paz mantenía viva en su espíritu, en un mundo en el
que la fe en la revolución estaba casi apagada y en un México
donde las ideas revolucionarias eran cada vez más un mito
conservador que incluso podía adoptar formas religiosas.

Este tono religioso, como muy bien lo ve Krauze, tuvo
una de sus más claras expresiones en el intenso discurso inau-
gural de Paz en el congreso internacional que se reunió en
Valencia en 1987 para conmemorar otro congreso, reunido
cincuenta años antes en el mismo lugar, durante la guerra
civil española, al que había asistido el poeta. Regresó al lugar
de su pecado original para realizar un acto de expiación. Allí
volví a ver a Paz, que se sorprendió de encontrarme en ese con-
greso; no nos habíamos visto desde 1980. No me di cuenta,
hasta mi llegada, de que yo sería el único mexicano, además
de Paz, en hablar en el congreso. Tampoco él se lo esperaba.

En el congreso, Paz había dicho como en confesión: «Qui-
simos ser los hermanos de las víctimas y nos descubrimos
cómplices». Recordaba su fe marxista de hacía cincuenta
años, muda ante el terror que había desatado Stalin en la Unión
Soviética. Me conmovió, pues mis orígenes están en la guerra
civil española y mis padres formaron parte de esas víctimas
que Paz había ido a apoyar. Tuvieron que huir del franquis-
mo y siempre detestaron al estalinismo. En mi intervención
dije que estaba harto de las explicaciones globales, desencan-
tado de los monopolios de coherencia y de los megasistemas:
«Hemos sido agobiados por la culpa y el pecado, estamos
sujetos a la lucha de clases, nos devora un complejo reptílico,
el instinto de Tanatos nos asedia o el poder de Leviatán nos
aplasta». Definitivamente yo pertenecía a una generación
que no se sentía manchada por los pecados estalinistas. Es-
taba harto de evocar enemigos y de la tradición bélica que
había atrapado a mis padres. Paz había terminado su discur-
so diciendo que en Madrid, en la Ciudad Universitaria, a
través de un muro, había escuchado las voces de los franquis-

tas; así entendió que los enemigos eran humanos. Yo ya no quería hablar de enemigos contra los cuales debía hacerse la revolución o a los cuales había que redimir u obligar a expiar públicamente sus faltas.

Es revelador el hecho de que pocos meses antes de la caída del muro de Berlín, en el discurso que pronunció el 22 de junio de 1989 al recibir el premio Alexis de Tocqueville de manos del presidente Mitterrand, dedica un amplio espacio a reflexionar sobre el mito de la revolución, que ha levantado los anhelos de fraternidad, aunque acabó ahogándolos en sangre. Es consciente de que se vive la decadencia de la idea de revolución y de que el mito muere. No cree que resucitará. Pero el liberalismo democrático, al que considera como el mejor de los modos de convivencia, le parece una alternativa fría a la que dedica unas pocas líneas y que deja sin respuesta las grandes preguntas sobre la fraternidad y el sentido de la existencia.

Se apoya en Baudelaire para señalar que el progreso moderno ha atrofiado la parte espiritual en nosotros, y cita a Eliot, quien afirma que nuestro mundo es una interminable caída del vacío en el vacío. La revolución en su fase crepuscular le inspira una mezcla de horror y añoranza. Desea que en el futuro haya una convergencia entre libertad y fraternidad, es decir, como había escrito en *El laberinto*, entre soledad y comunión. La democracia moderna, con su sobria formalidad, no le atrae mucho. De ella no puede surgir un mito. Es necesario que intervenga la poesía para reconstituir un nuevo pensamiento político. Es la voz del poeta, la otra voz, la que habla de la tragedia y de la fiesta, de la melancolía y del abrazo de los amantes, «la voz del silencio y del tumulto, loca sabiduría y cuerda locura». Es la voz del tiempo que pasa y regresa. Es la historia que habla por boca del poeta.

Paz destila todo el tiempo un dualismo que invoca la necesidad de un poeta que descifre el misterio de las contradicciones. La libertad y la fraternidad, la soledad y la comu-

nión, el instante y la eternidad, el yo y el otro. El poeta está
del lado del ego descodificador, atraído siempre por la otre-
dad encriptada en la historia. Posiblemente esta atracción
por el otro es la que acercó a Paz a las esferas orientales. Pero
eso lo alejó del espacio mexicano y de las intensas reflexiones
que hizo sobre la mexicanidad. Había inyectado poesía en
sus ensayos, con resultados espléndidos. Pero cuando insufló
ensayística en su poesía, el resultado fue menos brillante. En
sus ensayos sobre la mexicanidad hay una pasión que eleva
su yo poético a grandes alturas. Cuando quiso sumergirse en
la otredad poética, su yo frenó el aliento. Mi padre, poeta
catalán que conoció bien a Paz, se percató de este problema.
En una carta a Manuel Durán del 27 de mayo de 1970 le dice
que la influencia oriental se acusa mucho, demasiado, en la
poesía de Paz; después de leer *Ladera este* (1969), que no lo
convenció del todo, explica: «Me gusta todavía el Paz que
tiene *influencia* mexicana, el Paz de *Piedra de sol*. Las influen-
cias, en Paz, son siempre de sensibilidad, no de esencialidad.
Perse, por ejemplo, convierte en épica sus influencias mun-
diales. Esto Paz no lo ha logrado todavía. Y dudo que lo
consiga, porque su *yo* le pesa demasiado» [Bartra, A., 1980:
153-154]. Ese yo poético es el que le dio una dimensión
sorprendente a *El laberinto*, pero lastró su poesía cuando inva-
dió los terrenos de la alteridad oriental.

Después de la caída del muro de Berlín, Paz organizó en
1990 un gran acto de expiación para discutir y celebrar el
hundimiento del bloque socialista, reflexionar sobre el papel
de los intelectuales, sobre la experiencia de la libertad y para
escudriñar el futuro del mundo. No fui invitado, pero me
sentí representado allí por Mario Vargas Llosa cuando carac-
terizó al sistema político mexicano como una dictadura per-
fecta, lo que causó el enojo de Paz, quien defendió al régimen
emanado de la Revolución mexicana y dijo preferir una de-
finición más aséptica: «dominación hegemónica de un par-
tido». Krauze dice acertadamente que en los últimos años de

su vida «la historia y el azar le hicieron jugadas extrañas que lo dejaron perplejo». La defensa de la Revolución es la que más perplejidades ocasionó al poeta durante toda su vida. Paz ya había señalado en 1985 uno de los rasgos positivos que veía en el sistema político mexicano: «puede hablarse de un monopolio del PRI pero no de una dictadura... vivimos en un régimen peculiar, un régimen *hacia la democracia*», escribió en su ensayo «Hora cumplida (1929-1985)». Ese era el extraño sistema político del tercer México, un país imaginado por Paz donde reinaba un despotismo revolucionario que, misteriosamente, tendía hacia la democracia. Era como si la identidad nacional tendiese hacia la otredad, una otredad que solo veía Paz. Aspiraba a que el PRI regresase a los orígenes, a la Revolución mexicana que «comenzó en 1910 como una inmensa aspiración democrática». Creyó que realizar esta aspiración «será convertir efectivamente a la Revolución en Institución». En realidad, fue necesario olvidarse de la revolución para iniciar una transición democrática que Paz ya no pudo ver, pues murió en 1998, justo cuando apenas comenzaba a brotar.

Paz no fue un buen teórico de la política y por ello nos dejó ideas confusas e incluso contradictorias. El gran valor de sus ensayos políticos está en su poder metafórico, la agudeza con que sintetizaba sus juicios, la belleza plástica de sus imágenes y el gran refinamiento de su escritura. El motor de sus reflexiones políticas radicaba en la búsqueda incesante y en la crítica permanente de la idea de Revolución, bajo todas sus encarnaciones. Acaso temía que si abandonaba esta idea se apagarían las luces con las que iluminaba su exploración de la política. La brillante anatomía biográfica de Krauze nos ayuda a comprender que el culto a la revolución dejó cicatrices en el pensamiento de Paz, pero que al mismo tiempo las huellas de antiguas heridas lo estimularon a continuar su reflexión.

Paz volvió a meditar sobre *El laberinto* en 1992, más de cuarenta años después de haberlo escrito, cuando preparó un prólogo para el tomo V de sus *Obras completas* («El peregrino en su patria»), en el que reunió varios textos de política y de historia, acompañados de *El laberinto*. Insistió en que se había propuesto una interpretación de la historia de México y su situación en el mundo. Allí escribió que la Revolución había sido una vuelta a los orígenes, un cambio radical que fue un regreso. En este sentido, la Revolución continuó en la esfera psíquica el sincretismo de la época colonial. «La Revolución —dijo— inició la reconciliación con nuestro pasado» y tuvo un «carácter único», pues no se ligó a ninguna de las ideologías revolucionarias de su época. Con la Revolución brotó de nuevo «la corriente igualitaria y comunitaria, doble legado de Mesoamérica y de Nueva España». Así surgió ese tercer México impulsado por una «corriente subterránea que se creía desaparecida».

De allí también nació el PRI, «un partido *sui generis* resultado de un compromiso entre la democracia auténtica y la dictadura revolucionaria». En realidad, ese peculiar partido fue el instrumento de un Estado despótico que había fosilizado a la revolución. Pero Paz no quiso ver esa cruda realidad: no se convirtió en un liberal ni tampoco abrazó la socialdemocracia. Se mantuvo en ese territorio extraño que había surgido del subsuelo, que no era «una dictadura pero sí una sociedad bajo un régimen paternalista que vivía entre la amenaza del control y el premio del subsidio». Cuando gran parte de la izquierda y de la derecha luchaban por la democracia, Paz lo ignoró y asumió que solo él y unos pocos más habían defendido la idea de una «democracia auténtica». Enseguida afirmó que las democracias modernas estaban corroídas por una gangrena moral y que no sabía hacia dónde iba el mundo. Pero, optimista, creía que los hijos de Quetzalcóatl y de Coatlicue, de Cortés y la Malinche, ya habían penetrado en la historia de todos. «La enseñanza de la Revolución mexicana —concluyó— se puede cifrar en esta frase: nos buscábamos a nosotros mismos y encontramos a los otros». Es la misma idea que impulsó las reflexiones que culminaron en *El labe-rinto*, y que había estimulado Antonio Machado: la incorpo-ración de México en la historia universal.

En su biografía de Octavio Paz, Christopher Domínguez habla con gran emoción de la muerte del poeta. Cuenta que, tras la ceremonia fúnebre, tuvo una discusión con un escritor que estaba indignado porque las pompas militares y el poder nacional del Estado se habían apoderado del ritual de despe-dida. Christopher Domínguez le espetó una gran verdad: que Paz se habría sentido contento de que la Revolución mexi-cana lo hubiese abrazado y dado su refugio final. Le parecía el probable desenlace de los argumentos que Paz había esgri-mido en *El laberinto de la soledad* [Domínguez, 2014: 568 y ss.]. Se habría sentido satisfecho de que la nación lo reci-biese en su seno. Creía, como dijo en *El laberinto*, que la nación es «esa parte de México que ha asumido la responsabilidad y el goce de la mexicanidad». Morir en el seno de la revolución y de la nación le habría encantado.

Aunque Paz trató de escapar de la mexicanología, él mis-mo tendió las trampas que lo dejaron encerrado en la bús-queda inútil pero emocionante del ser, la psique o el carácter del mexicano. Por ello murió en olor de mexicanidad.

MALVA FLORES

PAZ EDITOR: UNA MILITANCIA POÉTICA Y CRÍTICA

> Las revistas literarias no solo expresan
> rupturas entre las generaciones sino
> que también son puentes entre ellas.
>
> OCTAVIO PAZ

LAS REVISTAS DE JUVENTUD

Ya al final de su vida, en 1996, Octavio Paz dijo: «Siempre que un grupo de jóvenes escritores se juntan, quieren modificar al mundo, quieren llegar al cielo, quieren defender el infierno, y lo único que se les ocurre es fundar una revista» [Santí, 2005: 14]. En diciembre de ese mismo año, *Vuelta* —su última revista— celebraba su vigésimo aniversario. Vestido con un traje azul marino y camisa a rayas azules y blancas, el 10 de diciembre Paz se presentó a la celebración rodeado de sus amigos y lectores en el Claustro de Sor Juana de la ciudad de México. En una fotografía del festejo, podemos observar a Marie José Tramini y al poeta —con una barba incipiente que permanecerá en su rostro hasta el día de su muerte, el 19 de abril de 1998—. Rodeándolo, se asoman tres generaciones de escritores cuya vida intelectual creció al interior de la revista: Alejandro Rossi (su primer director interino y miembro de su consejo editorial); Enrique Krauze (subdirector de *Vuelta* hasta esa fecha) y Aurelio Asiain, secretario de redacción de la revista más de la mitad de la vida de la publicación.

Vuelta sobrevivió pocos meses a su director y su último número, el 261, fue una antología general de la revista, preparada por Guillermo Sheridan y David Medina Portillo. Sesenta y ocho años antes, un grupo de amigos preparatorianos —Rafael López Malo, Octavio Paz, Salvador Toscano y Arnulfo Martínez Lavalle— decidieron fundar una revista. *Barandal* (1931-1932) fue una publicación combatiente e irónica y, aunque solo aparecieron siete números, podemos reconocer en esos rasgos intelectuales los de un muy joven Paz, un adolescente de diecisiete años que propició, junto con sus compañeros, burlas y críticas a filósofos y escritores relevantes como Antonio Caso o José Vasconcelos, pero que también decidió acercarse a la generación que los precedía, la de la revista *Contemporáneos* (1928-1931), y los jóvenes consiguieron colaboraciones cuyo destino fueron los suplementos que la revista publicó. Cuenta Paz que cuando Xavier Villaurrutia les entregó los poemas para el suplemento «insistió en que los forros de la *plaquette* fuesen del papel con que se cubren los muros de las habitaciones. Él mismo escogió la marca, el papel y los colores. Más que una confesión, una definición. Verde y oro sobre fondo negro: colores nocturnos como su poesía» [Paz, 1994a: 71]. Además del comprensible tono beligerante de una revista de adolescentes, llama la atención que algunas formas editoriales de *Barandal* —las notas, los suplementos— fueran repetidos por Paz muchos años después, cuando en *Plural* aparecieron tanto los suplementos dedicados a algún autor o artista plástico, como la sección «Letras, Letrillas, Letrones» que, como las notas satíricas de *Barandal*, tenía la intención de ser la parte más viva de la revista.

La aventura de *Barandal* continuó como la propia educación de Paz, quien, ya inscrito en la Facultad de Derecho y en compañía de los mismos editores, publicó *Cuadernos del Valle de México* (septiembre de 1933 y enero de 1934), que solo duró dos números. Esta revista, claramente de izquierda, contó con la colaboración de dos amigos más: Enrique Ramírez y Ramírez y José Alvarado.

Aunque estas aventuras concluyeron, no cesó el cada vez más creciente activismo político de Paz que lo llevó, en 1937, a trasladarse a Mérida, Yucatán, como secretario de la Escuela Secundaria Federal para Hijos de los Trabajadores —parte del proyecto educativo nacional del presidente Lázaro Cárdenas—. Dos años atrás había muerto su padre y el poeta abandonó los estudios e inició su relación con Elena Garro, a quien le escribía apasionadas cartas desde el trópico, según consigna Guillermo Sheridan en su importante anotación de las misivas [Paz, 2021]. Fue ahí donde el poeta, además de colaborar en el *Diario del Sureste*, intentó reanudar su misión editorial y el 19 de marzo le escribió a su novia que, además del proyecto de crear un «centro de comunicación intelectual», pensaba fundar una revista con Octavio Novaro, Ricardo Tamayo, Clemente López Trujillo y dos nuevos amigos: «el sabio es conocido internacionalmente y el otro, a pesar de su timidez, será una gente de significación en la poesía, y nosotros, y otro, un poco más apagado, pero de cierta calidad, pensamos hacer nuestra revista: Golfo de México» [Paz, 2021: 218]. Este fue uno de sus múltiples proyectos fallidos pues, como anota Sheridan, esa revista «nunca apareció» [Sheridan, 2019: 214 y ss.].

Sabemos que ese mismo año, ya casado con Garro, Paz acudió al II Congreso de Escritores Antifascistas de Valencia y no volvió a México sino hasta 1938. Ya en el país, y según sus propias palabras, participó «en la fundación de *El Popular*, un periódico que se convirtió en el órgano de la izquierda mexicana» [Paz, 1998c: 29] y donde, pese a colaborar con o sin firma muy frecuentemente, dejó de escribir cuando ocurrió el pacto germano-soviético y Paz se deslindó de la publicación, sin escándalo, pero decididamente. En las postrimerías de ese año, Rafael Solana lo invitó junto con Efraín Huerta y Alberto Quintero Álvarez a cenar y les propuso continuar la revista que él dirigía —*Taller poético*, 1936— con el solo nombre de *Taller* (1938-1941). A partir del segundo número, Solana salió de viaje y en esa misma edición el poeta publicó «Razón de ser», que bien puede considerarse el primer editorial de una revista suya o, también, un manifiesto literario, estético y moral. Allí, y pensando en la generación de *Contemporáneos*, discurrió sobre la herencia que «no es un sillón sino un hacha para abrirse paso», de modo que *Taller* se propuso como un sitio donde no se asfixiara a una generación, «sino el lugar en donde se construye el mexicano, y se le rescata de la injusticia, de la incultura, la frivolidad y la muerte» [Paz, 1999b: 201].

Taller publicó doce números y, como casi todas las revistas de Paz, tuvo una extensión variable: inició con 56 páginas y concluyó con 106. Sus páginas dieron cabida a importantes escritores no solo mexicanos. Del mismo modo que *Barandal*, la revista publicó suplementos literarios e hizo hincapié en la traducción al español de obras en otros idiomas, un guiño de lo que más tarde, ya en *Plural* y en *Vuelta*, convertiría a Paz en el más decidido impulsor de la traducción literaria en México.

La importancia de los contactos que Paz hizo durante su viaje a España es evidente en los índices de *Taller*, pues la revista cobijó a varios exiliados españoles —incluso nombró a Juan Gil-Albert secretario de la publicación—, en particular a los miembros de *Hora de España* (1937-1938), donde le habían publicado varias colaboraciones, entre ellas el poema «Elegía a un joven muerto en el frente» [Paz, 1937c: 42-44]. Su propósito fue, desde entonces, reunir a los escritores hispanoamericanos no solo para ofrecer una batalla por la literatura y la crítica, sino también para hacerlos visibles ante el mundo. Esto es particularmente claro en una carta a Juan Ramón Jiménez donde, además de invitarlo a colaborar, le dice:

Seguramente ya habrá recibido todos los números de *Taller* —hasta ahora seis—. Habrá leído, también, el número cinco, en el que nuestra revista, sin perder su carácter, se enriquece, por decirlo así, con los nombres de algunos jóvenes españoles. Queremos agrupar en *Taller* a todos los jóvenes hispanoamericanos de calidad y que coincidan con nuestros propósitos. Usted, que vivió en La Habana, nos podría señalar, quizá, algunos nombres de interés entre los nuevos.

Y no solo eso. *Taller* se propone «ser el vehículo, el cauce para la expresión literaria de la juventud hispanomexicana», pero, asimismo, «un sitio en el que los jóvenes —y todos los escritores— se puedan reconocer en una misma fuente viva: la de su cultura y la de su poesía» [Jiménez, carta de diciembre de 1939].

Treinta y dos años más tarde, el 27 de julio de 1971, Paz escribía a Roman Jakobson una misiva cuyas palabras se repetirán en decenas de cartas:

Cher Roman Jakobson,
    Nous préparons les premiers numéros de *Plural*, revue qui paraîtra tous les mois à Mexico. Cette revue voudrait être l'expression de la culture latino-américaine en même temps qu'un moyen d'information et de critique de l'activité littéraire, philosophique, intellectuelle, artistique et politique dans le monde. A la fois véhicule de la littérature, la pensée et l'art, et examen de la réalité contemporaine, *Plural* tentera aussi d'explorer les points de liaison entre la science et la littérature, l'art et les sciences humaines ou sociales [Paz, Archivo *Plural*, carta del 27 de julio de 1971].

Pero en 1939, la integración de los españoles a *Taller* no fue bien vista por Solana (ya de regreso en México) ni por Huerta, que se separaron de la revista. Aunado a ello, la difícil situación económica tanto de la publicación como de Paz coincidieron para que *Taller* desapareciera.

El Hijo Pródigo (1943-1946) «fue una revista polémica que defendió, frente a la confusión entre arte y propaganda, la libertad de la imaginación» [Paz, 1994a: 252], recordó Paz sobre la revista que nació al amparo de Octavio G. Barreda, cuyo primer editorial dejó muy claro el propósito de la revista: «queremos estar prevenidos contra esos paracaidistas o quintacolumnistas de la regresión literaria. Queremos iniciar y dejar, si posible, otro instrumento —bueno o malo— de imaginación» [Barreda, 1943: 32]. Fue allí donde apareció su primer ensayo poético importante: «Poesía de soledad, poesía de comunión».

En el marco de las tertulias del café París, en abril de 1943, se dio a conocer esta nueva publicación que ya entre sus redactores y colaboradores agrupaba dos generaciones y tres revistas: *Contemporáneos*, *Taller* y *Tierra Nueva* (1940-1942). Octavio G. Barreda fue el editor, y los «redactores», Paz, Antonio Sánchez Barbudo, Alí Chumacero, Xavier Villaurrutia y Celestino Gorostiza. En su primer número, *El Hijo Pródigo* abrió con un ensayo de Alfonso Reyes, «Los últimos siete sabios», seguido de «Noches», tres poemas de Paz. Esa mancuerna duraría algunos años y nuevas revistas los llamaron para «apadrinar» la publicación o para formar parte de sus filas. Si en el primer número de la revista del exilio español en México, *Romance: Revista Popular Hispanoamericana* (1940-1941), don Alfonso publicó uno de los artículos centrales —«Goethe y la filosofía del dibujo»—, Paz apareció en la sección de reseñas con una nota sobre *La mujer que se fue a caballo*, de D. H. Lawrence. Los veríamos juntos nuevamente en el volumen inaugural de la colombiana *Mito* (1955-1962) —Paz con la publicación de poemas y ambos como miembros del comité patrocinador—, o en la revista regiomontana *Katharsis* (1955-1960), por mencionar algunas de ellas.

En enero de 1943, Paz había solicitado la beca Guggenheim para realizar el proyecto «América y su Expresión Poética. Estudio sobre la poesía americana, a través de su desarrollo histórico, entendida como función expresiva del hombre y del medio americano» [Sheridan, 2020]. El currículo presentado por Paz en su solicitud es una muestra de que había participado en las revistas ya comentadas y publicado no solo en diarios y revistas nacionales sino que había iniciado ya su militancia poética y crítica allende las fronteras, a través de publicaciones como la ya mencionada *Hora de España, Nueva Cultura* (España), *Sur* (Argentina) y *Volontés* (Francia).

El 11 de agosto Paz recibe la carta donde le anuncian que ha obtenido la beca y a principios de diciembre se instala en Berkeley y no en Nueva York, como era su propósito. Desde California continúa su labor en *El Hijo Pródigo* mediante largas cartas a Barreda y al resto de los redactores. Si *El Hijo Pródigo* había aparecido como una necesidad contra «los sectores del realismo social» —es decir, «los amigos de Neruda» [Ylizaliturri, 1999: 55]—, era natural que su talante fuera el de una revista combativa. Desde Berkeley, Paz insistía en la necesidad de que la publicación fuera mucho más crítica y «con mi habitual encarnizamiento, de corrido y, por primera vez, sin "interrupciones"» [Barreda, carta del 25 de enero de 1944], le escribe para criticar una a una las colaboraciones de la revista. A pesar de sus cartas y reclamos, Paz dejó de colaborar a partir del número siete y entonces «la revista cambió de dirección, volviéndose mucho más tolerante» [Ylizaliturri, 1999: 55]. El poeta, quien había ingresado ya formalmente al servicio diplomático mexicano, abandonó los Estados Unidos en noviembre de 1945 y se dirigió a París como tercer secretario de la embajada.

EL CORRESPONSAL Y LOS PROYECTOS FALLIDOS

Gracias a la correspondencia de Paz, podemos seguir los pa-
sos de uno de sus más grandes deseos cuando salió de México,
anhelo que se convirtió en obsesión desde 1945, cuando lle-
gó a París: hacer una revista. Ignoro cuántos proyectos habrá
emprendido con todos los intelectuales latinoamericanos que
por esas fechas visitaban París, aunque se sabe, por Fernando
de Szyszlo, que Paz intentó fundar *El Pobrecito Hablador*, una
revista «que planteara los problemas y reconociera las con-
quistas de las nuevas generaciones de artistas de nuestros
países» [Szyszlo, 1996: 181]. No es tan curioso que Paz hu-
biera elegido el nombre de la revista satírica de Mariano José
de Larra si consideramos que Ireneo Paz, su abuelo, escribió
varios periódicos satíricos, uno de los cuales, *El Padre Cobos*
(1869-1880), tuvo «como antecedente directo el periódico
madrileño *El Padre Cobos, periódico de literatura y artes*» [Flo-
res, Milenka, 2019: 53-79]. Ese proyecto no fructificó, pero
su deseo de participar en una revista lo llevó a comunicarse
con José Bianco de *Sur* para enviarle no solo colaboraciones
propias, sino para sugerir y criticar lo que le parecía erróneo
en la revista de Victoria Ocampo:

Algunos números de *Sur* me gustan mucho. Otros no, francamen-
te. Te confesaré que, en general, no me interesan los poemas que
ustedes publican. Algunos los encuentros innecesarios —en el
sentido de Rilke—, elegantes y bien construidos, pero superfluos,
meros ejercicios (solo que ejercicios sin invención y sin riesgo);
otros, juveniles ecos, reflejos (de Eliot y Borges, de Vallejo, de
Jiménez, de no sé qué monstruo hecho de tics artonerudalberil-
kafklorcaudianos) [...] Se me ocurre, también, que podrían darle
un poco más de espacio y de atención a la literatura hispanoame-
ricana. En Cuba, por ejemplo, hay un grupo de poetas interesantes.
Publican una revista, *Orígenes*. No me parece nada desdeñable y
algunos son excelentes. Han publicado una antología (*Diez poetas*

cubanos) que merecería un comentario de *Sur* [Bianco, carta del 3 de marzo de 1949].

También le proponía artículos y nombres a Jesús Silva Herzog, director de *Cuadernos Americanos*, algo extraño si consideramos que apenas unos años atrás, el 1 de junio de 1944, le había escrito a Juan Soriano: «De vez en cuando leo periódicos mexicanos (me dan asco) y siempre (aunque me aburren) las revistas literarias: el *Hijo* (que es cada vez más un arca de Noé), la Olla de Grillos de *Letras de México* y *Cuadernos Americanos* (que no sé por qué llaman cuadernos, siendo tan espesos de espíritu y tan voluminosos de páginas)».

No obstante, decidió que era importante aportar algo para quizá aligerar ese espíritu. Además de sus adelantos de *El laberinto de la soledad* —que finalmente apareció publicado por la editorial Cuadernos Americanos en 1950—, Paz recomendó a Silva Herzog a varios escritores (Camus, Breton, Milozs, Cassou...) e incluso llegó a proponerle, el 10 de octubre de 1950, que en un número especial publicara un «repertorio crítico», sobre el «orbe hispanoamericano. Si mi sugestión le interesa, tendría mucho gusto en exponérsela con más detalles».

Ya desde 1951 Paz deseaba volver a México y trabajar en «alguna empresa útil (revista, editorial o algo así)», le escribe a Alfonso Reyes el 24 de mayo y le confiesa: «Yo aquí siento que me consumo. Me falta mi gente, la pelea diaria, etcétera» [Reyes-Paz, 1998: 148]. Aún pasarían dos años para que Paz volviera a México, pero la ciudad, el país y la realidad mexicana no eran ya lo que esperaba. Su trabajo en las oficinas de la Secretaría de Relaciones Exteriores le parecía tedioso y agobiante y reapareció entonces su obsesión. El 17 de noviembre de 1953, le escribe a su amigo y traductor, Jean-Clarence Lambert: «Hay varios proyectos, que no sé si se realicen. Uno de ellos consiste en la vieja idea de hacer una revista y publicar algunos libros de poesía moderna (en

español y traducciones); también se me ha hablado de la po-
sibilidad de dirigir el suplemento literario y artístico de un
diario o el boletín de una editorial (algo así como "Arts" o *Le
Figaro Littéraire*). He pensado asociarlo a cualquiera de estos
proyectos, nombrándolo nuestro corresponsal literario y ar-
tístico en Francia» [Paz, 2008c 56-57]. Por esas fechas in-
tentó fundar una revista con Ramón Xirau y otra, nuevamen-
te con Octavio G. Barreda. No prosperaron, de modo que fue
él quien se convirtió en el corresponsal mexicano de proyec-
tos de revistas fallidos (como *Calibán*, que planeaban Emma-
nuel Carballo y Fausto Vega) o revistas que no eran suyas.

Insiste en su obsesión con Lambert, aunque con un pro-
yecto más modesto: «un pequeño órgano que nos exprese y
diga nuestra inconformidad y disgusto ante todo lo que
pasa» [Paz, 2008c: p. 66]. Nada ocurre y se propone, enton-
ces, convencer a José Gorostiza para que *L'Âge Nouveau*
(verdadero nombre de la revista que, en *Jardines errantes*,
aparece equivocadamente como *L'Âge Nouvelle*) dedique un
número a México, pero tampoco prospera. El 14 de agosto
de 1954, su desesperación lo lleva a escribirle a José Bianco
para comentarle su congoja, pues siente que su presencia en
México es inútil: «Naturalmente, no se me ha ocurrido nada
mejor que una revista. (Cuando los escritores quieren salvar
al mundo, siempre se les ocurre fundar una revista)». Sabe
que no puede hacerlo, pero está dispuesto a realizar un «pe-
riódico literario, artístico y político» y le pide colaboracio-
nes. Ya para fines de año, el 24 de noviembre de 1954, es a
Lambert a quien le avisa que su proyecto nuevamente ha
fracasado: «Como soy terco, volveré a probar fortuna el año
próximo. El ambiente intelectual ha llegado a tal extremo
de bajeza que la revista casi se ha vuelto una necesidad de
profilaxis» [Paz, 2008c: 68]. Fue hasta un año después cuan-
do Paz se involucra directamente en la realización de la
Revista Mexicana de Literatura (*RML*), dirigida por Carlos
Fuentes y Emmanuel Carballo, y a la que apadrina, desde su

primer número, con la publicación del poema político «El cántaro roto».

Tanto Fuentes como Carballo coincidieron siempre en señalar la importancia de Paz para la *RML*. Incluso, Carballo lo llamó «Director de directores» [Pérez, 2005: 153], aunque nunca formara parte del consejo editorial. Aun así, y como en los tiempos de *El Hijo Pródigo*, Paz realiza toda clase de críticas y recomendaciones a Fuentes sobre la revista, en cuyas páginas es muy evidente el peso del poeta, pues allí publican a Pierre André de Mandiargues, Kostas Papaioannou, Geneviève Bonnefoi, Álvaro Mutis, Elena Garro, Soriano, y un largo etcétera de sugerencias del poeta, que escribe a todos sus amigos buscando colaboraciones, distribuye ejemplares de la revista, busca intercambios con James Laughlin y se indigna porque Victoria Ocampo no conozca la *RML*. «Victoria se queja amargamente del poco caso que le hacen en Europa y los USA a los escritores de lengua española... sin embargo, ignora la existencia de *R. M. L.* Pero como, a pesar de todo, es generosa, está dispuesta a que hagamos un número de *Sur* dedicado a la literatura hispanoamericana», le escribe a Fuentes el 27 de diciembre de 1956.

Paz regresa a México, pero en 1959 parte hacia París y su empeño no ceja. Aunque se encarga de manera no oficial de la revista de la embajada, *Nouvelles du Mexique*, y consigue artículos y fotografías de escritores mexicanos jóvenes a través de Arnaldo Orfila (entonces director del Fondo de Cultura Económica) y otros amigos como Juan Soriano, Joaquín Díez-Canedo, etcétera, su deseo mayor es publicar «una buena revista literaria hispanoamericana», una revista que dé a conocer a los escritores del orbe iberoamericano, le comenta a Díez-Canedo el 27 de septiembre de 1960 [Paz, Expediente FCE, p. 4]. Ese fue un proyecto colectivo, en el que intervendrían Geneviève Bonnefoi, Maurice Nadeau —a quien Paz también le propone escritores hispanoamericanos para *Les Lettres Nouvelles*— y Dionys Mascolo. El plan era publicar cuatro revistas (francesa, italiana, alemana y española) con un comité hispanoamericano, pero Paz deseaba que también apareciera en México —otra de sus obsesiones—, patrocinada por el Fondo de Cultura Económica. El asunto, que el poeta consideró «muy reservado» con Díez-Canedo, no lo fue tanto, pues meses después Bonnefoi le escribió directamente a Orfila, quien no estuvo dispuesto a apoyar el proyecto. Entonces Paz se vio obligado a hablar con el argentino, para pedirle que reconsiderara su decisión, cosa que no ocurrió y tampoco aparecieron las famosas cuatro revistas que pretendían.

Mientras tanto, el poeta escribe para el periódico mexicano *Novedades*, para la nueva época de la *Revista Mexicana de Literatura* (dirigida ahora por Tomás Segovia y a quien le envía colaboraciones propias y ajenas) y una columna —«Corriente alterna»— en la *Revista de la Universidad de México*, a cargo entonces del poeta Jaime García Terrés. Como es su costumbre, Paz critica las secciones, propone autores o artistas plásticos e insiste en la necesidad de que la revista universitaria sea conocida en España. Para ello, el 23 de mayo de 1961, sugiere al director que envíe ejemplares a publicaciones donde Paz había colaborado (*Papeles de son Armadans* e *Ínsula*, entre otras), ya que considera forzoso que en España se lean a los poetas y novelistas hispanoamericanos, dado que «somos más *modernos*, estamos más vivos, somos más originales y universales» [Paz, 2017: 67].

El 2 de septiembre de 1962, Paz llega a la India por segunda vez en su vida, ahora como embajador. Desde Nueva Delhi sigue su habitual interés por las revistas y su apoyo, debido a que incluso propone al codirector de la *RML*, Juan García Ponce, efectuar algunas diligencias para auxiliar el proyecto y enviarles veinte dólares mensuales con el objeto de subsanar algunos gastos de la publicación, que se encontraba en graves aprietos económicos [García Ponce, carta del 26 de enero de 1963]. Pronto, sin embargo, Segovia abandona la *RML* y Paz vuelve a escribirle a García Ponce el 27 de junio de ese año: «En estos días le escribiré a Tomás. Siento que lo hayan dejado irse porque hacía falta. Por favor continúa con la *Revista Mexicana de Literatura*. Es indispensable conservar ese pequeño núcleo».

Efectivamente, Paz mantiene una larga e importante correspondencia con Segovia durante su estancia en la India y es desde allá desde donde dará inicio su más larga tentativa por hacer realidad el sueño de publicar una revista. Podemos seguir los pasos de este proyecto en las cartas que cruza con tres interlocutores principales: primero, Tomás Segovia y más tarde, Carlos Fuentes y Arnaldo Orfila.

A mediados de los sesenta se habían cerrado varias publicaciones importantes en el mundo de la literatura, pero otras se abrían. En carta del 18 de julio de 1964, Paz le escribe a Bianco para decirle que al día siguiente le escribirá a Ramón Xirau:

Debo enviarle un texto para el primer número de su revista y aprovecharé la oportunidad para recordarle su compromiso contigo. [...] te aseguro que Xirau —me lo dice en una carta de hace días— está *realmente (y naturalmente) muy interesado* en tus recuerdos sobre Borges. *Por favor*, no dejes de enviarle ese texto. Hay que ayudarlo. Yo le conseguí (ayer, precisamente) un inédito de Paulhan para el primer número. Los otros colaboradores de ese número: Caillois, Elena, Vargas (creo que es un peruano), Aridjis [...] y yo. Además, un texto de Pound. Xirau suspira por tu ensayo (que leeré: acabo de comprar el número de *L'Herne*) y por algo de Borges. Aprovechando mi paso por aquí he logrado que Michaux, Cioran, Blanchot, Bonnefoy y otros le envíen colaboración. Ya veremos si la revista de Xirau corresponde a lo que yo quisiera que fuese una publicación literaria hispanoamericana.

En efecto, en el primer número de *Diálogos* (noviembre-diciembre de 1964), aparecen el poema de Paz, «Tumba del poeta»; el ensayo de Bianco, «Recuerdos de Borges», Garro,

Caillois, Vargas Llosa, Segovia y Aridjis, entre otros. Pero, aunque Paz publica con frecuencia y consigue colaboraciones para *Diálogos*, no está conforme.

El 25 de mayo de 1965 puede marcarse como la fecha en que el poeta contempla seriamente emprender el proyecto de fundar una revista. Los hechos que lo provocan no tienen que ver con México, sino con la ocupación estadounidense en República Dominicana; no obstante, para Paz era fundamental concebir a los hispanoamericanos como una unidad combatiente. Ese día le escribe a Segovia:

Otro motivo de cólera y vergüenza: lo de Santo Domingo. El General De Gaulle protesta y su delegado en las Naciones Unidas nos defiende. Nosotros callamos, y nuestra complicidad desciende hasta la degradación. Querido Tomás: ¿no crees que todos nosotros, hablo de los que piensan y escriben en español, tenemos un deber: dar la cara, puesto que nuestros gobernantes y generales prefieren mostrar las nalgas? Perdóname la grosería pero no encuentro otra palabra para designar la actitud de la mayoría de los gobiernos hispanoamericanos. Siempre soñé con una revista que uniese a unos cuantos escritores de lengua española y que fuese un ejemplo para mucha gente —un ejemplo de lealtad y fidelidad—. Tú lo has dicho: ver con la cara levantada, afrontar al otro. Eso es lo que nos hace falta, lo mismo en la política que en la amistad y el amor [Paz, 2008a: 47-48].

En 1966, y después de una visita a Fuentes en Roma, Paz lo incluye en el proyecto y suma a Orfila, quien, ya en la editorial Siglo XXI Editores, esta vez sí acepta participar en la empresa. Pero el problema económico es difícil de resolver. Aunado a ello, el conflicto de *Mundo Nuevo* (1966-1968) y el patrocinio de la CIA a esa revista es un escándalo mayúsculo, de modo que Paz busca financiamiento en otros sitios, incluso con André Malraux, entonces ministro de Cultura francés. Como en tantas ocasiones, esa propuesta fracasa, pero Paz se obstina en su deseo y podemos leer más de un centenar de cartas entre los participantes de un proyecto que, salvo las personas ya indicadas, Paz desea que permanezca en secreto. Poco a poco advierte que algunos amigos ya están enterados de algunos aspectos del proyecto, pero solo le parece extraño, según podemos leer en algunas de sus cartas. En 1968, después de la matanza de estudiantes en Tlatelolco y su salida de la India, la incertidumbre de su destino toma la forma de un solo anhelo: fundar la revista. Pero al llegar a Barcelona advierte, ya cabalmente, que Fuentes ha divulgado el proyecto entre todos los amigos que lo reciben en el puerto y que son muchos de los integrantes del Boom. En *Estrella de dos puntas. Octavio Paz y Carlos Fuentes. Crónica de una amistad* (Ariel, 2020), he revisado minuciosamente la muy larga historia de esa «falta a la amistad», como Paz llamaba a ese tipo de deslealtades. Baste entonces resumirla anotando que mientras Paz y Fuentes planeaban la revista, Juan Goytisolo y otros amigos —entre ellos, el mismo Fuentes— intentaban también fundar una revista. Finalmente, las ideas de los narradores, reunidos en la casa de Cortázar en Saignon con motivo de la puesta en escena de *El tuerto es rey*, de Fuentes, en el Festival de Avignon, terminaron convirtiéndose en la efímera revista *Libre* (1971-1972) cuya existencia marcó, paradójicamente, el fin del Boom. Aunque Paz fue invitado a esa reunión, decidió no asistir y guardó un silencio elocuente. Varios meses después de haber leído una nota aparecida en *Le Monde* (el 12 de septiembre de 1970), en la que se anunciaba la creación de *Libre* y donde el poeta figuraba como miembro de un posible consejo de redacción, el 19 de noviembre le escribió a Fuentes una carta de muy dolido reclamo a su amigo. La larguísima carta de Paz puede resumirse en este párrafo: «Si he de creer a *Le Monde*, se me invita a participar en una revista que no es otra que la que a mí se me ocurrió hacer, hace algunos años, contigo y con Tomás Segovia. Es como si se

me invitase a comer un plato que yo mismo preparé». Ese
fue el fin de esa historia, pero también el fin de los proyectos
fallidos.

PLURAL: EL SUEÑO CUMPLIDO

Alejandro Rossi recordaba que, en *Plural* (1971-1976), las
«cosas se hacían de una manera razonablemente comunitaria.
Octavio —y esto lo doy por sabido— era un director muy
certero y ocurrente y, al mismo tiempo, tranquilo y com-
prensivo con todos nosotros, que éramos bastante jóvenes,
con opiniones propias y con preferencias y manías» [Cayue-
la-Enrigue, 2006: 24]. El sitio donde aparecieron publicadas
sus opiniones sobre la revista, que fue creada por Octavio Paz
como una publicación mensual inserta en las páginas del
diario mexicano *Excélsior*, fue *Letras Libres* (1999-). De aquel
grupo formado por Paz medio siglo antes, aún podemos leer
a Adolfo Castañón, Enrique Krauze y Gabriel Zaid, pero la
enunciación del arco temporal que se despliega en ese trans-
curso apenas si puede dar cuenta de la importancia de un
grupo y una serie de escritores que con el paso del tiempo fue
ampliándose, renovándose y actuando decisivamente en el
pedregoso campo cultural hispanoamericano.

El 15 de octubre de 1971 apareció entre las páginas de
Excélsior esa revista mensual, cuyo nombre completo fue *Plu-
ral. Crítica y Literatura* —aunque más tarde se añadió la pa-
labra Arte: *Plural. Crítica, Arte y Literatura*—. No existió en
esta revista —mexicana, por su lugar de origen, pero hispa-
noamericana y mundial por su alcance y hondura— un pri-
mer editorial, lo que resulta extraño tomando en cuenta las
revistas en las que Paz colaboró directamente en el pasado o
más tarde *Vuelta*.

A partir de julio de 1971, y desde Cambridge, Mass.
—donde ocupaba las «Charles Eliot Norton Lectures», en la

Universidad de Harvard—, Paz preparaba el lanzamiento de la publicación y le escribía a conocidos y amigos para proponerles que publicaran. La lista de los posibles colaboradores (que, por cierto, aceptaron), es impresionante: Dore Ashton, José Bianco, Yves Bonnefoy, John Cage, Guillermo Cabrera Infante, Julio Cortázar, Noam Chomsky, Claude Esteban, Carlos Fuentes, Paul Goodman, Jorge Guillén, Roman Jakobson, Jean-Clarence Lambert, Claude Lévi-Strauss, Henri Michaux, Alejandra Pizarnik, Emir Rodríguez Monegal, Harold Rosenberg, Severo Sarduy, Charles Tomlinson, Mario Vargas Llosa, entre muchos otros.

El directorio de *Plural* era realmente modesto: además de Paz, como director, Tomás Segovia apareció desde el segundo número como secretario de redacción y el diseño estuvo a cargo de Vicente Rojo y Kazuya Sakai. Con ese pequeño equipo (si bien Tomás Segovia pronto dejó el cargo, pero no abandonó sus colaboraciones en la revista), inició una de las aventuras editoriales más significativas para nuestras letras y *Plural* se convirtió en el breve lapso de su existencia en la revista literaria latinoamericana más vanguardista de su tiempo. Pensada desde la periferia del Boom, en un país de los entonces llamados «del tercer mundo», *Plural* fue una revista cosmopolita que criticó tanto a la derecha como a la izquierda burocrática, tanto de México como de otras partes del mundo.

Paz siempre dijo que *Plural* y *Vuelta* eran parte de un mismo proyecto, interrumpido solo por el golpe propinado por el gobierno al diario *Excélsior* en julio de 1976. También, es común ver a *Plural* como la verdadera revista literaria de Paz, pues varios de los miembros de su tardío consejo de redacción —José de la Colina, Salvador Elizondo, Juan García Ponce, Alejandro Rossi, Tomás Segovia y Gabriel Zaid, que aparecieron como tales hasta 1975— siempre sintieron nostalgia por aquella revista donde, a su juicio, privaban más la literatura y el arte que la política. John King dedicó un libro a la revista (*Plural en la cultura literaria y política latinoamericana*) y ve en ella a una heredera de *Sur*, aunque más viva y sin un mecenas, como lo fue Victoria Ocampo.

Recientemente han aparecido otras ideas sobre el papel de la revista —como las de Nicolás Cabral (2015) o Gabriel Wolfson (2016), entre otras—. La mía nació cuando leí en el libro de King su descripción de una famosa portada del *New York Times Magazine*: el Boom visto por el caricaturista Abel Quezada. En ella aparecen seis narradores y un solo poeta. Comparten una mesa Vargas Llosa, Paz, García Márquez, Cortázar, Fuentes y Jorge Luis Borges. En otra mesa, solo, está Juan Rulfo. A partir de ella King establece la «periferia» de Paz en esa reunión de narradores y su sensación de haber sido marginado del grupo, en clara referencia al nacimiento de *Libre*.

Habrá quien disienta de mi opinión y piense que postular a *Plural* como una casa opuesta al Boom es difícil de sostener, pues allí publicaron tres de sus mayores integrantes (Fuentes, Cortázar y Vargas Llosa) y apareció la primera revisión importante del movimiento en la pluma de Rodríguez Monegal. Sin embargo, por la historia de su inicio, por su defensa de la poesía en un mundo de narradores y por su lucha en contra de la mercantilización de la literatura, se puede coincidir en que no es una concepción disparatada de la revista.

Aunque es reconocido el interés por el arte conceptual o el experimentalismo de *Plural* (baste con ver las colaboraciones de Cabrera Infante, John Cage, Haroldo y Augusto de Campos, Ulises Carrión, Fernando del Paso, Manuel Puig, Severo Sarduy o las experiencias de OULIPO, por mencionar algunos), fue una convicción de Paz restituir la tradición. Los suplementos literarios incluidos en la revista son buena muestra de ello. Así como se publicaron *dossiers* de los medievales Ramon Llull o Ausias March, antiguos textos del Japón, a Reyes, Valéry, Hölderlin, Charles Fourier o a Lewis

Carrol, también conocimos a los nuevos poetas y narradores
españoles, mexicanos, franceses o norteamericanos, argenti-
nos... Junto a ellos, recordamos también a Alfonso Reyes, a
los miembros de la revista *Contemporáneos*. *Plural* no fue nun-
ca un sitio de pensamiento único, ni en la literatura, ni en las
artes ni en la política, e hizo de su nombre una razón de ser:
lo mismo publicaba Ángel Rama que Rodríguez Monegal,
Dore Ashton que Marta Traba...

Aunque generalmente se piensa en la revista como un
sitio eminentemente literario —pues allí nacieron, crecieron
o se reafirmaron varios de nuestros más importantes escrito-
res (Alejandro Rossi, Salvador Elizondo, Gabriel Zaid, Mario
Vargas Llosa, Juan García Ponce, Enrique Krauze o Adolfo
Castañón)— o artístico (el mayor colaborador de *Plural* fue
Damián Bayón, crítico de arte), *Plural* no fue solo eso. Si bien
la recordamos como una revista juguetona y a la vez polémi-
ca —gracias a su sección «Letras, letrillas y letrones», cuya
impronta aún permanece en *Letras Libres*, bajo el nombre de
«Letrillas»— o como un prodigioso taller de traducción (cu-
yos mayores representantes fueron, además de Paz, Tomás
Segovia, Gerardo Deniz, Ulalume González de León, por
mencionar solo a los más importantes), estas percepciones
olvidan la convicción crítica y social de la publicación: bas-
taría mencionar la defensa que se hizo del aborto desde sus
páginas en el lejano 1972; la constante preocupación de Paz,
reflejada en la revista, por los problemas demográficos o la
destrucción de las reservas naturales; las recurrentes denun-
cias sobre el sistema soviético y el Gulag; el repudio al golpe
de Estado a Salvador Allende, la denuncia de las dictaduras
en Uruguay y Argentina, entre muchos otros ejemplos. En
el caso de México, la sola presencia, desde el segundo núme-
ro, del economista e historiador Daniel Cosío Villegas —crí-
tico acérrimo del régimen priista— y el reproche argumen-
tado e insistente sobre el sistema político mexicano, en las
plumas de Zaid o del propio Paz, entre otros, confirman la

vocación crítica de una revista que creía en la independencia intelectual. Tampoco puede olvidarse que fue en *Plural* donde se iniciaron los debates sobre el papel de los intelectuales mexicanos frente al poder, disputa que se alargó en nuestro país durante un cuarto de siglo. Así también, la defensa y protección de las minorías y el derecho de expresión de los disidentes fueron postulados por *Plural* como principios cardinales de la democracia.

Plural —ese sueño cumplido para Paz— fue, entonces, la primera piedra de un edificio que se alzó durante veintisiete años en la cultura hispanoamericana. En esta larga historia es notable advertir el paso entre la creación de una pequeña revista cultural —inserta en un periódico y dirigida por un poeta desde la periferia del Boom—, a la construcción de una altísima torre de la crítica y la cultura hispanoamericanas, cuando *Plural* se transformó en *Vuelta*.

VUELTA: LA CASA DE LAS DISIDENCIAS

El 19 de julio de 1976, apenas diez días después de que los cooperativistas de *Excélsior* acordaran la expulsión de Julio Scherer, su director, en el Hotel María Isabel se reunió una multitud convocada para anunciar el nacimiento del semanario *Proceso* y entre el tumulto pudo divisarse el rostro de los integrantes de *Plural*. Al salir de la reunión, en los elevadores del hotel, Paz y Rossi discutían la urgencia de publicar —ellos también— una revista. El nombre de la nueva publicación, propuesto por Rossi, fue *Vuelta* y fue el mismo Rossi quien asumió su dirección interina, mientras Paz ofrecía sus cursos anuales en Estados Unidos.

Como al inicio de *Plural*, se enviaron decenas de cartas con una misma redacción, en las que se explicaron las razones del fin de la revista, se agradecieron las colaboraciones y se anunció una futura publicación. El 3 de octubre de 1976, desde Cambridge, Mass., Paz le cuenta a Rossi los pormenores de la venta de boletos para la rifa de una obra de Rufino Tamayo con el propósito de financiar el inicio de *Vuelta* y, también, le escribe acerca del primer editorial de la misma: «Con estas líneas va la presentación de *Vuelta* (que no será presentación devuelta, espero). Por favor, lee ese texto con ojos críticos y dime qué te parece. Tal vez sería bueno que lo leyeran los demás amigos del consejo de redacción. Espero, con ánimo sumiso, sus críticas. Estoy dispuesto a corregir todo lo que haya que corregir (¡si no es demasiado!)».

El «ánimo sumiso» no fue el espíritu del primer editorial de *Vuelta* —que se presentó el 15 de noviembre de 1971 en la Galería Ponce, dos semanas antes de su circulación oficial—. En su escrito, Paz inició con el recuerdo del golpe a *Excélsior*, insistió en las debilidades de la izquierda —«paralizada por una tradición dogmática»—, describió a la «obtusa derecha», que no tenía «ideas sino intereses» y concluyó asegurando que «un pueblo sin poesía es un pueblo sin alma. Una nación sin crítica es una nación ciega» [Paz, 1994c: 563-565].

Ofrecer una consideración crítica sobre lo que fue *Vuelta* para Paz y para nuestra literatura es difícil de realizar en tan breve espacio. Valga decir que la nómina de *Vuelta* aún hoy preside en muchas áreas los derroteros de la cultura hispanoamericana y de su conversación: una charla que no fue solo literaria. Además de sus escritores esenciales, en una revista nacen futuros escritores y en esos hijos podemos apreciar la trascendencia de una publicación. Si en *Plural* nació el *Manual del distraído*, de Rossi, *Camera Lucida*, de Elizondo, *Leer en bicicleta*, de Zaid, por mencionar unos cuantos, en *Vuelta* nacieron y crecieron obras como «Guía de forasteros», del mismo Rossi, el *Arbitrario de literatura mexicana*, de Adolfo Castañón, *Caracteres de imprenta* o *República de viento*, de Aurelio Asiain; poemas de *Amor y Oxidente*, de Gerardo Deniz;

al menos tres libros de Christopher Domínguez Michael; el germen de otros, escritos por Fabienne Bradu; *Carta de Copilco*, de Sheridan, más sus ensayos sobre los Contemporáneos y el nacionalismo o la extraordinaria sección que mantenía —«Buzón de fantasmas»—, por poner solo algunos de los variadísimos ejemplos. Leímos ahí algunos de los escritos que dieron lugar a *El ogro filantrópico*, a *Sor Juana Inés de la Cruz o las trampas de la fe, Árbol adentro* o los ensayos que más tarde se integraron a *La otra voz*. Allí conocimos o leímos a Isaiah Berlin, Daniel Bell, Kolakowski, Steiner, Brodsky, Furet, Jean Daniel, Enzensberger...

De la pluma de los protagonistas de *Vuelta*, no de sus comentaristas, atestiguamos la historia de la lucha por la democracia en el mundo y en México. Son inolvidables «El diálogo y el ruido» o «PRI: hora cumplida», de Paz; los artículos que dieron origen a *El progreso improductivo*, de Zaid, y sus esenciales «El 18 brumario de Luis Echeverría», «Sobre los títulos profesionales y el capital curricular», «Colegas enemigos», «Nicaragua: el enigma de las elecciones», «Muerte y resurrección de la cultura católica» e «Intelectuales», por solo mencionar unos cuantos. Allí vieron la luz «Por una democracia sin adjetivos» o «La comedia mexicana de Carlos Fuentes», dos artículos de Krauze que hoy nos hacen entender qué pasó en la democracia mexicana, pero también en su literatura. En *Vuelta* supimos de los escalofriantes datos sobre el suicidio en Cuba de la pluma de Cabrera Infante; leímos la polémica sobre Bataille entre Vargas Llosa y García Ponce, o la denuncia del peruano sobre Sendero Luminoso y el asesinato de ocho periodistas, en su «Historia de una matanza». Difícilmente, en unas cuantas líneas, podrían mencionarse los poemas y poetas que Paz publicó y que constituyen el tronco y ramaje del árbol de la poesía hispanoamericana: Gonzalo Rojas, Eduardo Lizalde, Tomás Segovia, Ida Vitale, Blanca Varela, Antonio Cuadra, Enrique Molina, Olga Orozco, Álvaro Mutis... Imposible también citar todos los artículos esenciales de una revista que cubrió el espectro de los problemas mundiales, regionales y nacionales con tanta pertinencia y pasión.

Ya en *Viaje de Vuelta* (2011) intenté reseñar sus polémicas y su defensa de la libertad, la crítica, la tradición y la literatura. Es también forzoso mencionar que *Vuelta* fue ejemplo de una «ética editorial» que no solo se relaciona con su lucha contra la piratería, a la que combatió frontalmente. Me refiero aquí al amor por el lenguaje, un bien escaso el día de hoy.

Paz, lo dijo Enrique Krauze, puso en *Vuelta* una casa para la disidencia [Krauze, 1998: 1G]. Esa casa hospedó en sus páginas los testimonios de los intelectuales que padecieron los efectos del poder ideológico en todo el mundo, artistas y escritores a los que el grupo acompañó desde *Plural* en su lucha por la libertad. Del Gulag a Sarajevo, de la Casa Rosada hasta Solentiname, *Vuelta* siguió la ruta de las atrocidades cometidas en nombre de una «idea superior». La acusación y la crítica de los regímenes totalitarios y las dictaduras militares que *Vuelta* realizó durante toda su vida se leyeron —entonces y ahora— parcialmente y se encontraron motivos de repudio feroz a la actitud de la revista ante algunos regímenes latinoamericanos, pero *Vuelta* se negó a tratar de manera distinta a las víctimas de Augusto Pinochet o de Jorge Rafael Videla y a los perseguidos por el régimen de Fidel Castro. No obstante, o tal vez por ello mismo, aunque *Vuelta* fue la casa de los disidentes del pensamiento único, fue sobre todo el hogar —el edificio más bien— de la primera de las disidencias: la poesía, la casa de la presencia.

Cuando *Vuelta* nació, durante el cóctel, Salvador Elizondo le dijo a Rossi: «Ya hicimos historia». Interiormente, Rossi supo que *Vuelta* no moriría tan pronto como *Plural* (con apenas cinco años). Por el contrario, duraría mucho tiempo, pues «estábamos en plan de combatientes y teníamos deseos de pelear» [Cayuela-Enrigue, 2006: 27]. *Vuelta* vivió veintidós años y las palabras de Rossi definen con claridad el talante de una revista que durante todo ese tiempo animó la cultura hispanoamericana, luchó públicamente por sus ideas (pues su director siempre creyó que el debate público era una de las formas más acabadas de la participación intelectual) y se negó a la poda del pensamiento crítico en aras de una postura biempensante que no pusiera el dedo en la llaga de nuestras calamidades como sociedad. También celebró sus milagros: el arte, la literatura, el pensamiento y la libertad: las mejores formas visibles del mundo. Así como Orwell, Paz fue un honroso representante de aquellos que dicen lo que nadie quiere oír. Del mismo modo, *Vuelta* defendió el lugar de las verdades incómodas pero necesarias.

Si, como Paz quería, las revistas literarias expresan la ruptura entre las generaciones, pero también son un puente para transitar entre ellas, desde *Barandal* hasta *Vuelta* el larguísimo puente que el poeta construyó nos sirve hoy a los lectores para pasear entre ideas y personas: ideas apasionadas, personas apasionadas, pero críticas y, no menos importante, libres.

«Algo más que una religión, algo menos que una secta». Así definió Octavio Paz a *Sur*, la revista de Victoria Ocampo [Paz, 2001c: 96]. La actividad editorial del poeta podría entenderse también de esa manera o, más bien, como una irrenunciable militancia poética y crítica con el único objetivo de hacernos visibles a los mexicanos y a los hispanoamericanos ante el mundo. Pero no solo quería que nos vieran: deseaba que volteáramos a vernos nosotros mismos.

Hay algo sobre lo que no se ha insistido bastante: las revistas de Paz no hablaron a los especialistas, a los doctos ni a los colegas. Hablaron para nosotros: los lectores, los ciudadanos. La suya fue una charla de casi siete décadas que jamás menospreció el lugar sagrado del lector, aunque fuera, incluso, para disentir de él. Por eso, esa charla adquirió muchas veces el rostro de la polémica, un querer ser y hacer y compartir con el otro una idea de mundo o discutirla ferozmente para hacerla visible y transformarlo. Paz también dijo que la historia de la literatura moderna podía confundirse con la de sus revistas. Si cambiamos «literatura moderna» por «Octavio Paz», la ecuación sigue funcionando. Así, como en toda historia, en la suya —en la de sus revistas— hubo apuestas equivocadas, decepciones, momentos oscuros y errores, pero el enorme puente que construyó no solo es transitable aún, también es fascinante.

FABIENNE BRADU

TRADUCCIÓN SE DICE TRANSMUTACIÓN
EN TODAS LAS LENGUAS

En un temprano volumen poético, *Semillas para un himno*
(1954), Octavio Paz publicaba, junto con los poemas, sus
primeras traducciones poéticas: «A su esquiva amante», de
Andrew Marvell, y cuatro sonetos de Gérard de Nerval: «Ar-
temisa», «Mirto», «Délfica» y «El desdichado». La conco-
mitancia es elocuente en sí. Era una manera tácita de equi-
parar la creación con la traducción como si ambas fueran dos
ramas de un mismo tronco. Desde entonces, Gérard de Ner-
val no ha cesado de reaparecer en la obra de Octavio Paz: le
dio título a su libro *Los hijos del limo*, que sucedió a *El arco y
la lira*, y le causó más de un desvelo en la traducción reinci-
dente de los sonetos. Antes que un faro en las tinieblas de la
caída en un mundo donde Dios hubiera muerto, Nerval es
un misterio, una «noche oscura» poblada de dioses, dobles
y víctimas sacrificadas en el altar del vino o del vacío. Es un
castillo gótico, cuyas ruinas son tantas piedras que desafían
el tiempo y la razón.

Así, a lo largo de cuatro décadas dedicadas a la traslación,
Octavio Paz volvió sobre sus versiones de los sonetos de Ner-
val, de la misma manera que en cada nueva recopilación poé-
tica revisaba su propia creación, porque, para él, nada era
definitivo y todo era susceptible de perfeccionamiento. In-
tentó sucesivamente versiones de los poemas de Nerval con

métrica y rimas, y en verso libre, pero no parecía decantarse por una solución u otra.

Por lo demás, en torno a «El desdichado», se desató en la revista *Plural* de 1975 una verdadera justa de traductores a raíz de una nueva versión realizada por José de la Colina, quien escribía en un preámbulo:

«El desdichado», el soneto de Gérard de Nerval, no dejará nunca de solicitar, desafiar, rechazar, probar a otros idiomas y poetas. [...] Nuestra revista podría invitar a Tomás Segovia, Gabriel Zaid, Isabel Fraire, Ulalume González de León, Gerardo Deniz, Homero Aridjis, Marco Antonio Montes de Oca, Ramón Xirau, etcétera, a que ofrezcan sus versiones, y se podría abrir por un tiempo una sección [Colina, 1975: 80].

No todos los invitados participaron en el convite, pero, en cambio, un hambriento de lucimiento se adelantó a la hora señalada para la asamblea de trujamanes. En efecto, en el diario *El Sol*, el mismo día en que José de la Colina lanzaba el guante, Juan José Arreola publicaba un «Dichoso desdichado». Hasta donde sé es la única vez que Octavio Paz polemizó públicamente con otro traductor. Sin duda, a Paz le había picado el dardo de la fanfarronería de Arreola:

Arreola nos cuenta que tradujo el soneto hace veinte años y que ahora lo ha corregido. Al presentarnos su nueva versión, confiesa con simplicidad: «Creo sinceramente que mi traducción es la mejor de todas». Vamos a someter esta imprudente afirmación a una pequeña prueba [Paz, 1975: 80].

En una sola página de apretada tipografía, Paz redactó una implacable crítica de la traducción a partir de un sagaz análisis del soneto de Nerval. Sin embargo, su crítica demoledora no aspiraba a defender la suya, sino que era, antes que nada, una defensa del sentido en el soneto de Nerval. Con humildad, después de levantarse del ring sobre el que había caído, Arreola entregó a la revista una nueva traducción corregida y Paz puntualizaba para el público atónito por este duelo de traductores: «quiero repetir que mi actitud ante Juan José Arreola es mucho más simple de lo que algunos creen: aunque el personaje público me irrita a veces, siempre he admirado al escritor» [Paz, 1975: 84]. Léase bien: «al escritor» y no «al traductor».

Una dilatada asamblea de traductores respondió a la convocatoria de *Plural*; se organizaron dos mesas redondas en el Instituto Francés de América Latina de la ciudad de México; se editó un folleto con la totalidad de las versiones y, por excepción en la vida cultural de México, se ejerció una especie de disciplina mental, un aprendizaje de la discusión pública y se dio un botón de muestra de lo que podría ser un hábito saludable. El milagro lo suscitó Gérard de Nerval y lo aguijoneó Octavio Paz, como si los poetas fueran los únicos susceptibles de abrir ventanas en la apretada bruma de la indiferencia y la intolerancia.

El episodio muestra la predilección de Octavio Paz por los ejercicios colectivos, trátese de las revistas que fundó y capitaneó a lo largo de su vida, de los encuentros internacionales que organizaba, del trabajo de traducción o de la creación poética. A pesar de la reputación autoritaria que compartía con André Breton, Octavio Paz *necesitaba* de los otros, del trato con sus pares y los jóvenes, para alentar su propia creación, vivificar su pensamiento, así como fomentar la modernidad en el ambiente nacional, despojarlo del recato y la timidez que solían caracterizar la vida cultural de México. Su audacia y sus empeños se verificaban en este amplio espectro y, al mismo tiempo, en tópicos particulares como la traducción poética. La creación no era una faena solitaria y necesitaba tanto de la tradición como de la aventura, de la soledad y de la comunión, de la exploración interior y del intercambio con los demás, del oxígeno y del escritorio.

Renga fue una insólita experiencia que ideó Paz cuando recaló en París, después de su renuncia a la embajada de México en la India a raíz de la masacre de Tlatelolco, el 2 de octubre de 1968. Le pidió a Claude Roy interceder ante la editorial Gallimard para que reuniese a cuatro poetas de distintas lenguas —Charles Tomlinson para el inglés, Jacques Roubaud para el francés, Edoardo Sanguineti para el italiano, Octavio Paz para el español— con el objeto de someterlos a la prueba de escribir un poema colectivo, inspirado en la tradición japonesa, pero adaptado a la forma occidental del soneto. También se había convidado a Paul Celan para cumplir la parte del alemán, pero este no aceptó la invitación. Faltaban unos meses para que se tirara al Sena desde el puente Mirabeau. La reducida asamblea de poetas se encerró en el sótano del Hotel Saint-Simon para ejecutar la proeza programada por el oulipiano Jacques Roubaud, quien fijó las reglas de alternancia de los cuartetos y tercetos entre los participantes y los idiomas. Al final de la experiencia, cada poeta tenía que traducir el conjunto a su lengua, pero Sanguineti no completó la cuarta serie de los siete sonetos, ni tradujo al italiano la totalidad de *Renga* que, por lo tanto, solo se publicó en inglés, en francés y en español:

La idea, tras todo esto, era la siguiente: nosotros no éramos sino los instrumentos de otro creador: el lenguaje mismo. Ese lenguaje que también cambiaba a medida que escribíamos, según el idioma de cada poeta. En suma: juego, experimento, broma, rito, mixtificación, ceremonia. Lo mismo ocurre cuando uno escribe un poema; es un juego y una ceremonia. Un rito [Paz, 1995a: 179].

Renga combina así el arte poético y el arte de la traducción en un ejercicio que Guillermo Cabrera Infante calificaba de «colelaboración» para referirse a la modalidad traductológica. Esta *ars combinatoria* incluye una tercera disciplina que es la crítica, porque traducir, para Paz, implica una interpretación, es decir, una suerte de hermenéutica. Trátese de cuatro ejecutantes como en *Renga* o de dos como en el poema *Airborn / Hijo del aire*, escrito al alimón con Charles Tomlinson en 1981, la creación poética colectiva no es muy distinta de lo que sucede en la traducción a secas. Entre el autor original del poema y su traductor a otra lengua, se trata de la misma y estrecha colaboración, incluso, diríase, de una compenetración en la que interviene la intuición, inexplicable fenómeno que algunos llaman talento.

Ante las insistentes preguntas sobre la teoría de la traducción que le plantea Edwin Honig en una interesante conversación de 1975, Octavio Paz objetaba: «Pero no quisiera hablar únicamente de la teoría de la traducción, sino también de la práctica. Se parte del amor. Es *necesario amar* el texto» [Paz, 1995a: 178. El subrayado es de O. P.]. Se evidencia aquí el impulso que mueve al Paz traductor: «un deseo, un amor, y junto a este amor, el deseo de compartirlo», como él mismo confiesa en su introducción a *Versiones y diversiones*. Ni en la primera edición, ni en las dos posteriores, de este libro, el poeta reprodujo el célebre ensayo «Literatura y literalidad» que, sobre el tema de la traducción, había publicado en *El signo y el garabato*, y prefirió sustituirlo por una breve declaración de fe: «no es un libro sistemático ni se propone mostrar o enseñar nada. Es el resultado de la pasión y de la casualidad» [Paz, 1973b: 7].

La advertencia es pertinente para entender qué clase de traductor era Paz. Ante todo, no era un traductor profesional que, a solicitud de una casa editorial, agota la obra de un poeta en un trance servil y utilitario. Sin embargo, publicó varios compendios dedicados a un solo poeta: Bashō (1957), Fernando Pessoa (1962), William Carlos Williams (1973), Guillaume Apollinaire (1979). Sin duda, era muy audaz en la búsqueda de soluciones que, a veces, llegaban a espantar a los lectores, como cuando tradujo el «*aboli bibelot*» del «Soneto en IX» de Mallarmé por «espiral espirada». Por otro lado, se rehusaba a asimilar la antología que a lo largo de los años fueron conformando las traducciones realizadas, con una selección únicamente guiada por el gusto. Algunos poemas de *Versiones y diversiones* corresponden efectivamente a una admiración poética; otros, a un reto para el traductor, y otros más, a la voluntad de dar a conocer a un poeta que le parecía imprescindible y no tenía equivalente en la lengua española:

Las traducciones se fueron acumulando a medida que pasaban los años —recapitula Paz en la introducción a la última edición de *Versiones y diversiones*—; fue una labor discontinua, regida por el capricho de los días y del humor, en la que no me propuse demostrar o enseñar nada; me dejé guiar, en momentos de ocio, por el amor, el gusto, la ocasión y, en algunos casos, la amistad [Paz, 1995b: 322].

El simple título del volumen bastaría para entender el espíritu que anima al Paz traductor. *Versiones* es un plural que no indica solamente la acumulación sino también la multiplicidad de soluciones. Es una manera sutil de sostener que «la traducción literal no es traducción», a lo cual Paz añadía: «Ni siquiera en la prosa. Solo las matemáticas y la lógica pueden traducirse literalmente. La verdadera prosa —la literatura, la historia— tiene un ritmo y numerosas propiedades físicas, como la poesía. Al traducirla, hacemos lo mismo que cuando traducimos poesía: transformación, metáforas» [Paz, 1995a: 174]. El símil al que recurre Dryden para describir la traducción literal, palabra por palabra, bien habría podido ser suscrito por el mismo Paz:

Es como si se bailara sobre una cuerda con los pies amarrados; un hombre puede evitar la caída multiplicando las precauciones, pero que nadie espere la gracia del movimiento, y cuando hemos dicho esto no hemos dicho lo mejor: se trata de una tonta faena; pues ningún hombre cuerdo se pondría a sí mismo en peligro por la sola gloria de salir del paso sin romperse el cuello [Steiner, 1995: 263].

Diversiones despoja al resultado de la solemnidad que suele acompañar los juramentos de fidelidad —Jorge Luis Borges afirmaba: «El original es infiel a la traducción»—; también introduce la noción de juego, una apuesta lúdica que da cuenta del goce que inevitablemente interviene en las manipulaciones con el lenguaje y que Paz expresó cuando se refería a *Renga*.

«Aprender a hablar es aprender a traducir» es la primera frase del ensayo «Traducción: literatura y literatura», el más extenso sobre la traslación, que Paz publicó por primera vez en 1971. Con semejante advertencia se refería al aprendizaje del niño que le pide a su madre «traducir» a su propio idioma el sentido de una palabra que desconoce. Y como Paz siempre está hablando de lo mismo en distintos tonos, registros, géneros, porque para él no hay distinción entre la obra de reflexión y la de creación, en el fragmento 4 de *El mono gramático*, en «esta página que es un saco de palabras-cosas», escribe otra versión de su concepto central del lenguaje:

Quizá las cosas no son cosas sino palabras: metáforas, palabras de otras cosas. ¿Con quién y de qué hablan las cosas-palabras? Tal vez, a la manera de las cosas que hablan con ellas mismas en su lenguaje de cosas, el lenguaje no habla de las cosas ni del mundo: habla de sí mismo y consigo mismo [Paz, 1990b: 517].

Retoma la antigua idea del universo como libro, según la cual el lenguaje es un microcosmos, un doble del universo. Los románticos y los simbolistas a su vez recogieron la idea del mundo como texto despedazado en fragmentos. «Entre el lenguaje del universo y el universo del lenguaje, hay un puente: la poesía. El poeta, afirma Baudelaire, es el *traductor*. El traductor universal y el traductor del universo» [Paz, 1995a: 176]. Este sería el amplio marco en el que se inscribe la concepción práctica de la traducción para Paz.

El punto de partida del traductor no es el lenguaje en movimiento, materia prima del poeta, sino el lenguaje fijo del poema. Lenguaje congelado y, no obstante, perfectamente vivo. Su operación es inversa a la del poeta; no se trata de construir con signos móviles un texto inamovible, sino desmontar los elementos de ese texto, poner de nuevo en circulación los signos y devolverlos al lenguaje,

explica Octavio Paz con su acostumbrada claridad para dar cuenta de los complicados nudos de un fenómeno literario [Paz, 1995c: 72]. Reiteradamente a lo largo de sus ensayos, asume el ideal de traducción poética formulado por Paul Valéry: producir con medios diferentes efectos análogos. En otro momento, afirmó que «la traducción poética no busca la imposible identidad sino la difícil semejanza» [Paz, 1983: 21]. Por eso, descarta definitivamente la traducción literal; no pretende situarse en el campo de la filología, prefiere el reino de las analogías y las correspondencias, en suma, el reino de la *transmutación* poética. La palabra con indudable connotación alquimista es el estadio más elevado de la traducción poética, aquella a la que aspiraba Paz con todas sus fidelidades y consecuencias. En la tradición alquimista, la transmutación no se refiere a la obtención del oro a partir del plomo, sino a la transformación interior que sufre el alquimista durante el proceso. Por lo tanto, al definir la traducción como una transmutación, Paz modificaba de pasada el concepto de influencia en literatura: la apropiación de las palabras ajenas para verterlas en otro idioma equivaldría a un acto caníbal, del que nadie sale inmune ni idéntico, por fortuna del antropófago.

El arte del traductor es el azogue que aspira a confundir la imagen con su reflejo, pero este funciona «de la manera extraña en que dos hermanos se parecen o, mejor dicho, en los sueños, una persona real y la imagen soñada de esta persona. A un tiempo es y no es la misma persona; una leve y misteriosa transfiguración se observa en los rasgos», como afirmaba Chirico a propósito de la relación entre su pintura y la realidad [Breton, 2000: 23]. En rigor, fuera del doble juego de reflejos, no existe otra manera de entender cómo se realiza la recreación del poema en el paso de una lengua a otra. Se escamotea la peculiar duración durante la cual los signos están de nuevo en movimiento en la mente del traductor, antes de volver a fijarse, a congelarse, en la versión de llegada. Sin embargo, algo entrevemos de la madera del puente que reúne las dos orillas a través de los comentarios que llegan a acompañar la traducción.

Octavio Paz constituye una excepción en el horizonte de los grandes poetas traductores por haber reflexionado sobre su labor al tiempo que traducía con maestría. Observa George Steiner en su preceptivo *Después de Babel*:

En la abrumadora mayoría de los casos, el material de estudio es un producto terminado. Tenemos a la vista un texto original y una o más tentativas de traducción. Nuestro análisis y nuestros juicios vienen desde el exterior, llegan cuando todas las piezas ya se encuentran en su lugar. No sabemos prácticamente nada del proceso genético que ha presidido el trabajo del traductor, ignoramos los principios *a priori* o puramente empíricos, las astucias y rutinas que han guiado su elección de tal equivalente y no de otros, que lo han hecho preferir un cierto nivel estilístico, que han cedido el lugar a una palabra X antes que a una Y [Steiner, 1995: 282].

En los comentarios a su versión del «Soneto en IX» de Mallarmé o a los poemas de Apollinaire, Octavio Paz proporciona un material excepcional para la cavilación sobre la *praxis* de la traducción. No se refiere en ellos a los grandes tópicos de la traducción sino a las decisiones prácticas que, paso a paso, tuvo que encarar y resolver. Estamos aquí *a ras* del poema y de su lectura, en el desvelo que exigen cada palabra, cada giro, el ritmo y la métrica en su caso, el registro del vocabulario, en fin, los múltiples componentes que intervienen durante la traducción de un texto. George Steiner recapitula, coincidiendo así con Octavio Paz: «Después de todo, es posible que la traducción no exista en abstracto. Lo que hay es una gama de realizaciones concretas, tan vastas y tan variadas que escapan de todo esquema único» [Steiner, 1995: 280].

José Emilio Pacheco aseguró en una fórmula feliz: «Paz nos acercó a lo lejano e hizo nuestro lo ajeno» [Pacheco, 2002: 46]. La aseveración alude a los autores de lenguas exóticas que Octavio Paz dio a conocer en la tradición hispánica: japonés, chino, sueco, sánscrito. Por más que hubiera residido en Japón y en la India, no eran idiomas que hablaba y menos aún dominaba. En el caso del sueco, Octavio Paz había aceptado prestar ayuda al poeta Pierre Zekeli en su traducción de cuatro poetas suecos: Harry Martinson, Artur Lundkvist, Gunnar Ekelöf y Erik Lindegren; traducción que se volvería una breve antología que ambos firmaron. Una misma colaboración entre Paz y Eikichi Hayashiya permitió, en 1955, la traducción de *Sendas de Oku* de Bashō, que se publicó dos años después en la editorial de la Universidad Nacional Autónoma de México. Le siguió una serie de *Tanka y haikú*. A raíz de la escritura de *Vislumbres de la India*, Octavio Paz refrescó algunas lecturas, entre ellas, la poesía sánscrita clásica de *Kavya*, y decidió traducir algunos poemas de esta antología. «Lo hice en parte por gratitud y en parte por divertimento. Comunicar el placer que hemos experimentado al leer ciertos poemas es también, en sí mismo, otro placer», advertía en el Prefacio [Paz, 1995b: 545].

Por último, su pasión por la poesía china y el afán de difundirla en español arrancaron en 1957 con los *Trazos* de Chuang-tse, y continuaron con Fou Hinan, Wang Wei, Li Po, Tu Fu, Yüan Chieh, Han Yü, Po Chü-I, entre otros. En una nota introductoria, Paz aclaraba: «El formidable obstáculo de la lengua no me detuvo y, sin respeto por la filología, traduje del inglés y del francés» [Paz, 1995a: 563]. Más de un sinólogo pegó un grito al cielo, como antes lo habían hecho con Ezra Pound. ¿Tendríamos que concluir que, al igual que Ezra Pound en su tiempo, Octavio Paz «inventó» la poesía china en lengua castellana? «En mis aisladas tentativas —confiesa Paz— seguí, al principio, el ejemplo de Pound y, más que nada, el de Arthur Waley, un tanto más dúctil aunque menos intenso y poderoso. Después, poco a poco, he buscado mi propio camino. [...] El resultado fueron otros poemas. Otros: los mismos» [Paz, 1995c: 557].

El poeta mexicano arriesgó una versión de un célebre poema de Wang Wei, «Parque de los venados», un cuarteto de cuatro líneas y cinco caracteres en cada una, con rimas entrelazadas. Una polémica por espadachines interpuestos —el ensayista neoyorquino Eliot Weinberger y el sinólogo Russell Maesth—, a propósito de un análisis comparativo de otras diecinueve versiones del poema, mostró cómo Octavio Paz, al cabo de tres intentos sucesivos, llegó a la correcta comprensión de un carácter de difícil traducción gracias a su intuición poética y a sus lecturas acumuladas sobre la cultura china:

La saga de la traducción de este cuarteto de Wang Wei —concluye la sinóloga mexicana Flora Bottom— es una prueba de la seriedad con la que Octavio Paz enfrentaba el problema de la traducción de la poesía china, producto de una cultura totalmente diferente a la suya, escrita en una época lejana y en una lengua que desconocía. Las traducciones de poesía china de Paz nos demuestran que el buen traductor de poesía debe ser, a su vez, un poeta, pero que en el caso de Paz es también un lector serio y un investigador [Bottom, 2011: 270].

Un comentario similar al que acompañaba la traducción del «Soneto en IX» o los poemas de Apollinaire da cuenta de algunos escollos en el traslado del poema «Primavera cautiva», de Tu Fu. Antes siquiera de reproducir su versión, expone la construcción del poema:

Es un poema de apenas ocho versos pentasilábicos: cuarenta sílabas que son cuarenta palabras que contienen un mundo [...] Los ocho versos de este género de poemas (*Lu-shih*) pueden ser de cinco o de ocho sílabas y se dividen en dos cuartetos subdivididos en cuatro dísticos. Cada verso, a su vez, se divide en dos segmentos o hemistiquios. Solo riman los versos pares, todos con la misma rima. Entre el segundo y el tercer dístico debe haber una relación de paralelismo, generalmente en forma de oposición de imágenes o tema [Paz, 1995c: 488].

Paz resume brevemente el episodio histórico al que hace referencia el poema, indispensable para comprender su contenido, ofrece algunos datos biográficos de Tu Fu, también imprescindibles para la comprehensión, y advierte que, si bien la rima no fue respetada, las asonancias y las aliteraciones se han buscado, digamos, como una resonancia de la rima y, sobre todo, del ritmo. En cuanto a la aritmética de las sílabas, Octavio Paz apunta escrupulosamente:

Las cuarenta sílabas-palabras de Tu Fu se transforman en ciento doce sílabas castellanas; sin embargo, el número de voces —si se excluyen los artículos, las conjunciones, los auxiliares y las preposiciones que exigen las lenguas romances— es el mismo: en uno y otro texto, cuarenta [Paz, 1995c: 490].

Ignoro si la contundente equivalencia silábica significa un sutil grado de fidelidad, pero se antoja una proeza de relojero suizo. Por otro lado, la polisemia de las imágenes poéticas de Tu Fu corresponde a su gusto por concentrar en una máxima economía verbal el más abierto y múltiple sentido. Tanto la concentración expresiva como la economía verbal eran dos obsesiones que llevaban a Octavio Paz a corregir constantemente sus versiones de otros poetas y sus propias creaciones. Nunca en desdoro de los sentimientos o las emociones que pretende plasmar el poema, sino por afán de perfección formal. A veces, Octavio Paz «podaba» los versos de los otros como «podaba» los suyos en pos de una misma concreción, como procedió en la traducción de algunos poemas de Pierre Reverdy. Por ello, no pertenecía a la raza común de los traductores «inflacionarios» como los tilda George Steiner, y sería así una excepción a la regla más compartida.

La conclusión del comentario a Tu Fu perfila lo que le seducía a Octavio Paz en la poesía china:

Así, Tu Fu nos ha presentado, en ocho versos refinados y simples, la progresiva disolución de todas las oposiciones en una visión simultánea de la criatura humana, perdida en la inmensidad de la naturaleza y la historia. Perdida y rescatada con una sonrisa que, a su vez, disuelve burla y piedad en *comprensión*. Sabiduría que introduce en lo universal lo relativo y que, al saberse relativa, recobra una suerte de universalidad [Paz, 1995c: 490].

Estas escasas líneas remiten a la poética de Octavio Paz que admiraba, como magnificada, en la expresión a un tiempo refinada y sencilla que logra la poesía china y, en particular, Tu Fu en este poema. Gran parte de la creación de Octavio Paz aspira a resolver o, mejor dicho, a disolver las oposiciones que constantemente contrapuntean sus versos. Trátese del tiempo: la eternidad y el instante; del espacio: aquí y allá; del ser y del no-ser, del cuerpo y del no-cuerpo; el yo y el tú en el amor que es, quizá, el único ámbito en el que la disolución de los opuestos se vuelve tangible en la fusión erótica de los amantes. La superación de las contradicciones no desemboca, en la poesía de Octavio Paz, en un tercer elemento de síntesis, distinto de los dos polos en disputa, sino en una tensión que descansa esencialmente en la construcción formal del poema, como lo recalca el comentario de «Primavera cautiva».

Extrañamente, el motivo por el cual la poesía china sedujo duraderamente a Octavio Paz se asemeja mucho al que le hizo participar en el surrealismo. Recordemos las palabras de André Breton en el *Segundo manifiesto del surrealismo*:

Todo lleva a creer que existe un determinado punto del espíritu en el que la vida y la muerte, lo real y lo imaginario, el pasado y el futuro, lo comunicable y lo incomunicable, lo alto y lo bajo dejan de ser percibidos contradictoriamente. En vano se buscaría en la actividad surrealista otra motivación que la esperanza de determinar este punto [Breton, 1988: 782. La traducción es mía].

Acaso, ¿no se trata de la misma búsqueda, del hilo conductor que guio los pasos poéticos o perdidos de Paz, de París a Pekín? Una manera rápida, y por ello aproximada, de nombrar este punto cabría en la palabra «Absoluto», una aspiración común al surrealismo y al budismo japonés y chino, al taoísmo y a otras legítimas visiones del mundo.

Para explicar el complicado fenómeno de la reencarnación, los budistas recurren a una metáfora: cuando se prende una vela acercando la mecha a la llama de otra vela, el fuego nuevo es y no es el mismo, significando así que el espíritu que renace es y no es el mismo que el que se ha extinguido. Extrapolando la metáfora budista al asunto de la traducción, podría decirse que un poema traducido es y no es el mismo que el original, como si un solo espíritu de la poesía y un mismo fuego que trascendieran a los poetas, perduraran en dos poemas aparentemente distinguibles en las lenguas.

El ejercicio de la traducción quizá sea el que mejor pone de manifiesto la impersonalización de la poesía. ¿Por qué dos poemas dejarían de ser el mismo en dos lenguas distintas? ¿Qué da o quita una lengua dentro de la creación poética? En el fondo de la sempiterna discusión acerca de las traiciones de la traducción, la espina o el hueso más duro de roer ¿no estaría en la fetichización de la idea de autoría? Estamos tan acostumbrados o viciados por la figura del autor, sucesivamente endiosado y caído, pura derivación de una ilusoria originalidad, que se interpreta toda transmutación como un sacrilegio.

El traductor es aquel que sabe oír la voz callada debajo de la letra escrita, revivirla en su propio aliento y lanzarla de nuevo a otra vida. Algunos la llaman el «espíritu» de la poesía, en oposición a su sola letra. Octavio Paz prefirió calificarla como «la otra voz»: «La singularidad de la poesía moderna no viene de las ideas o las actitudes del poeta: viene de su voz. Mejor dicho: del acento de su voz. Es una modulación indefinible, inconfundible y que, fatalmente, la vuelve otra» [Paz, 1990a: 133].

BIBLIOGRAFÍA

Bibliografía directa

EDICIONES DE OBRAS COMPLETAS

Se enuncian las cuatro versiones, dos españolas y dos mexicanas, que existen de este conjunto: dos en formato mayor de quince tomos y dos en formato compacto, de ocho. Se omiten las traducciones de las obras de OP a otros idiomas.

I. Barcelona, Círculo de Lectores, 15 volúmenes.

Vol. 1. La casa de la presencia. Poesía e historia. La casa de la presencia. Primera parte. I. El arco y la lira. II. Recapitulaciones. III. La nueva analogía: Poesía y tecnología. Segunda parte. Los hijos del limo (Del romanticismo a la vanguardia). Tercera parte. La otra voz (Poesía y fin de siglo), 1991.

Vol. 2. Excursiones/incursiones. Excursiones e incursiones. I. Excursiones/incursiones. II. Corriente alterna, 1991.

Vol. 3. Fundación y disidencia. Dominio hispánico. Unidad, modernidad, tradición. I. Fundación y disidencia. II. Corriente alterna, 1991.

Vol. 4. Generaciones y semblanzas. Dominio mexicano. Tránsito y permanencia. Seis vistas de la poesía mexicana. Protagonistas y agonistas: poetas. Protagonistas y agonistas: narradores. Dítono, 1991.

Vol. 5. Sor Juana Inés de la Cruz o las trampas de la fe. Historia, vida, obra. Primera parte. El reino de la Nueva España. Segunda parte.

Juana Ramírez (1648-1668). Tercera parte. Sor Juana Inés de la
Cruz (1669-1679). Cuarta parte. Sor Juana Inés de la Cruz (1680-
1690). Quinta parte. Musa Décima. Sexta parte. Las trampas de
la fe. Apéndice. Sor Juana: testigo de cargo. La carta, 1991.

Vol. 6. Los privilegios de la vista I. Arte moderno universal. Repaso en
forma de preámbulo. I. Mirador. II. Apariencia desnuda. La obra
de Marcel Duchamp. III. Corriente alterna. IV. Tributos, 1991.

Vol. 7. Los privilegios de la vista II. Arte de México. I. El águila, el
jaguar y la Virgen (Introducción a la historia del arte en Méxi-
co). II. Arte precolombino. III. Arte moderno. IV. La pintura
mural. V. Solitarios e independientes. VI. Arte contemporáneo.
VII. Tributos, 1993.

Vol. 8. El peregrino en su patria. Historia y política de México. Entrada
retrospectiva. I. Pasados. II. Presente fluido. III. El cercado aje-
no. IV. Ocasiones, 1993.

Vol. 9. Ideas y costumbres I. La letra y el cetro. I. Iberoamérica. II. El
socialismo autoritario. III. La libertad contra la fe. IV. Tiempo
nublado. V. Pequeña crónica de grandes días. VI. Piezas de con-
vicción, 1993.

Vol. 10. Ideas y costumbres II. Usos y símbolos. I. Pan, Eros, Psique.
II. Conjunciones y disyunciones. III. La llama doble. IV. Vis-
lumbres de la India. V. Claude Lévi-Strauss o el Nuevo Festín
de Esopo. VI. Corriente alterna, 1996.

Vol. 11. Obra poética I 1935-1970. Libertad bajo palabra (1935-
1957). La hija de Rappaccini (1956). Días hábiles (1958-1961).
Homenaje y profanaciones (1960). Salamandra (1958-1961).
Solo a dos voces (1961). Ladera este (1962-1968). Hacia el co-
mienzo (1964-1968). Blanco (1966). Topoemas (1968). El
mono gramático (1970), 1996.

Vol. 12. Obra poética II 1969-1998. Vuelta (1969-1975). Pasado en
claro (1974). Árbol adentro (1976-1988). Figuras y figuraciones
(1991-1994). Octavio Paz y Marie José Paz. Poemas 1989-
1996. Poemas colectivos. Versiones y diversiones, 2003.

Vol. 13. Miscelánea I. Primeros escritos. El llamado y el aprendizaje.
I. Primera instancia. Poesía (1930-1943). II. Primeras letras.
Prosa (1931-1945), 1998.

Vol. 14. Miscelánea II. Últimos escritos. La casa de la presencia: poe-
sía e historia. Excursiones/Incursiones. Dominio Extranjero.

Fundación y disidencia: dominio hispánico. Generaciones y
semblanzas: dominio mexicano. Sor Juana Inés de la Cruz o las
trampas de la fe. Los privilegios de la vista I: Arte moderno
universal. Los privilegios de la vista II: Arte de México. El pe-
regrino en su patria. Historia y política de México. Ideas y cos-
tumbres I: La letra y el cetro. Ideas y costumbres II: Usos y
símbolos, 2000.

Vol. 15. Miscelánea III. Entrevistas. Escribir y decir. En particular.
El mundo actual al reojo. Siluetas y perfiles. Horizontes. Solo a
dos voces, 2003.

II. México, Fondo de Cultura Económica,
     col. Letras Mexicanas, 15 volúmenes.

Vol. 1. La casa de la presencia: poesía e historia, 1998.

Vol. 2. Excursiones / Incursiones: dominio extranjero, 1998.

Vol. 3. Fundación y disidencia: dominio hispánico, 1997.

Vol. 4. Generaciones y semblanzas: dominio mexicano, 1995.

Vol. 5. Sor Juana Inés de la Cruz o las trampas de la fe, 1998.

Vol. 6. Los privilegios de la vista I: arte moderno universal, 1997.

Vol. 7. Los privilegios de la vista II: arte de México, 2003.

Vol. 8. El peregrino en su patria: historia y política de México, 2001.

Vol. 9. Ideas y costumbres I: la letra y el cetro, 1995.

Vol. 10. Ideas y costumbres II: usos y símbolos, 1996.

Vol. 11. Obra poética I, 2001.

Vol. 12. Obra poética II, 2004.

Vol. 13. Miscelánea I: primeros escritos, 1999.

Vol. 14. Miscelánea II: últimos escritos, 2001.

Vol. 15. Miscelánea III: entrevistas, 2003.

III. Barcelona, Galaxia Gutenberg
      y Círculo de Lectores, 8 volúmenes.

Vol. I. La casa de la presencia, 1999.

Vol. II. Excursiones-Incursiones, 2000.

Vol. III. Generaciones y semblanzas y Sor Juana, 2001.

Vol. IV. Los privilegios de la vista, 2001.

Vol. V. El peregrino en su patria, 2002.

Vol. VI. Ideas y costumbres, 2003.

Vol. VII. Obra poética, 2004.
Vol. VIII. Miscelánea, 2005.

IV. México, Fondo de Cultura Económica, 2.ª ed., 2014, 8 volúmenes.

Vol. I. La casa de la presencia. Poesía e historia.
Vol. II. Excursiones / Incursiones; Dominio extranjero; Fundación y disidencia; Dominio hispánico.
Vol. III. Generaciones y semblanzas. Dominio mexicano; Sor Juana Inés de la Cruz o Las trampas de la fe.
Vol. IV. Los privilegios de la vista. Arte moderno universal. Arte de México.
Vol. V. El peregrino en su patria. Historia y política de México.
Vol. VI. Ideas y costumbres. La letra y el cetro. Usos y símbolos.
Vol. VII. Obra poética.
Vol. VIII. Miscelánea. Primeros escritos y entrevistas.

LIBROS SUELTOS

Luna silvestre, México, Fábula, 1933.
¡No pasarán!, México, Simbad, 1936.
Raíz del hombre, México, Simbad, 1937.
Bajo tu clara sombra y otros poemas sobre España, España, Ediciones Españolas, 1937.
Entre la piedra y la flor, México, Nueva Voz, 1941.
A la orilla del mundo, México, Compañía Editorial y Librera ARS, col. Serie: Poesía Hispanoamericana, 1942.
El laberinto de la soledad, 1.ª ed., México, Fondo de Cultura Económica, col. Cuadernos Americanos, 1950. / *El laberinto de la soledad*, edición conmemorativa 50 aniversario, 2 vols., México, Fondo de Cultura Económica, col. Tezontle, 2000.
Semillas para un himno, México, Fondo de Cultura Económica, col. Tezontle, 1954.
El arco y la lira, México, Fondo de Cultura Económica, col. Lengua y Estudios Literarios, 1956. / *El arco y la lira*, edición facsimilar conmemorativa 50 aniversario (1956-2006), postfacio de

Anthony Stanton, México, Fondo de Cultura Económica, col. Tezontle, 2006.

Las peras del olmo, México, Universidad Nacional Autónoma de México, 1957.

Sendas de Oku, Matsuo Basho, traducción de Octavio Paz y Eikichi Hayashiya, introducción de Octavio Paz, México, Universidad Nacional Autónoma de México, 1957.

Piedra de sol, México, Fondo de Cultura Económica, col. Tezontle, 1957. / *Piedra de sol*. Edición 50 aniversario, texto facsimilar de la 1.ª edición, antología y prólogo de Hugo J. Verani. Incluye ensayos de Hugo J. Verani, Ramón Xirau, Tomás Segovia, José Emilio Pacheco, Maya Schärer-Nussberger, Pere Gimferrer, Jason Wilson, Paul-Henri Giraud, Francesco Fava y Nicanor Vélez, México, Fondo de Cultura Económica, col. Tezontle, 2007.

Libertad bajo palabra. Obra poética (1935-1957), México, Fondo de Cultura Económica, col. Letras Mexicanas, 1960.

Salamandra (1958-1961), México, Joaquín Mortiz, 1962.

Cuadrivio, México, Joaquín Mortiz, 1965.

Viento entero, Delhi, The Caxton Press, 1965.

Puertas al campo, México, Universidad Nacional Autónoma de México, col. Poemas y Ensayos, 1966.

Blanco, México, Joaquín Mortiz, 1967.

Corriente alterna, México, Siglo XXI Editores, 1967.

Discos visuales. Dibujos de Vicente Rojo, dos volúmenes, México, Ediciones Era, 1968.

Topoemas, México, Ediciones Era, 1971.

Ladera este (1962-1968), México, Joaquín Mortiz, col. Las Dos Orillas, 1969.

Conjunciones y disyunciones, México, Joaquín Mortiz, col. Cuadernos, 1969.

Posdata, México, Siglo XXI Editores, 1970.

Los signos en rotación y otros ensayos, prólogo y selección de Carlos Fuentes, Madrid, Alianza, 1971.

Puertas al campo, México, Seix Barral, col. Biblioteca Breve de Bolsillo, 1972.

Solo a dos voces, Octavio Paz y Julián Ríos, Barcelona, Editorial Lumen, col. Palabras e Imagen, 1973.

¿*Águila o sol?*, México, Fondo de Cultura Económica, col. Tezontle, 1973.

Versiones y diversiones, Poemas de Fernando Pessoa. Cuatro poetas suecos, algunos orientes extremos, México, Joaquín Mortiz, 1974.

Versiones y diversiones, edición revisada y aumentada (incluye una «Nota del editor», una «Nota preliminar», fechada en México el 12 de marzo de 1975, una «Nota a la segunda edición», fechada en México el 6 de abril de 1978, y una «Nota final», fechada en México el 25 de febrero de 1995), edición al cuidado de Nicanor Vélez, Barcelona, Galaxia Gutenberg, Círculo de Lectores, 2000.

El mono gramático, Barcelona, Seix Barral, col. Biblioteca Breve, 1974.

Los hijos del limo, Barcelona, Seix Barral, 1974.

Pasado en claro, México, Fondo de Cultura Económica, col. Letras Mexicanas, 1975.

Xavier Villaurrutia en persona y en obra, con 10 dibujos de Juan Soriano y una iconografía, México, Fondo de Cultura Económica, col. Letras Mexicanas, 1978.

Apariencia de ida: la obra de Marcel Duchamp, México, Ediciones Era, 1978.

Poemas (1935-1975), Barcelona, Seix Barral, 1979.

El ogro filantrópico, Barcelona, Seix Barral y México, Joaquín Mortiz, 1979.

Sor Juana Inés de la Cruz o las trampas de la fe, México, Fondo de Cultura Económica, col. Lengua y Estudios Literarios, 1982.

Blanco, edición facsimilar y Archivo Blanco, dos volúmenes, contiene facsímil y transcripción de los borradores, cartas con editores, textos de presentación de Octavio Paz, edición de Enrico Mario Santí, en el marco del natalicio del poeta, México, Ediciones del Equilibrista, El Colegio Nacional, 1985.

México en la obra de Octavio Paz. El peregrino en su patria. Historia y política de México, vol. I, edición de Octavio Paz y L. M. Schneider, México, Fondo de Cultura Económica, 1987.

México en la obra de Octavio Paz. Generaciones y semblanzas. Escritores y letras de México, vol. II, edición de Octavio Paz y L. M. Schneider, México, Fondo de Cultura Económica, 1987.

México en la obra de Octavio Paz. Los privilegios de la vista. Arte de México, vol. III, México, Fondo de Cultura Económica, 1987.

Árbol adentro, México, Seix Barral, 1987.

Primeras letras (1931-1943), selección, introducción y notas de Enrico Mario Santí, México, Vuelta, 1988.

Primeras Letras (1931-1943), Barcelona, Seix Barral, col. Biblioteca Breve, 1988.

Lo mejor de Octavio Paz. El fuego de cada día, selección, prólogo y notas de Octavio Paz, Barcelona, Seix Barral, 1989.

Pequeña crónica de grandes días, México, Fondo de Cultura Económica, col. Letras Mexicanas, 1990.

La otra voz. Poesía y fin de siglo, Barcelona, Seix Barral, 1990.

La hija de Rappaccini, México, Ediciones Era, 1990.

Itinerario, México, Fondo de Cultura Económica, col. Tierra Firme, 1993.

Delta de cinco brazos, edición conmemorativa del ochenta aniversario de Octavio Paz, edición al cuidado de Nicanor Vélez, Barcelona, Círculo de Lectores, 1994.

Vislumbres de la India, Barcelona, Seix Barral, 1995.

Vislumbres de la India, Barcelona, Círculo de Lectores, 1995.

Claridad errante, México, Fondo de Cultura Económica, 1996.

El laberinto de la soledad y otras obras, Inglaterra, Penguin Book LTD, 1997.

Ladera este. Seguido de Hacia el comienzo y Blanco (1962-1968), edición al cuidado de Nicanor Vélez, Barcelona, Galaxia Gutenberg, 1998.

Figuras y figuraciones, en coautoría con Marie José Paz, Barcelona, Galaxia Gutenberg, 1999.

Luis Buñuel: el doble arco de la belleza y de la rebeldía, Barcelona, Galaxia Gutenberg, Círculo de Lectores, 2000.

Sueños en libertad. Escritos políticos, México, Seix Barral, col. Biblioteca Breve, 2001.

Crónica trunca de días excepcionales, presentación y notas de Antonio Saborit, México, Universidad Nacional Autónoma de México, col. Pequeños Grandes Ensayos, 2007.

Los signos en rotación y otros ensayos, con prólogo de Julio Cortázar, postfacio de Juan Malpartida, Madrid, Fórcola Ediciones, 2011.

Discurso de ingreso (1 de agosto de 1967), Octavio Paz / Antonio Castro Leal, México, El Colegio Nacional, 2012.

Arenas movedizas, México, Fondo de Cultura Económica, col. Clásicos, 2014.

La nueva analogía, México, El Colegio Nacional, 2017.

PARTICIPACIÓN EN EDICIONES

Voces de España: breve antología de poetas españoles contemporáneos, selección y notas de Octavio Paz, México, Letras de México, 1938.

Laurel. Antología de la poesía moderna en lengua española, preparada por Xavier Villaurrutia, Emilio Prados, Juan Gil Albert y Octavio Paz, México, Séneca, col. Laberinto, 1941. Reeditada con epílogo de OP, 2.ª ed., México, Trillas, col. Linterna Mágica, 1991.

Anthologie de la poésie mexicaine [*Antología de la poesía mexicana*], selección y prólogo de Octavio Paz, prefacio de Paul Claudel, traducción de Guy Lévis Mano, París, Nagel, col. Unesco, 1952.

Poesía en movimiento. México 1915-1966, selección y notas de Octavio Paz, Alí Chumacero, José Emilio Pacheco, Homero Aridjis; prólogo de Octavio Paz, México, Siglo XXI Editores, 1966.

CORRESPONDENCIA

Correspondencia: Alfonso Reyes / Octavio Paz (1939-1959), edición de Anthony Stanton, México, Fondo de Cultura Económica, col. Tierra firme, 1998.

Memorias y palabras: cartas a Pere Gimferrer (1966-1997), editada, prologada y anotada por Pere Gimferrer, Barcelona, Seix Barral, 1999.

Cartas cruzadas: Arnaldo Orfila, Octavio Paz: 1965-1970, México, Siglo XXI Editores, 2005.

Jardines errantes. Cartas a Jean-Clarence Lambert (1952-1992), liminar de J.C. Lambert, Barcelona, Seix Barral, col. Biblioteca Breve, 2008.

Cartas a Tomás Segovia (1957-1985), México, Fondo de Cultura Económica, col. Tezontle, 2008.

Al calor de la amistad. Correspondencia 1950-1984, Octavio Paz, José Luis Martínez, edición de Rodrigo Martínez Baracs, México, Fondo de Cultura Económica, col. Tezontle, 2014.

Cartas cruzadas: Arnaldo Orfila, Octavio Paz: 1965-1970, edición corregida y aumentada con introducción y notas de Adolfo Castañón, México, Siglo XXI Editores, 2016.

El tráfago del mundo. Cartas de Octavio Paz a Jaime García Terrés 1952-1986, México, Fondo de Cultura Económica, col. Tezontle, 2017.

Octavio Paz en 1968: el año axial. Cartas y escritos sobre los movimientos estudiantiles, prefacio y compilación de Ángel Gilberto Adame, prólogo de Enrique Krauze, México, Taurus, 2018.

Octavio Paz: Odi et amo: las cartas a Helena, edición de Guillermo Sheridan, México, Siglo XXI Editores, 2021.

REVISTAS

Barandal, n.° 1, México, agosto de 1931. Esta es la primera entrega de siete que conformará la edición de la revista *Barandal*, la primera iniciativa editorial de Octavio Paz, así como de otros estudiantes: Rafael López Malo, Arnulfo Martínez Lavalle y Salvador Toscano. Este primer número se compone de «América», de Rafael López M; «Chopin vs. Strawinsky», de Salvador Toscano; «Preludio viajero», de Octavio Paz L.; «La fiesta», de Julio I. Prieto; «Mástil», de Juan Jacobo; «Anecdotario de un muerto», de Arnulfo M. Lavalle; «La estética de los avisos luminosos», de F. T. Marinetti; y «Notas».

Barandal, n.° 2, México, septiembre de 1931. Incluye: «Orilla», de Octavio Paz L.; «Motivos del ahorcado», de Salvador Toscano; «Las generaciones egocéntricas», de Rafael López M.; «Rumbo», de Raúl Vega Córdova; «Gaviotas», de Humberto Mata; «La danza», de A. Martínez Lavalle; «Algo sobre la poesía», de Manuel Rivera Silva; «Freud y el psicoanálisis», de Karl Haeberlin; «El descubrimiento de un nuevo orden», de Pablo Luis Landsberg; «Notas»; y «A litter to Mr. James Joyce por Wladimir Dixon».

Barandal, n.° 3, México, octubre de 1931. Incluye: «La soledad en el mundo nuevo», de Enrique Ramírez y Ramírez; «Palabras verticales. Drama, en dos actos, con "6 personajes" y un tapete», de

Rafael López M.; «Poema», de Francisco López Manjarrés; «Notas sobre la juventud», de Rafael Vega Córdoba; «Las pruebas a que está Cuba sujeta», de Waldo Frank; «Alrededor de un nuevo libro», de E. R. y R.; «I keep wondering», de Hilda Conkling; «Notas»; y «Suplemento: Cinco poemas de Carlos Pellicer».

Barandal, n.º 4, México, noviembre de 1931. Incluye: «El sentido de la cultura en nuestro mundo», de Salvador Toscano; «Nocturno de la ciudad abandonada», de Octavio Paz L.; «Fotografía», de Adrián Osorio; «El infierno caía de arriba», de Julio I. Prieto; «Poema», de Humberto Mata; «La concepción jerárquica de la sociedad», de J. Huizinga; «A Juan Ramón Jiménez», de Paul Valéry; «Publicaciones y libros recibidos»; «Notas»; y «Suplemento: Lota de loco, de Salvador Novo».

Barandal, n.º 5, México, diciembre de 1931. Incluye: «Ética del artista», de Octavio Paz L.; «Poemas», de Rafael López M.; «Yermo», de Salvador Toscano; «Lo que yo creo», de Alberto Einstein; «Notas»; «Stalin y la revolución»; y «Suplemento: *Dos nocturnos,* de Xavier Villaurrutia».

Barandal, n.º 6, México, enero-febrero de 1932. Incluye: «Un problema concreto», de Enrique Ramírez y Ramírez; «Vivac», de A. Martínez Lavalle; «Asesinato infinito», de Julio I. Prieto; «Teatro social norteamericano», de Cristóbal de Castro; «Teatro y cine», de R. L. M.; «Notas»; y «Suplemento: *Notas desde Abraham Ángel,* de Manuel Moreno-Sánchez».

Barandal, n.º 7, México, marzo de 1932. Incluye: «Fuga de valores», de Salvador Toscano; «Poema del retorno», de Octavio Paz; «Inicial de novela», de Raúl Vega Córdova; «Colocación sin colores», de José Alvarado; «Pintura mexicana», de Manuel Moreno-Sánchez; «Plástica y poética», de Juan Marinello; «Libros extranjeros»; «Notas»; y «Suplemento: "Óleos", de Manuel Rodríguez Lozano».

Algunos audios y videos

El siguiente apartado enlista una somera muestra del material audiovisual disponible en internet, que aborda la vida y obra de Octavio Paz. A diferencia del resto de las entradas de esta «Bibliografía», se priorizó la fecha de grabación del material en cuestión. Por consiguiente, el orden que sigue este apartado no es alfabético, sino cronológico. Al final de cada entrada se proporciona entre corchetes el año de grabación. Asimismo, dada la extensa oferta de grabaciones sobre y de Octavio Paz que se encuentra en línea —se hallaron 138 recursos—, se intentó condensar la información y presentarles a los lectores aquellas referencias menos ancilares.

Octavio Paz à propos de son livre «Le labyrinthe de la solitude», pour tous, 28.10.1959, 10:22, vidéo, Interview du poète mexicain Octavio Paz, par Pierre Dumayet à propos de son livre *Le labyrinthe de la solitude*, portrait de l'âme mexicaine. Producteur /co-producteur: Radiodiffusion Télévision Française. Réalisateur: Jean Prat. Participant: Octavio Paz. Producteurs: Pierre Dumayet, Pierre Desgraupes. Présentateurs: Pierre Dumayet, Max Pol Fouchet, Lectures pour tous - 28.10.1959 - 10:22 – vidéo, https://www.ina.fr/ina-eclaire-actu/video/i18102449/octavio-paz-a-propos-de-son-livre-le-labyrinthe-de-la-solitude. [1959]

«Mexican poet and essayist Octavio Paz reading from his work», *Library of Congress*, 1961, 1:41:25, https://www.loc.gov/item/93842718/. [1961]

«Recital de poesía de Octavio Paz», *Regrabación de Radio Universidad Nacional de La Plata del disco «Voz viva de México», editado en 1961 por la Universidad Autónoma de México, Repositorio institucional de la UNLP*, http://sedici.unlp.edu.ar/handle/10915/34794. [1961]

«Octavio Paz a fondo / "In Depth"», YouTube, presentación de Joaquín Soler Serrano, subido por Editrama, 25 de abril de 2021, 1:32:27, https://youtu.be/8d3MXfrt7nU. [1977]

«Mario Vargas Llosa vs Octavio Paz. Debate: El compromiso de los intelectuales», YouTube, subido por David Rengifo, 3 de agosto de 2020, 1:27:50, https://youtu.be/quYg4PXwuic. [1980's]

«Octavio Paz: El lenguaje de los árboles», YouTube, dirigido por Claudio Isaac, subido por Marco Sánchez, 13 de noviembre de 2020, 28:04, https://youtu.be/Q78j_jpuUnY. [1983]

«Oriente y Occidente: India – Conversaciones con Octavio Paz», YouTube, subido por Athleticxsiempre, 20 de diciembre de 2018, 54:14, https://youtu.be/tPxwb5krUEo. Este debate forma parte de la serie titulada «Conversaciones con Octavio Paz», producida por Televisa. Otros capítulos de esta serie son: Occidente: China y Japón; El arte de México; Experiencia poética 1; El surrealismo; Poesía moderna: los fundadores; El laberinto de la soledad; Invitación a la poesía. Poetas medievales, barrocos y modernistas; Invitación a la poesía. Poetas modernos; México y sus pasados; Presente de México; Crisis del futuro; Poesía francesa; Poesía en lengua inglesa; La tradición poética mexicana 1; La tradición poética mexicana 2; La experiencia de la guerra civil española; La persona y obra de sor Juana Inés de la Cruz 1; y La persona y obra de sor Juana Inés de la Cruz 2. Todos los capítulos se encuentran disponibles en YouTube. [1984]

«Revisiones a la pintura mural», YouTube, subido por Athleticxsiempre, 3 de enero de 2019, 55:15, https://youtu.be/djPvcfIKfro. Este video forma parte de la serie «México en la obra de Octavio Paz, producida por Televisa, bajo la dirección de Héctor Tajonar. Otros capítulos de esta serie son: Arte moderno; Los Contemporáneos; Arte contemporáneo; Arte precolombino; Mesoamérica y Nueva España; y De la Independencia a la Revolución. Todos los capítulos se encuentran disponibles en YouTube. [1988]

«Octavio Paz: Brindis del Premio Nobel», YouTube, subido por Marco Sánchez, 16 de junio de 2021, 13:32. https://youtu.be/lcewJ1ASSVY. [1990]

«Octavio Paz: Discurso por el Premio Nobel, 1990», YouTube, subido por Perucultural Académico, 2 de mayo de 2021, 47:39, https://youtu.be/_YaIGf5vwNw. [1990]

«Writers Uncensored: The City as a Man», YouTube, subido por Zona Paz Octavio Paz, 27 de diciembre de 2021, 28:00, https://youtu.be/owhovYASBEM. [1991]

«Discurso de Octavio Paz al recibir el Premio Príncipe de Asturias de Comunicación y Humanidades», YouTube, subido por Zona Paz Octavio Paz, 22 de diciembre de 2021, 3:36, https://youtu.be/rdnUuxjqr1c. [1993]

«Octavio Paz. Recuento de una vida», YouTube, subido por Canal Once, 1 de abril de 2016, 1:18:15, https://youtu.be/jIs-ckUQs6g. [1993]

«La última entrevista de Octavio Paz», YouTube, subido por Zona Paz Octavio Paz, 13 de diciembre de 2021, 27:06, https://youtu.be/5IA72EbX7Js. [1997]

Biografía de Octavio Paz, documental, participación de Octavio Paz, Carlos Monsiváis, 2016, duración: 37:09, casa productora: People and Arts Latin America, productor y director: Michela Giorelli, guion de Carmen Ros, música de Eliseo Santillán, https://youtu.be/qTtcDloNRBY. [2016]

A continuación, se presenta un breve listado de algunos recursos audiovisuales que giran en torno a Octavio Paz que, sin embargo, no se encuentran disponibles en internet.

Voz del autor. Presentación de Mauricio Molina. Incluye la grabación del disco de acetato realizada por el autor en 1961 que comprende los poemas: «Semillas para un himno», «Trabajos del poeta», de *¿Águila o sol?*, «El cántaro roto», de *Días hábiles*, «Piedra de sol» y algunos poemas («Pasaje», «Contigo», «Cauce», «Viento entero») de *Ladera este*, que fueron leídos por el autor en 1967, con motivo de su ingreso a El Colegio Nacional, México, marzo de 2005, 104 pp., 2000 ejemplares.

Homenaje a Octavio Paz, CD hecho con poemas de Octavio Paz, por Grupo Literante, crédito a Marie José Tramini, Vda. de Paz. Incluye también «Una introducción a Octavio Paz», por Alberto Ruy Sánchez, Joaquín Mortiz, 1990, y el perfil de *La Jornada* de Angélica Abelleyra, 20 de abril de 1998, México, s. f.

Travesías: tres lecturas, Círculo de Lectores, Barcelona, España, 1996 (3 discos compactos).

Octavio Paz en *La hora nacional*, 6 de abril del 2003, Ed. Clío, 1999.

Entre los recursos que sí se encuentran en internet, hay algunos que no son grabaciones de una conferencia o un debate en específico, sino que ofrecen una compilación de los poemas de Octavio Paz leídos por él mismo, como por ejemplo:

«Octavio Paz. Homenaje sonoro», *Micrositios temáticos del Instituto Mexicano de la Radio*, https://www.imer.mx/micrositios/octavio-paz/

«Puntos de partida hacia el poema», *Voz Viva de México* (LP), leído en la voz de Octavio Paz, *Palabra virtual. Audio y video en poesía y literatura*, https://www.palabravirtual.com/index.php?ir=cole.php&wi=403&idi=156&show=voces. En esta página web se encuentran más de cien grabaciones de varios poemas de Octavio Paz leídos por el autor mismo, las cuales se toman de discos que recopilan fragmentos de diversas publicaciones.

Por último, hay ciertos recursos audiovisuales interesantes que, desafortunadamente, no proporcionan la fecha de grabación, tales como:

«Cortés y Moctezuma», YouTube, programa de Televisa y Fundación Cultural Televisa, participan Octavio Paz, Ignacio Bernal y Tzvetan Todorov, subido por Zona Paz Octavio Paz, 28 de diciembre de 2021, 50:38, https://youtu.be/ro91Hws51hI

«Octavio Paz sobre "Los Contemporáneos" 1/2», YouTube, subido por Sergio Flemate, 8 de abril de 2014, 30:35, https://youtu.be/396xKGWtK3g

«Octavio Paz sobre "Los Contemporáneos" 2/2», YouTube, subido por Sergio Flemate, 8 de abril de 2014, 30:35, https://youtu.be/qhxM6cLHbDM

Aunado al material audiovisual disponible en internet, en la Fonoteca Nacional de México existen más de 300 referencias con la voz de Octavio Paz. A continuación, se enlista en orden alfabético solo una sucinta muestra de las grabaciones disponibles en el catálogo de la Fonoteca.

«[Discurso poético de Octavio Paz]», soporte FN08020005872, record FNR0007267, cinta de carrete abierto, colección 004 Televisa Radio.

«[El poeta en su tierra]», soporte FN08020005881, record FNR0007320, cinta de carrete abierto, colección 004 Televisa Radio.

«[La hija de Rappaccini, obra teatral de Octavio Paz. Jorge Guillén]», soporte FN15060081201, record FNR0092762, cinta de carrete abierto, colección 030 Radio UNAM.

«[Poesía mexicana en los ensayos de Octavio Paz, primera parte]», soporte FN08010120740, record FNR0067621, cinta de carrete abierto, colección 005 IMER.

«[Tres minutos con... Juan María Alponte]», soporte FN08010140556, record FNR0061918, cinta de carrete abierto, colección 005 IMER.

«Conferencia de Octavio Paz sobre tradición poética y aparición de nuevos poetas, con lectura de poemas por Octavio Paz», soporte FN18070010448, record FNV0004953, audio digital, colección 200 Ernesto Velázquez Briseño.

«Contrapunto», soporte FN08010141490, record FNR0061914, cinta de carrete abierto, colección 005 IMER. [Hay varias grabaciones con este título].

«Daniel Catán: homenaje a Octavio Paz», soporte FN09060000811, record FNM0007982, CD, colección 067 Juan Arturo Brenan.

«El laberinto de la soledad», soporte FN08040012752, record FNV0002296, DAT, colección 003 Instituto Nacional de Bellas Artes y Literatura.

«El laberinto de la soledad a 50 años de escribirse», soporte FN11060016949, record FNR0045640, cinta de carrete abierto, colección 030 Radio UNAM.

«Elena Garro, parte uno», soporte FN08010128992, record FNR0005058, cinta de carrete abierto, colección 005 IMER.

«Entrevista Octavio Paz», soporte FN08010116367, record FNR0048863, cinta de carrete abierto, colección 004 Televisa Radio.

«Entrevista a Octavio Paz», soporte FN08040007080, record FNV0003171, CD, colección 019 Fonoteca Nacional (diversos ingresos).

«Entrevistas a escritores e intelectuales con motivo del centenario de Octavio Paz», soporte FN14070007379, record FND0000864, audio digital, colección 071 Fonoteca Nacional.

«Homenaje a Octavio Paz», soporte FN08010124741, record FNR0067840, cinta de carrete abierto, colección 005 IMER.

«Homenaje a Octavio Paz», soporte FN11060016196, record FNR0048096, cinta de carrete abierto, colección 030 Radio UNAM. [Hay varias grabaciones con este título].

«Homenaje a Octavio Paz: arte y vanguardia», soporte FN08040000522, record FNV0000073, casete, colección 002 Festival Internacional Cervantino.

«Homenaje nacional a Octavio Paz», soporte FN08040012551, record FNV0001856, DAT, colección 003 Instituto Nacional de Bellas Artes y Literatura.

«La música y la obra de Octavio Paz», soporte FN08020000045, record FNM0003058, cinta de carrete abierto, colección 002 Festival Internacional Cervantino.

«La voz del espejo, Fabienne Bradu», soporte FN17040046063, record FNR0085665, CD, colección 005 IMER.

«Las trampas de la fe de Octavio Paz», soporte FN12060056502, record FNR0061011, cinta de carrete abierto, colección 030 Radio UNAM.

«Obra política de Octavio Paz», soporte FN13060062217, record FNR0061966, DAT, colección 030 Radio UNAM.

«Octavio Paz», soporte FN08010145801, record FNR0009809, cinta de carrete abierto, colección 005 IMER.

«Octavio Paz», soporte FN08010153962, record FNR0061965, cinta de carrete abierto, colección 023 Embajada de Francia.

«Octavio Paz», soporte FN10030138777, record FNV0003173, disco de 33 rpm, colección 155 Centro de Estudios Económicos y Sociales del Tercer Mundo.

«Octavio Paz, primera parte», soporte FN10060004589, record FNR0015419, cinta de carrete abierto, colección 030 Radio UNAM.

«Octavio Paz, segunda parte», soporte FN08010145802, record FNR0061944, cinta de carrete abierto, colección 005 IMER.

«Ofrenda del tiempo», soporte FN08040001935, record FNM00 00322, CD, colección 009 Fonoteca Nacional (adquisiciones).

«Paz en la literatura europea», soporte FN08040000520, record FNV0000071, casete, colección 002 Festival Internacional Cervantino.

«Presentación de Obra poética 1, tomo 11 de las Obras completas de Octavio Paz», soporte FN08010147431, record FNR0055267, cinta de carrete abierto, colección 005 IMER.

«Surrealismo», soporte FN14040032977, record FNV0005119, casete, colección 082 Museo de Arte Moderno.

«Tercer Aniversario de la Revista Vuelta», soporte FN12060045561, record FNR0059321, cinta de carrete abierto, colección 030 Radio UNAM.

«Todo lo que somos está en los libros», soporte FN10010166697, record FNR0061939, cinta de carrete abierto, colección 005 IMER. [Hay varias grabaciones con este título].

«Voces que hablan de Octavio Paz», soporte FN11060016769, record FNR0020824, cinta de carrete abierto, colección 030 Radio UNAM.

Bibliografía indirecta

ALGUNOS LIBROS SUELTOS

Adame, Ángel Gilberto, *Pasiones, fracturas y rebeliones, Octavio Paz, Pablo Neruda y José Bergamín*, prólogo de César Arístides, México, Taurus, 2020.

Aguilar Rivera, José Antonio, *Aire en libertad. Octavio Paz y la crítica*, México, Fondo de Cultura Económica, col. Vida y Pensamiento de México, 2015.

Brading, David A., *Octavio Paz y la poética de la historia mexicana*, México, Fondo de Cultura Económica, col. Historia, 2002.

Bradu, Fabienne, *Los puentes de la traducción. Octavio Paz y la poesía francesa*, México, Universidad Nacional Autónoma de México, 2004.

— y Ollé-Laprune, Philippe, *Una patria sin pasaporte: Octavio Paz y Francia*, México, Fondo de Cultura Económica, col. Vida y Pensamiento de México, 2014.

Brons, Thomas, *Octavio Paz, Dichterfürst im mexikanischen Korporativismus (Hispanistische Studien, 23)*, Frankfurt, Peter Lang, 1992.

Castañón, Adolfo, *Tránsito de Octavio Paz (poemas, apuntes, ensayos). Seguido de un anexo documental de José E. Iturriaga*, México, El Colegio de México, col. Rescates, 2014.

Castoriadis, Cornelius, *La insignificancia y la imaginación*, con Daniel Mermet, Octavio Paz, Alain Finkielkraut, Jean-Luc Donnet, Francisco Varela y Alain Connes, Madrid, Trotta, 2002.

Díaz Gamboa, Sandra Lucía, *Blanco, de Octavio Paz, o la estética de la evanescencia*, Bogotá, Pontificia Universidad Javeriana, 2012.

Domínguez, Christopher, *Octavio Paz en su siglo*, México, Editorial Aguilar, Santillana Ediciones, 2014. (Traducido al francés como *Octavio Paz dans son siècle* por Gersende Camenen, Gallimard, 2014).

Eufracio, Patricio, *Octavio Paz: ensayo y ensayística*, México, El Colegio de Puebla, 2003.

Fernández Cozman, Camilo. *El cántaro y la ola. Una aproximación a la poética de Octavio Paz*, Lima, Asamblea Nacional de Rectores, 2004.

Flores, Malva, *Estrella de dos puntas. Octavio Paz y Carlos Fuentes. Crónica de una amistad*, México, Ariel, 2020.

—, *Paz*, Universidad de Guanajuato, col. Pequeña Galería del Escritor Hispanoamericano, 2021.

Forgues, Roland, *Octavio Paz, el espejo roto*, Murcia, Universidad de Murcia, 1992.

García Monsiváis, Blanca M., *El ensayo mexicano en el siglo XX*, México, Universidad Autónoma Metropolitana, Unidad Iztapalapa, División de Ciencias Sociales y Humanidades, 1995.

Gimferrer, Pere, *Octavio Paz*, Madrid, Taurus, 1982.

Giraud, Paul-Henri, *Octavio Paz. Vers la transparence*, prefacio de Héctor Bianciotti, París, PUF, 2002. (Traducido al español como *Octavio Paz. Hacia la transparencia*, México, El Colegio de México, 2014).

González, Javier, *El cuerpo y la letra. La cosmología poética de Octavio Paz*, Madrid, Fondo de Cultura Económica, col. Sombras del Origen, 1990.

González Torres, Armando, *Las guerras culturales de Octavio Paz*, México, El Colegio de México, 2014.

Grenier, Yvon, *Del arte a la política: Octavio Paz y la búsqueda de la libertad*, México, Fondo de Cultura Económica, col. Tierra Firme, 2004.

Hernández, Juan Abelardo, *Octavio Paz. El poeta que hiló su tiempo*, México, Lumen, Consejo Nacional para la Cultura y las Artes, col. Huellas de México, 2007.

Honig, Edward, *The Poet's other voice. Conversations on Literary Translation*, Massachussets, The University of Massachussets Press, 1985. La entrevista con Octavio Paz aparece entre las páginas 151-163.

Hozven, Roberto, *Octavio Paz: Viajero del presente*, México, El Colegio Nacional, 1994.

Jaimes, Héctor, *Octavio Paz: la dimensión estética del ensayo*, México, Siglo XXI Editores, 2004.

Jiménez Cataño, Rafael, *Octavio Paz. Poética del hombre*, Pamplona, EUNSA, col. Astrolabio Lengua y Literatura, 1992.

Krauze, Enrique, *Octavio Paz. El poeta y la revolución*, México, DeBolsillo, 2014.

Lafaye, Jacques, *Octavio Paz en la deriva de la modernidad*, México, Fondo de Cultura Económica, 2013.

— (coord.), *Octavio Paz: la palabra en libertad*, prólogo de José Luis Leal Sanabria; con textos de: Christopher Domínguez Michael, Agustín Vaca, Jesús Silva-Herzog Márquez, Jorge Esquinca, Charles Malamoud, Fabienne Bradu, Guillermo de la Peña, 2011.

Lambert, Hervé Pierre, *Octavio Paz et l'Orient*, prefacio de JeanClarence Lambert, París, Classiques Garnier, 2014.

Maldonado, Miguel, *Octavio Paz. Hommage & profanation*, prefacio de Michel Mafessoli, París, CNRS Éditions, 2014.

Malpartida, Juan, *La perfección indefensa. Ensayos sobre literaturas hispánicas del siglo XX*, México, Fondo de Cultura Económica, col. Tierra Firme, 1998. Incluye un capítulo sobre Octavio Paz en las páginas 23-99.

Matos Moctezuma, Eduardo, *Octavio Paz y la arqueología*, México, El Colegio Nacional, 2018.

Mendiola, Víctor Manuel, *El surrealismo de Piedra de Sol, entre peras y manzanas*, México, Fondo de Cultura Económica, 2011.

Monsiváis, Carlos, *Adonde yo soy tú somos nosotros: Octavio Paz*, México, Hoja Casa Editorial (Raya en el Agua), 2000.

Paz, Ireneo, *Algunas campañas*, T. I., prólogo de Antonia Pi-Suñer Llorens. T. II, postfacio, «Silueta» por Octavio Paz, fechada el 10 de noviembre de 1996, México, Fondo de Cultura Económica, El Colegio Nacional, 1997.

Peralta, Braulio, *El poeta en su tierra. Diálogos con Octavio Paz*, México, Editorial Grijalbo, 1996.

Poniatowska, Elena, *Octavio Paz. Las palabras del árbol*, edición de Juan Guillermo López, México, Plaza y Janés, 1998; Barcelona, Lumen, 1998.

Quemain, Miguel Ángel, *La brújula y el laberinto. Encuentros con Octavio Paz (1986-1996)*, México, Instituto Literario de Veracruz, 2015.

Rojas Guzmán, Eusebio, *Conversación con Octavio Paz*, México, Publicaciones Culturales, 1983.

Romano-Odio, Clara, *Octavio Paz en los debates críticos y estéticos del siglo XX*, España, Tresctres, 2006.

Ruy Sánchez, Alberto, *Una introducción a Octavio Paz*, México, Fondo de Cultura Económica, 2013.

Saínz, Enrique, *Octavio Paz*, La Habana, Fondo Editorial Casa de las Américas, 2013.

Sánchez Benítez, Roberto, *Octavio Paz: Ontology and Surrealism*, Londres, Rowman & Littlefield, 2021.

Santí, Enrico Mario, *El acto de las palabras. Estudios y diálogos con Octavio Paz*, México, Fondo de Cultura Económica, 1997.

—— *Luz espejeante: Octavio Paz ante la crítica*, México, Ediciones Era, Universidad Nacional Autónoma de México, 2009.

Serrano, Pedro, *La construcción del poeta moderno. T. S. Eliot y Octavio Paz*, México, Universidad Nacional Autónoma de México, 2011.

Sheridan, Guillermo, *Poeta con paisaje. Ensayos sobre la vida de Octavio Paz*, México, Ediciones Era, 2004.

—— *El filo del ideal. Octavio Paz en la Guerra Civil*, Madrid, Visor Libros, 2008.

—— *Habitación con retratos. Ensayos sobre la vida de Octavio Paz 2*, México, Ediciones Era, Consejo Nacional para la Cultura y las Artes, 2015.

—— *Los idilios salvajes. Ensayos sobre la vida de Octavio Paz 3*, México, Secretaría de Cultura, 2016.

Stanton, Anthony, *Las primeras voces del poeta Octavio Paz (1931-1938)*, México, Ediciones sin nombre, Consejo Nacional para la Cultura y las Artes, 2001.

Stavans, Ilan, *Octavio Paz, a Meditation*, Tucson, The University of Arizona Press, 2001.

Vargas, Rafael, *Octavio Paz, entre la imagen y el nombre*, Consejo Nacional para la Cultura y las Artes, México, 2010.

—— *Octavio Paz. Iconografía*, México, Fondo de Cultura Económica, Fondo Editorial Universidad Autónoma de Querétaro, 2020.

Verani, Hugo J., *Bibliografía crítica de Octavio Paz (1931-1996)*, México, El Colegio Nacional, 1997.

—— *Octavio Paz: el poema como caminata*, México, Fondo de Cultura Económica, 2013.

—— *Octavio Paz: Bibliografía crítica (1931-2013)*, 3 volúmenes, México, El Colegio Nacional, 2014.

Villar, Arturo del, *Tres normas de eternidad: Juan Ramón Jiménez, José Gorostiza y Octavio Paz*, Madrid, Los Libros de Fausto, 1990.

Zambrano, María, *Un descenso a los infiernos*, Toledo, Sonseca, Instituto de Bachillerato La Sisla, 1995.

Algunas ediciones conmemorativas y publicaciones dedicadas a Octavio Paz

Al pie de la letra, entrevista a Octavio Paz de Cristina Pacheco, México, Fondo de Cultura Económica, 2001.

Anuario de la Fundación Octavio Paz, n.º 1, México, Fondo de Cultura Económica, 1999. Incluye: «Nubes y sol» de Octavio Paz; *In memoriam* de: Gabriel Zaid, Eduardo Lizalde, Fernando Savater, Nadine Gordimer, Claude Lévi-Strauss, Gabriel García Márquez, Pierre Schneider, Jacques Dupin, Nicanor Parra, Jean-Claude Masson, Jean Meyer, Yves Bonnefoy; ensayos de: Anne Picard, Yvonne Grénier, Manuel Ulacia; conversaciones: Octavio Paz y Julián Ríos; Notas y noticias de Paul-Henri Giraud, Sergio Pitol, Guillermo Sheridan, Horacio Costa, Rafael Rojas.

Anuario de la Fundación Octavio Paz, n.º 2, México, Fondo de Cultura Económica, 2000. Incluye: testimonios de Alejandro Rossi, Edgar Morin, Gerardo Deniz, Teodoro González de León, Pablo Rudomín; ensayos de Dore Ashton, Michael Palmer, Génese, Maarten van Delden, Guillermo Sheridan; Beca Octavio Paz de poesía Tedi López Mills; Notas y noticias de Nicanor Vélez, María Esther Maciel, Mercedes de la Garza; reseñas y actividades de la Fundación, encuentros y actos culturales dedicados a Octavio Paz; adenda bibliográfica.

Anuario de la Fundación Octavio Paz, n.º 3, México, Fondo de Cultura Económica, 2001. Incluye: conferencias de Carlos Monsiváis, Manuel Durán, Roger Bartra, Juliana González, Saúl Yurkievich, Enrico Mario Santí, Enrique Krauze; Mesas redondas: «El laberinto político» de Carlos Castillo Peraza, Enrique González Pedrero, Luis Medina Peña, Federico Reyes Heroles, Rafael Segovia; «Origen del laberinto» de Álvaro Matute, Javier Rico Moreno, Anthony Stanton; «La identidad en su laberinto» de Manuel Durán, Leopoldo Zea; «Cultura y sociedad» de Bolívar

Echeverría, Yvonne Grenier, Martha Lamas, Adolfo Sánchez Vázquez; «Historia y soledad» de Eduardo Matos Moctezuma, Jean Meyer, Isabel Turrent; Premio Octavio Paz de Poesía y Ensayo, discurso de recepción y poema de Tomás Segovia; Beca Octavio Paz de poesía, Francisco Hernández; Octavio Paz: Poeto grafías; Actividades de la Fundación; Memoria del Coloquio Internacional «Por *El laberinto de la soledad* a 50 años de su publicación».

El joven Paz, número dedicado a Octavio Paz de *Tierra Adentro*, en marco del centenario de su nacimiento, México, CONACULTA, marzo-abril de 2014, n.° 189-190.

En esto ver aquello. Octavio Paz y el arte, México, Consejo Nacional para la Cultura y las Artes, Instituto Nacional de Bellas Artes y Literaturas, Museo del Palacio de Bellas Artes, 2014.

Festejo: 80 años de Octavio Paz, presentación de Víctor Manuel Mendiola; ensayos de Adolfo Castañón, Horacio Costa, Nedda G. de Anhakt, Víctor Manuel Mendiola, Eduardo Milán, Anthony Stanton, Danubio Torres Fierro, Manuel Ulacia y James Valender, México, El Tucán de Virginia, col. Ensayos, 1994.

Materia y sentido. El arte mexicano en la mirada de Octavio Paz, México, Instituto Nacional para las Bellas Artes y Literatura, Banamex, Museo Nacional para la Artes, Landucci, Seguros AXA, Patronato del Museo Nacional de Arte, CONACULTA, Instituto Nacional de Antropología e Historia, 2009.

Memorias de un homenaje. Octavio Paz (1914-2014), México, Consejo Nacional para la Cultura y las Artes, 2014.

Octavio Paz. Semblanzas, territorios y dominios, Arturo Saucedo, concepto y curaduría, Braulio Peralta, coordinación editorial, México, Fundación Iberoamericana para la Cultura y las Artes, 2015.

Octavio Paz Hommage, número especial de *Nouvelles du Mexique*, Francia, mayo-agosto de 1998.

Octavio Paz ou la raison poétique, *Détours d'Écriture*, Le Temps des Poètes, número especial 13/14, Francia, primavera-verano de 1989.

Pasado y presente en claro: 20 años del Premio Nobel, México, Fondo de Cultura Económica, 2010.

Veinte años del Premio Nobel, Guadalajara, Feria Internacional del Libro, Instituto Nacional de Bellas Artes, 2010.

ALGUNAS ANTOLOGÍAS SOBRE OCTAVIO PAZ

Las palabras y los días. Una antología introductoria. Octavio Paz, edición de Ricardo Cayuela Gally, México, CONACULTA, Fondo de Cultura Económica, 2008.

Japón en Octavio Paz, edición, selección y prólogo de Aurelio Asiaín, México, Fondo de Cultura Económica, col. Vida y Pensamiento de México, 2014.

Octavio Paz. Itinerario crítico. Antología de los textos políticos, selección y prólogo de Armando González Torres, México, Consejo Nacional para la Cultura y las Artes, 2014.

Octavio Paz, embajador de México en India: documentos e información, coordinación de Alfonso de Maria y Campos Castelló y Miguel Ángel Echegaray Zúñiga, México, Secretaría de Relaciones Exteriores, 2014.

Octavio Paz en España, 1937, edición de Danubio Torres Fierro, México, Fondo de Cultura Económica, col. Tezontle, 2007.

Octavio Paz y el Reino Unido, edición de Alejandro González Ormerod, prólogo de Diego Gómez Pickering, introducción de Enrique Krauze, México, Fondo de Cultura Económica, CONACULTA, col. Vida y Pensamiento de México, 2015.

Œuvres, selección, presentación y notas de Jean-Claude Masson, traducción de Yesé Amory, Roger Caillois, Claude Esteban, Carmen Figueroa, Jean-Clarence Lambert, Frédéric Magne, Jean-Claude Masson, Roger Munier, Benjamin Péret, André Pieyre de Mandiargues y Jacques Roubaud, París, NRF, Gallimard, col. La Pléiade, 2008.

Palabras en espiral, prólogo y notas de Danubio Torres Fierro, edición conmemorativa del Centenario del nacimiento de Octavio Paz, México, Secretaría de Educación Pública, 2014.

Poesía, pan de los elegidos. Antología poética a cien años de su nacimiento, prólogo y selección de José Luis Rivas, Veracruz, Universidad Veracruzana, 2014.

Poetas de México: antología de la poesía contemporánea mexicana, compilación de Manuel González Ramírez y Rebeca Torres Ortega, México, Editorial Americana, 1945, pp. 286-291. Incluye los textos: «Testimonios, III», «Noches, nacimiento», «Elegía a un joven compañero muerto en el frente» y «Noche de Resurrección».

También soy escritura, edición de Julio Hubard, México, Fondo de Cultura Económica, col. Vida y Pensamiento de México, 2014.
Un sol más vivo. Antología poética, selección y prólogo de Antonio Deltoro, México, Era, El Colegio Nacional, 2009.

Bibliohemerografía parcial

Alatorre, Antonio, «Octavio Paz y yo», en *Estampas*, El Colegio de México, col. Testimonios, 2012, pp. 117-125.

Asiain, Aurelio, «Octavio Paz, en su biblioteca», en *Reforma*, domingo 19 de agosto de 2018, p. 3.

Buxó, José Pascual, «*El sueño* de sor Juana: reflexión y espectáculo», en *Memoria de la palabra: actas del VI Congreso de la Asociación Internacional Siglo de Oro. Burgos-La Rioja, 15-19 de julio de 2002*, vol. I. Francisco Domínguez Matito (ed. lit.) y María Luisa Lobato L. (ed. lit.), 2004.

Chumacero, Alí, «Sobre la poesía de Octavio Paz», en *Los momentos críticos*, selección, prólogo y bibliografía de Miguel Ángel Flores, México, Fondo de Cultura Económica, col. Letras Mexicanas, 1.ª ed. 1987, 2.ª reimpresión, 2018, pp. 191-195.

Domínguez, Christopher, «Los prejuicios ante Paz han desaparecido», entrevista a Christopher Domínguez, en *El Universal*, Confabulario, Reflexiones, domingo 25 de enero de 2015, pp. 12-13.

Flores, Malva, «Octavio Paz, entre nosotros», en *Letras Libres*, 6 de marzo de 2014.

Fuentes, Carlos, «El tiempo de Octavio Paz», en *Casa con dos puertas*, México, Joaquín Mortiz, 1970, pp. 151-157.

— «Cartas de Fuentes a Paz», en *El Universal*, Confabulario, Reflexiones, domingo 25 de enero de 2015, pp. 8-11.

Glantz, Margo, «Lo que la Revolución nos trajo o lo que la Revolución nos dejó», en *Obras reunidas IV*, México, Fondo de Cultura Económica, 2013.

González, Juliana, «Octavio Paz y el arte de interpretar», en *El poder de eros. Fundamentos y valores de ética y bioética*, México, Paidós, Universidad Nacional Autónoma de México-FFyL, 2000, pp. 197-210.

Guedea, Rogelio, «Octavio Paz: "No Pasarán", el poema que trascendió su propio tiempo», en *Revista de Estudios Literarios*, n.º 10, enero de 2020, pp. 55-68.

Gutiérrez Vega, Hugo, «Diez aspectos de la poesía de Octavio Paz», en *La Jornada*, México, n.º 688, 11 de mayo de 2008, p. 2.

Henestrosa, Andrés, «Un lector de Octavio Paz», en *Páginas preferidas*, México, Biblioteca del ISSSTE, 2000, pp. 45-46.

Higashi, Alejandro, «La poesía mexicana después de 1966: crónica de la formación accidental de un canon y el origen de la era de la tradición de la ruptura», en *PM / XXI / 360º. Crematística y estética de la poesía mexicana contemporánea en la era de la tradición de la ruptura*, México, Universidad Autónoma Metropolitana, Unidad Iztapalapa, 2015, pp.19-118.

Labastida, Jaime, «Un artículo crítico sobre Octavio Paz», en *El Gallo Ilustrado*, suplemento cultural de *El Día*, n.º 11, 9 de septiembre de 1962.

Martínez, José Luis, «Octavio Paz», en *La literatura mexicana del siglo XX*, México, Consejo Nacional para la Cultura y las Artes, 1995, pp. 164-188.

Meyer, Jean, «Prólogo», en Octavio Paz, *Las huellas del peregrino: vistas del México independiente y revolucionario*, México, Fondo de Cultura Económica, 2010.

Noria, David, «Octavio Paz sobre la hispanidad y la mexicanidad», en *Letras Libres*, 1 de marzo de 2022, https://letraslibres.com/revista/octavio-paz-sobre-la-hispanidad-y-la-mexicanidad/

Ochoa, Andrea, «Octavio Paz, el intelectual más importante del siglo XX en México», en *AD*, Cultura, 7 de agosto de 2020.

Pacheco, José Emilio, «¿*Águila o sol?*», en *Inventario. Antología, II, 1984-1992*, México, Ediciones Era, 2017, pp. 38-48.

— «Correspondencia, 1939-1959. Una amistad literaria: Alfonso Reyes y Octavio Paz», en *Inventario. Antología, III, 1993-2014*, México, Ediciones Era, 2017, pp. 211-224.

— «Una carta de Octavio Paz», en *Inventario. Antología, I, 1973-1983*, México, Ediciones Era, 2017, pp. 89-92.

Paso, Fernando del, «Los privilegios de Octavio Paz», en *Letras Libres*, 30 de abril de 2003.

Ruy Sánchez, Alberto, «El incierto regreso del tiempo», en *El Universal*, Confabulario, Reflexiones, domingo 25 de enero de 2015, pp. 6-7.

Santí, Enrico Mario, «El misterio de la vocación: entrevista de Enrico Mario Santí», en *Letras Libres*, año 7, n.º 73, 2005, pp. 25-42.

Scherer García, Julio, «El valor del tiempo», en *Proceso*, Literatura, n.º 1824, 16 de octubre de 2011, pp. 6-13.

Tibón, Gutierre, «Cadmo y un poema de Octavio Paz», en *Gog y Magog. Aventuras lingüísticas. Antología*, introducción y selección de Miguel Ángel Muñoz, México, Universidad Autónoma Metropolitana, 2014, pp. 439-443.

REFERENCIAS

Abreu [1941]: Abreu Gómez, Ermilo, *Entre la piedra y la flor*, en *Tierra Nueva*, mayo-agosto de 1941; en JLM (ed.), *Revistas literarias mexicanas modernas*.

Adame [2020]: Adame, Ángel Gilberto, *Pasiones, fracturas y rebeliones, Octavio Paz, Pablo Neruda y José Bergamín*, prólogo de César Arístides, México, Taurus, 2020.

Alatorre [2012]: Alatorre, Antonio, «Octavio Paz y yo», *Estampas*, México, El Colegio de México, col. Testimonio, 2012.

Aparicio-Ramos [2022]: Aparicio, Héctor y Samuel Ramos, «Samuel Ramos examina *El laberinto de la soledad*», en *Letras Libres*, 1 de enero de 2022, en línea.

Arreola [2015]: Arreola, Orso, *El último juglar: memorias de Juan José Arreola*, México, Editorial Jus, 2015.

Bachelard [1998]: Bachelard, Gaston, *Fragments d'une poétique du feu*, establecimiento del texto, palabras preliminares y notas de Suzanne Bachelard, París, Presses Universitaires de France, 1998.

Barandal, 1931-1932, Cuadernos del Valle de México (1933-1934), edición facsimilar, México, Fondo de Cultura Económica, col. Revistas Literarias Mexicanas Modernas, 1981.

Barreda [1943]: Barreda, Octavio G., «Imaginación y realidad», en *El Hijo Pródigo*, n.º 1, abril-septiembre de 1943. Versión facsimilar, *Revistas Literarias Mexicanas Modernas*, tomo I, 1983, p. [32].

Bartra [1980]: Bartra, Agustí, *Sobre poesía*, Barcelona, Laia, 1980.

Bartra [1979]: Bartra, Roger, «¿Votará Octavio Paz por el PC?», *Unomásuno*, 8 de junio, 1979.

— [2012]: «Octavio Paz, Redeemer», en *Literal*, 29, 2012, pp. 32-34.

Bergamín [1939a]: Bergamín, José, «Siete sonetos impuntuales», en *Taller*, 4, julio de 1939, pp. 17-21.

— [1939b]: «Las pequeñeces del demonio», *Taller*, 6, noviembre de 1939, pp. 5-18.

— [1940]: «Las cosas claras», *Taller*, 8-9, enero-febrero de 1940, pp. 53-55.

— [1983]: *Poesía III, Apartada orilla*, Madrid, Turner, 1983.

Bosi [1982]: Bosi, Alfredo, *Historia concisa de la literatura brasileña*, México, Fondo de Cultura Económica, traducción de Marcos Lara, 1982.

Bottom [2011]: Bottom, Flora, «Octavio Paz y la poesía china: las trampas de la traducción», en *Estudios de Asia y África*, vol. XLVI, 2, México, El Colegio de México, 2011.

Bousoño [1970]: Bousoño, Carlos, «San Juan de la Cruz, poeta *contemporáneo*», en *Teoría de la expresión poética*, Madrid, Gredos, 1970.

Breton [1965]: Breton, André, *Le surréalisme et la peinture*, París, Gallimard, 1965.

— [1988]: *Second manifeste du surréalisme*, en *Œuvres complètes*, tomo I, París, Gallimard, La Pléiade, 1988.

— [2000]: *Nadja*, traducción de Fabienne Bradu, Santiago de Chile, Fondo de Cultura Económica, 2000.

Buxó [2004]: Buxó, José Pascual, «*El sueño* de sor Juana: reflexión y espectáculo», en *Memoria de la palabra: actas del VI Congreso de la Asociación Internacional Siglo de Oro. Burgos-La Rioja, 15-19 de julio de 2002*, vol. I. Francisco Domínguez Matito (ed. lit.) y María Luisa Lobato L. (ed. lit.), 2004.

Cabral [2015]: Cabral, Nicolás, «*Plural*, entre el tronco y la rama», en *Se acabó el centenario: lecturas críticas en torno a Octavio Paz*, edición de Gabriel Wolfson, UDLAP, 2015, pp. 31-40.

Cage [1961]: Cage, John Milton, *Silence. Lectures and Writings*, Connecticut, Wesleyan University Press, 1961.

Camphausen [2001]: Camphausen, Rufus C., *Diccionario de la sexualidad sagrada*, traducción de Francesc Borja Folch Permanyer, Palma de Mallorca, José J. de Olañeta, 2001.

Campos [1995]: Campos, Haroldo de, «Octavio Paz y la poética de la traducción», en *Archivo Blanco*, ed. de Enrico Mario Santí, México, El Colegio Nacional, 1995.

Campos-Echegaray [2014]: Campos Castelló, Alfonso de Maria y Miguel Ángel Echegaray Zúñiga (coords.), *Octavio Paz, embajador de México en India: documentos e informes*, México, Secretaría de Relaciones Exteriores, 2014.

Carballo [1958]: Carballo, Emmanuel, «Octavio Paz. Su poesía convierte en poetas a sus lectores», entrevista publicada originalmente en *México en la Cultura*, suplemento de *Novedades*, n.º 493, 25 de agosto de 1958. Se incluye también en *OC*, t. XV, pp. 21-22.

Cardenal [1997]: Cardenal, Ernesto, *La vida en el amor*, Madrid, Trotta, 1997.

Castañón [1999]: Castañón, Adolfo, *Tránsito de Octavio Paz (1914-1998). Seguido de Recuerdos de Coyoacán*, prólogo de Soledad Álvarez, Santo Domingo, Comisión Permanente de la Feria del Libro, 1999.

— [2014]: «Ida y vuelta de Octavio Paz», en *Tránsito de Octavio Paz (poemas, apuntes, ensayos). Seguido de un anexo documental de José E. Iturriaga*, México, El Colegio de México, 2014.

— [2016]: (ed.), *Octavio Paz-Arnaldo Orfila Reynal, Cartas cruzadas, 1965-1970*, México, Siglo XXI Editores, 2016.

— [2021]: *Fuga a tres voces: José Luis Martínez, Alí Chumacero y Juan José Arreola*, Querétaro, Fondo Editorial, Universidad Autónoma de Querétaro, 2021.

Cayuela-Enrigue [2006]: Cayuela, Ricardo, y Álvaro Enrigue, «Vuelta a la semilla. Entrevista con Alejandro Rossi», en *Letras Libres*, n.º 96, diciembre de 2006, pp. 24-27.

Chardin [1959]: Chardin, Pierre Teilhard de, *El medio divino: ensayo de vida interior*, Taurus, 1959.

Cervantes [2004]: Cervantes, Miguel de, *Don Quijote de la Mancha*, edición del IV Centenario, Madrid, Real Academia Española, Asociación de Academias de la Lengua Española, 2004.

— [2016]: *Don Quijote de la Mancha*, Edición de Instituto Cervantes, 1605, 1615, 2015, dirigida por Francisco Rico, presentación a la edición mexicana de Margit Frenk, Academia Mexicana de la Lengua, SEP-CONACYT. Primera edición mexicana 2016. Segunda Parte, capítulo LXXIIII, «Enfermedad y muerte de Don Quijote».

Chevalier-Gheerbrant [1969]: Chevalier, Jean, y Alain Gheerbrant, *Dictionnaire des symboles, édition revue et augmentée*, París, Ed. Laffont, 1969.

Colina [1975]: Colina, José de la, «"Preámbulo" a Gérard de Nerval, *El desdichado*», en *Plural*, México, noviembre de 1975.

Contemporáneos, 42-43, noviembre-diciembre de 1931. Director Bernardo Ortiz de Montellano; reedición facsimilar, México, Fondo de Cultura Económica, col. Revistas Literarias Mexicanas Modernas, 1981.

Cruz [1991/2015]: Cruz, san Juan de la, *Obras Completas*, 2 vols., Luce López-Baralt y Eulogio Pacho (eds.), Madrid, Alianza Editorial, 2015.

Cuesta [1937]: Cuesta, Jorge, «*Raíz del hombre*», en *Letras de México*, 1 de febrero de 1937; reedición facsimilar, México, Fondo de Cultura Económica, col. Revistas Literarias Mexicanas Modernas, 1981; reedición facsimilar, Martínez, 1977-1982; en Jorge Cuesta, *Obras completas*, México, UNAM, 1964, t. III; y en Santí, *Octavio Paz ante la crítica*.

— [1964]: *Obras completas*, México, UNAM, 1964, t. III.

Delden [2021]: Delden, Maarten van, *Reality in Movement. Octavio Paz as Essayist and Public Intelectual*, Vanderbilt University Press, Nashville, Tennessee, 2021.

Dictionnaire [1853]: *Dictionnaire de la conversation et de la lecture*, vol. 8, París, 1853.

Diels-Kranz [2004]: Diels, Hermann y Kranz, Walther, *Die Fragmente der Vorsokratiker. Griegisch und Deutsch*, Berlín, Weidmann, 2004.

Domínguez [2014/2019]: Domínguez Michael, Christopher, *Octavio Paz en su siglo* (2014), México, Debolsillo, 2019. (Traducido al francés como *Octavio Paz dans son siècle* por Gersende Camenen, Gallimard, 2014).

Dowson [1968]: Dowson, John (ed.), *A Classical Dictionary of Hindu Mythology and Religion, Geography, History*, 11.ª ed., Londres, Routledge and Kegan, Paul, LTD, 1968, Trubner's Oriental Series, 411 pp.

Enciso [2008]: Enciso, Froylán, *Andar fronteras. El servicio diplomático de Octavio Paz en Francia (1946-1951)*, México, Siglo XXI Editores, 2008.

Encyclopédie [2011]: *Encyclopédie des mystiques rhénans, d'Eckart à Nicolas de Cues et leur réception*, París, CERF, 2011.

Felipe [1993]: Felipe, León, *¡Oh, este viejo y roto violín!*, 2.ª ed., Madrid, Visor, 1993.

Flor [2010]: *Flor de Ciruelo en Vasito de Oro. Libro de las primaveras y los veranos*, t. I y II, versión, introducción y notas de Xavier Roca-Ferrer, Barcelona, Ediciones Destino, col. Áncora y Delfín, vol. 1192, 2010.

Flores [2011]: Flores, Malva, *Viaje de Vuelta. Estampas de una revista*, México, Fondo de Cultura Económica, 2011.

— [2020]: *Estrella de dos puntas. Octavio Paz y Carlos Fuentes. Crónica de una amistad*, México, Ariel, 2020.

Flores [2019]: Flores, Milenka, *La sátira ilustrada en la poesía de Ireneo Paz (1836-1924)*, tesis de doctorado, UAM-Iztapalapa, 2019.

Gallagher [1968]: Gallagher, Peter, «The Life and Works of Garcí Sánchez de Badajoz», Londres, Tamesis Book Limited, 1968, impreso en España por Talleres gráficos de Ediciones Castilla S. A., para Tamesis Book Limited.

Gaos [1991]: Gaos, José, *Antología filosófica: La filosofía griega*, en *Obras completas*, tomo II, México, UNAM, 1991.

Garro [1992]: Garro, Elena, *Memorias de España. 1937*, México, Siglo XXI Editores, 1992.

Glantz [2013]: Glantz, Margo, «Reflexiones sobre Paz, a manera de obituario», en *Obras reunidas IV. Ensayos sobre literatura mexicana del siglo XX*, México, Fondo de Cultura Económica, 2013.

González [2000]: González, Juliana, «Octavio Paz y el arte de interpretar», en *El poder de Eros. Fundamentos y valores de ética y bioética*, México, Paidós, UNAM, FFyL, Biblioteca de Ensayo Iberoamericano, 2000.

Guibert [1973]: Guibert, Rita, «Paz on Himself and His Writing: Selections from an Interview», en Ivar Isask (ed.), *The Perpetual Present: The Poetry and the Prose of Octavio Paz*, Norman, The University of Oklahoma Press, 1973.

Hanusek [1999]: Hanusek, Denise, *Fire and Wood: The Journey Leading to Transformation of the Soul in Union with God/Brahman as Described in the Writings of Raam Aanuja and John of the Cross*, Harvard University, tesis doctoral, 1999.

Havard [1979]: Havard, Robert G., «Pedro Salinas and Courtly Love. The *amada* in *La voz a ti debida*: Woman, Muse and Symbol», en *Bulletin of Hispanic Studies*, LVI, 1979, pp. 123-144.

Hernández [2011]: Hernández, Gloria Maité, *Presence, Absence and Divine Vision. A Comparative Study of the "Cántico espiritual" and "Rāsa Līlā"*, Emory University, tesis doctoral, 2011.

— [2021]: *Savoring God: Comparative Theopoetics*, Oxford, Oxford University Press, 2021.

James [1905/2016]: James, William, *The Varieties of Religious Experience*, Nueva York / Nueva Delhi, Longman, Green & Co / CrossRoad Publications, 1905.

Jarocka [2003]: Jarocka, Maria Ludmila, «La influencia de la cultura sánscrita en *El mono gramático* de Octavio Paz», en *El concepto de divinidad en el hinduismo*, México, UNAM, 2003.

King [2011]: King, John, *Plural en la cultura literaria y política latinoamericana*, México, Fondo de Cultura Económica, 2011.

Krauze [1998]: Krauze, Enrique, «El sol de Octavio Paz», en Reporte Especial de *Reforma*, 21 de abril de 1998, p. 1G.

— [2001]: «Octavio Paz. El poeta y la Revolución», en *Redentores. Ideas y poder en América Latina*, México, Debate, 2001.

— [2007]: «José Luis Martínez: El sabio y sus libros», en *Retratos personales*, México, Tusquets, 2007.

— [2011]: *Redentores. Ideas y poder en América Latina*, México, Debate, 2011.

— [2014]: *Octavio Paz. El poeta y la revolución*, México, Random House Mondadori, Debolsillo, 2014.

Labastida [1969]: Labastida, Jaime, «Octavio Paz (α, 1914-Ω, 1998)», en *El amor, el sueño y la muerte en la poesía mexicana*, ensayo introductorio y selección de Jaime Labastida, México, Siglo XXI Editores, 1969.

Le Robert: Dictionnaire de la langue francaise, vol. 8, París, 1985, pp. 551-552.

Lezama-Rodríguez [1989]: Lezama Lima, José, y José Rodríguez Feo (dirs.), *Orígenes. Revista de Arte y Literatura, La Habana, 1944-1956*, edición facsimilar, en siete volúmenes, introducción e índice de autores de Marcelo Uribe, El Equilibrista, México, edición de José Manuel de Rivas, Madrid, 1989.

Lomnitz [2014]: Lomnitz, Claudio, «El ensayista en su centenario», en *Nexos*, n.º XX, enero de 2014, pp. 85-87.

López-Baralt [1980a]: López-Baralt, Luce, «Huellas del islam en san Juan de la Cruz. En torno a la "Llama de amor viva" y la espiritualidad musulmana *israquí*», en *Vuelta*, n.º 45, 1980, pp. 4-11.

— [1980b]: «Los lenguajes infinitos de san Juan de la Cruz e Ibn 'Arabi de Murcia», en *Actas, VI.º Congreso Internacional de Hispanistas*, Toronto, Canadá, 1980, pp. 473-474.

— [1982-1987]: Correspondencia con Octavio Paz (1982-1987). Archivo inédito de Luce López-Baralt.

— [1984]: «Para la génesis del "pájaro solitario" de san Juan de la Cruz», en *Romance Philology*, XXXVII, pp. 409-424.

— [1985/1990]: *San Juan de la Cruz y el islam*, Madrid, Hiperión, 1985.

— [1988]: «El *Simurg* de Alberto Ruy Sánchez», en *Vuelta*, año XII, n.º 135, febrero de 1988, pp. 58-60.

— [1992/2017]: *Un* Kama Sutra *español. El primer tratado erótico de nuestra lengua*, Madrid, Siruela, 1992; 2.ª ed., Madrid/México, Vaso Roto, 2017. (Traducido al árabe en 2005, Tunisia, Zaghouan, FTERSI).

— [2011]: «San Juan de la Cruz y la espiritualidad tántrica de la India», en S. P. Ganguly (ed.), *Hispanic Horizon: The Shared Crossings. Indo-Lusophone Literary Perspectives*, Nueva Delhi, Jawaharlal Nehru University, pp. 31-56.

López-Baralt [2005]: López-Baralt, Mercedes, «Del tiempo abolido por los signos en rotación: Octavio Paz en *Piedra de sol*», en *Para decir al otro: literatura y antropología en nuestra América*, Madrid/Frankfurt, Iberoamericana/Vervuert, 2005, cap. VIII, pp. 270-285.

Loyo [2011]: Loyo Brambila, Aurora, «Cultura y educación en Jaime Torres Bodet», en Rebeca Barriga Villanueva (ed.), *A 50 años de los libros de texto gratuitos*, México, El Colegio de México, SEP, Comisión Nacional de Libros de Texto Gratuitos, 2011.

Machín Lucas [2014]: Machín Lucas, Jorge, «Silencios y diálogos transatlánticos: compromiso y esoterismo en las poéticas de Octavio Paz y de la "poesía del silencio" española», en *Kipus. Revista Andina de Letras*, 36, segundo semestre, Quito, 2014, pp. 85-107.

María y Campos [2014]: María y Campos, Alfonso (coord.), *Octavio Paz, embajador de México en India: documentos e informes*, México, Secretaría de Relaciones Exteriores, 2014.

Martín Velasco [1999]: Martín Velasco, Juan, *El fenómeno místico. Estudio comparado*, Madrid, Trotta, 1999.

Martínez [1940a]: Martínez, José Luis, «Pequeñas ausencias», en *Tierra Nueva*, 1, 1940, pp. 45-46.

— [1940b]: «Elegía por Melibea y otros poemas», en *Tierra Nueva*, 4 y 5, 1940, pp. 190-207.

— [1941a]: «Poemas», en *Letras de México*, 5, 1941, p. 3.

— [1941b]: «Octavio Paz. *Entre la piedra y la flor*», en *Letras de México. Gaceta Literaria y Artística Mensual*, Editada por O. G. Barreda, año V, vol. III, n.º 5, 15 de mayo de 1941, p. 4; reedición facsimilar, México, Fondo de Cultura Económica, col. Revistas Literarias Mexicanas Modernas, 1985.

— [1942a]: «Esquema de un año de literatura mexicana», en *Letras de México*, IV, 13 de enero de 1942; reeditado como «La literatura mexicana en 1941», en *Literatura mexicana. Siglo XX, 1910-1949*, México, Antigua Librería Robredo, 1949, primera parte, pp. 111, 125 y 130-131.

— [1942b]: «Los frutos de una generación», octubre de 1942, sobre *A la orilla del mundo*, de OP, en el periódico *Excélsior*, octubre de 1942.

— [1943a]: «Despedida», en *Letras de México*, VII, 1, 8, 15 de agosto de 1943, pp. 4 y 5 (firmado J. L. M.), reedición facsimilar en JLM (ed.), *Revistas Literarias Mexicanas Modernas*.

— [1943b]: «La literatura mexicana en 1942», enero de 1943, en *Letras de México*, 15 de febrero de 1943, pp. 9-10.

— [1946a]: «Las letras patrias (De la época de Independencia a nuestros días)», en *México y la Cultura*, México, SEP, 1946, p. 464.

— [1946b]: «La poesía mexicana contemporánea», *Revista de Guatemala*, vol. I, n.º 3, 1946; sobre Paz: pp. 74-76.

— [1949]: *Literatura mexicana, siglo XX, 1910-1949*, México, Antigua Librería Robredo, 1949, primera parte.

— [1950]: *Literatura mexicana, siglo XX, 1910-1949*, México, Antigua Librería Robredo, 1950, segunda parte.

— [1958]: *El ensayo mexicano moderno*, México, Fondo de Cultura Económica, col. Letras Mexicanas, 1958, 2 vols.

— [1959]: «El trato con escritores» (1959), en Antonio Acevedo Escobedo (comp.), *El trato con escritores*, México, Instituto Nacional de Bellas Artes (Departamento de Literatura), 1961.

— [1960]: *De la naturaleza y carácter de la literatura mexicana. Discurso leído ante la Academia Mexicana el día 22 de abril de 1960 en la recepción del Académico de Número José Luis Martínez. Contestación del Académico de Número Agustín Yáñez*, México, Academia Mexicana, 1960, 72 pp.

— [1977-1982]: [ed.], *Revistas Literarias Mexicanas Modernas*, México, Fondo de Cultura Económica, 1977-1982, 52 vols.

— [1980]: «Imagen primera del poeta», en *Letras de Buenos Aires*, 1, octubre-diciembre de 1980.

— [1993]: *El trato con escritores y otros estudios*, México, Universidad Autónoma Metropolitana, col. Molinos de Viento, 1993.

— [1995]: «La obra de Octavio Paz», en *La literatura mexicana del siglo XX*, México, CONACULTA, 1995.

— [2008]: *Primicias. Antología*, advertencia y recopilación de Adolfo Castañón, México, El Colegio de México, 2008.

Martínez Baracs [2018]: Martínez Baracs, Rodrigo, «Un diferendo entre Octavio Paz y José Luis Martínez», *Confabulario* (suplemento del periódico *El Universal*), 240, domingo 14 de enero de 2018, p. 5.

Martínez-Domínguez [1995]: Martínez, José Luis, y Christopher Domínguez Michael, *La literatura mexicana del siglo XX*, México, CONACULTA, 1995. Reediciones: México, CONACULTA (Lecturas Mexicanas, 1990 y 2001).

Mayordomo [1994]: Mayordomo, Susana, *Diario ABC*, S. L., Madrid, Cultura, 31 de julio de 1994, p. 52.

Meher [1989]: Baba, Meher, *The Everything and the Nothing*, Carolina del Sur, Sherian Press, 1989.

Meléndez Guerrero [2021]: Meléndez Guerrero, Luis Gustavo, «Silencio y mística en el poema "Blanco" de Octavio Paz», en *Revista Chilena de Literatura*, n.º 103, 2021, pp. 579-602.

Mendiola [2011]: Mendiola, Víctor Manuel, *El surrealismo de Piedra de Sol, entre peras y manzanas*, México, Fondo de Cultura Económica, col. Letras Mexicanas, 2011.

Meyer [2015]: Meyer, Jean, *El Tigre de Álica: General, revolucionario, rebelde*, México, Tusquets, 2015.

Múñiz-Huberman [2019]: Múñiz-Huberman, Angelina, y Miriam Huberman Múñiz, *El Atanor encendido. Antología de Cábala, alquimia y gnosticismo*, México, UNAM, Serie Cátedra Universitaria, n.º 9, 2019.

Narciso. Poéticas mexicanas modernas, selección y nota de JLM, Suplemento de *Tierra Nueva*, año III, n.º 13 y 14, enero-abril de 1942, 22 pp.; en JLM (ed.), *Revistas Literarias Mexicanas Modernas*.

Octavio Paz, embajador de México en India: documentos e informes, coordinación Alfonso de Maria y Campos Castelló y Miguel Ángel Echegaray Zúñiga, México, Secretaría de Relaciones Exteriores, noviembre de 2014, 277 pp.

Pacheco [2002]: Pacheco, José Emilio, «Paz y los otros», en *Letras Libres*, n.º 47, noviembre de 2002.

— [2017]: *Inventario. Antología, III, 1993-2014*, México, Ediciones Era, 2017.

Panikkar [1996]: Panikkar, Raimon, *El silencio del Buddha*, Madrid, Siruela, 1996.

— [1999]: *La intuición cosmoteándrica: las tres dimensiones de la realidad*, Madrid, Trotta, 1999.

Papaioannou [1962]: Papaioannou, Kostas, *Hegel*, París, Seghers, 1962.

— [1983]: *De Marx et du marxisme* («De Marx y del marxismo»), prólogo de Raymond Aron, Gallimard, 1983.

Paz [1933]: Paz, Octavio, *Luna silvestre*, México, Fábula, 1933, 33 pp. Edición de 30 ejemplares.

— [1937a]: *Raíz del hombre*, México, Simbad, 1937, 62 pp.

— [1937b]: *Bajo tu clara sombra y otros poemas sobre España*, Noticia de Manuel Altolaguirre, Valencia, Ediciones Españolas, 1937, 47 pp. Incluye el poema «¡No pasarán!», anteriormente publicado en México, Simbad, 1936, 8 pp. no numeradas.

— [1937c]: «*Elegía a un joven muerto en el frente*», en *Hora de España*, n.º IX, septiembre de 1937, pp. 42-44.

— [1939a]: «Oda al sueño», en *Taller*, IV, julio de 1939, pp. 36-39.

— [1939b]: «Noche de resurrecciones (Fragmentos)», *Taller*, X, pp. 25-29.

— [1940a]: «Bajo tu clara sombra», en *Sur*, 74, año IX, noviembre de 1940, pp. 36-42.

— [1940b]: «Lawrence en español», en *Romance*, n.º 1, febrero de 1940, pp. 18-19.
— [1941]: *Entre la piedra y la flor, Poema*, México, Nueva Voz, 1941, 17 pp.
— [1942a]: *A la orilla del mundo*, México, ARS, 1942, 155 pp.
— [1942b]: *Narciso. Poéticas mexicanas modernas*, selección y nota de José Luis Martínez, Suplemento de *Tierra Nueva*, año III, n.º 13 y 14, enero-abril de 1942, 22 pp.
— [1943]: «Respuesta a un cónsul», en *Letras de México*, VII, 1, 8, 15 de agosto de 1943, pp. 4 y 5, reedición facsimilar en JLM (ed.), *Revistas Literarias Mexicanas Modernas*.
— [1952]: «Introduction» a la *Anthologie de la poésie mexicaine*, París, Nagel, UNESCO, 1952; en Octavio Paz, *Las peras del olmo*, México, UNAM, 1957, pp. 3-31.
— [1956]: *El arco y la lira*, México, Fondo de Cultura Económica, 1956.
— [1957]: *Las peras del olmo*, México, UNAM, 1957.
— [1967]: *Corriente alterna*, México, Siglo XXI Editores, 1967.
— [1968]: *Discos visuales*, México, Ediciones Era.
— [1969]: *Conjunciones y disyunciones*, México, Joaquín Mortiz, 1969.
— [1969/1998]: «Aunque es de noche», en *Obra poética* II, *OC*, vol. XII, pp. 122-124.
— [1970]: *Posdata*, México, Siglo XXI Editores, 1970, pp. 9-10.
— [1971]: *Configurations*, Nueva York, New Directions Book.
— [1973a]: *Apariencia desnuda; la obra de Marcel Duchamp*, México, Ediciones ERA, 1973.
— [1973b]: Introducción a *Versiones y diversiones*, México, Joaquín Mortiz, 1973.
— [1975]: «Desdichas y desdichos del desdichado», en *Plural*, México, noviembre de 1975.
— [1979a]: *El ogro filantrópico. Historia y política, 1971-1978*, México, Joaquín Mortiz, 1979.
— [1979b]: «La mesa y el lecho», en *El ogro filantrópico. Historia y política, 1971-1978*, México, Joaquín Mortiz, 1979.
— [1980]: «Misticismo y filosofía», en *Vuelta*, n.º 45, 1980.
— [1983]: «Lectura y contemplación», en *Sombras de obras*, Barcelona, Seix Barral, 1983.

— [1985]: «Hora cumplida (1929-1985)», en *Vuelta*, n.° 103, junio 1985.

— [1986]: *Los hijos del limo*, Barcelona, Seix Barral, 1986.

— [1988]: «Alí Chumacero, poeta», en *El Centavo*, 133, abril-mayo de 1988.

— [1990a]: *El mono gramático*, en *Obra poética (1935-1988)*, Barcelona, Seix Barral, 1990.

— [1990b]: *La otra voz*, México, Seix Barral, 1990.

— [1993a]: *La llama doble. Amor y erotismo*, Barcelona, Seix Barral, col. Biblioteca Breve, 1993.

— [1993b]: *Itinerario*, Fondo de Cultura Económica, México, 1993.

— [1994a] *Obras completas, IV. Generaciones y semblanzas*, México/Barcelona, Fondo de Cultura Económica / Círculo de Lectores, 1994.

— [1994b]: *Obras completas, 6. Los privilegios de la vista I. Arte moderno universal*, 2.ª ed., México, Fondo de Cultura Económica, col. Letras Mexicanas, 1994.

— [1994c] *Obras completas, VIII. El peregrino en su patria. Historia y política de México*, México/Barcelona, Fondo de Cultura Económica / Círculo de Lectores, 1994.

— [1994d] *Un más allá erótico: Sade*, México, Heliópolis / Vuelta, 1994.

— [1995a] *Obras completas, Miscelánea III*. México, Fondo de Cultura Económica, 1995.

— [1995b] *Obras completas, Obra poética II*. México, Fondo de Cultura Económica, 1995.

— [1995c] *Obras completas, Excursiones/Incursiones. Dominio extranjero*, México, Fondo de Cultura Económica, 1995.

— [1995d] *Obras completas, 4. Generaciones y semblanzas: dominio mexicano*, 2.ª ed., México, Fondo de Cultura Económica, col. Letras Mexicanas, 1995.

— [1995e] *Obras completas, 9. Ideas y costumbres I: la letra y el cetro*, 2.ª ed., México, Fondo de Cultura Económica, col. Letras Mexicanas, 1995.

— [1996]: *Ideas y costumbres II. Usos y símbolos, OC*, vol. X, 1996.

— [1997a]: «Nubes y sol», 17 de diciembre de 1997. Tomado de *Fundación*, anuario de la Fundación Octavio Paz, 1, Coyoacán, Ciudad de México, 1999, pp. 11-15.

— [1997b]: Posfacio al tomo II de Paz, Ireneo, *Algunas campañas*, de Ireneo Paz, México, Fondo de Cultura Económica, Colección Historia, 1997.

— [1998/2003]: *Obras Completas. Edición del autor*, quince volúmenes, Barcelona/México, Círculo de Lectores/ Fondo de Cultura Económica, 1998/2003.

— [1998a]: *Obras completas, 1. La casa de la presencia: poesía e historia*, 2.ª ed., México, Fondo de Cultura Económica, col. Letras Mexicanas, 1998.

— [1998b]: *Obras completas, 2. Excursiones / Incursiones: dominio extranjero*, 2.ª ed., México, Fondo de Cultura Económica, col. Letras Mexicanas, 1998.

— [1998c]: *Obras completas, IX. Ideas y costumbres I. La letra y el cetro*, México/Barcelona, Fondo de Cultura Económica / Círculo de Lectores, 1998.

— [1999a]: *Memorias y palabras. Cartas a Pere Gimferrer 1966-1997*, edición, prólogo y notas de P. G. y «Prefacio» de Basilio Baltazar, Barcelona, Seix Barral, Biblioteca Breve, 1999.

— [1999b] *Obras completas, XIII. Miscelánea I*, México/Barcelona, Fondo de Cultura Económica / Círculo de Lectores, 1999.

— [2001a]: *Obras completas, 8. El peregrino en su patria: historia y política de México*, 2.ª ed., México, Fondo de Cultura Económica, col. Letras Mexicanas, 2001.

— [2001b]: *Obras completas, 11. Obra poética I*, 2.ª ed., México, Fondo de Cultura Económica, col. Letras Mexicanas, 2001.

— [2001c] *Obras completas, XIV. Miscelánea II*, México/Barcelona, Fondo de Cultura Económica / Círculo de Lectores, 2001.

— [2001d]: «Poesía de soledad y poesía de comunión», en *OC*, vol. XIII, pp. 234-245.

— [2003a]: *Conjunciones y disyunciones*, en *OC*, vol. II, pp. 108-206.

— [2003b]: *El arco y la lira*, México, en *OC*, vol. I, pp. 31-297.

— [2003c]: «La voz de la presencia», en *OC*, vol. I, pp. 15-27.

— [2003d]: *Obras completas, 2, Excursiones / Incursiones: dominio extranjero*, 2.ª ed., México, Fondo de Cultura Económica, col. Letras Mexicanas, 2003.

— [2003e]: *Obras completas, 15. Miscelánea III: entrevistas*, 2.ª ed. México, Fondo de Cultura Económica, col. Letras Mexicanas, 2003.

— [2003f]: *Vislumbres de la India*, en *OC*, vol. II, pp. 357-487.

— [2004]: Paz, Octavio, *Obras completas, 12. Obra poética II*, México, Fondo de Cultura Económica, col. Letras Mexicanas, 2004.

— [2008a]: *Cartas a Tomás Segovia (1957-1985)*, México, Fondo de Cultura Económica, 2008.

— [2008b]: *Œuvres*, selección, presentación y notas de Jean-Claude Masson, París, NRF, Gallimard, col. La Pléiade, 2008.

— [2008c]: *Jardines errantes. Cartas a Jean-Clarence Lambert (1952-1992)*, liminar de J. C. Lambert, Barcelona, Seix Barral, col. Biblioteca Breve, 2008.

— [2017]: *El tráfago del mundo. Cartas de Octavio Paz a Jaime García Terrés 1952-1986*, compilación, prólogo y notas de Rafael Vargas, México, Fondo de Cultura Económica, 2017.

— [2021]: *Odi et amo: las cartas a Helena*, edición de Guillermo Sheridan, México, Siglo XXI Editores, 2021.

«Paz en el Archivo de Carlos Pellicer (primera parte)», de Guillermo Sheridan, https://zonaoctaviopaz.com/detalle_conversacion/128/paz-en-el-archivo-de-carlos-pellicer-primera-parte/

«Paz en el Archivo de Carlos Pellicer (segunda parte)», https://zonaoctaviopaz.com/detalle_conversacion/131/paz-en-el-archivo-de-carlos-pellicer-segunda-parte/?id_tipo_espacio=3&palabra=&id_autor=0&lugar=&anio=0&id_lustro=0&tipologia=&tema=&id_coleccion=0&page=5

Paz-Martínez [2014]: Paz, Octavio, y José Luis Martínez, *Al calor de la amistad. Correspondencia 1950-1984*, edición de Rodrigo Martínez Baracs, México, Fondo de Cultura Económica, col. Tezontle, 2014.

Paz-Orfila [2016]: Paz, Octavio, y Arnaldo Orfila Reynal, *Cartas cruzadas, 1965-1970*, edición corregida y aumentada con introducción y notas por Adolfo Castañón, México, Siglo XXI Editores, 2016.

Paz-Reynal [2016]: Paz, Octavio, y Arnaldo Orfila Reynal, *Cartas cruzadas, 1965-1970*, edición corregida y aumentada con introducción y notas por Adolfo Castañón, México, Siglo XXI Editores, 2016.

Pérez [2005]: Pérez Daniel, Iván, «Notas sobre los orígenes de la *Revista Mexicana de Literatura*», en *Tema y Variaciones de Literatura*, n.º 25, segundo semestre, 2005, pp. 149-176.

Ping [2010]: Ping Mei, King, *Flor de Ciruelo en Vasito de Oro. Libro de las primaveras y los veranos*, tt. I y II, versión, introducción y notas de Xavier Roca-Ferrer, Barcelona, Ediciones Destino, Colección Ancora y Delfín, volumen 1192, 2010.

Poniatowska [1998]: Poniatowska, Elena, *Octavio Paz. Las palabras del árbol*, edición de Juan Guillermo López, Plaza y Janés, 1.ª ed. México, marzo de 1998.

Ramos [1950]: Ramos, Samuel, «Nuevas ideas sobre el mexicano», en *La República. Órgano del Partido Revolucionario Institucional*, junio de 1950. Este texto, que había pasado desapercibido, ha sido rescatado y publicado por Héctor Aparicio en *Letras Libres*, 277, enero de 2022.

Rangel [2011]: Rangel Guerra, Alfonso, «La impronta de Jaime Torres Bodet en la creación de los Libros de Texto Gratuitos», en Rebeca Barriga Villanueva (ed.), *A 50 años de los libros de texto gratuitos*, México, El Colegio de México, SEP, Comisión Nacional de Libros de Texto Gratuitos, 2011, pp. 147-158.

Reyes [1959]: Reyes, Alfonso, *Constancia poética*, en *Obras completas X*, México, Fondo de Cultura Económica, 1959.

— [1989]: Reyes, Alfonso, *Obras completas*, t. XXII, México, Fondo de Cultura Económica, col. Letras Mexicanas, 1989.

— [2015]: *Diario 1951-1959*, t. VII, México, Fondo de Cultura Económica, col. Letras Mexicanas, 2015.

Reyes-Paz [1998]: Reyes, Alfonso, y Octavio Paz, *Correspondencia (1939-1959)*, edición de Anthony Stanton, México, Fondo de Cultura Económica, Fundación Octavio Paz, 1998.

Ruy Sánchez [2013]: Ruy Sánchez, Alberto, *Una introducción a Octavio Paz*, México, Fondo de Cultura Económica, col. Breviarios, 2013.

Sánchez [1996]: Sánchez Robayna, Andrés, *La inminencia, Diarios 1980-1995*, México, Fondo de Cultura Económica, col. Tierra Firme, 1996.

Sancho Dobles [2007]: Sancho Dobles, Leonardo, «Misticismo/ Erotismo: algunos ejes de la poética de Octavio Paz», en *Espéculo. Revista de la Universidad Complutense de Madrid*, Madrid, 2007, http://www.ucm.es/info/especulo/numero35/mopaz.html

Santí [1997]: Santí, Enrico Mario, *El acto de las palabras. Estudios y diálogos con Octavio Paz*, México, Fondo de Cultura Económica, 1997.

— [2005]: «Entrevista con Octavio Paz. El misterio de la vocación», en *Letras Libres*, n.º 73, enero de 2005, pp. 8-20.

— [2009]: selección y prólogo de *Luz espejeante. Octavio Paz ante la crítica*, México, Ediciones Era / UNAM, 2009.

Sefamí [2003]: Sefamí, Jacobo, «Desde las grietas de la infancia: un fragmento de *Pasado en claro*, de Octavio Paz», en *Literatura Mexicana*, vol. XIV, n.º 1, Instituto de Investigaciones Filológicas, Centro de Estudios Literarios, 2003, pp. 139-160.

Sheridan [2004]: Sheridan, Guillermo, *Poeta con paisaje. Ensayos sobre la vida de Octavio Paz*, México, Ediciones Era, 2004.

— [2014]: «Paz en el Archivo de Carlos Pellicer (primera parte)», https://zonaoctaviopaz.com/detalle_conversacion/128/paz-en-el-archivo-de-carlos-pellicer-primera-parte/. «Paz en el Archivo de Carlos Pellicer (segunda parte)», https://zonaoctaviopaz.com/detalle_conversacion/131/paz-en-el-archivo-de-carlos-pellicer-segunda-parte/?id_tipo_espacio=3&palabra=&id_autor=0&lugar=&anio=0&id_lustro=0&tipologia=&tema=&id_coleccion=0&page=5

— [2015]: *Habitación con retratos. Ensayos sobre la vida de Octavio Paz, 2*, México, Ediciones Era, Conaculta, 2015.

— [2016]: *Los idilios salvajes. Ensayos sobre la vida de Octavio Paz*, México, Ediciones Era, Secretaría de Cultura, 2016.

— [2019]: *Breve revistero mexicano*, México, UNAM-Instituto de Investigaciones Filológicas, 2019.

— [2020]: «Paz y su beca Guggenheim», en *Zona Paz*, 2020, https://zonaoctaviopaz.com/detalle_conversacion/451/paz-y-su-beca-guggenheim

Siddheswarananda [1974]: Siddheswarananda, Swami, *El Raja Yoga de san Juan de la Cruz*, México, Orión, 1974.

Souza [1996]: Souza, Rudolf D', *The Bhagavadgita and St. John of the Cross*, Roma, Editrice Pontificia Universitá Gregoriana, 1996.

Stanton [1988]: Stanton, Anthony, «Genealogía de un libro: *Libertad bajo palabra*», entrevista publicada originalmente en *América*, París, y en *Vuelta*, n.º 145, diciembre de 1988. Se incluye también en *OC*, t. XV, p. 120.

— [2015]: *El río reflexivo. Poesía y ensayo en Octavio Paz (1931-1958)*, México, Fondo de Cultura Económica/El Colegio de México, 2015.

Steiner [1995]: Steiner, George, *Después de Babel*, segunda edición española corregida y aumentada, traducción de Adolfo Castañón, México, Fondo de Cultura Económica, 1995.

Szyszlo [1996]: Szyszlo, Fernando de, *Miradas furtivas*, México, Fondo de Cultura Económica, col. Tierra Firme, 1996.

Underhill [1961]: Underhill, Evelyn, *Mysticism*, Nueva York, Dutton & Co., Inc., 1961.

Valmiki [1963]: Valmiki, «Sarga IX. Hanuman inspecciona el gineceo», en *El Ramayana. Sundarakanda. Yuddhakanda, Uitarakanda*, t. II, traducción, estudio preliminar y estampa ramayánica de Juan B. Bergua, 1963, Clásicos Bergua, Madrid.

Vasconcelos [1980]: Vasconcelos, José; Bergamín, José; Gaos, José *et al.*, «Misticismo y filosofía», en *Vuelta*, n.° 45, 1980, pp. 12-17.

Vázquez Medel [2014]: Vázquez Medel, Manuel Ángel, «Octavio Paz: poesía, mística y erotismo», en *Tendencias estéticas y literarias en la cultura contemporánea*, Antonio Molina Flora y Carlos Peinado Elliot (eds.), Sevilla, Editorial Renacimiento, 2014.

Vázquez Vélez [1997]: Vázquez Vélez, María M., «Octavio Paz y la búsqueda de la comunión del espíritu», en *REHPR*, xxiv, n.° 2, 1997, pp. 99-109.

Velasco [1999]: Velasco, Juan Martín, *El fenómeno místico. Estudio comparado*, Madrid, Trotta 1999.

Villaurrutia [1974]: Villaurrutia, Xavier, *Obras*, México, Fondo de Cultura Económica, 1.ª ed. 1953, 2.ª ed. aumentada, 1966, 7.ª reimpresión, 1974.

Weinberg [1995a]: Weinberg, Eliot, «Los privilegios de la vista», México, Centro Cultural Arte Contemporáneo, 1990, en *Archivo Blanco*, ed. de Enrico Mario Santí, México, El Colegio Nacional, 1995.

— [1995b]: Weinberger, Eliot, «Paz en la India», México, Centro Cultural Arte Contemporáneo, 1990, *Archivo Blanco*, México, El Colegio Nacional, 1995.

Wolfson [2016]: Wolfson, Gabriel, «Último round: la revista *Plural* como respuesta sintáctica a *Casa de las Américas*», en *Iberoamericana*, n.° XVI, 61, 2016, pp. 189-210.

Ylizaliturri [1999]: Ylizaliturri, Diana, «Entrevista con Octavio Paz, editor de revistas», en *Letras Libres*, n.° 7, julio de 1999, pp. 53-55.

Zaid [1999]: Zaid, Gabriel, «Octavio Paz: un espíritu excepcional», en *Anuario de la Fundación Octavio Paz*, vol. I, México, Fundación Octavio Paz A. C., 1999, pp. 17-21.

Zona Paz, «Fototeca», en *Zona Paz*, https://zonaoctaviopaz.com/fototeca

CORRESPONDENCIA INÉDITA

Barreda, Octavio G., Octavio Paz, Nettie Lee Benson Latin American Collection Library, University of Texas, Austin.

Bianco, José, José Bianco Papers; Paz, Octavio, Box 1, Folder 5, Manuscripts Division, Department of Rare Books and Special Collections, Princeton University Library.

Fuentes, Carlos, Paz, Octavio, Carlos Fuentes Papers, Box 306, Folder 1, 2, 3, 4; Manuscripts Division, Department of Rare Books and Special Collections, Princeton University Library.

García Ponce, Juan, Juan García Ponce Papers; Paz, Octavio, 1959-1998, Box 26, Folder 1, Manuscripts Division, Department of Rare Books and Special Collections, Princeton University Library.

Jiménez, Juan Ramón, Paz, Octavio, Sala Zenobia y Juan Ramón Jiménez. Universidad de Puerto Rico.

Paz, Octavio, Expediente de Octavio Paz en el Archivo Histórico del Fondo de Cultura Económica, Leg. 1, 2, 3, 4, 5, 1966-1986.

— Correspondencia de Octavio Paz, Archivo *Plural*, Cajas A-Z, Archivo de *LsLs*. También disponible en *Plural* Editorial Files, Series 1, Octavio Paz; 1971-1976, Manuscripts Division, Department of Rare Books and Special Collections, Princeton University Library.

— Correspondencia de Octavio Paz, Archivo *Vuelta*, Cajas A-Z, Archivo de *LsLs*. También disponible en *Vuelta* Editorial Files, Subseries 4, Octavio Paz, 1977-1997, Manuscripts Division, Department of Rare Books and Special Collections, Princeton University Library.

Rossi, Alejandro, Alejandro Rossi Papers; Paz, Octavio, Box 27, Folder 1, Manuscripts Division, Department of Rare Books and Special Collections, Princeton University Library.

Silva Herzog, Jesús, Correspondencia con Octavio Paz, Archivo de
    Jesús Silva-Herzog Márquez.
Soriano, Juan, Correspondencia con Octavio Paz, Museo Juan So-
    riano, Copia en Zona Paz.

Sitios electrónicos

La Zona Paz es un espacio digital coordinado y dirigido por Gui-
llermo Sheridan, con la colaboración y consejo de varios estudiosos
como: Ángel Gilberto Adame López, Fabienne Bradu, Adolfo Cas-
tañón, Maarten Van Delden, Christopher Domínguez Michael,
Malva Flores, Paul-Henri Giraud, David Huerta, Juan Malpartida,
David Medina Portillo, Guillermo Sheridan y Hugo Verani. Cuen-
ta con un registro de 27 colecciones, 1126 obras y 2209 fotografías
(hasta el 20 de noviembre de 2021). En sus propias palabras: «La
Zona Paz es una asociación civil, abierta a los estudiosos y al pú-
blico en general, que difunde y promueve el conocimiento de la
vida, la obra y los tiempos de Octavio Paz. En su sitio de internet
y en sus publicaciones se acomete el repaso crítico y curioso de los
muchos asuntos que atrajeron el interés de este escritor abundante:
la literatura sobre todo, pero también la política, la sociedad, la
historia y la ciencia. La Zona Paz aspira a crear una colectividad
crítica sobre esos temas, pues cree, con el poeta, que nuestros actos
serán más nuestros "si son también de todos, los otros todos que
nosotros somos"». Visite: https://zonaoctaviopaz.com/

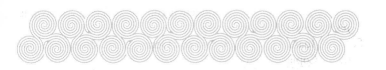

GLOSARIO

El presente glosario está concebido como una herramienta de consulta que permita al lector tener una idea clara del significado de las voces comunes que se emplean en los textos que componen esta antología. Se han incluido términos de otros idiomas, creaciones léxicas propias del autor y también las voces del español general de difícil comprensión. En la gran mayoría de las acepciones, ofrecemos al lector definiciones glosadas, aunque también podrá encontrar palabras definidas por su correspondiente sinónimo en el español general. Las entradas comienzan por el lema o expresión compleja en negritas, seguido después por la acepción correspondiente, detrás de la cual se señala la(s) página(s) donde se documenta en los textos escritos por Octavio Paz. En el caso de entradas de lema simple, si este tiene más de un significado, las acepciones se presentan en el orden de aparición en la obra. Se indican todas las páginas donde aparece el término, si no superan el número de tres; si rebasan este número, se usa la abreviatura *etc*. para señalar que hay más menciones dentro de la obra. Los términos de otros idiomas se incluyen, gráficamente, según los escribe y usa Octavio Paz en sus textos, sin ningún tipo de regularización.

aereofanía Creación léxica de Octavio Paz 'aparición, manifestación o revelación del aire' 302

agacharse 'ceder, someterse' 61

agave 'planta originaria de México y América central, de hojas carnosas y flores en racimo o ramillete, entre las que se encuentra la pita' 17

agua: agua ígnea 'agua ritual símbolo de lo aparentemente opuesto pero que en realidad es complementario' 486

águila: águila o sol 'cara o cruz, juego de azar que consiste en lanzar una moneda al aire después de haber apostado de qué lado caerá' 97

albur 'juego de palabras de doble sentido, equívoco y malicioso' 69

arcaduz 'tubería, caño por donde se conduce agua' 281

arquetipo 'modelo ideal o representación que se considera modelo de cualquier manifestación de la realidad' 65, 92, 178, *etc.*

ars combinatoria 'procedimiento destinado a descubrir nuevas verdades mediante la agrupación de objetos y símbolos diversos' 463

Balmik 'subcasta inferior de la India, dedicada a la limpieza manual de todo tipo de residuos' 323, 341

baniano 'árbol tropical de la India, con raíces aéreas' 241, 308, 334, *etc.*

bhang 'infusión preparada con cannabis, que tiene un efecto psicotrópico' 324, 326, 342

bignonia 'planta ornamental originaria de Brasil' 315

blasfemia 'palabra o expresión gravemente injuriosa contra alguien o algo' 30, 32, 87, *etc.*

bodisatva 'individuo destinado a alcanzar el estado de Buda antes de lograr el nirvana que se caracteriza por tener en el cuerpo cierto signos o marcas, generalmente treinta y dos' 249, 494

budismo 'doctrina filosófica y religiosa, fundada en la India y basada en las máximas de Buda (s. VI a. C.), que busca liberar al ser humano de sus deseos, pasiones y dolores hasta que llegue al supremo conocimiento y al nirvana' 222

cabeza: cabeza de muerto 'mariposa nocturna caracterizada por su dorso en el que se dibuja una silueta amarilla semejante a una calavera' 460

carajo Interjección que expresa sorpresa o contrariedad 138

carpe diem 'exhortación a aprovechar el presente ante la constancia de la fugacidad del tiempo' 419

carrefour 'encrucijada, cruce de caminos' 337

caudillo 'dictador político, generalmente militar' 357, 390, 391

cenzontle 'pájaro americano de plumaje pardo y con las extremidades de las alas y de la cola, el pecho y el vientre blancos, cuyo canto es muy variado y melodioso' 104

chapati 'pan sin levadura, redondo y plano, de origen hindú' 370

chicano 'persona de origen mexicano que vive en los Estados

Unidos de América, especialmente en las áreas fronterizas con México' 358, 359

chichimeco, ca 'de una tribu que se estableció en Tezcuco y, mezclada con otras que habitaban el territorio mexicano, fundó el reino de Acolhuacán' 386

chingada 'prostituta' 84, 85, 86, *etc.*; **hijo de la chingada** 'hijo de puta' 84, 89

chingadera 'acción ruin' 86

chingado, da 'que ha sufrido daño' 85, 86, 94

chingar 'molestar' 85; 'causar daño' 85; 'conseguir algo' 88; 'practicar el coito' 86

chingón, na 'que logra sus objetivos y se impone por cualquier medio' 86, 90

coco: coco del mar 'palmera endémica del archipiélago de las Seychelles cuyo fruto, que se asemeja a los glúteos humanos, puede llegar a pesar más de veinte kilos' 315

desgañicresterío Creación léxica de Octavio Paz formada de *desgañitar* 'esforzarse violentamente gritando o voceando' y *cresta* 'carnosidad roja que tienen sobre la cabeza el gallo y algunas otras aves' que podría definirse como 'canto ruidoso y muy esforzado de los gallos' 103

dríada 'dríade, ninfa de los bosques, cuya vida duraba tanto como la del árbol a que se suponía unida' 516

ferrigno, na 'que tiene aspecto, color o sabor a hierro' 464

goda: goda kaduro 'árbol cuyos frutos son tóxicos (*Strychnos nuxvomica*)' 316

grano: grano del paraíso 'planta tropical parecida al jengibre' 316

guarache 'especie de sandalia tosca de cuero o caucho' 371

haikú 'composición poética de origen japonés que consta de tres versos de cinco, siete y cinco sílabas respectivamente' 222, 422

harpa 'arpa, instrumento musical de forma triangular, con cuerdas colocadas verticalmente y que se tocan con ambas manos' 120

henequén 'planta originaria de Yucatán de hasta dos metros de altura, del género de los agaves. Se extrae una fibra textil que durante muchos años fue importante para el comercio en esa región' 16,17

higuera 'árbol de mediana altura, tronco grisáceo y hojas grandes, cuyo fruto es el higo' 11, 98, 106, *etc.*

huizache 'huisache, árbol de ramas espinosas y flores amarillas. Se emplea en artesanías, como forraje, en la medicina tradicional y para preparar tinta negra, ya que sus vainas contienen tanino' 120

lambiscón 'adulador' 88

limo 'lodo o cieno' 433

lingam 'representación de la encarnación del dios hindú Shiva, símbolo de la energía masculina' 238

malinchista 'persona que muestra apego a lo extranjero con menosprecio de lo propio' 94

mandala 'representación simbólica del universo propia del budismo y otras religiones' 293

morder 'obtener beneficio, generalmente económico, de un particular por un funcionario o empleado, con abuso de las atribuciones de su cargo' 88

nadie: don nadie 'persona de poco valer, poder o influencia' 74

nim 'árbol de hasta 20 m de altura, de tronco corto y recto, hojas de color rojo o púrpura, cuyo fruto es una drupa parecida a la aceituna' 245, 286, 287, *etc.*

ningunear 'ignorar o mostrar una actitud de menosprecio' 74, 75

ninguneo 'acción de ningunear' 74

Nirvana 'estado resultante de la liberación de los deseos, de la consciencia individual y de la reencarnación, que se alcanza mediante la meditación y la iluminación' 152, 257

ovillejo 'composición métrica vulgar que se caracteriza por escribir un verso de ocho sílabas y después añadir abajo una palabra suelta con consonante de dicho verso' 429

pachuco, ca 'joven caracterizado por su forma de vestir elegante pero extravagante' 43, 47, 48, *etc.*

papagayo 'persona que habla mucho y sin razón' 39

pinole 'harina de maíz tostado, a veces endulzada y mezclada con cacao, canela o anís' 19

pocho, cha 'mexicano que adopta costumbres o modales de los estadounidenses' 53

polumo Creación léxica de Octavio Paz formada de *polvo* y *humo* 484

prajñaparamita 'entendimiento perfecto, perfecta sabiduría' 291

rajarse 'volverse atrás, acobardarse o desistir' 61, 62, 68

ralenti: au ralenti 'lentamente, a cámara lenta' 454

sadhu 'santón errante de la India' 288, 324, 327, *etc.*

shivaíta 'adepto o seguidor del dios Shiva' 246

sikh 'sij, seguidor del sijismo, religión monoteísta fundada por Nanak en la India en el siglo XVI, que combina elementos del hinduismo y del islamismo' 255

sitar 'instrumento musical de cuerda pulsada, originario de la India, semejante al laúd, pero con el mástil más largo' 305

śunyata 'verdad última de la rama mahayana del budismo que caracteriza lo real más allá de las apariencias' 265, 291

Tao 'principio rector del universo en la filosofía taoísta, que combina el yin y el yang y que representa el camino de la virtud, en armonía con el orden natural' 174, 175, 219, *etc.*

temascal 'casa de baños azteca que relaciona la higiene con la limpieza del espíritu' 10

tlatoani 'dignidad del emperador azteca' 379, 386, 387, *etc.*

ÍNDICE ONOMÁSTICO

Abelardo, Pedro (1079-1142): Teólogo y escolástico francés. Fue emasculado debido a su amor por Eloísa. Fue partidario del *nominalisme* en la disputa de los Universales y se enfrentó con san Bernardo en torno a la doctrina de la Trinidad.

Adán de lodo: Según el libro del Génesis, Dios modeló al primer hombre con el barro de la tierra: «Adán de barro» es una fórmula ritual que aparece en diversos momentos de la obra del poeta mexicano.

Agamenón: Legendario rey de Micenas y de Argos. Dirigió a los griegos que asediaron Troya. Para aplacar la cólera de Artemisa y hacer que terminaran los vientos contrarios, sacrificó a su hija Ifigenia siguiendo el consejo del adivino Calchas. A su regreso de Troya fue asesinado por Clitemnestra, su mujer, y por Egisto.

Ajusco: Nombre de un elevado pico montañoso que se encuentra al sur de la ciudad de México. Se dice que en ese lugar buscaron refugio los aztecas cuando fueron vencidos.

Alberti, Rafael (1902-1999): Escritor español, autor de *Sobre los ángeles* (1929), llegó a México a fines de 1934 o principios de 1935, momento desde el que se estableció una amistad con Octavio Paz. Prenda de la amistad que los unió son «Recordación» y «Encuentros», recogidos en «Rafael Alberti, visto y entrevisto», en *Fundación y disidencia: dominio hispánico* de Paz.

Aleixandre, Vicente (1898-1984): Poeta español de la generación del 27. La obra del autor de *La destrucción o el amor*, *Pasión de la tierra* y *Espadas como labios* se inscribe en el caudal del flujo surrealista con su «erotismo del primer día del mundo, visión a un tiempo cruel y paradisíaca de la pasión», como lo describe Paz.

Alhambra de Mixcoac: Durante el porfiriato se construyeron edificios exóticos como el kiosco Morisco de la Colonia Nueva Santa María o esta «Alhambra».

Alicia en el país de las maravillas: Obra para niños escrita por el ingenioso matemático y fotógrafo británico Lewis Carroll, publicada originalmente en 1865.

Alighieri, Dante (1265-1321): Poeta, filósofo y pensador florentino. Autor de la *Divina comedia* y de la *Vita nuova*. Se le considera el padre del idioma italiano. Murió en el exilio en Rávena a los cincuenta y seis años.

Aliosha (también llamado Alioshka o Alekséi): Personaje del libro *Los hermanos Karamazov* de Fiódor Dostoyevski, publicado en 1880. Es el menor de los hermanos Karamazov.

Almendrita: Nombre en español de la protagonista de un cuento de Hans Christian Andersen. En danés, Tommelise. En inglés, Thumbelina o Inchelina.

American way of life: Modo de vida dictado por los usos y costumbres norteamericanos que impone una variedad de comportamientos, estilos y paisajes en la vida de México y del resto del mundo durante los siglos XX y XXI.

Amón: Dios egipcio de Tebas. Durante el Imperio Nuevo, sus sacerdotes constituyeron una influyente casta.

Analectas: Versión escrita de las enseñanzas de Confucio, nacido entre 551 y 479 a. C., es uno de los libros canónicos de la cultura china.

Anarquía del lenguaje en la América española: Libro publicado por el lingüista y académico mexicano Darío Rubio en 1925.

Anaximandro: Filósofo griego de la escuela jónica, nacido en Mileto en el siglo V. Lo indeterminado era a sus ojos el principio de todas las cosas.

Anima mundi: «Alma del mundo», concepto empleado por Platón en el *Timeo*, también fue utilizado por Paracelso y Spinoza, entre otros.

Antígona: Figura mítica que aparece en la obra de Esquilo *Los siete contra Tebas*. Hija de Edipo y Yocasta, es testigo de la muerte de sus hermanos Eteocles y Polinices durante el asedio a Tebas. Pero mientras el primero es inhumado con las debidas honras fúnebres, el segundo quedará insepulto por orden de su tío Creonte. Antígona se rebela contra esta disposición y decide enterrar por su cuenta a su hermano. Al enterarse Creonte decide recluirla viva en una tumba. Antígona se suicida ahorcándose. Sófocles retoma en el siglo V a. C. esta tragedia emblemática de las difíciles relaciones entre el individuo y el Estado.

Antología palatina: Compendio de epigramas, ejercicios retóricos, canciones y epitafios escritos en griego que abarca desde el siglo VII a. C. hasta el año 1000 de nuestra era.

Apollinaire, Guillaume (1880-1918): Poeta, escritor y teórico francés de ascendencia bielorruso-polaca nacido en Italia. Se le reconoce como el creador del caligrama y quien nombró al «surrealismo». Fue una de las presencias decisivas en la formación poética y crítica de Octavio Paz.

Apolo: Dios griego de la luz, la belleza, la adivinación y las artes. Sus atributos dan título a *El arco y la lira*, ensayo sobre la poesía y su papel en el mundo.

Aquiles: Personaje central de la *Ilíada*. Hijo de Tetis y de Peleo, rey de los mirmidones, encarnaba el modelo de la educación griega. El talón era su único punto vulnerable.

Arguijo, Juan de (1567-1622): Poeta español de la escuela sevillana cuya obra «está compuesta casi exclusivamente por sonetos con asuntos tomados de la historia y la mitología de la Antigüedad pagana» (Octavio Paz).

Aristóteles (384-322 a. C.): Filósofo griego, nacido en Macedonia. Además de ser el preceptor de Alejandro Magno, fue el fundador en Atenas del Liceo y el autor de un sistema filosófico cuya concepción rigurosa e integral del universo se expresa en los numerosos escritos y tratados que dejó sobre lógica, política, retórica, ética, biología, anatomía, clasificación de animales, física y metafísica. A él se debe la fundación de la lógica, y su pensamiento marcó la filosofía y teología cristianas medieval y renacentista. Octavio Paz lo cita en particular en relación con los temas asociados a las cuestiones

poéticas y políticas tanto en *El arco y la lira* como en algunos de sus escritos políticos.

Arnault, Daniel: Nombre de un caballero y trovador provenzal cuya vida transcurrió entre la segunda mitad del siglo XII y los albores del siglo XIII y desarrolló su actividad como poeta entre 1180 y 1210. Es conocido por un breve número de canciones, y su obra más conocida es «L'aur'amara fals bruels brancutz». Fue uno de los poetas que influyeron a Dante en su concepción del amor.

Artemis (o Artemisa): Divinidad griega de la naturaleza salvaje y de la cacería, suele ser identificada con la Diana de los romanos.

Arturo, rey: Legendario rey de los galos que encabezó la resistencia de los celtas a la conquista anglosajona a finales del siglo V y principios del siglo VI. Sus aventuras produjeron las novelas del ciclo artúrico o ciclo de Arturo, llamadas también ciclo bretón o ciclo de la Mesa Redonda.

Atis: Personaje mitológico que decide mutilarse ante el acoso de la diosa Cibeles, según refiere Ovidio en *Fastos*, IV, 221/44. Según Pausanias, Zeus le concedió el don de la juventud eterna.

Augurios de inocencia: También conocidos como *Cantos de inocencia* o *Cantos de experiencia*. Fueron escritos por William Blake y publicados en 1789. Paz leyó al poeta inglés, nacido en 1757 y muerto en 1827, primero gracias a Xavier Villaurrutia (que lo tradujo) y luego gracias a Luis Cernuda, que estaba familiarizado con el pensamiento poético en lengua inglesa.

Aurelia: narración de Gérard de Nerval, publicada en 1855. Se titula en el original francés «Aurelia», en español, y no «Aurélie». El poeta quería dar desde el título mismo de su novela corta un guiño a la otredad. Es uno de los textos que Paz más apreciaba de este poeta al que dedicó una serie de traducciones.

Avenida de los Insurgentes: Trazada desde 1910 con motivo de las Fiestas del Centenario encabezadas por Porfirio Díaz como un signo de la conciencia que ya se tenía del crecimiento urbano de la ciudad de México. En el grupo de asesores y urbanistas que la concibió estaba el pintor José María Velasco. Al norte termina en Indios Verdes, y al sur desemboca en la carretera que lleva a Cuernavaca.

Avenida Revolución: El 20 de noviembre de 1932 se nombró así a la avenida que antes se había llamado avenida de la Libertad, avenida Obregón en los años veinte y avenida Olvera en 1889. Fue la primera avenida de la ciudad en tener pavimento. Va desde Benjamín Franklin hasta Ciudad Universitaria. En los años treinta era de doble sentido, característica que desapareció en 1957.

Bactriana: País de Asia Menor en el actual Turkestán, fue una satrapía del Imperio persa y luego del seléucida, sede de un reino griego en el siglo III a. C. Su capital era Bactra.

Bagdad: *The Thief of Bagdad* (en español se tituló *El ladrón de Bagdad*) es una película muda de 1924 cuyo protagonista es Douglas Fairbanks.

Balthus (1908-2001): Balthazar Klossowski, mejor conocido como Balthus, fue un pintor francés notable por la composición de sus cuadros y por la asidua presencia en ellos de figuras de doncellas inquietantes. Paz fue su amigo, como también lo fue de su hermano Pierre Klossowski, el filósofo.

Balzac, Honoré de (1799-1850): novelista y dramaturgo francés, figura de la novela realista del siglo XIX. Es probable que Octavio Paz haya empezado a leer al autor de *La comedia humana* desde sus años mozos. La presencia de los personajes de la serie de novelas que componen una suerte de fresco de la sociedad francesa que va desde la Revolución hasta fines de la Monarquía de Julio es un indicio del conocimiento que tenía Paz de este autor.

banquete, El: Entre los diálogos de Platón, uno de los que alimentaron más el pensamiento de Octavio Paz es este, dedicado al amor. Casi podría decirse que un ensayo como *La llama doble* podría ser leído como un diálogo con *El banquete*.

Bao-yu y Dai-yu: Nombres de los personajes de la novela clásica china del siglo XVIII *El sueño del* *aposento rojo*. Jia Bao-yu (Jade precioso) y Lin Dai-yu (Jade azulnegro) son los nombres de esta pareja de enamorados en la novela del escritor Cao Xueqin, también titulada *Sueño en el pabellón rojo*.

Bashō, Matsuo (1644-1694): Poeta japonés nacido en Ueno y muerto en Osaka, perteneciente al periodo Edo. Considerado uno de los grandes autores clásicos de la poesía japonesa, dejó un gran número de discípulos y seguidores. Incómodo con la vida en los círculos literarios, comenzó a practicar la meditación zen y emprendió cuatro grandes viajes por los lugares sagrados de Japón, los mismos que registró en su poesía. Octavio Paz tradujo el libro *Sendas de Oku* en 1957, en colaboración con Eikichi Hayashiya. Del ascendiente de este poeta sobre la obra del mexicano es indicio el gran número de veces que lo cita. Además de eso, no se puede negar la presencia de Bashō como un maestro de pensamiento para Paz.

Baucis: En la mitología griega transmitida por Ovidio en sus *Metamorfosis*, Filemón y su esposa Baucis fueron los únicos que dieron hospitalidad a Zeus y a Hermes en la ciudad de Frigia. Zeus destruyó la ciudad y ofreció cumplir un deseo al matrimonio. Baucis y Filemón pidieron ser guardianes del templo que se construiría ahí, vivir la mayor cantidad de años juntos y morir al mismo tiempo. Zeus se los concedió y los metamorfoseó en dos árboles que unían sus ramas. Son un símbolo del amor conyugal.

Baudelaire, Charles (1821-1867): poeta y escritor francés. Aunque heredero de las diversas corrientes del Romanticismo europeo, fue fiel al ejercicio de una prosodia clásica. *Las flores del mal* (*Les fleurs du mal*, 1857) y *Los pequeños poemas en prosa* (*Les petits poèmes en prose*, 1869) fueron y son fuente de la sensibilidad moderna. A eso ha de añadirse su tarea por demás original de crítico de arte cuya mirada, también poética, está en el origen de la crítica de arte moderna. Tradujo al francés las *Historias extraordinarias* de Edgar Allan Poe y exploró las puertas de la percepción con su obra *Los paraísos artificiales* (*Les paradis artificiels*).

Belilla: Personaje que da nombre a un «Retrato» en una canción ligera de sor Juana.

Bello, Andrés (1781-1865): Crítico, gramático, poeta, traductor y político venezolano, fue considerado por Octavio Paz uno de los críticos literarios más solventes de Hispanoamérica y uno de los guías intelectuales de la cultura hispanoamericana.

Berceo, Gonzalo de (1190-1264): Poeta medieval nacido en La Rioja, España. Profesó como monje en el monasterio de San Millán de la Cogolla. Es uno de los principales autores del llamado mester de clerecía, rimaba con sabio temple sus estrofas y cantaba a lo divino y a lo humano.

Bergson, Henri (1859-1941): En su limpia escritura se expone la función de la intuición como medio de conocimiento de lo que él llamaba la duración y la vida. Fue muy leído en México por los escritores del Ateneo y en España, dice Paz, tuvo una influencia innegable en Antonio Machado. Sus obras filosóficas sobre la conciencia, como *Materia y memoria* (1896), o sobre *La evolución creadora* (1907) son citadas por Paz en diversos momentos. No es extraño que en 1927 haya merecido el Premio Nobel de Literatura y que hasta hoy sea el único filósofo que haya recibido dicho galardón.

Berkeley, George (1685-1753): El obispo y filósofo irlandés sostiene en sus ensayos que el conocimiento descansa en la sensación y que solamente existen espíritus; a su doctrina se le llama *inmaterialismo*.

Berryman, John (1914-1972): Poeta norteamericano, una de las figuras de mayor relieve de las letras durante la segunda mitad del siglo XX. Reconocido sobre todo por sus *Dream songs* (1969), una composición hecha con 385 poemas intensamente personales.

Bertrand, Aloysius (1807-1841): Poeta francés del Romanticismo, autor de una serie de poemas en prosa recogidos en *Gaspard de la Nuit* (1842). Se le considera el fundador del poema en prosa moderno, muy practicado por Octavio Paz.

Birmania: Antigua colonia inglesa en Indochina.

Blake, William (1757-1827): Poeta y pintor inglés, autor de una serie de obras líricas y épicas como *Songs of innocence* (1789) y *Songs of experience* (1794). Influido por Dante y por Milton, su obra como poeta y como pintor es reconocida actualmente como una de las fuentes más poderosas de la inspiración romántica. El poeta mexicano Xavier Villaurrutia, amigo del joven Octavio Paz, tradujo una selección de sus poemas. El aprecio creciente que tuvo Paz por este poeta se puede advertir en *Los hijos del limo*.

Bloy, Léon (1846-1917): Novelista, ensayista y poeta francés. Autor de un *Diario*, de una serie de novelas y de alegatos o panfletos como el dedicado al historiador Roselly des Lorgues, con motivo de la canonización de Cristóbal Colón. Religioso y místico, fue incluido por Rubén Darío en *Los raros* y fue muy apreciado por ciertos círculos espirituales.

Bolívar, Simón (1783-1830): General y estadista venezolano, emancipó del dominio español a su país en 1811 y en 1819 a la Nueva Granada, que erigió con el Ecuador en una vasta república con el nombre de la Gran Colombia. Renunció luego de haber fracasado en esa tentativa de unir a los países americanos en una gran confederación. Escribió muchas cartas y documentos, como la célebre «Carta de Jamaica». Su obra política es inseparable de su legado literario.

Bonaparte, Napoleón (1769-1821): Militar, general y cónsul francés. La Revolución francesa concluye cuando él es nombrado emperador y llamado Napoleón I en 1804. Introdujo en Francia una serie de reformas liberales que todavía perduran. Es autor del código civil y de un alto número de instituciones que todavía sobreviven. Llevó el nombre y las tropas de Francia por toda Europa. Fue famoso por sus campañas militares en Egipto, Prusia, Rusia, Polonia, España y Alemania. El saldo rojo de las guerras napoleónicas ascendió a una cantidad que oscila entre tres y seis millones de civiles muertos. Luego de la batalla de Waterloo fue exiliado por los ingleses en la isla de Santa Elena, donde murió a los cincuenta y un años de edad.

Bonnefoy, Yves (1923-2016): Poeta, crítico literario y traductor francés. Además de su amplia obra poética, como ensayista fue gran conocedor de André Breton y Charles Baudelaire y traductor de William Shakespeare y W. B. Yeats. Estudioso del arte y de los artistas del barroco italiano, de Goya, Miró, entre otros muchos. Fue amigo cercano de Octavio Paz, quien tradujo algunos poemas suyos y lo cita en no pocas ocasiones.

Born, Bertran de: Trovador y poeta nacido en Périgord hacia 1140 y fallecido hacia 1215. Considerado uno de los trovadores más prolíficos de la época, se conservan cuarenta y siete de sus composiciones.

Bose, Subhas Chandra (1897-1945): Político nacionalista hindú cuya lucha coincide con la de Gandhi y Neruda.

Breton, André (1896-1966): Poeta y escritor francés. Es uno de los fundadores del surrealismo, y en la obra *Manifiestos del surrealismo* (1924/1930) buscó definir y afirmar la originalidad de este movimiento. Además, en sus obras narrativas, como *Nadja* (1928) y *El amor loco* (*L'amour fou*, 1937), tanto como en *Los vasos comunicantes* (1932), Breton buscó un camino para la poesía y el arte en el que el sueño, lo sagrado, el arte como vía de conocimiento pudiesen tener un lugar en la ciudad. Breton no fue ajeno a la política, aunque lo que le interesaba era una política del espíritu. Octavio Paz se reencontró en París con André Breton. Este adoptó a Paz, por así decirlo, gracias a Benjamin Péret. Podría decirse que esa amistad es uno de los grandes hechos secretos de las letras contemporáneas en el mundo. Paz le dedicó a Breton un ensayo importante («André Breton o la búsqueda del comienzo») y lo cita en numerosas ocasiones en sus poemas y ensayos.

British Raj o **Raj Británico**: Esta expresión se refiere a la época de la dominación británica entre 1858-1947 en el sur del subcontinente indio, cuando se consumó la independencia de la corona de este país. El dominio abarcaba India, Pakistán, Bangladesh, Myanmar, Maldivas y otras pequeñas islas del océano Índico.

Broadmoor: Es el nombre del hospital psiquiátrico más antiguo de Inglaterra. Ahí vivió encerrado, entre otros reclusos, el pintor Richard Dadd.

Bruto, Marco Junio (85-42 a. C.): Político romano de la etapa final de la República. Junto con Casio, fue uno de los conspiradores que produjeron la muerte de Julio César. Se dio muerte una vez que fue vencido por Antonio y Octaviano.

Buda, Gautama (o **Buddha**): Conocido también como Siddhārtha Gautama, príncipe de Kapilavastu, asceta ermitaño y maestro espiritual, nació en la zona de Lumbini (Nepal) y vivió entre los VI y V a. C. Murió en la India, en Kushinagar, y está enterrado en el condado de Jingchuan, en China. Es el fundador del budismo, una filosofía y una religión. La palabra «buda» quiere decir «despierto» o «el Iluminado». Octavio Paz fue un gran estudioso de la vida de este maestro y de las diversas corrientes del budismo, como es claro en sus escritos y por las numerosas citas que hace de esta figura.

Cabeza del Gigante, La: Tête du Géant. Montaña de los Alpes en Chablais, en la frontera entre Francia y Suiza.

Cabrera Maciá, Manuel (1913-1997): Filósofo, profesor y diplomático mexicano. Autor de *Los supuestos del idealismo fenomenológico* (1994). Vivió en Alemania después de la guerra y fue el primer mexicano que conoció a Martin Heidegger. Conoció a Octavio Paz en México y luego lo encontró en París.

Cacique Gordo (Xicomecóatl o **Chicomácatl):** Gobernante totonaca de la ciudad de Cempoala. Su papel en la Conquista fue clave, pues facilitó a los conquistadores españoles cientos de soldados para acompañarlos en su viaje a México-Tenochtitlan, la capital del Imperio azteca.

Cádiz: Ciudad portuaria en el suroeste de España.

Cage, John (1912-1992): Compositor norteamericano, teórico de la música, pensador y filósofo. Fue precursor de la música electrónica y autor de diversos libros, como el importante *Silence*. Conoció a Octavio Paz, de quien se volvió amigo. A ambos les interesó el budismo zen, y Cage fue discípulo del maestro japonés Suzuki. En *Ladera este* aparece el poema «Lectura de John Cage», que podría ser leído como un arte poética y aun una guía del conocimiento.

Caillois, Roger (1913-1978): El nombre de este escritor, sociólogo, antropólogo y editor francés está asociado firmemente a las letras hispanoamericanas y a la obra de Octavio Paz, al que trató y tradujo. La fascinación de Caillois por el universo de lo sagrado y por la guerra como enigma de la civilización, así como la hondura y amplitud de sus conocimientos poéticos universales, solo podían contribuir a afianzar esa amistad.

Calderón de la Barca, Pedro (1600-1681): Poeta, dramaturgo y sacerdote español. Sus obras, como *La vida es sueño* o *El alcalde de Zalamea*, tuvieron mucha fortuna no solo en España, sino también en Europa (y en particular en Inglaterra y Alemania), entre los escritores y poetas del Romanticismo. Paz apreciaba mucho la perfección de sus construcciones dramáticas apegadas al despliegue de la razón.

Calixto (*o* **Calisto**) y **Melibea**: Personajes de *La Celestina* o *Tragicomedia de Calisto y Melibea*, obra atribuida a Fernando de Rojas y publicada en 1499. A menudo el poeta mexicano cita la obra al construir sus exposiciones relacionadas con los peligros y abismos que supone la apuesta amorosa que tanto alimenta su reflexión.

callejón Daguerre: Esta pequeña calle en el distrito 14 de París, en Petit-Montrouge, Montparnasse-Plaisance, lleva el apellido de Louis Daguerre (1787-1851), uno de los divulgadores de la fotografía, que además de inventar el daguerrotipo fue pintor y decorador teatral.

Cambridge: Ciudad en Gran Bretaña donde se encuentra la universidad que cuenta con uno de los colegios más antiguos y célebres, fundado en 1284. Ahí se encuentra el King's College, donde Octavio Paz escribió, en el verano de 1984, *El mono gramático*.

Camões, Luís de (1524 o 1525-1580): Poeta portugués, autor de una serie de redondillas fraguadas en la tradición medieval y de sonetos cortados en el estilo del Renacimiento italiano, sobre todo conocido por el poema épico titulado las «Lusíadas» (1572), cuyo asunto son los descubrimientos de Vasco de Gama, protagonista de esta epopeya nacional, cuyo ascendiente en las letras hispánicas y universales es incontestable.

Canción de Florisa: Sor Juana incluye esta composición, a su vez citada en la *Diana enamorada* de Gil Polo.

Cantar de los cantares: Colección de cantos de amor que se da como un símbolo de la unión de Dios y de su pueblo elegido, se fecha en el siglo V a. C. y es uno de los libros que componen el Antiguo Testamento de la Biblia, donde se sitúa entre el Eclesiastés y los libros de Sabiduría de Salomón. Fue traducido por fray Luis de León.

Cántico espiritual: Obra compuesta por san Juan de la Cruz (1542-1591) en 1584, publicada primero en francés, en 1622, y más tarde en castellano, en Bruselas, en 1627. Solamente se publicó en España en 1630 debido a la censura de la Inquisición. Es fama que las treinta primeras estrofas las memorizó san Juan de la Cruz en el cautiverio. San Juan redactó y corrigió el manuscrito del *Cántico*. Fue encarcelado y logró fugarse.

Cantos: Publicados entre 1919 y 1969, se cuentan entre las grandes construcciones poéticas de la poesía norteamericana, de la cual su autor, el poeta, editor y crítico Ezra Pound, es un alto representante. En los *Cantos* conviven Dante y Confucio, Homero y Catulo, Propercio y Piero della Francesca, pero también los padres fundadores de los Estados Unidos, Jefferson y Henry Adams, Cavalcanti y los poetas provenzales, un cosmopolitismo lingüístico proyectado como un gesto contra la usura y la desintegración.

Cantos de Maldoror: Obra del Conde de Lautréamont (Isidore Ducasse), publicada en París en 1869. Fue muy apreciada por los poetas surrealistas, quienes reconocieron en la explosiva imaginación del poeta un anuncio de su movimiento poético. Rubén Darío incluyó a Lautréamont en su obra *Los raros*. Paz lo leyó desde joven, y una de sus afinidades con André Breton y Luis Buñuel fue precisamente Lautréamont y sus *Cantos*.

Cantos de vida y esperanza: De Rubén Darío, publicados en Madrid en 1905. El poema que abre el libro y que lleva su mismo título está dedicado a José Enrique Rodó. Incluye «Salutación del optimista», «A Roosevelt» y «La marcha triunfal», piezas que son como estandartes de la poesía de este autor.

Carlos IV (1748-1819): Llamado el Cazador, rey de España desde 1788 hasta su abdicación en 1808. Su sucesor fue Fernando VII. En la ciudad de México, el arquitecto Manuel Tolsá le hizo una escultura conocida popularmente como «El Caballito». Carlos IV es un punto de referencia del ocaso novohispano. Durante su reinado se prosiguieron las reformas borbónicas iniciadas por Felipe V.

Carlos V (1500-1558): Emperador del Sacro Imperio Romano Germánico como Carlos V de 1520 a 1558, rey de España como Carlos I de 1516 a 1556. Hijo único de Felipe el Hermoso, archiduque de Austria, y de Juana la Loca, reina de Castilla. Recibió en 1515 el gobierno de los Países Bajos y, a la muerte de Fernando el Católico, en 1516, heredó las coronas de Castilla, Aragón, Nápoles y Sicilia, de las cuales dependían las enormes colonias y territorios en América. Rival de Francisco I, condujo contra él tres guerras, como el desastre de Pavía en 1525 y el Saco de Roma en 1527. En 1556 abdicó y se retiró al monasterio de Yuste, dejando el reino en manos de Felipe II. Hernán Cortés, soldado de la corona española, lo era también en cierto modo del Sacro Imperio Germánico.

Carranza, Venustiano (1859-1920): Político y militar mexicano. Después del asesinato de Francisco I. Madero y del derrocamiento de Victoriano Huerta, fungió como primer jefe del gobierno constitucionalista, estuvo a cargo del poder ejecutivo desde el 13 de agosto de 1914 hasta el

30 de abril de 1917. Antes participó en la Convención de Aguascalientes y tuteló los trabajos de redacción de la Constitución de 1917. Fue una de las figuras centrales de la Revolución mexicana. Le sucedió como presidente Adolfo de la Huerta.

Carrillo Flores, Antonio (1909-1986): Hijo del músico Julián Carrillo. Secretario de Relaciones Exteriores entre 1964 y 1970. A este experimentado político y reconocido académico le tocó ser el interlocutor de Octavio Paz en los años previos a la renuncia de este a la embajada de México en la India en octubre de 1968 y en los difíciles días cercanos a esa fecha.

Casandra: Personaje de *Agamenón* de Esquilo. Es una mujer poseída por su poder visionario. Casandra, tras recibir de Apolo el don de la profecía, se negó a entregárselo y el dios la castigó, privándola de credibilidad («nadie creerá en sus oráculos»). Su padre, Príamo, se vie obligado a recluirla en una torre donde podría profetizar sin que nadie la escuchara.

Caso, Antonio (1883-1946): Maestro, filósofo y ensayista mexicano, miembro del Ateneo de la Juventud. Su pensamiento estuvo marcado por un sesgo a la vez crítico y cristiano. Maestro de Historia de la Filosofía, Ética, Estética, Sociología, Lógica y Metodología. Miembro fundador de El Colegio Nacional.

Castro, Eugenio de (1869-1944): Poeta portugués. Al publicar su libro de poemas *Oaristos* abrió las puertas al simbolismo en Portugal. Rubén Darío lo incluyó en *Los raros* (1896).

Castro, Fidel (1927-2016): Fidel Alejandro Castro Ruz, político y revolucionario cubano. Luchó contra el dictador Fulgencio Batista, fue encarcelado entre 1953 y 1955, luego desterrado. En 1956 desembarcó en Cuba y organizó una guerrilla que lo llevó a la toma del poder. Fue nombrado primer ministro y luego jefe del Estado cubano. Ejerció el poder casi cincuenta años e hizo de la Revolución cubana una organización que pudo sobrevivir gracias al apoyo de la Unión Soviética. El carismático dirigente, que atrajo a muchos intelectuales, fue visto con ojos críticos por Octavio Paz desde fechas muy tempranas.

Castro Leal, Antonio (1896-1981): Formó parte del llamado grupo de Los Siete Sabios que prosiguió el proceso de renovación educativa del Ateneo de la Juventud. Escribió, entre otras obras, el estudio *Juan Ruiz de Alarcón. Ingenio y sabiduría*.

Catulo: Cayo o Gayo Valerio Catulo, poeta latino nacido en Verona hacia el 87 a. C. y muerto en Roma en 54 a. C. Seguidor de los poetas alejandrinos y admirador de Safo, compuso los poemas eruditos de *Nupcias* y sobre todo poemas amorosos. Para Octavio Paz es fundamentalmente un poeta del amor, o más bien de la religión del amor, y lo cita no pocas veces.

Ceilán: Nación insular al sur de la India, actualmente se la conoce como Sri Lanka.

Cernuda, Luis (1905-1963): Poeta y crítico español. Amigo de Pedro Salinas y cercano a Juan Ramón Jiménez. Pertenece a la generación del 27. Hizo amistad en España con Octavio Paz. Se exilió en México, donde publicó en 1958 su libro *La realidad y el deseo*. Falleció en México el 5 de noviembre de 1963, en la casa de su amiga Concha Urquiza.

certain plume, A: Obra de Henri Michaux. La primera versión de este breve libro de textos poéticos en prosa del autor belga fue publicada en 1930 en París. Paz lo cita junto con *Nadja* de André Breton y *Le Paysan de Paris* de Louis Aragon como un ejemplo de «la venganza de la poesía» contra el discurso y la demostración.

Cervantes, Miguel de (1547-1616): El autor de *El trato de Argel*, *La Galatea*, las *Novelas ejemplares*, *Don Quijote de la Mancha*, fue leído por Octavio Paz a lo largo de toda su vida y particularmente en sus últimos años. Octavio Paz recibió el Premio Cervantes en 1981.

Chaac: Dios de la lluvia en la mitología maya.

Chapultepec, bosque de: Conocido como «el pulmón de la ciudad de México», es un extenso parque urbano, el mayor en su tipo en el hemisferio occidental. Ahí se encuentra el Museo Nacional de Antropología e Historia. Es uno de los lugares míticos de México. Se han encontrado restos óseos que se remontan a 150-900 d. C. Cuando los toltecas llegaron ahí quinientos años antes del Imperio de Moctezuma, creyeron encontrar la entrada a Cincalco, el paraíso prehispánico.

Char, René (1907-1988): Poeta y escritor francés. Perteneció al grupo surrealista del cual se distanció. Fue parte de la Resistencia francesa. Estableció con Martin Heidegger una sólida amistad. La amistad de Char con Paz tiene varias raíces: la ética y la poética, una concepción del lenguaje y del silencio entrelineado en la acción.

Che-King (Che tsing): Recopilación clásica de poemas de la antigua China del 300 a. C.

Chin P'ing Mei: También llamada *Jin Ping Mei* o *Flor de Ciruelo en Vasito de Oro*, es una novela anónima china de finales del siglo XVI compuesta en cien capítulos. Sus descripciones explícitas de los usos y costumbres sexuales explican que haya sido objeto de censura y que no se haya publicado una edición impresa hasta 1610.

Chuang-tsé (o **Chuang Tzu** o **Zhuangzi**): Poeta y filósofo chino del siglo IV a. C. Es el heredero del pensamiento de Lao-tsé. Se le debe un importante tratado de taoísmo.

Churruca, Cosme Damián (1761-1806): Héroe de la batalla de Trafalgar, gran marino español. Se encuentra citado por Benito Pérez Galdós en *La Fontana de Oro*, capítulo IV, y en *Fortunata y Jacinta*, capítulo V.

Cipris: Uno de los nombres de la diosa de la belleza y el amor Afrodita.

Clive, Roberto (1725-1774): Conocido como Clive of India. Primer gobernador británico de la presidencia de Bengala. Se le reconoce como uno de los que sentaron las bases de la East India Company. Fue una de las figuras más controvertidas del gobierno colonial inglés en la India.

Club de los Suicidas, El (*The Suicide Club*): es un libro de cuentos de misterio de Robert Louis Stevenson publicado en 1878. Forma parte de las narraciones que componen *Las nuevas mil y una noches* (*New Arabian Nights*; 1882).

Coatlicue: Puede referirse tanto a la deidad como a la escultura monumental que la representa. Esta es una muestra de la cultura mexica del siglo XV. Es una piedra cuya altura es de 2,57 metros. Este monolito colosal condensa la visión cosmológica y religiosa de la cultura mexica o azteca, a la que pertenece la familia náhuatl. Concentra un complejo de deidades y su estructura es cruciforme en relación con los cuatro puntos cardinales. De perfil es semipiramidal y está relacionada con los trece cielos que culminan en Omeyocan, el lugar de la divinidad dual o principio creador. En el plano de la base oculta un relieve que simboliza a

Mictlantecutli, el señor del mundo de los muertos y de la noche. Todo el conjunto evoca el cuerpo humano. A esta escultura se le conoce también como «la de la falda de serpientes».

Coca-Cola: Bebida gaseosa que forma parte del modo de vida impuesto en el mundo a partir de la Segunda Guerra Mundial (*American Way of Life*), desde México hasta la India.

Cochín: Kochi por su nombre oficial, es una ciudad en el estado de Kerala y uno de los principales puertos de la costa malabar. Es el título de uno de los poemas de *Ladera este*.

Coleridge, Samuel Taylor (1772-1834): Poeta, crítico y filósofo inglés romántico. Sus obras principales son los poemas *Balada del antiguo marinero* (1798), *Kubla kahn o visión en un sueño* (1816) y sus *Baladas líricas* (1798). Su contribución principal no solo es de índole poética sino también teórica, como muestra su *Biographia Literaria* (1817), característica de su autoconciencia creadora. Junto con Wordsworth perteneció a la llamada Escuela de los Poetas del Lago o lakistas.

Colon, Jenny (1808-1842): Cantante y actriz francesa que sostuvo con Gérard de Nerval una intensa correspondencia. Este le debe a ella muchos momentos de su inspiración.

Confucio (*o* **Kung Fu-Tse**): Sabio chino autor de las *Analectas* y de otras recopilaciones y escritos, es una de las figuras claves de la civilización en China y en el mundo. La filosofía, la ética, la política, la estética, la medicina, la conciencia de la importancia de la familia en la organización social conforman en su legado orgánico una serie de pautas de pensamiento y conducta que han tenido influencia a lo largo de los siglos hasta la actualidad.

Constitución de 1857: Se dio como cumplimiento al Plan de Ayutla de don Juan Álvarez, quien había convocado a un congreso constituyente el 16 de octubre de 1855. Esta Constitución se expidió el 5 de febrero de 1857 y constituyó el triunfo teórico de los liberales, la instrumentación del federalismo de modo definitivo y el establecimiento de la República representativa. Es uno de los parteaguas de la historia política mexicana. Un siglo después de promulgada, Daniel Cosío Villegas publicó *La Constitución de 1857 y sus críticos* (1957).

Cortés, Hernán (1485-1547): Militar español a las órdenes de Carlos V, fue el autor de la llamada Conquista de México. Sus huellas en la historia de este país son múltiples y complejas. Todavía se discuten puntos de sus avatares como si fuesen historias domésticas. Aparte de sus hechos y méritos militares propiamente dichos, cabe apuntar que es el autor de una serie de textos decisivos, como las *Cartas de relación* (1519), que solo fueron conocidas mucho después de escritas.

La vida de Hernán Cortés ha sido objeto de muchas aproximaciones. Hasta la fecha, la biografía realizada por José Luis Martínez es la única que pondera los pros y contras de esta figura, además de incluir los invaluables *Documentos cortesianos* que sustentan la exposición del libro *Hernán Cortés* (1990).

coup de dés jamais n'abolira le hasard, Un (Mallarmé): *Una tirada de dados jamás abolirá el azar* es el título del último y más radical poema de Stéphane Mallarmé, en el que despliega su creatividad como tipógrafo y editor y en el cual la forma y el sentido aspiran a sugerir una armonía superior. Fue publicado originalmente en la revista *Cosmópolis* en 1897, pero solo se publicó en libro tres lustros después de su muerte. Es una muestra del diálogo entre diseño gráfico y poesía concreta, que renueva el orden mismo de la lectura.

Cristo: El nacimiento de Cristo, el llamado Mesías o Ungido, marca la cronología de la cultura cristiana y universal, aunque el calendario hebreo tenía más de tres milenios previos. Era de origen hebreo y, en consecuencia, su genealogía e ideario se remiten al Antiguo Testamento. En los Evangelios de los apóstoles, o sea, en el Nuevo Testamento, se transcriben algunas de sus lecciones, como el Sermón de la Montaña o la llamada Oración del Padre Nuestro. En aquella época Israel estaba dominado por los romanos. Murió en la cruz, castigo que entonces se daba a criminales y ladrones. La tradición recoge dos líneas sobre su suerte póstuma: la más aceptada es la de la resurrección, punto clave de la cultura cristiana; la otra es que huyó hacia la India y murió en Cachemira. En cualquier caso, su doctrina todavía suscita controversias, muertes y guerras, tanto en Israel como en Medio Oriente, Europa y otras regiones. Amparados por su nombre y doctrina, los frailes españoles y europeos colonizaron el Nuevo Mundo.

Cristo en el Monte de los Olivos (Nerval): El *Cristo de los Olivos* (1844), perteneciente a las *Quimeras*, está compuesto por una serie de cinco sonetos. El conjunto recrea el *Sueño* del poeta romántico alemán Jean-Paul Richter (1763-1825), en el cual Jesús anuncia a todos la muerte de Dios, es decir, la condición de una orfandad universal.

Cruz, san Juan de la (1542-1591): Juan de Yepes Álvarez, religioso, poeta, místico y guía espiritual español, contemporáneo de santa Teresa de Jesús (1515-1582), de quien fue compañero, amigo y cofundador de la Orden de los Carmelitas Descalzos. Su legado se concentra en su arriesgada obra poética, aunque también se complementa con sus exposiciones en prosa, que glosan su lírica. Además, se le debe un agudo sentido de la porosidad de las letras hacia otras culturas, en particular hacia la del mundo islá-

mico. Octavio Paz lo leyó desde sus primeros años hasta el final de sus días.

Cruz, sor Juana Inés de la: La monja y poeta Juana Inés de Asbaje y Ramírez de Santillana nació entre 1648 y 1651 en San Miguel de Nepantla, en la hacienda La Celda. A los tres años empezó a leer y descubrió en la hacienda la biblioteca del abuelo, muerto en 1656. Aprendió náhuatl, griego y latín. Estudió en la universidad disfrazada de hombre. Entre 1664 y 1665 hace su entrada a la corte del virrey Antonio Sebastián de Toledo, marqués de Mancera. Se hizo amiga de su esposa, la virreina Leonor de Mancera, quien sería su protectora y mecenas. En 1667 entró a un convento de las carmelitas descalzas. Cuatro meses después renunció por problemas de salud e ingresó a un convento de la Orden de San Jerónimo dos años más tarde. Moriría ahí en 1695, en una epidemia. Su obra está compuesta por obras líricas, dramáticas, discursos, cartas y un poema extenso titulado *Primero sueño*. Es la figura más importante de la cultura novohispana. Su inteligente y apasionada entrega a la creación han hecho de ella un estandarte del pensamiento feminista.

Cuauhtémoc (1495-1525): Último gobernante mexica o Huey Tlatoani. Fue ascendido al poder un año antes de que Hernán Cortés tomara Tenochtitlan el 13 de agosto de 1521. «Águila que desciende» es el significado de este nombre.

Cultura de la pobreza: Concepto creado por el antropólogo Oscar Lewis, que tituló así una obra para referirse a las formas de sobrevivencia de las comunidades marginadas en las grandes ciudades del mundo como Nueva York, Ciudad de México y Lima.

Cummings, E. E. (1894-1962): Poeta y escritor estadounidense. Autor de *The Enormous Room* (1922) y *Collected Poems* (1938), entre otros.

Dadd, Richard (1817-1886): Pintor inglés de la época victoriana que estuvo recluido en un hospital psiquiátrico. Su obra más reconocida es *The Fairy Feller's Master-Stroke* (1855-1864).

Dafnis y Cloe: Novela escrita en el siglo II por el griego Longo. Relata las aventuras de dos niños pastores abandonados que crecen juntos y desarrollan intensos lazos de amistad entre sí y con las familias que los acogen. Una vez que llegan a la pubertad, descubren el amor y contraen nupcias.

Darío, Rubén (1867-1916): El nombre de este poeta y escritor nicaragüense, cuya obra está asociada al Modernismo, es Félix Rubén García Sarmiento.

Délfica: Poema de Gérard de Nerval dedicado a Dafne, publicado en 1845 y después incluido en las *Quimeras*. Fue traducido por Octavio Paz.

Demócrito (siglos V y IV a. C.): Filósofo griego maestro de Protágoras. Su idea principal era que el mundo está compuesto de átomos y vacío. Se le considera uno de los padres de la ciencia moderna.

Demóstenes (384-322 a. C.): Orador y político griego, nacido en Atenas, sus discursos han sido modelo de la elocuencia forense.

Dharmakirti (siglos VI o VII): Filósofo y poeta budista. Su obra principal es el *Pramāṇavārttika*.

Díaz, Porfirio (1830-1915): Político, militar, general y dictador nacido en Oaxaca. Presidió la República Mexicana durante más de treinta años. Ese periodo, que se caracterizó por la centralización en lo político, económico y militar, fue una dictadura y se le conoce como el *porfiriato*. En febrero de 1911, por órdenes de Díaz, fue encarcelado el editor y periodista Ireneo Paz, abuelo de Octavio. Salió libre bajo fianza unos días después. Porfirio Díaz murió en París en el exilio a los ochenta y cuatro años.

Díaz del Castillo, Bernal (1492-1584): Participó como soldado en la Conquista de México Tenochtitlan bajo las órdenes de Hernán Cortés. Al escribir, a los ochenta y cuatro años, la *Historia verdadera de la conquista de la Nueva España*, que fue concluida en 1575 y empezó a circular manuscrita hasta su publicación póstuma en 1632, pasó a ser uno de los principales cronistas de Indias.

Díaz Mirón, Salvador (1853-1928): Poeta modernista mexicano, también ejerció el periodismo y fue diputado. Estuvo recluido en la cárcel y se autoexilió en diversos momentos a causa de sus opiniones políticas. Su obra más reconocida es *Lascas* (1901). Fue electo como miembro correspondiente de la Academia Mexicana de la Lengua.

Díaz Soto y Gama, Antonio (1880-1967): Abogado y político mexicano. Colaboró con Ricardo Flores Magón y Emiliano Zapata en la Revolución mexicana de 1910. Octavio Paz pensaba que su padre se había unido a las filas del zapatismo debido a su cercanía con Soto y Gama.

Diccionario de autoridades: El nombre exacto de esta obra es *Diccionario de la lengua castellana, en que se explica el verdadero sentido de las voces, su naturaleza y calidad, con las phrases o modos de hablar, los proverbios o refranes y otras cosas convenientes al uso de la lengua, dedicado al Rey nuestro señor Felipe V (que Dios guarde) a cuyas reales expensas se hace esta obra*. Publicado por la Real Academia Española entre 1726 y 1739.

Dickinson, Emily (1830-1886): Poeta norteamericana. Vivió aislada en su casa en Massachusetts y es autora de un vasto conjunto de poemas en que explora los abismos de la geografía interior. Solo publicó tres poemas en vida: *A Valentine*, *The Snake* y *Success*. Su obra se conoce póstumamente a través de antologías como *Poems by Emily Dickinson* (1890). La presencia de la Biblia en su obra hace ver hasta qué punto le interesaba el universo religioso.

Dios: Prueba de la educación religiosa del poeta es la frecuencia con que aparecen estas cuatro letras o tetragrama en la obra de Octavio Paz: más de cuatrocientas veces.

Divina comedia: El poema épico escrito por Dante y conocido simplemente como la *Comedia* consta de tres partes: «Infierno» (compuesto entre 1304 y 1308), «Purgatorio» (elaborado entre 1307 y 1314) y «Paraíso» (fraguado entre 1313 y 1321, fecha del fallecimiento del poeta). El poema comprende una serie de comentarios o interpretaciones de las alegorías cristianas. Autores como Miguel Asín Palacios han puesto de relieve la presencia de la escatología musulmana en la organización del infierno concebido por el poeta florentino.

Don Juan: Personaje legendario, en la mayoría de las obras aparece como un libertino. La leyenda originalmente española presenta a don Juan Tenorio, noble caballero sevillano del siglo XIV. Seductor de muchas damas, incluida la hija de Ulloa, a quien asesina y a cuya estatua erigida sobre su tumba invita a cenar para burlarse. La estatua arrastra a don Juan al infierno. A la versión original de Tirso de Molina (*El burlador de Sevilla y convidado de piedra*) sucedió un caudal de versiones en diversas lenguas: Molière, Corneille, Byron, Goldoni, Pushkin, Zorrilla, Shaw, Montherlant..., para no hablar de las obras musicales, como el *Don*

Juan de W. A. Mozart, con libreto de Lorenzo da Ponte, o del cuadro *Le naufrage de Don Juan* de Delacroix.

Donne, John (1572-1631): Poeta católico inglés que produjo su obra cuando el catolicismo era ilegal en Inglaterra. Es el poeta metafísico de mayor relieve en una vertiente que no deja de tener afinidad con la lírica hispánica del Siglo de Oro. No solo escribió sonetos sagrados y poesía religiosa, sino también poesía amorosa, epigramas, elegías en la vena de Ovidio, canciones y sermones en prosa.

Duchamp, Marcel (1887-1968): Artista, pintor y escultor francés. Muchos críticos de arte piensan que es el artista más importante del siglo XX por su invención del *ready made* y por su concepción radicalmente innovadora del arte. André Breton lo consideraba el hombre más inteligente del siglo XX. Octavio Paz le dedicó un libro y lo menciona más de ciento ochenta veces en sus obras.

Dulcinea: Dulcinea del Toboso es el nombre de uno de los personajes de la novela *El ingenioso hidalgo Don Quijote de la Mancha*, compuesta por Miguel de Cervantes. Es de quien está enamorado el Caballero de la Triste Figura. Su figura imaginaria la inspira la silueta de la labradora Aldonza Lorenzo, que sí existe pero que tampoco aparece nunca.

Dumézil, Georges (1898-1986): Fundado en el vasto conocimiento que le daba el dominio de alrededor de treinta lenguas, el historiador francés propuso un modelo comparativo trifuncional para hacer ver que las culturas del mundo funcionaban y funcionan a partir de tres órdenes: el sagrado-jurídico, el guerrero y el de la producción. Esta triada funcional le permitió demostrar que las narrativas subyacentes de la sociedad de castas de la India y las narraciones legendarias de la fundación de Roma responden unánimemente a ese modelo. Su obra fue traducida al español por Juan Almela.

Durga: Viene del sánscrito «la Inaccesible». Encarna el aspecto inquietante de la diosa en la religión hindú que aparece como una guerrera que cabalga un león o un tigre, al tiempo que destruye a los demonios que encarnan el sufrimiento humano, el dolor y el mal.

Elefanta: Así se llama la isla que se encuentra en el puerto de Bombay (Mumbai), en la India. Es célebre por los templos dedicados a Shiva labrados, al igual que las esculturas en cavernas de roca, realizadas entre los siglos V y VIII.

Eliade, Mircea (1907-1986): Escritor e historiador de las religiones, el autor rumano elaboró una teoría del eterno retorno que hizo ver que los mitos y rituales tienen lugar en las mentes de los devotos que aseguran la vigencia de esos ritos y hierofanías. Además, es el autor de una serie de novelas y ficciones que prestan a su cuerpo doctrinario una vívida autenticidad.

Eloísa (1092?-1164): Esposa del filósofo Pedro Abelardo, con quien sostuvo una apasionada correspondencia que se considera una de las piezas fundadoras de las letras francesas.

Eralabán: Neologismo hermético y de resonancias cabalísticas acuñado por Paz en *¿Águila o sol?* Parece tratarse de un territorio idílico y utópico donde reinan la belleza y el poder de la palabra.

Eros: En la mitología griega es el dios del amor, de la fertilidad y de la atracción sexual. Hijo de Afrodita y Ares según algunos mitos. Platón lo hace hijo de Poros (la abundancia) y de Penia (la pobreza). Las diversas concepciones de Eros en Homero, Hesíodo y Anacreonte coinciden en resaltar su ambigüedad. Parménides encontró en Eros el poder capaz de armonizar los opuestos. Es también el nombre del principio de vida y creatividad opuesto al principio de muerte.

Eros y Psique: En la novela *El asno de oro* o *La metamorfosis* de Apuleyo aparece intercalada una narración: la fábula de Eros y Psique, que refiere los trabajos del alma para lograr alcanzar la inmortalidad y el amor.

Esplendor (**Marie José**): Es el nombre en español de la voz sánscrita *Shri*. Es una palabra reverencial que se antepone a los nombres de los que son considerados santos o personas honorables. También designa a la diosa de la sabiduría y la belleza. Paz la usa en *El mono gramático* para referirse a su esposa.

Esquilo (525-456 a. C.): Dramaturgo griego. Luchó en la batalla de Maratón. Autor de *Los persas*, *Los siete contra Tebas*, *Las suplicantes*, la *Orestíada*, que comprende *Agamenón*, *Las coéforas* y *Las euménides*. No se conocen las otras ochenta o noventa obras de las que fue autor este precursor de Sófocles y Eurípides.

Eurípides (484/480-406 a. C.): De las noventa obras que escribió solo se conservan diecinueve (dieciocho tragedias y un drama satírico). *Andrómaca*, *Electra*, *Las bacantes*, *Las troyanas* e *Ifigenia en Áulide* son algunas de las más conocidas.

Eva: nombre de la compañera de Adán. «Y conoció Adán a su mujer Eva», Génesis 4:1. En hebreo, las dos sílabas «Havva» significan «la que da vida».

Faetón: En la mitología griega, hijo de Helios. Faetón se jactaba de que su padre era el dios sol. Quiso conducir el carro de su padre, pero su torpeza obligó a Zeus a intervenir enviando un rayo para detener el carro cuyos caballos se habían desbocado. Esto hizo caer a Faetón, que se ahogó en el río Eridano. Faetón es un símbolo del orgullo excesivo.

Fausto: Nombre de un personaje literario que sostiene un pacto con las fuerzas oscuras y representa a la humanidad siempre insatisfecha. J. W. Goethe es el autor más conocido que puso este nombre a una obra publicada en dos partes. El escritor inglés del siglo XVI Christopher Marlowe también escribió *La trágica historia del doctor Faustus*.

Fedro: Nombre de un diálogo que Platón escribió después de *La República* y que tiene muchas afinidades con *El banquete*.

Fénix: Ave longeva capaz de renacer de sus cenizas. Heródoto, Ovidio y Plinio el Viejo han transmitido el tema de esta ave mítica.

Fernández de Lizardi, José Joaquín (1776-1827): Editor, periodista, cronista y escritor mexicano. En el periódico *El Pensador Mexicano*, nombre con el que también se le conoció a él, enderezó críticas contra la ausencia de libertad de expresión en la prensa. Es autor de la novela satírica y de costumbres *El Periquillo Sarniento* (1816), una de las fuentes indispensables para documentar la vida cotidiana y la lengua a fines del siglo XVIII y principios del XIX.

Ficino, Marsilio (1433-1499): Sacerdote, filósofo y filólogo italiano. Cosme de Médici le confió la traducción al latín de los diálogos de Platón; emprendió igualmente la traducción del *Corpus hermeticum* y de los filósofos neoplatónicos como Plotino y Porfirio, entre otros. Ejerció una influencia considerable sobre la literatura relacionada con el amor a través de la traducción de los *Diálogos de amor* de León Hebreo (1535).

Filemón. V. Baucis.

flores del mal, Las: Obra publicada por el poeta francés Charles Baudelaire (1821-1867), tuvo una primera edición en 1857. Fue censurada y en 1861 eliminó los poemas objetados, pero agregó treinta nuevos. La edición póstuma de 1868 incluía un total de 151 poemas. Solo en 1949 se levantó el veto sobre los poemas prohibidos. Eje de la poesía moderna, la obra puso en el tablero la delicada convivencia de los órdenes ético y estético. Paul Verlaine, Arthur Rimbaud y Stéphane Mallarmé fueron algunos de los autores que se beneficiaron con los horizontes abiertos por este libro.

Flores Magón, Enrique (1877-1954): El hermano menor de Jesús y Ricardo fue, al igual que ellos, periodista, editor y militante anarquista en contra de la dictadura de Porfirio Díaz. Vivió en el exilio desde 1903. En 1906 firmó como tesorero el Programa del Partido Liberal Mexicano. Participó junto con sus hermanos en la edición del periódico *Regeneración* hasta 1917, año en que se separa de la Junta Organizadora del Partido Liberal Mexicano. En 1923 regresó a México después de la muerte de su hermano Ricardo en prisión. En 1958 se entrevistó con el historiador Samuel Kaplan y dio a la estampa la obra *Combatimos la tiranía: un pionero revolucionario mexicano cuenta su historia*.

Flores Magón, Ricardo (1873-1922): Filósofo, escritor, periodista y militante anarquista contra la dictadura de Porfirio Díaz. Editor del periódico *Regeneración*. Se negó a unirse a Francisco I. Madero. Simpatizó con Zapata, pero no con Villa. Murió en una cárcel en Estados Unidos. Sus ideas forman parte del ideario de la Revolución mexicana. En 2008 el INAH publicó en internet el Archivo Electrónico Ricardo Flores Magón.

Fourier, Charles (1772-1837): Economista y filósofo francés, su pensamiento visionario expuesto en *Le Nouveau Monde Amoureux* influyó en el de André Breton, quien le dedicó una oda y varias conferencias.

Freud, Sigmund (1856-1939): Médico y neurólogo austriaco de raíz judía. Fundador del psicoanálisis, fue, además de un observador clínico, un escritor cuya imaginación y argumentaciones están inspiradas y respaldadas en una amplia cultura clásica y filosófica. No es extraño que sea una de las figuras intelectuales más poderosas del siglo XX, ni que su pensamiento haya alimentado el de Octavio Paz.

Fuentes, Carlos (1928-2012): Narrador, periodista y diplomático mexicano, autor de *La región más transparente*, *Aura* y *La muerte de Artemio Cruz*. Recibió el Premio Cervantes en 1987. Octavio Paz le dio la bienvenida al Colegio Nacional en 1972.

Galta: Se trata de un antiguo lugar al cual peregrinaban en la India los devotos. Se encuentra situado en el estado de Rajastán, a diez kilómetros de Jaipur. Tiene templos y estanques propicios para hacer abluciones.

Gamio, Manuel (1883-1960): Antropólogo, arqueólogo e indigenista mexicano. Discípulo de Nicolás León y de José Juan Tablada, hace más tarde sus estudios en la Universidad de Columbia, donde tiene como maestro a Franz Boas. A su regreso hace diversos descubrimientos, como el del lugar exacto en que se encontraba el Templo Mayor de México Tenochtitlan, en la esquina de Seminario y Guatemala. En 1922 publicó *La población del valle de Teotihuacan*. Se le considera el padre de la antropología mexicana.

Gandhi, Indira (1917-1984): Hija y heredera política de Jawahartal Nehru, héroe nacional de la India. Educada en Oxford y en Cambridge, inició su carrera política en 1938, cuando se integró a la lucha por la independencia encabezada por Gandhi, con el cual no tenía ningún parentesco. Contrajo matrimonio con Feroze Gandhi, con quien tuvo dos hijos y del cual se separó para irse a vivir con su padre. Este la hizo su compañera política y estuvo diecisiete años en el poder como primera ministra entre 1966 y 1977. Lo fue de nuevo entre 1980 hasta el día de su muerte, que ocurrió cuando dos de sus guardaespaldas, pertenecientes a la minoría sij, la asesinaron. Fue la primera mujer que desempeñó el cargo de primera ministra, y la segunda gobernante que más tiempo ha estado en el cargo.

Gandhi, Mahatma (1869-1948): De nombre Mohandas Karamchand Gandhi, fue abogado, pensador político y practicante de la desobediencia civil no violenta. Estuvo a la cabeza del Movimiento de Independencia de la India contra el dominio británico. Un fanático integracionista lo asesinó el 30 de enero de 1948, cuando tenía setenta y ocho años. Su legado moral es incontestable.

Gandhi, Rajiv (1944-1991): Hijo de Feroze Gandhi y de Indira, nieto de Nehru. Sexto primer ministro de la India, asesor en jefe de su madre. Se convirtió en primer ministro tras la muerte de esta. Cayó asesinado el 21 de mayo de 1991. Tras su muerte, su viuda Sonia armó la Fundación Rajiv Gandhi, encargada de organizar el legado escrito de Nehru e Indira.

Gandhi, Sonia (1946): Nacida en Vicenza, Italia, conoció en Cambridge (Inglaterra) a Rajiv, con quien se casó en 1968. Es actualmente la heredera de la familia Nehru-Gandhi y la líder del Partido del Congreso en ese país.

Ganesh o **Ganesha**: Una de las divinidades más conocidas de la religión hinduista. Descendiente de Shiva y de Parvati, tiene cuerpo humano y cabeza de elefante. Es la divinidad tutelar de los artistas y creadores, entre otros.

García Lorca, Federico (1898-1936): Poeta y dramaturgo español, miembro de la generación del 27. Fue ejecutado el 18 de agosto de 1936, un mes después del inicio de la guerra civil española.

Garcilaso de la Vega (1491/1503-1536): Poeta y militar español. Autor de canciones, liras, églogas, elegías, coplas y sonetos cuya impecable factura no pudo ser ignorada por los poetas españoles de su época. La influencia de la poesía italiana petrarquista y pospetrarquista fue decisiva en su obra de madurez. Amigo del poeta Juan Boscán. Murió en Niza, en el temerario asalto a una fortaleza.

Garrote, Carlos: Personaje de la segunda serie de los *Episodios nacionales* de Benito Pérez Galdós, décima y última entrega, cuyo verdadero nombre es Carlos Navarro, un guerrillero carlista. Encarna la antítesis del progresista Salvador Monsalud.

Gengis Khan (1162?-1227): Guerrero mongol que conquistó a las diversas poblaciones nómadas del norte de China y llegó a fundar el imperio más vasto de la historia, que iba desde Indochina hasta Siberia y Mesopotamia, y desde Europa oriental hasta el Pacífico.

Gómez de la Serna, Ramón (1888-1963): Escritor y periodista español. Autor de una vasta y variada obra innovadora y versátil que abarca novelas, biografías de escritores y pintores, una

Automoribundia, aforismos, greguerías... Fue también editor y animador de la tertulia del café del Pombo. Abrió las puertas y compuertas de la literatura española a las vanguardias y a las nuevas expresiones artísticas. Fue traducido por Valery Larbaud. La revista argentina *Martín Fierro* le dedicó en 1925 un homenaje. Su firma estuvo presente en las principales revistas de la época, desde *La Revista de Occidente* hasta *Sur* y *Cruz y Raya*.

Gómez Farías, Valentín (1781-1858): Médico y político mexicano. Presidente de México en cinco ocasiones. Su huella es innegable en el proceso de la reforma liberal. Participó en la redacción de las dos Constituciones liberales de México. En 1868 fue declarado «Benemérito de la Patria». Al morir tuvo que ser enterrado en la casa de su hija en Mixcoac, pues la Iglesia le negó la sepultura. En 1933 sus restos fueron trasladados a la Rotonda de las Personas Ilustres.

Góngora y Argote, Luis de (1561-1627): Uno de los poetas españoles más altos del Siglo de Oro. Inició una corriente llamada culteranismo, que influirá a la poesía de su época dentro y fuera de España y que en el siglo XX será revalorada por la generación del 27.

Gorostiza, José (1901-1973): Poeta y diplomático mexicano. Perteneció al grupo de *Contemporáneos*. Publicó *Canciones para cantar en las barcas* (1925) y *Muerte sin fin* (1939), uno de los poemas extensos escritos en México de mayor relieve e importancia en la lírica hispánica. Pronunció su discurso de ingreso a la Academia Mexicana de la Lengua («Notas sobre poesía») el 22 de marzo de 1955.

Goya, Francisco de (1746-1828): Francisco José de Goya y Lucientes fue pintor, dibujante y grabador español, precursor de la pintura moderna. Su estilo e influencia en la pintura lo expresa el adjetivo «goyesco».

guerra civil española: Después del fracaso parcial del golpe de Estado emprendido entre el 17 y el 18 de julio de 1936 contra el gobierno electo de la Segunda República proclamada el 14 de abril de 1931, se inició la guerra encabezada por Francisco Franco, con la colaboración de la Alemania nazi y la Italia fascista. La guerra concluiría el sábado 1 de abril de 1939 con la declaración de la victoria que hizo Francisco Franco. A partir de ahí, este establece una dictadura que duraría hasta su muerte, el 20 de noviembre de 1975. Fue una guerra devastadora que tuvo numerosas consecuencias internacionales y produjo cientos de miles de muertos.

Guevara, Che (1928-1967): Ernesto Guevara de la Serna nació en Rosario, Argentina, y murió ejecutado en el poblado de La Higuera, en Bolivia. Médico, escritor, ideólogo y estratega de la guerra de guerrillas. Se unió en

México a Raúl y Fidel Castro y al Movimiento 26 de Julio, que derrocaría al presidente Fulgencio Batista. Ocupó diversos altos cargos en la administración cubana. Fiel a sus convicciones relacionadas con la idea de alentar los movimientos revolucionarios en África e Hispanoamérica, salió de Cuba hacia el Congo en 1965 y de ahí saltó a Bolivia, donde fue ejecutado por las fuerzas locales con asistencia de la CIA. Fue un lector omnívoro de obras literarias y filosóficas. Tuvo relaciones con autores y escritores como León Felipe.

Guillén, Jorge (1893-1984): Poeta y crítico español, amigo de Pedro Salinas, con quien sostuvo una extensa correspondencia. Estudioso de la obra y vida de Luis de Góngora. Es autor de *Cántico*, obra que escribió, corrigió y amplió a lo largo de toda su vida (75 poemas la componían en 1928, y 334 en 1950). Otras obras suyas son *Clamor* (1960) y *Lenguaje y poesía* (1962). En 1976 recibió el Premio Cervantes, y en 1977 el Premio Internacional Alfonso Reyes.

Hamlet: Protagonista de *La tragedia de Hamlet, príncipe de Dinamarca*, la obra más extensa de William Shakespeare (1564-1616), compuesta entre 1599 y 1601, cuando el autor tenía menos de cuarenta años. La dificultad para asignar una fecha de publicación se debe a que existen tres versiones diferentes de la obra: First Quarto (Q1), Second Quarto (Q2) y First Folio (F1), que incluyen líneas e incluso escenas o partes enteras distintas.

Hanuman: Voz del sánscrito. Se refiere a una deidad con cuerpo de simio o «Dios mono», dueño de facultades sobrehumanas, como la de volar. Se encuentra muy presente en el *Ramayana*, uno de los grandes poemas épicos de la India. Representa el espíritu de servicio y la devoción.

Hegel, Friedrich (1770-1831): Filósofo alemán, autor de *Fenomenología del espíritu* (1807) y *Ciencia de la lógica* (1812-1816), entre otros. Desarrolló una tesis sobre la identidad del ser y de la razón, y describió su desarrollo por medio de la dialéctica, que era para él no solo un método de pensamiento, sino un concepto que podía dar cuenta de la vida y la historia de los conceptos. Su ascendiente en la historia de la filosofía es incontestable. Octavio Paz lo leyó con atención, como puede verse en *El arco y la lira* así como en otros escritos suyos. El concepto de dialéctica es un pivote crítico en su obra.

Heidegger, Martin (1889-1976): Filósofo alemán, discípulo de Edmund Husserl. Autor de *Ser y tiempo* (1927), *El origen de la obra de arte* (1950), *Kant y el problema de la metafísica* (1929), entre otros. Su vasta y profunda obra marca el pensamiento filosófico del siglo XX. En las elecciones de 1932 votó por el partido nazi y se afilió a él al año siguiente. Fue nombrado rector de la Universidad de Friburgo en 1933, tres meses después de la llegada de Hitler al Reich. Un año después renunció al cargo y dejó de ser miembro activo de la administración nacionalsocialista y del partido nazi. Esa cercanía no pasó inadvertida y muchos lo condenaron.

Henríquez Ureña, Pedro (1884-1944): Ensayista y filólogo dominicano que, llegado a México en 1907, se asoció tempranamente a la cultura mexicana. Colaborador de la antología del Centenario, dirigida por Justo Sierra en 1910, miembro fundador del Ateneo en 1910, es autor de una *Antología de la versificación rítmica* (1918), cuyas tesis en relación con la versificación irregular en español fueron muy apreciadas por Octavio Paz. Además de su obra, se le debe una correspondencia con Alfonso Reyes que va desde 1907 hasta 1944.

Heráclito (c. 540-c. 480 a. C.): Nació en Jonia, en la ciudad de Éfeso. De él solo se conocen fragmentos y aforismos. Lo poco que se sabe del filósofo presocrático, conocido como el Oscuro de Éfeso, se debe a Diógenes Laercio. Sus ideas rectoras implican que todo fluye como un río y que en el Logos se da una armonía y unidad de los opuestos. Sus ideas contrastan con las de Parménides.

Hevajra Tantra: Lema sánscrito que se refiere a la obra del budismo tántrico o vajrayana. Se remonta a los siglos VIII o IX y está escrito en forma de diálogo. Fue uno de los primeros en ser trasladados a una lengua europea.

Hidalgo y Costilla, Miguel (1753-1811): Sacerdote y, al final de su vida, militar. Inició la independencia de México el 15 de septiembre de 1810 con el llamado Grito de Dolores. Dirigió la primera parte de la Independencia en el orden político y en la organización militar. Tras una serie de derrotas, fue capturado, excomulgado y fusilado. Su cabeza fue exhibida junto con las de Ignacio María Allende y Juan de Aldama en Guanajuato, en la Alhóndiga de Granaditas. Se le llama desde entonces el Padre de la Patria. En todas las ciudades de México hay una calle con su nombre.

Hijo Pródigo, El: Revista literaria fundada por Octavio G. Barreda. Publicó su primer número en abril de 1943, y el último en septiembre de 1946. Se editaron veintinueve números en total. Hasta el número 29 la dirigió su fundador, luego lo hicieron Isaac Rojas Rosillo y Xavier Villaurrutia. En sus páginas escribieron, además de Barreda y Villaurrutia, Octavio Paz, Alí Chumacero, Gilberto Owen y César Moro, entre otros.

Himashal Pradesh: Estado situado en el norte de la India, en los Himalayas. Es el lugar de residencia oficial del dalái lama, y la presencia de la población tibetana es muy grande. Hay sembrados por ese territorio numerosos templos budistas de diversas épocas.

Hipatia (355/370-415/416): Matemática, astrónoma y filósofa griega, seguidora de Plotino. Encabezó en Alejandría, a comienzos del siglo V, la escuela neoplatónica. Sinesio de Cirene fue su discípulo más destacado. Fue asesinada, desollada y descuartizada por una turba de fanáticos cristianos en el contexto de las tensas relaciones entre el cristianismo y el resto de las otras religiones en el ocaso del paganismo. Su trágica suerte hizo que se la llegara a considerar una «mártir de la ciencia».

Hölderlin, Friedrich (1770-1843): Poeta alemán, autor de *Hyperion* y de diversas baladas e himnos que son sinónimo de la elevada inspiración del poeta iluminado por un cierto misticismo.

Homero (siglo VIII a. C.): A él, cuyo nombre significa «rehén», «prenda» o «garantía», se le atribuye la composición de la *Ilíada* y de la *Odisea*, los dos poemas épicos griegos en que se fundan en gran parte las letras de esta cultura, de la latina y de la europea, y que se consideran como las más elevadas expresiones literarias universales.

Hugo, Victor (1802-1885): El poeta, dramaturgo y escritor romántico francés fue muy leído en México en el siglo XIX. Sus obras se encontraban en la biblioteca de Ireneo Paz. Fue un modelo y una inspiración poética, política y visionaria.

Huidobro, Vicente (1893-1948): Exponente e iniciador del creacionismo, voz derivada del imperativo de que el primer deber del poeta es crear. Es, junto con Rubén Darío, uno de los autores que imprimieron nuevo impulso, ritmo y aliento a la poesía en lengua española. La cumbre de su obra es el extenso e intenso poema *Altazor* (1931). Desde veinte años antes había empezado a publicar una docena de títulos (casi la mitad los escribió en francés). Después de *Altazor*, prosiguió su búsqueda con obras como *Temblor de cielo* (1931), *Ver y palpar* (1941) y *El ciudadano del olvido* (1941), además de *Últimos poemas* (1948), editado póstumamente.

Hyperion: Novela epistolar publicada en 1797 con el título de *Hiperión o El eremita en Grecia* por el poeta alemán Friedrich Hölderlin (1770-1843). En el crisol de la novela se funde la levadura del clasicismo con el fervor romántico en una prosa que fue, por demás, estimada a partir de la reedición de 1822.

illuminations, Les (*Las iluminaciones*): Del poeta francés Arthur Rimbaud (1851-1891), es un libro de poemas en prosa de 1886, algunos de los cuales fueron publicados en *La Vogue* entre mayo y junio de ese año. Paul Verlaine fechó la composición entre 1873 y 1875. El libro ejercería un poderoso influjo en la literatura ulterior, desde el simbolismo y el decadentismo hasta el surrealismo y más allá, dentro y fuera de la lengua francesa.

Isis: La divinidad local del delta del río Nilo se extendió poco a poco por toda la región. Surge por primera vez durante el Imperio Antiguo en Egipto (c. 2686-2181 a. C.) como una de las protagonistas eminentes del mito de Osiris, en el cual resucita a este, su esposo asesinado, y engendra y cuida a Horus, su hijo. De la misma manera en que había ayudado a Osiris a regresar a la vida, se pensaba que ayudaba a los muertos a entrar en la vida del más allá. Su presencia en los rituales funerarios era ineludible. Se la consideraba como la madre divina del faraón, a quien se identificaba con el dios Horus. La imagen más común que se tiene de ella es la de una mujer cuya cabeza estaba coronada por un jeroglífico que parecía ser un trono. Más tarde, durante el Imperio Nuevo, llegó a ser representada con un disco solar entre los cuernos de una vaca, rasgos que habían pertenecido a Hathor. El culto de Isis fue creciendo con el tiempo y llegó a formar parte de la religión romana. Su culto declinó con el advenimiento del cristianismo.

Jakobson, Roman (1896-1982): Teórico literario, filólogo, lingüista y fonólogo ruso nacido en Moscú, de origen judío, y falleci-

do en Boston en el exilio. En su vasta obra destacan los *Ensayos de lingüística general* (1963-1973), *Ensayos de poética* (1977), *Language in literature* (1981) y sus ensayos sobre Maiakovski y Pasternak, entre otras muchas obras. Su legado como lingüista sigue siendo vigente.

Jehovah: Transcripción cristiana de las letras usadas en la Sagrada Escritura hebrea para expresar el incomunicable nombre de Dios, el Ser Supremo, YHWH. En tiempos modernos se tiende a transcribir con más propiedad Yahveh o Iahveh.

Jesús. V. Cristo.

Jiménez, Juan Ramón (1881-1958): Poeta español que tuvo un gran ascendiente entre los poetas de la generación del 27. Al iniciar la Guerra Civil salió al exilio. Florida, Washington, Maryland, La Habana y Puerto Rico fueron algunas de las estaciones de su itinerario errante. En 1956 recibió el Premio Nobel por el conjunto de su vasta e innovadora obra.

Joyce, James (1882-1941): Nacido en Dublín, Irlanda, James Agustine Aloysius Joyce es el autor de la serie de cuentos *Dublinenses* (1914), de la novela corta, parcialmente autobiográfica, *Retrato del artista adolescente* (1916), de la novela *Ulysses* (1922) y de *Finnegans wake* (1939). Con estas dos últimas obras, pero en particular con la penúltima, renovó la novela como género y experimentó con la técnica de una escritura que mimetizaba la llamada «corriente de la conciencia». El modernismo y la vanguardia en lengua inglesa tienen en James Joyce uno de sus más altos exponentes.

Juan Diego Cuauhtlatoatzin (1474-1548): Indio chichimeca. Según la tradición popular y las creencias católicas mexicanas, se dice que en 1531 este campesino viudo nacido en Cuautitlán presenció la aparición de la Virgen de Guadalupe que quedó estampada en su ayate. La historia de este indígena ha sido parcialmente reconstruida, y gracias a ello se conocen las condiciones de los indígenas después de la Conquista.

Juárez, Benito (1806-1872): Abogado y político mexicano. Entre 1858 y 1864 y entre 1867 y 1872 fue presidente de México. Desempeñó un papel muy importante en el movimiento de reforma. A él le tocó representar a la República durante la intervención francesa, auspiciada por Napoleón III, y asumir la responsabilidad de la ejecución de Maximiliano de Habsburgo. Es reconocido como el Benemérito de las Américas.

Judith: Es la heroína de uno de los libros históricos del Antiguo Testamento. Su historia refleja el enfrentamiento entre el judaísmo y el helenismo en la época de la sublevación de los macabeos.

Júpiter: Dios romano al que se identifica con Zeus, el dios supremo de los griegos. Es el custodio de la ley, y el encargado de dar amparo a la justicia, la equidad y la verdad y así garantizar la armonía del mundo.

Kali: Voz de origen sánscrito, significa «negra». Es la diosa hindú del cambio y el tiempo; más terrible que la advocación de la belicosa divinidad Durga. La violencia de su aspecto representa el carácter de fuerza corrosiva de las potencias malignas y de los demonios tanto internos como externos.

Kalidasa: Poeta y autor dramático de la India. Escribió en sánscrito clásico y vivió entre los siglos IV y V. Considerado como el mayor autor de la India antigua, sus obras se inspiran en los Vedas, los Puranas, el *Ramayana* y el *Mahabarata*. Se le pueden atribuir con certeza tres obras de teatro, dos poemas épicos y dos composiciones más breves. La vida misma de Kalidasa tiene no poco de legendario.

Kikaku, Takarai (1661-1707): Conocido asimismo como Enomoto Kikaku, fue uno de los discípulos más consumados de Bashō. Kikaku dejó un registro histórico describiendo los últimos días de su maestro, así como lo sucedido después de su muerte. Su figura tiene una identidad propia tanto en el orden poético como en el personal.

Kühn, Sophie von (1782-1797): Fue la primera novia y el amor precoz del poeta y filósofo Novalis (1772-1801).

L'Art romantique: *El arte románti-co*, en español, del escritor y poeta francés Charles Baudelaire (1821-1867), se publicó póstumamente en el tomo III de sus obras completas. La recopilación de ensayos traza en sus dieciséis capítulos una historia del arte y de las letras francesas.

Laforgue, Jules (1860-1887): Poeta y crítico francés. Nacido en Montevideo y educado en Tarbes y Berlín, donde durante algunos años fue lector de la princesa Augusta. Es autor de *Les moralités légendaires* (1887) y *Les Complaintes* (1885), entre otras obras que lo hicieron muy apreciado entre los poetas simbolistas tanto dentro como fuera de Francia.

Lanzarote: Es la forma castellanizada de sir Lancelot del Lago (Lancelot of the Lake o Lancelot du Lac). Fue uno de los caballeros de la Mesa Redonda. Aparece en la obra del siglo XII *Lancelot, el Caballero de la Carreta*. Desempeñó un papel importante en la búsqueda del Santo Grial. El amor lo atrajo hacia la reina Ginebra, esposa del rey Arturo. En el siglo XIII fue el eje de un vasto ciclo de romances medievales que lo presentan en diversos aspectos. El origen de su figura es objeto de controversias que remiten a los ciclos épicos galeses.

Lao-tsé: Filósofo chino nacido en el siglo VI a. C. Es el fundador del taoísmo. En su *Tao Te Ching* se encuentran expuestos los principios de esta doctrina de vasta influencia tanto en la cultura y la historia chinas como en las del resto del mundo. Vivió en la ciudad de Loyang, en la época de la dinastía Chou.

Lawrence, D. H. (1885-1930): David Herbert Lawrence fue un poeta, novelista, cuentista y ensayista inglés. Su obra más conocida es *El amante de lady Chatterley* (1928). Antes había publicado *El pavo real blanco* (1911), *El arco iris* (1915), *La serpiente emplumada* (1926), *Mañanas en México* (1927) y la recopilación de cuentos *La mujer que se fue a caballo* (1928), entre otras. El tema que recorre su obra es el amor como religión.

León Felipe (1884-1968): Felipe Camino Galicia de la Rosa, conocido como León Felipe, empleó este nombre cuando dio a la estampa en 1919 sus *Versos y oraciones de caminante*. Aunque por las fechas cabría contarlo entre los poetas de la generación española de 1927, su obra difiere de la de estos. Traductor de William Shakespeare, de Walt Whitman y de T. S. Eliot; lector de la Biblia y del *Quijote*, por su obra corren vientos libertarios. Luego de estar unos años en la Guinea Española, viajó a México en 1922 gracias a una carta que Alfonso Reyes le escribió a Pedro Henríquez Ureña. Fue uno de los primeros invitados a formar parte de la Casa de España en México. De su vasta obra cabe destacar *Español del éxodo y del llanto: doctrina, elegía y canciones* (1939) y *Oh, este viejo y roto violín* (1966).

León, fray Luis de (1527-1591): Tradujo al español el Cantar de los Cantares y los Cantares de Salomón en octava rima, cosa que le valió cuatro años de cárcel. Luego de ser absuelto publicó en 1583 *De los nombres de Cristo* y *La perfecta casada*. Además de su poesía original y de sus odas, hizo numerosas traducciones de poetas griegos y latinos. Es uno de los poetas más nobles y elevados de la segunda fase del Renacimiento. Sus poemas fueron publicados por Quevedo en 1632.

Leopardi, Giacomo (1798-1837): Es considerado uno de los más altos poetas italianos del Romanticismo. Nutrido en obras latinas, griegas, francesas, inglesas y alemanas, sufrió una severa crisis espiritual a los diecisiete años. A pesar de sus dificultades de salud y de su condición menesterosa, dejó una obra compleja e intelectualmente audaz e innovadora.

Lévi-Strauss, Claude (1908-2009): Antropólogo, etnólogo y explorador francés. Nacido en Bruselas, se graduó en París y se fue a Brasil a enseñar sociología. En 1948 sostuvo su tesis sobre *Las estructuras fundamentales del parentesco*. En 1955 publica *Tristes tropiques*; en 1962, *El pensamiento salvaje* y *El totemismo hoy*. En 1964 inicia la publicación de sus *Mitológicas* con *Lo crudo y lo cocido*. Entre 1967 y 1971 seguirán *De la miel a las cenizas*, *El origen de las maneras en la mesa* y *El hombre desnudo*, obras que había empezado a trabajar dos décadas antes con más de dos mil páginas que demuestran cómo funciona el análisis estructural aplicado a las mitologías amerindias. Es uno de los pensadores más lúcidos e influyentes del siglo XX.

Lezama Lima, José (1910-1976): Poeta, novelista y cuentista cubano, se le considera uno de los más altos valores de la literatura hispanoamericana. Su novela *Paradiso* es una hazaña verbal cuya composición duró más de tres lustros. Su obra poética no es menos importante: *Dador* (1960) y *Enemigo rumor* (1941) son algunos de sus títulos. En el ensayo destacan *Analecta del reloj* (1953), *Tratados en La Habana* (1958) y *La expresión americana* (1957), entre otros títulos. Además de creador, Lezama Lima fue el eje de la revista *Orígenes*, en la que se congregaron figuras como Cintio Vitier, Eliseo Diego y Fina García Marruz, Juan Ramón Jiménez, Aimé Césaire y Gabriela Mistral, entre otros.

Li-Po: Poeta chino (701-762), uno de los más importantes de la dinastía Tang. A él se le atribuye la composición de alrededor de mil poemas.

Lincoln, Abraham (1809-1865): Entre 1861 y 1865 fue el presidente de los Estados Unidos de Norteamérica. Durante su gobierno, logró la victoria de la Unión en la Guerra Civil contra los estados del Sur y la esclavitud fue abolida. Se opuso a la guerra contra México.

Livingstone, David (1813-1873): Explorador británico. Descubrió en África el lago Ngami, el río Zambeze y los lagos de Mweru y Bangweulu, e hizo exploraciones en el lago Tanganica. Murió en África.

Lope de Vega, Félix (1562-1635): Dramaturgo y poeta español del Siglo de Oro. Escribió innumerables obras de teatro, y a él se le atribuye la creación de la fórmula de la comedia nueva. Es autor de una importante obra en verso, parte de la cual se halla en sus propios dramas.

López Velarde, Ramón (1888-1921): A este autor se le considera el poeta nacional mexicano: era católico, renovó el idioma poético a través de la reinvención de distintas hablas que convivían en la provincia y dio voz a modos y formas regionales y tradicionales. Su obra emblemática es *La suave patria*, un poema extenso que es a la vez un himno y una enumeración. Octavio Paz le dedicó un importante ensayo, «El lenguaje de la pasión», que escribió en la India.

Lowell, Robert (1917-1977): Poeta, ensayista y traductor norteamericano. Católico y objetor de conciencia, conoció la cárcel durante la Segunda Guerra Mundial. Entre sus obras destacan: *Land of Unlikeness* (1944), *Lord Weary's Castle* (1946), *The Mills of Kavanaughs* (1951), *Life Studies* (1959), *Imitations* (1961) y *The Dolphin* (1973).

Lozano de Paz, Josefina (1893-1980): Contrajo nupcias con Octavio Paz Solórzano. De esa unión

nació el 31 de marzo de 1914 un hijo único, el poeta Octavio Paz Lozano.

Machado Ruiz, Antonio (1874-1939): Nació en Sevilla y murió en Colliure, Francia. Perteneció a la generación del 98 y fue uno de sus más altos exponentes. Además de su obra poética propiamente dicha, es autor de un libro singular de reflexiones filosóficas atribuidas a *Juan de Mairena*, cuyas «sentencias, donaires, apuntes y recuerdos» dio a la estampa en 1936. Su lección poética es indisociable de su legado ético.

Madurai: Es una importante ciudad que se encuentra en el estado de Tamil Nadu y el eje mismo de la cultura tamil. La ciudad ha estado habitada durante milenios sin interrupción. Ahí se encuentra el templo de Minakshi.

Mahabharata (*Mahābhārata*):*La gran guerra de los Bharatas* es el más grande poema épico de la India y tal vez uno de los más extensos del mundo. Está dividido en dieciocho libros o «parvas», que tienen alrededor de 220 000 líneas. El poema ha sido editado muchas veces y se han hecho numerosos añadidos a lo largo del tiempo, pero la mayoría de sus leyendas son de gran antigüedad y tienen material proveniente de los Vedas. Aunque el poema se ha atribuido tradicionalmente a una fuente divina, el presunto autor sería Viasa (Krishna-Dwaipayana), compositor de los Vedas. El asunto principal del poema es la gran guerra entre los Kauravas y los Pándavas, quienes fueron los descendientes, a través de Bharata, de Puru, el gran ancestro de una de las ramas de la raza lunar. El objeto de la gran batalla era el reino, cuya capital era Hastinapura (la Ciudad del Elefante). Sus ruinas todavía se pueden ver a unos cuantos kilómetros al noroeste de Delhi, en uno de los lechos más antiguos del río Ganges.

Maithuna: El poema que le da título a uno de los incluidos en *Ladera este* es una voz de origen sánscrito que define en la práctica del Tantra o tantrismo una forma ritual de la unión sexual en que la pareja, a fuerza de abstención y purificación, termina encarnando a Shiva y a Shakti.

Malinche, la (1502-1529): Doña Marina, joven e inteligente indígena, fue la intérprete que instruyó a los conquistadores españoles acerca de los usos y costumbres de los mexicas, lo que les facilitó lograr la conquista y caída de Tenochtitlan, la capital del Imperio azteca. La india Malinalli (nombre que significa «hierba») o Malintizin fue una india probablemente nacida en Coatzacoalcos, en el estado de Veracruz. Fue una de las diecinueve indígenas que le fueron regaladas a Cortés después de la batalla de Centla. Tuvo un hijo de Cortés, Martín, que podría decirse que es el primer mestizo de la Conquista. Posteriormente, Cortés la dio a otro conquistador, Juan Jaramillo, con quien tuvo una hija, María. Para algunos es la madre de la cultura mexicana; para otros, el estereotipo de la traición a la nación.

Mallarmé, Stéphane (1842-1898): Poeta, crítico y ensayista francés. Su amistad con los poetas provenzales, como Frédéric Mistral, y con los poetas parnasianos como Leconte de Lisle, José María de Heredia y Paul Verlaine lo fue preparando para ser la cabeza más visible del movimiento simbolista. En 1876 da a conocer *L'après midi d'un faune* (*La siesta de un fauno*), y en 1897 *Un coup de dés jamais n'abolira le hasard* (*Una tirada de dados nunca cancelará el azar*). Auspició una tertulia literaria a la que asistían figuras como Paul Valéry, Rainer Maria Rilke y Stefan George, entre otros. De su creación poética nacerán las vanguardias artísticas y literarias del siglo XX.

Mandelshtam, Ósip (1891-1938): Amigo de Anna Akhmatova y de Nikolái Gumiliov, abogó por una poesía a la vez carnal y musical, rigurosa y preñada de referencias a la alta cultura. Este «clasicismo» no pasó desapercibido y le costó un exilio en Crimea, y su obra, a la vez inspirada y atenta a los acontecimientos históricos, lo llevaron a practicar formas narrativas nuevas. Fue arrestado y murió en un campo de concentración. Su mujer, Nadejda, dejó un vívido relato de sus últimos cuatro años de miedo y de miseria en *Contra toda esperanza* (1971). *Coloquio sobre Dante, Tristia* y *De la poesía* son algunas de sus obras. Para algunos, encarna el espíritu de la disidencia en el oficio del poeta.

Manrique, Jorge (1440-1479): Poeta español, autor de versos burlescos y de poemas galantes o sostenidos por el imán de la virtud, muy al gusto de su época. Trascendió con las *Coplas a la muerte del maestre Rodrigo* o *Coplas a la muerte de su padre*, en cuyas estrofas madura una meditación sobre el destino humano. Esta breve obra es uno de los primeros clásicos de las letras españolas.

Martí, José (1853-1895): Poeta, escritor, político, orador, cronista y padre espiritual de la independencia de Cuba. Murió como guerrillero en el campo de batalla, y es autor de un *Diario*. *Versos sencillos* (1891), *Ismaelillo* (1882) y *Versos libres* (1882) son sus tres principales colecciones de poemas. Precursor del modernismo y creador de un estilo único, es uno de los estandartes más altos de la inteligencia y la cultura hispanoamericana.

Marvell, Andrew (1621-1678): Poeta y político inglés, autor de unas *Odas* (1650-1658). Fue uno de los llamados poetas metafísicos y es autor de un poema no exento de gracia, gravedad sensual y refinamiento, «To his coy Mistress» («A su tímida amada», 1621).

Marx, Karl (1818-1883): Filósofo y político alemán. Teórico de una de las ramas más desarrolladas del socialismo alemán. Además de su obra *El Capital. Crítica de la economía política* (1867-1883), escribió con Federico Engels el *Manifiesto comunista* en 1848. A la doctrina fundada por él se le llama marxismo, y este cuerpo doctrinal ha sido el respaldo de muchos movimientos revolucionarios en el mundo. Su familiaridad con los autores clásicos de la Antigüedad y con los autores modernos se puede reconocer a partir de la alta calidad literaria de su propia obra.

Matta, Roberto (1911-2002): Pintor, poeta y arquitecto chileno, considerado dentro del grupo de los surrealistas. Amigo de poetas, artistas y escritores como Gabriela Mistral, Rafael Alberti, Federico García Lorca, André Breton, Salvador Dalí, Le Corbusier, René Magritte, Gonzalo Rojas y Octavio Paz, entre otros.

Meknès: Se refiere a los alrededores de la ciudad en Marruecos llamada Mequinez (Meknès en francés), en cuyos alrededores hay unas colinas. Ahí vivió su niñez y adolescencia Marie José Tramini.

Méndez Plancarte, Alfonso (1909-1955): Filólogo y sacerdote mexicano. Autor de la antología *Poetas novohispanos* en tres volúmenes, y de la edición de las obras completas de sor Juana Inés de la Cruz. Fue miembro de la Academia Mexicana de la Lengua.

Menéndez Pelayo, Marcelino (1856-1912): Filólogo, historiador de ideas y escritor español. Autor de *La ciencia española* (1876), con sucesivas ediciones ampliadas; *La historia de los heterodoxos españoles*, en tres volúmenes (1880-1882); *Historia de las ideas estéticas*, en cinco volúmenes (1883-1901); *Antología de poetas líricos castellanos*, en diez volúmenes (1890-1908), y *Antología de poetas hispanoamericanos*, en cuatro volúmenes (1893-1895), entre otros. En Menéndez Pelayo conviven el estudioso y el erudito con el crítico y el escritor. Fue miembro de las reales academias de la Lengua (1881), de la Historia (1882) y de Bellas Artes de San Fernando (1901). Además de su obra publicada en forma de libro, dejó un vasto epistolario y una gran biblioteca.

Minakshi: Voz del sánscrito. Al pie de la letra, «aquella que tiene ojos en forma de pez». Es una de las advocaciones de la consorte de Shiva, la diosa Parvati, deidad a la que está dedicado el templo de ese nombre en la ciudad de Madurai.

Mistral, Gabriela (1889-1957): Lucila Godoy Alcayaga, poeta, diplomática y profesora chilena. Su obra poética la hizo merecedora del Premio Nobel de Literatura en 1945. Su vocación de maestra le abrió las puertas del mundo no solo en Chile, sino también en México. Su sensibilidad hacia el mundo natural y su conocimiento de la nomenclatura de la flora americana hacían de la poeta una guía ideal por los jardines botánicos del mundo. Alfonso Reyes, José Vasconcelos, Pablo Neruda, Victoria Ocampo, Gonzalo Rojas y Octavio Paz se beneficiaron de sus consejos.

Mitrídates: En alguna época, la voz «mitrídates» se empleó como sinónimo de antídoto. El mitridatismo es la práctica de tomar reiteradamente dosis mínimas de un veneno para hacer inmune al sistema. Esta creencia se inspiró en el rey Mitrídates VI del Ponto (120-63 a. C.), quien fue uno de los adversarios acérrimos y exitosos de Roma.

Mixcoac: Pueblo al sur de la ciudad de México, ahora parte de esta. La voz de origen náhuatl significa «serpiente de nubes». El autor se explaya sobre el pueblo en «Evocación de Mixcoac».

Moctezuma I o Ilhuicamina (1398-1469): Quinto tlatoani de México. Gobernó cuando se iniciaba la primera gran expansión de las guerras de conquista. De un lado, sus conquistas ensancharon y agrandaron el Imperio mexica hasta Puebla, Oaxaca y Guatemala; del otro, embelleció la ciudad, amplió el acueducto que venía desde Chapultepec, organizó los tribunales, el sistema de cobro de impuestos, el ejército y reformó los rituales religiosos y la jerarquía eclesiástica. Todo esto consolidó al imperio durante los años de su gobierno y más allá.

Moctezuma II o Xocoyotzin (1467-1520): Motecuhzoma el Joven, su nombre se traduce como «el señor que se muestra enojado». Noveno tlatoani de México Tenochtitlan. Sucedió a su tío Ahuitzotl. Se dice que era autoritario, consolidó la hegemonía de la Triple Alianza. A la llegada de los españoles, obsequió a Cortés con ricos presentes, creyendo que era el descendiente de Quetzalcóatl que regresaba. Fue hecho prisionero por los españoles y, luego de tratar de calmar a su pueblo, la multitud, indignada, le arrojó piedras. Al parecer murió como efecto de esta agresión, pero según una tradición indígena lo hizo a causa de una herida en el bajo vientre causada por los españoles. No se sabe dónde está enterrado.

Moloch: Una de las formas que adoptaba entre los semitas el dios Baal a la cual se sacrificaban víctimas humanas. Se piensa que el nombre de este ídolo designaba además un tipo particular de sacrificio que incorporaba la inmolación de niños mediante la «consagración por el fuego». Se le menciona en Levítico 20:2: «Quien quiera que de entre los hijos de Israel, o de los extranjeros que habitan Israel, ofrezca a Moloc un hijo suyo será castigado».

Montaigne, Michel Eyquem de (1533-1592): Filósofo, moralista y escritor francés, creador del género del ensayo. Su obra *Essais de Messire Michel, seigneur de Montaigne* empezó a ser publicada en 1580 y se publicaron en total tres volúmenes de sus *Ensayos*, que siguió revisando hasta su muerte. Logró que el papa Julio II aprobara su obra, pero el siguiente, León X, la puso en el *Índice de libros prohibidos*. Los ensayos fueron traducidos de inmediato al inglés, y Montaigne ha sido reconocido como uno de los autores clave del Renacimiento francés.

Moreno Villa, José (1887-1955): Poeta, escritor, historiador del arte, pintor y dibujante español. Autor de una memorable autobiografía, *Vida en claro* (1944), y de *Jacinta la pelirroja* (1929), uno de sus libros de poemas más reconocidos. Como historiador del arte es autor de *La escultura colonial mexicana*. Amigo de Alfonso Reyes, fue invitado por este a sumarse al proyecto de la Casa de España en México, que luego se transformaría en el Colegio de México.

Murasaki, Shikibu (o Dama Murasaki): Poeta y escritora japonesa del siglo XI. Se sabe que pertenecía a una familia de alto linaje y que era hija del poeta Fujiwara no Tametoki. Es autora de la novela *Genji monogatari* o *Relato de Genji*, compuesta por cincuenta y cuatro capítulos. Es una novela caudalosa en que conviven los cuadros de costumbres, las escenas humorísticas y las de índole erótica y sentimental de una sociedad cortesana que gira alrededor de Genji, hijo de un emperador y de una favorita. La fineza de su escritura y de su gracia han hecho que esta obra maestra na

rrativa de los microcosmos corte-
sanos y de sus pasiones se haya
impuesto como una referencia
ꞌuniversal.

Mysore: Ciudad del estado de Kar-
nataka, en el suroeste de la India,
donde se encuentran emblemáti-
cos palacios, por lo que se la co-
noce como «la ciudad de los pa-
lacios».

Nagarjuna (150-250): Filósofo de
origen indio, fundador de la es-
cuela budista mahayana. En ella
culminan de forma consciente la
ontología y la doctrina budista
primitiva de la vacuidad, junto
con una constante oposición dia-
léctica de pares de doctrinas con-
tradictorias entre sí que permi-
ten sostener la «doctrina del
camino medio». Es autor de las
*Estancias didácticas de los madhya-
makas originales* o *Tratado de los
madhyamakas*.

Neruda, Pablo (1904-1973): Seu-
dónimo de Neftalí Reyes, poeta y
escritor chileno. Autor de *Crepus-
culario* (1923), *Veinte poemas de
amor y una canción desesperada*
(1924) y *Residencia en la Tierra*
(primera parte, 1925-1931; se-
gunda parte, 1931-1933), una de
las grandes fraguas de la creativi-
dad lírica en español. En 1937
dio a la estampa *España en el cora-
zón*. En 1950 publicó su obra
más ambiciosa, *Canto general*.
Miembro del Partido Comunis-
ta, recibió el Premio Stalin en
1949. En 1942 publicó *Canto de
amor a Stalingrado*, incluido en la
Tercera residencia. En 1954 publi-

có sus *Odas elementales*. En 1971
se le concedió el Premio Nobel.
Murió en Chile después del gol-
pe militar y de la trágica muerte
de Salvador Allende.

Nerval, Gérard de (1808-1855):
Poeta, escritor y traductor fran-
cés, nacido como Gérard Labru-
nie. En 1828 tradujo la primera
parte del *Fausto* de Goethe. Es
autor de los doce sonetos que
componen *Les Chimères*, incluidos
en *Les filles du feu* (1854), y en los
que alcanza un alto grado de con-
centración e intensidad artística.
Sylvie (1853) y *Aurélia ou le Rêve
et la Vie* (1855) hacen ver hasta
qué punto su alma romántica era
capaz de vivir entre el mundo
real y el de los sueños, trazando
puentes entre lo visible y lo invi-
sible. Amigo de Téophile Gau-
tier y de Alexandre Dumas, con
quien escribió una ópera cómica.
Su libro *Voyage en Orient* (1851)
reúne una serie de agudas cróni-
cas de ese memorable viaje por
Egipto, Siria y Turquía.

Nietzsche, Friedrich Wilhem
(1844-1900): Filósofo, poeta y
escritor alemán. Este anarquista
aristocrático es autor de una vas-
ta obra filosófica que ha influido
en generaciones de lectores den-
tro y fuera de Alemania. Fue
amigo e interlocutor de Richard
Wagner. Desde su obra *El origen
de la tragedia* (1872) hasta *La ge-
nealogía de la moral* (1887) y *El
crepúsculo de los ídolos* (1899), su
obra ha pautado los debates filo-
sóficos y literarios de fines del
siglo XIX y de todo el siglo XX.

Novalis, Friedrich Leopold von Hardenberg (1772-1801): Autor de *Himnos a la noche* (1797) y de la novela inconclusa *Heinrich von Ofterdingen* (1798-1801). *La Cristiandad o Europa* es una apología en favor de un medievalismo armónico capaz de dar unidad al Viejo Continente. En 1798 se dio a conocer una serie de fragmentos suyos con el título de *Blüthenstaub* y en 1802 *Los discípulos en Sais*, que da expresión a su mente visionaria.

Noviembre: El 2 de noviembre es la fecha en que se recuerda a los muertos o santos difuntos en el calendario de las fiestas populares mexicanas.

Nuevo Testamento: Es la segunda parte de la Biblia. Consta de veintisiete libros escritos entre 50 y 100 d. C. y narra la vida, ministerio, crucifixión, muerte y resurrección de Jesucristo. El Nuevo Testamento incluye los Evangelios de san Mateo, san Marcos, san Lucas, san Juan, los Hechos de los Apóstoles, las Epístolas a los Romanos, a los Corintios, a los Gálatas, a los Efesios, a los Filipenses, a los Colosenses, a los Tesalonicenses, a Timoteo, a Tito, a Filemón, a los Hebreos, la Epístola de Santiago, las Epístolas de san Pedro, de san Juan, de san Judas y el Apocalipsis.

Odiseo: Héroe homérico, protagonista de la *Ilíada* y de la *Odisea*, que narra sus aventuras, el retorno del héroe a su patria, Ítaca, de la que era rey. En la guerra de Troya se distinguió por su astucia, prudencia y elocuencia. Después de la destrucción de Troya tardó diez años en regresar a su patria para reencontrarse con su esposa Penélope. Sus naufragios, aventuras y peripecias están narrados en la *Odisea*. Su nombre latino es Ulises.

Onán: Viene del hebreo, significa «el fuerte». Según la genealogía bíblica, es hijo de Judá y de una hija del cananeo Súa. Por orden de su padre, Onán se casó con la mujer de su hermano cuando este falleció. Cuando tenía relaciones sexuales con ella, eyaculaba fuera para no procrear. Esta acción ha pasado a la terminología de la teología moral con el nombre de *onanismo*, voz que equivale a masturbación. El autor bíblico ve en la muerte prematura de Onán un castigo de Dios por semejante pecado.

Orozco, José Clemente (1883-1949): Pintor, dibujante, caricaturista y litógrafo mexicano. Discípulo de José Guadalupe Posada, es uno de los mayores exponentes del muralismo mexicano junto con Diego Rivera y David Alfaro Siqueiros. Sus obras se encuentran en diversos edificios públicos de México y Estados Unidos. Su estilo cabría ser definido como un realismo expresionista, y en su pintura son patentes su compromiso político con la historia de México y un cierto talante apocalíptico.

Ortega y Gasset, José (1883-1955): Ensayista, filósofo y edi-

tor español, formado en España y
Alemania. En 1914 publicó sus
Meditaciones del Quijote, en 1915
fundó la revista *España* y en 1923
la *Revista de Occidente*. Es autor de
una serie de ensayos y artículos
reunidos con el título de *El espec-
tador*, en ocho volúmenes publi-
cados entre 1916 y 1934. «El
espectador» es un lema significa-
tivo de su practicada creencia de
que la filosofía y el periodismo
han de formar parte de un conti-
nuo. La «razón vital» fue una de
sus expresiones recurrentes. *La
deshumanización del arte* (1925) y
La rebelión de las masas (1929)
fueron algunos de sus títulos más
influyentes. Dejó España entre
1936 y 1945, manteniéndose al
margen de los vaivenes políticos.

Otelo: Es el nombre que da título a
la obra de William Shakespeare
Otelo, el moro de Venecia, de 1603.
En ella el protagonista, engañado
por Iago, mata a Desdémona,
creyéndola infiel. Luego, al com-
probar su inocencia, se suicida.
El personaje da rostro y cuerpo a
quienes son presa de los celos
arrebatados.

Ovidio Nasón, Publio (43 a. C.-
17 d. C.): Es uno de los poetas
latinos más influyentes y versáti-
les de su época. Autor de los poe-
mas elegíacos recogidos en *Amo-
res*, de las cartas en verso cuyo
asunto es el amor tituladas *He-
roidas*, del *Arte de amar*, y de su
creación mayor: los quince libros
de las *Metamorfosis*, escritas en
hexámetros dactílicos y cuyo asun-
to son las transformaciones divi-

nas y míticas de los dioses grie-
gos. También es autor de unos
Fastos, otra composición mitológi-
ca, y de *Tristes* y *Pónticas*. Su condi-
ción de desterrado no menguó su
talento y fulgurante imaginación.

Pandora: Cuenta Hesíodo en *Los
trabajos y los días* que Pandora fue
la primera mujer, concebida por
Zeus como un castigo para los
hombres por la traición de Pro-
meteo. Zeus le ordenó a Hefesto
que diera forma con barro a una
figura parecida a las diosas y que
le diera aliento y voz. Para hacer-
la diestra, hermosa y seductora,
colaboraron Atenea, Afrodita, las
Gracias y las Horas. Hermes, por
su parte, la hizo astuta, falaz y
voluble. Fue llevada como regalo
al ingenuo hermano de Prome-
teo, Epimeteo, quien no dudó en
aceptarla. Movida por su incon-
tenible curiosidad, Pandora des-
tapó un recipiente al que tenía
prohibido acercarse. De su inte-
rior escaparon todos los males,
que se dispersaron por el mundo
y causaron los padecimientos de
la humanidad.

Papaioannou, Kostas (1925-
1981): Filósofo e historiador del
arte. Traductor de Hegel, Marx y
Engels. Es autor de *L'idéologie
froide* (1967). Amigo de Kostas
Axelos, Cornelius Castoriadis y
Octavio Paz.

Parménides (540?-450? a. C.): Es
autor de un poema extenso, «So-
bre la naturaleza», del cual se
conocen numerosos fragmentos
que permiten reconstruir su doc-

trina, que es como una contrapartida de la teoría del devenir de Heráclito. A sus ojos, el ser es una esfera compacta. Parménides piensa o cree que el ser es, y que hay una identificación entre pensar y ser. Parménides estuvo en contacto con Sócrates y conoció la filosofía pitagórica y las enseñanzas de Jenófanes.

Parsifal: Es el nombre de una ópera u obra dramática de índole sacra dividida en tres actos con música y libreto de Richard Wagner. Fue estrenada el 26 de julio de 1882 en el Festspielhaus de Bayreuth.

Parvati: Voz de origen sánscrito. Se refiere a la pareja de Shiva, el dios hindú; encarna el aspecto amable de la diosa Durga o Kali. Es una de las diversas formas de la Shakti o energía divina.

Paz, Ireneo (1836-1924): El abuelo de Octavio. Militar, periodista, político, magistrado, aspirante a la gubernatura de Guadalajara. Novelista, poeta y editor y formador de editores, dejó, principalmente en *El Padre Cobos*, poemas y sonetos; en las dos series de *Cardos y violetas*, teatro y novelas históricas como *La piedra del sacrificio*, *Guadalupe*, *Amor de viejo*, las tres series de sus *Leyendas históricas* (*Maximiliano*, *Juárez*, *Porfirio Díaz*, *Madero*), que se inscriben en la cauda de la narrativa de Benito Pérez Galdós, además de escritos misceláneos y obras inéditas. Escribió un libro de memorias, *Algunas campañas*, cuya reedición lleva un «Post-facio» de su nieto Octavio Paz, en quien se

pueden encontrar algunos rasgos de este importante personaje del siglo XIX y de principios del XX.

Paz, Marie José Tramini Poli (1934-2018): Artista plástica y poeta francesa, segunda esposa de Octavio Paz. Fue la tercera hija del matrimonio formado por el doctor Joseph Francois Tramini y Pierrette Jeanne Poli, de ascendencia corsa, y nació en la localidad argelina de Mac-Mahon, actual Aïn Touta. Al caer Argelia bajo el dominio del gobierno de Vichy, Pierrette Poli y sus dos hijas se trasladaron a Marruecos y ya no verían a su padre, a quien un cáncer en el pulmón le quitaría la vida. Se establecen en Mequinez (Meknés). A los dieciocho años, Marie José contrajo matrimonio con el franco-argelino Yves Mas. El matrimonio vivió el final del dominio francés en Marruecos, luego se trasladó a París y a Berna. De ahí se postuló para el cargo de primer secretario de la Embajada de Francia en Nueva Delhi en 1962. Ese mismo año, mientras el matrimonio con Mas se deterioraba, Marie José se encontró con el poeta mexicano en el barrio del Sunder Nagar de Nueva Delhi. Ella se fue de la India, decidió no seguir a su marido a su nuevo destino diplomático en África Central y se divorció. El 20 de enero de 1966 contraería nupcias con Octavio Paz.

Paz Solórzano, Octavio (1883-1935): Abogado y periodista mexicano, padre de Octavio Paz. Simpatizante de Emiliano Zapata, quien lo envió a los Estados Unidos como representante del movimiento. Luego de la muerte de Zapata, tuvo diversos empleos de menor importancia. Murió trágicamente atropellado por un tren del Ferrocarril Interoceánico en 1935.

Pellicer, Carlos (1897-1977): Autor de una obra poética monumental y versátil, nació en Tabasco y fue educado en la religión católica. La Academia Mexicana de la Lengua lo nombró académico de número el 16 de mayo de 1952, para ser el primer ocupante de la silla XXI, de la cual tomó posesión el 16 de octubre de 1953. Además de su labor poética, Pellicer fue un notable museógrafo.

perfil del hombre y la cultura en México, El: Es una obra de psicología colectiva de la sociedad mexicana publicada en 1934 por el filósofo mexicano Samuel Ramos (1897-1959).

Periquillo Sarniento, El: Obra de José Joaquín Fernández de Lizardi de 1816, es considerada como la primera novela de las letras hispanoamericanas. Presenta una serie de cuadros y escenas que describen la vida cotidiana en vísperas de la independencia. Es una obra satírica y picaresca en la que la narración está entreverada con numerosas digresiones didácticas y morales.

Perséfone: Diosa de los infiernos, hija de Zeus y Deméter. Los misterios de Eleusis giran en torno al rapto de Perséfone por Hades y su búsqueda por Deméter. Para los romanos se identificaba con Proserpina.

Pessoa, Fernando (1888-1935): Fernando António Nogueira de Seabra, mejor conocido como Fernando Pessoa, fue un poeta portugués sorprendente y tan misterioso como prodigioso. Autor no solo de sus propias obras, sino también de las de sus heterónimos: Alberto Caeiro, Álvaro de Campos y Ricardo Reis. Hay en su inspiración un aliento cuyo linaje es el de Walt Whitman, pero también odas horacianas y expresiones líricas místicas y nacionalistas, como las del libro *Mensajes* (1933).

Pilatos o Pilato, Poncio: Gobernador romano de Judea, fue el juez de Jesús. Los cuatro Evangelios coinciden en que se mostraba reticente en ordenar la ejecución de Jesús, pero solo uno, el de Mateo, incluye la escena legendaria («en esto me lavo las manos») en la que declinaba toda responsabilidad en la crucifixión. Una tradición adversa dice que Pilatos fue ejecutado por orden del emperador o que se suicidó. Otras leyendas afirman que se convirtió al cristianismo. En la Iglesia abisinia Pilato llegó a ser canonizado como santo.

Pirrón de Elis (365/370-270/275 a. C.): Filósofo griego de la antigüedad clásica, no dejó obra escrita. Se sabe que negaba la posibilidad misma de que se pudiese conocer algo. No tenía tesis sino paréntesis, y a este lo llamaba *epojé*: suspensión o abstención de todo juicio. El silencio y recogimiento en uno mismo era, a sus ojos, la única vía para llegar a la «ataraxia» o imperturbabilidad.

Platón (428-347 a. C.): Descendiente de una familia aristocrática, el joven griego, que con el tiempo llegaría a ser filósofo, se hizo discípulo y seguidor de Sócrates que, en el año 399 a. C., fue condenado por un tribunal compuesto por los ciudadanos de Atenas a tomar cicuta. Fundó la Academia, y siguió la obra de Sócrates tanto en el diálogo socrático como en la escritura. De esa decisión inicial nacieron los «diálogos». Según un matemático y filósofo inglés, Alfred Norton Whitehead (1861-1947), toda la historia de la filosofía no pasa de ser una serie de notas al pie de página de los *Diálogos* de Platón.

Plotino (205-270 d. C.): Filósofo griego helenístico. Nacido en Egipto y educado en Alejandría, Plotino fue discípulo de Amonio Saccas, quien se afanó por armonizar las enseñanzas de Platón y de Aristóteles. Es autor de un conjunto de cincuenta y cuatro tratados que su discípulo Porfirio puso en cintura editorial y dio a la estampa con el nombre de *Enéadas*. Es reconocido como el mayor representante del neoplatonismo. La relación entre el Uno y el mundo es el tema que desvela en sus tratados, que, no hay que olvidarlo, tienen en sí una dimensión literaria y poética.

Po Chü-I: (772-846 d. C.): Poeta chino. Es el autor de los dos poemas extensos más célebres de la época Tang. Octavio Paz tradujo algunos poemas suyos, como «Tal cual» o «Todas las substancias carecen de substancia».

Poe, Edgar Allan (1809-1849): Poeta, escritor y crítico romántico norteamericano. Sus *Historias extraordinarias* fueron traducidas al francés por Baudelaire en 1854. Es el creador de la ficción policiaca, según Jorge Luis Borges, en cuentos como «Los crímenes de la calle Morgue» o «El escarabajo de oro». «El cuervo» y «Annabel Lee» fueron traducidos por José Martí. Sus cuentos completos fueron trasladados al español por Julio Cortázar. Renovador de la novela gótica, maestro del relato corto, es recordado especialmente por sus cuentos de terror.

Polimnia: Hija de Zeus y de Mnemósine, era la musa de la poesía sagrada.

Ponge, Francis (1899-1988): Poeta y ensayista francés, editor y periodista. Entró en contacto con los autores del movimiento surrealista. Se afilió al Partido Comunista en 1937, y al concluir la Segunda Guerra Mundial dejó esa militancia. *Le Parti pris de choses* (1942) es su obra más conocida. Se inclina por la contemplación del «objeto estático», sin adjetivos ni sentidos o significaciones añadidos.

Pope, Alexander (1688-1744): Este poeta, precursor del Romanticismo, publicó en 1728 su poema *The Dunciad*, en 1712 la composición satírica *The Rape of the lock* y entre 1732 y 1734 *An essay of man*. Se le recuerda por sus traducciones de la *Ilíada* y la *Odisea* de Homero, publicadas respectivamente en 1713 y 1725-1726.

Posdata: El título original del libro iba a ser *Posdata al Laberinto de la soledad*. Paz oscilaba entre otros títulos como *México ahora* o *México 1970* o *La última década mexicana*. Arnaldo Orfila le sugirió que solo «la mitad del primer título, *Posdata*» podía ser atractiva y correcta.

Pound, Ezra (1885-1972): Poeta y ensayista norteamericano. Su conocimiento de la literatura medieval y de una lírica erudita se manifestó inicialmente en *A Lume Spento* (1908), *Personae* (1909) y *Cathay* (1915). Publicó en 1920 el poema *Hugh Selwyn Mauberley*, el mismo año en que su amigo T. S. Eliot editó *The waste land*, en cuya edición participó. Ambos poemas tienen lazos en común. En 1919 se inició la publicación de *The cantos*, una conversación monumental con aliento épico y un incesante ir y venir entre la historia europea de todos los tiempos, la norteamericana y la cultura e historia chinas. *The pisan cantos* concluyó la serie en 1948. Pound fue además un notable ensayista, como muestran sus obras *How to read* (1931) y *Abc of reading* (1934). Al concluir la guerra, los aliados lo recluyeron en un campo de concentración y lo juzgaron por alta traición en virtud de su colaboración con el gobierno fascista italiano. Estuvo en una clínica psiquiátrica. Regresó en 1958 a Italia, donde residió hasta su muerte. Su ascendiente sobre la poesía en inglés desbordó las fronteras de esa lengua, y su obra es apreciada en otras como el francés y el español.

Prelude, The: Largo poema autobiográfico iniciado por el poeta inglés William Wordsworth (1770-1850) en 1728. Se publicó en catorce libros tres meses después de la muerte del autor, en 1850. El título se le debe a su viuda, Mary.

Príamo: Fue el último rey de Troya. Hijo de Laomedonte, padre de Héctor y de Paris. Cuando Troya estaba siendo sitiada, perdió la vida su hijo Polites. Príamo lo quiso vengar, pero murió en el intento.

Príapo: Hijo de Afrodita y Dioniso. Su culto viene de Asia Menor. Tutela los campos y jardines. Para los romanos personificaba la capacidad genésica, la fecundación y la virilidad. Se caracterizaba por tener siempre erguido el miembro, de ahí el nombre de la enfermedad denominada priapismo.

Proclo (410-485): Filósofo griego nacido en Bizancio, se formó en Alejandría y en Atenas, donde dirigió la Academia. De su obra se conservan fragmentos de sus comentarios a ciertos diálogos de Platón. Después de Plotino, se le considera el exponente más representativo del neoplatonismo. Es autor de unos *Elementos de teología* en que expone su teoría del panlogismo. Según su doctrina, el Uno va declinando gradualmente emanaciones hacia todos los reinos hasta llegar a la realidad infinita material. Es, con Plutarco, uno de los últimos grandes filósofos clásicos.

Prometeo: Un titán dentro de la mitología griega. Su padre fue Jápeto, su madre Clímene, su hermano Atlante. Su nombre quiere decir «previsor». Hurtó el fuego a los dioses y se lo dio a los hombres para que pudieran inventar las artes y las ciencias, pues simboliza la civilización. Fue encadenado a una roca del Cáucaso, donde un buitre le devoraba el hígado, que volvía a crecer para que el suplicio nunca terminara. Finalmente, Hércules abatió al buitre y Prometeo quedó en libertad. Zeus accedió a cambio de un secreto que por sus dotes proféticas solamente Prometeo conocía.

Próspero: Es el nombre de un personaje de *La tempestad* (*The tempest*, 1611), de William Shakespeare. Se refiere al duque de Milán, que fue despojado de su cargo a pesar de ser un hombre recto y abandonado en una isla desierta. Luego del paso del tiempo, y echando mano de artes mágicas, fue capaz de producir una tempestad tan intensa que su hermano usurpador naufragó en la misma isla.

Proust, Marcel (1871-1922): Novelista y crítico francés, autor, entre otras obras, de À *la recherche du temps perdu* (*En busca del tiempo perdido*), novela monumental considerada una de las cumbres de la literatura universal. El paisaje y la historia presentados por este gran fresco narrativo corren paralelos a la capacidad inimitable de observación e introspección del sensible y memorioso autor.

Psique: Aparece en la narración titulada «Eros y Psique», incluida en *El asno de oro* o *Libro de las Metamorfosis* de Apuleyo. La belleza de Psique inspiró celos a Afrodita, quien quiso valerse de Eros para provocar la desgracia de la joven, pero el dios se enamoró de ella y la hizo su compañera, aunque la abandonó cuando ella faltó a la promesa de no revelar la identidad de su amante.

Ptolomeo (*o* **Tolomeo**), **Claudio** (100-170 d. C.): Astrónomo, matemático y geógrafo griego, nacido en Egipto y radicado en Alejandría. Su obra mayor se titula *Almagesto* y compendia la totalidad de la sabiduría astronómica de la Antigüedad. También publicó una *Geografía* y una *Óptica*.

Ptolomeo (*o* **Tolomeo**) **I Soter**: Rey de Egipto, gobernó entre 305 y 282 a. C. Con él nace el culto sincrético al dios grecoegipcio Serapis y a Osiris, que se propagó por todo el Mediterráneo.

Ptolomeo (*o* Tolomeo) II Filadelfo: Fue el rey egipcio que recibió de Sostrato de Crido la Torre construida en la isla de Faros, que fue una de las Siete Maravillas de la Antigüedad.

Quetzalcóatl: Fue uno de los dioses más importantes de diversos pueblos prehispánicos, principalmente mexicanos. Su nombre significa «serpiente emplumada» o «ave serpiente». Según la tradición habría desembarcado en las costas de Veracruz, de ahí se dirigió a Tula y a Cholula. Se le imaginaba como un hombre alto, blanco y de una austeridad ejemplar. Como educador y portador de la civilización, no era en modo alguno partidario de la violencia y la guerra. Algunos textos provenientes de *Los informantes de Sahagún* y de otros anales prehispánicos dan cuenta de la oposición a los sacrificios, incluidos los de las más pequeñas aves, de este dios del aire y del agua respetuoso de la armonía natural.

Quevedo y Villegas, Francisco de (1580-1645): Poeta y escritor español, maestro del uso del lenguaje en prosa y en verso. Es el poeta más citado por Octavio Paz, quien sostuvo con él a lo largo de su longevidad una relación apasionada y permanentemente renovada hasta sus últimos días.

Quirón: En la mitología griega es el nombre del centauro hijo de Cronos y de la ninfa Filira. Tenía conocimientos de medicina, estrategia militar y artes en general, cosas que enseñó a algunos mortales. Protegió a Peleo y educó a Aquiles, Jasón y Asclepio.

Ramayana: Voz que viene del sánscrito. Se refiere a una de las dos grandes composiciones épicas de la India. Expone las andanzas o viaje de Rama. Fue compuesta por el sabio Valmiki. En el poema, el príncipe Rama salva a su esposa Sita, que ha sido raptada por el demonio Rávana. La obra ha tenido gran influencia dentro y fuera de la India.

Ramos, Samuel (1897-1959): Filósofo mexicano, coetáneo de la generación de Contemporáneos. Autor de *El perfil del hombre y la cultura en México* (1934). Ramos estuvo en el centro de la vida filosófica mexicana.

Rauschenberg, Robert (1925-2008): Pintor, fotógrafo y diseñador estadounidense. Uno de los más destacados representantes del pop-art, hizo *collages* a base de cómics, realizó *assemblages* de objetos encontrados y recuperados, diseñó espectáculos de ballet para la compañía de Merce Cunningham entre 1955 y 1975. Hizo una exposición antológica en el Guggenheim Museum de Nueva York en 1997 con más de cuatrocientos objetos. Fue amigo personal de Octavio Paz, quien le dedicó un poema.

Rávana: En la mitología de la India era el rey de los demonios *rakshasas*. Raptó a Sita, la esposa de Rama.

Reverdy, Pierre (1889-1960): Poeta francés, autor de *La lucarne ovale* (1916), *La guitare endormi* (1919). Como editor sostuvo la revista *Nord-Sud*. Lo atrajeron las artes plásticas, en particular el cubismo. En *Plus part du temps* (1945) y *Main d'oeuvre* (1949) se reúne lo medular de su obra poética. Practicó la reflexión ensayística en *Le livre de mon bord* (1948) y *En vrac* (1956).

Reyes, Alfonso (1889-1959): Poeta, narrador, traductor e investigador mexicano. Es uno de los autores más plenos de las letras mexicanas e hispanoamericanas. Es autor, entre otras obras, de *Cuestiones estéticas* (1910), *Visión de Anáhuac 1519* (1915), *Ifigenia cruel* (1924), *Simpatías y diferencias* (1921-1926), *Cuestiones gongorinas* (1927), *Yerbas del Tarahumara* (1934), *Letras de Nueva España* (1948) y *Trayectoria de Goethe* (1954). Embajador de México en Madrid, París, Buenos Aires y Río de Janeiro. Fundador del Colegio de México. Sus obras completas tienen veintiséis tomos, a los que cabe añadir su caudalosa correspondencia con autores como Pedro Henríquez Ureña, Julio Torri y Octavio Paz, quien fue su discípulo y amigo, autor de un obituario, «Jinete del aire», publicado poco después de su muerte, en el que se destacan las diversas vetas que convivían en Reyes. Jorge Luis Borges lo consideraba el mejor prosista de la lengua española.

Richter, Jean Paul (1763-1825): Escritor alemán, autor de una amplia obra en la que destacan *Literarischen nachlass* (1836-1838), *Titán* (1800-1803), *Hesperus* (1794) y sus *Sueños*, en los que destaca «Discurso de Cristo muerto en lo alto del edificio del mundo: no hay Dios» (1789). Es una de las figuras centrales del Romanticismo alemán.

Rimbaud, Arthur (1854-1891): Poeta francés simbolista. Amigo de Paul Verlaine, con quien viajó a Inglaterra y quien prologó su primer libro. Autor de *Une saison en enfer* (1873) y *Les illuminations* (1886). Es uno de los autores más mencionados por Paz en su obra.

Romeo y Julieta: Una de las obras más tempranas de William Shakespeare. Estrenada en 1597, versa acerca del encuentro apasionado y conflictivo, que se resolverá en tragedia, entre dos jóvenes pertenecientes a familias rivales. La trama sigue los trazos del escritor italiano Mateo Bandello.

Ronsard, Pierre de (1524-1585): Poeta francés. Junto con Boileau y Du Bellay fundaron una escuela poética llamada La Pléiade. En 1552 publicó el libro que lo entronizó como uno de los poetas centrales de Francia y de la lengua francesa: *Les amours de Cassandre*, al cual seguiría en 1555 *Continuation des amours*.

Rousseau, Jean-Jacques (1712-1778): Filósofo, escritor y pedagogo suizo. Autor de *Emilio* (1762), que el Parlamento de París condenó, lo que provocó su expulsión de Ginebra, y *Le contrat social*, en el mismo año. En 1782 se publicó *Las confesiones*, obra que tendría éxito en Francia y fuera de las fronteras de la lengua. Es autor de una novela epistolar, *Julie ou la nouvelle Heloïse*. En *Cartas escritas desde la montaña* (1764) es ostensible su amor por la naturaleza. En 1759 se publicaron sus *Cartas a Voltaire*.

rue du Bac: Calle de París, situada en el séptimo distrito. Empieza donde se cruzan los muelles de Voltaire y Anatole France. Termina en la rue de Sèvres. En esa calle tuvo lugar el reencuentro de Octavio Paz con Marie José Tramini. En la rue du Bac vivió Chateaubriand, y ahí se celebraron sus funerales.

Sade, marqués de (1740-1814): Escritor y filósofo francés, autor de *Justine ou les malheur de la vertu* (1791), *Histoire de Juliette* (1798), *La philosophie dans le boudoir ou les instituteurs libertins* (1795) y *Les 120 journées de Sodome ou l'école de libertinage* (1785). Pasó veintisiete años de su vida en la cárcel. Al final de la Segunda Guerra Mundial sus obras empezaron a editarse en Francia gracias a Jean-Jacques Pauvert.

Saint-John Perse (1887-1975): Marie René Auguste Alexis Léger, conocido como Saint-John Perse, fue un poeta y diplomático que recibió en 1960 el Premio Nobel como reconocimiento a su vasta y compleja obra. Escribió *Anábasis* (1924), *Eloges* (1911), *Exil* (1944), *Vents* (1946) y *Chant pour un équinoxe* (1975).

samsara: Voz sánscrita que significa «deambular a través de»; hace referencia al ciclo incesante de nacimiento, muerte y reencarnación o transmigración en las religiones hindú, budista, taoísta, jainista y sikh. Una persona está atada al samsara por su karma. El mundo de los fenómenos y su falta de permanencia es igualmente nombrado por esta voz. La liberación es lo que pone término al ciclo del samsara.

san Agustín (354-430): Obispo de Hipona, doctor de la Iglesia. Hijo de Patricio, pagano, y de la piadosa cristiana Mónica. Dueño de una inteligencia relampagueante, tuvo unos años de tempestuosa juventud. Se dejó atrapar por la herejía maniquea. En Roma, donde ocupaba una cátedra de retórica, al escuchar predicar a san Ambrosio se conmueve escuchando la exposición de cómo vivían en el desierto san Antonio y sus discípulos. Escucha una voz que le dice: «Toma y lee», y abre las epístolas de san Pablo. Se convierte completamente, y ocho meses después recibe el bautismo de san Ambrosio. Es venerado por las iglesias ortodoxa y cristiana. Su caudalosa obra se divide en autobiográficas, polémicas, filosóficas, apologéticas, dogmáticas, monásticas, exegéticas y pastorales. Las *Confesiones* y *La ciudad de Dios* refrendan su prestigio como escritor.

san Antonio Abad (251-356): Patriarca de los cenobitas. Luego de la muerte de sus padres, Antonio escuchó las palabras de Cristo, vendió todos sus bienes y huyó al desierto. Ahí es fama que lo asediaron sin cesar los demonios. Triunfó de las tentaciones y del miedo por la confianza en la oración y en la cruz. Su santidad le atrajo muchos seguidores y discípulos, y tuvo que construir para ellos un albergue. Así se transformó en el patriarca de los cenobitas en Oriente. Su hambre de soledad lo llevó a retirarse, nuevos discípulos lo siguieron y tuvo que fundar otro monasterio. Su amigo Atanasio lo llamó para que fuera a Alejandría a luchar contra los herejes. Lo hizo, pero regresó en cuanto pudo a su celda. El emperador Constantino le escribió para que lo tuviera presente en sus oraciones, cosa que hizo hasta su muerte. Fue el alma del gran movimiento cenobita que se propagó por la región. Su imagen se encuentra plasmada en la pintura y en los frescos y vitrales de muchos templos e iglesias de la Edad Media. En el siglo XIX el escritor Gustave Flaubert escribió una leyenda titulada *Las tentaciones de san Antonio*.

Sánchez de Badajoz, Garci (c. 1450-1526): Poeta y músico español, perseguido por la Inquisición debido a sus composiciones irreverentes, se dice que perdió la razón al no ser correspondido. Escribió un «Infierno de amor» del cual se conservan algunos fragmentos.

Sánchez Robayna, Andrés (1952): Poeta, ensayista y traductor español. *En el cuerpo del mundo* (2023) es el título de su poesía completa. Como editor es conocido por la publicación de la revista *Syntaxis* (1983-1993). También animó el Taller de Traducción Literaria de La Laguna. Es traductor de los *Cuadernos* de Paul Valéry.

Santa Anna, Antonio López de (1794-1876): Político y militar, tuvo a su cargo la presidencia de la República Mexicana en distintos momentos entre 1833 y 1855. Sus mandatos, no siempre firmes, decidieron los límites territoriales actuales de México.

santa Catalina (1347-1380): Virgen mártir de Alejandría. De acuerdo con la leyenda, Catalina se presentó ante el emperador para defender a los cristianos perseguidos y enfrentó a los filósofos armada con su punzante inteligencia. Los vence, ante la ira del emperador, que ordena que vayan a la hoguera los estultos filósofos. Estos, ¡milagro!, caen a los pies de la santa, reconocen al Dios verdadero y entran a las llamas persignándose. El emperador ofrece a Catalina ser emperatriz. Ella responde indignada, cosa que le atrae el furor imperial. Es martirizada, pero la rueda de clavos de su martirio se rompe. Al final, un soldado la decapita.

santa Teresa de Ávila (1515-1583): Monja reformadora de la Orden del Carmen. Autora de *Libro de la vida* (1561-1562), *Camino de perfección* (1567), *Las moradas del castillo interior* (1577) y *Libro de las fundaciones* (1610). Es una de las autoras más elevadas de las letras españolas.

Sardanápalo (siglo VII a. C.): Último rey de Asiria. Su vida está asociada a la molicie y la decadencia. Murió en una orgía. Al pintor francés Eugène Delacroix se debe el cuadro *La muerte de Sardanápalo*.

Satán: La voz significa «adversario», «enemigo». En la cultura hebrea, uno de los nombres del demonio, encarnación del mal.

Saturno: Dios de la agricultura y la cosecha en la mitología romana. Se le identifica con Cronos, dios del tiempo. Hijo de Urano y Tellus, tuvo un hermano mayor: Titán. Saturno obtuvo de su hermano el favor de reinar en su lugar, a condición de no criar hijos. Se casó con Ops (Rea) y tuvo varios, pero a causa del pacto que tenía con su hermano, en castigo debía devorarlos. Enseñó a los latinos el cultivo de la tierra y otras artes. Cada año se celebraban unas festividades orgiásticas conocidas como «saturnales». Está asociado a la melancolía.

Schlegel, Friedrich (1772-1829): Filósofo, filólogo y crítico literario alemán. Autor de la novela *Lucinda* (1799) y del drama *Alarcos* (1802).

Semíramis: Nombre griego de la reina asiria Shammuramat, esposa de Shamshi Adad V. Pedro Calderón de la Barca tomó este nombre para llamar a la protagonista de su obra *La hija del aire* (1653).

Shakespeare, William (1564-1616): Poeta, dramaturgo, actor y enigmático empresario inglés. Maestro de las letras escénicas y, para la *Encyclopedia Britannica*, el mayor autor de las letras mundiales. Escribió una serie de *Sonetos* (1609) y un vasto conjunto de tragedias, comedias y dramas: *Titus Andronicus* (1593-1594), *Venus y Adonis* (1593), *El rapto de Lucrecia* (1594), *El sueño de una noche de verano* (1595), *Romeo y Julieta* (1595), *Hamlet* (1601), *Otelo* (1603), *El rey Lear* (1605), *Macbeth* (1606) y *La tempestad* (1612), entre muchas otras. De las diez tragedias, tres son romanas y sus argumentos provienen de Plutarco; otras provienen de fuentes medievales o de los cuentistas italianos. Lector de Montaigne y de Gracián, Shakespeare forma parte del rico paisaje del teatro isabelino. Se ha puesto en duda si en verdad es el autor de sus obras o cabe atribuirlas a autores como Francis Bacon o Christopher Marlowe.

Shelley, Percy B. (1792-1822): Escritor, poeta y crítico romántico inglés. De ideas radicales y liberales. Autor de *Alastor* (1816), *Prometeo liberado* (1820) y de la elegía *Adonais* (1821), dedicada a la muerte de John Keats.

Shiva: Voz de origen sánscrito. Al pie de la letra, «el Benévolo». Es la tercera figura de la Trimurti o tríada de las divinidades de la religión hindú. Encarna la reabsorción del universo en la unidad absoluta o su disolución. Para los adeptos de Shiva, este es el ser supremo y también la imagen del primer asceta y yogui. También es considerado como el gurú del cual surgen diversas tradiciones espirituales y linajes.

Sócrates (470-399 a. C.): Filósofo clásico griego. Maestro de Platón, autor de su *Apología*. Otro discípulo de este fundador de la filosofía es el historiador Jenofonte, quien escribió otra *Apología* y *Recuerdos de Sócrates*. Otra fuente para conocer la vida y acción del maestro ateniense es Diógenes Laercio, en sus *Vidas, opiniones y sentencias de los filósofos más ilustres*. La imagen del maestro que dejan estos tres testimonios es la de un sabio que no tomaba demasiado en serio las leyendas acerca de los dioses y que desconfiaba de los ídolos de la ciudad, cosa que le costó la vida. Su legado ético y moral es indisociable de su herencia filosófica propiamente dicha.

Stalin, Iósif *o* **José** (1878-1953): Revolucionario, político, dirigente, dictador de la Unión Soviética entre 1922 y 1952 y presidente del Consejo de Ministros de la Unión Soviética entre 1941 y 1953. En 1928 impuso una economía planificada altamente centralizada que sentó las bases de la gran potencia industrial que sería la Unión Soviética después de la Segunda Guerra Mundial. Como resultado de esto, miles de personas fueron enviadas a campos de trabajo y al gulag como castigo. Estos rápidos cambios contribuyeron a crear las condiciones para la devastadora hambruna de 1932-1933. Stalin apoyó los movimientos contrarios al fascismo en Europa, y en particular a los comunistas durante la Guerra Civil española. Firmó en 1939 un pacto de no agresión con la Alemania nazi, pero en 1941 la Unión Soviética se unió a los Aliados y el Ejército Rojo entró a Berlín y tomó el Tercer Reich. Esto confirió a la Unión Soviética y a Stalin un papel preponderante en el nuevo orden mundial. En el orden interno trató de eliminar cualquier oposición, y entre 1936 y 1938 inició una serie de procesos y deportaciones contra mandos militares y opositores en el seno del partido. Su gobierno produjo miles de muertos y desterrados. Después de su muerte, el XX Congreso del Partido Comunista de la Unión Soviética, bajo la dirección de Kruschev, denunció los crímenes y errores de Stalin derivados del «culto a la personalidad» y emprendió una campaña de «desestalinización» cuyo punto final fue la remoción de los restos mortales de Stalin del Kremlin.

Tamayo, Rufino (1899-1991): Pintor, muralista, escultor y grabador mexicano de renombre internacional. Desde 1933 sembró murales y dejó esculturas en México, Nueva York, Dallas, San Antonio o París, entre otras ciudades del mundo. Artista sobresaliente en el panorama de la pintura mexicana del siglo XX.

Tàpies, Antoni (1923-2012): Pintor, escultor, teórico del arte catalán, su interés por la abstracción y el universo poético auspiciaron la afinidad profunda de este artista con Octavio Paz.

Teócrito (310-260 a. C.): Poeta griego nacido en Siracusa. Conoció a Calímaco. Es autor de diversos «idilios», himnos y mimos.

Tezcatlipoca: Deidad de los nahuas. Algunos la ponen por encima de Huitzilopochtli y de Quetzalcóatl. «Espejo negro que arroja humo» es una traslación del jeroglífico que lo representa. Otros piensan que el nombre significa «el ofrendado en sacrificio». Tras la Conquista identificaban a esta divinidad con Jesucristo, que también había sido sacrificado.

Tisbe: Junto a Píramo, son una pareja de jóvenes que se amaban a pesar de la prohibición de sus padres. La leyenda trágica la cuenta Ovidio en las *Metamorfosis*. De este núcleo fabuloso pudo provenir la historia de *Romeo y Julieta* de Shakespeare.

Tiziano Vecellio di Gregorio (1488/1490-1576): Pintor italiano, uno de los más versátiles artistas, que lo mismo hacía paisajes que retratos o componía cuadros mitológicos o religiosos. Su calidad excelsa y su larga carrera artística hicieron que se le considerara en su época como uno de los astros dominantes de la constelación artística.

Tláloc: Divinidad náhuatl de la lluvia. Algunos piensan que proviene de «tlali», tierra, y «octli», licor. Se le atribuía el regalo de la vida y la tutela de las almas separadas de los cuerpos. Tenía un lugar destacado en el Templo Mayor de Tenochtitlan.

Tristán e Isolda: Los nombres de esta singular pareja de enamorados y de su inusitado idilio remiten a la Edad Media y a la materia de Bretaña y pertenece al ciclo artúrico. En España, en 1501, se conoció *El libro del esforzado caballero don Tristán de Leonís y sus grandes hechos*. Se encuentra presente en el Romancero castellano, y la leyenda era conocida por los poetas provenzales. El compositor alemán Richard Wagner recreó esta materia legendaria en una gran ópera compuesta entre 1857 y 1859 que renovó y consagró este mito en la cultura del siglo XIX.

Trotski, León o Lev (1879-1940): Escritor, dirigente y reformador ruso, afiliado a la izquierda desde muy joven. Es autor de *Viaje de ida y vuelta*, reeditada como *La fuga de Siberia en un trineo de renos* (1907), *Lenin como tipo nacional* (1920), *Problemas de la vida cotidiana* (1924), *Mis peripecias en España* (1924), *Literatura y revolución* (1925) y una *Historia de la*

Revolución rusa (1929-1932), entre otras obras. Su ascendiente sobre el proceso de revisión del marxismo en el mundo es innegable, y su huella en México, donde murió, se conserva en la casa museo que se le dedicó en la ciudad de México. Fue amigo de Diego Rivera y Frida Kahlo.

Ulises: Nacido en Ítaca, es uno de los personajes de la *Ilíada* y el protagonista de la *Odisea*, ambos poemas atribuidos a Homero, y se encuentra presente en otras composiciones del ciclo troyano. La astucia, la elocuencia, la versatilidad, la capacidad de encontrar alternativas y su carisma indudable hicieron del hijo de Laertes y Anticlea, y del esposo de Penélope y padre de Telémaco, un personaje seductor que a su vez fue seducido temporalmente por Calipso y Circe. Capaz de disfrazarse de pordiosero al regreso de sus andanzas, el personaje hace ver hasta qué punto la inteligencia le permitía la frialdad del cálculo para poder abatir a los pretendientes que aspiraban a usurparlo a la vera de la paciente Penélope. Ulises ha sido, entre otras cosas, un modelo de conducta a lo largo de los siglos.

Unamuno, Miguel de (1864-1936): Poeta, filósofo, escritor, crítico, periodista y rector de la Universidad de Salamanca, Ciudadano de Honor de la República española, eminente miembro de la generación del 98. Es autor de una obra imponente, caudalosa, decisiva y opulenta que cabe dividir en cuatro espacios: el filosófico, el poético, el novelesco, el dramático y el poético. Es autor de *Del sentimiento trágico de la vida en los hombres y en los pueblos* (1912), *La agonía del cristianismo* (1925) y *Vida de Don Quijote y Sancho* (1905), entre muchas otras. Aprendió la lengua danesa para leer a Kierkegaard, cuya obra tuvo sobre él un influjo decisivo. Aunque su figura y obra son muy importantes para la cultura hispánica, no se puede negar que tienen una proyección y vigencia europea y transatlántica.

único, El: Escrito por Friedrich Hölderlin (1770-1843). El himno *El único* (*Der Einzige*) inicia con una pregunta: «¿Qué es lo que me encadena / a las antiguas costas felices / y me las hace amar / aún más que a mi patria?». Todo el poema es una pregunta. «El único» es Cristo, y el himno se eleva como una luz anhelante en torno a la ausencia de esta figura. El poema ocupa un lugar axial en la obra de Hölderlin.

Upanisad *o* **Upanishad**: Esta voz proveniente del sánscrito designa a los textos sagrados hindúes, que son considerados no como heredados, sino como «revelados». Datan de los años 700 y 300 a. C., es decir, de fines del periódico védico. Su propósito central es liberar al hombre del ciclo de las reencarnaciones.

Urbina, Luis G. (1868-1934): Poeta, crítico y periodista mexicano. A él se debe el estudio preliminar que lleva la *Antología del Centenario* (1910), fraguada en colaboración con Nicolás Rangel y Pedro Henríquez Ureña. Como si fuese una continuación de ese viaje, firmó *La vida literaria de México* (1917). Es autor de *Versos* (1890), *Ingenuas* (1902), *Puestas de sol* (1910), *El glosario de la vida vulgar* (1916), *El corazón juglar* (1920) y *Los últimos pájaros* (1924), entre otros. Uno de sus poemas más leídos es «La vieja lágrima». Todos sus libros de poemas los dedicó a su amigo Justo Sierra.

Usigli, Rodolfo (1905-1979): Poeta, dramaturgo, novelista, traductor y diplomático mexicano. Es autor de *El gesticulador* (1938) y de una serie de obras dramáticas relacionadas con la historia de México, como *Corona de sombra*, centrada en la tragedia de la emperatriz Carlota. Como novelista firmó *Ensayo de un crimen* (1944) y *Obliteración* (1973). Su obra poética se inició con *Conversación desesperada*. Tradujo a T. S. Eliot y a George Bernard Shaw, a quienes conoció personalmente. Además de su amplia obra dramática, es autor de una extensa e inteligente obra de exégesis de su creación.

Valéry, Paul (1871-1945): Poeta, escritor, ensayista y filósofo francés. Autor de *La velada con el señor Teste* (1896), *Introducción al método de Leonardo da Vinci* (1895), *El cementerio marino* (1920), *Charmes* (1922) y *Política del espíritu* (1918), entre otras. Es una de las inteligencias poéticas más lúcidas de nuestra época, siempre leal a la responsabilidad de la inteligencia ante sí misma.

Valle-Inclán, Ramón María del (1866-1936): Dramaturgo, poeta y novelista español. Su gran fantasía y creatividad se filtra en *Sonata de otoño* (1902), *Jardín umbrío* (1903), *Sonata de estío* (1903) o *Tirano Banderas* (1926), entre una cauda de retablos, comedias y dramas. Esta última obra tal vez estuvo inspirada por su viaje a México en 1892, que según él mismo lo hizo poeta. Volvería a México en 1921. El delicado trabajo de orfebrería de esta novela hace ver hasta qué punto Valle-Inclán era sensible a la lengua española viva en el ámbito hispanoamericano.

Vallejo, César (1892-1938): Poeta, narrador, dramaturgo, cronista y traductor peruano. Autor, entre otras obras, de *Los heraldos negros* (1918), *Trilce* (1922), *Escalas* (1923), *Hacia el reino de los Sciris* (1924-1928), *El tungsteno* (1931), *Paco Yunque* (1931) y, en edición póstuma, *Poemas humanos* (1939) y *España, aparta de mí este cáliz* (1939), en edición de Georgette Vallejo, su viuda.

Varela, Blanca (1926-2009): Autora de *Ese puerto existe* (1959) y de *Donde todo termina abre las alas* (2001). Aunque la cronología la alinea con Jorge Eduardo Eielson, Javier Sologuren, Sebastián Salazar Bondi y Carlos Germán Belli, en su obra se advierte la huella de César Moro y de Emilio

Adolfo Westphalen, en cuya revista, *Las Moradas*, colaboró a los diecinueve años, en 1945. Estuvo casada con el pintor Fernando de Szyszlo, con quien viajó a París y donde conocería a Octavio Paz, quien le abriría las puertas de la vida cultural, artística y literaria de esos años.

Vargas Llosa, Mario (1936): Novelista, narrador y dramaturgo peruano. Autor de *Los jefes* (1959), *La ciudad y los perros* (1963), *La casa verde* (1966), *Los cachorros* (1967), *Conversación en La Catedral* (1969), *La tía Julia y el escribidor* (1977), *La guerra del fin del mundo* (1981), *El hablador* (1987), y *Elogio de la madrastra* (1988), entre otras. Como ensayista y crítico, ha publicado *Gabriel García Márquez, historia de un deicidio* (1971), *La orgía perpetua: Flaubert y 'Madame Bovary'* (1975), *La verdad de las mentiras* (1990), *Carta de batalla por Tirant lo Blanc* (1991) o *El pez en el agua* (1993), en que da testimonio de su campaña presidencial y derrota electoral en 1990. Ganó el Premio Cervantes en 1994 y el Premio Nobel de Literatura en 2010. Su relación con Octavio Paz se manifiesta en la asiduidad con que publicaba en la revista *Vuelta*, fundada y dirigida por el poeta mexicano.

Vasconcelos, José (1882-1959): Escritor, filósofo, periodista y político mexicano. Participó en la Revolución mexicana al lado de Francisco I. Madero y Francisco Villa. Fue titular de la Secretaría de Educación Pública durante la presidencia de Álvaro Obregón. A él se deben iniciativas como la de editar obras clásicas de gran tiraje a precios accesibles. También se le debe el lema de la UNAM: «Por mi raza hablará el espíritu». Es autor de un ciclo autobiográfico que consta de *Ulises criollo* (1935), *La tormenta* (1936) y *El proconsulado* (1939). En 1941, Octavio Paz escribió: «La obra de Vasconcelos es la única, entre las de sus contemporáneos, que tiene ambición de grandeza y de monumentalidad».

Vayú: Padre del Gran Mono. Una de las deidades del primitivo panteón hindú, se le considera dios del viento y de la respiración. Suele representársele como un hombre hermoso de piel violácea transportado en un carruaje deslumbrante tirado por miles de caballos. También se le representa con cuatro brazos que sostienen banderas. Vayú, padre espiritual, le regaló a su hijo Hanuman el don del vuelo. Dios impetuoso y tempestuoso, capaz de ataques de furia, como el que provocó la formación de la isla de Sri Lanka al tratar de volar la cima del legendario monte Meru, que fue defendida por el pájaro Garuda. Cuando este se cansó, Vayú voló la cima de la montaña y aterrizó en el agua, cosa que provocó la formación de la isla.

Vedas: Se denomina Vedas a los cuatro textos más antiguos de las letras de la India, que son la base de la religión védica. El Rig Veda es el más antiguo de estos escritos y su origen se remonta hacia el siglo XVI a. C. Es transcripción a su vez de un texto transmitido oralmente y cuya fecha es difícil precisar. Los Veda fueron compuestos por una inspiración no humana, «apauruseya» en sánscrito, y su enunciación se atribuye al mismo dios Brahma. Según el *Mahabbharata*, la palabra «Veda» significa «ver».

Villa, Francisco (1878-1923): Doroteo Arango, conocido como Francisco «Pancho» Villa, fue jefe de la División del Norte. Junto con Emiliano Zapata, Venustiano Carranza, Francisco I. Madero, fue una de las figuras más relevantes de la Revolución mexicana. Héroe popular presente en leyendas, corridos y novelas. Figura polémica de la historia de México, que pasa por la del bandolero violento con las mujeres y la del líder revolucionario sin quien el país no habría conseguido su democracia.

Villaurrutia, Xavier (1903-1950): El nombre del autor de los *Nocturnos* está asociado a la poesía mexicana contemporánea tanto como al teatro y al ensayo. Discípulo y antólogo de Ramón López Velarde, invitó al joven Paz a participar en la edición de una antología poética, junto con Juan Gil-Albert y Emilio Prados. Gracias a él Paz entró en contacto con el grupo de los escritores reunidos en torno a Contemporáneos.

Villon, François (1431-?): Poeta francés nacido en París. Hereda las tradiciones medievales que recrea y a las que pone un contrapunto burlesco. A la vez cortesano y marginal, Villon no es un autor convencional. Deja en manos del destino y de los lectores *El testamento* (1456 y 1461), las baladas *de los proverbios*, *del buen consejo*, *des menus propos*, que culminan con la *de los ahorcados* (*Ballade des pendus*, 1463), así como cartas en verso. Villon fue redescubierto por los poetas románticos y decadentes franceses como Victor Hugo y Marcel Schwob, y no ha dejado de tener devotos lectores en todos los idiomas, como Bertolt Brecht.

Virgen de Guadalupe: Se dio a conocer en Tepeyac o Tepeyacac, como dijeron los primeros españoles. La voz náhuatl se compone de «tepe-tl» y «yac», nariz, punta, y la letra *c* que indica locativo: «en el extremo, delante, en la prolongación del cerro» o, como dice Miguel León-Portilla, «donde comienza el cerro». Ahí, en esa península, al borde del lago de Texcoco, que tenía una larga historia prehispánica, se le manifestó la Virgen a Juan Diego, entre el 9 y el 12 de diciembre de 1531. Para convencer a los sacerdotes les mostró la manta de algodón que llevaba, estampada con la imagen de la Virgen María, quien, por boca de ese indio de santa pobreza, transmitió su deseo de que allí se le elevara un templo. Se suscitó una controversia, pero a fines de diciembre de ese mismo año se construyó una muy modesta ermita donde residió dieciséis años hasta su muerte, en junio de 1548. En 1556 el segundo arzobispo de México mandó ampliar y construir con las limosnas que daban los fieles, cuyo número era creciente, una ermita más amplia. Actualmente, el santuario del Tepeyac ha sido modernizado y millones de personas de todo México y del resto del mundo acuden al lugar a ver a la Virgen Morena estampada en la tilma del indio Juan Diego, quien fue beatificado en 1990 y canonizado en 2002 por el papa Juan Pablo II. La Virgen de Guadalupe está asociada a la historia de México, como lo hace ver el estandarte con su estampa que blandió Miguel Hidalgo y Costilla al iniciar la independencia de México el 15 de septiembre de 1810.

Virgilio Marón, Publio (70-19 a. C.): Poeta romano, compuso las *Geórgicas*, las *Bucólicas* y la más emblemática: la *Eneida*. Pidió al emperador Augusto que destruyera este vasto poema que encarece los orígenes y la historia de Roma, pero este no lo escuchó y el poema se editó. Virgilio es el nombre del Poeta por excelencia, de ahí que Dante lo haya escogido para guiarlo en la *Divina comedia* en su recorrido por el Infierno, el Purgatorio y el Paraíso.

Waste Land, The: Poema de T. S. Eliot, fue publicado en 1922. Es una de las composiciones líricas más influyentes del siglo XX. El motivo central que anima al poema es el del proceso por el cual toda una clase social va transformándose en árida y seca. Está dividido en cinco partes que despliegan en su urdimbre un *collage* en que conviven alusiones al Santo Grial, el Rey Pescador, escrituras budistas, textos de los Upanishads, citas o paráfrasis de Shakespeare y Dante, entre otras voces que componen este coro en que alternan sátira y profecía.

Whitman, Walt (1819-1892): Poeta, enfermero y ensayista estadounidense. Autor de *Leaves of grass* y de *Song of Myself*, tuvo en la lengua española una presencia decisiva, como lo muestran las traducciones que de él hizo León Felipe. Octavio Paz no podía dejar de escuchar la lección de libertad y sensualidad que recorre la obra poética de este autor, comprometido con una rara y diestra combinación de la lengua culta y la popular.

Williams, William Carlos (1883-1963): Poeta y ensayista norteamericano, autor de *Paterson* (1946-1958), *The desert music and other poems* (1954) y, en prosa, *In the American Grain* (1925).

Wordsworth, William (1770-1850): Poeta romántico inglés. Es autor, junto con Samuel Taylor Coleridge, de las *Baladas líricas*, publicadas en 1798, que son consideradas como un manifiesto del romanticismo inglés. Su obra *The Prelude* tuvo ascendiente en la última etapa de la poesía de Octavio Paz, en particular en *Pasado en claro*.

Xicoténcatl Axayactazin (1484-1521): Gobernante del señorío Tlaxcalteca de Tizatlán. Dos veces enfrentó a los españoles. Hernán Cortés lo acusó de prófugo y ordenó su ejecución y fue capturado meses después por Alonso de Ojeda. Algunas piezas suyas sobreviven en *Cantares mexicanos*. Su nombre significa «habitante de Xicotenco».

Xipe Totec: Dios de la resurrección y de la renovación. En su ritual, los sacerdotes aztecas se ponían la piel de un desollado. Es una de las deidades más inquietantes del México antiguo, y su nombre quiere decir «nuestro señor desollado».

Yeats, William Butler (1865-1939): Poeta y dramaturgo irlandés, autor de una vasta obra tensionada por el afán místico y la atracción por el esoterismo, la teosofía y el folklore. Fue el autor de *El crepúsculo celta* (1893). En 1923 le fue concedido el Premio Nobel.

Yes-and-no, not either-or: Esta expresión en inglés es una de tantas que calca Octavio Paz de John Cage.

Zapata Salazar, Emiliano (1879-1919): Campesino y militar mexicano que durante la Revolución mexicana fue el comandante del Ejército Libertador del Sur. Al asumir Francisco I. Madero la presidencia, llegó a ser uno de los principales líderes revolucionarios y un símbolo de la resistencia y la lucha campesina. El 2 de octubre de 1916 comisionó a Octavio Ireneo Paz Solórzano para que difundiera, desde Los Ángeles, las posiciones revolucionarias. Esta encomienda fue la responsable de que el niño Octavio Paz Lozano y su esposa llegaran a instalarse ahí hasta la muerte de Zapata, en abril de 1919. Para Octavio Paz, debido a que su padre había sido representante de Zapata en los Estados Unidos hasta su asesinato, su propia historia personal se inscribía en el horizonte más amplio de la historia política de México. Una vez muerto Zapata, Octavio Paz Solórzano seguiría fiel a la política agrarista en compañía de Antonio Soto y Gama.

Zeus: Máxima divinidad de la mitología griega. Hijo de Cronos y de Rea. Era conocido como el Padre de los Dioses y gobernaba al Olimpo como a una familia.

ÍNDICE DE PRIMEROS VERSOS
Y TEXTOS EN PROSA

TABLA

CORRIENTES ALTERNAS
ANTOLOGÍA DE VERSO Y PROSA

LA PRIMERA TIRADA DE ESTE LIBRO
SE TERMINÓ DE IMPRIMIR
EL 31 DE MARZO DE 2024,
DÍA EN QUE SE CUMPLÍAN 110 AÑOS
DEL NACIMIENTO DE OCTAVIO PAZ

Papel certificado por el Forest Stewardship Council®

© 2024, por la titularidad de los derechos para las obras de Octavio Paz,
Sistema para el Desarrollo Integral de la Familia de la Ciudad de México
© 2024, Real Academia Española
© 2024, Asociación de Academias de la Lengua Española
© De «Octavio Paz y José Luis Martínez: Los inicios de una amistad»:
2024, Rodrigo Martínez Baracs
© De «La mano abierta»: 2024, Adolfo Castañón
© De «Cronología», «Bibliografía», «Glosario» e «Índice onomástico»:
2024, Real Academia Española y Asociación de Academias de la Lengua Española
© De «Horizontes de Octavio Paz»: 2024, Luce López-Baralt, Roger Bartra,
Malva Flores y Fabienne Bradu

© 2024, Penguin Random House Grupo Editorial, S. A. U.
Travessera de Gràcia, 47-49 – 08021 Barcelona

© Diseño de cubierta: Penguin Random House Grupo Editorial
© Foto de autor: Getty Images

ISBN: 978-84-204-6186-1
Depósito legal: B-1775-2024

Impreso en España – Printed in Spain

Impreso en el mes de marzo de 2024
en los talleres gráficos de Liberdúplex, Sant Llorenç d'Hortons (Barcelona)

AL61861